18세기 통신사 필담 1: 1711 · 1719년

서울대학교 규장각한국학연구원 한국학자료총서 19

18세기 통신사 필담 1: 1711 · 1719년

초판 1쇄 발행 2019년 10월 25일
초판 2쇄 발행 2021년 11월 25일

지은이 박희병 이효원 외

펴낸곳 서울대학교출판문화원
주소 08826 서울 관악구 관악로 1
도서주문 02-889-4424, 02-880-7995
홈페이지 www.snupress.com
페이스북 @snupress1947
인스타그램 @snupress
이메일 snubook@snu.ac.kr
출판등록 제15-3호

ISBN 978-89-521-2044-1 94910
978-89-521-1026-8(세트)

이 연구는 서울대학교 규장각한국학연구원에서 시행한 '2010년도 서울대학교 한국학장기기초 연구비 지원사업'의 지원을 받아 수행되었음.

서울대학교 규장각한국학연구원 한국학자료총서 19

18세기 통신사 필담 1: 1711 · 1719년

박희병 · 이효원 외 지음

서울대학교출판문화원

P'iltam(筆談) from Tongshinsa Missions in the 18th Century 1: 1711, 1719

Park Hee-Byoung and Lee Hyo-Won et al.

Seoul National University Press

머리말

나는 금세기 초에 일본 토오쿄오 대학에 1년간 방문교수로 있은 적이 있다. 그때 내가 특별히 한 생각 중 하나는 한국의 국문학자는 가능하다면 일본 연구를 부전공으로 하는 게 좋겠다는 것이었다.

일본에서 한일 양국을 조망해 보니, 일본이 한국을 연구해 온 두께에 비해 한국이 일본을 연구해 온 두께는 너무도 빈약하였다. 그래서 나는 한국에서 학문에 종사하는 분이 여력이 있어 부전공으로 일본학을 한다면 그보다 다행한 일이 없겠다는 생각을 하게 되었다. 국문학은 한국 학문을 대표하는 학문 분야의 하나다. 그래서 국문학에 종사하는 학자들부터 이 방면으로 좀 학문적 관심을 확장하면 어떨까 하는 생각을 하게 된 것이다.

특히 일국적(一國的) 관점을 벗어나 동아시아적 시각으로 국문학을 공부하고자 할 경우 단지 중국에만 관심을 가질 것이 아니라 일본의 역사·사상·문학에 대한 공부로 시야를 넓히는 일이 불가피하고 긴요하다. 생각하기에 따라서 그것은 국문학의 외연과 맥락을 확대하는 일이다. 차후 국문학은 이처럼 확대된 외연 속에서 보다 고양되고 자립적인 '자기의식'을 갖게 될 수 있을 것이다.

나는 이런 고민을 안고 귀국했으며, 이후 내가 지도하는 학생들에게 국문학도로서 일본학을 부전공 삼아 공부하는 것이 좋겠다는 생각을 누차 피력하였다. 뿐만 아니라 나 역시 국문학 연구와 병행해(혹은 국문학 연구의 일환으로) 일본학을 연구하는 길을 계속 모색해 왔다.

그러던 중 나는 통신사 필담 자료에 주목하게 되었다. 나는 동학들 몇 사람에게 에도(江戶) 시대 일본에 대한 공부 삼아 통신사 필담에 대한 착실한 해제 작성을 목표로 공동작업을 할 것을 제안하였다. 통신사 필담에는 문학에 대한 담론만이 아니라 역사·사상·

문화에 대한 담론이 두루 담겨 있어, 그간 내가 주장해 온 '통합인문학'의 취지와도 부합된다고 여겨졌다.

나는 이 작업이 궁극적으로 국문학연구에 어떤 도움이 되는지, 그리고 21세기에 수행되어야 할 좀 더 통합적인 인문학 연구에 어떤 선취적(先取的)인 의의가 있는지를 참여자들에게 설명하였다. 그런 후 작업의 방향을 수립하고, 작업의 범위와 방식을 정했다.

연구의 범위를 일단 18세기의 필담 자료로 한정한 것은 이 시기의 필담이 가장 흥미롭고 중요하다고 판단했기 때문이다. 장차 기회가 주어지면 17세기의 필담 자료와 19세기 초의 필담 자료도 마저 정리할 수 있기를 바란다.

이 책의 해제는 흔히 보는 해제와는 성격이 상당히 다르다. 비록 해제라는 글쓰기 방식을 취하고 있기는 하나 학문적 밀도와 충실성을 담보하기 위해 형식과 내용에 있어 많은 고심을 한 결과다.

나와 해제 집필자들은 작성한 해제를 한 달에 한 번 모여 같이 검토하면서 글의 통일성을 기하고, 글쓰기의 방식을 다듬고 정련(精鍊)하는 한편, 해제 작성에서 겪는 각자의 고충을 토로하며 그 해소책을 함께 강구하였다.

다행히도 이 작업은 서울대학교 규장각한국학연구원의 한국학장기기초연구사업에 선정되어 2년간 지원을 받게 되었다. 그리하여 2012년 6월에 일단 일을 끝냈다. 이후 함께 계속 원고를 고치고 다듬었으며, 마침내 2014년 서울대학교출판문화원에 원고를 넘겼다. 원고를 넘기고 나서도 보충하거나 보완하는 일을 거듭하는 바람에 책의 출판이 늦어졌다.

본 해제서는 2책으로 출판된다. 1711년과 1719년의 필담에 대한 해제가 제1권이고, 1748년과 1764년의 필담에 대한 해제가 제2권이다.

거진 10년이 걸린 이 작업에 집필자로 참여한 사람은 김대중, 이경근, 이효원, 박상휘, 김수영, 강혜규, 김지윤이며, 필담 탈초 작업은 김채식이 맡았다.

이 해제 작업은 그간 일본에서도 한국에서도 이루어진 적이 없는 미답(未踏)의 영역인 만큼 어려움이 퍽 많았다. 통신사 필담 자료는 거의 전부가 일본 여러 곳에 분산 소장되어 있어 이를 확보하는 것이 여간 어렵지 않았다. 게다가 일본 에도 시대에 대한 각종 참고자료가 국내에 태부족(太不足)한 점도 큰 난관이었다.

이효원이 일본의 필담 자료를 수집하기 위해 헌신적으로 노력했다는 사실을 여기에 특별히 명기해 두고 싶다. 그는 2010년 8월에 토오쿄오에 가 1차 자료수집을 했고, 이듬해 1월 오오사카, 쿄오토, 텐리(天理), 나고야, 타카츠키(高月) 등 칸사이(關西) 지역을 돌며 2차 자료수집을 했으며, 이 해 8월 큐우슈우 지역과 토오쿄오에 가 3차 자료수집을 했다.

수집한 자료는 무려 총 183종이다.

해제자들 중 이효원, 박상휘, 이경근 3인은 박사학위논문의 주제를 이 작업과 연관된 것으로 잡았다. 2015년, 이효원은 「『해유록』의 글쓰기 특징과 일본 인식」으로, 박상휘는 「조선 후기 일본에 대한 지식의 축적과 사고의 진환」으로 박사학위를 받았으며, 이경근은 1748년 통신사 서기(書記)의 직임(職任)을 띠고 일본을 방문한 우념재(雨念齋) 이봉환(李鳳煥)의 문학 연구를 주제로 현재 박사논문을 준비 중이다.

본서는 한국에서 이루어진 일본의 방대한 1차 자료에 대한 학문적 정리라는 점에서 학술사적 의의가 크다고 생각된다. 본서의 성과는 한일교류사, 일본사상사, 한일 문학교류사, 동아시아 문학사 등의 연구에 참조되거나 활용될 수 있을 것이다. 아무쪼록 본서가 이들 학문 영역의 활성화에 기여함으로써 한국 학문의 폭을 확장하는 데 보탬이 되기를 기대한다.

끝으로, 일본 인명의 일본음을 표기하는 데 도움을 주신 오오사카 시립대학의 노자키 미츠히코(野崎充彦) 교수께 감사드린다. 그리고 힘든 과업을 완수한 참여자 제위께 심심한 감사의 뜻을 전한다.

2019년 10월

박희병

차례

일러두기

1. 18세기에 이루어진 4차례의 사행, 즉 신묘년(1711) · 기해년(1719) · 무진년(1748) · 계미년(1763) 통신사행 당시 성립된 필담창화집을 대상으로 이 가운데 학술적인 중요도가 높다고 생각되는 자료의 해제를 작성하였다. 제1책에 수록된 것은 신묘년과 기해년의 해제이고, 제2책에 수록된 것은 무진년과 계미년의 해제이다.
2. 대상 자료 가운데 조선과 일본의 상호인식, 학지(學知)의 교류가 잘 드러나는 필담과 창화시를 중심으로 해제를 작성하였다. 필담은 가능한 한 전문(全文)을 번역하고 해당 원문을 그 아래에 제시하였다. 또한 필담과 관련한 정보를 충실히 조사하고 해제자의 해석을 덧붙였다.
3. 원문에는 해제자가 표점을 가하였다. 원문 입력시 판독이 불가능한 글자는 '■'로 표기하였다. 저본에 소자쌍행(小字雙行) 혹은 작은 글자로 주석이나 상황을 설명하는 부분이 있는 경우가 있는데, 원문 입력 시에는 이를 괄호 안에 표기하였다.
4. 해제는 사행연도순, 필담이 이루어진 날짜순으로 배열하였다. 단, 왕환로(往還路)의 필담이 모두 수록된 자료의 경우 왕로의 날짜를 기준으로 하였다. 날짜는 모두 음력이다.
5. 여러 필담창화집을 모아서 출판한 총서 성격의 자료는 해당 연도의 마지막에 수록하였다. 단, 총서에 수록된 내용이 독립된 형태로 존재할 경우에는 따로 해제를 작성하였다. 총서 성격의 자료는 다음과 같다.
   - 신묘년: 『계림창화집』(鷄林唱和集), 『칠가창화집』(七家唱和集), 『호저풍아집』(縞紵風雅集)
   - 기해년: 『상한훈지집』(桑韓壎篪集)
6. 한의학 관련 필담은 이미 해제가 있으므로 소개하지 않았다. 단, 주요 교역품이었던 인삼과 관련된 내용은 수록하였다. 한의학 관련 자료 해제는 안상우, 『동아시아 傳統醫學圈 所在 韓國本 醫學文獻 共同調査 硏究』(한국의학연구원, 2003)를 참조할 수 있다.
7. 일본 인명, 서명, 지명 표기

   1) 일본 인명은 일본음으로 표기하고 한자를 병기하는 것을 원칙으로 하되, 음을 확인할 수 없는

경우 한자를 노출한다. 조선인의 경우 '성+이름'으로, 일본인의 경우 '성+호'로 표기한다. 단, 일본인의 경우 처음 나올 때만 '성+호'로 표기하고 두 번째부터는 '호'만 표기한다.

예) 다자이 슌다이(太宰春臺, 1680～1747)

2) 일본에서 출판된 서적은 한글음, 일본음, 한자를 병기한다. 단, 필담창화집은 조선과 관련된 자료임을 고려하여 한글음으로 표기한다.

예) 『조래집』(소라이슈우, 徂徠集), 『한객창수록』(韓客唱酬錄)

3) 일본 옛 지명이나 번(藩)은 현재의 지명을 병기한다.

예) 오와리 번(尾張藩: 지금의 아이치 현愛知縣 서부)

4) 현행 일본어 표기법과 달리 격음과 장음을 표기한다. 이렇게 표기하는 이유는 일본어 원음에 가깝다고 판단해서이다.

예) 토오쿄오(東京), 츠시마(對馬島)

8. 통신사 명칭

'조선통신사'라는 용어가 부적절하다고 판단하여 '통신사'라는 용어를 사용하기로 한다. '조선통신사'는 일본의 입장에서 통신사를 부르는 명칭이기 때문이다.

9. 서적, 그림, 화집, 지도, 지도책 등은 다음과 같이 표기한다.

■ 작품은 「 」, 서적은 『 』, 그림과 지도는 〈 〉, 화집과 지도책은 《 》로 표기한다.

10. 참고서적

1) 박희병, 『나는 골목길 부처다』(돌베개, 2010)에 소개된 자료의 경우 번역문을 참고하였다. 단, 해설은 참조하여 해제자가 다시 쓴다.

2) 『조선후기 통신사 필담창화집 번역총서』(보고사, 2013~)의 번역을 일부 참조하였다.

3) 해제 작성 시 참고한 연구서 및 논문은 각주로 밝힌다. 다만 다음의 서적은 두루 이용했으므로 일일이 제시하지 않는다.

■ 近藤春雄, 『日本漢文學大辭典』, 東京: 明治書院, 1985.

■ 國史大辭典編輯委員會 編, 『國史大辭典』, 東京: 吉川弘文館, 1983.

■ デジタル版 日本人名大辞典+Plus.

11. 체재 및 작성 원칙

아래의 체재를 원칙으로 하되 자료의 성격에 따라 탄력적으로 적용한다.

1 서지사항

1) 서명, 소장처, 편자, 간행연대, 책수, 판본을 명시하되 더 자세히 언급할 필요가 있는 사항은 그 아래에 부기한다.

2) 서명에 대한 설명을 간단히 제시한다. 외제와 내제가 다른 경우 내제를 서명으로 삼는다.

3) 소장처는 문고(文庫)까지 표기하는 것을 원칙으로 한다. 해제에 제시된 아래의 소장처는 모두 일본에 있다.

- 國立公文書館, 東京都立中央圖書館, 國立國會圖書館, 大阪府立中之島圖書館, 京都大學附屬圖書館, 高月觀音の里歷史民俗資料館, 福井市立圖書館, 新潟大學附屬圖書館, 東京大史料編纂所, 陽明文庫.
- 소장처 중 '국립중앙도서관'이라고 표기된 것은 한국의 국립중앙도서관을 말한다.

4) 간행연도는 서력과 일본의 연호를 병기한다.

예) 1719년(享保 4)

5) 판본의 경우 간행지, 출판사, 출판인을 알 수 있는 경우 명기한다.

예) 大阪: 貫道軒 藏版, 淺野彌兵衛

6) 해제 대상 자료의 표지 사진을 함께 제시하는 것을 원칙으로 하되 자료의 성격 및 보존 상태 등을 고려하여 속표지 사진이나 본문 사진 등을 적절히 활용한다. 『한객창수록』(韓客唱酬錄)과 『한객창화』(韓客唱和)의 경우, 소장기관인 텐리 대학(天理大學)의 허락을 받지 못한 관계로 사진을 수록하지 않는다.

2 필담일시 및 장소

일시는 연도, 월, 일, 시간의 순서로 기재한다. 장소는 최대한 구체적으로 밝힌다.

예) 1748년 5월 21일 에도(江戶) 아사쿠사(淺草) 히가시혼간지(東本願寺)의 박경행의 방에서 이루어진 필담이다.

3 참여자

1) 이름・자・호, 생몰년, 가족・교유・사승관계, 학파, 학문적・사상적 경향, 중요 저작 등을 최대한 상세하게 밝혀 준다.
2) 통신사행원 가운데 반복해서 등장하는 인물은 해당 연도의 첫 번째 해제에서 관련된 정보를 제시하고 이후에는 성명만 기재한다.

4 내용

1) 필담, 수창, 편지 등이 섞여 있는 경우 해제자가 임의로 '창화시, 필담, 편지' 등의 소제목을 달아 일목요연하게 제시한다.
2) 창화시는 의례적인 내용이 대부분이므로 특기할 만한 내용만 번역하여 제시한다.
3) 필담은 전문(全文)을 번역해서 제시하는 것을 원칙으로 하되 의례적인 내용이나 지나치게 긴 경우 일부를 발췌 번역하거나 풀어서 설명한다. 필요한 경우 해제자가 임의로 단락을 나누고 해설을 가한다.
4) 중요한 필담이나 시는 직접인용을 하고 원문을 제시한다. 원문을 제시한 다음 해당 면수를 명기한다.

예) 김인겸이 지어 준 시에 "부자가 삼교를 겸했네"(父子兼三教: 附錄 1b)라는 구절이 있어 난메이의 아버지임을 미루어 짐작할 수 있다.

예) 이 말을 들은 카쿠다이이는 "제가 물은 내용은 『용재총화』(慵齋叢話)에 상세히 실려 있습니다. 저는 이 일을 정말로 의심스럽다고 여겨서 물었을 따름입니다."(僕所問事, 詳載慵齋叢話. 僕固疑其事, 是以爲問耳: 卷之一 13a)라고 대답하였다.

5) 간단한 설명을 요하는 한자어가 있을 경우에는 해당 설명을 괄호 속 간주(間註)로 처리한다. 예) 우리 성조(聖朝: 조선을 가리킴)

6) 필요하다고 판단되는 경우, 필담 번역문의 해당 원문이 수록된 면의 사진을 함께 제시한다. 캡션은 생략한다.

12. 각 해제별 집필자

問槎畸賞	박상휘	藍島唱和集	이효원
朝鮮通信使一行詩文筆談集	박상휘	兩關唱和集	이효원
萍會前集	김수영	韓客唱酬錄	이효원
韓客唱和集	박상휘	桑韓唱酬集	이경근
正德唱酬錄	김대중	附韓人文・廣陵問槎錄	이효원
兩東唱和錄	박상휘	梅所詩稿	이효원
韓客贈答別集	박상휘	和韓唱和集	이효원
朝鮮客館唱和詩并筆語	박상휘	韓客唱和	김수영
坐間筆語	박상휘	航海獻酬錄	이효원
江關筆談	박상휘	客館璀璨集	이효원
朝鮮國聘使錄	박상휘	蓬島遺珠	이효원
廣陵問槎錄	박상휘	享保己亥韓客贈答	김대중
鷄林唱和集	박상휘	朝鮮對話集	이효원
七家唱和集	박상휘	信陽山人韓館倡和稿	이효원
縞紵風雅集	이효원	桑韓塤篪集	이효원
星槎答響	이효원		

도론(導論)

신묘 · 기해년(1711 · 1719) 통신사 필담창화집 소고(小考)

박희병

1

조선은 17세기 이래 일본에 12차례 통신사를 파견하였다. 1607년 처음 파견했으며, 마지막 파견은 1811년이다.

통신사행이 거듭되면서 조선과 일본의 상호이해는 조금씩 증진되어 갔다. 그리하여 18세기에 이르면 조일(朝日) 문인들 간에 미약하긴 하나 '구교'(舊交)라 할 만한 것이 형성되기도 했다.

특히 일본은 17세기 말 이래 나가사키를 통한 중국 강남과의 무역을 통해 중국의 서적과 문물을 활발하게 수입했으며, 그 결과 학술과 문학에서 큰 진전이 이루어졌다. 고의학(古義學)을 주창한 이토오 진사이(伊藤仁齋, 1627~1705)나 고학(古學)을 주창한 오규우 소라이(荻生徂徠, 1666~1728)의 등장은 이런 사회경제적 배경에서 가능했다.

주지하다시피 통신사는 정사, 부사, 종사관으로 구성되며, 이를 3사(三使)라고 한다. 3사에게는 서기(書記)가 한 명씩 배속되는데 이를 3서기(三書記)라고 한다. 이외에 문한(文翰)을 담당하는 직책으로 제술관이라는 것을 두었다. 제술관과 3서기는 대개 서얼 중 시문의 재주가 있는 자가 선발되었다. 이들의 주요한 역할은 일본 문사들과 시를 수창하거나 필담을 나누는 일이었다(3사가 일본 문사들과 시를 수창하거나 필담을 나누는 일은 흔치 않았다).

당시 일본인들은 조선 통신사 일행과 주고받은 시문을 소중히 여겼으며 그것을 책으로 엮는 일이 일반적이었다. 책이라고 하나 오늘날로 치면 팸플릿 정도의 분량이 대부분이었다. 이 책들 중 상당수는 당시 일본에서 출판되었다.

일본에서 간행되거나 필사본으로 전하는 이런 책들은 '통신사 필담창화집'이라고 이름할 수 있다. 본고에서는 이를 '필담창화집'으로 약칭한다.

필담창화집에 실린 시나 필담은 일본의 문사와 조선의 사행원(使行員)이 주고받은 것인데, 조선의 사행원에는 양의(良醫: 의원을 이름)라든가 한문 구사 능력이 있는 역관들도 포함된다. 당시 일본인들은 조선의 의학에 관심이 많아 양의와 의술에 관한 필담을 적잖이 나누었다. 그렇기는 하나 필담창화집의 중심을 이루는 것은 4문사(제술관과 3서기)가 일본인과 수창한 시 내지 필담이었다.

한문으로 이루어지는 필담은 전근대 동아시아의 독특한 의사소통 방식이었다. 이는 한자문화권의 문인·지식인에게만 가능한 것이었다. 필담은 종이에 붓으로 서로 번갈아 글을 적는 방식으로 이루어졌다. 갑은 을이 쓴 글을 본 뒤 즉각 글을 써서 답한다. 그러면 을은 갑의 글을 읽고 즉각 다시 답한다. 이런 과정으로 이루어지기에 필담의 글은 대개 꾸밈이 없고 간직(簡直)한 편이다.

장시간 필담을 나누면 종이가 많이 쌓인다. 이를 필담초(筆談草)라고 한다. 당시 필담초는 대개 필담을 나눈 일본인들이 챙겨 갔다. 당시 일본인들은 대개 통신사 일행과 수창과 필담을 나누는 것을 영광으로 생각했던바, 장차 이를 정리해 책으로 엮기 위함이었다. 이런 연유로 필담창화집은 거개 일본에 전하며, 한국에서 엮어진 것은 희소하다.

앞에서 17세기 말 이래 일본의 학문과 문학이 크게 진흥되었음을 언급했거니와 이런 양상은 필담창화집에도 반영된다. 그리하여 18세기에 엮어진 필담창화집은 이전의 것에 비해 문학적·학문적 활기가 더 있으며, 흥미로운 내용을 좀 더 접할 수 있다.

본서에서 고찰의 대상으로 삼은 것은 바로 이 18세기에 엮어진 필담창화집의 '필담' 부분이다. 필담은 한일 양국 문인·지식인의 서로에 대한 태도 및 상대국에 대한 인식의 양상과 수준을 여실히 보여 준다. 이를 통해 당시 일본의 지식인이 한국 문화나 역사, 학술에 대해 어느 정도의 이해를 가졌으며, 한국의 지식인이 일본 문화나 학술, 풍속에 대해 어느 정도 알고 있었고 어떤 시선을 보였던가를 살필 수 있다. 이 점에서 필담은 학지(學知)가 교환되는 현장이라 할 만하다. 양국의 문인·지식인들은 필담을 통해 필요한 지식과 정보를 획득하거나 의견 교환을 하기만 한 것이 아니라, 경우에 따라서는 학술적 및 문학적 논쟁을 벌이기도 했다.

그러므로 필담은 학지와 상호인식의 면에서 대단히 중요한 1차 자료라 할 것이다. 우리가 고찰의 대상을 필담으로 한정한 이유가 이에 있다.[1]

필담은 단지 한일 양국 간에 학지가 교환되고 상호인식이 이루어지는 양상을 보여 준다는 점에서만 중요한 것은 아니다. 그것을 통해 당시 자국·타국의 문화 및 학술의 면모와 수준, 지식과 인식의 한계를 살필 수 있다는 점에서도 중요하다. 이 점에서 필담은 타자를 통한 '나'의 증진된 이해의 의미 있는 계기가 된다. 요컨대 필담은 비단 일본 이해만이 아니라 조선의 이해에도 도움이 된다.

이는 한국인 연구자의 입장에서 한 말이다. 일본인 연구자라면 "비단 조선의 이해만이 아니라 일본의 이해에도 도움이 된다."라고 바꾸어 말함이 옳을 것이다. 타자를 통한 자기 이해의 확충은 비단 한국 쪽만이 아니라 일본 쪽에도 절실히 필요한 것으로 보인다.

2

18세기에는 통신사가 일본에 네 차례 파견되었다.

① 1711년 신묘사행(제8차 통신사)
② 1719년 기해사행(제9차 통신사)
③ 1748년 무진사행(제10차 통신사)
④ 1763년 계미사행(제11차 통신사)

본서의 제1권은 ①, ② 때 산출된 필담창화집을 대상으로 했으며, 하권은 ③, ④ 때 산출된 필담창화집을 대상으로 했다. ③, ④ 때 산출된 필담창화집에 대해서는 제2권의

---

1. 원중거(元重擧)는 계미사행(1763) 때 서기의 직임을 띠고 일본을 방문했는데, 귀국 후 8년째 되는 해인 1772년 5월 13일 홍대용(洪大容)의 『간정필담』(乾淨筆談)에 발문을 썼다. 그는 이 발문에서, 자신이 일본에 갔을 때 홍대용처럼 필담 자료를 챙겨 왔어야 했는데 그렇게 하지 못한 것을 자책하고 있다. 또 그는 자신이 저술한 일본 사행록인 『승사록』(乘槎錄)에서, "승려들은 하루도 논쟁의 말을 하지 않는 날이 없었는데 조금이라도 참된 말이 있으면 모두 한 번 보고는 바로 옷깃에 넣었고 종잇조각 하나 남기지 않았다. 이는 모두 다른 사람에게 전하여 보여 주거나 혹은 등사하여 책으로 만들기 위함이었다. 바빠 허둥지둥하고 소홀해서 글자가 빠지고 말도 황당한 것이 있으니 후회막급이다. 나중에 사신으로 오는 사람들은 마땅히 경계해야 할 것이다. 대개 필담이 중요하고 시문은 그다음이다. 우리 무리가 필담을 소홀히 했던 것은 몹시 잘못된 일이다."(若僧輩, 則無日無筆談, 而少實語皆一看, 卽斂于袵, 無片紙或遺者. 此皆傳視, 他人或謄之爲冊者, 草草鹵亂, 字落語荒, 追悔莫及, 後人宜知戒矣. 蓋筆談爲重, 詩文次之, 吾輩之忽於筆談, 甚是失着.)(번역은 김경숙 역, 『조선 후기 지식인, 일본과 만나다』(『승사록』의 국역), 소명출판, 2006, 554~555면을 참조하여 수정함)라고 하였다. 원중거는 홍대용에 감발 받아 이런 생각을 하게 된 것으로 여겨진다. 하지만 이 깨달음은 유감스럽게도 만시지탄의 느낌이 있다. 통신사가 에도까지 간 것은 계미사행이 마지막이기 때문이다.

서두에 따로 글을 쓸 예정이므로 여기서는 ①, ② 때 산출된 필담창화집에 대해서만 언급하기로 한다.

본서에서 다루는 신묘사행 때의 필담창화집은 다음과 같다.

① 문사기상(問槎畸賞)
② 조선통신사일행시문필담집(朝鮮通信使一行詩文筆談集)
③ 평회전집(萍會前集)
④ 한객창화집(韓客唱和集)
⑤ 정덕화한창수록(正德和韓唱酬錄)
⑥ 양동창화록(兩東唱和錄)
⑦ 한객증답별집(韓客贈答別集)
⑧ 조선객관창화시병필어(朝鮮客館唱和詩幷筆語)
⑨ 좌간필어(坐間筆語)
⑩ 강관필담(江關筆談)
⑪ 조선국빙사록(朝鮮國聘使錄)
⑫ 광릉문사록(廣陵問槎錄)
⑬ 계림창화집(鷄林唱和集)
⑭ 칠가창화집(七家唱和集)
⑮ 호저풍아집(縞紵風雅集)

본서에서 다루는 기해사행 때의 필담창화집은 다음과 같다.

① 성사답향(星槎答響)
② 남도창화집(藍島唱和集)
③ 양관창화집(兩關唱和集)
④ 한객창수록(韓客唱酬錄)
⑤ 상한창수집(桑韓唱酬集)
⑥ 부한인문・광릉문사록(附韓人文・廣陵問槎錄)
⑦ 매소시고(梅所詩稿)
⑧ 화한창화집(和韓唱和集)

⑨ 한객창화(韓客唱和)
⑩ 항해헌수록(航海獻酬錄)
⑪ 객관최찬집(客館璀璨集)
⑫ 봉도유주(蓬島遺珠)
⑬ 향보기해한객증답(享保己亥韓客贈答)
⑭ 조선대화집(朝鮮對話集)
⑮ 신양산인한관창화고(信陽山人韓館倡和稿)
⑯ 상한훈지집(桑韓塤篪集)

3

신묘년 사행의 정사는 조태억(趙泰億, 1675~1728)이고, 부사는 임수간(任守幹, 1665~1721)이며, 종사관은 이방언(李邦彦, 1675~?)이다. 제술관은 이현(李礥, 1654~1718)이고, 3서기는 홍순연(洪舜衍, 1653~?), 엄한중(嚴漢重, 1654~?), 남성중(南聖重, 1655~?)이다.

신묘년 사행 때의 필담창화집에서는 다음의 몇 가지가 특히 주목된다.

(1) 키노시타 쥰안(木下順庵, 1621~1698)의 문하생들이 많이 등장한다. 쥰안은 후지와라 세이카(藤原惺窩, 1561~1619)의 제자인 마츠나가 세키고(松永尺五, 1592~1657)에게 주자학을 배웠으며, 1682년 막부의 유관(儒官)이 되었다. 다음은 미야케 소오메이(三宅滄溟)와 이현이 나눈 필담의 일부다. 당시 일본의 학문 지형을 아는 데 도움이 되므로 좀 길지만 인용한다.

> **소오메이:** 에도에 키노시타 쥰안 선생이 계셨는데, 학문을 착실히 하고 행실을 돈독하게 하여 오로지 도를 자신의 임무로 삼았으니 그의 격언(格言)과 당론(讜論: 공정한 논의)은 세상 사람이 존신(尊信)하는 바입니다. 10여 년 전에 향년 80여 세로 몰세(沒世)하니 조야(朝野)에서 애석해하지 않은 사람이 없었습니다. 예전에 성취허(成翠虛: 성완) 학사가 한 번 선생을 만나고 나서 그 후덕하고 박식한 것에 크게 심복하여 마침내 시고(詩稿)에 서문을 지어 달라고 청했습니다. 족하께서도 그 이름을 듣거나 그의 글을 읽은 적이 있으십니까? 또 선생의 문인 류우 신타쿠(柳震澤: 야나가와 신타쿠柳川震澤)는 재주와 문장이 무리 중에 탁월합니다. 취허 및 여러분이 그 문장을 처음 읽고 경탄하여 나라에 둘도 없는 선비라 칭하였습니다. 그런데 애석하게도 불행히 일찍 세상을

떠나 지금 세상에서 족하와 논의할 수 없으니, 참으로 탄식할 만한 일입니다.

이현: 성취허는 제 벗입니다. 이 벗이 일찍이 귀국에 갔다 와서 저에게 "일본에 키노시타 쥰안 선생이라는 분이 있는데 문장이 매우 아름다워서 옛날 작가의 풍치가 가득 있었다."라고 말했습니다. 저는 이 말을 듣고 흠모하는 마음이 일었지만, 한 걸음에 키노시타 선생의 시단(詩壇)에 달려가 그분의 원고를 꺼내 보고 그분이 남긴 향기로운 글을 원 없이 맡지 못한 것을 한스럽게 여깁니다. 저는 지금 취허의 뒤를 이어 이곳에 왔는데, 키노시타 선생은 이미 돌아가셔서 남아 있는 것은 그저 이름뿐입니다. 그 학행(學行)과 문장에 대해서는 호오슈우(芳洲) 군에게 한두 가지를 듣고 흠모하고 탄식한 나머지 그저 "신교(神交)를 까마득한 저승에 부치네"(神交付冥漠)라는 구절을 부질없이 읊었을 뿐입니다. 지금 족하께서 그의 지업(志業)을 적어 보여 주셨는데, 흡사 키노시타 선생이 돌아가신 후에 그분의 말씀을 직접 듣는 듯합니다. 참으로 아쉽습니다. 글에서 말씀하신 류우 신타쿠 공은 비록 그 명성은 듣지 못했습니다만, 얼마 전 하쿠세키의 시고(詩稿)를 보니 류우공(柳公)에게 보낸 시가 있던데 이 공(公)을 가리키는 게 아닌지요? 옛사람의 말에 "숲속의 나무가 아름다운 것을 보면 그 산에 수려한 경치가 모여 있음을 알 수 있다."라고 했습니다. 류우 공은 이미 호오슈우, 하쿠세키와 더불어 키노시타 선생의 문하에서 공손한 자세로 가르침을 받았으니, 그렇다면 학문이 탁월하게 높은 것이 호오슈우나 하쿠세키와 겨루어도 또한 손색이 없을 것입니다. 그런데 그만 그분을 뵙지 못하니, 저희 이번 사행길이 쓸쓸한 것에 가깝지 않겠습니까? 그렇지만 당신의 아름다운 시와 높은 재주는 사람으로 하여금 존경하는 마음을 일으키게 하기에 충분합니다. 지금 당신 같은 사람과 교유하는 즐거움 또한 망외(望外)의 일이니 제가 얻은 것이 적겠습니까?

소오메이: 에도에 있는 키노시타 키쿠탄(木下菊潭) 씨는 선생의 후손입니다. 어릴 때부터 비범하고 시문을 잘 지었습니다. 임술년(1682) 가을, 불과 17세의 나이로 성취허 등 여러 사람들과 필담을 나누고 시를 수창하였는데 물이 흐르듯이 민첩하게 글을 지어 학사들이 무릎을 치며 가문의 명성에 걸맞다고 감탄하였습니다. 선생이 돌아가신 후 부친의 일을 잘 계승하였고 일찍이 총명(寵命: 막부에서 총애해서 내리는 명)을 받아 행실과 학문을 순수하게 하여 가문의 명성을 실추시키지 않았습니다. 아라이 하쿠세키 씨와 무로 큐우소오(室鳩巢) 씨는 모두 선생의 고제(高弟)로 키노시타 선생과 함께 조정에 있었습니다. 학문에 정통하여 깊은 재주를 지니고 있어서 문장으로도 세상에 이름을 떨쳤습니다. 그 외의 제자들도 모두 천하의 명사(名士)이니, 어떤 사람은 다이묘오(大名)를 섬겼고 어떤 사람은 고을에서 가르치고 있는데, 그 수를 이루 다 헤아릴 수 없을 정도입니다. 선생은 학생들을 가르치되 자세하게 일러주고 게을리하지 않았습니다. 그러므로 그 문하에서 배우는 자들이 각기 자기의 재주를 이루지 못한 이가 없어서 큰 학자들이 그 문하에서 나온 것이 이와 같습니다. 족하께서는 선생 및 야나가와 신타쿠와 종이를 펴놓고 글재주를 겨루지 못한 것을 한탄하셨습니다만, 에도에 체류할 때 여러 명사들과 글을 주고받으신다면 어찌 사행길의 한 가지 성대한 일이 아니겠습니까?(『조선통신사일행시문필담집』)[2]

---

2. "滄溟: 東都有順菴 木先生者, 實學篤行, 專以道爲己任, 格言讜論爲世所尊信. 十數年前, 享年八十餘而沒, 朝野無不爲之痛惜焉. 往年翠虛 成學士一見先生, 大服其德量博雅, 乃乞其文章以弁詩稿, 足下亦聞其名見其文耶? 又先生門人柳震澤, 才華文藻卓冠群倫, 翠虛諸子始讀其文章, 驚感稱國士無雙. 惜哉, 不幸

준안 및 그의 문하생들은 막부의 요직을 맡아 일본 학계에 큰 영향력을 행사하였다. 특히 18세기 초반 일본 학계의 중심부에는 준안의 문하생들이 포진해 있었다. 통신사가 방문했을 때 필담을 나눈 일본 문사들도 대부분 그들이었다.

아라이 하쿠세키(新井白石, 1657~1725)는 1711년 10월 28일과 11월 5일에 7명의 유학자, 즉 키노시타 키쿠탄(木下菊潭, 1667~1743), 후카미 텐이(深見天漪, 1649~1722), 미야케 칸란(三宅觀瀾, 1674~1718), 무로 큐우소오(室鳩巢, 1658~1734), 핫토리 칸사이(服部寬齋, 1667~1721), 기온 난카이(祇園南海, 1677~1751), 도히 카슈우(土肥霞洲, 1693~1757)를 데리고 통신사의 숙소를 방문해 필담을 나누었다. 이들은 모두 준안과 관계가 깊은 유학자들이다. 당시의 필담은 『칠가창화집』(七家唱和集)에 수록되어 있다.

준안은 많은 제자를 배출했는데, 그중 가장 뛰어난 10명의 제자를 '목문십철'(木門十哲)이라 이른다. 사카키바라 코오슈우(榊原篁洲, 1656~1706), 아라이 하쿠세키, 난부 난잔(南部南山, 1658~1712), 무로 큐우소오, 무카이 소오슈우(向井滄洲, 1666~1731), 핫토리 칸사이, 아메노모리 호오슈우(雨森芳洲, 1668~1755), 미야케 칸란, 마츠우라 카쇼오(松浦霞沼, 1676~1728), 기온 난카이가 이에 해당한다.

다음에서 보듯 이현은 자신이 만난 일본 문사 중 준안의 제자인 큐우소오와 난카이의 문재(文才)를 최고로 치고 있다.

蚤世, 不得在今世, 而與足下上下其論也. 可勝歎哉.

東郭: 成翠虛吾友也. 是友曾自貴國來言于僕曰: '日東有順菴 木先生者, 其文章甚佳, 靄然有古作者風致.' 僕聞之, 心甚癢焉, 恨不得一蹴飛到木公詩壇, 發其稿, 而飫其馥矣. 僕今者踵翠虛來到, 而木先生已作千古人, 所留者惟空名而已. 其學行文章, 因芳洲君略聞其一二, 而歆艷嘆惜之餘, 徒吟'神交付冥漠'之句而已. 今蒙足下錄視其志業, 怳惚若躬承清咳於旣世之後矣, 可勝惜哉. 書中所謂柳震澤公, 雖未及聞其聲華, 而頃見白石詩稿, 其中有贈柳生詩者, 得非指此公耶? 古人曰: '見林木之美, 則可知其山之蘊秀色也.' 柳公旣與芳洲、白石, 同遊於木先生之門, 而摳衣承誨, 則其學業之高卓, 如與芳洲、白石相上下, 而亦已矣不可得見, 僕之此行, 不幾於寂寥乎? 然秀才雅韻高才, 足令人起敬, 則近日過從之樂亦望外耳, 所得亦豈淺淺乎哉?

滄溟: 東都 菊潭 木公卽先生之後也. 自幼不凡, 且工辭章. 壬戌之秋, 年僅十七, 與成翠虛諸子筆話唱酬, 敏捷如流, 學士擊節, 歎其稱家. 先生沒後, 克紹父業, 夙膺寵命, 粹行純學, 不墜家聲. 又白石 新公、鳩巢 室公, 皆先生之高弟. 而同木公在朝, 邃學淵才, 又以文章鳴于世矣. 其餘諸弟子, 皆天下名士, 而或遊事侯家, 或教授鄕閭者, 不可勝數也. 先生教誘學者, 諄諄不倦, 故從遊其門者, 無不各成其才, 而鉅學鴻生, 出乎門下如此. 足下雖嘆不得與先生及柳震澤, 接鋒於白戰場中, 而東都駐節之際, 與諸名公頡頏于翰墨之中, 則豈非觀國之一盛事哉."(『朝鮮通信使一行詩文筆談集』 前集, 23b~25b)

이토오 신야: 이번에 서해(西海)의 오오사카와 황경(皇京: 쿄오토를 이름)과 토오토(東都: 에도를 이름)를 가시느라 만 리를 왕복하면서 수개월 동안 체류하셨으니, 폐방에서 여러분과 응접하고 창화한 사람이 몇이나 되는지 모르겠군요. 그 재주의 장단(長短)과 문장의 교졸(巧拙)은 선생께서 속으로 판단하고 계실 터이지요. 선생께서는 누가 최고라고 보십니까?

이현이 역인(譯人)에게 말했다: 무로 큐우소오와 기온 난카이가 그에 해당합니다.(『정덕화한창수록』)[3]

쥰안의 제자들은 주자학을 존숭했기에 조선 문사들과 학문적 방면에서 특별한 갈등이 없었다.

(2) 오규우 소라이의 등장이다. 소라이는 이전 시기의 필담집에서는 전연 이름이 보이지 않으며 이 시기의 필담집에 그 이름이 처음 등장한다.

하지만 소라이가 통신사행원과 필담창화를 한 것은 아니다. 그는 배후에서 조일 문사의 필담창화를 주시하고 있었다. 문제는 그가 『문사기상』(問槎畸賞)이라는 필담창화집의 편찬에 적극적으로 관여했다는 사실이다. 소라이는 자신의 제자들이 통신사행원과 주고받은 시문을 책으로 엮게 하고, 거기에 자신의 서문을 부치는 한편, 수록된 시들에 평을 달았다.

소라이는 시평에서 조선 문사의 시를 혹평하고, 자기 제자들의 시를 높이 평가하였다. 『문사기상』에는 특이하게도 소라이가 제자들과 통신사에 대한 의견을 주고받은 서신이 몇 통 실려 있다. 필담창화집에는 원래 필담과 창화만 실리는 것이 일반적이며 국외자의 글이 실리는 법은 없다. 이 점에서 『문사기상』은 여느 필담창화집과는 다르다.

앞에서 언급했듯 신묘년 사행 때 조선 문사들과 접촉한 일본 문사들은 주로 쥰안의 문생들이었다. 이를 반영하듯 신묘년의 필담창화집을 집성해 1712년에 15권 8책으로 간행된 『계림창화집』(鷄林唱和集)에는 소라이의 문생들이 배제되어 있다. 『문사기상』은 이에 대한 불만에서 편찬된 책이다. 이 점에서 통신사는 당시 일본에 존재하던 학파들의 헤게모니 싸움에 이용된 면이 없지 않다.

소라이는 이리에 쟈쿠스이에게 보낸 서신에서 이리 말하고 있다.

---

3. "莘野: 此行西海大阪、皇京、東都, 往還萬里, 淹滯數月, 弊邦之與諸君應接唱和者不知幾人, 其才之長短, 文之巧拙, 唯在先生皮裡陽秋耳. 先生其以誰爲最?
東郭謂譯人曰: 室鳩巢、祇園南海其人也."(『正德和韓唱酬錄』, 14a)

> 삼한(三韓)의 포악함은 『수사』(隋史)에서 일컬어졌는데 우리 원면왕(猿面王: 토요토미 히데요시豐臣秀吉)과 싸워 이길 수 없었소. 그 후 문(文)으로 우리를 이기려고 팔도(八道)에서 뛰어난 자를 추려내어 빙사(聘使)를 따라 동쪽으로 보냈으나 여전히 족하(足下)를 이겨서 우위를 차지할 수 없었소. 일찍이 신라 여왕의 시 한편이 『품휘』(品彙)에 실렸을 뿐이고, 지금은 성(姓)을 남(南)이라 하는 사람이 개중에 조금 나을 뿐이오. 작년 온 나라 사람들이 미친 듯했으니 나는 어째서 그런지 모르겠소. 조경(晁卿: 견당사로 당나라에 유학한 아베노 나카마로)의 웅장함은 적선(謫仙: 이백)과 마힐(摩詰: 왕유)에 비견되지요. 조경(晁卿)의 시대와 아직 천 년도 떨어지지 않았는데 이들(통신사를 가리킴)을 두려워하는 데에 이르렀으니 어찌 이토록 쇠퇴하게 되었는지요? 사람으로 하여금 탄식하고 눈물이 나게 만드는구려.(『문사기상』)[4]

이 인용문을 통해 소라이에게는 조선에 대한 멸시감과 강한 적대감, 시의심(猜疑心)이 가득했음을 알 수 있다. 『문사기상』에는 전반적으로 이런 기류가 지배적이다. 하지만 예외적으로 소라이의 제자인 야마가타 슈우난(山縣周南, 1687~1652)은 통신사를 비난하는 스승에게 이의를 제기하였다. 그는 통신사와의 접촉을 통해 '실지'(實地)에 개안해 갔던 게 아닌가 생각된다.

위 인용문에서 보듯 소라이는 통신사를 수행한 4문사를 조선 팔도에서 선발된 인재로 여기고 있다. 이런 인식은 당시 일본문사들이 가졌던 통념이 아닌가 한다. 하지만 여기에는 큰 오해가 있다. 앞에서 언급했듯 4문사는 서얼 중에서 시문에 비교적 재주가 있는 자들이 선발되었다. 하지만 이들이 당대 조선에서 문학적 혹은 학문적 능력이 가장 빼어난 자들은 아니었다. 당시 일본의 문사들이 접한 조선 문사들은 거개 조선 1급의 문인·학자는 아니었던 것이다. 이와 달리 통신사와 접촉한 일본 측 문사에는 당대 일본의 1급 문인·학자들이 포함되어 있었다. 또 설사 꼭 1급의 문인·학자가 못 되는 자들이라 할지라도 그들은 대개 키노시타 쥰안, 이토오 진사이, 오규우 소라이와 같은 1급 학자들의 제자로서 스승의 학문을 충실히 대변하는 면모를 보여 주었다. 이와 달리 조선의 4문사는 대개 비록 문학적 재능은 있었다고 할지라도 특별한 학문적 온축(蘊蓄)이 있지는 않았다. 그들은 일본 문사들과 대조적으로 거개 학문적 사승관계가 없었다.

이 점에서 조선과 일본의 필담 참여자들 간에는 하나의 비대칭성이 존재한다. 통신사 연구의 시좌에서 이 비대칭성은 대단히 중요하게 고려되어야 할 사안이라고 생각된다. 그

---

4. "夫三韓獷猂見稱于『隋史』, 而不能與吾猿面王爭勝也. 後來迺欲以文勝之, 則輒拔八道之萃, 從騁使東來. 猶且不能勝足下而上之矣. 往昔唯新羅女王一篇, 收諸『品彙』中, 今則其姓南者稍爲彼善於此耳. 去年來一國人如狂, 吾不知其何爲而然也. 晁卿之雄與謫仙、摩詰相頡頏, 距未千歲, 迺至憚此輩, 爲何其衰也? 使人歎息泣下."(『問槎畸賞』 上卷, 35a)

럼에도 지금까지 이 점은 별로 유의되지 않은 것으로 보인다. 학문 영역에서 주로 확인되는 이 비대칭성을 '상대자(相對者)의 비대칭성'이라 명명할 수 있을 것이다.

만일 상대자의 비대칭성을 고려하지 않고 순전히 필담창화집의 내용만 갖고 양국 학술의 양상과 수준을 논한다면 수박 겉핥기를 면하지 못할 것이다. 특히 조선의 학술에 대한 이해에서 그러하다. 즉 일본에 온 조선의 문사들이 보여 주는 지적・학문적 성향만 갖고서 당대 조선 지식인들의 학술과 사상을 일률적으로 재단하는 것은 정당하지 않다.

그렇다면 왜 이런 문사들이 일본에 파견되었을까? 학문 능력이 좀 되는 인물들을 뽑아서 보낼 수는 없었을까? 아마도 조선 조정에서는 통신사가 일본 문사와 상대할 때 주로 시문이 중요하다고 판단했으며, 학문은 그다지 중요하다고 여기지 않았던 게 아닌가 한다. 화이론(華夷論)에 갇혀 일본의 학문 수준을 얕본 탓이다. 게다가 사대부 출신의 학인은 일본이 험지(險地)라 생각해 일본에 가려고 하지 않았다. 그렇다 보니 이런 결과가 초래된 것이다.

4문사는 으레 주자학을 옹호하는 입장을 취하였다. 물론 이는 조선의 지적・학문적 상황을 반영하고 있는 면이 없지 않다. 그렇긴 하나 여기에는 일본을 이적시(夷狄視)하는 조선 지식인의 통념이 특수하게 작용하고 있는 면 역시 없지 않다. 그래서 일본을 교화하기 위해(물론 이는 정당한 것이 아니지만) '정학(正學)'으로서의 주자학을 일본에 가서 더욱 강조하게 된 것일 수 있다. 사실 4문사는 대개 조선 국내에서는 주자학도(朱子學徒)를 표방하던 사람들이 아니다. 그런 사람들이 유독 일본에 가서 마치 주자학자이기라도 한 것처럼 주자학을 적극 옹호한 것은 그러므로 별도의 이유가 있다고 하지 않을 수 없다.

17세기 이래 조선의 학술은 내부적으로 변화를 모색해 왔다. 물론 동시대의 중국이나 일본과 달리 주자학의 자장이 강했던 것은 사실이나 그렇다고 주자학의 묵수만 있었던 것은 아니며, 주자학에 대한 회의와 대안 모색이 없지 않았다. 허목(許穆, 1595~1682)의 육경 고학(六經古學) 추구, 윤휴(尹鑴, 1617~1680)나 박세당(朴世堂, 1629~1703)이 보여 준 주자학에 대한 비판적 사고 등이 한 예다. 18세기에 들어와서는 정제두(鄭齊斗, 1649~1736), 이덕수(李德壽, 1673~1744), 이익(李瀷, 1681~1763), 유수원(柳壽垣, 1694~1755), 이용휴(李用休, 1708~1782), 홍대용(洪大容, 1731~1783), 박지원(朴趾源, 1737~1805), 박제가(朴齊家, 1750~1805) 등이 새로운 사상적 모색을 꾀했다.

하지만 이런 학문적 동향은 일절 통신사를 통해 일본에 전달되지 못했다. 왜 그랬는가? 이 물음은 여태 한 번도 물어진 적이 없는 것 같다.

이러한 사태가 야기된 데는 대체로 주자학적 클리셰 외에는 별다른 학문적・사상적 식견이 없었던 4문사에게도 책임이 없다 할 수 없지만, 특정한 프리즘으로만 조선을 보려고 한(이는 아주 편한 일이었다) 일본인 지식인에게도 일말의 책임이 없다 하기 어렵다. 물어지지 않은 것에 대해 새로운 인식이 나올 리는 없기 때문이다. 말하자면 '인식의 맹점'이다. 이 점에서 이 사태는 어떤 면에서 당대 조일 공동의 합작품이라 할 만하다.

최근 한 일본인 연구자는 일본의 필담창화집을 연구하면서 일본은 18세기에 고학(古學)을 통해 주자학을 비판·부정함으로써 동시대 중국의 고증학과 유사한 방향으로 나아갔지만, 유독 조선은 주자학을 고수함으로써 동아시아에서 학문적으로 뒤떨어졌으며 한일의 학술관계는 마침내 뒤바뀌게 되었다는 취지의 주장을 한 바 있다.[5] 이는 필담창화집에 보이는 '상대자의 비대칭성'을 곧바로 한일 학문의 비대칭성으로 일반화시킨 예라 할 것이다.

주자학에서 고학 혹은 고증학에로의 이행이 동아시아 학문의 필연적인 계기적(繼起的) 발전 과정이라는 주장에는 동의하기 어렵다. 단언컨대 그런 '필연'은 없다. 각국의 복잡한 사정이 얽힌 특수성에 따라 사상은 발전해 가는 것이라고 보지 않으면 안 된다.

상기 인용문에서 소라이는 4문사의 시가 '송원의 구폐'(宋元之舊)를 답습하고 있다고 보았다. 즉 조선 문사의 시는 송시(宋詩)와 원시(元詩)를 배웠을 뿐이라는 것이다. 하지만 이는 선입견이며, 정확한 판단이라고 할 수 없다. 주지하다시피 소라이는 명(明)의 이반룡(李攀龍)을 배워 고문사학(古文辭學)을 주창해, 송학(宋學)을 부정했다. 그는 조선은 송학 일색이라고 보았다. 그러니 조선인은 당연히 문학에서도 송시를 높인다고 보았던 것이다. 하지만 소라이가 생각했던 것과 달리 조선의 시단은 그리 단순하지 않았다. 17세기 이래 조선 문사들 중에는 당시(唐詩)를 배운 자가 있었는가 하면, 명시(明詩)를 배운 자도 있었고, 진한(秦漢) 이전의 고시를 배운 자도 있었다. 심지어 청시(淸詩)를 배우고자 한 자도 있었다.

(3) 일본에는 17세기 후반 이래 나가사키를 통해 많은 중국 서적이 유입되었다. 조선 측에서도 부연사(赴燕使)[6]를 통해 중국의 서적들을 구입하기 위해 노력하지 않은 것은 아니나, 강남의 서적들이 쏟아져 들어온 일본에 비할 바는 아니었던 것 같다.

---

5. 후마 스스무(夫馬進), 하정식 외 역, 『연행사와 통신사』(신서원, 2008), 210면, 263면 전후.

6. 후마 스스무는 '연행사'라는 말을 썼으나 조선 시대의 조정에서 일반적으로 사용된 말이 아니다. '부연사'(赴燕使)라고 해야 옳다. 이 점은 박희병·박희수, 「조선시대 중국 파견 사신의 총칭 문제」(『한국문화』 86, 2019)를 참조할 것.

일본의 문사들은 특정한 책이 조선에도 있는지를 묻고 또 묻고 있다. 일본에 서적이 많음을 과시하기 위한 것으로 보인다.

『계림창화집』 권12에서 오미 마사카즈(尾見正數)는 제술관 이현과의 필담 중에 이리 말했다.

> 귀국의 책 『경국대전』(經國大典), 『해동제국기』(海東諸國記), 『동국통감』(東國通鑑) 등에는 일본의 사적(事蹟)에 대한 기록이 빠져 있거나 와전된 기록이 적지 않습니다. 『징비록』(懲毖錄), 『평양록』(平壤錄) 등에도 일본에 대한 기록이 빠져 있습니다. 이 책들에 빠져 있는 사실은 모두 『태합가보』(타이코오카후, 太閤家譜), 『풍신실록』(토요토미지츠로쿠, 豊臣實錄), 『경원기』(케이겐키, 慶元記), 『조선정벌기』(초오센초오바츠키, 朝鮮征伐記), 『서봉금안』(세이호오킨안, 西峯今按) 등의 책에 상세히 기록되어 있습니다. 『구사기』(큐우지키, 舊事紀), 『고사기』(코지키, 古事記), 『일본기』(니혼키, 日本紀), 『속일본기』(쇼쿠니혼키, 續日本記), 『일본후기』(니혼코오키, 日本後紀), 『속일본후기』(쇼쿠니혼코오키, 續日本後紀), 『삼대실록』(산다이지츠로쿠, 三代實錄), 『유취국사』(루이쥬우코쿠시, 類聚國史), 『신국사』(신코쿠시, 新國史), 『비부략』(히후랴쿠, 秘府略), 『본조통감강목』(혼쵸오츠우간코오모쿠, 本朝通鑑綱目), 『본조통기』(혼쵸오츠우기, 本朝通紀), 『원태력기』(엔타이랴쿠키, 園太曆記), 『왕대일람』(오오다이이치란, 王代一覽), 『역대전안록』(레키다이센안로쿠, 歷代筌案錄)과 같은 책 외에 신서(神書: 신도神道에 관한 책), 경(經)·사(史)·자(子)·집(集) 약 8천여 부가 모두 다 있습니다. 중화의 경적(經籍)과 고금(古今)의 시편(詩篇) 등이 매년 무수히 많은 배에 실려 오니, 우리나라에 본래 경사(慶事)가 있음을 알 수 있습니다.(『계림창화집』)[7]

마사카즈는 일본에서 편찬된 책들과 중국에서 수입된 책들의 아주 많다는 사실을 과시하고 있다.

일본 지식인들은 조선에서 간행된 역사서를 위시한 서적들을 읽고 그 내용을 비교적 잘 이해하고 있었다. 이들 조선의 책 중 상당수는 일본에서 재간행되기도 했다. 이와 달리 4문사는(그리고 조선에 있던 지식인들은) 일본 서적에 대해 별로 아는 바가 없었다. 조선에서는 일본 서적이 간행된 적이 없다.

그러므로 일본 문사들은 조선 문사들에게 조선 서책 중의 어떤 내용에 대해 자세히 구

---

7. "貴國書『經國大典』、『海東諸國記』、『東國通鑑』等闕日本事蹟, 亦傳聞之訛不少, 『懲毖錄』、『平壤錄』等, 又闕其事實, 皆詳于『太閤家譜』、『豊臣實錄』、『慶元記』、『朝鮮征伐記』、『西峯今按』等書也. 『舊事記』、『古事記』、『日本紀』、『續日本記』、『日本後紀』、『續日本後紀』、『三代實錄』、『類聚國史』、『新國史』、『秘府略』、『本朝通鑑綱目』、『本朝通紀』、『園太曆記』、『王代一覽』、『歷代筌案錄』, 此外神書,經史子集, 大凡八千餘部皆悉存焉. 中華經籍,古今詩編等, 每年萬船載到, 吾邦天然慶幸可知矣."(『鷄林唱和集』 권12, 9a~9b)

체적으로 질문할 수 있었지만 조선 문사들은 일본 서책에 대해 그럴 수 없었다.

이는 조선 선비들이 일본을 이적으로 여기며 그 문화를 얕본 탓이다. 하지만 이는 크게 잘못된 태도였다. 이런 허세 때문에 조선은 일본을 깊이 알 수 있는 소중한 기회를 놓치고 말았다.

필담창화집에서 확인되는 이런 양상은 '정보의 비대칭성'이라 명명할 수 있다. 정보의 비대칭성은 비단 상대방 국가의 서적에 대한 이해에서만이 아니라 중국의 서적에 대한 이해에서도 발견된다.

뿐만 아니라 그것은 유럽을 비롯한 해외 제국에 대한 이해에서도 나타난다. 가령 『강관필담』(江關筆談)에서 아라이 하쿠세키는 통신사에게 자신이 중국사람이나 류우큐우(琉球) 사람뿐만 아니라 대서양(大西洋)과 구라파(歐羅巴) 지역의 네덜란드, 스웨덴, 이탈리아 사람과도 직접 면담한 적이 있다고 하였다. 이에 종사관 임수간은 대서양은 서역(西域)의 나라 이름인데 구라파와 이탈리아 등은 어디에 있는지 물었다.

문제는 조선 국내의 지식인들이 이런 정보의 비대칭성에 등한했다는 사실이다. 유형원(柳馨遠, 1622~1673), 이익, 홍대용, 이덕무(李德懋, 1741~1793), 박제가, 정약용(丁若鏞, 1762~1836)처럼 일본의 동향을 예의주시한 지식인들이 없었던 것은 아니나 그럼에도 일본의 중요한 역사책을 비판적으로 검토하거나 연구한 사람은 아무도 없었다. 요컨대 일본의 핵심을 보려고 한 지식인이 하나도 없었던 것이다. 이에서 '시선의 비대칭성'이라고 명명할 수 있는 또 하나의 대칭성이 나타난다.

(4) 일본 문사들은 걸핏하면 조선이 옛날에 일본의 '속국'이라는 인식을 보이거나 지금의 통신사는 조공하러 온 것이라는 인식을 보였다. 지금의 통신사가 조공을 바치러 온 것이라는 인식은 옛날 삼한이 일본의 속국이었다는 인식과 결부되어 있다.

예컨대 『계림창화집』 권11에서 마사카즈는 이현에게 이리 말하고 있다.

> 귀국이 일본과 통신(通信)한 일과 과거에 삼한(三韓) 시대로부터 일본에 조공한 일은 모두 역사서에 자세히 기록되어 있습니다.(『계림창화집』)[8]

마사카즈는 『일본서기』에 보이는 삼한정벌의 기록을 근거로 이런 말을 한 것이다. 하지만 이현은 이에 대해 아무런 반박도 하지 못하고 있다. 일본 지식인의 이런 역사 인식에

---

8. "貴國與日本通信之事, 又昔年自三韓朝貢日本之事, 皆詳于史書."(『鷄林唱和集』 권12, 8a)

대해 비단 이현만이 아니라 당시 조선 국내의 지식인도 제대로 대응할 준비가 없었다고 생각된다. 일본 지식인들은 19세기에 들어와 이런 자기중심적인 인식을 더욱 강화하면서 급기야 정한론(征韓論)을 제기하기에 이른다. 식민사관의 연원은 여기까지 소급된다.

통신사는 일본의 이런 도발적 발언에 대체로 무대응으로 일관하면서 일본을 문화적 후진국으로 간주하는 인식을 보여 준다. 일본을 '이(夷)', 조선을 '화(華)=소중화'로 여기는 화이론적 관점을 취한 것이다. 유교 문화를 가치 기준으로 승인할 때 가능한 관점이다.

이처럼 필담창화집에는 일본 문사가 조선을 보는 시선과 조선 문사가 일본을 보는 시선 간에 심각한 비대칭성이 존재한다. 일본의 문사들은 조선이 조회(朝會)하러 왔다고 보았지만 조선 문사들은 결코 그리 보지 않았다. 선린우호를 위해 일본에 왔으며 조선의 우월한 유교 문화를 보여 줄 기회로 보았다. 한편 조선의 문사들은 일본이 문화적으로 열등한 오랑캐이며 문명국이라고 할 수 없다고 보았지만 일본 문사들은 결코 그리 생각하지 않았다.

양자의 시선 간에 존재하는 이런 비대칭성을 '시선의 비대칭성'으로 명명할 수 있다. 여기서 논한 이 세 개의 비대칭성은 비단 신묘년 사행 때의 필담창화집에서만 확인되는 것은 아니다. 그것은 우리가 고찰한 18세기의 필담창화집 모두에서 확인되는 양상이다.

(5) 당시 일본에서는 본초학(本草學) 방면에 커다란 학문적 성과가 있었다. 카이바라 에키켄(貝原益軒, 1630~1714)의 『대화본초』(大和本草)가 나온 것이 1708년이다. 『계림창화집』 권5에는 키노시타 쥰안의 제자인 이노오 쟈쿠스이(稲生若水, 1655~1715)가 당시 편찬 중이던 『서물유찬』(庶物類纂)이 거론되고 있다. 쟈쿠스이는 통신사행원을 만나 자신의 이 책에 대해 설명하면서 그 서문을 부탁하고 있다. 다음은 쟈쿠스이의 말이다.

> 저는 우리나라 북부의 번(藩)인 카가(加賀), 엣츄우(越中: 지금의 토야마 현), 노토(能登: 지금의 이시카와 현石川縣) 세 주(州)의 번주 카나자와(金澤: 마에다 츠나노리前田綱紀를 말함)의 신하입니다. 번주께서는 제가 초목곤충의 학문을 좋아하는 것을 아시고 『서물유찬』 천 권을 편찬하라고 명하셨습니다. 중국인이 기록한 책 중에 우리나라에서 나는 것을 증거로 삼은 것이 모두 2천여 가지이니, 일생의 정력(精力)을 다하여 종류별로 정리하고 백가(百家)의 설을 망라하여 직접 눈과 귀로 연구한 것을 가지고 결단한 이후에 이 책을 지었다고 자부합니다. 옛날 기록에는 보이지만 지금 우리나라에 없는 것과 귀한 나무, 아름다운 풀, 기이한 동물, 기괴한 짐승, 옥돌, 진귀한 물건 가운데 동방(東方)에만 있어 아직 고증할 수 없는 것에 대해서는 따로 편찬하고자 합니다. 그러나 그 사업이 너무나 크니 역시 하루아침에 할 수 있는 일이 아닙니다. 저는 늙고 병이 많아 수명을 기약

할 수 없으니 뜻만 있고 이루지 못할까 걱정입니다.(『계림창화집』)[9]

조선의 지식인들이 일본 본초학의 이런 성과에 주목하지 않은 것은 몹시 아쉬운 일이다. 조선에는 '물명고'(物名攷)류의 책은 더러 엮어졌어도 박물하적인 지적 광박함을 갖춘 본초학 연구는 없었다.

(6) 신묘년 필담창화집에 등장하는 인물 가운데 '나'와 '타자'를 모두 비판적으로 바라보면서 균형 있는 안목을 보여 주는 이로는 아메노모리 호오슈우가 주목된다.

그는 조선의 시문이 중국과 반드시 같지는 않지만 일본인의 작품은 그것에도 미치지 못한다고 하였다. 그런데도 자만에 빠진 일본 문사들이 자기 자신을 성찰하지 않고 통신사가 지은 시의 흠을 찾아내어 그들과 대등하다고 생각하는 세태를 탄식하면서, 이것이 일본의 문학이 끝내 조선에 부끄러운 이유라고 하였다.

당시 조선 문사와 일본 문사 간에 금강산과 후지산의 우열을 다투는 일이 있었다.[10] 이에 대해 호오슈우는, 산이 높거나 낮은 것이 나라의 성쇠와는 관계가 없는데도 이것으로써 자랑하려는 자는 참으로 무식한 자이며, 또 통신사처럼 말로써 이것을 이기려 하는 자 또한 장자(長者)의 언행이 아니라면서, 이는 사소한 일로 다투는 것이라 손님과 주인이 모두 예를 잃은 것이라 하였다.

호오슈우는 또한 자국 문사들이 자기중심주의에 갇혀 자고자대(自高自大)함을 이렇게 비판하고 있다: 일본은 바다 가운데 있으면서 대단히 크지만, 중국의 하나의 큰 성(省)에 미치지 못하니 인물의 많음과 토산의 풍부함이 어찌 중국과 나란할 수 있겠는가. 식견 없는 사람이 걸핏하면 천하에 비길 바가 없다고 한다. 남을 업신여기는 마음을 가진 자가 스스로를 아는 데 어두운 것이니 탄식할 만하다.

이상은 모두 호오슈우가 엮은 필담창화집인 『호저풍아집』(縞紵風雅集)에 보이는 말이다.

---

9. "義蔽邦北藩加賀、越中、能登三州鎭主金澤侯小臣也. 侯知義有好草木昆蟲之學, 乃命義撰次『庶物類纂』一千卷, 皆係作徵于華人記載中而吾國所產者凡二千餘種, 自謂盡一生之精力, 以平章群類, 罔羅百家之說, 斷以耳目之親究. 然後作此書也. 雖於其名見于往牒, 而本國未之有者, 與夫嘉木艷草、奇禽怪獸、玉石珍寶, 東方所獨有而不可考者, 則欲別撰著. 其事洪大, 亦非旦夕所能爲者. 衰年多病, 壽命不可期, 恐有志而不能成耳."(『鷄林唱和集』 권5, 7b~8a)

10. 이 점은 이혜순, 『조선통신사의 문학』(이화여자대학교출판부, 1996), 제7장 제Ⅱ절에 자세히 밝혀져 있다.

(7) 『계림창화집』 권2에 수록된 쿠마가이 치쿠도오(熊谷竹堂, 1677~1748)와 이현의 필담 중에 보이는 다음 말도 흥미롭다.

> **치쿠도오:** 우리나라에는 『원중랑집』(袁中郎集)을 좋아하는 사람이 있어 그 문집이 왕왕 전하고 있습니다. 저는 처음에 그것을 읽고 몹시 흠모하고 경복(敬服)하여 가는 곳마다 중랑(中郎: 원굉도袁宏道를 말함)에 대해 말하였습니다. 사람들은 그 뜻을 이해하지 못하여 저는 천하의 좋은 문장이 조물주의 시기를 받은 것을 깊이 탄식하였습니다. 그런데 요즘은 생각건대 그의 격체(格體)가 굉대(宏大)하고 파란(波瀾)이 기괴한 것은 비록 미칠 수 없을 듯하지만, 그 근거로 삼은 것이 모두 도(道)에서 벗어났습니다. 위로는 전모훈고(典謨訓誥)로부터 아래로는 맹가씨(孟軻氏: 맹자를 말함)에 이르기까지는 우리가 논할 바가 아니거니와, 한유(韓愈)의 순정함과 구양수(歐陽脩)의 순수함은 오로지 도덕과 이치를 근본으로 삼았으니 정종(正宗)이 여기에 있거늘 누가 감히 함부로 날뛰며 멋대로 할 수 있겠습니까? 원씨(袁氏) 같은 이는 고인(古人)에게 미치지 못한 것을 스스로 숨기고 한 격식을 세워 그릇되이 피난처로 삼았으니, 평직정대(平直正大)한 길은 요매(妖魅)가 걸을 수 있는 바가 아니라는 것을 잘 알겠습니다. 공께서는 어떻게 생각하시는지요?
>
> **이현:** 『원중랑집』은 저도 섭렵(涉獵)하였습니다. 그 문기(文氣)가 풍부하고 격체가 굉대한 것은 역시 중국의 작가라서 그런 것입니다. 그런데 이 사람은 사한가(詞翰家)의 고수(高手)일 뿐, 애초에 학문하는 사람이 아닙니다. 그가 논한 바가 도에 벗어난 것은 공죄(公罪)이니, 어찌 책임을 면할 수 있겠습니까?(『계림창화집』)[11]

일본에서는 『원중랑집』이 1696년 간행되었다. 이현의 말로 보아 그 역시 1711년 이전에 이미 『원중랑집』을 섭렵했던 것을 알 수 있다.

이 밖에도 이토오 진사이의 제자인 키타무라 토쿠쇼(北村篤所, 1647~1718)가 성인(聖人)의 학문은 일상생활에 도움이 되고 자신을 닦고 사람을 다스리기 위한 것인데 도학(道學)이라 일컫는 학문은 실용에 도움이 되지 않는다고 하면서, 정심지경(正心持敬)을 강조하는 정주학(程朱學)을 비판하고 있음도 눈여겨보아야 할 부분이다.(『계림창화집』 권7)

또한 키노시타 쥰안의 제자인 미야케 칸란이 엄한중에게 보낸 편지에서 자기는 야마자

---

11. "竹堂: 我邦有喜『袁中郎集』者, 往往傳焉. 僕初讀之, 瓣香敬服, 到處說中郎, 人未會其意則深嘆天下好文字造化所忌也. 近謂彼格體宏大, 波瀾奇怪, 雖如不可企及, 其所根者皆離道也, 夫上自典謨訓誥, 下至孟軻氏, 非我曹所議. 韓之醇正, 歐之純粹, 一本乎道德理致, 則正宗所在, 孰敢橫流倒出? 如袁氏者, 自掩其不及古人, 而建立一格, 枉爲遯地耳, 眞知平直正大路頭, 非妖魅所步也. 高明以爲如何?
李礥: 『袁中郎集』, 僕亦涉獵. 蓋其文氣浩汗, 格體宏大, 自是中朝作者, 而是人也, 卽詞翰家高手, 初非學問中人, 其所論之離道, 公罪也, 何足除責."(『鷄林唱和集』 권2, 22b)

키 안사이(山崎闇齋, 1618~1682)를 일본의 수많은 선비 중 으뜸으로 친다면서 조선의 학인들에게 이 말을 전할 것을 당부하고 있음도 눈여겨볼 만한 부분이 아닌가 한다.(『지기한담』, 『칠가창화집』 所收)

(8) 통신사 왕래가 거듭됨에 따라 일본 문사들은 새로 일본을 방문한 통신사에게 예전에 다녀간 조선 문사의 안부를 묻곤 하였다. 이는 대체로 신묘년 때부터 보이는 현상이다.

신묘년 사행 때 아라이 하쿠세키는 이현에게 홍세태(洪世泰, 1653~1725)의 안부를 물었다.(『강관필담』) 홍세태는 1682년 일본을 방문하여 하쿠세키, 쥰안 등과 필담을 나누었다. 당시 히토미 치쿠도오(人見竹洞, 1638~1696: 일명 야 카쿠잔野鶴山)는 홍세태에게 선물하기 위해 화가 카노오 츠네노부(狩野常信, 1636~1713)에게 <조설도>(釣雪圖)와 홍세태의 초상화를 그리게 했다. 홍세태는 이현 편에 치쿠도오에게 편지를 보냈다. 그러나 그는 이미 고인이 됐으므로 이 편지는 그의 아들 히토미 토오겐(人見桃原)에게 전달되었다. 토오겐은 이 편지를 받고 홍세태에게 보내는 편지를 썼다.

홍세태의 편지 내용은 대략 다음과 같다.

> 족하와 헤어진 지 30년이 지났는데, 지금도 족하와 창수한 시의 원고를 상자 안에 소중히 보관하고 있다. 가끔 그 원고를 꺼내 보고 당시 일을 회상하는데, 몹시 감회가 깊다. 사행의 다음 해에 족하가 츠시마(對馬島)를 통해 보내 준 편지는 매우 정성스럽고 간절한 것이었다. 이번에 통신사가 일본에 간다고 하여 이현에게 편지를 부탁하였다. 족하를 위해 세 수의 시를 지었으니, 이에 화답해 주었으면 좋겠다. 이현은 내 친구이며 대단히 어질고 글도 잘 쓰니, 그를 잘 대접해 주기 바란다. 보내 준 편지 중에 족하가 아직도 내 초상화를 간직하고 있다고 하였는데, 가족에게 나의 젊을 때의 모습을 보여 주고 싶으니, 이현에게 맡겨서 보내 주었으면 한다.(『양동창화록』 별록)

토오겐이 쓴 답장의 내용은 대략 다음과 같다.

> 올해 조선에서 통신사가 와서 아들을 데리고 숙소를 찾아가 이현과 시를 창수하였다. 이현은 몹시 온화하고 박식한 사람이다. 그가 가져온 족하의 편지를 읽어 보니, 아버지의 편지에 대한 답장이라 한편으로 기쁘고 한편으로 슬펐다. 아버지는 16년 전에 돌아가셨다. 족하가 보내 주신 편지는 매우 간절하고 공손하며 글씨도 아름다워서 만약 아버지가 읽었더라면 기뻐하셨을 것이다. 족하가 돌아간 후 아버지는 평소에도 늘 족하에 대해 이야기하셨다. 츠시마를 통해 편지를 보냈는데 편지가 도착하지 않았다고 탄식하셨다. 올해 다행히 족하의 답장을 받았는데 이미 세상을 떠나셨으니 참으로 안타깝다. 족하의 초상화는 카노오 츠네노부가 그린 것이다. 아버지가 찬어(讚語)를 쓴

족하의 초상화는 화재로 소실되었거나 먼 지방에 있어 보내기가 어려울 것이라 생각했는데, 다행히 츠네노부가 아직 소장하고 있었다. 그에게 새로 그리게 하고 아버지의 문집에 있는 찬어를 베껴 썼다. 그리고 아버지 대신 내가 족하의 시에 화답하였다.(『양동창화록』 별록)

이처럼 통신사 왕래가 거듭됨에 따라 조선 문사와 일본 문사 간에는 더러 숙연(宿緣)과 우정이 생겨나기도 한바, 이는 '구교(舊交)의 형성'이라 이를 만하다.

(9) 이 필담창화집에 실린 내용이 저 필담창화집에 재수록되는 등 중복이 적잖이 보인다. 이는 일본에서 필담창화집의 인기가 있어 그 편찬이 거듭 이루어진 탓이다. 가령 『계림창화집』 같은 책은 쿄오토의 저명한 출판인이자 지식인인 세오 요오세츠사이(瀨尾用拙齋, 1691~1728)가 간행한 것인데, 15권 8책이나 된다. 이 책은 독자의 수요에 부응하여 작은 규모의 필담창화집을 집대성한 것이다. 요오세츠사이는 『계림창화집』의 속편으로 『칠가창화집』(七家唱和集) 10권 7책을 간행하기도 했다.

4

기해년 사행의 정사는 홍치중(洪致中)이고, 부사는 황선(黃璿)이며, 종사관은 이명언(李明彦)이다. 제술관은 신유한(申維翰)이고, 3서기는 성몽량(成夢良), 장응두(張應斗), 강백(姜栢)이다.

기해년 사행 때의 필담창화집에서는 다음의 몇 가지가 특히 주목된다.

(1) 신묘년 사행 때 비해 소라이학파 인물들의 비중이 현저히 커졌음이 확인된다. 소라이의 제자인 키노시타 란코오(木下蘭皐, 1681~1752)는 신유한에게 소라이의 학문과 문학을 이렇게 소개하고 있다.

에도에 소라이 선생이란 분이 계십니다. 일찍이 고문사(古文辭)의 학문에 힘써 주공(周公)과 공자(孔子)의 책이 아니면 보지 않았고, 좌씨(左氏), 사마천(司馬遷), 반고(班固), 양웅(揚雄)의 책(策)이 아니면 꺼내 보지 않았으며, 「이소」(離騷), 『문선』(文選), 이백(李白), 두보(杜甫)의 시가 아니면 마음에 두지 않았으니, 대개 명(明)나라 이몽양(李夢陽)과 그 공(功)을 나란히 할 것입니다.

선생은 일찍이 이렇게 말씀하셨습니다. "문장의 도는 달의(達意)와 수사(修辭) 두 유파가 있다.

둘 다 성인의 말씀에서 나온 것이니 실은 서로 의지하는 것이다. 수사가 아니면 뜻을 전달할 수 없다. 그러므로 삼대(三代) 때는 두 가지가 나뉘지 않았다. 그러다 동한(東漢) 때 수사에 치우쳐 달의(達意)를 주장하는 일파는 잠잠하였고, 육조(六朝) 시대에 부미(浮靡)하여 당(唐)나라 때 절정에 이르렀다. 그러므로 한유(韓愈)와 유종원(柳宗元)이 달의로 떨쳐 우주를 일신하였다. 구양수(歐陽脩)와 소식(蘇軾)에 이르러 수사는 또 쇠퇴하였다가, 원(元)나라와 명나라 때 다시 절정에 이르렀다. 이때 이반룡(李攀龍)과 왕세정(王世貞)이 나와 오로지 수사로 떨쳐 한결같이 고(古)를 가지고 준칙을 삼았으니 가히 대호걸이라 하겠다. 서한(西漢) 이래의 문인들을 평하면서 당나라에서는 한유와 유종원을 취하고 명나라에서는 왕세정과 이반룡을 취한 것은 이 때문이다."(『객관최찬집』)**12**

란코오가 엮은 『객관최찬집』(客館璀璨集)에 나오는 말이다. 신유한은 란코오의 이 말에 이리 응대하고 있다.

소라이 선생의 성명(姓名)은 아직 들어 보지 못했습니다. 그러나 그가 고문사의 달의와 수사 두 가지를 논한 것은 몹시 명쾌합니다. 하물며 족하가 직접 배웠다니요. 저는 문장에 있어서는 고인의 깊은 경지를 엿보지도 못하였습니다. 그러나 약관 이전에는 진한(秦漢)의 고서(古書)를 읽는 데 뜻을 두었고 당송(唐宋)의 지엽말단에 먼저 힘을 쏟으려 하지 않았습니다. 그러나 애석하게도 심한 병에 걸려 다시 학업을 그만두어 마침내 스스로 한계를 정하고 나아가지 않았으니, 몹시 슬픕니다.

우리나라는 고려시대에는 오로지 송·원(宋元)의 문장을 따랐는데, 본조(本朝)에 이르러 여러 재자(才子)들이 일어나 혹자는 "반고와 사마천"이라 하고 혹자는 "한유와 유종원과 소식"이라 하였습니다. 그러나 그 바탕을 궁구하면 유도(儒道)를 종지(宗旨)로 삼습니다. 그러므로 그 문장의 체재는 대체로 송나라의 기습(氣習)을 따르되, 간혹 한두 구절 험(險)함과 순(順)함, 평이함과 난삽함의 차이가 있을 따름입니다. 명나라 제자(諸子) 중 이몽양, 하경명(何景明), 왕세정, 이반룡은 진실로 대가들이라 그들의 문장이 처음 전해졌을 때 또한 이를 존모하려는 생각이 없지 않았습니다. 그러나 왕세정과 이반룡의 문장을 전공(專攻)하는 사람은 열에 한둘도 되지 않습니다. 지금 우리나라의 문사들은 대부분 '마땅히 먼저 팔대가(八大家)를 다독(多讀)해서 자신의 문장이 익숙하여 통창하고 평탄해진 뒤에 명나라 제자들 또한 때때로 펼쳐 보아 그 문채(文彩)를 도와야 한다'라고 말합니다.**13**

---

12. "東都有徂徠先生者, 夙務古文辭之學, 非姬公,宣父之書, 不涉於目, 非左,馬,班,揚之策, 不發于筒, 非「騷」、『選』,李,杜之篇, 不歷于思, 蓋齊功於明 李獻吉矣. 先生嘗謂: "文章之道, 達意,修辭二派, 發自聖言, 其實二者相須, 非修辭則意不得達, 故三代時二派未嘗分別也. 東京偏修辭而達意一派寥寥, 六朝浮靡, 至唐而極矣. 故韓,柳而達意振之, 宇宙一新, 至歐,蘇又衰降, 迨元,明再極矣. 時有出李于鱗,王元美者焉. 專以修辭振之, 一以古爲則, 可謂大豪傑矣. 故評騭西京下文人, 唐取韓,柳, 明取王,李爲是故也."(『客館璀璨集』 後篇, 10a~11a)

신유한은 근세의 조선 문인들이 진한고문(秦漢古文)을 존숭하는 파와 당송고문(唐宋古文)을 존숭하는 파로 나뉘지만 송학(宋學)의 도를 종지로 삼음은 같으며, 이반룡과 왕세정을 배우는 사람은 그리 많지 않다고 말하고 있다. 소라이를 의식해 한 말로 보인다. 이 인용문에서 신유한이 소라이의 성명을 아직 들어 보지 못했다고 한 말이 주목된다. 이로 미루어 기해사행 전까지는 조선 지식인들에게 소라이의 이름이 알려져 있지 않았다고 보아야 할 듯하다.

신유한을 비롯한 4문사는 다자이 슌다이(太宰春臺, 1680~1747)와 필담을 나누었다. 슌다이는 소라이의 고제(高弟)다. 그는 특히 소라이의 경학을 계승해 발전시킨 일본사상사의 1급에 속하는 학자다. 그는 신유한에게 준 송서(送序)에서, 조선 문사의 시작(詩作) 능력이 민첩해 자신들이 결코 따를 수 없음을 인정하였다. 그리고 다음과 같이 말했다.

> 시는 뜻을 말한 것이다. 그러므로 춘추시대에 조회(朝會)를 하거나 연회에 참석하여 시를 읊은 사람이 모두 아송(雅頌)의 말을 외웠던 것이다. 지금은 비록 그렇지 않지만 어찌 많이 짓는 것을 숭상하겠는가. 그렇다면 또 어찌 막힘없이 빨리 짓는 것을 취하겠는가. 이는 다만 기예를 다투는 것과 같을 뿐이니, 실로 음악의 조화를 해친 것이고 예의 뜻에 맞지 않는 것이다. 그렇다면 한인(韓人)이 잘못한 것인가? 어찌 반드시 잘못이겠는가. 저들은 다른 나라에서 온 객(客)이다. 주국(主國: 일본을 말함)의 사람이 그들을 위해 시를 지었는데 객이 답하지 않는다면 대단히 불공한 것이 되니 어쩔 수 없이 그런 것이다.
>
> 조빙(朝聘)의 예는 선왕(先王)의 제도이다. 나는 계찰(季札)이 국풍(國風)에 대해 논하고 담자(郯子)가 관제(官制)에 대해 배웠다는 말은 들었어도, 시를 수창하느라 분주하여 이처럼 번거롭게 했다는 말은 듣지 못하였다. 누구의 허물이겠는가? 나는 객을 공경하는 우리의 도리가 잘못되었을까 두렵다. 비록 그렇지만 나 또한 시를 통해 조선 사람들을 알게 되었으니, 그렇다면 그 효과가 특별하다 하겠다.(『신양산인한관창화고』)**14**

---

13. "徂徠先生姓諱亦未聞, 而其論古文辭意達、修辭二段, 大令人躍然稱快. 況足下親炙之哉! 僕於文章不能窺古人牖下之趾. 然大抵弱冠以前, 即有意讀秦、漢古書, 不欲先攻枝葉於唐、宋之末, 而惜罹毒痾, 因復輟業, 遂畫而不進, 可哀可哀. 我國高麗之世, 專當宋、元, 至我朝而群才亦起, 或曰班、馬, 或曰韓、柳、蘇, 而原其體, 則以儒道爲宗. 故其文體裁, 率緣宋習, 間有一二章句, 險順平澁之殊而已. 皇明諸子中李、何、王、李, 允爲大方家, 其文之始來傳也, 亦不無向風之思, 而其專攻王、李之文者, 十無一二. 即今我國中操觚之士, 大都言曰: '宜先多讀八代家, 吾文既熟, 谿逕平坦, 然後皇明諸子亦可時時披閱, 以佐其采, 如此云云矣.'" (『客館璀璨集』 後篇, 11a~12a)

14. "詩言志, 故春秋時, 朝會燕享賦詩者, 率誦雅頌之言而已. 今縱不然, 豈以多爲尙哉, 則亦何取於捷給乎. 此特鬪技者比, 實傷樂之和, 非禮之意也. 曰: 然則韓人所爲非耶? 曰: 何必非耶. 彼異邦之客也, 主國之人爲之賦, 而客不答, 殆乎不恭, 蓋不得已耳. 夫朝聘之禮, 先王之制也. 吾聞季札辯國風, 郯子於官制, 未聞以詩相擾若是之煩. 伊誰執其咎? 吾恐非我人所以敬客也. 雖然, 予獲識韓人亦以詩, 則既效尤矣. (…)"

슌다이는 소라이와 달리 조선 문사에 대한 시의심(猜疑心)은 없었던 것 같다. 그는 한편으로 조일 문사가 경쟁적으로 시를 짓는 데 대한 회의를 표명하기는 했으나 그것이 꼭 조선측의 잘못은 아니라고 했으며, 시의 창수가 갖는 현실적 의의를 인정하고 있다.

슌다이는 장응두에게 준 송시에서는, 조선과 일본이 '동문(同文)의 치(治)'를 공유하고 있음을 강조하였다. 같은 유교문화권에 속해 있다는 점에 대한 자각이다.

슌다이의 기록에 의하면, 성몽량과 장응두가 슌다이의 시에 화답한 시는 10월 15일 통신사 일행이 에도를 떠난 지 4일 후에 소라이에게 먼저 전달되었다고 한다. 이를 통해 신묘년과 마찬가지로 기해년 사행 때도 소라이는 뒤에서 통신사의 활동을 예의주시하고 있었다고 생각된다.

기묘사행 때의 필담창화집에는 아직 소라이학파에 속한 인물들과 조선문사들 간에 유학의 도를 둘러싼 긴장감 같은 것은 발견되지 않는다. 이런 긴장감은 이후의 사행, 특히 계미사행 때 표나게 나타난다.

(2) 이토오 진사이의 문도(門徒)들, 즉 고의학파(古義學派)에 속한 인물들이 적잖이 눈에 띈다.

이토오 진사이의 차남인 이토오 바이우(伊藤梅宇, 1683~1745)가 엮은 『한객창수록』(韓客唱酬錄)에는 다음과 같은 필담이 보인다.

> **성몽량:** 일찍이 본국(本國: 조선을 말함)에 있을 때 이토오 진사이가 일본 유학의 종장으로 우뚝하다는 말을 익히 들은지라 찾아뵙고 성리설(性理說)에 대해 한 번 듣고 싶었습니다. 지금 집사(執事: 상대방을 높여 부르는 말)를 만났는데 집사께서는 실로 진사이의 후손이시니 기쁘고 다행함이 얼마나 큰지요. 선공(先公: 진사이를 말함)께서 논변하신 성리서가 반드시 집안에 보존되어 있을 터이니, 저에게 한 권 주신다면 평소 존모하던 뜻을 이룰 수 있을 것입니다. 또한 그 책을 가지고 돌아가 본국의 학자들에게 보여 주어 귀국(貴國)의 유풍(儒風)이 융성함을 알리는 것이 어떻겠습니까.
>
> **바이우:** 족하께서 선인(先人: 진사이를 말함)의 보잘것없는 이름을 일찍이 귀국에서 들으시고 칭찬해 주시는 특별한 은혜를 입었습니다. 선인께서는 평소의 논의를 모아 책을 한 권 엮고 『동자문』(도오지몬, 童子問)이라고 하셨습니다. 내일 호오슈우(아메노모리 호오슈우) 공(公)께 전하여 가져다 드리겠습니다. 다행히 귀국에 전해진다면 선인께서 바라던 바가 이루어지는 것일 터입니다.
>
> **성몽량:** 선공의 책을 받아 가도록 허락해 주시니, 본국에 돌아가 자랑하고 사람들로 하여금 도학(道學)의 한줄기 맥이 해가 뜨는 동쪽 나라에 있음을 알게 할 수 있게 되어 몹시 기쁩니다.(『한

(『信陽山人韓館倡和稿』, 5b~6a)

객창수록』)[15]

성몽량은 일본에 오기 전에 이미 진사이의 이름을 들었다고 했다. 하지만 "도학의 한 줄기 맥" 운운한 말로 보아 아직 진사이 학문의 실상을 알고 있었던 것으로 보이지는 않는다. 진사이는 도학, 즉 주자학을 비판했기 때문이다.

성몽량은 이때 『동자문』을 얻어 조선으로 돌아온다. 이 책은 진사이 만년의 저술로, 고의학의 요체가 잘 정리되어 있다. 1748년 통신사행 때의 필담집인 『평교창화록』(萍交唱和錄)에, 당시 서기였던 이봉환(李鳳煥, 1710~1770)과 이명계(李命啓, 1714~?)가 진사이의 후손인 이토오 카다이(伊藤霞臺, 1724~1753)를 만나서 『동자문』이 성몽량에 의해 조선에 전래되어 조선 학자들이 모두 읽었다고 하면서 진사이의 다른 저서도 보고 싶다고 말하는 대목이 나온다.[16] '조선 학자들이 모두 읽었다'는 말은 상대방을 기분 좋게 하기 위한 과장이라 생각되지만, 적어도 이 책이 조선의 일부 학인에게 읽힌 것은 분명하다.

이토오 바이우의 형인 이토오 토오가이(伊藤東涯, 1670~1736)는 비록 통신사와 접촉하지는 않았지만 『양관창화집』(兩關唱和集)에 다음과 같은 서문을 썼다.

> 삼한(三韓)과 우리의 관계로 말하면 전지(腆支)와 왕인(王仁)이 온 뒤로부터 문학으로 서로 사모하고 숭상하였으니, 그 유래가 오래되었다. 임진년의 전쟁 때, 융신(戎臣: 조선침략의 선봉에 섰던 카토오 키요마사加藤淸正와 코니시 유키나가小西行長를 가리킴)이 힘을 다해 그 세 도읍(한양, 개성, 평양을 말함)을 짓밟고 팔도를 유린하여 노인과 어린아이 및 기물(器物)을 노획해 돌아왔다. 그래서 우리가 그들을 멸시한다. 다만 문사(文事)에 있어서는 더불어 겨루는 것이 쉽지 않다. 그 나라가 중화와 접경하고 있어 평소에 교화를 받아 왔고, 격려 받을 기회가 많았다. 그러니 일개 사신이 만 리 바다 밖으로 배를 타고 와서 분주한 숙소 안에서 여러 편의 시문과 편지를 민첩하게 지어내는 것이 당연하다. 비록 지적할 만한 결점이 없긴 하나, 그렇다고 해서 크게 놀랄 만한 사람이 있다

---

15. "嘯軒: 曾在本國曾在本國, 慣聞藤仁齋蔚爲日東儒宗, 思欲望履門下, 一聞性理之說. 今獲私於執事, 執事實仁齋之胤也, 其爲忻幸, 如何如何. 先公論辨性理書, 必有家藏, 僕望惠賜一本, 俾遂平昔尊慕之意. 且使歸示本國學者, 以知貴國儒風之盛, 如何如何?

梅宇: 承先人之卑名, 足下嘗於貴邦聞之, 惟賞殊渥, 平素所言論, 聚爲一書, 名『童子問』, 明日託芳洲公致之, 幸傳貴邦, 先人之志願足矣.

嘯軒: 尊先集許以贈, 行歸誇本國, 使知道學一脈在于浴日之東, 忻幸忻幸."(『韓客唱酬錄』, 2b~4a)

16. "李鳳煥: 『童子問』不爲嘯軒帳中『論衡』, 鄙邦學士皆見而賞之. (…)

李命啓: 仁齋徽名, 僕已慣聞於萬里外矣. 嘗見『童子問』一本而已. 今遇足下, 心有所感, 不知足下能不墜家庭之學, 而克紹庭業否? 先公文字『童子問』外又有著述否? 自東氏歸路一使寓目, 則幸矣."(『平交唱和錄』, 4b)

는 말도 들은 적이 없다.(『양관창화집』)[17]

토오가이는 에도 시대의 여느 일본 지식인처럼 침략전쟁인 임진왜란을 정당화하면서 조선에 대한 멸시감을 당연시하고 있다. 또한 조일 문사의 창화를 '경쟁'이라는 시각에서 보고 있다.

토오가이는 조선에 관심이 많아 조선의 역사, 지리, 관제(官制), 군사 등에 관한 다수의 저술을 남겼다. 『삼한기략』(三韓紀略), 『조선잡지』(朝鮮襍誌), 『조선국언문자모』(朝鮮國諺文字母), 『조선관직고』(朝鮮官職考), 『계림군기』(鷄林軍紀), 『왜한통신잡지』(倭韓通信襍誌) 등이 그것이다. 이를 통해 이 무렵 일본에서 '조선학'이라 할 만한 것이 성립되었던 것을 알 수 있다.[18]

(3) 아사미 케이사이(淺見絅齋, 1652~1712)에 대한 언급이 처음 보인다.[19] 다음은 이데 야스하루(井出保合)의 질문과 그에 대한 신유한의 답이다.

> **야스하루:** 우리나라에는 아사미 케이사이라는 분이 있는데, 독실(篤實)하고 근엄(謹嚴)하여 성학(聖學: 유학을 말함)에 가장 공이 큽니다. 귀국에도 그 아름다운 명성이 전해졌는지요?
>
> **신유한:** 케이사이는 그 사람의 호입니까? 저는 지금 처음 듣습니다. 그분의 글과 학문을 접하지 못해 아쉽군요.(『상한훈지집』)[20]

신유한의 말로 미루어 보아 케이사이는 당시 조선에 그 이름이 알려져 있지 않았던 것으로 보인다.

(4) 『상한창수집』(桑韓唱酬集)은 오오사카 출신의 카와마 마사타네(河間正胤)가 엮

---

17. "三韓之於我也, 自腆支·王仁以還, 以文學相慕尚, 其來也舊矣. 壬辰之役, 戎臣效力, 擣其三都, 躙其八道, 俘其旄倪器械而還, 故我視彼蔑如也. 唯於文事, 則爲未易與也. 蓋國接壤禹服, 漸被有素, 激勸有具, 宜其一介使臣萍梗于萬里之海外, 逆旅草草之中, 連篇累牘, 倚馬而辨. 然雖無罅之可抵, 而亦未聞有大可驚者也."(『兩關唱和集』, 「兩關唱和集序」, 2a~3a)

18. 이에 대해서는 이효원, 「일본 유학자의 조선 연구: 이등동애(伊藤東涯)의 『삼한기략(三韓紀略)』에 대하여」(『한국한문학연구』 66, 2017)가 참조된다.

19. 아사미 케이사이가 일본사상사에서 어떤 위치를 점하는가는 박희병, 「아사미 케이사이와 홍대용」(『범애와 평등』, 돌베개, 2013의 부록)의 제1장과 제2장을 참조할 것.

20. "吾邦有淺見絅齋者, 篤實謹嚴, 最有功於聖學, 貴國亦傳其芳名耶?" "絅齋是其人名號耶? 僕今始聞之. 惜乎, 未見文字訓詁之跡也."(『桑韓壎篪集』 권2, 27a~28a)

은 책인데 그는 이 책의 서문에서, 일본에 도(道)가 있어 조선이 일본을 몹시 흠모하고 있음을 알 수 있다고 적고 있다. 얼토당토않은 일본중심주의의 피력이다. 이런 정도로 심한 것은 아니라 할지라도 편협한 일본중심주의는 필담창화집에서 종종 발견된다.

(5) 조일 문사들 간에 시 비평이 활발히 이루어지고 있음이 주목된다.

소라이는 이미 신묘년 사행 때 조일 문사들이 수창한 시에 평점비평(評點批評)을 가한 바 있다.(『문사기상』에 보임) 하지만 그것은 대체로 조선 문사들의 시를 혹평하고 자기 제자들의 시를 호평한, 일방적 성격의 것이었다.

이와 달리 기해년 사행 때 조일 문사들 간에 이루어진 시 비평 행위는 '상호적'인 것이었다는 점이 주목된다.

가령 요오세츠사이는 장응두에게 편지를 보내 자신이 지은 시들을 평해 줄 것을 청하였다. 다음은 요오세츠사이의 시 「춘사」(春寺)다.

> 春風衣冷翠微間, 봄바람 부는 산중에 옷이 차가운데
> 啼鳥落花僧自閑. 새 울고 꽃 지니 승려 절로 한가롭네.
> 杖履悠悠吟半日, 느긋이 산보하며 반나절을 읊조리다
> 醉侵禪榻坐看山. 술에 취해 선탑(禪榻)을 침범해 공연히 산을 보네.

장응두는 이 시를 이리 평했다.

> '侵'자는 고요한 맛이 부족하니 '憑'자로 고치는 것이 어떨지? 격조가 청초(淸峭)하여 유문방(劉文房: 당나라 유장경劉長卿)의 유운(遺韻)과 같다.[21]

이 평어들은 『상한훈지집』(桑韓壎篪集) 권10의 『한객필어』(韓客筆語)에 수록된 요오세츠사이의 시 옆에 적혀 있다.

한편 신유한은 이이다 칸사이(飯田寬齋)가 자신의 벗인 요오세츠사이의 시를 평해 달라는 요청을 받고 이리 대답하였다.

> 저는 시에 대한 안목이 고인(古人)을 엿보지 못했습니다. 그러나 귀국에 와서 많은 선비들과 창화해 보니 대개 시가 문장에 미치지 못하는 것 같습니다. 생각건대 귀국이 중화(中華)와 멀리

---

21. "侵字似欠穩帖, 改以憑字如何? 格調淸峭, 似劉文房遺韻."(『韓客筆語』, 『桑韓壎篪集』 권10 所收)

> 떨어져 있는데다 그 방언(方言)의 음률 또한 번연(煩衍)하고 어지러워 격에 맞는 것이 적어서인 듯합니다. 지난번 하쿠세키 공(公)의 시를 보고 기이하다고 생각했고, 지금 시켄(芝軒)의 원고를 보고 경탄했습니다. 또한 요오세츠사이의 시편(詩篇)을 본 후에야 비로소 공력을 쏟는 곳이 각기 달라 다만 배우는 사람이 힘쓰는 것이 어떠한가에 달려 있다는 것을 알게 되었습니다. 요오세츠사이의 시가 지금 도달한 곳이 고화(高華)하고 정치(精致)하지 않은 것은 아니나 10년 동안 당시(唐詩)를 더 읽어 그 지극함을 구한다면 반드시 성취하는 바가 있어 피안(彼岸)으로 뛰어오를 수 있을 것입니다. 왜냐하면 성음(聲音)과 구어(句語)가 진실로 중화의 풍(風)을 얻어 외진 땅의 말이 결코 아니기 때문입니다.(『상한훈지집』)[22]

이 외에도 이리에 자쿠스이(入江若水, 1671~1729)의 시집에 써 준 신유한의 서문 및 장응두와 강백의 발문에도 시평이 들어 있다.(『화한창화집』)

한편 다이쵸오 겐코오(大潮元皓, 1676~1768)는 조선 문사들이 오오사카의 거상이자 시인인 카라카네 바이쇼(唐金梅所, 1675~1738)의 시를 평한 말을 인용하면서 바이쇼의 시를 평하고 있다. 예컨대 겐코오는 바이쇼의 「키타무라 토쿠쇼 군을 곡하다」(哭篤所北君)라는 시에 대한 평에서, "신유한이 말하기를, '이 경련(頸聯)은 확실히 우린(于鱗: 이반룡을 이름)의 말이다.'라고 했으니, 한인(韓人)이 안목이 있다."[23]라고 했으며, 「누각에 거처하다」(樓居)라는 시에 대한 평에서는, "청천(신유한)이 말하기를, '시 전체가 우아하여 티끌 하나 섞이지 않았으니 당시(唐詩)니 명시(明詩)니 논할 것이 없이 신선 가운데 있는 사람이다.'라고 하였으니 좋은 평이라 생각된다."[24]라고 하였다. 또 「동생 쿄오에이를 곡하다」(哭弟興榮)라는 시에 대한 평에서는, "조선의 강서기(강백을 이름)는 '정경(情境)이 몹시 슬퍼 골수에 사무친다'라고 했는데 평이 대단히 옳다."[25]라고 하였다.(『매소시고』) 이는 '비평의 비평'이라고 해도 좋을 것이다. 조선 문사들의 비평적 안목이 존중받는 분위기 속에서 이런 '인용적 비평'까지 나오게 되었다고 생각된다.

(6) 토리야마 시켄(鳥山芝軒, 1655~1715)이라는 출중한 시인의 발견이다. 시켄은 쿄

---

22. "余於詩隻眼, 未窺古作者, 然自入貴邦, 與諸賢唱和者亦多, 而大抵聲律之學, 不及於敍事之文, 意謂貴邦去中華絶遠, 其方言音律亦煩衍紛冗, 少能合格者. 曩見白石 源公詩而異之, 今得芝軒稿而驚歎之, 又於用拙齋詩篇而後, 乃知用工處各自不同, 顧在學者所勉如何耳, 用拙之詩卽今所到, 非不高華精致, 加以十年益讀唐人詩, 力求其至, 此必打化鎔鑄, 超登彼岸, 何也? 以其聲音句語實得中華之風, 決非僻土中語. (…)"(『桑韓壎篪集』 권9, 9a~9b)

23. "申維翰云: '此頸聯, 的是于鱗語', 韓人有眼."(『梅所詩稿』 卷上, 7b~8a)

24. "青泉曰: '通篇台雅, 不雜一塵, 卽無論爲唐爲明, 自是神仙中人', 算得是好評."(위의 책, 16a)

25. "韓姜書記曰: '情境悲慘到骨, 評得極是.'"(위의 책, 3b)

오토 후시미(伏見) 출신인데 후에 오오사카로 옮겨 활동하였다. 평생 시작(詩作)에 힘썼으며, 당시(唐詩)에 뛰어났다. 그는 1715년 작고했으며, 그의 문인들에 의해 시집 『지헌음고』(芝軒吟稿)가 통신사가 일본을 방문한 해에 출간되었다.

시켄의 제자인 토다 호오히츠(戶田方弼)는 간행된 스승의 시집 『지헌음고』 5권을 신유한에게 보내 그 서문을 청하였다. 신유한은 이 시집이 몹시 기이하다며 조선에 갖고 가고 싶다고 했다. 신유한은 자신이 저술한 일본 기행록인 『해유록』(海游錄)에서 이리 말하고 있다.

> 토리야마 세키후(鳥山碩夫: 시켄을 이름)가 지은 『지헌집』(芝軒集: 『지헌음고』를 이름)은 대체로 고고(孤苦)하면서도 공교하고 치밀하니, 그가 부귀한 사람이면서도 곤궁한 데 마음을 두었다는 것을 알 수 있다. 하지만 내 생각에 이만한 사람은 일본 시인 중에 결코 쉽게 얻을 수 없는데, 일본의 시속(時俗)에서는 그의 이름을 아는 자가 없었다.(『해유록』 11월 초4일)[26]

신유한이 시켄의 인품과 문학적 재능을 높이 평가했음을 알 수 있다. 신유한이 시켄의 시집에 서문을 써 줘 시켄의 이름은 일본 전역에 알려지게 되었다.[27]

신유한만이 아니라 강백과 장응두도 시켄의 시를 높이 평가하였다. 강백은 일본의 시가 시켄에 이르러 도(道)가 더욱 밝아졌다고 했다. 그는 시켄이 작고해 만나지 못한 것에 크게 낙담했지만, 그의 제자인 이리에 쟈쿠스이의 시집을 호오슈우에게 전해 받아 읽고는 각별한 감회를 표했다.

> 3서기는 시켄의 시집을 구하기 위해 호오슈우에게 "시켄의 시집은 담아(澹雅)하여 운치가 있습니다. 귀국할 때 한 부씩 가지고 갔으면 합니다. 쟈쿠스이와 난메이(이케다 난메이池田南溟를 이름)에게 이 뜻을 전하는 것이 어떻겠습니까? 만약 얻게 되면 부산으로 보내 주시기 바랍니다."라고 하였다.(『화한창화집』)[28]

(7) 조선 문사들과 카라카네 바이쇼 간의 교류가 주목된다. 바이쇼는 오오사카 출신의 상인(商人)으로 해운업과 미곡 도매로 많은 재산을 모았으며, 문인(文人)과 학자를 후원

---

26. "鳥山碩輔所著『芝軒集』, 大抵孤苦工緻, 知其富貴中人, 而用意於窮者. 然余謂日本詩人中, 決不易得, 而倭俗無知其名者."

27. 이효원, 「『해유록』의 글쓰기 특징과 일본 인식」, 서울대학교 박사학위논문, 2015, 151면 참조.

28. "芝軒詩集澹雅有致, 欲各得一件, 携歸故國. 此意傳于南溟、若水二公如何? 若或惠贈, 送于釜山爲望."(『和韓唱和集』 卷上, 10b)

하였다. 시작(詩作)에 힘써 『매소시고』(梅所詩稿)라는 시집을 냈으며, 당대의 유명한 시인인 기온 난카이와 교류하였다. 『매소시고』에는 바이쇼가 아메노모리 호오슈우, 아라이 하쿠세키, 기온 난카이, 오규우 소라이, 하야시 호오코오(林鳳岡) 등 일본의 저명한 문인들에게 준 시가 수록되어 있다.

바이쇼는 일찍이 1711년에 조선 문사와 필담을 나눈 바 있으며, 이현 및 3서기에게 '스이유우도오'(垂裕堂)라는 당호(堂號)의 자기 집에서 바라보이는 여덟 곳의 승경을 읊은 시를 써 줄 것을 청하였다. 4문사는 그의 요청에 응하였다. 이현은 팔경시(八景詩)와 함께 써 준 서문에서 바이쇼가 상업으로 많은 재산을 모았지만 그에 그치지 않고 서적을 사 모으고 문학에 힘쓴 점을 높이 평가하였다.

이현은 귀국 후 1713년 왜관에 온 호오슈우를 통해 바이쇼에게 편지를 보내 소식을 전했다. 바이쇼 역시 호오슈우를 통해 수차례 이현에게 편지를 전하고자 했지만 나라에서 금하여 뜻을 이루지 못하였다. 바이쇼는 기해년 통신사를 통해 이현이 죽었다는 소식을 듣고는 눈물을 흘렸다.

바이쇼는 신묘년 사행 때와 달리 기해년 사행 때는 통신사행원과 직접 접촉하지 못했다. 그 대신 그는 신유한을 비롯한 조선 문사들과 편지로 교류하였다.

통신사 일행이 오오사카에 체류할 때 바이쇼는 호오슈우를 통해 신유한에게 편지와 시를 보내 인사를 했으며, 아울러 자신의 시집을 비평해 줄 것을 청하였다. 바이쇼는 신유한이 귀로에 오오사카에 들렀을 때도 시로써 작별의 인사를 전했다. 신유한은 『해유록』에서 이리 말했다.

> 내가 처음 츠시마(對馬島)에 도착했을 때 아메노모리 호오슈우가 와서 이렇게 간절히 청하였다. "센난(泉南)의 문사 카라카네 코오류우(唐金興隆: 바이쇼를 이름)는 빼어난 재주로 크게 명성을 얻었습니다. 당(堂)을 지어 '스이유우'(垂裕)라 명명하고 대(臺)에는 '린에이'(臨瀛)라는 이름을 붙여 시와 기문(記文)을 구하고 있습니다. 신묘년에 왔던 통신사 여러분이 모두 글을 지어 주었습니다." 이에 나는 시문을 지어 주었다. 오오사카에 도착했을 때 그는 가까운 곳에 있으면서도 와 보지 않고 단지 편지를 보내 감사의 뜻을 표하였는데, 그 글씨를 보니 몹시 강건한 기운이 있었다. 내가 돌아가는 길에 오오사카에 도착하자 그는 또 오언 절구 두 편을 지어 나에게 보내 주어 작별을 대신했다. (…) 또 자신의 사고(私稿) 한 권을 호오슈우 편에 보내어 내게 비평을 받고자 하였는데 그중에 볼 만한 것이 많이 있었다. 걸출하고 빼어난 사람인 것 같았는데, 만나지 못한 것이 안타까웠다.(『해유록』 11월 4일)[29]

---

29. "余初至馬島, 雨森東力懇曰: '泉南文士唐金興隆, 有奇才大名, 築堂曰垂裕, 臺曰臨瀛, 求詩及記, 辛卯諸

바이쇼가 명명한 '스이유우도오 팔경'(垂裕堂八景)은 중국의 '소상팔경'(瀟湘八景)을 본뜬 것이다. 신유한과 3서기, 정후교 등은 '스이유우도오 팔경'(垂裕堂八景)을 제재로 한 시와 서문을 지어 바이쇼에게 보냈다. 이들 시 및 조선 문사들이 바이쇼에게 보낸 편지는 모두 『매소시고』에 부록으로 첨부되어 있다.

조선 문사와 바이쇼의 문학 교류는 훗날 계미(1763) 사행 때 성대중(成大中, 1732~1809)을 비롯한 조선 문사와 오오사카의 상인 키무라 켄카도오(木村蒹葭堂, 1736~1802)의 교류를 떠올리게 한다. 겐카도오 역시 상업으로 많은 재산을 모았는데, 장서가로 이름이 높았고, 시서화에 능통한 교양인이었다.[30]

바이쇼나 겐카도는 쵸오닌(町人) 신분이었으므로 사무라이 출신의 다른 일본 문사들과 달리 조선 문사와 겨루려고 하는 태도를 갖고 있지 않았다. 그들에게 조선 문사의 시문은 그들의 성망(聲望)을 더욱더 높이는 데 크게 도움이 되었을 것으로 생각된다.

(8) 일본에서는 통신사 필담창화집이 많이 간행되었으므로 일본 문사들은 새로 온 통신사와 접촉하기 전에 이미 예전에 온 조선 문사들에 대한 정보를 숙지하고 있는 경우가 많았다.

조선에서는 일본과 달리 통신사 필담창화집이라는 것이 간행된 적이 없다. 조선 문사는 담초(談草)나 시를 수창한 종이를 대개 일본 문사에게 주어 버리고 왔기에 귀국 후 손에 남아 있는 것이 없었다.

그렇긴 하나 후차(後次)의 통신사는 선차(先次)의 통신사를 통해 일본 문사에 대한 정보나 자료를 얻곤 했으며, 또한 선차의 통신사가 남긴 기록(사행록과 같은)을 통해 일본 사정을 요량하였다.

신유한은 일본에 오기 전에 이미 아라이 하쿠세키의 시집 『백석시초』(白石詩草)를 읽었다. 다음은 신유한의 말이다.

> 신묘년 통신사가 귀국할 때 『백석시초』 한 권을 가지고 와서 내게 보여 주었습니다. 저는 그 음조가 아름답고 낭랑하여 중화(中華)의 울림이 있는 것에 감탄했습니다. 지금 듣건대 그 사람이 나와서 객(客)을 만나지 않는다 하니 인사할 기회가 없어 몹시 애석합니다.(『객관최찬집』)[31]

公皆有篇什'云云. 余作詩文以給之. 及至大坂, 其人在近而不來見, 但以書牘致謝, 觀其書, 頗矯矯有氣. 逮余歸到大坂, 又爲五言二絶句, 贈余替別. (…) 且以其私草一卷, 托雨森東致之, 欲得余批點, 見其中, 多有可觀, 以爲錚錚佼佼之類, 而恨不能相見."

30. 이에 대한 연구서로는 中村眞一郞, 『木村蒹葭堂のサロン』(東京: 新潮社, 2000)이 있다.

『객관최찬집』에 실린 신유한과 키노시타 란코오(木下蘭皐, 1681~1752)의 필담 중에 나오는 말이다. 신유한은 일본에 오기 전에 이미 하쿠세키의 시를 읽었으며, 그와 만날 것을 기대하고 있었다. 하지만 당시 하쿠세키는 막부의 벼슬에서 물러나 있었으므로 이전처럼 통신사와 수응하지 않았다. 그래서 신유한은 유감을 표했던 것이다.

1682년 제술관으로 일본을 방문한 성완(成琬, 1639~?)은 창수한 시문의 초본(草本)을 조선에 갖고 왔다. 아주 이례적인 일이다. 성완은 신유한과 함께 일본에 온 성몽량의 백부다. 성몽량은 일본에 오기 전에 이미 집안에 전하는 이 초본을 읽었다. 다음은 성몽량이 이이다 칸사이(飯田寬齋)와 나눈 필담의 일부다.

> **칸사이:** 선생께서 귀국에 계실 때 우리나라의 시문이 전해진 것을 보셨을 것이라 생각됩니다. 볼 만한 사람이 있었는지 감히 묻습니다.
>
> **성몽량:** 임술년(1682) 통신사행 때의 시문 초본이 제 집에 있어 다 읽어 보았습니다. 신묘년(1711)의 시문은 다 보지는 못했습니다. 임술년 야나가와 신타쿠(柳川震澤, 1650~1690)의 문장이 말[馬]이 내달리듯 비가 퍼붓듯 거침없으면서도 문장가의 법도가 있었습니다. 키노시타 쥰안의 시문이 또한 아정(雅正)했고, 태의령(太醫令) 타치바나 신민(橘親民)은 운격(韻格)이 있었습니다. 신묘년에는 하쿠세키의 시와 아메노모리 호오슈우의 문장이 솜씨가 있었습니다. 미야케 소오메이(三宅滄溟) 형제의 시문도 맑고 굳건하여 법도가 있었습니다.(『상한훈지집』)[32]

이 인용문을 통해 성몽량이 일본에 오기 전에 임술년 시문 초본뿐만 아니라 신묘년 통신사의 기록도 읽었음을 알 수 있다. 신유한 역시 다음의 하야시 노부아츠(林信篤, 1645~1732)와 나눈 필담에서 보듯 임술년 시문 초본을 과안(過眼)하였다. 아마 성몽량에게 빌려 보았을 터이다.

> **신유한:** 예전에 '임술창화초'(壬戌唱和草)를 보았는데, 케이호오(鷄峯)가 11세 때 지은 시가 있었습니다. 케이호오는 지금 어디에 있습니까?
>
> **노부아츠:** 당시 통신사를 만났을 때 케이호오는 13세였습니다. 제가 그를 데리고 객관(客館)에서 통신사와 만나 성·이·홍(成李洪: 성완成琬, 이담령李聃齡, 홍세태洪世泰) 세 학사와 수창했는

---

31. "辛卯使行歸時, 持『白石詩草』一卷示余, 余歎其音調婉朗, 有中華之響. 今聞其人不出見客, 無以奉拜, 甚恨甚恨."(『客館璀璨集』 後篇, 13a~13b)

32. "寬齋: 想先生在貴國時, 傳見我國之詩文, 敢問有可觀者否.
嘯軒: 壬戌詩文草本在鄙家, 已盡覽了, 辛卯諸作不能盡見, 而壬戌之震澤 柳剛之文, 馳騖霈霁, 有作者軌則, 木順菴詩文亦雅正, 太醫令橘親民有韻格, 辛卯則白石之詩、雨森芳洲之文, 有作者手段, 三宅滄溟兄弟詩文淸健有軌則耳."(『桑韓壎篪集』 권9, 7a)

데, 좌중의 사람들이 모두 13세의 왕발(王勃)이라고 칭찬했으며, 성학사(成學士)께서 자못 경탄하셨습니다. 그랬는데 얼마 되지 않아 케이호오가 세상을 뜨고 말았습니다. 지난 일을 지금 생각하니, 붓을 들자 눈물이 떨어져 답을 적을 수가 없군요.(『향보기해한객증답』)[33]

신유한은 임술년 시문 초본에서 본 11세 아동의 시까지 기억하고는 그의 소재를 묻고 있는 것이다.

(9) 일부 조선 문사들이 일본에서 중국 서적을 구하고 있음이 눈에 띈다. 부연사를 따라 북경에 간 조선 문사들은 유리창에 가 필요한 중국 서적을 구입해 오는 것이 관례였다. 거기에 비길 일은 아니나 일부 조선 문사들이 일본에 가서 중국 서적을 탐문하고 있음은 흥미로운 일이 아닐 수 없다. 다음은 『봉도유주』(蓬島遺珠)에 실린 강백(姜栢)과 아사히나 겐슈우(朝比奈玄洲, ?~1734)가 나눈 필담의 한 부분이다.

강백: 서책 가운데 『한서평림』(漢書評林)과 『좌전평림』(左傳評林)은 부디 저를 위해 그 가격을 물어봐 주시고, 보관해 두었다가 제가 돌아올 때를 기다리는 것이 어떻겠습니까? 고인(古人)의 화물(畵物) 또한 사 가고 싶습니다.

겐슈우: 삼가 명하신 대로 하겠습니다.[34]

겐슈는 소라이의 제자로 전서와 팔분(八分)에 능했다. 『한서평림』과 『좌전평림』은 모두 명나라 때 간행된 책이다. 『한서평림』은 일본에서 1657년에 훈점(訓點)을 붙여서 다시 간행되었다. 강백이 구입하고자 한 것은 이 화각본(和刻本)이 아닌가 생각된다. '고인의 화물(畵物)'은 일본 사람의 그림을 가리킬 터이다. 강백은 본래 그림에 대한 애호가 있었다.[35]

한편, 성몽량은 요오세츠사이와 나눈 필담에서 자신이 당나라 맹호연(孟浩然)의 시를 평생 좋아했다고 하면서 일본에서 그 시집을 구할 수 있는지를 묻고 있다.(『한객필어』, 『상한훈지집』 권10)

---

33. "學士: 曾見壬戌唱和草, 有鷄峯十一歲時所作詩, 鷄峯今安在?
祭酒: 登時鷄峯十三歲, 余携之會于客館, 與成、李、洪三學士酬唱, 滿座皆以十三王勃稱之. 成學士殊加驚嘆. 不幾, 鷄峯歸泉, 今思往事, 筆與淚俱落, 不能爲答."(『享保己亥韓客贈答』 上卷 附錄, 2b)

34. "耕牧子: 書冊中『漢書評林』、『左傳評林』, 幸爲僕問價, 置之以待還歸如何? 古人畵物亦欲貿去耳.
玄洲: 謹領命矣."(『蓬島遺珠』 前篇, 11b)

35. 姜栢, 「李美伯廷彦挽」, 『愚谷集』 권6 참조.

5

이상으로 신묘년과 기해년 사행 때의 필담창화집에서 특별히 주목되는 점을 살펴보았다.

이 밖에도 이 책에서 다룬 필담창화집에는 흥미로운 내용이 적지 않다. 가령 한글에 대한 일본 문사의 관심도 눈길을 끌며, 아라이 하쿠세키와 통신 3사가 에도성의 내전(內殿)에서 함께 옛 무악(舞樂)을 관람하면서 나눈 필담 내용 역시 주목된다. 『좌간필어』(坐間筆語)에 이 필담이 실려 있는데, 무로 큐우소오는 이 책 서문에서, 조선 사신을 위한 연회에서 연주되는 음악이 하쿠세키의 제안으로 인해 산악(散樂: 오락적 요소가 강한 일본의 대중예능)에서 고악(古樂)으로 바뀌었음을 지적하면서, 한(漢)나라 이후 볼 수 없었던 옛 무악을 지금 볼 수 있는 것은 외국 사신뿐만 아니라 일본인에게도 영광된 일이라고 했다. 무악에 관한 이 기록은 음악사적으로 퍽 중요한 자료가 아닌가 한다.

일본의 필담집을 읽으면서 가장 애석하게 생각되는 점은, 당시 일본에서는 이 책들이 간행되어 널리 읽혔지만 조선에서는 그렇지 못했다는 사실이다. 필담집에는 곳곳에 일본인의 그릇된 조선관이 피력되어 있다. 가령 삼한이 고대에 일본의 속국이었다느니, 지금 조선 사신이 조공을 하러 왔다느니, 조선은 일본을 사모한다느니 하는 등의 언설이 그것이다. 일본 문사가 필담 중에 혹 이런 언설을 하면 조선 문사는 대개 무대응으로 일관하였다. 외교적 마찰을 피하기 위해서였던 게 아닌가 한다. 하지만 일본인들은 간행된 필담집의 이런 대목을 읽으면서 조선에 대한 그릇된 통념과 인식을 더욱더 강화해 갔으리라 생각된다.

한편 조선으로서는 필담집이 간행된 적이 없기에 일본에 만연한 조선에 대한 그릇된 역사관과 인식을 심각하게 직시할 기회가 없었으며, 이 때문에 이 문제에 대한 진지한 학문적 대응 방안이 모색될 수 없었다. 그러니 통신사가 파견될 때마다 문제는 되풀이되었다. 일본에서 19세기 초에 대두된 정한론(征韓論)의 배경에는 이렇게 다져져 간 '굴절된 조선관'이 자리하고 있다고 판단된다.[36]

이런 점을 고려한다면 통신사가 일본에 조선의 우수한 유교 문화를 전파했다느니, 조일 문사들 간에 문학 교류를 통한 우호의 증진이 이루어졌다느니 하는 주장만을 일삼는 게 능사가 아니다. 물론 문학 교류를 통한 우호가 없었던 건 아니나, 문제는 사태가 그리 간

---

36. 요시다 쇼오인(吉田松陰, 1830~1859)은 그의 저술 『유수록』(유우슈우로쿠, 幽囚錄)에서 진구우 황후(神功皇后) 이래 삼한은 일본의 조공국이었다는 사관을 거듭 표출하면서 일한 관계를 다시 원래의 상태로 되돌려야 한다고 주장했다. 박희병, 「아사미 케이사이와 홍대용」, 앞의 책, 428~429면 참조.

단하지만은 않다는 데 있다. 따라서 일방적이거나 나이브한 시각을 지양(止揚)할 필요가 있다. 필담창화집은 이런 고민을 우리에게 안겨 준다.

Ⅰ. 신묘년(1711) 필담

1. 문사기상(問槎畸賞)

[1] 서지사항

서명: 문사기상(問槎畸賞)
소장처: 국립중앙도서관
편자: 아키모토 탄엔(秋元澹園)
간행연대: 1712년(辛卯 2)
책수: 3권 1책
판본: 간본(松柏堂, 玉芝堂)

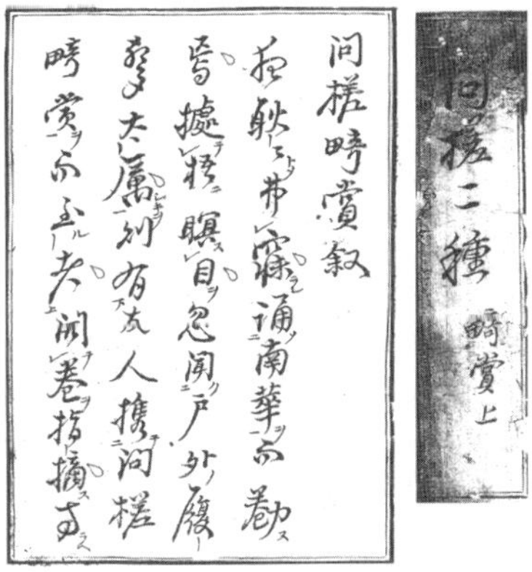

『문사기상』(問槎畸賞)[1]은 오규우 소라이(荻生徂徠, 1666~1728)가 결성한 켄엔사(蘐園社)의 문인들이 통신사와 주고받은 필담과 한시 및 편지를 수록한 책이다. 상·중·하 세 권으로 되어 있다. 『문사기상』의 '사'(槎)란 '사객'(槎客) 곧 통신사를 가리키며 '문사'(問槎)란 '일본을 방문한 통신사'라는 뜻이다. '기'(畸)는 기형(畸形) 혹은 형편없는 것을 가리키는 말이다. '상'(賞)은 그러한 형편없는 통신사의 글을 감상한다는 뜻이다. 그러므로 『문사기

1. 『문사기상』에 대해서는 임채명, 「『問槎畸賞』의 性格에 대하여」(『洌上古典研究』 제29집, 열상고전연구회, 2009)와 박상휘, 「자료소개: 『문사기상』」(『국문학연구』 제26호, 국문학회, 2012)을 참조할 수 있다. 일본에서 이루어진 연구로는 杉田昌彦, 「『問槎畸賞』の序跋について」(『季刊日本思想史』 第49號, 東京: ぺりかん社, 1996)가 있는데, 『문사기상』의 서문과 발문을 중점적으로 소개하였다. 또 日野龍夫, 『服部南郭傳攷』(東京: ぺりかん社, 1999)를 통해 『문사기상』이 간행된 배경을 알 수 있으며, 今中寬司, 『徂徠學の史的研究』(東京: 思文閣出版, 1992), 154~157면에 통신사가 일본을 방문하였을 때 오규우 소라이와 야마가타 슈우난이 주고받은 편지에 대한 언급이 있다. 본 해제는 이들 선행 연구를 참조하였다.

상』이라는 제목에는 통신사절을 깔보는 시각이 담겨 있다. 제목의 유래에 관해서는 뒤에서 자세히 언급한다.

편자인 아키모토 탄엔(秋元澹園)은 소라이를 사사(師事)하여 고문사학(古文辭學)을 배웠다. 이름은 유키마사(以正), 자(字)는 시스이(子帥), 탄엔은 그 호(號)이다. 다른 호로 슈케이(須溪), 구이(嵎夷), 코모오산진(古毛山人) 등이 있다. 교정자(校訂者)는 요시다 코잔(吉田孤山)이다. 요시다 코잔은 소라이의 제자이며 히젠오오무라 번(肥前大村藩: 지금의 나가사키 현長崎縣)에 출사하였다. 이름은 有隣, 자는 신야(臣哉)이며, 코잔(孤山)은 그 호다.

전체적인 체제와 내용을 개관하면 다음과 같다: 제일 앞에 타나카 토오코오(田中桐江, 1668~1742)의 서문이 있고 상권이 시작되는 부분에 소라이의 서문이 실려 있다. 상권에는 소라이의 제자인 야마가타 슈우난(山縣周南, 1687~1752) 및 츠시마(對馬島)에서 따라온 아메노모리 호오슈우(雨森芳洲, 1668~1755)와 마츠우라 카쇼오(松浦霞沼, 1676~1728) 등이 통신사와 주고받은 시문과 필담이 실려 있고, 후반부에는 이리에 쟈쿠스이(入江若水, 1671~1729)가 통신사와 주고받은 시문 및 쟈쿠스이에게 보낸 소라이의 편지가 수록되어 있다. 중권에는 안도오 토오야(安藤東野, 1683~1719)와 탄엔이 통신사와 주고받은 시문 및 카쇼오와 슈우난에게 보낸 소라이의 편지가 수록되어 있다. 하권에는 혼다 이란(本多猗蘭, 1691~1757)이 이현(李礥)과 주고받은 수창시 및 슈우난이 시모노세키(下關)에서 다시 통신사를 만나 주고받은 수창시가 실려 있다. 또 슈우난이 소라이에게 보낸 편지도 수록되어 있다. 제일 마지막에는 교정자인 요시다 코잔과 소라이의 제자 핫토리 난카쿠(服部南郭, 1683~1759)의 발문(跋文)이 있다. 본문에는 소라이의 평점비평(評點批評)이 가해져 있다.

『문사기상』은 1712년 겨울 간행되었는데,[2] 간행 배경은 조금 복잡하다. 『문사기상』이 출판되기 전에 먼저 『계림창화집』(鷄林唱和集)과 『칠가창화집』(七家唱和集)이 간행되었다. 그런데 이 책에는 소라이학파 문인들의 작품은 의도적으로 배제되어 거의 수록되지 않았다. 소라이는 이에 대해 불만을 품고 제자들을 동원하여 자신의 제자들과 통신사가 주고받은 필담과 창화시를 수록한 책을 만들게 하였으니, 이것이 곧 『문사기상』이다. 따라서 『문사기상』에는 통신사에 대한 우월감뿐만 아니라 자신의 학파를 무시하는 일본 문단에 대한 불만도 곳곳에 드러나 있다.[3]

---

2. 『문사기상』의 간행시기에 대해서는 平石直昭, 『荻生徂徠年譜考』(東京: 平凡社, 1984), 88면 참조.

3. 『계림창화집』의 편집과정에서 배제당한 것에 대한 소라이의 불만 및 자신의 학파를 인정하지 않은 다른

2 필담일시 및 장소

상권에 실려 있는 슈우난과 통신사의 필담은 1711년 8월 29일 아카마가세키(赤間關: 지금의 시모노세키下關)에서 이루어졌나. 이리에 쟈쿠스이와 통신사의 필담은 같은 해 9월 중순 셋츠(攝津: 지금의 오오사카 부大阪府)에서 이루어졌다. 중권에 실려 있는 토오야 및 탄엔과 통신사의 수창시는 직접 만나서 수창한 것이 아니라 서면으로 주고받은 것이다. 하권에 실려 있는 혼다 이란과 통신사의 수창시도 12월경 오오사카에서 서면으로 이루어졌다. 야마가타 슈우난은 1712년 1월 21일, 23일, 26일에 다시 아카마가세키에서 통신사를 만나 시문을 수창하였다.

3 참여자

조선인 참여자는 제술관(製述官)인 이현(李礥, 1654~1718), 그리고 세 명의 서기인 홍순연(洪舜衍, 1653~?), 엄한중(嚴漢重, 1654~?), 남성중(南聖重, 1655~?)이다.

- 이현. 자(字)는 중숙(重叔), 호(號)는 동곽(東郭)이다. 1675년에 진사(進士)에 급제하고 1693년에 문과장원(文科壯元), 1697년에 중시(重試)에 급제한 후 안릉(安陵: 황해도 재령군載寧郡)의 태수(太守)가 되었다.
- 홍순연. 자는 명구(命九), 호는 경호(鏡湖)이다. 1677년에 진사, 1705년 문과에 급제하였다.
- 엄한중. 자는 자정(子鼎), 호는 용호(龍湖)이다. 1688년 진사에 급제하여 비서성(秘書省) 박사(博士), 승문원(承文院) 교검(校檢), 고창(高敞) 태수 등을 지냈다.
- 남성중. 호는 범수(泛叟)이고, 1655년 종사관(從事官)으로 일본을 방문한 남용익(南龍翼, 1628~1692)의 아들이다.

일본인 참여자 중에서 직접 필담에 참여한 문인은 슈우난, 쟈쿠스이, 호오슈우, 카쇼오이다. 그 외에 서면으로만 수창한 문인 및 서문이나 발문을 쓴 문인들이 있다.

- 타나카 토오코오. 데와(出羽: 지금의 야마가타 현山形縣과 아키타 현秋田縣) 출신의 문인이다. 이름은 省 혹은 逸, 자(字)는 세이고(省吾), 닛큐우(日休), 슈우로(宗魯), 호는 토오코오(桐江) 혹은 셋카도오진(雪華道人)이다. 토쿠가와 막부 제5대 장군 토쿠가와

학파 문인들에 대한 반발심, 그리고 통신사에 대한 우월감에 대해서는 日野龍夫(1999), 앞의 책, 113~116면 및 448~452면; 杉田昌彦, 앞의 논문, 85면 참조.

츠나요시(德川綱吉, 재위: 1680~1709)의 타이로오(大老: 쇼오군의 측근)인 야나기사와 요시야스(柳澤吉保, 1658~1714)에게 출사하였고 소라이와 교유를 맺었다. 야나기사와 요시야스에게 출사한 후 오오슈우(奧州: 지금의 토오호쿠東北 지방)로 이사하였고, 그 뒤 오오사카에서 고코오샤(吳江社)라는 시사(詩社)를 설립하였다.

- 오규우 소라이. 에도 출신의 문인이다. 이름은 나베마츠(雙松), 자(字)는 시게노리(茂卿)이다. 조상이 모노노베 씨(物部氏)이기 때문에 '부츠 소라이'(物徂徠) 혹은 '부츠 모케이'(物茂卿)라고 칭하였다. 명나라 문인 이반룡(李攀龍, 1514~1570)과 왕세정(王世貞, 1526~1590) 등이 주장한 고문사학의 영향을 받아 한(漢)나라 이전의 고문(古文)이야말로 진실한 문학이라고 주장하였다. 경서(經書)를 일본식의 훈독법(訓讀法)으로 읽는 것을 비판하고 당음(唐音)으로 음독(音讀)할 것을 주장하였다. 야쿠샤(譯社: 백화白話로 된 중국소설을 중국 발음으로 강독하거나 중국어를 배우는 모임)를 만들어 중국어 연구에도 적극 참여하였다.
- 야마가타 슈우난. 스오오(周防: 지금의 야마구치 현山口縣) 출신의 문인으로 이름은 코오쥬(孝孺), 자는 지코오(次公)이고 슈우난(周南)은 그 호이다. 아버지인 야마가타 료오사이(山縣良齋, 1648~1728)는 쵸오슈우 번(長州藩: 지금의 야마구치 현山口縣)의 번주(藩主) 모오리 요시히로(毛利吉廣, 1673~1707)에게 출사한 유관(儒官)이다. 슈우난은 19세 때 에도(江戶)에 나가 소라이에게 배운 후 다시 고향에 돌아가 쵸오슈우 번의 번교(藩校)인 메이린칸(明倫館)의 학두좨주(學頭祭酒)가 되었다. 소라이가 명성을 떨치기 전부터 제자였으며 소라이학(徂徠學)을 서쪽 지방에 전파하는 역할을 하였다.
- 이리에 쟈쿠스이. 오오사카에서 태어나 가업(家業)인 주조가(酒造家)를 계승하였다. 이름은 카네미치(兼通), 자는 시테츠(子徹), 쟈쿠스이(若水)는 그 호이다. 토리야마 시켄(鳥山芝軒, 1655~1715)의 문하에 들어가 시를 배운 후 에도에 나가 소라이와 교유를 맺었다. 한편 소라이학과 대립한 이토오 토오가이(伊藤東涯, 1670~1736)의 문하에 들어가기도 하였다.
- 아메노모리 호오슈우. 오우미(近江: 지금의 시가 현滋賀縣) 출신의 문인이다. 에도로 나가 키노시타 쥰안 문하에 들어갔다. 쥰안의 추천으로 츠시마 번(對馬藩)에 출사하여 조선 외교의 실무를 맡았다.
- 마츠우라 카쇼오. 이름은 기(儀), 자는 테이케이(禎卿)이고 카쇼오(霞沼)는 그 호이다. 하리마(播磨: 지금의 효오고 현兵庫縣)에서 태어나 에도로 나가 키노시타 쥰안의 문하에 들어갔다. 27세 때 호오슈우의 추천으로 츠시마 번에 출사하여 호오슈우와 더불

어 통신사를 맞이하는 서기직을 맡았다.

- 안도오 토오야. 이름은 아키노리(煥圖), 자는 토오헤키(東壁)이고 토오야(東野)는 그 호이다. 시모즈케(下野: 지금의 토치기 현栃木縣)에서 태어나 에도로 나가 나카노 기켄(中野撝謙, 1667~1720)에게 주자학을 배운 후, 소라이를 사사(師事)하였다. 슈우난과 마찬가지로 일찍부터 소라이의 제자가 되었으며 일본에서 소라이학이 유행하는 데 큰 역할을 하였다.
- 혼다 이란. 이름은 타다토시(忠統), 자는 大乾, 이란(猗蘭)은 그 호이다. 1732년 이세 코오베 번(伊勢神戶藩: 지금의 미에 현三重縣)의 번주(藩主)가 되었다. 소라이에게 유학을 배웠으며 시문과 서화에 능통하였다. 『문사기상』에는 토오 키코오(藤其香)라는 이름으로 나온다.
- 핫토리 난카쿠. 쿄오토 출신의 시인이다. 이름은 겐쿄오(元喬), 자는 시센(子遷)이고 난카쿠(南郭)는 그 호이다. 다른 호로 후쿄칸(芙蕖館), 슈우세츠(周雪), 칸오오(觀翁) 등이 있다. 야나기사와 요시야스에게 출사한 후 에도에 나가 소라이에게 배웠다. 다자이 슌다이(太宰春臺, 1680~1747)와 더불어 켄엔(蘐園)학파의 쌍벽을 이루었다. 시뿐만 아니라 그림에도 능하였다. 난카쿠가 교정(校訂)한 『당시선』(唐詩選)은 폭발적인 반향을 불러와 당시(唐詩) 열풍을 일으켰다.

4 내용

▣ 서문 및 발문

· 서문

토오코오는 서문[4]에서 『문사기상』을 편집한 이유를 『장자』(莊子)를 인용하면서 우화적으로 밝히고 있다. 어느 날 밤, 잠을 못 자던 그는 『장자』를 암송하고 있었는데, 그때 어떤 친구가 『문사기상』을 들고 집을 찾아와서 '한인'(韓人)의 시문이 '더럽다'[汚]고 하면서 책에서 삭제하라고 했다. 이 친구에 대해 토오코오는 『문사기상』을 엮은 이유를 『장자』에 나오는 인물에 비유하면서 설명한다.

그는 "토오야(東野)의 글은 바다처럼 넘실거려 거의 끝이 없으니, 하백(河伯)이 없으

4. 『문사기상』의 서문과 발문에 대해서는 杉田昌彦, 앞의 논문 참조.

면 어찌 동해약(東海若)에 대해 알 수 있겠는가?"(夫東壁之文汪汪洋洋, 殆無涯涘. 而不有河伯, 何見東海若乎: 序 1b~2a)라고 물었다. 이는 안도오 토오야의 글은 끝이 없을 정도로 깊고 넓지만 '하백'이 없으면 '동해약'의 광대함을 느낄 수 없다는 뜻이다. '하백'이란 『장자』 「추수」(秋水)에 등장하는 황하(黃河)에 사는 전설의 인물로, 큰 바다를 모르는 우물 안 개구리를 상징한다. '동해약'은 『장자』 「추수」에 나오는 '북해약'(北海若)을 변형하여 만든 인물이다. 『장자』에서 북해약은 황하의 광대함을 자랑하는 하백에게 더 넓은 바다가 있음을 가르쳐 주는 인물이다. 토오코오는 『장자』의 '북해약'을 '동해약'으로 바꾸어 '동해약'을 토오야에, '하백'을 통신사에 비유함으로써 토오야가 조선의 문인보다 우월하다는 것을 강조하였다.

이어서 그는 야마가타 슈우난, 아키모토 탄엔, 이리에 쟈쿠스이, 혼다 이란 등 켄엔샤 문인들의 시문을 『장자』의 표현을 차용하면서 칭찬한다. 거기서 토오코오가 기댄 『장자』의 구절을 몇 가지 소개하면 다음과 같다. 먼저 야마가타 슈우난의 시를 '모장'(毛嬙), '여희'(麗姬)라는 표현으로 칭찬한다. '모장'과 '여희'는 『장자』에 나오는 미녀를 가리킨다. 즉 야마가타 슈우난의 시가 미인처럼 아름답다는 뜻이다. 혼다 이란의 글에 대해서는 '고야신인'(姑射神人)에 빗대었다. '고야신인'이란 『장자』 「소요유」(逍遙遊)에 나오는 막고야산(藐姑射山)에 사는 신선으로 재해를 막으며 풍년이 들게 할 수 있는 신이한 능력을 갖고 있다. 이어서 그는 "먼지와 때 및 쭉정이와 겨 같은 것을 가지고도 삼당(三唐)의 시인을 빚어낼 수 있는 사람이니, 어찌 조선인의 시 정도를 못 빚어내겠는가?"(其塵垢粃糠, 將猶陶鑄三唐者, 何況韓人乎: 序 2b)라고 하였다. 이 말 또한 『장자』 「소요유」의 "그(막고야산의 신인을 이름)는 먼지와 때 및 쭉정이와 겨 같은 것을 가지고도 요순을 빚어낼 수 있는 사람"(其塵垢粃糠, 將猶陶鑄堯舜者也)이라는 대목에서 가져온 것이다. 즉 혼다 이란은 손쉽게 당나라 시대의 시에 필적하는 시를 지을 수 있으니, 통신사 따위는 상대도 안 된다는 말이다. 그리고 토오코오는 그들이 모두 "우리 소라이 선생의 풀무 속"(吾徂徠先生槖籥中: 序 3a)에서 나온 문인이라고 하여 소라이 문하생들의 우수성을 과시하였다.

이어서 토오코오는 통신사의 시를 『장자』에 빗대어서 "더럽다"는 이유로 『문사기상』에서 통신사의 글은 삭제하라는 친구에게 왜 이 책에 통신사의 시가 필요한가를 밝힌다.

토오코오는 "지리소(支離疏)의 턱은 배꼽에 묻히고 상투는 하늘을 향해 솟아 있다. 애태타(哀駘它)는 추한 얼굴로 천하를 놀라게 한다. 어찌 모두 문사(問槎)의 기상(畸賞)이 아니겠는가? 또 어찌 그들이 더럽겠는가?"(支離疏之頤隱於齊, 會撮指天, 哀駘它之以

惡駭天下. 豈不皆問槎之畸賞乎, 亦何汚之有?: 序 3b)라고 하였다. '지리소'란 『장자』 「인간세」(人間世)에 나오는 불구자로 턱이 배꼽에 묻히고 상투가 하늘로 향해 솟아 있는 기형(畸形)을 가진 사람이며, '애태타' 역시 『장자』 「덕충부」(德充府)에 나오는 추남(醜男)을 가리킨다. 이와 같이 타나카 토오코오는 통신사를 기형의 불구자 혹은 추한 남자에 비유하면서 '더러운' 통신사의 글을 책에 실은 이유를 말하였다. 그 이유란 형편없는 통신사의 시는 세상을 놀라게 한다는 점에서 감상할 만하니, 그들의 시를 더럽게 여길 필요가 없다는 것이다.

이상과 같이 토오코오는 서문에서 통신사를 폄하하고 켄엔샤 문인들의 우수함을 전면에 내세우고 있다.

소라이는 서문에서 『문사기상』이 편집된 과정을 다음과 같이 설명하고 있다. 제자들이 통신사와 주고받은 시와 필담, 편지를 가져왔고, 이것을 모두 상자에 쌓아 놓았는데, 그 원고들을 요시다 코잔과 아키모토 탄엔이 정리하여 책으로 만든 후 자신이 평어를 붙였다고 하였다. 통신사 필담집 중에 소라이가 직접 평어를 붙인 것은 이 책뿐이다. 소라이가 이 책의 출판을 얼마나 중요시하였는지 알 수 있다.

▪ **발문**

권말에 요시다 코잔과 핫토리 난카쿠의 발문이 실려 있다. 코잔의 발문에는 특기할 만한 내용은 없다. 난카쿠의 발문에는 자신이 속한 켄엔샤에 대한 자부심과 통신사에 대한 부정적인 견해가 나타나 있다. 난카쿠는 "우레가 치면 만물을 놀라게 할 수 있지만 귀머거리는 편안하게 여기니, 문(文)에 있어서도 그러하다."(雷霆之奮發也, 則能驚物, 而聾者恬焉, 於文亦然: 跋 1a)라고 하여 '우레'와 '귀머거리'의 비유를 내세우면서 켄엔샤와 통신사의 관계를 서술하고 있다. 난카쿠는 우레처럼 등장하여 그 이름을 천하에 떨친 켄엔 일파의 문학에 대해 통신사가 아무런 반응을 보이지 않았던 것은 그들이 '귀머거리'이기 때문이라고 하여 통신사들을 신랄하게 공격하고 있다. 또 그는 "세속의 유약한 사람이 일단 우레가 치는 것을 당하면 곧 밀실 속으로 피하고는 겁내지 않음을 자랑한다. 귀머거리가 아니면서 귀머거리를 배우고 있으니 이는 귀머거리와 같을 뿐이다."(世之內荏者, 一遇雷動, 輒避諸密室中, 而詫其不怯. 非聾而學聾, 均之聾耳: 跋 2b)라고 하여 '우레' 곧 '켄엔 일파'에 관심을 보이지 않는 다른 학파의 문인들에 대해서도 '귀머거리'와 마찬가지라고 비난하였다. 이와 같이 난카쿠의 발문에는 통신사에 대한 우월감, 켄엔학파에 대한 강한 자부심, 그리고 자신의 학파를 무시하는 다른 학파에 대한 반발심이 여실히 드러나 있다.

▣ 필담

하권에서 슈우난과 이현은 다음과 같이 필담을 나누었다.

슈우난: 제가 『여사』(麗史)를 읽었는데 그중에 동진(東眞) 사람 주한(周漢)이 처음으로 소자(小字)의 문서를 전하였으니 소자의 학문이 이때부터 시작되었다는 기술이 있습니다. 이른바 소자란 무엇입니까?

이현: 고려 초기는 기성(箕聖)이 계시던 때와 이미 멀어졌으니 문교(文敎)가 중간에 쇠퇴하여 떨치지 못했습니다. 그런데 주한이 중국의 해서(楷書)로 된 서적을 전한 후에 인문(人文)이 크게 밝아졌습니다. 소자란 곧 중국의 해서입니다.

周南: 僕嘗讀『麗史』, 曰: "東眞人周漢始傳小字文書, 小字之學始此." 所謂小字何耶?

東郭: 高麗之初, 去箕聖已遠, 文敎中衰而不振. 周漢傳中國楷字書籍之後, 人文丕彰. 小字卽中國楷字.(下卷 9a~9b)

소라이는 이 필담 뒤에 "조선에는 삼국시대부터 한자가 있어 그 유래가 오래되었으니, 주한(周漢)이 전수해 주기를 기다릴 필요가 없다. 이(李: 이현을 말함)는 아마 소자가 무엇인지를 모르면서 이런 말을 지어내어 질문에 응한 것 같다."(朝鮮自其三國時有漢字久矣, 不待漢傳. 李盖不知小字, 遂撰是言塞問耳: 下卷 9b)라고 작은 글자로 쓰고 이현의 발언에 대해 비판적 견해를 제시하고 있다. 『고려사』(高麗史) 세가(世家) 권22 고종(高宗) 을유(乙酉) 12년(1225) 6월의 기사에 "동진 사람 주한이 서창진(瑞昌鎭)에 투항하여 왔다. 주한이 소자문서(小字文書)를 이해하기에 그를 개경으로 불러들여 사람들로 하여금 그것을 배우고 익히게 하였다. 소자(小字)를 배우는 것이 여기에서 시작되었다."(東眞人周漢投瑞昌鎭. 漢解小字文書, 召致于京, 使人傳習, 小字之學始此)라는 구절이 보인다. 동진은 13세기에 포선만노(蒲鮮萬奴)가 간도(間島) 지방에 세운 나라로 대진(大眞)이라고도 한다. '소자'란 여진(女眞) 소자(小字)를 말한다. 여진 문자에는 대자(大字)와 소자가 있으며 대자는 금(金)나라를 세운 아골타(阿骨打, 1068~1123)의 명령으로 1119년 완이엔시이(完顔希尹)가 한자와 거란(契丹) 문자를 참고하여 만들었다. 소자는 금나라 제3대 황제인 희종(熙宗)이 1138년에 공포한 글자다. 현존하는 여진 문자가 대자인지 소자인지에 대해서는 여러 설이 있지만 확실히 알 수 없다. 『금사』(金史) 권73 열전 11 「완안희윤전(完顔希尹傳)」에 "태조가 희윤(希尹)에게 명하여 본국의 글자를 만들고 제도를 갖추게 하였다. 희윤은 한인(漢人)의 해서를 모방하고 거란의 글자 제도를 따라서 본국의 말과 합치하게 하여 여진의 글자를 만들었다."(太祖命希尹, 撰本國字, 備制度.

希尹乃依倣漢人楷字, 因契丹字制度, 合本國語, 製女眞字)라는 말이 보인다.

■ 편지

(1) 상권(上卷)

상권에는 쟈쿠스이가 소라이에게 보낸 편지와 소라이의 답장이 실려 있다. 쟈쿠스이의 편지는 다음과 같은 내용이다: 통신사가 오오사카에 왔다는 소식을 듣고 시를 수창하고 싶어서 숙소에 갔는데 경비가 엄해 만날 수 없었다. 결국 수행원으로 츠시마에서 온 호오슈우의 알선으로 통신사와 시 몇 수를 수창하였는데 호오슈우라는 자는 중국어를 잘 하고 오카지마 칸잔(岡島冠山, 1674~1728)과 동문(同門)이다. 호오슈우는 "통신사가 시모노세키를 방문한 날에 성(姓)을 켄(縣), 호를 슈우난(周南)이라 하는 한 영재(英才)가 찾아왔습니다. 참으로 해서에 둘도 없는 선비입니다. 아마 오규우 소라이 선생 문하의 선비가 아닌지요?"(使槎過長門之日, 有一英才姓縣號周南者來見, 實海西無雙士也. 意者荻公門下之士邪: 上卷 28a)라고 하여 시모노세키에서 만난 슈우난을 극찬하였다.

이상이 편지의 내용이다. 칸잔은 중국어에 능통한 문인으로 시모노세키와 나가사키(長崎)에서 통역으로 활약한 사람이다. 한때 소라이가 설립한 야쿠샤(譯社)에서 중국어를 강의하였다. 호오슈우도 칸잔과 마찬가지로 나가사키에서 중국어를 공부한 적이 있다.

쟈쿠스이의 편지에 대한 소라이의 답장은 다음과 같다: 먼저 소라이는 통신사와 시를 수창하러 갔다가 경비가 삼엄해서 숙소에 못 들어갔다는 쟈쿠스이에 대해 "끝내 실소(失笑)하는 데에 이르렀으니, 호사벽(好事癖)이 이 지경에 이르렀는가."(遂至失笑也, 好事癖一至于此邪: 上卷 34b)라고 하여 쟈쿠스이의 행동을 비난하였다. 이어서 그는 다음과 같이 말하였다.

> 삼한(三韓)의 포악함은 『수사』(隋史)에서 일컬어졌는데 우리 원면왕(猿面王)과 싸워 이길 수 없었소. 그 후 문(文)으로 우리를 이기려고 팔도(八道)에서 뛰어난 자를 추려내고 빙사(聘使)를 따라 동쪽으로 왔으나 여전히 족하(足下)를 이겨서 우위를 차지할 수 없었소. 일찍이 신라 여왕의 시 한 편이 『품휘』(品彙)에 실렸을 뿐이고, 지금은 성(姓)을 남(南)이라 하는 사람이 개중에 조금 나을 뿐이오. 작년 온 나라 사람들이 미친 듯했으니 나는 어째서 그런지 모르겠소. 조경(晁卿)의 웅장함은 적선(謫仙)과 마힐(摩詰)에 비견되지요. 조경의 시대와 아직 천 년도 떨어지지 않았는데 이들(통신사를 가리킴)을 두려워하는 데에 이르렀으니 어찌 이토록 쇠퇴하게 되었는지요? 사람으로

하여금 탄식하고 눈물이 나게 만드는구려.

夫三韓獷猂見稱于『隋史』, 而不能與吾猿面王爭勝也. 後來迺欲以文勝之, 則輒拔八道之萃, 從騁使東來. 猶且不能勝足下而上之矣. 往昔唯新羅女王一篇, 收諸『品彙』中. 今則其姓南者稍爲彼善於此耳. 去年來一國人如狂, 吾不知其何爲而然也. 晁卿之雄與謫仙摩詰相頡頏, 距未千歲, 迺至憚此輩, 爲何其衰也? 使人歎息泣下.(上卷 35a)

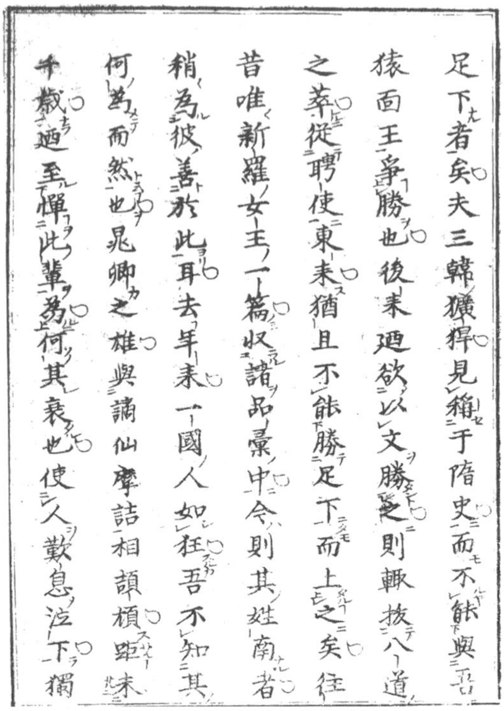
足下者矣夫三韓獷猂見稱于隋史而不能與吾
猿面王爭勝也後來迺欲以文勝之則輒拔八道
之萃從聘使東來猶且不能勝足下而上之矣往
昔唯新羅女王一篇收諸品彙中今則其姓南者
稍為彼善於此耳去年來一國人如狂吾不知其
何為而然也晁卿之雄與謫仙摩詰相頡頏距未
千載迺至憚此輩為何其衰也使人歎息泣下獨

원면왕이란 토요토미 히데요시(豊臣秀吉, 1537~1598)를 말한다. 얼굴이 원숭이와 비슷하였기 때문에 사람들은 히데요시를 '원면관자'(猿面冠者)라는 별칭으로 불렀다. "남(南)이라 하는 사람"이란 남성중(南聖重)을 말한다. 소라이는 통신사 중에 유일하게 남성중만을 높이 평가하였는데 이는 뒤에서 자세히 검토한다. 신라 여왕이란 신라 제28대 왕인 진덕여왕(眞德女王, 재위: 647~654)을 가리킨다. 『품휘』란 명나라의 문인인 고병(高棅, 1350~1423)이 편찬한 『당시품휘』(唐詩品彙)를 말하며 이 시집에 진덕여왕이 650년에 당나라 황제에게 보낸 「태평시」(太平詩)가 실려 있다. 조경(晁卿)은 견당사(遣唐使)로 당나라에 유학한 아베노 나카마로(阿倍仲麻呂, 698~770)를 말한다. 적선은 이백(李白, 701~762)을, 마힐은 왕유(王維, 701~761)를 말하는바, 나카마로는 이백과 왕유와 친교를 맺었다.

조선이 "문으로 우리를 이기려고 팔도에서 뛰어난 자를 추려 내고" 통신사를 보냈다는 소라이의 말은 사실과 맞지 않는 지나치게 과장된 해석인데 그 통신사들의 글은 자쿠스이에게도 이길 수 없다는 말에서 자신의 제자들의 우수함을 믿어 의심치 않는 소라이의 생각을 엿볼 수 있다. 소라이는 조선을 군사력뿐만 아니라 문학에 있어서도 일본보다 열등한 나라로 보고 있었으며 일본의 문인들이 "미친 듯"이 통신사와 시를 수창하고 싶어 하는 것에 반감을 갖고 있었다. 또 소라이는 진덕여왕의 시가 『당시품휘』에 실린 것을 언급하기도 했으나 바로 그 뒤에 아베노 나카마로를 거론하면서 그가 이백이나 왕유에게도 비견할 수 있다고 하여 일본 시인의 뛰어남을 강조하였다. 소라이는 『문사기상』에서 몇 번 나카마로에 대해 언급하였으며 하쿠세키 또한 『좌간필어』(坐間筆語)에서 나카마로에 대해 언급한 바 있다. 이백, 왕유와 교유하였기에 에도 시대 일본 문인들은 그를 자랑스럽게 여긴 듯하다.

(2) 중권(中卷)

중권에는 소라이가 카쇼오에게 보낸 편지 및 슈우난에게 보낸 편지가 실려 있다.

카쇼오에게 보낸 편지에서 소라이는 제자를 통해 호오슈우와 카쇼오가 슈우난을 '해서무쌍'(海西無雙)이라 칭찬하였다는 소식을 들었다고 밝혔다. 또 카쇼오가 많은 문인 중에 유일하게 야마가타 슈우난만을 "우리 부상(扶桑: 일본을 말함)을 위해 기염을 토할 만하다."(足爲吾扶桑吐氣: 中卷 20a)라고 하면서 숙소에 일본의 문인들이 찾아올 때마다 슈우난을 '영재'(英才)라고 칭찬하고 있었던 사실을 칸잔에게서 들었다고 밝혔다. 소라이는 "당신들 두 사람(호오슈우와 카쇼오를 가리킴)이 참으로 우리 당과 취향을 같이 함을 알겠습니다."(識足下二君者, 實同臭味吾黨矣: 中卷 20a)라고 하여 호오슈우와 카쇼오의 문학관이 켄엔샤 문인들의 문학관과 일맥상통하는 부분이 있다고 하였다.

이와 같이 소라이는 수제자인 슈우난이 켄엔샤에 속하지 않는 문인들에게 칭찬받은 사실을 매우 기뻐하였다. 편지의 모두(冒頭)에서 소라이는 "저는 수년 전 일찍이 들었으니 서별주(西別州: 츠시마를 가리킴)에 카쇼오 선생이라는 분이 있는데 그가 지은 시가 유장하여 모두 대국의 음에 들어맞고, 또 호오슈우라는 분이 있는데 모두 뛰어난 재능이 있다고 합니다."(茂卿數年前嘗已聞, 西別州有霞沼先生者, 其爲賦詩, 渢渢乎悉中大國之音, 又有雨森夫子者, 皆超乘才也: 中卷 19a)라고 하였는데, 그리 좋은 감정을 가지지 않았던 키노시타 쥰안의 문하생에게 이러한 편지를 쓴 것을 볼 때 소라이가 자신의 제자가 칭찬받은 것을 얼마나 기뻐하였는지를 간접적으로 알 수 있다.

슈우난에게 보낸 편지 중에서도 소라이는 카쇼오와 호오슈우가 슈우난을 '해서무쌍'이라고 칭찬한 것에 대해 매우 기쁘다고 하면서 "우생(雨生)이라는 자(호오슈우를 가리킴)는 원래 족하(足下)를 평가할 만한 사람이 못 되오. 그렇기는 하나 '해서'란 치쿠젠(筑前: 지금의 후쿠오카 현福岡縣) 이남(以南)을 포함해 말한 것이고 '무쌍'이라고 말한 것은 그보다 더 큰 것이 없다는 뜻이외다. 성대하구나, 그 말이여! 족하가 아니면 거기에 해당하는 사람은 없을 것이외다."(夫雨生者, 故不足以輕重足下焉. 雖然海西者, 苞筑以南而言之

也. 謂之無雙者, 莫與之京也. 盛哉言乎! 非足下, 未足以當之矣: 中卷 22b)라고 하여 슈우난이 서쪽 지방에서 가장 뛰어난 문인이라 일컬어진 것을 기뻐하였다. 또 한편으로 소라이는 통신사를 신랄하게 비판하고 있다. 그는 쟈쿠스이가 보낸 편지에 실려 있던 통신사의 시를 읽고 '망연자실'하였다고 말했다. 소라이는 통신사의 시가 '송원의 구폐'[宋元之舊]를 답습하고 있다고 지적하면서 통신사들은 쟈쿠스이의 시에 제대로 화운하지 못하였으므로 슈우난과 대등하게 수창할 수 없을 것이라고 하였다. 이어서 소라이는 에도에서 앞장서서 통신사를 접대하는 "수레 위에 있는 군자"[輦上君子: 아라이 하쿠세키新井白石를 가리킴]를 야유하고, 일본 문인들이 길거리를 지나가는 통신사 일행에게 떼를 지어 몰려가 한시를 지어 바치려고 애쓰는 모습을 냉담한 눈으로 보는 것이 유쾌하다고 하면서 일본인들이 통신사에 열광하는 모습을 비꼬아 말했다.

슈우난에게 보낸 두 번째 편지에는 "내가 어찌 한인(韓人) 때문에 그대를 중히 여기겠는가? 그대의 명성이 이것을 계기로 하여 크게 드높아지기 때문이다."(吾豈爲韓人故而重次公乎. 次公之名藉是隆隆乎起故也: 中卷 26a)라는 말이 보이며 슈우난의 오언율시와 칠언절구를 "성당시(盛唐詩) 가운데에 둔다면 안목이 있는 자라도 쉽게 분별할 수 없을 것이다."(置諸盛唐中, 雖有巨眼, 不復易辨識矣: 中卷 26b)라고 하여 극찬하였다.

이 편지를 통해 알 수 있는 것은, 첫째로 소라이가 제자의 문명(文名)을 높이기 위해서 통신사를 이용하였다는 점이다. 실제 통신사와의 교류를 통해 야마가타 슈우난의 이름은 일본 전역에 알려졌다. 소라이가 지나칠 정도로 슈우난을 극찬한 이유는 슈우난의 문명이 높아질수록 켄엔샤의 이름도 따라서 높아질 것이라 생각했기 때문이다. 두 번째로 편지의 행간에서 아라이 하쿠세키에 대한 질투심을 읽을 수 있다. 실제로 소라이는 하쿠세키와 정치적으로 대립하고 있었다. 마지막으로 소라이가 조선의 제술관과 세 서기의 시를 낮게 평가한 이유가 그들의 시가 송나라와 원나라 것을 답습하고 있다고 생각했기 때문이라는 것을 알 수 있다. 소라이는 카쇼오에게 보낸 편지 중에서 자신이 높이 평가하는 문인은 당나라의 한유(韓愈, 768~824)와 유종원(柳宗元, 773~819), 명나라의 왕세정과 이반룡뿐이며 그 외에는 구양수(歐陽脩, 1007~1072)나 소식(蘇軾, 1036~1101)과 같은 문인이라고 해도 인정하지 않았으며, 일본 문인 중에 볼 만한 사람은 아베노 나카마로밖에 없다고 하였다. 통신사의 시에 대한 부정적인 견해는 이와 같은 소라이의 극단적인 문학관에 기인하는 것으로 보인다.[5]

---

5. 杉田昌彦, 앞의 논문, 83면 참조.

(3) 하권(下卷)

하권에는 소라이에게 보낸 슈우난의 답장이 실려 있는데 거기에서 슈우난은 통신사를 비난하는 소라이에 대해 완곡하게 이의를 제기하였다. 슈우난은 통신사들을 '각실'(慤實), '돈방'(敦厖), '충후'(忠厚)한 사람들이라고 평가하였고, 슈우난이 아직 결혼하지 않아 후사가 없으니 걱정이라고 한 이현의 말에 감동하였으며, 남성중이 호오슈우의 문집에 서문을 써 준 것이 사람으로 하여금 눈물을 흘리게 만든다고 하였다. 이현에 대해서는 그만큼 용모가 아름다운 사람은 본 적이 없다고 하였고 그의 시가 일찍이 일본을 방문한 성완(成琬, 1639~?)이나 홍세태(洪世泰, 1653~1725)와 비교해도 어깨를 나란히 할 정도라고 높이 평가하였다. 또 슈우난은 조선 문인들의 글에 나약한 기색이 있긴 하지만, 그 허물을 두세 명의 문인에게 씌우고 배척하는 것은 옳지 않다고 하였다.

이와 같이 슈우난은 스승인 소라이의 견해에 동조하지 않고 통신사들을 옹호하고 있는데, 켄엔샤 문인들의 대부분이 조선에 대한 우월감을 가지고 있었음을 생각하면 조선에 대한 슈우난의 인식은 주목할 만하다. 이는 슈우난이 교역의 중심지이자 사행 길의 출입구인 야마구치 현에 살면서 통신사를 만날 기회가 많았던 점에서 기인한 것으로 보인다. 한 번도 통신사와 만나지 않았던 소라이에 비해 슈우난은 왕로(往路)와 복로(復路)에 두 번이나 통신사를 만나 그들과 시문교류를 하였다. 슈우난뿐만 아니라 그의 아버지인 료오사이는 1719년에 일본을 방문한 통신사를 만났고, 슈우난의 제자인 나가토미 도쿠쇼오안(永富獨嘯庵, 1732~1766)과 타키 카쿠다이(瀧鶴臺, 1709~1773)는 1763년에 통신사를 만났다. 이와 같이 에도에 사는 유학자와 달리 쵸오슈우 출신의 유학자들은 통신사에 대해 어느 정도 개방적인 자세를 가지고 있었던 듯하다.

■ 평어

『문사기상』에 수록된 시문의 옆에는 소라이의 평어가 작은 글자로 적혀 있다. 그런데 통신사의 시에 대한 평어는 거의 대부분 부정적이다.[6] 일본의 문인들에게서 높은 평가를 받은 이현의 시에 대해서도 "이는 몹시 속된 말이다."(這甚俚語: 上卷 9b)라든지 "이 시는 가소롭다."(其詩僨可笑也: 下卷 14a)라는 평어를 붙여 혹평하고 있다. 슈우난이 소라이에

6. 『문사기상』에 실린 소라이의 평어에 대해서는 임채명, 앞의 논문 참조.

게 보낸 편지에서 통신사들을 성실하다고 쓴 부분의 옆에도 "오히려 슈우난이 충후하다."(却是次公忠厚)라고 하였다. 다만 통신사 중에서 서기인 남성중에 대해서는 비교적 긍정적으로 평가하고 있다. 소라이는 남성중의 시를 "기골이 강하고 힘이 있다."(骨硬氣遒: 下卷 23a)라고 칭찬하고 필담을 나눈 네 명의 문인 중에서 남성중이 가장 뛰어나다고 하였다. "다만 고아함이 부족하고 운색(韻色)이 결여되어 있으니, 겨우 쟈쿠스이와 겨룰 수 있을 뿐이다. 어찌 슈우난의 맞수라 할 수 있겠는가."(但乏古雅, 更缺韻色, 僅足與若水抗衡耳, 詎謂次公之敵: 下卷 23a)라는 말도 있긴 하지만 통신사에 대해 멸시감을 가진 소라이가 이러한 평어를 남겼다는 것은 이례적이라 할 수 있다. 한편으로 슈우난의 시에 대해서는 "대체로 슈우난의 칠언율시는 색택(色澤)이 하경명(何景明) 같고 신리(神理)가 이반룡과 닮았으며 골격(骨格)은 왕유(王維)에 근원하였으니, 그렇기 때문에 묘하다."(大氐次公七律, 色澤似仲默, 神理肖于鱗, 而骨格原諸右丞, 所以爲妙: 上卷 12a)라든지 "웅대하고 화려함이 견줄 데가 없으니 왕세정도 이보다 나을 수 없다."(雄麗無比, 元美莫過: 上卷 12b)라고 하여 슈우난의 시가 고문사학에 충실함을 강조하면서 극찬하였다. 이와 같이 평어에서도 고문사학의 우수성을 일방적으로 내세우는 소라이의 자기중심적 태도를 엿볼 수 있다.

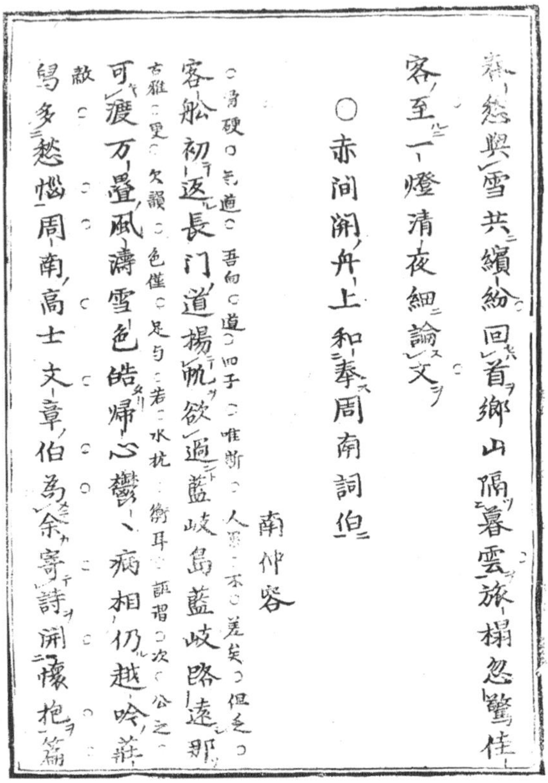
春愁與雪共繽紛回首鄉山隔暮雲旅榻忽驚佳客至一燈清夜細論文

○赤間關舟上和奉周南詞伯

南仲容

客船初返長門道揚帆欲過藍岐島藍岐路遠那可渡万疊風濤雪色皓歸心鬱鬱病相仍越吟莊舄多愁惱周南高士文章伯爲余寄詩開懷抱一篇

骨硬氣遒吾向道如子唯斯人不差矣但乏古雅更缺韻色僅足與若水抗衡耳詎謂次公之敵

2. 조선통신사일행시문필담집(朝鮮通信使一行詩文筆談集)

1 서지사항

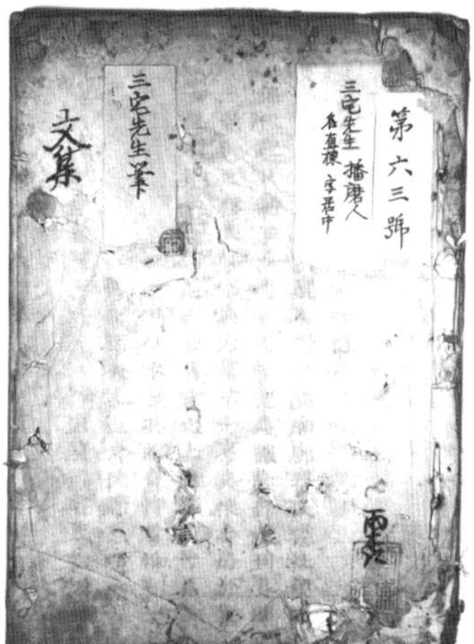

서명: 조선통신사일행시문필담집(朝鮮通信使一行詩文筆談集)
소장처: 타카츠키 칸논노사토 역사민속자료관(高月觀音の里歷史民俗資料館) 호오슈우 문고(芳洲文庫)
편자: 미상
간행연대: 미상
책수: 2권 1책
판본: 필사본

아메노모리 호오슈우 관계자료목록(雨森芳洲關係資料目錄)[1]에는 '미야케 소오메이 조선통신사일행시문필담집'(三宅滄溟 朝鮮通信使一行詩文筆談集)이라는 제목으로 기재되어 있다. 자료를 정리할 때 정리자가 임의로 붙인 제목으로 보인다. 저본의 표지에는 이 서명이 기재되어 있지 않다. 표지 오른쪽에는 '第六十三號 三宅先生 播磨人 名直棟 字居中'이라 적혀 있고 그 밑에 '雨森'이라고 적혀 있다. 표제는 '文集'으로 되어 있고 그 옆에 '三宅先生筆'이라는 첨지가 붙어 있다. '第六十三號'는 목록을 작성할 때 붙인 자료번호라 생각된다. '하리마'(播磨)는 지금의 효오고 현(兵庫縣) 일대로 미야케 소오메이(三宅滄溟)의 출신지이다. '쵸쿠토오'(直棟)는 소오메이의 이름이고 '쿄츄우'(居中)는 그의 자(字)이다. 책은 전집(前集)과 후집(後集)으로 나뉘어 있다.

1. 이 목록은 滋賀縣教育委員會事務局 文化財保護課 編, 『雨森芳洲關係資料調査報告書』(滋賀: 滋賀縣教育委員會, 1994)에 실려 있다.

2 필담일시 및 장소

필담일시는 구체적으로 알 수 없으나 수록된 수창시에 '辛卯季秋下澣'이라고 적혀 있는 것으로 보아 1711년 9월 하순에 필담이 이루어진 것으로 추측된다. 필담이 이루어진 장소는 오오사카(大阪)이다.

3 참여자

조선인 참여자는 이현(李礥)과 홍순연(洪舜衍), 엄한중(嚴漢重), 남성중(南聖重)이다.

일본인 참여자는 미야케 소오메이(三宅滄溟) 및 그 동생인 세키헤이(石屛)이다. 미야케 소오메이가 어떠한 인물인지는 남아 있는 자료가 없어 자세히 알 수가 없다. 필담 중에 자기소개를 하였는데, 이에 따르면 이름은 쵸쿠토오(直棟), 자(字)는 쿄츄우(居中), 소오메이는 그의 호이다. 조부 때부터 경학을 강의하고 글을 짓는 벼슬을 해 왔다고 한다. 세키헤이라는 남동생이 있으며 필담에도 참여하였다. 미야케 세키헤이의 이름은 이네이(以寧), 자는 치엔(致遠)이다. 세키헤이와 통신사가 나눈 필담은 본서에 수록된 『평회전집』(萍會前集)에 수록되어 있다.[2]

4 내용

▣ 필담

소오메이는 자신의 아버지가 난(蘭)을 좋아하여 '아이란도오'(愛蘭堂)라 이름을 지은 집에서 난을 키우면서 여생을 보내고 있다고 하면서, 아버지가 통신사에게 아이란도오에 부치는 시와 글을 써 주기를 원한다고 말하였다. 통신사들이 아이란도오에 대해 읊은 시가 필담집의 뒷부분에 수록되어 있다. 소오메이가 통신사들에게 시와 글을 부탁하면서 일찍이 통신사를 따라 일본을 방문한 홍세태(洪世泰, 1653~1727)와 성완(成琬, 1639~1711)이 자신의 아버지에게 「스이라쿠테이(醉樂亭)의 여덟 경치를 읊은 시」(醉樂亭八景詩)를 써 준 사실을 밝히자 화제는 홍세태와 성완으로 옮겨 갔다. 소오메이는 성완과 홍세태

2. 『평회전집』 해제는 본서 57~62면에 실려 있다.

가 쓴 「스이라쿠테이의 여덟 경치를 읊은 시」의 사본을 주면서 두 시 중에 홍세태의 시가 더 뛰어나다고 보는데 어떻게 생각하느냐고 이현에게 물었고, 이현 또한 소오메이의 의견에 동의하였다. 소오메이는 성완과 이현의 안부를 물었다.

소오메이: 취허(翠虛: 성완의 호)와 창랑(滄浪: 홍세태의 호)과 이붕명(李鵬溟: 이담령을 가리킴)은 여전히 잘 지내십니까? 지금 어떤 벼슬로 옮겼습니까?

이현: 취허와 창랑은 모두 저의 친한 지인(知人)입니다. 취허는 음직(蔭職)으로 장군관감(將軍關監) 주부(主簿)[3]가 되었다가 올해 봄에 죽었습니다. 창랑 역시 과거에 급제하지 못하고 분의관(分儀官: 통례원 인의通禮院引義)이 되었다가 병으로 은퇴한 후 지금은 서울에 있습니다. 제가 일본에 올 때 창랑은 저에게 편지를 맡기고 에도의 문사(文士) 야 카쿠잔(野鶴山)에게 전해 달라고 하였습니다. 그런데 여기에 와서 들으니 카쿠잔은 이미 돌아가셨다고 하니 정말 안타깝습니다. 붕명은 어떤 사람인지 잘 모르겠는데 그 당시에 이름이 알려지지 않은 사람의 호(號)일지도 모르겠군요.

소오메이: 붕명은 이이로(李耳老: 이담령을 가리킴)의 호입니다. 일찍이 성균관 진사(進士)로 일본에 온 적이 있습니다.

이현: 이진사(李進士) 담령(聃齡)이 호를 여기에 와서 바꿨기 때문에 누구인지 몰랐습니다. 이

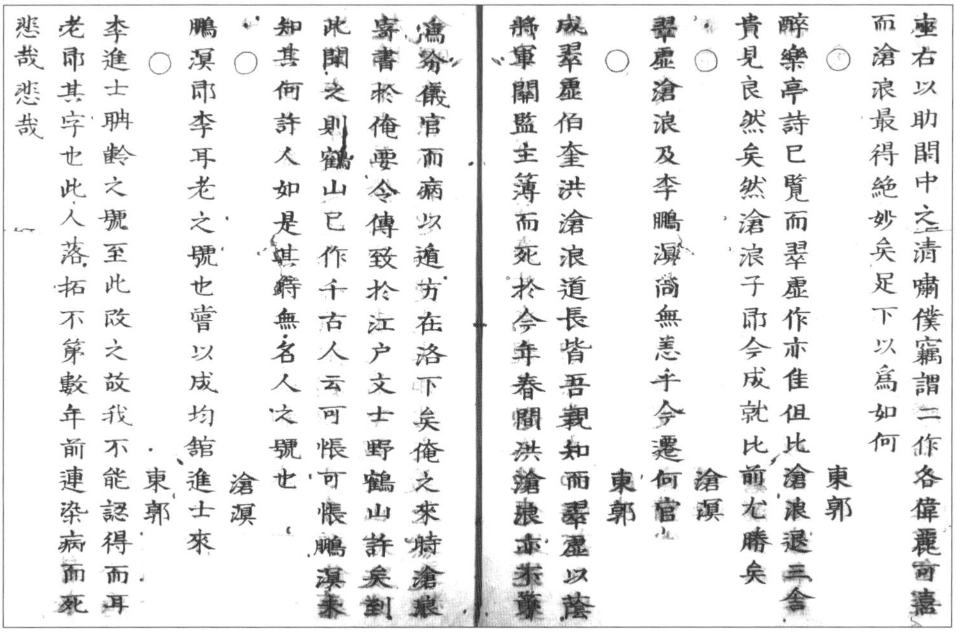
座右以助閒中之清嘯僕竊謂二作各偉麗可嘉
而滄浪最得絶妙矣足下以爲如何
○ 東郭
醉樂亭詩已覽而翠虛作亦佳但比滄浪退三舍
貴見良然矣然滄浪子卽今成就比前尤勝矣
○ 滄溟
翠虛滄浪及李鵬溟尙無恙乎今遷何官
○ 東郭
成翠虛伯奎洪滄浪道長皆吾親知而翠虛以蔭
將軍關監主簿而死於今年春聞洪滄浪亦未第
爲分儀官而病以遁方在洛下矣俺之來時滄浪
寄書於俺要令傳致於江戶文士野鶴山許矣到
此聞之則鶴山已作千古人云可悵可悵鵬溟未
知其何許人如是其時無名人之號也
○ 滄溟
鵬溟卽李耳老之號也嘗以成均館進士來
○ 東郭
李進士聃齡之號至此改之故我不能認得而耳
老卽其字也此人落拓不第數年前連染病而死
悲哉悲哉

3. 장군관감주부(將軍關監主簿)는 '군자감주부'(軍資監主簿)를 가리키는 것으로 보인다. 성완이 군자감주부를 역임한 사실은 손혜리, 「成琬의 「日東錄」 연구」(『한국실학연구』 17, 한국실학학회, 2009) 참조.

로(耳老)는 그의 자(字)입니다. 그분은 낙척불우(落拓不遇)하여 과거에 급제하지 못했는데 수년 전에 전염병에 걸려 죽었으니 몹시 슬픕니다.

滄溟: 翠虛·滄浪及李鵬溟尙無恙乎? 今遷何官?

東郭: 成翠虛 伯奎·洪滄浪 道長皆吾親知, 而翠虛以蔭將軍關監主簿, 而死於今年春間. 洪滄浪亦不第爲分儀官, 而病以遁, 方在洛下矣. 俺之來時滄浪寄書於俺, 要令傳致於江戶文士野鶴山許矣. 到此聞之則鶴山已作千古人云, 可悵可悵. 鵬溟未知其何許人, 如是其時無名人之號也.

滄溟: 鵬溟卽李耳老之號也. 嘗以成均館進士來.

東郭: 李進士聃齡之號, 至此改之, 故我不能認得, 而耳老卽其字也. 此人落拓不第, 數年前連染病而死. 悲哉悲哉.(前集 21b~22a)

홍세태와 성완 및 이담령은 모두 1682년에 통신사로 일본을 방문하였다. 특히 홍세태는 1711년에 아라이 하쿠세키(新井白石, 1657~1725), 키노시타 쥰안(木下順庵, 1621~1698) 등 일본의 이름난 문인들과 필담을 나누었다. 1711년 필담창화집인 『강관필담』(江關筆談)을 보면 하쿠세키가 이현에게 홍세태의 안부를 묻는 장면이 나온다. 이를 보아도 홍세태가 일본 문인들에게 깊은 인상을 남겼음을 알 수 있다. 필담에 나온 야 카쿠잔은 히토미 치쿠도오(人見竹洞, 1638~1696)를 가리킨다. 카쿠잔(鶴山)은 그의 호이며 통칭은 유우겐(友元)이다. 본성은 오노(小野)인데 중국식으로 야 카쿠잔(野鶴山)이라 칭하기도 하였다. 하야시 라잔(林羅山, 1583~1657)에게 배웠으며 막부의 유관(儒官)이 되었다. 『학산필담』(學山筆談) 및 『천화내빙한객수구록』(天和內聘韓客手口錄)에 홍세태와 카쿠잔의 필담과 창화시가 수록되어 있다. 카쿠잔은 막부에 출사한 화가인 카노오 츠네노부(狩野常信, 1636~1713)에게 <조설도>(釣雪圖)라는 그림을 그리게 해 이를 홍세태에게 선물하였다. 홍세태의 문집 『유하집』(柳下集)에 수록된 「한강조설도」(寒江釣雪圖)라는 시는 <조설도>를 받고 지은 시이다. 홍세태가 이현에게 맡겨 치쿠도오에게 전하게 한 편지 또한 「일본의 야 카쿠잔에게 주는 편지」(與日本野鶴山書)라는 제목으로 『유하집』 제9권에 수록되어 있다.[4]

소오메이는 성완과 이담령이 죽었다는 소식을 듣고 몹시 슬퍼하였다. 그리고 홍세태가 히토미 치쿠도오에게 보낸 편지를 이현이 가져왔다고 하자 홍세태의 성실함을 매우 칭송하였다. 또 히토미 치쿠도오가 이미 죽었기 때문에 다시 이전과 같은 교유를 할 수 없는

---

4. 홍세태와 카쿠잔의 교류에 관해서는 松田甲, 「人見鶴山と洪滄浪」(『日鮮史話』 第一篇, 朝鮮總督府, 1926) 및 李元植, 「天和度(1682)朝鮮信使裨將洪世泰と日本文士との筆談唱酬について」(『朝鮮學報』 第98輯, 朝鮮學會, 1981) 참조.

것이 아쉽지만 치쿠도오의 아들 토오겐(桃源) 또한 재주가 있고 글도 아버지 못지않게 잘한다고 하면서 에도(江戶)에 도착하면 꼭 홍세태의 편지를 토오겐에게 전해 달라고 하였다.

이어서 소오메이는 이현의 스승 및 일본의 지식인에 내해서 언급하였다.

소오메이: 족하께서는 귀국의 월포(月浦) 선생에게 배웠다고 들었습니다. 족하의 학술과 문장이 이러하니 월포 선생이 후학을 잘 키웠음을 알 수 있습니다. 감히 여쭙겠습니다. 선생의 도덕과 문장 중에서 후세에 가르칠 만한 것이 있습니까? 어떤 저술이 있습니까? 아울러 선생의 성명과 관직도 적어 보여 주십시오.

이현: 제 스승 월포 선생의 성은 송(宋)이고 존함은 명규(明奎)입니다. 정시(廷試)에서 장원급제하여 문장으로 온 나라에 명성을 떨쳤습니다. 하지만 낙척불우하여 관직이 지부원외랑(地部員外郞)에 그쳤으며, 일찍 돌아가시고 말았습니다.

滄溟: 聞足下受業貴國月浦先生矣. 足下之學術文華如此, 則先生之能開來學也可知焉. 敢問先生之道德文章有足以教後世者耶? 有何著述? 其姓名官爵並示之.

東郭: 僕之函丈月浦, 姓宋名明奎, 以廷試及第狀元, 文章傾一國, 落拓不遇, 官止地部員外郎, 而早世矣.(前集 23a~23b)

이현의 스승 송명규(宋明奎)는 1646년 정시(庭試) 을과(乙科)에 장원급제하였다. 이어서 소오메이와 이현은 다음과 같은 필담을 나누었다.

소오메이: 에도에 키노시타 쥰안 선생이 계셨는데, 학문을 착실히 하고 행실을 돈독하게 하여 오로지 도를 자신의 임무로 삼았으니 그의 격언(格言)과 당론(讜論: 공정한 논의)은 세상 사람이 존신(尊信)하는 바입니다. 10여 년 전에 향년 80여 세로 몰세(沒世)하니 조야(朝野)에서 애석해하지 않은 사람이 없었습니다. 예전에 성취허(成翠虛: 성완) 학사가 한 번 선생을 만나고 나서 그 후덕하고 박식한 것에 크게 심복하여 마침내 시고(詩稿)에 서문을 지어 달라고 청했습니다. 족하께서도 그 이름을 듣거나 그의 글을 읽은 적이 있으십니까? 또 선생의 문인 류우 신타쿠(柳震澤: 야나가와 신타쿠柳川震澤)는 재주와 문장이 무리 중에 탁월합니다. 취허 및 여러분이 그 문장을 처음 읽고 경탄하여 나라에 둘도 없는 선비라 칭하였습니다. 그런데 애석하게도 불행히 일찍 세상을 떠나 지금 세상에서 족하와 논의할 수 없으니, 참으로 탄식할 만한 일입니다.

이현: 성취허는 제 벗입니다. 이 벗이 일찍이 귀국에 갔다 와서 저에게 "일본에 키노시타 쥰안 선생이라는 분이 있는데 문장이 매우 아름다워서 옛날 작가의 풍치가 가득 있었다."라고 말했습니다. 저는 이 말을 듣고 흠모하는 마음이 일었지만, 한 걸음에 키노시타 선생의 시단(詩壇)에 달려가 그분의 원고를 꺼내 보고 그분이 남긴 향기로운 글을 원없이 맡지 못한 것을 한스럽게 여깁니다. 저는 지금 취허의 뒤를 이어 이곳에 왔는데, 키노시타 선생은 이미 돌아가셔서 남아 있는 것은 그저

이름뿐입니다. 그 학행(學行)과 문장에 대해서는 호오슈우(芳洲) 군에게 한두 가지를 듣고 흠모하고 탄식한 나머지 그저 "신교(神交)를 까마득한 저승에 부치네"(神交付冥漠)라는 구절을 부질없이 읊었을 뿐입니다. 지금 족하께서 그의 지업(志業)을 적어 주셨기 때문에 흡사 키노시타 선생이 돌아가신 후에 그분의 말씀을 직접 듣는 듯합니다. 참으로 아쉽습니다. 적어 주신 가운데 있는 류우신타쿠 공으로 말하면 비록 그 명성은 듣지 못했습니다만, 얼마 전 하쿠세키의 시고(詩稿)를 보니 류우 공(柳公)에게 보낸 시가 있었는데 이 공(公)을 가리키는 게 아닌지요? 옛사람의 말에 "숲속의 나무가 아름다운 것을 보면 그 산에 수려한 경치가 모여 있음을 알 수 있다"라고 했습니다. 류우 공은 이미 호오슈우, 하쿠세키와 더불어 키노시타 선생의 문하에서 공손한 자세로 가르침을 받았으니, 그렇다면 학문이 탁월하게 높은 것이 호오슈우나 하쿠세키와 겨루어도 또한 손색이 없을 것입니다. 그런데 그만 그분을 뵙지 못하니, 저희 이번 사행길이 쓸쓸한 것에 가깝지 않겠습니까? 그렇지만 당신의 아름다운 시와 높은 재주는 사람으로 하여금 존경하는 마음을 일으키게 하기에 충분합니다. 지금 당신 같은 사람과 교유하는 즐거움 또한 망외(望外)의 일이니 제가 얻은 것이 적겠습니까?

소오메이: 에도에 있는 키노시타 키쿠탄(木下菊潭) 씨는 선생의 후손입니다. 어릴 때부터 비범하고 시문을 잘 지었습니다. 임술년(1682) 가을, 불과 17세의 나이로 성취허 등 여러 사람들과 필담을 나누고 시를 수창하였는데 물이 흐르듯이 민첩하게 글을 지어 학사들이 무릎을 치며 가문의 명성에 걸맞다고 감탄하였습니다. 선생이 돌아가신 후 부친의 일을 잘 계승하였고 일찍이 총명(寵命: 막부에서 총애해서 내리는 명)을 받아 행실과 학문을 순수하게 하여 가문의 명성을 실추시키지 않았습니다. 아라이 하쿠세키 씨와 무로 큐우소오(室鳩巢) 씨는 모두 선생의 고제(高弟)로 키노시타 선생과 함께 조정에 있었습니다. 학문에 정통하여 깊은 재주를 지니고 있어서 문장으로도 세상에 이름을 떨쳤습니다. 그 외의 제자들도 모두 천하의 명사(名士)이니, 어떤 사람은 다이묘오(大名)를 섬겼고 어떤 사람은 고을에서 가르치고 있는데, 그 수를 이루 다 헤아릴 수 없을 정도입니다. 선생은 학생들을 가르치되 자세하게 일러주고 게을리하지 않았습니다. 그러므로 그 문하에서 배우는 자들이 각기 자기의 재주를 이루지 못한 이가 없어서 큰 학자들이 그 문하에서 나온 것이 이와 같습니다. 족하께서는 선생이나 야나가와 신타쿠와 종이를 펴놓고 글재주를 겨루지 못한 것을 한탄하셨습니다만, 에도에 체류할 때 여러 명사들과 글을 주고받으신다면 어찌 사행길의 한 가지 성대한 일이 아니겠습니까?

滄溟: 東都有順菴 木先生者, 實學篤行, 專以道爲己任, 格言讜論爲世所尊信. 十數年前, 享年八十餘而沒, 朝野無不爲之痛惜焉. 往年翠虛 成學士一見先生, 大服其德量博雅, 乃乞其文章以弁詩稿. 足下亦聞其名見其文耶? 又先生門人柳震澤才華文藻卓冠群倫. 翠虛諸子始讀其文章, 驚感稱國士無雙. 惜哉, 不幸蚤世不得在今世, 而與足下上下其論也. 可勝歎哉.

東郭: 成翠虛吾友也. 是友曾自貴國來言于僕曰: "日東有順菴 木先生者. 其文章甚佳. 靄然有古作者風致." 僕聞之, 心甚癢焉. 恨不得一蹴飛到木公詩壇, 發其稿, 而飫其馥矣. 僕今者踵翠虛來到, 而木先生已作千古人, 所留者惟空名而已. 其學行文章因芳洲君, 略聞其一二而歆艷嘆惜之餘, 徒吟神交付冥漠之句而已. 今蒙足下錄視其志業, 怳惚若躬承淸咳於旣世之後矣, 可勝惜哉. 書中所謂柳震澤公雖未及聞其聲華, 而頃見白石詩稿, 其中有贈柳生詩者, 得非指此公耶? 古人曰: "見林木之美, 則可知其山之蘊秀色也. 柳公旣與芳洲､白石, 同遊於木先生之

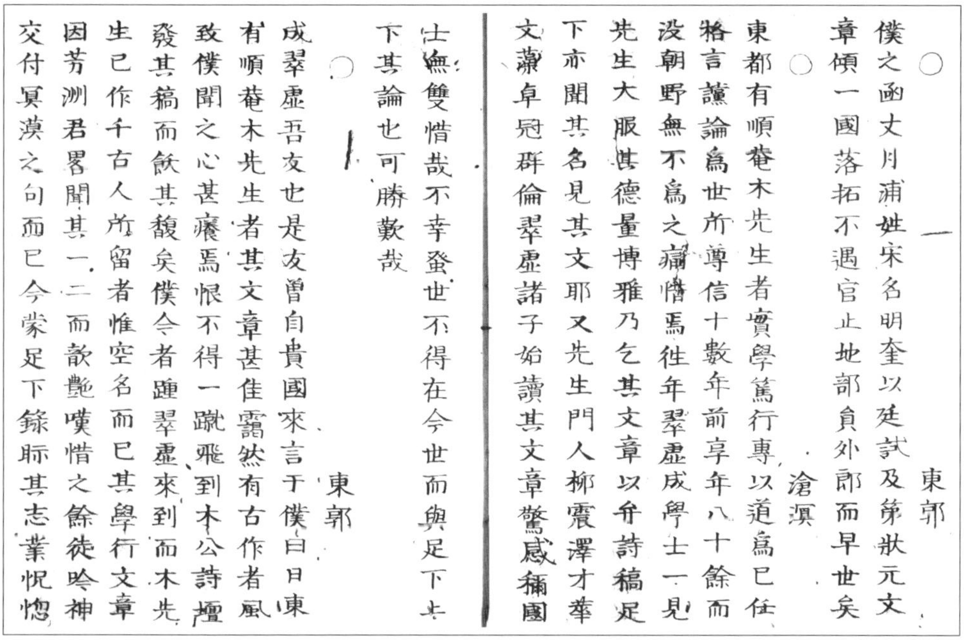
東郭
○僕之函丈月浦姓宋名明奎以廷試及第狀元文
章傾一國落拓不遇官止地部員外郎而早世矣
滄溟
○東都有順菴木先生者實學篤行專以道爲己任
格言讜論爲世所尊信十數年前享年八十餘而
沒朝野無不爲之痛惜焉往年翠虛成學士一見
先生大服其德量博雅乃乞其文章以弁詩稿足
下亦聞其名見其文耶又先生門人柳震澤才華
文藻卓冠群倫翠虛諸子始讀其文章驚感稱國
士無雙惜哉不幸蚤世不得在今世而與足下共
下其論也可勝歎哉
東郭
○成翠虛吾友也是友曾自貴國來言于僕曰日東
有順菴木先生者其文章甚佳靄然有古作者風
致僕聞之心甚禳焉恨不得一蹴飛到木公詩壇
發其稿而飫其馥矣僕今者蹔翠虛來到而木先
生已作千古人所留者惟空名而已其學行文章
因芳洲君畧聞其一二而歆艶嘆惜之餘徒吟神
交付冥漠之句而已今蒙足下錄眎其志業怳惚

門, 而摳衣承誨, 則其學業之高卓如與芳洲、白石相上下, 而亦已矣, 不可得見, 僕之此行, 不幾於寂寥乎. 然秀才雅韻高才足令人起敬, 則近日過從之樂亦望外耳, 所得亦豈淺淺乎哉?

滄溟: 東都 菊潭 木公卽先生之後也. 自幼不凡且工辭章. 壬戌之秋年僅十七, 與成翠虛諸子筆話唱酬, 敏捷如流, 學士擊節歎其稱家. 先生沒後克紹父業, 夙應寵命粹行純學, 不墜家聲. 又白石 新公、鳩巢 室公皆先生之高弟. 而同木公在朝, 邃學淵才, 又以文章鳴于世矣. 其餘諸弟子皆天下名士, 而或遊事侯家, 或教授鄕閭者, 不可勝數也. 先生敎誘學者諄諄不倦, 故從遊其門者, 無不各成其才, 而鉅學鴻生出乎門下如此. 足下雖嘆不得與先生及柳震澤, 接鋒於白戰場中, 而東都駐節之際, 與諸名公頡頏于翰墨之中, 則豈非觀國之一盛事哉.(前集 23b~25b)

이 대화를 통해 17세기 후반부터 18세기 초반 일본의 학술계에 있어서 키노시타 쥰안 및 그 문하생들이 큰 영향력을 가졌음을 알 수 있다. 키노시타 쥰안은 후지와라 세이카(藤原惺窩, 1561~1619)의 제자인 마츠나가 세키고(松永尺五, 1592~1657)에게 주자학을 배웠고 카가 번(加賀藩: 지금의 이시카와 현石川縣)에 출사한 후 1682년 막부의 유관이 되었다. 막부의 유관은 원래 하야시(林) 가문이 맡았는데, 쥰안의 등용을 계기로 민간의 학자에서도 막부의 유관이 나오기 시작하였다. 키노시타 쥰안을 비롯해 필담에 나오는 야나가와 신타쿠(1650~1690), 아라이 하쿠세키, 무로 큐우소오, 아메노모리 호오슈우(雨森芳洲)는 모두 쥰안의 제자들이고 키노시타 키쿠탄은 그의 아들이다. 이들은 모두 막부의 요직을 맡아 큰 영향력을 행사하였다. 이와 같이 18세기 초반 일본의 학술계는 키노시타 쥰안의 문하생들이 그 중심에 있었으며, 통신사가 방문하였을 때 필담을 나눈 문인들도 대부분 그들이었다.

가장 마지막 부분에 소오메이와 양의(良醫) 기두문(奇斗文)의 필담이 수록되어 있다. 소오메이가 병에 걸린 아버지에 대해 이야기하자 기두문이 약을 처방해 주었다.

3. 평회전집(萍會前集)

1 서지사항

서명: 평회전집(萍會前集)
소장처: 요오메이 문고(陽明文庫)
편자: 미야케 세키헤이(三宅石屛)
간행연대: 미상
책수: 불분권 1책
판본: 필사본

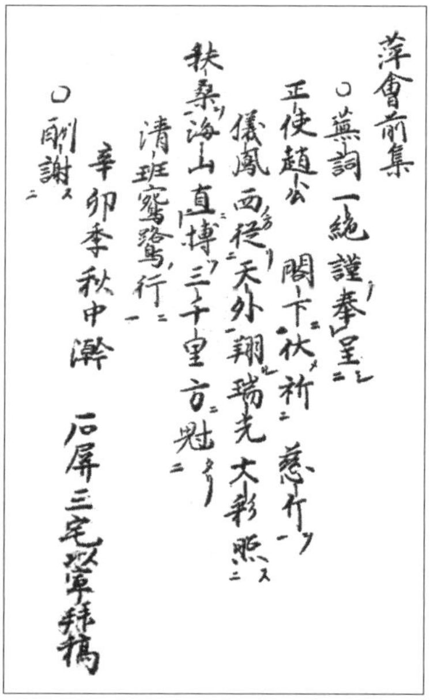
萍會前集
○蕪詞一絶謹奉呈
正使趙公 閣下伏祈慈斤
儀鳳西從天外翔瑞光大彩照
扶桑海山直博三千里方魁
清班鵷鷺行
辛卯季秋中澣 石屛三宅某拜稿
○酬謝

이 자료는 요오메이 문고(陽明文庫)에 소장되어 있다. 요오메이 문고는 일본의 정치가인 코노에 후미마로(近衛文磨, 1891~1945)가 설립한 사료보관소이다. 코노에 후미마로는 세 차례에 걸쳐 내각총리대신(內閣總理大臣)을 맡은 인물이다. 코노에 가(家)에는 헤이안(平安) 시대부터 전래된 고문헌과 중요문화재가 많이 소장되어 있었는데, 1938년에 소장자료를 정리하기 위해 코노에 후미마로가 쿄오토(京都)에 요오메이 문고를 설립하였다.

이 자료는 원본을 필사하여 책으로 엮기 전 가제본을 한 것으로 보인다. 따라서 표지에는 표제가 적혀 있지 않다. 내제는 '萍會前集'이다. '萍'은 부평초를 이르는바, 서명의 '萍會'는 바다를 건너온 통신사와 일본 문사들의 만남을 뜻하는 것으로 보인다. 비슷한 제목의 필담창화집으로 1748년에 편찬된 『평교창화록』(萍交唱和錄)과 『평수초』(萍水草)가 있다. '전집'(前集)이라고 한 것으로 보아 '후집'(後集)이 있을 것으로 추정된다.

한편 서명의 '평회'와 관련하여 참조할 만한 기록이 신유한이 저술한 『해유록』(海游錄)의 「문견잡록」(聞見雜錄)에 보인다. 미야케 소오메이(三宅滄溟)라는 오오사카의 한 문인이, 그의 아우인 미야케 세키헤이(三宅石屛)가 편찬한 『평수집』(萍水集)이라는 책의 서문을 신유한에게 청한 일화가 다음과 같이 자세히 밝혀져 있다.

> 셋츠 주(攝津州)의 문인(文人) 미야케 츠구아키(三宅緝明: '츠구아키緝明'는 이름)[1]는 호를 소오메이(滄溟)라 하는데, 나에게 『평수집』(萍水集)이란 책의 서문을 청하며 다음과 같이 편지를 보냈다: "제 아우 시게타다(茂忠: 미야케 세키헤이의 이름)는 호를 세키헤이(石屛)라 하는데 연고가 있어 공께 직접 가 뵙지 못하고, 근간에 츠시마의 사람에게 부탁하여 편지 및 『평수집』을 드려 공께서 지어 주신 글로 책의 서문을 삼는다고 하였습니다. 전달이 잘 되었는지 모르겠습니다. (…)"
>
> 攝津州文人三宅緝明號滄溟, 以『萍水集』請序於余, 而有書自通曰: "僕弟茂忠號石屛有故, 未能奉候文塌, 頃憑馬島之人, 呈書及『萍水集』於左右, 需尊公作文, 以弁其首云, 未知達否. (…)"(『海游錄』「聞見雜錄」<文學>)

『평수집』은 미야케 형제가 1711년에 일본을 방문한 통신사 일행과 교유하며 주고받은 문묵(文墨)을 주로 수록하고, 거기에다 미야케 가문의 선대(先代)에 통신사 일행과 교유하며 남긴 자료 또한 덧붙여 수록한 책이라고 한다. 이러한 사실로 미루어 『평수집』은 후에 이 책 『평회전집』을 보완하여 만든 책일 가능성이 있다. 두 책의 서명에서 공통적으로 '평'(萍)자가 쓰인 사실 또한 눈여겨봄직하다.

이 책은 통신사 일행과 미야케 세키헤이가 주고받은 한시, 필담, 편지 등이 수록된 책으로, 한시가 가장 큰 비중을 차지하며, 시의 수창(酬唱) 중간중간에 필담과 편지가 삽입되어 있다. 전체 분량은 총 37장이다.

2 필담일시 및 장소

1711년 9월 16일에서 9월 25일 사이에 오오사카의 혼간지(本願寺)에서 필담이 이루어졌다. 필담의 일시와 장소에 대한 정확한 언급은 이 책에 보이지 않는다. 다만 몇 가지 근거를 종합하여 필담일시 및 장소에 대한 추정이 가능하다. 먼저 이 책에 수록된 한시의 창작일자가

---

1. 신유한의 착각인 듯하다. 츠구아키는 미야케 칸란(三宅觀瀾, 1674~1718)의 이름이다. 미야케 소오메이의 다른 호가 칸란(觀瀾)이기 때문에 착각을 한 것이 아닌가 생각된다. 칸란은 1718년에 죽었기 때문에 1719년에 통신사를 만날 수 없다. 미야케 칸란에 대해서는 본서의 『지기한담』(支機閒談)의 해제에 자세하다.

'신묘년 9월 중순'을 뜻하는 "辛卯季秋中澣"(1a), "辛卯菊月中澣"(3a) 및 '신묘년 9월 하순'을 뜻하는 "辛卯菊月下浣"(16a), "辛卯菊秋下澣"(16a) 등으로 밝혀져 있어 대략적으로 그 일시를 추정할 수 있다. 또한 이 책에 수록된 한시의 다음 구절, "나니와 성 아래에 작은 배 매어 놓았는데/나엽에 기러기 놀리니 늦가을일세"(<u>浪華</u>城下繫蘭舟, 洛木驚鴻正暮秋: 3b)에서 나니와(浪華: 지금의 오오사카)가 시의 공간적 배경으로 언급되고 있다. 이 두 가지 근거를 토대로 당시 통신사의 부사(副使)인 임수간(任守幹)이 저술한 사행일기인 『동사일기』(東槎日記)를 참조하면, 당시 통신사 일행은 9월 16일에 오오사카 성(城)에 들어가 혼간지에서 머물다가 9월 26일에 오오사카를 떠났다는 사실이 확인된다.[2] 그러므로 필담 일시는 9월 16일에서 9월 25일 사이로 추정되며, 그 장소는 오오사카의 혼간지로 추정된다.

3 참여자

조선인 참여자는 제술관 이현(李礥), 서기 홍순연(洪舜衍), 서기 엄한중(嚴漢重), 서기 남성중(南聖重)이다.

일본인 참여자는 미야케 세키헤이이다. 미야케 세키헤이는 에도 중기의 유학자로 오오사카에 있던 카이토쿠도오(懷德堂)의 학주(學主)였다. 그의 부친은 쿄오토의 쵸오닌(町人) 계급 유학자인 미야케 도오에츠(三宅道悅)이며, 그의 형은 유학자인 미야케 칸란(三宅觀瀾)이다.

신유한의 『해유록』에 미야케 형제에 대한 서술이 다음과 같이 보인다: "그 형제가 대개 문학으로써 스스로 거벽(巨擘)이라 하고, 대대로 센난(泉南)에서 이름이 있어 여러 왜인(倭人)과 상대할 때 말과 안색이 자못 교만하였다."(是其兄弟, 蓋以文學自爲巨擘, 世世有名於<u>泉南</u>. 故與羣倭相對時, 辭色頗驕: 『海游錄』「聞見雜錄」 <文學>)

4 내용

이 필담집에는 세키헤이가 통신사 일행과 주고받은 한시가 다수 수록되어 있으며, 그 중

---

2. "9월 16일 오오사카(大坂) 성(城)에 이름. 아카마가세키(赤間關)에서 1,360리. 같은 월 28일 왜경(倭京)에 이름. 오오사카에서 125리"(九月十六日, 次<u>大坂城</u>. 自<u>赤間</u>一千三百六十里. 同月二十八日, 次<u>倭京</u>. 自<u>大坂</u>一百二十五里). 임수간, 『동사일기』(東槎日記), 「신묘통신사좌목」(辛卯通信使座目) 참조; "관소(館所)는 혼간지(本願寺)였는데 웅장하여 절간이 1천여 칸이나 되었다."(館所卽本願寺, 宏傑過千間) 같은 책, 9월 18일조 참조.

간중간에 편지와 필담이 수록되어 있다. 세키헤이가 지은 시의 수신인은 통신사의 정사 조태억(趙泰億), 부사 임수간(任守幹), 종사관 이방언(李邦彦)과 필담 참여자인 이현, 홍순연, 엄한중, 남성중이다. 세키헤이가 삼사(三使)에게 올린 한시(漢詩)가 다소 의례적이고 형식적인 데 반해, 세키헤이가 필담 참여자와 수창한 한시는 그 편수가 훨씬 많을 뿐만 아니라 양국 문사들의 우정 어린 마음을 엿볼 수 있는 것이 적지 않다. 『평수집』의 편찬을 통해서도 잘 알 수 있듯이, 이러한 경향은 미야케 가문이 3대에 걸쳐 조선에서 온 통신사 일행과 우호적인 관계를 맺어 왔기 때문으로 생각된다.

이 책에 수록된 필담 또한 대체로 세키헤이와 조선 문사들이 서로 문재(文才)를 칭송하는 가운데 우호적인 분위기 속에서 이루어졌다. 먼저 문학과 관련된 주제의 필담이 보인다. 세키헤이가 홍순연의 재능과 학식을 칭찬하고, 통신사로서 조선에서 오오사카에 오기까지 빼어난 명승지를 두루 다닌 만큼 그동안 느낀 무궁한 아취(雅趣)를 바탕으로 빼어난 작품을 많이 지었을 법하다며, 그간 사행길에서 지은 시편을 소개해 달라고 청하였다. 이에 홍순연은 세키헤이의 질문이 참 좋다고 답하면서, 명승지를 유람하면서 좋은 작품을 창작했던 고인(古人)의 일화를 언급하였다. 그리고는 자신도 유람하면서 지은 시가 천여 편이 되지만 소개하기에는 모두 부족하다며 겸양하였다.

다음으로 세키헤이가 특정한 작품에 대해 관심을 표하는 필담이 이어진다. 세키헤이는 매번 문단에서 영물(詠物)이나 서회(書懷)류의 작품이 빼어나다는 평을 들었으나, 해당 작품을 직접 보지 못하였다며, 그 초록(抄錄)을 보기를 청하였다. 이에 대해 홍순연은 그 초록이 꾸려 놓은 짐 속에 있다며 다음 기회를 기약하였다. 세키헤이가 언급한 작품이 구체적으로 무엇인지는 미상이나, 아마도 당시 일본 문단에서 회자된 조선 문인의 시편일 것으로 추정된다.

또한 세키헤이가 제술관 이현에게 '아이란도오'(愛蘭堂)를 제재로 삼은 시(詩)와 서문(序文)을 지어 줄 것을 곡진히 청한 부분이 주목된다. '아이란도오'는 세키헤이의 부친인 미야케 도오에츠(三宅道悅)의 당호(堂號)이다. 이현은 공무로 틈이 잘 나지 않으나, 힘써 보겠노라 답하였다. 이와 관련하여 당시 통신사의 정사인 조태억의 문집 『겸재집』(謙齋集) 권8에 「아이란도오. 미야케 형제를 위해 짓다」(愛蘭堂. 爲宅棟兄弟作)라는 제목의 7언 율시 두 수(首)가 실려 있어 참조가 된다. 이 시에 달린 조태억의 부기(附記)에 따르면 미야케 형제가 그 부친을 위해 아이란도오를 건축하였으며, 아이란도오를 제재로 삼은 시를 그에게 곡진히 구하였다고 한다. 또한 당시 통신사의 부사인 임수간의 문집 『돈와유고』(遯窩遺稿) 권2에도 「세키헤이 부친의 아이란도오에 제하다」(題石屛父愛蘭堂)라는 제목의 7언 절구가 실려 있어 참조가 된다. 뿐만 아니라 『해유록』의 「문견잡록」에 수록된 신유한에게 보낸 미야케 칸란의 편지에도 이 일에 대한 기록이 보인다. 해당 부분은 다음과 같다: "신묘년에 이 학사(李學士: 1711년 통신사 제술관인 이현李礥을 말함) 등 여러 분에게 아이란도우(愛蘭堂)의 기문(記文)을 청하였더니 거절하지 아니하고 흔연(欣然)히 글을 써 주었습니다."(而辛卯之歲, 求愛蘭堂記文於李學士諸公, 諸公未嘗拒之, 欣然下筆: 『海游錄』「聞見雜錄」 <文學>)

이와 같이 세키헤이는 비교적 적극적이고 우호적인 자세로 조선 문사들과의 문학적 교류에 임하였다.

한편 문방구(文房具)와 식물 등에 대한 소소한 필담도 보인다. 세키헤이는 조선에서 만든 황모(黃毛)로 된 붓의 품질에 대해 칭찬하며 황모가 어떤 동물의 털인가 물었다. 이에 엄한중이 황모는 누런 족제비의 꼬리털이라고 답하며 일본에는 족제비가 없는지 물었다. 이에 세키헤이가 없다고 답하자 엄한중이 족제비란 마치 큰 쥐와 같은 동물이라고 설명하였다. 그러나 세키헤이가 일본에서는 큰 쥐도 보지 못하였다며, 그렇다면 족제비는 『시경』에 나오는 큰 쥐와 같은 종인가 물었다. 그러자 엄한중 또한 『시경』을 언급하며 쥐는 없는 곳이 없거늘 어찌 일본에만 없겠는가라고 반문하였다. 엄한중이 『시경』을 언급한 것은 위풍(魏風) 「석서」(碩鼠)를 염두에 두고 한 말이라 생각된다.

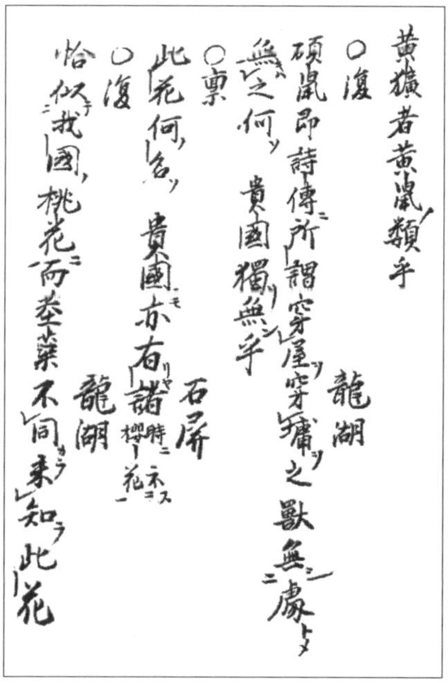

黄獱者黄鼠類乎
○復 碩鼠即詩傳所謂穿屋穿墉之獸無處無之何 貴國獨無乎 龍湖
○東 此花何名 貴國亦有諸 石屛 櫻花
○復 恰似我國桃花而莖蘂不同未知此花 龍湖

이어서 앵두꽃을 화제(話題)로 삼은 다음 필담이 계속되었다.

세키헤이: 이 꽃을 무엇이라고 부릅니까? 귀국에도 이 꽃이 있습니까?

(이때 사쿠라 꽃櫻花을 보여 주었다.)

엄한중: 우리나라의 복사꽃과 흡사한데 줄기와 꽃술이 같지 않아 이 꽃의 이름이 무엇인지 모르겠습니다. 다만 가을에 꽃이 피다니 이상한 일입니다.

세키헤이: 우리나라에서는 사쿠라 꽃이라고 하는데, 봄꽃입니다. 가을에 꽃이 핀 것은 정상이 아닙니다. 귀국에도 사쿠라 꽃이 있습니까?

(이때 용호龍湖가 삼사三使의 명命을 받아 인사하고 나갔기에 답변을 하지 못했다.)

石屛: 此花何名? 貴國亦有諸?

(時示櫻花)

龍湖: 恰似我國桃花, 而莖蘂不同, 未知此花何名也. 但當秋節而開, 可是異事.

石屛: 我國以爲櫻花, 卽春花也. 當秋節而開者狂也. 貴國有櫻花乎?

(此時龍湖有三使君之命而辭去. 故不及答)(25a~25b)

괄호는 원본에는 소자쌍행(小字雙行)의 세주(細注)로 표기되어 있다. 이러한 세주는 필담이 이루어진 현장 상황에 대한 해설에 해당되는데, 여타의 필담집에도 간혹 보인다. 간행시 삽입한 것으로 보인다. '용호'(龍湖)는 엄한중의 호이다. 이 필담은 양국 문사의 화훼에 대한 지식의 일면을 보여 준다. 1711년 사행 때는 일본의 본초학자(本草學者)들이 필담에 참여하기도 하였는데, 이들은 조선과 일본 혹은 중국의 동식물을 비교하며 정확한 명칭을 고증하고자 하였다.

4. 한객창화집(韓客唱和集)

1 서지사항

서명: 한객창화집(韓客唱和集)
소장처: 타카츠키 칸논노사토 역사민속자료관(高月觀音の里 歷史民俗資料館) 호오슈우 문고(芳洲文庫)
편자: 미상
간행연대: 1711년
책수: 1권 6책
판본: 필사본

책의 손상이 심해서 탈락이 많고 글씨도 잘 안 보이는 부분이 곳곳에 있다. 마모되어 잘 보이지 않으나, 표지의 가장 왼쪽에 '韓客唱和集'이라는 제목이 적혀 있었던 것으로 생각된다.[1] 6책이지만 제1책, 제2책을 제외한 나머지 책은 2~6장 정도의 적은 분량이다. 제1책은 12장, 제2책은 20장이다. 영본(零本)으로 전해 오던 것을 후대에 자료를 정리하면서 분책하여 가제본한 것으로 보인다. 아래에서 소개할 문답은 제2책에 수록되어 있다.

2 필담일시 및 장소

카가 번(加賀藩: 지금의 이시카와 현石川縣과 토야마 현富山縣에 걸친 지역) 출신의 문인들이

1. 표지 및 기타 서지사항과 관련해서는 「雨森芳洲關係資料目錄」(滋賀縣教育委員會事務局 文化財保護課, 『雨森芳洲關係資料調査報告書』, 滋賀: 滋賀縣教育委員會, 1994)을 참조할 수 있다.

통신사와 나눈 필담을 모은 책으로 생각된다. 주로 1711년 9월 및 12월에 오오사카에서 이루어진 필담이 수록되어 있다.

3 참여자

조선인 참여자는 제술관 이현(李礥)과 세 명의 서기(書記) 홍순연(洪舜衍), 엄한중(嚴漢重), 남성중(南聖重), 양의(良醫) 기두문(奇斗文)이다.

일본인 참여자는 다음과 같다. 참여자 가운데 호(號)만 적혀 있어 이름을 알 수 없는 사람은 제외한다.

- 이토오 신야(伊藤莘野, 1681~1736). 이름은 스케유키(佑之), 자는 코토타다(思忠) 또는 쥰케이(順卿)이다. 이토오 만넨(伊藤萬年, 1614~1701)에게 배웠고 그의 양자가 되었다. 벼슬하지 않고 카나자와(金澤: 지금의 이시카와 현石川縣)에서 사숙(私塾)을 열었다.
- 사카이 토오케이(坂井桃溪, 1669~1718). 이름은 요시마사(良正), 자는 쥰겐(順元)이다. 카가 번의 번주(藩主)인 마에다 츠나노리(前田綱紀, 1643~1724)의 전속 의사가 되었다. 시문을 잘하며 아라이 하쿠세키(新井白石)와 가까이 지냈다. 후에 오제 후쿠안(小瀨復庵)이라고 개명하였다.
- 마츠자키 란코쿠(松崎蘭谷, 1674~1735). 란코쿠는 단파(丹波: 지금의 효오고 현兵庫縣) 출신의 유학자이다. 이름은 스케유키(祐之), 자는 시케이(子慶), 통칭(通稱)은 타스케(多助)이다. 호(號)는 란코쿠, 칸파쿠(甘白), 바이쇼(梅處) 등이 있다. 이토오 진사이(伊藤仁齋, 1627~1705)에게 배웠고 그 아들인 이토오 토오가이(伊藤東涯, 1670~1736)와 가까이 지냈다. 서예에 능하여 예서(隷書)와 초서(草書)를 잘 썼으며 본초학(本草學)에도 조예가 깊었다.

4 내용

사카이 토오케이가 기두문과 나눈 의학에 관한 문답이 수록되어 있다. 사카이 토오케이는 치료 기술, 약의 효과에 대해 질문하고 있다. 또 '元敬'이라는 의사가 기두문에게 보낸 「심포락(心包絡)・삼초(三焦)・명문(命門)에 관한 논설」(心包絡三焦命門說)이라는 글이 수록되어 있다.

마츠자키 란코쿠는 이현에게 편지를 보내 조선의 풍습이나 식물에 대해 여러 가지 질문을 하였다. 마츠자키 란코쿠와 이현의 문답은 『계림창화집』(鷄林唱和集) 권5에도 실려 있다. 란코쿠의 질문을 요약하면 다음과 같다.

- 조선에서는 재가(再嫁)를 부끄러워하여 만일 재가한 여자가 아이를 낳으면 그 아이는 사류(士流)에 들어갈 수 없다고 들었는데, 그 관습은 지금도 있는가?
- 조선에서 상례(喪禮)는 반드시 3년을 치르고 노비에 대해서도 100일 동안 상례를 치르는 것을 허용하며, 만약 노비가 원하면 3년 동안 상례를 치르는 것을 허용한다고 들었는데, 노비의 주인이 식구가 많을 경우 어떻게 하는가? 그리고 노비도 상례하는 동안 어떻게 생계를 유지하는가?
- 상례와 제사는 유교를 믿는 사람과 불교를 믿는 사람이 각자 자신이 믿는 바에 따라 지내는가? 유교식으로 할 경우 『주자가례』(朱子家禮)에 의거하는가?
- 옛날 일본은 신라나 백제에서 불교를 들여왔다. 그렇다면 조선에도 불교를 믿는 사람들이 많았을 것 같은데, 지금 조선에서는 유교를 숭상하는가? 아니면 불교를 믿는가?
- 당신들이 에도에서 고악(古樂)을 들었을 때 그 음악의 절반이 고려(高麗)의 가락이라고 전해 들었는데 그 음악은 아직 조선에 남아 있는가?
- 조선의 언문(諺文: 한글을 말함)은 전자(篆字)와 비슷한데 중국의 옛 문자를 조합해서 만든 것인가?
- 일본에는 색깔이 황록색(黃綠色)이며 크기가 참새 정도인 '우구이스'(鶯)라는 이름의 새가 있는데 1, 2월에 꽃이나 나무 사이를 날아다니다가 4, 5월이 되면 울지 않는다. 중국의 '鶯'과는 대동소이하다. 조선의 '鶯'은 어떻게 생겼는가?

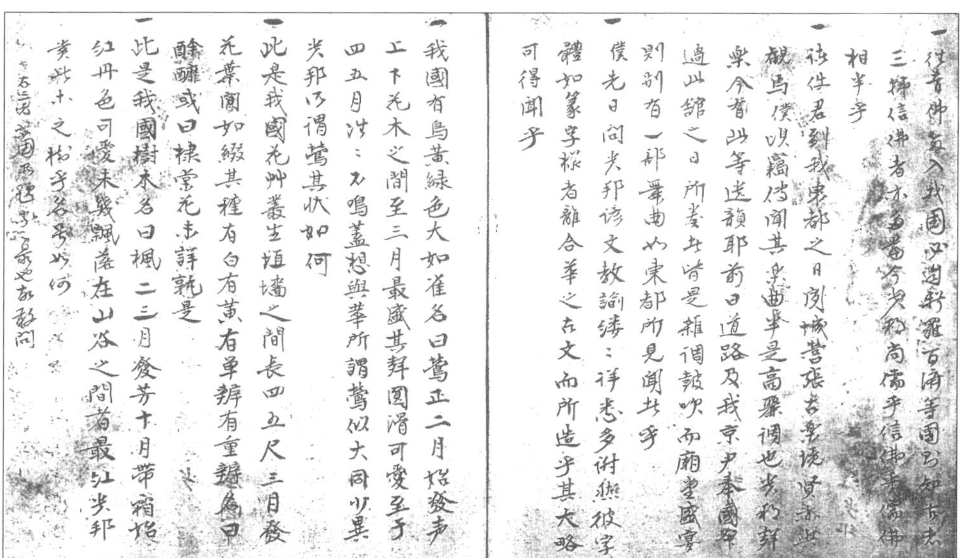
一 往昔佛教入我國以自新羅百濟等國 [illegible]
三韓信佛者 [illegible] 尚儒乎信佛乎儒佛
相半乎
一 [illegible]
一 僕先日問貴邦諺文教諭諄々詳悉多謝然彼字
體如篆字樣者離合華之古文而所造乎其大略
可得聞乎

一 我國有鳥黃綠色大如雀名曰鶯正二月始發声
上下花木之間至三月最盛其声圓滑可愛至于
四五月往々不鳴蓋想與華所謂鶯似大同少異
貴邦所謂鶯其状如何
一 此是我國花艸叢生垣墻之間長四五尺三月發
花葉間如綴其種有白有黃有單瓣有重瓣名曰
酴醾或曰棣棠花未詳孰是
一 此是我國樹木名曰楓二三月發芽十月帶霜始
紅丹色可愛未幾飄落在山谷之間者最紅貴邦

- (편지 중에 꽃을 첨부하여) 이것은 벽과 담장 사이에 무리지어 피는 꽃으로 길이가 4, 5척이며 3월에 꽃을 피우며 '도미'(酴醾: 설매돈) 혹은 '체당'(棣棠: 황매화黃梅花)이라고 하는데 어느 쪽이 옳은지 모르겠다.
- (편지 중에 가지 하나를 첨부하여) 이것은 일본에서는 '카에데'(楓: 단풍을 가리킴)라고 하는데 2, 3월에 열매를 맺고 10월에 붉게 물들기 시작하면 곧 떨어진다. 산골짜기의 것이 가장 붉다. 조선에서도 이 나무를 감상하는가? 그 명칭은 뭐라고 하는가?

이에 대해 이현은 답장을 썼는데, 재가, 상례, 불교에 관한 질문에 대해서는 언급하지 않았다. 이하 각 질문에 대한 이현의 대답을 요약하면 다음과 같다.

- 고려악에 관해서 조선에는 고악과 속악(俗樂)을 구별하는데, 고악은 모두 중국에서 들어온 것이므로 고려에서 나온 것이 아니다.
- 언문은 우리나라의 성조(聖祖: 세종世宗을 말함)가 제작한 것이며 전주(篆籒: 전서를 말함)에서 나온 것이 아니다.
- 나는 예전에 일본에 '鶯'(꾀꼬리를 말함)이 없다고 들었는데, 지금 그대가 보여 준 것은 형상이 '鶯'과 몹시 비슷하다. 이른바 '鶯'이라는 것은 황색만 있고 녹색은 없다. 귀국에서 '鶯'이라고 한 것은 옛날에 이른바 '백설조'(百舌鳥: 지빠귀과의 새를 통칭하는 말)인지도 모르겠다. 조선의 '鶯'은 3, 4월에 울기 시작하다가 초가을에 그친다.
- 도미(酴醾)는 보여 준 것과 같다. 체당(棣棠)은 우리나라의 호남(湖南) 지방을 여행했을 때 본 적이 있다. 길이가 4, 5척이며 색깔은 담홍색이며 철쭉[躑躅]과 비슷한 모양이다.
- 일본에서 많은 사람이 '楓'[단풍]에 관해 질문했는데, 일본의 단풍은 조선보다 잎이 좀 큰 것 같다. 어느 쪽이 진짜 단풍인지, 다른 종류가 있는지 잘 모르겠다. 단풍잎의 크기는 땅에 따라 달라지는지도 모르겠다.

에도시대 일본에서 이혼이나 재가(再嫁)는 흔히 있었던 일이고 재가한 여성에 대한 사회적 차별도 그리 크지 않았다. 재가에 관한 란코쿠의 질문에 대해 이현은 아무 대답도 하지 않았다.

이어서 란코쿠는 상례 및 상례방식에 대해 물어봤는데, 이현은 이에 대해서도 대답하지 않았다. 일본에서는 야마자키 안사이(山崎闇齋, 1618~1682) 학파의 문인들이 『주자가례』에 바탕을 둔 상례를 실천하고자 하였으나, 삼년상은 널리 보급되지 않았으며, 무사계급에서는 주로 불교식으로 상례가 행해졌다.[2]

---

2. 일본의 상례 및 유학자들의 『주자가례』 수용에 관해서는 田世民, 『近世日本における儒禮受容の研究』(東京: ぺりかん社, 2012) 참조.

통신사가 에도에서 들은 고악이란 그들이 에도 성에서 열린 향연(饗宴)에서 아라이 하쿠세키와 함께 감상한 무악(舞樂)을 가리킨다. 이에 대해서는 본서의 『좌간필어』(坐間筆語) 해제가 참조된다.

본초화에 조예가 깊었던 란코쿠는 그와 관련된 다양한 질문을 이현에게 넌졌던 것으로 보인다.

5. 정덕화한창수록(正德和韓唱酬錄)

1 서지사항

서명: 정덕화한창수록(正德和韓唱酬錄)
소장처: 후쿠이 시립도서관(福井市立圖書館) 엣코쿠 문고(越國文庫)
편자: 이토오 신야(伊藤莘野)
간행연대: 미상
책수: 불분권 1책
판본: 필사본

『정덕화한창수록』(正德和韓唱酬錄)은 1711년 9월, 10월, 12월에 이토오 신야(伊藤莘野, 1681~1736)가 통신사와 주고받은 시(詩)와 필담 등을 수록한 책이다.[1] 서명의 '정덕'(正德)은 나카미카도(中御門) 천황(天皇)의 연호로, 일본어 발음은 '쇼오토쿠'이다. 신묘 통신사가 일본에 방문한 1711년이 곧 쇼오토쿠 원년(元年)이다.

『정덕화한창수록』은 불분권 1책으로, 분량은 총 27장 반이다. 별도의 서문이나 발문은 없고, 오자(誤字)에 대한 교감기(校勘記)가 서미(書眉)에 드문드문 있다. 맨 앞장 상단 우측에는 '엣코쿠 문고'(越國文庫) 인(印)이 찍혀 있다. '엣코쿠 문고'는 후쿠이 시립도서관(福井市立圖書館)이 마츠다이라 가(松平家)로부터 기증 받은 귀중본 문고이다. 마츠

1. 본 해제에 앞서, 일본에서 이미 『정덕화한창수록』에 대한 교주 작업이 있었다. 片倉穣, 「正德和韓唱酬錄校注」(『日本人のアジア觀』, 東京: 明石書店, 1998, 283~316면)가 그 결과물이다. 본 해제는 『정덕화한창수록』을 인용할 때 이 교주본을 참조하되 일부 수정한다.

다이라 가는 대대로 에치젠노쿠니(越前國) 후쿠이 번(福井藩: 지금의 후쿠이 현 영북嶺北 지방)의 번주(藩主)를 세습한 집안이다.

책 뒤에는 『남해창화록』(南海唱和錄)이 부록되어 있다. 1715년에 이토오 신야가 쿄오토에 가는 길에 셋슈우(攝州: 지금의 오오사카大阪 북서부와 효오고 현兵庫縣 남동부 지역)의 벗들을 찾아가 수창한 시와 벗이 그를 위해 지어 준 송서(送序)가 수록되어 있다. 분량은 총 6장 반이다.

2 필담일시 및 장소

『정덕화한창수록』에는 모두 세 종의 필담이 실려 있다.

첫 번째 필담은 1711년 9월에 오오사카에서 이루어졌다. 이때의 필담은 통신사절단이 에도에 도착하기 전의 것이다. 통신사절단이 오오사카의 요도가와구치(淀河口)에 도착한 것은 9월 14일인데, 이토오 신야는 이때 통신사절단을 영접했다. 통신사절단이 오오사카를 출발한 것은 같은 달 27일이다.

두 번째 필담은 같은 해 10월 상순에서 16일 즈음에 이루어졌다. 오오사카를 떠나 쿄오토를 거쳐 에도에 도착할 때까지의 필담이 실려 있는데, 정확한 필담 장소는 미상이다.

세 번째 필담은 같은 해 12월 상순에서 중순 즈음에 오오사카에서 이루어졌다. 이때의 필담은 통신사절단이 에도에서 돌아가는 길에 이루어진 것이다. 통신사절단이 쿄오토를 출발하여 오오사카로 이동한 것은 12월 8일이고, 이토오 신야가 오오사카에서 통신사절단을 전송한 것은 같은 달 18일이다. 따라서 필담 일시는 12월 9일에서 18일 사이로 추정된다.

3 참여자

첫 번째 필담의 조선인 참여자는 이현, 남성중이다. 그 밖에 엄한중의 시(詩)도 수록되어 있으나, 필담은 확인되지 않는다.

첫 번째 필담의 일본인 참여자는 이토오 신야이다. 이름은 스케유키(佑之), 자는 코토타다(思忠)이다. '신야'는 그의 호이다. 쿄오토에서 출생했는데, 필담을 한 당시에는 카가 번(加賀藩: 지금의 이시카와 현石川縣과 토야마 현富山縣에 걸친 지역)에 살고 있었다. 카가 번에서 사숙(私塾)을 열었으며 평생 관직에 오르지 않았다. 시집으로 『백설루집』(하쿠세츠로오슈우, 白雪樓集), 『경부옥조』(케이후우교쿠소오, 瓊敷玉藻) 등이 전한다.

그 밖에 테라다 타치가와(寺田立革, 1678~1744)도 동석했다. 이토오 신야가 오기 전에 그가 먼저 와서 시문 수창을 하고 있었다는 주기(注記)가 필담에 붙어 있다. 테라다 타치가와는 아지키 릿켄(味木立軒, 1650~1725)의 제자로, 아키 번(安藝藩: 지금의 히로시마 현廣島縣)의 번사(藩士)이다. 저서로 『예번제사계보』(게이한쇼오시케이후, 藝藩諸士系譜), 『예비고성지』(게이비코죠오시, 藝備古城志) 등이 있고, 통신사와의 필담집으로 『광릉문사록』(廣陵問槎錄)이 전한다.

두 번째 필담의 조선인 참여자는 이현, 남성중, 엄한중, 박태신(朴泰信), 기두문(奇斗文)이다. 그 밖에 홍순연의 시도 수록되어 있으나, 필담은 확인되지 않는다. 김익성(金益聲)이 동석한 것으로 파악되는데, 어떤 인물인지는 미상이다.[2] 일본 방문 당시에 박태신은 압물통사(押物通事)였고, 기두문은 가정의원(加定醫員)이었다.

두 번째 필담의 일본인 참여자는 이토오 신야이다. 그는 기온 난카이(祇園南海, 1676~1751)를 데리고 함께 통신사절단을 찾아왔다. 다만 기온 난카이의 필담은 실려 있지 않다. 그 밖에 하야시 노부아츠(林信篤)와 하야시 노부미츠(林信充, 1681~?) 부자(父子)가 이토오 신야보다 먼저 와서 필담을 하던 중이었던 것으로 파악된다.

기온 난카이는 유학자이자 한시(漢詩) 작가이자 문인화가이다. 그는 기노시다 쥰인(木下順庵)의 제자로, 사카키바라 코오슈우(榊原篁洲, 1656~1706), 아라이 하쿠세키(新井白石), 난부 난잔(南部南山, 1658~1712), 무로 큐우소오(室鳩巢), 무카이 소오슈우(向井滄洲, 1666~1731), 핫토리 칸사이(服部寬齋, 1667~1721), 아메노모리 호오슈우(雨森芳洲), 미야케 칸란(三宅觀瀾), 마츠우라 카쇼오(松浦霞沼)와 더불어 '목문십철'(木門十哲)로 꼽힌다. 또한 동년(同年)인 마츠우라 카쇼오와 더불어 '목문이묘'(木門二妙)로 불리기도 한다. 그 밖에 핫토리 난카쿠(服部南郭, 1683~1759), 사카키 하쿠센(彭城百川, 1697~1752), 야나기사와 키엔(柳澤淇園, 1704~1758)과 더불어 일본 문인화가의 비조(鼻祖)로 일컬어지기도 한다.

하야시 노부아츠는 하야시 라잔(林羅山, 1583~1657)의 손자로 당시에 다이가쿠노카미(太學頭)였다. 하야시 노부미츠는 노부아츠의 아들로, 당시에 좨주(祭酒)와 지코오(侍讀)의 직임을 맡고 있었다.

세 번째 필담의 조선인 참여자는 이현, 엄한중, 이이방(李爾芳), 정초관(鄭哨官)이다.

---

2. 『정덕화한창수록』의 주(注)에 의하면, 자(字)는 '성봉'(聖奉)이고 호는 '만화원'(滿花園)이라 한다.

홍순연, 남성중도 동석했던 것으로 짐작되나 필담은 남아 있지 않다. 이이방은 당시에 사자관(寫字官)이었다. 필담에 의하면 정초관은 동래(東萊)의 군문장관(軍門將官)이라 한다.

세 번째 필담의 일본인 참여자는 이토오 신야이다.

4 내용

앞서 간단히 지적했다시피 『정덕화한창수록』에는 세 가지 필담이 수록되어 있다. 그 수록 순서대로 살펴보기로 한다.

(1) 9월 오오사카에서의 필담

9월에 오오사카에서 나눈 필담은 '오오사카 전록'(大阪前錄)이란 제목으로 실려 있다. 9월의 필담은 통신사절단이 에도로 가는 길에 이루어졌고, 12월에 에도에서 돌아오는 길에 다시 한 번 오오사카에서 필담이 이루어졌다. 따라서 앞서 이루어진 필담에 '전록'(前錄)이란 명칭을 붙여 12월 필담과 구분한 듯하다.

이토오 신야는 통신사와의 시문 수창 및 필담을 상당히 고대했던 듯하다. 다음은 그가 이현에게 한 말이다.

> (…) 저는 경사(京師: 쿄오토)에서 태어나 가슈우(賀州: 카가 번)에서 자랐습니다. 가슈우에서 여기(오오사카를 이름)까지의 거리가 800리인데, 동쪽으로 가시는 여러분을 뵙기 위해 엔장로(緣長老: 소엔祖緣을 이름)를 따라 가슈우에서 쿄오토로 올라와서, 쿄오토에서 여기로 왔습니다.
>
> (…) 僕生於京師, 長於賀州. 賀距此八百里, 欲觀玉節東指, 故從緣長老自賀上京, 自京到此.(4a)

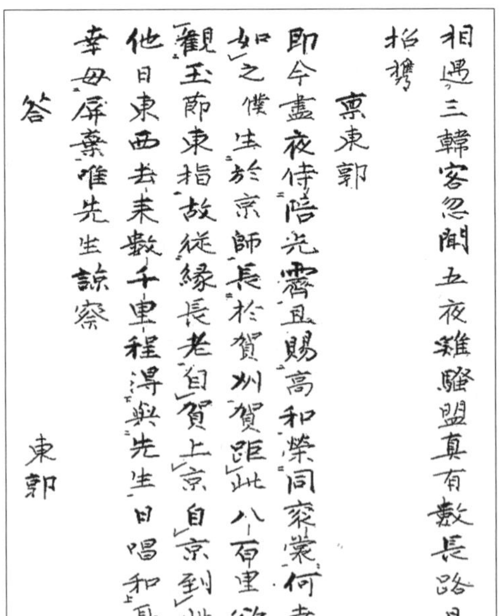

相遇三韓客忽聞五夜雞驂盟真有數長路日
相携
稟東郭
即今盡夜侍陪先霽且賜高和榮同窓棠何幸
如之 僕生於京師長於賀州賀距此八百里欲
觀玉節東指故從緣長老自賀上京自京到此
他日東西去来數千里程得與先生日唱和耳
幸毋屏棄唯先生諒察
答
東郭

카가 번은 통신사의 이동 경로에 들지

않은 지역이다. 결국 신야는 통신사절단의 발길이 닿지 않는 지역 출신으로, 통신사와 만나기 위해 먼 길을 마다하지 않았던 것이다. 신야가 통신사를 만난 것은 9월이지만, 7월에 이미 쿄오토에 도착하여 통신사를 기다려 왔던 것으로 파악된다.[3]

신야는 1711년 이전의 통신사절단에 대해서도 어느 정도 알고 있었던 듯하다. 그는 남성중에게 이렇게 말한다.

> 예전에 호곡(壺谷: 남용익南龍翼의 호) 선생이 사명(使命)을 받들고 폐방(弊邦)에 오셨는데, 지금 당신도 그렇군요. 듣자 하니 당신은 선생의 후손이라 하더군요. 아버지와 그 훌륭한 자식이 아름다운 일을 이어 갔다고 이를 만하니, 칭찬하고 감탄할 만합니다. 엔장로를 따라 사이쿄오(西京: 쿄오토)와 토오토(東都: 에도)를 왕래할 때 아침저녁으로 가까이 지낼 수 있다면, 저의 큰 행운이겠습니다.
>
> 往年壺谷先生奉使弊邦, 今君亦然. 聞君先生之後也, 可謂父子鳳毛繼美矣, 足以稱嘆言也. 從緣長老西京、東都往還之際, 日夕相親, 則是生之大幸也.(4a~5b)

남용익(南龍翼, 1628~1692)이 1655년에 종사관(從事官)으로 일본에 왔는데 그 아들 남성중이 1711년에 또 일본에 왔으므로, 신야는 이렇게 말한 것이다. 예전에 일본에 왔던 조선 사람의 제자나 후손이 일본에 온 사실을 언급하는 것은 여타의 필담집에서도 두루 확인된다.

그리고 위의 인용문을 보면, 신야는 정해진 한 곳에서만 통신사를 만나려 했던 것이 아니라, 통신사의 이동 경로를 일정 구간 따라다니면서 교류하고자 했다는 것을 알 수 있다.

(2) 오오사카를 떠나 쿄오토를 거쳐 에도에 도착할 때까지의 필담

오오사카를 떠나 쿄오토를 거쳐 에도에 도착할 때까지의 필담은 '사이쿄오 필어'(西京筆語)란 제목으로 실려 있다. 이 부분의 필담에는 일부 '신묘년 10월 상순'(辛卯陽月上澣: 7b), '신묘 초겨울'(辛卯孟冬: 8a) 등으로 날짜가 명기되어 있기도 하고, '기두문과의 필담'(與奇斗文筆語)과 같이 필담 상대자의 이름이 소제목으로 밝혀져 있기도 하여, 편집 체제상으로는 일관성이 다소 부족하다. 이 필담집에 수록된 창화시 중 신야의 「초겨울 16일에 부슈우(武州)에 들어가다. 2수」(初冬十六日入武州二首)를 참조해 보면, 신야는 애

3. 하우봉, 「계미통신사의 문화교류」(『한국실학연구』 제22호, 한국실학학회, 2011), 21면 참조.

초에 통신사에게 청했던 바대로, 쿄오토와 에도를 왕복하는 통신사절단을 따라다니면서 시문 수창을 하거나 필담을 나눈 것으로 보인다. 부슈우는 곧 에도이다.

그럼 지금부터 '사이쿄오 필어'의 내용을 개관하기로 한다. 우선, 이 필담에서는 이현이 신야에게 글씨를 써 준 사실이 확인된다. 신야는 이현에게 '觀文堂' 세 글자를 대자(大字)로 써 달라고 청했다. 이현은 지금 큰 붓이 없으니 내일 써 주겠다고 답했는데, 해당 필담에 "훗날에 마침내 '觀文堂' 세 대자를 써서 신야에게 주었다."(後日遂書觀文堂三大字以贈莘野: 11b)라는 주석이 붙어 있다. 신야는 이 글씨를 현판으로 만들어 본인의 서재에 걸어 두었는데, 그 현판은 현재 가나자와 시(金澤市)의 유명한 고서점인 이케젠 서점(池善書店)의 간판으로 걸려 있다고 한다.[4]

그다음으로, 이 필담에는 한글에 대한 일본 지식인의 관심이 나타나 있다.

신야: 귀국(貴國)의 언문(諺文)은 몇 글자입니까? 저를 위해 써 주신다면, 이 얼마나 다행스러운 일이 되겠습니까.

엄한중: 언문을 배우고자 하신다면, 아메노모리 인쵸오(雨森院長)가 이미 정해(精解)를 지었으니, 가서 물어보시는 게 좋겠습니다. 그리 하지 않으실 거라면, 제가 응당 써서 보여 드리겠습니다.

신야: 족하께서 써 주시기를 원합니다. 오늘 부디 써 주시기 바랍니다.

엄한중: 객관(客館)에 한 번 오시면 응당 차분하게 써 드리겠습니다.

問: 貴國諺文有幾字? 爲吾書以賜, 則何幸如之?

答: 諺文如欲學得, 雨森院長已爲精解, 往問可也. 如不然, 則僕當書示耳.

問: 唯願足下書之耳. 今日幸得揮染是望耳.

答: 一來客館, 則當從容書呈耳.(13a)

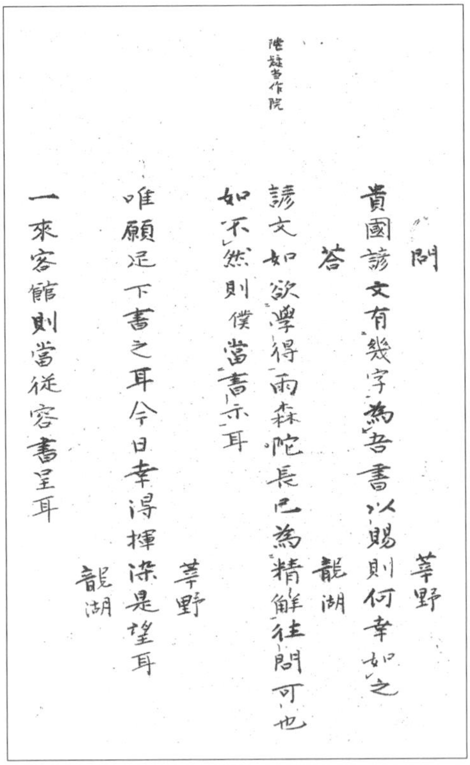
問 貴國諺文有幾字爲吾書以賜則何幸如之 莘野
答 諺文如欲學得雨森院長已爲精解往問可也 如不然則僕當書示耳 龍湖
唯願足下書之耳今日幸得揮染是望耳 莘野
一來客館則當從容書呈耳 龍湖

4. 하우봉, 앞의 논문, 37면 참조. 이 논문에 근거 자료로 片倉穰, 「黒本家堂筆朝鮮李東郭觀文堂額由來記」(『日本近世初期における渡來朝鮮人の研究』, 1990年度科學研究費補助金 研究成果報告書, 1991)가 인용되어 있다.

'아메노모리 인쵸오'는 곧 아메노모리 호오슈우이다. '인쵸오'는 그의 별호이다. 그가 한글에 대해 정밀하게 풀이했다는 것은, 그가 지은 한국어 교재 『교린수지』(交隣須知)를 염두에 둔 말이 아닌가 한다.

이 필담에 이어 신야는 나중에 객관에 찾아갔을 때의 일에 대해 간단히 서술했다. 그 서술에 따르면 이렇다: 그는 객관에 가서 박태신을 만났는데, 그에게 언문에 대해 물었다. 그러자 박태신은, 한글은 185자(字)가 있다고 답하면서 수십 글자를 직접 써 주었고, 나중에 오오사카에 있을 적에는 김익성을 시켜 한글을 써 주게 했다고 한다. 신야 이후로도 한글에 대한 일본 지식인의 관심은 꾸준히 지속되었던 것으로 파악된다. 일례로 기해년(1719) 통신사의 필담을 수록한 『화한창화집』(和韓唱和集)과 『객관최찬집』(客館璀璨集)에도, 일본 지식인이 한글에 대해 묻자 통신사가 직접 한글을 적어 가며 대답해 주는 대목이 있다.[5]

또한 '사이쿄오 필어'에는 단편적으로나마 일본 문학에 대한 조선 지식인의 평가가 보인다.

> **신야:** 이번에 서해(西海)의 오오사카, 황경(皇京: 쿄오토를 이름), 토오토(東都: 에도)를 가시느라 만 리를 왕복하면서 수개월 동안 머물러 계셨으니, 폐방에서 여러분과 응접하고 창화한 사람이 몇이나 되는지 모르겠군요. 그 재주의 장단(長短)과 문장의 교졸(巧拙)은 선생께서 속으로 판단하고 계실 터이지요. 선생께서는 누가 최고라고 보십니까?
>
> **이현이 역인(譯人)에게 말했다:** 무로 큐우소오(室鳩巢)와 기온 난카이(祇園南海)가 그 사람입니다.
>
> **莘野:** 此行西海<u>大阪</u>、皇京、<u>東都</u>, 往還萬里, 淹滯數月, 弊邦之與諸君應接唱和者不知幾人. 其才之長短, 文之巧拙, 唯在先生皮裡陽秋耳. 先生其以誰爲最?
>
> **東郭謂譯人曰:** <u>室鳩巢</u>、<u>祇園南海</u>其人也.(14a)

이현은 무로 큐우소오와 기온 난카이의 글솜씨를 높이 평가하고 있다. 다만 그 이유에 대한 구체적인 설명은 없다. 그 두 사람은 모두 키노시타 쥰안의 제자로, '목문십철'(木門十哲)에 든다. 무로 큐우소오는 통신사와 필담을 주고받은 적이 있는데, 그 필담집은 『조선객관창화시병필어』(朝鮮客館唱和詩幷筆語)이다.[6] 그 필담은 1711년 10월 28일 에도에서 이루어졌으므로, 신야와 큐우소오 두 사람 또한 서로 접촉했을 가능성이 높다.

---

5. 『화한창화집』과 『객관최찬집』에 대한 해제는 본서 301~312면, 327~339면에 실려 있다.

6. 『조선객관창화시병필어』에 대한 해제는 본서 103~108면에 실려 있다.

무로 큐우소오와 기온 난카이에 대한 언급은 1711년 이후의 필담집에서도 간간이 확인된다. 일례로 무진년(1748) 통신사의 필담을 수록한 『왜한문회』(倭韓文會)에서 이봉환(李鳳煥)이 루스 키사이(留守希齋)란 인물의 시문을 칭찬하자 키사이는 자신의 재주는 보잘것없다고 하면서, 야나다 제이간(梁田蛻巖, 1672~1757)과 기온 난카이가 지금 세상의 독보적인 인물이라고 말한 바 있다. 또한 계미년(1763) 통신사의 필담을 수록한 『장문계갑문사』(長門癸甲問槎)에서 성대중(成大中)은 키노시타 쥰안 학파의 행방에 대해 관심을 표하면서 무로 큐우소오를 '일본의 정파(正派)'라고 일컬은 바 있다.

끝으로 '사이쿄오 필어'에는 세이켄지(淸見寺)에 남아 있는 조선 사람 시(詩)에 대한 언급이 보인다. 10월에 에도에서 돌아가는 길에 통신사절단과 신야는 시즈오카(靜岡)에 있는 세이켄지를 지나게 되었다. 이에 신야는 그 사찰을 시로 읊은 다음, 이현에게 세이켄지를 구경해 보았느냐고 물어보면서 창화시를 청했다. 이어서 이런 대화가 오갔다.

> **이현**: 저는 보지 못했습니다. 그대의 시에 대해서는 마땅히 차운시를 짓겠습니다. 그 절에는 예전의 제시(題詩)가 있습니까?
>
> **신야**: 절 벽면에 만력(萬曆) 연간의 빙사(聘使) 여우길(呂佑吉), 경섬(慶暹), 정호관(丁好寬) 등의 시가 있습니다.
>
> **東郭**: 吾則未得一見, 尊詩當次之. 其寺有舊題詩乎?
>
> **莘野**: 寺壁有<u>萬曆</u>年間聘使<u>呂佑吉</u>、<u>慶暹</u>、<u>丁</u>[7]<u>好寬</u>諸詩.(19b~20a)

세이켄지는 통신사의 이동 경로에 들어 있는 곳으로, 임진년 이후 일본에 파견된 12회의 통신사 중에 1617년과 1719년, 1811년 통신사를 제외하고는 모두 이곳을 방문했다고 한다. 현재 세이켄지에는 통신사의 유묵(遺墨)이 50여 점 소장되어 있는데, 시즈오카 시 주관으로 유묵 하나하나를 감별하여 국가문화재로 등록하는 작업이 진행 중이라 한다. 여우길(呂佑吉, ?~?), 경섬(慶暹, 1562~1620), 정호관(1568~1618)은 모두 1607년에 회답겸쇄환사(回答兼刷還使)로 일본을 방문한 인물로, 각각 정사, 부사, 종사관이었다. 이들의 시는 모두 절 본당에 판액으로 되어 걸려 있다고 한다. 한편, 1711년 통신사인 조태억, 임수간, 이방언, 남성중 등의 시도 보관되어 있는 것으로 알려져 있다.[8]

---

7. 丁: 저본에는 '鄭'으로 되어 있으나 오자(誤字)이다.

8. 세이켄지에 남아 있는 통신사 유묵에 대해서는 유종현, 「일본 청견사 소장 통신사의 유물 조사 보고」(『한일관계사연구』 24집, 한일관계사학회, 2006), 303~331면; 한태문, 「청견사 소재 시문에 반영된 한일문화교류」(『조선통신사연구』 제3호, 조선통신사학회, 2006), 128~156면 참조.

(3) 12월 오오사카에서의 필담

12월에 오오사카에서 나눈 필담은 '오오사카'란 제목으로 실려 있다. 이 필담에는 무로 큐우소오의『대학장구신소』(다이가쿠쇼오쿠신소, 大學章句新疏)에 대한 언급이 보인다.

> 신야: 저번에 사이쿄오에 있을 적에 저의 벗 슌신(浚新)이 무로 큐우소오(室鳩巣)가 지은『대학신소』(大學新疏)를 주고 또 편지 한 통을 부쳤습니다. 당신은 답장을 보냈습니까?
>
> 이현: 슌신이 그때 직접 주고받았으니, 왜 답장을 쓰겠습니까?
>
> 莘野: 向在西京, 我友浚新贈鳩巣 室子所著『大學新疏』, 且寄書簡一道. 君以書謝之否?
>
> 東郭: 浚新其時親自受授, 豈有謝書乎?(22a~22b)

슌신은 곧 카가 번의 번사(藩士) 아오치 레이칸(青地禮幹, 1675~1744)이다. '슌신'은 그 호이다. 그는 무로 큐우소오의 제자로, 큐우소오와 주고받은 서한을 편찬한『겸산비책』(켄잔히사쿠, 兼山秘策)이 유명하다고 한다. 인용문을 통해, 1711년에 이현이 무로 큐우소오의『대학장구신소』를 증정 받은 사실이 확인된다. 다만 그 책이 조선에서 얼마나 읽혔는지는 미상이다.

6. 양동창화록(兩東唱和錄)

1 서지사항

서명: 양동창화록(兩東唱和錄)
소장처: 니이가타 대학 부속도서관(新潟大學附屬圖書館) 사노 문고(佐野文庫)
편자: 무라카미 세이자부로오(村上淸三郎)·우에다 이베에(植田伊兵衛)·마스야 고로오에몬(升屋五郎右衛門)
간행연대: 1712년 9월
책수: 5권 4책
판본: 간본(浪速書林·東武書林)

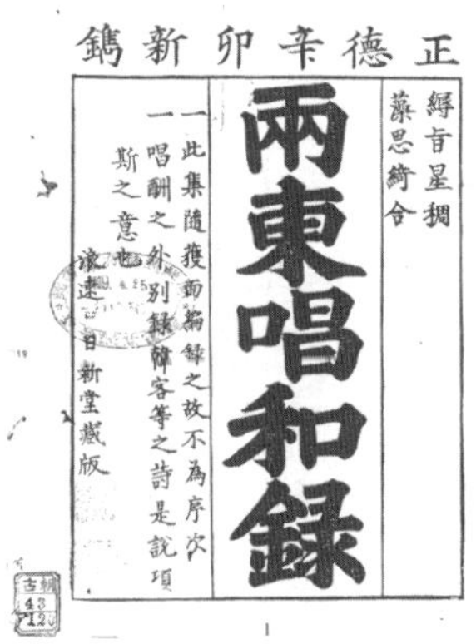

『양동창화록』(兩東唱和錄)은 네 책으로 되어 있다. 1책은 상권(上卷), 2책은 하권(下卷)으로, 통신사와 일본문인들의 필담과 창수시가 수록되어 있다. 3책의 표제는 '兩東唱和後錄'으로 '후록'(後錄)과 '별록'(別錄)이 수록되어 있고, 4책의 표제는 '兩東唱和續錄'으로 '속록'(續錄)이 수록되어 있다.[1] 후록에는 주로 양의(良醫) 기두문(奇斗文)과 일본의 의원들이 의학에 관해 주고받은 필담이 수록되어 있다. 별록에는 통신사들이 남긴 시 및 홍세태(洪世泰, 1653~1727)와 히토미 토오겐(人見桃原)의 편지 및 통신사의 이름과 직책을 적은 명단이 수록되어 있다. 속록에는 비젠 주(備前州) 우시마도(牛窓: 지금의 오카야

1. 책의 성격상 '후록', '별록', '속록'도 사실상 분권(分卷)에 해당한다고 볼 수 있다. 따라서 『양동창화록』의 형태서지 중 책수를 '5권 4책'으로 서술했다.

마 현岡山縣 동남부)의 문인들과 통신사가 주고받은 창수시가 수록되어 있다. 1책에 수록된 전체 목록을 보면 '續錄'이라는 글자 아래에 '備前州牛窓唱和'라고 적혀 있어 우시마도에서 이루어진 필담을 모아 놓았음을 알 수 있다.

『양동창화록』은 한국의 국립중앙도서관에도 소장되어 있는데, 사노 문고(佐野文庫)본과 달리 『양동창화록』과 『양동창화후록』 두 책으로 되어 있다. 『양동창화록』에는 사노 문고본의 상권과 하권에 해당하는 내용이 수록되어 있으며, 『양동창화후록』에는 '후록'과 '별록'이 수록되어 있고 '속록'은 수록되어 있지 않다. 따라서 국립중앙도서관본보다 사노 문고본이 나중에 출간된 것이라 생각된다. 니이가타 대학(新潟大學) 사노 문고(佐野文庫)는 니이가타 현 출신의 정치가 사노 키헤이타(佐野喜平太, 1866~?)가 수집한 장서(藏書)로 에도 시대의 한적(漢籍)과 고문서가 소장되어 있다.

'양동'(兩東)이란 조선과 일본을 가리킨다. 속표지 윗부분에 '正德辛卯新鐫'이라고 적혀 있고 왼쪽에 '浪速 日新堂 藏版'이라 적혀 있다. '正德辛卯'는 1711년이다. '藏版'이란 판목(版木)을 뜻한다. 이 책이 1711년에 인쇄되었고 오오사카의 닛신도오(日新堂)가 판목을 소장하였음을 알 수 있다. 3책의 권말에 '正德壬辰歲九月穀旦'이라는 말이 보이며 그 옆에 '浪速書林', '東武書林'이라는 출판사의 이름이 병기(併記)되어 있다. '浪速書林'의 밑에는 무라카미 세이자부로오(村上淸三郎)・우에다 이베에(植田伊兵衛)라는 이름이 병기되어 있고, '東武書林'의 밑에는 마스야 고로오에몬(升屋五郎右衛門)이라는 이름이 적혀 있고 가장 밑에 '壽梓'라 적혀 있다. 이를 통해 이 책이 나니와 쇼린(浪速書林)의 무라카미 세이자부로오와 우에다 이베에 및 토오부 쇼린(東武書林)의 마스야 고로오에몬이 1712년 9월에 공동으로 출판했음을 알 수 있다.

속표지의 오른쪽에 '縟旨星稠', '藻思綺合'이라고 적혀 있다. '縟旨星稠'는 '수식이 많고 화려한 문장'이라는 뜻이고, '藻思綺合'은 '문재(文才)가 있고 글이 찬란하다'는 뜻이다. 속표지 왼쪽에는 "이 책은 입수한 대로 모아서 기록한 것이다. 그래서 글의 순서를 정하지는 않았다."(此集隨獲而編錄之, 故不爲序次)라는 말이 적혀 있다. 이 말은 통신사와 주고받은 글을 날짜별로 순서를 바로잡는 편집 작업을 하지 않고 입수하는 대로 수록하였다는 뜻이다. 또 그 옆에 "창수(唱酬)한 시 외에도 한객(韓客)의 시를 따로 수록하였는데, 이는 항사(項斯)에 대해 이야기한다는 뜻이다."(唱酬之外, 別祿韓客等之詩, 是說項斯之意也)라는 말도 적혀 있다. '항사'는 당(唐)나라의 시인이다. 그의 선배인 양경지(楊敬之)가 그의 글과 인품을 몹시 칭찬하는 시를 써 주었는데, 그 속에 "가는 곳마다 사람을 만나면 항사에 대해 이야기했다."(到處逢人說項斯)라는 구절이 보인다. 즉 '항사를 이야기한다'는 말은 다른 사람의 시를 칭찬한다는 뜻인데, 여기에서는 통신사의 훌륭한 시를 따로 수록하여 칭송한다는 의미로 쓰였다. '한객의 시를 따로 수록'했다는 것은 3책에 수록된 별록을 말한다. 여기에 통신사들이 일본에서 남긴 시들이 수록되어 있다.

서문은 '기쵸오'(戱蝶)이라는 인물이 썼는데 누구인지는 미상이다. 서문의 다음 면에 일본인 참여자의 명단이 실려 있다.

권지하(卷之下)에 겐신(彦岑)이라는 승려와 이현이 주고받은 글이 수록되어 있는데, 이 글은 『계림창화집』(鷄林唱和集) 권10 및 요오메이 문고에 소장된 『대성산거한객증답』(大聖山居韓客贈答)에도 수록되어 있다. 요오메이 문고는 일본의 정치가인 코노에 후미마로(近衛文麿)가 설립한 사료보관소이다.[2]

2 필담일시 및 장소

1711년 9월 19일부터 며칠 동안 이루어진 필담 및 1711년 12월에 이루어진 필담이 수록되어 있다. 즉 왕로와 복로의 필담이 모두 수록되어 있다. 필담 장소는 둘 다 오오사카 니시혼간지(西本願寺)이다.

3 참여자

조선인 참여자는 제술관(製述官) 이현(李礥)과 세 명의 서기(書記) 홍순연(洪舜衍), 엄한중(嚴漢重), 남성중(南聖重), 사자관(寫字官)인 이수장(李壽長)과 이이방(李爾芳)이다. 이수장의 호(號)는 부곡(負谷), 자는 인수(仁叟)이고 이이방의 호는 화암(花菴), 자는 성원(聲遠)이다. 또 「후록」의 의학 필담에는 기두문이 참여하였다.

명단에 수록된 일본 문인들을 소개하면 다음과 같다.

권지상(卷之上)

- 야마우치 요시키(山內由己). 이름은 元春.
- 야마우치 타이사이(山內退齋, 1684~1718). 이름은 큐우사쿠(久作), 자(字)는 신민(新民)이다. 저작에 『오창객담』(고소오카쿠단, 悟窓客談)이 있다.
- 후쿠하라 슌스이(福原春翠). 이름은 켄케이(玄圭). 자는 侯端. 오오사카 출신이다.

---

2. 코노에 후미마로와 요오메이 문고에 대해서는 본서 『평회전집』 해제에서 이미 설명한 바 있다.

- 사무카와 카요(寒川賀世).
- 후나키 치카노부(舟木近信). 이름은 릿케이(立敬).
- 마츠모토 세츠케이(松本雪溪). 이름은 히코사부로오(彦三郎).
- 코바야시 에이센(古林榮泉). 이름은 온도오(溫洞). 호는 릿세츠켄(立雪軒).
- 안도오 슌스이(安藤春翠). 이름은 요오세츠(養節).
- 큐우토쿠(舊德).
- 후카미 칸이(深見勘宜). 이름은 칸베에(勘兵衛).
- 와타세 슈슈시(渡瀨守株子). 이름은 지로오베에(二郎兵衛).
- 스즈키 요오켄(鈴木養軒).
- 히토미 유우치쿠(人見友竹). 호는 라쿠기사이(樂義齋).

권지하(卷之下)

- 와타나베 류우키치(渡邊隆吉). 이름은 쇼오겐(將監).
- 이카리 죠켄(井狩恕軒). 이름은 신페이(新平) 또는 유루(融). 자는 쇼오메이(昭明).
- 키타오 란슈우(北尾蘭洲). 이름은 호오안(芳安).
- 요코이 에키스이(横井益睡). 이름은 안세츠(安節).
- 오오타 큐우켄(太田及肩). 이름은 츠네노리(庸德).
- 사이토오 마사토모(齋藤雅儔). 이름은 야에몬(彌右衛門).
- 이나즈 간센(稻津甘泉).
- 아츠키 인쇼오(渥生尹將). 이름은 타츠사부로오(辰三郎).
- 이리에 쟈쿠스이(入江若水). 이름은 카네미치(兼通), 자는 시테츠(子徹).
- 토다 호오히츠(戶田方弼).
- 야마다 분안(山田文菴). 이름은 호오센(芳仙).
- 다이유우(大雄). 훈요오안(汾陽菴)의 승려이다.
- 후쿠하라 슌스이.
- 겐신(彥岺). 어떤 사람인지 미상이다. 필담 중의 자기소개에 의하면 후도오지(不動寺)의 승려로, 이름은 隆조, 호는 겐신이고 밀교(密敎)를 믿어 코오야 산에 들어갔으며, 지금은 오오사카의 키타노(北野)에 한거(閑居)하고 있다고 한다.
- 에이기(榮儀).
- 쟈쿠쥰(寂順). 토쿠쇼오지(德照寺)의 승려이다.
- 게이케이(慧明). 호오주인(寶珠院)의 승려이다.
- 즈이간(瑞眼).
- 벳슈우(別宗). 별명은 엔장로(緣長老).
- 다이세츠(大拙).

후록(後錄)

- 카타오카 이센(片岡意專). 이름은 시게하루(重治), 인슈우(因州: 돗토리 현鳥取縣 동쪽)에서 태어나 대대로 의학을 업(業)으로 삼은 집안에서 자랐다.
- 무라카미 케이난(村上溪南). 호는 쇼오사이(樵齋).
- 나가타 테이류우(永田貞柳). 호는 카쿠도오(蠖洞).
- 무라카미 슈우난(村上周南). 무라카미 케이난의 아들이다. 호는 토쿠오오사이(得應齋).

속록(續錄)

- 도이 젠신켄(土肥全愼軒). 이름은 요시히라(義平). 1682년에 통신사가 일본을 방문하였을 때 통신사의 접대를 담당하였다.
- 마츠이 카라쿠(松井河樂, 1643~1728). 이름은 요시나오(良直). 오카야마 번(岡山藩)의 번주(藩主) 이케다 미츠마사(池田光政, 1609~1682) 및 이케다 츠나마사(池田綱政, 1638~1714)에게 출사하였다.
- 야마다 코오사이(山田綱齋). 이름은 사다츠네(定經), 사는 타케요시(孟賓), 코오사이는 그 호이다. 라쿠라쿠코(樂樂子)라 자칭했으며, 오카야마 번에 출사하여 지코오(侍講)가 되었다.
- 오하라 죠헤이시(小原如瓶子).

4 내용

(1) 권지상(卷之上)

카요(賀世)라는 이름의 열 살 된 여자아이가 고시(古詩) 두 수를 초서(草書)로 써서 이현에게 보내자 이현은 글씨를 잘 쓴다고 칭찬하였다. 필담집에는 그 글씨를 칭찬해 준 이현의 시가 실려 있다.

또 마츠모토 세츠케이가 통신사들과 서예(書藝)에 대해 주고받은 글이 수록되어 있다. 마츠모토 세츠케이가 어떤 사람인지는 미상이다. 엄한중이 몇 살이냐고 묻자 17세라고 하였으며, 이현은 세츠케이가 쓴 글씨가 훌륭하다고 칭찬하였고, 홍순연 또한 세츠케이가 문장에도 능하고 글씨도 잘 쓴다고 칭찬하였다. 세츠케이는 사자관 이이방에게 『내각자부』(內閣字府)와 석인(石印: 돌에 새겨서 만든 도장)을 선물하였다. 『내각자부』는 『내각비전자부』(內閣秘傳字府)를 말한다. 명나라의 문인 황오(黃鏊)와 황월(黃鉞)이 엮은 책으로, 서법(書法)의 해설서이다. 이이방에게 이 책이 조선에 없다는 것을 듣고 세츠케이가 선물한 것이다. 또 다른 사자관 이수장이 『내각자부』는 서가(書家)에게 없어서는 안 되는 중요한 책이니 또 한 부를 구입하고 싶다고 하자 세츠케이는 다음 기회에 가져오겠

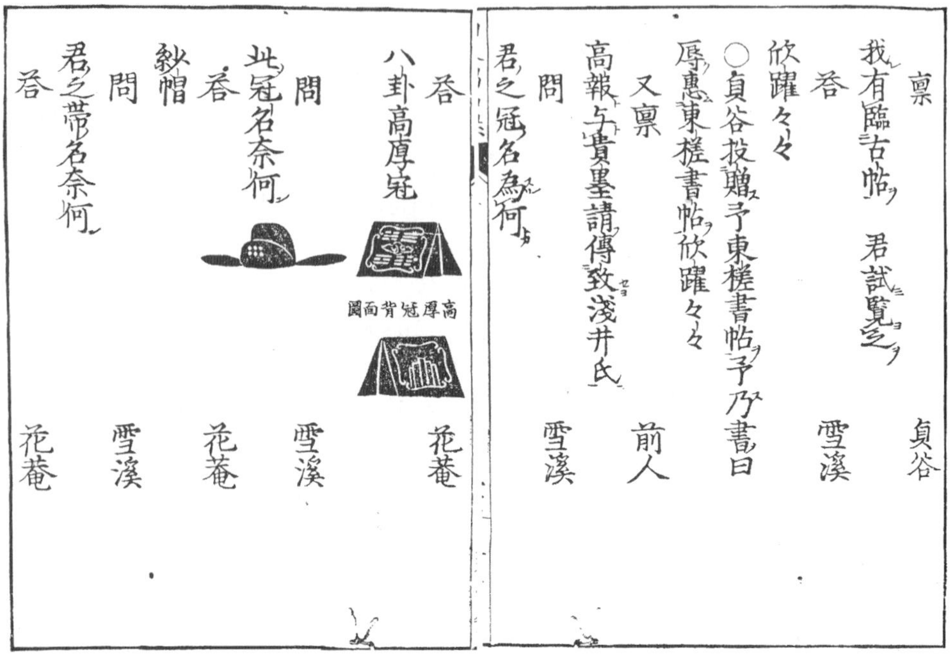
稟 我有臨古帖君試覽之 貞谷
答 欣躍々々 雪溪
○貞谷投贈予東槎書帖予乃書曰
厚惠東槎書帖欣躍々々
又稟
高報与貴墨請傳致淺井氏 前人
問 君之冠名為何 雪溪
答 八卦高厚冠 花菴
高厚冠背面圖
問 此冠名奈何 雪溪
答 紗帽 花菴
問 君之帶名奈何 雪溪
答 花菴

다고 하였다. 나중에 세츠케이가 『내각자부』를 가져오자 이수장은 답례로 통신사들이 쓴 글씨를 모은 서첩(書帖)을 선물하였다.

세츠케이는 이이방에게 쓰고 있는 관(冠)의 이름과 매고 있는 띠에 대해 질문하였다. 이이방은 관은 팔괘고후관(八卦高厚冠)이라 하고, "대모대(玳瑁帶)는 이품(二品)의 띠인데 저는 삼품입니다."(玳瑁二品帶, 僕三品: 卷之上 22a)라고 대답하였다. 팔괘고후관은 사자관과 서기, 상통사(上通事)들이 쓴 모자로, 팔괘의 모양이 그려져 있다.[3] 대모대는 대모(玳瑁: 바다거북의 일종)의 껍질로 제작한 띠를 말한다. 또 마츠모토 세츠케이는 평소 양반들이 쓰고 있는 모자에 대해서도 질문하였고, 이에 대해 이이방은 사모(紗帽)라고 답했다. 필담집에는 팔괘고후관과 사모의 그림이 그려져 있다.

한편 엄한중은 홍순연의 첩이 쓴 시를 가지고 와서 세츠케이에게 보여 주기도 하였는데, 필담집에는 그때의 상황이 다음과 같이 기록되어 있다: "자리의 옆에 작은 종이가 있었는데, 소율(小律) 세 수가 적혀 있었다. 용호(龍湖: 엄한중의 호)가 저에게 '이는 경호(鏡湖: 홍순연의 호)의 첩이 쓴 시입니다'라고 써 주었다."(坐邊有小紙書小律三首. 龍湖

3. 통신사의 관모(冠帽)에 관해서는 박선희·홍나영, 「辛卯使行「道中行列圖」에 나타난 통신사 편복 관모 연구」(『복식』 제61권 3호, 한국복식학회, 2011) 참조.

爲予乃書曰, 此是洪鏡湖妾之詩: 卷之上 20a)

그 밑에 작은 글자로 "별록에 있다"(在別錄)라고 적혀 있다. 그 시를 보고 세츠케이는 "좋네요, 좋네요"(好哉好哉: 卷之上 20a)라고 답하였다. 홍순연의 첩이 쓴 시는 별록에 수록되어 있다. 첩의 이름은 '안원'(安媛)이고, 그 시 제목은 「봄 생각」(春思)과 「규방의 정」(閨情)이다.[4]

「봄 생각」은 다음과 같다.

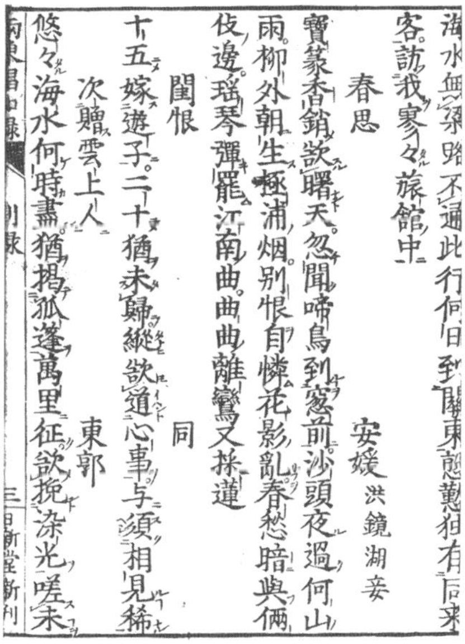
海水無梁路不通此行何日到關東憩猶有同來
客訪我寥寥旅館中
春思 安媛 洪鏡湖妾
寶篆香銷欲曙天忽聞啼鳥到窓前沙頭夜過何山
雨柳外朝生極浦烟別恨自憐花影亂春愁暗與倆
伎邊瑶琴彈罷江南曲曲曲離鸞又採蓮
閨恨 同
十五嫁遊子二十猶未歸縱欲道心事与須相見稀
次贈雲上人 東郭
悠悠海水何時盡猶揭孤蓬萬里征欲挽涂光嗟未
兩東唱和錄 別錄 三 日新堂新刊

하늘하늘 향이 다해 날 새려는데
창문 앞에 홀연히 새소리 들리네.
어느 산의 비가 밤에 모래톱을 지나가나
먼 포구의 안개는 아침에 버들 밖에 생기네.
이별의 한이 절로 슬픈데 꽃 그림자 어지럽고
봄날 수심은 몰래 음악을 연주하게 하네.
거문고로 강남곡(江南曲) 다 타고 나서
이란곡(離鸞曲)과 채련곡을 또 연주하네.[5]
寶篆香銷欲曙天, 忽聞啼鳴到窓前.
沙頭夜過何山雨, 柳外朝生極浦煙.
別恨自憐花影亂, 春愁暗與倆伎滂.
瑤琴[6]彈罷江南曲, 曲曲離鸞又採蓮.(別錄 3a)

「규방의 정」은 다음과 같다.

열다섯에 유자(遊子)에게 시집왔는데
스무 살이 되도록 돌아오시지 않네요.
속마음 말하려 해도
낭군님 뵐 수조차 없어라.
十五嫁遊子, 二十猶未歸.
縱欲道心事, 與須相見稀.(別錄 3a)

---

4. 안원이 쓴 「봄 생각」과 「규방의 시」는 김지용 역, 『韓國歷代女流漢詩文選』(明文堂, 2005)의 하권(下卷) 895~896면에도 실려 있다.

5. '강남곡'과 '채련곡'은 악부의 제목으로, 강남의 여인들이 봄에 배를 타고 연(蓮)을 채취하는 모습을 읊은 노래다. '이란곡'은 거문고 곡의 하나로, '쌍봉이란'(雙鳳離鸞)의 약칭이다. 배우자와 헤어져 홀로 된 사람의 슬픔을 읊은 노래다.

6. 琴: 니이가타 대학 소장본에서는 '箏'로 되어 있으나 『한국역대여류한시문선』과 국립중앙도서관 소장본에 따라 '琴'으로 수정하였다.

통신사가 조선 여성의 시를 일본인에게 소개하는 것은 보기 드문 일이다.

(2) 권지하(卷之下)

권지하(卷之下)에는 겐신이라는 승려와 이현이 주고받은 문답이 수록되어 있다. 겐신은 이현에게 다음과 같은 질문을 써서 보냈다.

- 청구(靑丘)는 조선국의 별칭입니까? 어떤 사람은 신라의 별칭이라 합니다. 삼가 가르쳐 주시기 바랍니다.
- 당나라 때 밀교(密敎)가 귀국에 전해졌다는 사실이 중국의 서적에 분명히 기록되어 있습니다. 지금도 귀국에서 밀교가 널리 유행하는지요? 또 밀교를 믿는 뛰어난 노승(老僧) 중에 종파를 세운 사람이 있습니까? 밀교의 도량은 어느 산, 어느 절에 있으며 또 몇 곳이나 됩니까? 삼가 알려 주시기 바랍니다.
- 靑丘是朝鮮國別名耶? 或曰: "新羅別名也." 謹諭之.
- 李唐之世, 密敎流轉貴國, 中華書策所記, 甚明著矣. 不知至今盛行於貴國耶? 且有密敎者傑能樹法幢者耶? 密敎闡揚之場. 或山或寺, 又幾處耶? 謹祈示之.(卷之下 21b)

이 질문에 대해 이현은 다음과 같이 답장을 보냈다.

- 보내 주신 편지를 삼가 살펴보았습니다. 우리 대동(大東: 조선을 말함)은 「우공」(禹貢)에 '청주'(靑州)라 되어 있습니다. 그러므로 '청구'라고 합니다. 신라의 별칭이 아닙니다.
- 우리 대동은 기성(箕聖: 기자箕子를 말함) 이후로 오로지 유교만을 존숭하여 불교를 매우 엄격히 배척했습니다. 신라와 고려 말에 불교를 매우 숭상하고 받들었는데, 우리 성조(聖朝: 조선을 가리킴)에 들어 많은 유자들이 배출되어 유교의 도(道)를 밝혔으니 불교가 행해지지 않은 것은 물론입니다. 이로 인해 유교와 불교가 명확히 나누어졌습니다. 서교(西敎: 불교를 말함)를 배운 사람 중에 궁벽한 산과 깊은 골짜기에 들어가 도량을 열어 대중을 가르친 이가 없지 않지만, 청허당(淸虛堂) 휴정(休靜)과 부용당(芙蓉堂) 유정(惟政) 같은 사람 외에는 불경을 외우고 시나 짓는 것을 공부하는 무리에 불과합니다. 진언종(眞言宗)과 선종(禪宗)이 많이 있지만 어느 절에 있고 어느 절에 없는지는 잘 모르겠습니다.
- 視諭謹悉, 而我大東於「禹貢」爲靑州故曰靑丘. 非新羅之別號也.
- 我大東自箕聖以後, 專尙儒敎斥佛家甚嚴. 新羅､高麗之末, 頗崇信尊奉, 而入我聖朝, 群儒輩出, 倡明吾道, 則釋敎之不行固也. 是以儒自儒, 佛自佛, 學西敎者就窮山深谷中, 設道場誨徒衆者不無其人, 而淸虛堂 休靜､芙蓉堂 惟政若而人外, 不過誦經攻詩之徒而已矣. 眞言宗､禪宗多有之, 而某寺有､某寺無, 未知之耳.(卷之下 22b)

조선을 부르는 호칭에는 '계림'(鷄林), '해동'(海東) 등이 있는데, 여기서는 '청구'의 호칭에 대해 물었다. 이에 대해 이현은 '청구'라는 호칭이 「우공」(禹貢)에 있는 '청주'에서 유래한다고 하였다. 「우공」은 『서경』 하서(夏書)의 편명이다. 「우공」에 의하면 우(禹)임금은 홍수를 다스린 다음 중국을 구주(九州)로 나누었다고 하는데, '청주'는 그중의 하나이다. 「우공」에 "바다와 태산 사이에 청주가 있다"(海岱惟青州)라는 말이 보인다. '海'는 발해(渤海)를, '岱'는 태산(泰山)을 가리키며, 지금의 중국 산동성(山東省) 일대를 가리킨다. 그러니 이현의 대답은 잘못된 것이라 하겠다. '청구'에 대한 언급은 『여씨춘추』(呂氏春秋) 「구인」(求人)과 『산해경』(山海經) 「해외동경」(海外東經) 등에 보이는데, 해외에 있는 나라 이름을 가리킨다.

밀교는 일반적으로 대승불교(大乘佛教)의 일파를 가리키는데, 일본에서는 주로 쿠우카이(空海, 774~835)를 시조(始祖)로 삼는 진언종(眞言宗)을 가리킨다. 겐신은 일찍이 일본에서 밀교가 성행한 것을 염두에 두고 밀교에 대해 질문한 것 같다. 이에 대해 이현은 조선의 대표적인 승려로 휴정(休靜, 1520~1604)과 유정(惟政, 1544~1610)을 들었다. 휴정은 조선시대의 승려로 호는 청허, 별호(別號)는 백화도인(白華道人), 서산대사(西山大師), 풍악산인(楓岳山人) 등이다. 임진왜란 때 전국 각지에서 승병(僧兵)을 모집하여 명나라 군대와 함께 일본군에 대항하여 싸웠다. 천 명 이상의 제자로 큰 승단(僧團)을 형성하여 수많은 명승(名僧)을 배출하였다. 유교, 불교, 도교는 궁극적으로 일치한다고 주장하여 삼교통합론(三教統合論)의 기원을 이룩하였다.

유정은 휴정의 제자로 사명당(四溟堂), 송운(松雲) 등의 호(號)가 있다. 인용문에는 그의 호가 '부용당'(芙蓉堂)으로 되어 있는데, 이는 이현의 착오인 듯하다. 부용당은 휴정의 스승인 영관(靈觀, 1485~1571)의 호이다. 임진왜란이 일어나자 유정은 각지에서 제자들을 모아 의용군을 조직하였다. 1604년 일본에 가서 토쿠가와 이에야스(德川家康, 1543~1616)를 만나 강화를 맺고 포로로 잡혀 간 3,500명을 데려오는 등, 외교가로서도 활약하였다. 그 공로로 가선대부(嘉善大夫) 동지중추부사(同知中樞府事) 종2품에 임명되었다. 병으로 해인사에서 요양하다가 입적하였다. 그의 사후, 임진왜란 때 유정의 활약을 담은 이야기가 사명당 설화로 민간에 널리 퍼졌다.

한편, 겐신은 이현에게 질문을 써서 편지를 보낼 때 부계(副啓)를 첨부하였다. 이 부계는 『양동창화록』과 『계림창화집』에는 실려 있지 않고 요오메이 문고(陽明文庫)에 소장된 『대성산거한객증답』(大聖山居韓客贈答)에만 수록되어 있다. 그 내용은 다음과 같다.

우리나라는 옛날에 코오보오 대사(弘法大師)가 당나라에 건너가 동도(東都: 낙양洛陽을 가리킴)의 청룡화상(靑龍和尙)에게 다행히 밀교를 전수받아 와서 그 법이 처음으로 우리나라에 크게 펼쳐졌습니다. 그분은 마침내 삼가 국가를 위하여 궁중(宮中)에 도량을 설치하고 제단(祭壇)을 만들고 불법(佛法)을 닦을 것을 상주(上奏)하여 천황의 사업이 무궁하고 사해(四海)가 태평하기를 기원하였습니다. 제가 보건대 밀교의 규칙은 매우 엄중합니다. 이후 거의 천 년 동안 밀교의 진리를 밝히려고 해마다 가르침을 잘 지키고 서로 계승하면서 밀교를 닦아 지금까지 폐하지 않았습니다. 더구나 명산대찰(名山大刹)은 대부분은 비조대사(鼻祖大師: 쿠우카이를 가리킴)께서 건립한 것이니, 그 법이 면면히 이어지고 있습니다.

무릇 왕공(王公) 이하 서민에 이르기까지 그 법을 숭배하여 받들지 않는 이가 한 명도 없습니다. 비로자나(毘盧遮那)는 '대일'(大日)이라고 번역됩니다. 비로자나의 큰 가르침이 동쪽으로 전수되어 부처님의 빛이 두루 대일본국(大日本國)을 비추어 아마테라스스메 오오카미(天照皇大神)와 더불어 만만세(萬萬歲)에 걸쳐 우리나라를 지켜 주시니, 불가사의한 일이라 할 수 있습니다. 밀종(密宗), 진언종(眞言宗), 유가종(瑜伽宗), 다라니종(陀羅尼宗), 만다라종(曼怛羅宗) 등은 그 말은 다르지만 그 뜻은 하나입니다. 이는 곧 여래(如來)의 자내증(自內證: 스스로의 마음으로 체득한 깨달음을 말함), 삼마지(三摩地: 마음을 하나로 집중하는 것을 말함)의 법문(法門)이며, 일체중생(一切衆生)이 즉신성불(卽身成佛: 현재의 몸 그대로 부처가 된다는 뜻)하는 올바른 길이 될 것입니다.

我國昔日, 弘法大師入唐, 幸受密教於東都靑龍和尙來, 而其法始大, 弘通邦域, 而卒奉爲國家奏諸朝, 以置內道場於宮禁, 結壇修法, 恭祈皇圖無疆, 四海昇平, 觀其密軌太嚴重矣. 爾來幾乎千年, 而見諦密流, 奉旨相承, 修之每歲, 于今不廢也. 且夫方域之內, 名山鉅刹, 多是鼻祖大師開天, 其法綿綿繩繩焉. 凡自王公以還至萬庶, 無一而不崇奉此法. 蓋夫毘盧遮那, 此飜大日, 毘盧大教東漸, 慧日遍照大日本國與天照皇大神輝, 俱以覆護國祚於萬萬歲, 可謂不可思議矣. 密宗、眞言宗、瑜伽宗、陀羅尼宗、曼怛羅宗, 其言異, 其義一耳. 此乃如來自內證三摩地法門, 而爲一切衆生卽身成佛之直道也.(5b~6a)

코오보오 대사는 쿠우카이(空海, 774~835)를 가리킨다. 804년 켄토오시(遣唐使: 630년부터 894년까지 일본이 중국에 보냈던 사신)의 유학승(留學僧)으로 당나라에 가서 밀교를 배웠다. 장안(長安)의 청룡사(靑龍寺)에서 혜과화상(惠果和尙)을 사사(師事)하였다. 인용문의 '청룡화상'은 혜과화상을 가리킨다. 일본으로 돌아온 후 진언밀교(眞言密教)를 개창(開創)하였다. 중국에서 방대한 불교경전과 불화(佛畫)를 가져와 일본에 밀교를 널리 전파하였다. 겐신이 말한 대로 쿠우카이는 조정에 글을 올려 궁중 내에 도량(道場)을 개설하여 불교 행사를 시행하였다. '비로자나'는 산스크리트어 '바이로차나'(vairocana)의 음사(音寫)로 광명편조(光明遍照), 곧 아미타불(阿彌陀佛)의 빛이 온 세상을 두루 비추는 것을 의미한다. '대일'은 대일여래(大日如來)를 가리키는데, 겐신은 그 빛이 '대일본국'도 비춘다고 했다. '아마테라스스메 오오카미'는 아마테라스 오오미카미(天照大神)를 말한다. 부처와 아마테라스 오오미카미가 일본을 지켜 준다고 한 것으로 볼 때 겐신은 신불습합사상(神佛習合思想: 일본의 토착 신앙과 불교 신앙을 절충한 사상)을 가지고 있었던 것으로 보인다.

(3) 후록(後錄)・별록(別祿)・속록(續錄)

후록에는 카타오카 이센, 무라카미 케이난, 무라카미 슈우난 등이 기두문과 나눈 의학과 관련한 필담이 수록되어 있다. 별록에는 1682년에 일본을 방문한 홍세태(洪世泰, 1653~1727)가 이현을 통해 히토미 치쿠도오(人見竹洞, 1638~1696)에게 전하게 한 편지 및 히토미 치쿠도오의 아들 히토미 토오겐이 쓴 답장이 수록되어 있다. 속록에는 비젠 주 우시마도에서 주고받은 창화시가 수록되어 있다. 여기서는 별록의 내용만 소개한다.

별록에 수록된 홍세태의 편지는 대략 다음과 같은 내용이다: 족하와 헤어진 지 30년이 지났는데, 지금도 족하와 창수한 시의 원고를 상자 안에 소중히 보관하고 있다. 가끔 그 원고를 꺼내 보고 당시 일을 회상하는데, 몹시 감회가 깊다. 사행의 다음 해에 족하가 츠시마(對馬島)를 통해 보내 준 편지는 매우 정성스럽고 간절한 글이었다. 이번에 통신사가 일본에 간다고 하여 이현에게 편지를 부탁하였다. 족하를 위해 세 수의 시를 지었으니, 이에 화답해 주었으면 좋겠다. 이현은 내 친구이며 대단히 이길고 글도 잘 쓰니, 그를 잘 대접해 주기 바란다. 보내 준 편지 중에 족하가 아직도 내 초상화를 간직하고 있다고 하였는데, 가족에게 나의 젊었을 때의 모습을 보여 주고 싶으니, 이현에게 맡겨서 보내 주었으면 한다. 이런 내용의 편지 끝에 세 수의 절구가 수록되어 있다.

치쿠도오의 아들인 히토미 토오겐이 답장을 썼는데, 그 내용은 다음과 같다: 올해 조선에서 통신사가 와서 아들을 데리고 숙소를 찾아가 이현과 시를 창수하였다. 이현은 몹시 온화하고 박식한 사람이다. 그가 가져온 족하의 편지를 읽어 보니, 아버지의 편지에 대한 답장이라 한편으로 기쁘고 한편으로 슬펐다. 아버지는 16년 전에 돌아가셨다. 족하가 보내 주신 편지는 매우 간절하고 공손하며 글씨도 아름다워서 만약 아버지가 읽었더라면 기뻐하셨을 것이다. 족하가 돌아간 후 아버지는 평소에도 늘 족하에 대해 이야기하셨다. 츠시마를 통해 편지를 보냈는데 편지가 도착하지 않았다고 탄식하셨다. 올해 다행히 족하의 답장을 받았는데 이미 세상을 떠나셨으니 참으로 안타깝다. 족하의 초상화는 카노오 츠네노부(狩野常信)가 그린 것이다. 아버지가 찬어(讚語)를 쓴 족하의 초상화는 화재로 소실되었거나 먼 지방에 있어 보내기가 어려울 것이라 생각하였는데, 다행히 츠네노부가 아직 소장하고 있었다. 그에게 새로 그리게 하고 아버지의 문집에 있는 찬어를 베껴 썼다.

그리고 아버지 대신 내가 족하의 시에 화답하였다.

토오겐의 편지는 대략 이와 같은 내용이며 편지 끝에 3수의 창화시가 수록되어 있다. 1682년에 홍세태가 일본을 방문하였을 때 히토미 치쿠도오는 카노오 츠네노부에게 홍세태의 초상화를 그리게 하였다.[7] 홍세태는 그때 츠네노부가 그려 준 자신의 초상화를 보내 달라고 부탁했고, 히토미 토오겐은 다시 츠네노부에게 초상화를 그리도록 하여 보내 주었다. 비록 치쿠도오는 이미 세상을 떠났으나 치쿠도오와 홍세태의 우정을 보여 주는 흥미로운 에피소드라 하겠다.

---

7. 홍세태의 초상화에 대해서는 李元植, 『朝鮮通信使の硏究』(京都: 思文閣出版, 1997), 223~228면 참조. 또 히토미 치쿠도오와 홍세태의 관계에 대해서는 본서에 수록된 『조선통신사일행시문필담집』(朝鮮通信使一行詩文筆談集)의 해제를 참조하기 바란다.

7. 한객증답별집(韓客贈答別集)

1 서지사항

서명: 한객증답별집(韓客贈答別集)
소장처: 국립공문서관(國立公文書館) 나이카쿠 문고(內閣文庫)
편자: 미상
간행연대: 1711년
책수: 불분권 1책
판본: 필사본

『한객증답별집』(韓客贈答別集)에는 통신사들과 하야시 호오코오(林鳳岡, 1644~1732)를 비롯한 하야시 일가 사이에서 이루어진 창화와 필담이 수록되어 있다.

서문 앞에 제19대 국왕 숙종(肅宗, 재위: 1674~1720)이 제6대 막부 쇼오군 토쿠가와 이에노부(德川家宣, 재위: 1709~1712)에게 보낸 편지와 이에노부의 답신이 수록되어 있다. 숙종은 이에노부가 쇼오군의 지위를 습직(襲職)한 것을 축하하였고 이에노부는 이에 대해 감사하는 내용의 답신을 보냈다. 그런데 이에노부가 답장으로 보낸 편지 중에 있는 '역'(懌)이라는 글자가 제7대 국왕 중종(中宗, 재위: 1506~1544)의 휘(諱)를 범하였다고 해서 양국 사이에서 국휘(國諱) 논쟁이 일어났다.[1]

1. 국휘논쟁에 대해서는 『조선국빙사록』(朝鮮國聘使錄) 해제에서 자세히 다루었다.

2 필담일시 및 장소

필담은 1711년 10월 27일부터 11월 초순까지 수차례에 걸쳐 에도의 히가시혼간지(東本願寺)에서 이루어졌다.

3 참여자

조선인 참여자는 제술관 이현(李礥)과 세 명의 서기 홍순연(洪舜衍), 엄한중(嚴漢重), 남성중(南聖重)이다.

일본인 참여자는 하야시 호오코오와 하야시 류우코오(林榴岡, 1681~1758), 하야시 타이세이(林退省) 및 그 문하의 유관(儒官) 13명과 학생 7명이다.

- 하야시 호오코오. 이름은 노부아츠(信篤). 자(字)는 나오타미(直民), 호(號)는 호오코오 또는 세이우(整宇)이다. 필담에서는 노부아츠로 되어 있다. 조부는 하야시 라잔(林羅山, 1583~1657), 아버지는 하야시 가호오(林鵞峰, 1618~1680), 형은 하야시 바이도오(林梅洞, 1643~1666)이다. 제4대 장군 토쿠가와 이에츠나(德川家綱, 재위: 1651~1680)에서 제8대 장군 토쿠가와 요시무네(德川吉宗, 1716~1745)까지 5대에 걸쳐 토쿠가와 막부에 출사하였다. 1691년에 유학자를 교육하는 유시마 세이도오(湯島聖堂)가 설립됨에 따라 최고책임자인 다이가쿠노카미(大學頭)에 임명되었다. 다이가쿠노카미는 국자감 좨주(祭主)와 같은 존재로 대대로 하야시 일가가 계승하였다.
- 하야시 류우코오. 이름은 노부미츠(信充). 자는 시코오(士厚), 호는 류유도오(龍洞), 요쿠사이(翼齋), 카이도오(快堂)이다. 호오코오의 장남으로 호오코오가 죽은 후 가학(家學)을 계승하여 다이가쿠노카미가 되었다.
- 하야시 타이세이. 이름은 노부토모(信智). 자는 시쿄오(士彊), 노부타마(禹玉)로 류우코오의 둘째 아들이다.
- 하야시 카츠로(林葛廬). 이름은 신죠(信如).
- 하야시 카이도오(林快堂).
- 히토미 토오겐(人見桃原). 히토미 치쿠도오(人見竹洞, 1638~1696)의 아들이다.
- 히토미 코오잔(人見香山). 이름은 히로시(浩).
- 히토미 셋코오(人見雪江). 이름은 코오사츠(行察).
- 쇼오 겟센(莊月川). 쇼오다 텐이츠(莊田恬逸)를 말한다. 이름은 료오시(良資), 자는

인케이(贇卿), 슌류우(春龍), 호는 겟센(月川)이며 통칭은 토오자에몬(藤左衛門)이다. 아키(安藝) 출신으로 히로시마 번(廣島藩)에 출사하였다. 번주의 명으로 에도에 유학하여 하야시 호오코오(林鳳岡)에게 배웠으며, 후에 막부의 유관이 되었다.

- 와다 키안(和田幾菴). 이름은 나가후사(長房).
- 안 탄안(安湛菴).[2] 이름은 소오하쿠(宗怕).
- 후카오 진테이(深尾訒亭, 1640~1715). 이름은 타다시(直) 혹은 나가츠네(永常), 자는 시호오(子方)이다. 하야시 라잔에게 배웠고 막부에 출사하였다.
- 후카오 세이사이(深尾省齋, 1671~1719). 이름은 켄(謙) 혹은 나가미루(永相), 자는 무네야스(致恭). 후카오 진테이의 아들이다.
- 카츠라야마 사이겐(桂山彩巖, 1670~1749). 이름은 요시키(義樹), 자는 쿤카(君華), 별호(別號)는 텐스이(天水). 하야시 호오코오에게 배웠고 막부에 출사하였다. 『동한사략』(토오칸지랴쿠, 東韓事略), 『유구사략』(류우큐우지랴쿠, 琉球事略)을 지었다.
- 토쿠리키 유우린(德力有隣, 1662~1738). 이름은 요시아키(良顯), 자는 시겐(子原), 별호는 쿄오켄(恭軒). 하야시 호오코오에게 배웠고 막부에 출사하였다.
- 아키야마 타쿠카(秋山卓窩). 이름은 마사후사(正房).
- 츠다 니스이(津田二水). 이름은 겐코오(玄孝).
- 이이다 토오케이(飯田東溪, 1660~1738). 이름은 타카오키(隆興), 자는 유우넨(裕然).
- 우에지마 네이사이(上島寧齋). 이름은 히데카츠(英勝).
- 히구치 셋코오(桶口雪江). 이름은 히데키요(榮晴).
- 오카 켄테이(岡謙亭). 이름은 아츠시(敦).
- 아츠미 바이우(渥美梅塢). 이름은 타네미츠(種光).
- 코미야마 란엔(小見山蘭畹). 이름은 무네사토(宗鄕).[3]
- 쿠마가이 치쿠도오(熊谷竹堂, 1677~1748). 이름은 나오히라(直平), 자는 시분(斯文), 시쥬우(子孺), 별호는 란덴(藍田)이다. 하야시 호오코오에게 배웠고, 쿠마모토 번(熊本藩)에 출사하였다.
- 요다 타이켄(依田耐軒). 이름은 쇼에키(處易) 혹은 야스시(易).
- 사사키 치안(佐佐木池庵, 1650~1722). 이름은 겐류우(玄龍), 자는 아키토시(煥甫). 막부에 출사하였다. 서예가로 이름이 높았다.

---

2. 『계림창화집』에는 이름이 '야스미 탄안'(安見湛菴)으로 되어 있다. '안 탄안'은 그 중국식 표기이다.

3. 『계림창화집』에는 이름이 '하네노리'(羽儀)로 되어 있다.

4 내용

■ 필담

하야시 호오코오는 이현에게 단군 및 기자(箕子)에 관해 두 가지 질문을 던졌다. 하나는 일찍이 요(堯)임금의 무진년(B.C. 2333)에 단군(檀君)이 나라를 열고 1천여 년 동안 왕위를 이어 갔다고 들었는데, 어떻게 이와 같이 오래 살았는가? 천지가 개벽하기 이전의 미개한 시대라 그런 사실을 밝히지 못하는 게 아닌가라는 질문이다. 또 하나는 무왕(武王)이 기자를 조선에 봉하여 팔조(八條)의 가르침이 전해졌고, 그 때문에 조선에는 "5천 명의 은(殷)나라 사람들이 요수(遼水)를 건넜다."(半萬殷人渡遼水)라는 말이 있는데, 이 말은 누가 한 것인가라는 질문이다.[4]

이 질문에 대해 이현은 단군의 사적(事蹟)은 조선의 기록에 분명히 남아 있어 고증할 수 있다고 하면서 단군이 신목(神木)의 아래에 내려와 나라를 세운 역사를 설명하였다. 또 기자의 유적도 평안도에 남아 있고 그 조손도 끊어지지 않았으며 지금도 나라에서 기자를 받들고 있다고 하였다. 호오코오가 인용한 구절에 대해서는 누구의 말인지 모른다고 답하였다.

호오코오가 인용한 말은 『천운소통』(天運紹統)에 보이는 말로, 은나라가 멸망한 후 기자가 5천 명의 중국인을 데려오면서 예악(禮樂)이나 시서(詩書)를 비롯한 중국의 문화를 조선으로 가져왔다는 기록이 있다. 『천운소통』은 명나라의 태조인 주원장(朱元璋, 1328~1398)의 아들 주권(朱權, 1378~1448)이 지은 책으로, 원(元)나라에 이르기까지 역대 중국 황제들의 역사가 기록되어 있다.

그 당시 토쿠가와 막부에서는 천황을 중심으로 하는 일본의 통사(通史)를 기록한 역사서를 편집하고 있었는데, 그 편찬 작업은 대대로 하야시 가(林家)의 유자들이 담당하였다. 그 책은 『본조통감』(혼쵸오츠우칸, 本朝通鑑)이라는 제목으로 1670년에 완성되었다. 호오코오도 그 편찬 작업에 참여했다. 또한 호오코오의 부친인 하야시 가호오(林鵞峰)는 임진왜란 때 약탈되었던 『동국통감』(東國通鑑)을 저본으로 『신간동국통감』(新刊東國通鑑)을 간행하기도 했다. 호오코오가 조선의 역사에 대해서 어느 정도 지식을 가지고 있었던 것은 이러한 까닭이다.

다음으로 소개할 대화는 11월 8일에 하야시 호오코오가 류우코오와 타이세이를 데리고 통신사의 숙소를 찾았을 때 이루어졌다. 이현, 홍순연, 엄한중이 필담에 참여하였다.

---

4. 이와 유사한 질문이 1636년 통신사와 하야시 라잔(林羅山)의 필담에도 보인다. 여기에 대해서는 野崎充彦, 「儒者と怪異 — 成任と林羅山」(*Journal Of Korean Culture* 9, 2007)을 참조.

서로 인사를 마친 다음, 호오코오는 일찍이 주몽(朱蒙)은 고려(高麗)의 시조(始祖)가 되어서 '고'(高)를 성(姓)으로 삼았다고 들었는데, 그의 후손들이 지금도 있는지 물었다. 이에 대해 이현은 고려라는 명칭은 '산고수려'(山高水麗)라는 의미이고 주몽은 이름이라 하였다. 또 고려 시조는 왕(王)씨이며, 근래에는 그 후손들 가운데 등용되는 사람도 있으며 고려 시대 국왕들의 무덤도 남아 있어 매년 제사를 지낸다고 답하였다. 또 이현은 조선에는 예부터 과거시험이 있다고 하면서 조선의 인재 선발 방법에 대해 간단하게 언급하고, 중국에도 과거제도가 있는데, 일본에 과거제도가 없는 것은 탄식할 만한 일이라고 하였다. 필담은 다음과 같이 이어졌다.

이현: 성인을 존숭하고 문교(文敎)를 높이는 귀국의 정치는 훌륭하고 또 성대합니다. 다만 우리나라에서는 주군(州郡)의 크기에 상관없이 360여 주(州)에 모두 성묘(聖廟: 공자 사당을 말함)를 설치하고 봄·가을에 석전제(釋奠祭)를 예법대로 행하고 있습니다. 귀국(貴國) 또한 모든 주에 성묘를 설치한다면 더욱 좋을 것입니다.

호오코오: 우리 선주(先主: 토쿠가와 츠나요시德川綱吉를 말함)는 어릴 때부터 학문을 좋아하셔서, 노년에 이르러서도 공부를 그만두지 않으셨습니다. 친히 경연(經筵)에 참석하여 사서(四書)를 모두 강독하신 것이 몇 차례였고, 『주역본의』(周易本義)를 자세히 강독하셨습니다. 그리고 정무(政務)를 보는 사이에 유생들을 불러 모아 경의(經義)를 논변하셨는데 유생이 질문하면 막힘없이 대답해 주셨으니, 사람들이 모두 두려워하여 엎드린 채로 아무 말도 하지 못했습니다. 저도 경연에서 20여 년 시독(侍讀)해 오고 있으니, 그 두터운 은권(恩眷)을 지금도 잊을 수 없습니다. 선주는 20년 전에 쇼오헤이자카(昌平坂)에 성묘를 지으셨습니다. 저는 비록 불민(不敏)하지만 외람되이 좨주(祭酒)의 직책을 맡았는데, 중춘(仲春)과 중추(仲秋)에 행하는 석전(釋奠)을 지금도 게을리하지 않습니다. 선주가 나라를 다스리셨을 때는 혹은 매년 혹은 격년으로 허리를 굽혀 예를 두터이 행하고 성묘에 공손히 나아갔습니다. 지금 신주(新主: 토쿠가와 이에노부를 말함) 또한 그 뜻을 계승하여 석전을 행하고 있습니다.

東郭: 貴國尊聖右文之治猗歟, 亦盛矣.

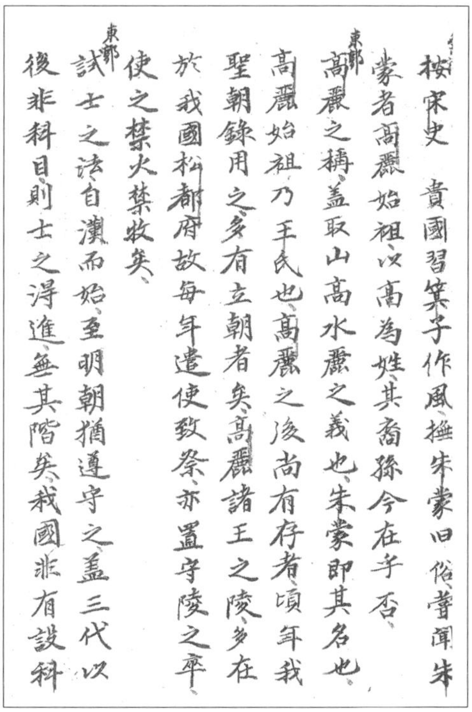
按宋史 貴國習箕子作風、撫朱蒙旧俗、嘗聞朱
蒙者高麗始祖以高為姓、其裔孫今在乎否、
東郭 高麗之稱、蓋取山高水麗之義也、朱蒙即其名也、
高麗始祖乃王氏也、高麗之後尚有存者、頃年我
聖朝錄用之多有立朝者矣、高麗諸王之陵多在
於我國松都府、故每年遣使致祭、亦置守陵之卒、
使之禁火禁牧矣、
東郭 試士之法自漢而始、至明朝猶遵守之、蓋三代以
後非科目則士之得進無其階矣、我國非有設科

但我國毋論州郡之大小, 三百六十餘州, 皆設聖廟, 春秋釋菜如禮. 貴國亦於各州, 置聖廟則尤好矣.

祭酒: 我先主自幼好學, 及老齡弗輟弗措, 親臨徑筵, 全講四書數回, 且又悉講『易本義』全徧. 政務之暇, 卽召聚儒生, 論辨經義. 儒生若有設問, 則若辨如流, 衆皆恐感平伏無言. 我亦在徑筵侍讀者二十餘年也, 恩眷之厚, 今猶不忘之. 先主二十年前, 建聖廟于昌平坂. 我雖不敏, 辱膺祭酒之任, 春秋二仲之奠. 今猶不懈, 先主治世之間, 或每歲或隔歲, 屈躬惇禮, 恭詣聖廟也. 今新主亦能繼其志, 述其事也.(60b~61a)

좨주(祭酒)는 하야시 호오코오(林鳳岡)를 말한다. 석전제란 공자를 선성(先聖)으로 받들어 제례를 올리는 것이다. 중춘과 중추는 2월과 8월을 말하며 이때 석전을 올렸다. 일본에서는 1632년에 하야시 라잔이 시노부오카 세이도오(忍岡聖堂)를 지어 처음으로 공자묘(孔子廟)를 만들고 석전을 행하였다. 유교를 중시한 제5대 장군 츠나요시는 1691년에 유시마 세이도오(湯島聖堂)를 설치하였다. 석전을 행할 때는 스스로 사서를 강의하였다. 성묘 설치를 건의한 이현의 제안에 대해 호오코오는 유교에 바탕을 둔 제사가 일본에서도 활발하게 이루어지고 있다는 사실과 역대의 장군들에게도 유교의 소양이 있음을 강조하고 있다.

이어서 호오코오는 1682년에 일본을 방문한 통신사에 대해 물었다.

호오코오: 성취허(成翠虛), 이봉명(李鵬溟)은 모두 별일 없습니까? 홍창랑(洪滄浪)은 늙어서도 여전히 건장하다고 들었는데 얼마 전에 그의 글을 봤습니다. 이 세 명은 임술년(1682)에 몇 차례 수창하였는데 지금도 잊지 못하여 이렇게 물어보는 것입니다.

이현: 봉명은 오래전에 돌아가셨고 취허 또한 올해 봄에 돌아가셨습니다. 창랑은 별 탈이 없습니다.

호오코오: 귀국한 후 만약에 창랑을 만나면 "저는 비록 늙었지만 숨은 아직 붙어 있습니다. 이번에 여러 분들을 만나게 된 것은 요행히 죽음을 면했기 때문일 뿐입니다. 이전의 만남이 여태껏 마음에 남아 있습니다."라고 전해 주시면 매우 다행이겠습니다.

祭酒: 成翠虛·李鵬溟, 共無恙乎否? 聞洪滄浪老而益壯, 頃間觀其書. 右三人, 壬戌之歲, 酬唱數回, 今猶不忘之, 故云爾.

東郭: 鵬溟作故已久, 翠虛今春亦作泉下人, 滄浪則無恙耳.

祭酒: 歸槎之後, 若逢滄浪, 則我雖老衰, 餘喘未乾. 今回拜謁諸賢, 幸而免耳. 舊年之會, 今猶在於心. 乞傳此語則幸甚.(61a~61b)

성취허는 성완(成琬)을, 이봉명은 이담령(李聃齡)을, 홍창랑은 홍세태(洪世泰)를 가리킨다. 모두 1682년에 통신사를 따라 일본을 방문하여 일본 문인들과 깊이 교유하였다.

이어서 정몽주(鄭夢周, 1337~1392)와 이색(李穡, 1328~1396), 그리고 조선의 과거(科

擧) 및 교육제도에 대한 필담이 오고갔다. 호오코오는 정몽주가 일본에서 조선으로 돌아간 후 죄를 받아 죽임을 당했다는 것이 정말인지 물었다. 이현은 정몽주가 죽임을 당한 경위를 설명하고 그의 후손들이 지금도 등용되고 있어 가계가 끊어지지 않았다고 답하였다.

과거제도에 대해 호오코오가 조선에는 문관(文官), 무관(武官), 음관(蔭官) 및 노직(老職), 잡직(雜職), 천직(賤職)이 있다고 들었다고 하자, 이현은 문관・무관・음관의 삼관(三官)은 있고 노직은 나이에 따라 승진하며 잡직은 잡과(雜科)를 통해 채용되고 천직은 없다고 설명하였다. 또 교육제도에 대해서도 몇 살에 무엇을 배우는지, 과거시험이 어떤 순서로 시행되는지 등을 설명하고, 자신이 시험을 봤을 때 시험을 주관한 사람이 이이명(李頤命, 1658~1722)이었다고 하였다. 이이명은 본관이 전주이고, 호는 소재(疎齋)이다. 노론의 핵심 인물로 좌의정까지 지냈다.

또 이현은 이색(李穡)이 외가의 선조인데 그의 문집이 일본에 전해졌는지 묻자 호오코오는 없다고 답하였다. 노부미츠는 이현에게 과거에 급제했을 때 어떤 제목으로 글을 지었는지, 시로 지었는지 산문으로 지었는지 물었다. 이현은 과거 시험이 실시되는 과정과 과거 시험의 종류 및 출제 과목 등 조선의 과거제도를 구체적으로 설명한 다음, 과거시험 때 자신이 지은 글의 종류를 알려 주었다. 사마과(司馬科)에 급제했을 때는 시를 지었고, 황감과(黃柑科)[5]를 봤을 때는 책문(策問)을 지었으며, 중시(重試)에서는 표(表)를 지었다고 답하였다. 이렇듯 막부에서 유학 교육을 담당하던 호오코오는 과거를 비롯한 조선의 교육제도에 큰 관심을 보이고 있다. 아울러 그는 퇴계 이황(李滉, 1501~1570)에 대해 이현에게 문의하면서 다음과 같은 필담을 나누었다.

호오코오: 저는 『계몽전의』(啓蒙傳疑), 『자성록』(自省錄) 같은 책을 읽고 퇴계(退溪) 이황(李滉)이 진유(眞儒)라는 것을 알게 되었습니다. 그러나 다만 그 이름만 들었고 아직 그 자(字)를 알지 못하니, 부디 알려 주십시오. 퇴도(退陶)는 그의 별칭입니까?

이현: 퇴계는 학문이 순정(醇正)하여 '동방의 주자'라는 칭호까지 있습니다. 그가 성인의 도를 부지(扶持)한 공로는 우주를 지탱하는 동량(棟樑)이라 이를 만합니다. 퇴도는 곧 그의 별칭입니다. 지금 그의 문집 수십 권이 세상에 간행되었는데 성명(性命)과 도덕의 심오한 이치를 발명(發明)하여 염락(濂洛: 성리학을 말함)과 수사(洙泗: 공자의 학문을 말함)의 전통을 잘 계승하셨으니, 어찌 저의 구구한 필설(筆舌)로 그의 만분의 일이라도 형용할 수 있겠습니까? 계미년(1643) 통신사의 제술관 나산(螺山) 박안기(朴安期)는 곧 제 재종매부(再從妹夫)입니다. 라잔(하야시 라잔을 이름)

5. 제주도에서 매년 귤이 진상되면 성균관과 사학(四學)의 유생들에게 나누어 주고 동시에 시험을 보게 하였는데, 그 시험을 '황감과'라고 한다.

이 직접 쓴 글이 그의 집에 많이 있는데 이번 행차에 그 글을 후손에게 보내고 싶었으나, 라잔의 자손이 남아 있는지 알지 못해 일단 그만두었습니다.

호오코오: 박나산(朴螺山)은 우리 일가와 빈번하게 수창하셨으니, 이역(異域)에서 마음을 교류한 것이 매우 화목했습니다. 그와 인척관계가 있다 하니, 그 말을 듣고 기쁘고 감격스러운 마음을 견디지 못하겠습니다. 오래전부터 교유한 인연이 있으니 서로의 정을 어찌 숨길 수 있습니까? 박나산의 유묵(遺墨)은 지금도 우리 집에 있습니다.

祭酒: 我讀『啓蒙傳疑』､『自省錄』等書, 而知退溪 李滉爲眞儒, 只聞其名未見其字, 切待示諭耳. 退陶者其別稱乎?

東郭: 退溪學問之醇正, 至有東方朱子之稱. 其扶持聖道之功, 可謂棟樑乎宇宙矣. 退陶卽其別稱耳. 今其文集數十卷行于世, 發明性命道德之蘊, 能繼濂､洛､洙､泗之緖. 豈可以區筆舌形容其萬一哉? 癸未年信使製述官朴螺山 安期, 卽僕再從妹夫也. 羅山手跡多在於其家. 今行欲送之, 而不知羅山子孫之在否, 姑止之耳.

祭酒: 朴螺山者我一家贈酬頻繁, 異域心交殊睦. 足下有內緣, 聞其言不堪感悅, 宿交之緣, 兩情何隱. 螺山遺墨今猶在我家.(64b~65a)

퇴계의 저작은 일본에서도 널리 읽혔다. 후지와라 세이카(藤原惺窩, 1561~1619), 하야시 라잔 같은 에도 시대 전기의 문인뿐만 아니라 야마자키 안사이(山崎闇齋), 오오츠카 타이야(大塚退野, 1678~1750), 요코이 쇼오난(横井小楠, 1809~1862) 등 에도 중기에서 말기까지의 문인들에게도 읽혔다. 야마자키 안사이는 제자들에게 유학을 강의할 때 퇴계의 저작을 교과서로 삼았다.[6] 호오코오 또한 하야시 라잔의 계통이라 퇴계에 대해 관심을 가지고 있었던 듯하다. 박안기(1608~?)는 1643년 독축관(讀祝官)으로 일본을 방문한 문인이다. 박안기는 하야시 라잔 및 하야시 가호오와 수창하고 필담을 나누었다. 박안기가 이현의 재종매부라는 사실을 이 필담을 통해 알 수 있다.

이어서 화제는 당나라의 태종(太宗, 재위: 626~649)이 고구려 군대가 쏜 화살에 맞은 이야기로 옮겨 갔다.

호오코오: 당나라 태종은 고구려를 정벌하러 왔다가 눈에 화살을 맞고 당나라로 돌아갔습니다. 그래서 이색(李穡)은 "주머니 속 물건이라 여겼는데/현화(玄花: 눈을 가리킴)가 백우(白羽: 화살을 가리킴)에 떨어질 줄 어찌 알았으랴."(謂是囊中一物耳, 那知玄花落白羽)라고 하였으니, 이는 귀국의 미담(美談)이라 할 만합니다. 그런데 『구당서』(舊唐書)와 『신당서』(新唐書) 및 『자치통감』(資治通鑑)을 살펴보면 모두 이 일에 대한 기록이 없으니, 이 사실을 숨겨 언급하지 않은 것입니

6. 퇴계의 저작이 일본에서 어떻게 수용되었는지에 관해서는 阿部吉雄, 『日本朱子學と朝鮮』(東京: 東京大學出版會, 1965) 참조.

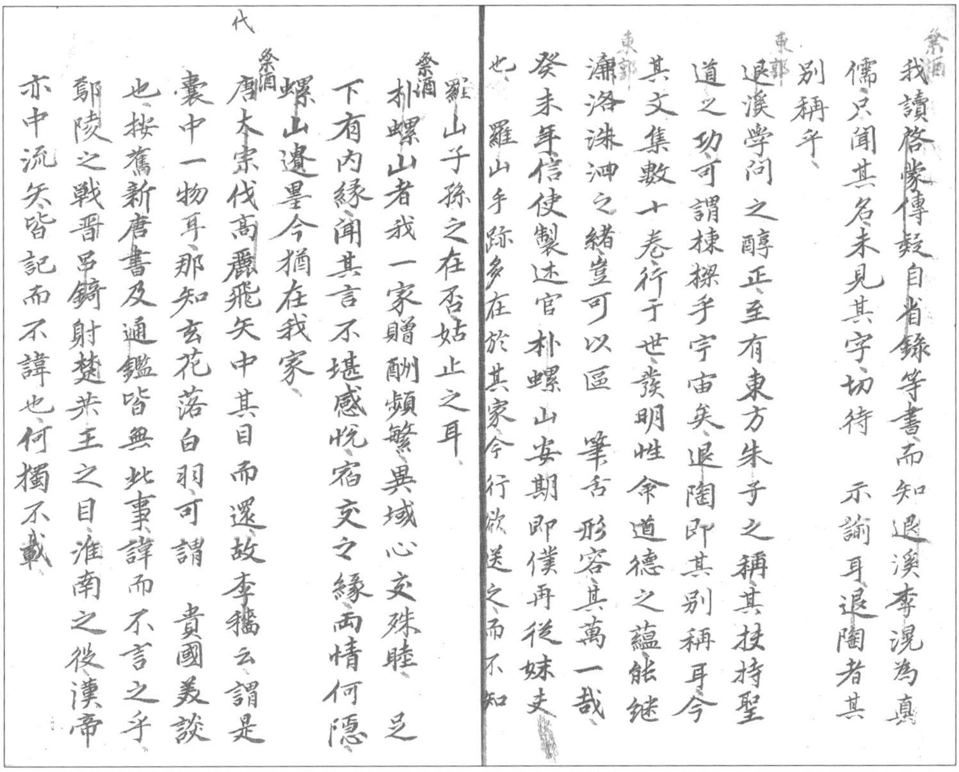

祭酒 我讀啓蒙傳疑自省錄等書而知退溪李滉爲真儒只聞其名未見其字切待 示諭耳退陶者其別稱乎
東郭 退溪學問之醇正至有東方朱子之稱其扶持聖道之功可謂棟樑乎宇宙矣退陶即其別稱耳今其文集數十卷行于世發明性命道德之蘊能繼濂洛洙泗之緒豈可以區區筆舌形容其萬一哉
東郭 癸未年信使製述官朴螺山安期即僕再從妹夫也羅山手跡多在於其家今行欲送之而不知羅山子孫之在否姑止之耳
祭酒 朴螺山者我一家贈酬頻繁異域心交殊睦足下有内縁聞其言不堪感悅宿契之緣兩情何隱螺山遺墨今猶在我家
代
祭酒 唐太宗伐高麗飛矢中其目而還故李穡云謂是囊中一物耳那知玄花落白羽可謂 貴國美談也按舊新唐書及通鑑皆無此事諱而不言之乎鄢陵之戰晋呂錡射楚共王之目淮南之役漢帝亦中流矢皆記而不諱也何獨不載

까? 언릉(鄢陵)의 전쟁에서 진(晉)나라 여기(呂錡)가 초(楚)나라 공왕(共王)의 눈을 활로 쏘아 맞춘 것과 회남(淮南)의 전쟁에서 한(漢)나라 황제가 유시(流矢)에 맞은 것은 모두 기록하여 숨기지 않았습니다. 그런데 어찌 태종이 눈에 부상을 입은 일만 실려 있지 않은 것입니까? 어떻게 생각하시는지요.

이현: 당나라 황제가 천하의 병력(兵力)을 가지고서도 총알같이 작은 나라를 당해 낼 수 없었으니, 그 당시에 우리나라 군사가 강했다는 것을 알 수 있습니다. '백우현화'(白羽玄花)의 시구를 보면 당나라 황제이기에 차마 직접 말하지 못했다는 것을 알 수 있으니, 역사를 기록한 책에 실을 수 있었겠습니까? 높은 사람을 위해 불미스러운 것을 숨긴다는 것은 바로 이것을 가리킵니다.

祭酒: 唐 太宗伐高麗, 飛矢中其目而還. 故李穡云: "謂是囊中一物耳, 那知玄花落白羽." 可謂貴國美談也. 按舊新『唐書』及『通鑑』, 皆無此事, 諱而不言之乎. 鄢陵之戰, 晉 呂錡射楚 共王之目, 淮南之役, 漢帝亦中流矢, 皆記而不諱也. 何獨不載太宗傷目之事哉, 如何?

東郭: 唐帝以天下之兵力, 不能當彈丸之一小國. 其時東士之强, 已可知矣. 白羽玄花之句, 信知其不忍,[7]而爲唐帝之直者, 即可載之於記史之筆乎? 爲尊者諱, 正指此也.(65a~65b)

7. 忍: 저본에는 '認'으로 되어 있으나 오자이다.

호오코오가 언급한 이색의 시구는 『목은집』(牧隱集)에 수록된 「당태종의 고사를 읊다. 유림관에서 짓다」(貞觀吟, 楡林關作)에 있다. "주머니 속 물건"이란 아주 취하기 쉽다는 뜻으로 여기서는 당나라가 고구려를 쉽게 함락할 수 있다고 생각하였다는 뜻이다. "현화(玄花)가 백우(白羽)에 떨어질 줄 어찌 알았으랴."란 화살이 눈에 맞을 줄 어떻게 알았으리라는 뜻이다. 중국 황제가 전쟁에서 화살을 맞은 이야기는 중국의 역사서에도 가끔 나오는데 어째서 당나라 황제가 화살을 맞은 이야기만은 실려 있지 않느냐는 호오코오의 질문에 대해 이현은 한편으로 고구려 군대에 대한 자부심을 보이면서도 또 한편으로는 역사서에 기재하지 않은 이유가 있음을 설명하고 있다.

이색의 시에 관해서는 이익(李瀷, 1681~1763)이 「안시성주」(安市城主)라는 글에서 언급하고 있다. 이익은 그 글에서 당나라 태종이 고구려를 공격했을 당시 안시성(安市城)의 성주가 양만춘(楊萬春)임을 고증하였는데, 당나라의 태종이 양만춘이 쏜 화살을 맞아 실명했다는 기술이 어느 역사서에 실려 있는지는 밝히지 않고 전해 들은 이야기로 소개하고 있다. 또 이덕무(李德懋, 1741~1793)도 이색의 시에 관심을 보였다. 이덕무는 당 태종이 화살을 맞은 이야기가 중국의 역사서에 실려 있지 않은 것은 사관(史官)이 중국을 위해 숨긴 것이라 괴이하게 생각할 필요가 없다고 하면서도 이 이야기가 『삼국사기』(三國史記)에도 없는데 이색이 어디서 이 이야기를 알게 되었는지 모르겠다고 하였다.

이어서 호오코오는 조선 유학에 관해 질문하였다.

호오코오: 퇴계 이황이 기대승(奇大升)에게 답한 편지 중에서 "사단(四端)은 이(理)에서 나오고 칠정(七情)은 기(氣)에서 나온다."라고 말씀하셨는데, 이것이 바로 주자가 말한 바 "사단은 이(理)가 발현된 것이고 칠정은 기(氣)가 발현된 것이다."라는 것입니다. 이역(異域)도 의견이 똑같으니, 참으로 기쁩니다. 저는 이황이 대답한 편지는 본 적이 있지만 기대승이 이황에게 물은 편지는 아직 보지 못했으니, 유감스럽게 생각합니다.

이현: 퇴계의 문집이 귀국에 전한다고 들었으니, 또한 다행한 일입니다. 그 두 분의 문답 서한은 우리나라에 실제로 있는데, 이번 행차에는 애초 가져오지 않았으니, 몹시 안타깝습니다.

祭酒: 退溪 李滉答奇[8]大升書曰: "四端出於理, 七情出於氣." 此乃朱子所謂四端理之發, 七情氣之發也. 異域同論尤可喜也. 我曾見其答, 未見其問, 以爲遺憾耳.

東郭: 聞退溪之集流轉於貴朝云, 亦一幸也. 其問答之書, 我國實有之, 而今行初不賫來, 可恨可恨.(65b~66a)

---

8. 奇: 저본에는 '呂'로 되어 있으나 오자이다.

퇴계(退溪)의 저작은 일찍부터 일본 문인들에게 널리 읽혔다. 호오코오 또한 퇴계의 사상에 큰 관심을 갖고 있었으며 기대승과의 논쟁에 대해서도 궁금한 점이 있었던 듯하다. 조선에서는 이황과 기대승의 사이에서 이루어진 사단칠정 논쟁에 관한 글을 모은 책으로 『양선생왕복서』(兩先生往復書)가 있다. 이 책은 1614년 기대승의 아들인 기효증(奇孝曾)이 간행하였다. 그런데 이 책은 일본에는 들어오지 않았다. 그 때문에 호오코오는 기대승의 답장에 대해 질문한 듯하다.

마지막으로 호오코오와 이현 사이에서 오고간 문답이 적혀 있다. 호오코오는 먼저 세 가지를 질문하였다. 첫째는 국왕의 의복과 깃발에는 일찍이 운룡(雲龍)의 모양을 사용하였는가. 둘째는 일본에서 풍(楓)이라 일컬어지는 나무가 있는데 조선에도 이 나무가 있는가, 조선에서는 무엇이라 부르며, 그 나무의 가지와 잎이 중국의 풍(楓)과 똑같은 것인가. 셋째는 호랑이와 표범은 서로 싸우는가, 아니면 싸우지 않고 같이 사는가라는 질문이다. 그 외에 호오코오는 여덟 종의 책을 제시하면서 그 책들이 조선에 있는지 물었다. 그가 제시한 여덟 종의 책은 『대명률분류목록』(大明律分類目錄) 4권, 『대명률독법』(大明律讀法) 30권, 『대명률직인』(大明律直引), 『율해변의』(律解辨疑) 30권, 『독률쇄언』(讀律鎖言), 『독률사전』(讀律私箋) 24권, 『독률관견』(讀律管見), 『율조최요』(律條最要)이다.

첫 번째 질문에 대해 이현은 국왕이 조정에 나갈 때는 수류(垂旒: 관위에 늘어뜨린 구슬)의 면복(冕服)을 착용하고 용이 그려진 의복을 입는데, 이는 명나라에서 하사받은 명복(命服)이며, 깃발에도 운룡을 그리는 것은 예로부터의 제도라고 설명하였다. 둘째 질문에 대해서는 조선에도 풍(楓)이 있는데, 잎은 일본의 잎보다 조금 큰 것 같다고 답하였다. 세 번째 질문에는 호랑이와 표범은 조선의 산골에 많이 살고 있는데, 표범은 호랑이보다 몸이 작고 길고 얼룩진 무늬가 있으며 호랑이와 만나도 싸우지 않는다고 하였다. 또 표범이 호랑이를 제압한다고 하는 사람도 있으니, 그 힘은 호랑이보다 강하다고 답하였다. 마지막 질문에 대해서는 『대명률』(大明律)을 비롯한 책은 모두 조선에 있으며 범죄자를 처벌할 때는 『경국대전』(經國大典)을 참고하여 절충한다고 답하였다.

호오코오와 이현은 이상과 같은 문답을 나누었다. 『대명률』은 명나라 태종이 이선장(李善長, 1314~1390)에게 명하여 편찬한 법률서로, 1397년에 공포되었으며 조선의 법제도에도 큰 영향을 끼쳤다. 일본에서는 제8대 막부 장군 토쿠가와 요시무네(德川吉宗)의 시대에 전국시대(戰國時代)의 엄격한 법률의 영향을 받았던 막부의 법제도를 개정하기 위해 『대명률』이 상세히 연구되었다. 『대명률』에 대해 호오코오가 큰 관심을 보이는 것으로 보아 막부에서는 이 당시에 이미 법 개정을 염두에 두고 있었던 듯하다.

■ 편지

일본 문인들과 통신사들이 주고받은 편지가 여러 통 수록되어 있는데, 눈에 띄는 것은 호오코오, 류우코오, 타이세이 부자(父子)와 남성중이 주고받은 편지이다. 남성중의 부친 남용익(南龍翼)은 1655년 종사관(從事官)으로 통신사를 따라 일본을 다녀왔다. 남용익은 호오코오의 부친 하야시 가호오(林鵞峰)를 만나 필담을 나누었는데, 호오코오는 그때 남용익이 남긴 글씨와 시를 소중히 보관하고 있었다. 필담집에는 남용익의 아들인 남성중과의 만남을 반가워하는 하야시 부자(父子)의 편지와 시, 아버지가 남긴 시와 글씨를 봤을 때의 감회를 읊은 남성중의 편지와 시가 수록되어 있다.

또 필담집의 후반부에는 하야시 부자가 송별을 위해 통신사에게 보낸 편지와 시 및 선물의 품목이 기록되어 있다. 그들은 통신사들에게 종이나 부채, 거울 등을 선물하였고 통신사는 그 답례로 청심원(淸心元)을 비롯한 환약, 부채, 붓 등을 선물하였다.

8. 조선객관창화시병필어(朝鮮客館唱和詩并筆語)

1 서지사항

서명: 조선객관창화시병필어(朝鮮客館唱和詩并筆語)
소장처: 토오쿄오 대학 사료편찬소(東京大史料編纂所)
편자: 미상
간행연대: 미상
책수: 불분권 1책
판본: 필사본

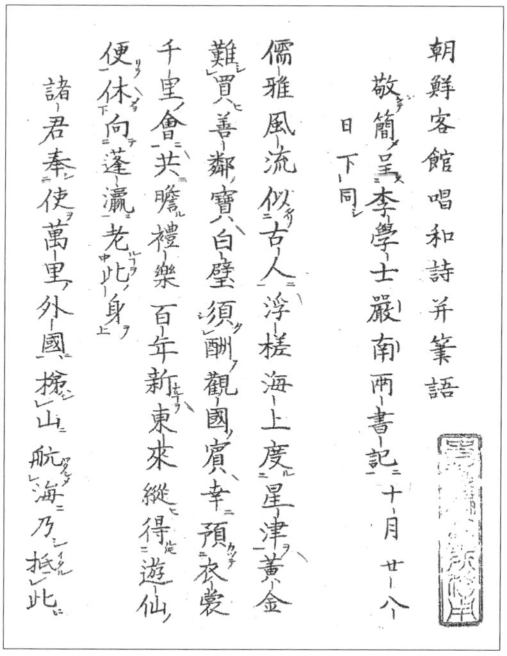
朝鮮客館唱和詩并筆語
敬簡呈李學士嚴南两書記 十月廿八
日 下同
儒雅風流似古人浮槎海上度星津黄金
難買善鄰寶白璧須酬觀國賓幸預衣裳
千里會共瞻禮樂百年新東來縱得遊仙
便休向蓬瀛老此身
諸君奉使萬里外國梯山航海乃抵此

『조선객관창화시병필어』(朝鮮客館唱和詩并筆語)는 무로 큐우소오(室鳩巢)가 통신사와 주고받은 창화시와 필담을 수록한 책이다. 표지는 없다. 이 책에는 『칠가창화집』(七家唱和集) 중에 수록된 『조선객관시문고』(朝鮮客館詩文稿)와 동일한 내용이 실려 있다.

2 필담일시 및 장소

1711년 10월 28일, 에도(江戶) 히가시혼간지(東本願寺)에서 이루어진 필담이다.

3 참여자

조선인 참여자는 제술관(製述官) 이현(李礥)과 세 명의 서기(書記) 홍순연(洪舜衍), 엄한중(嚴漢重), 남성중(南聖重)이다. 일본인 참여자는 무로 큐우소오이다.

무로 큐우소오의 이름은 나오키요(直淸), 자(字)는 시레이(師禮), 통칭은 신스케(新助)이다.[1] 의사인 무로 겐보쿠(室玄樸, 1616~1683)의 아들로 에도에서 태어났다. 당초 카가 번(加賀藩)에 출사하였다. 큐우소오는 카가 번의 누추한 집에 우거(寓居)하면서 벼슬 생활을 하였다. 그래서 『시경』(詩經)의 「작소」(鵲巢) 시에 등장하는 '까치의 보금자리를 빌려서 사는 비둘기'에 자신의 신세를 가탁하여 '큐우소오'(鳩巢)라는 호를 지었다. 1672년 쿄오토에 가서 키노시타 쥰안(木下順庵)의 문하에 들어갔다. 키노시타 쥰안은 저명한 유학자이며 제5대 장군 토쿠가와 츠나요시(德川綱吉) 때 막부(幕府)의 유관(儒官)이 되었다. 키노시타 쥰안의 문하에서는 뛰어난 유학자가 많이 배출되었다. 무로 큐우소오, 아라이 하쿠세키(新井白石), 아메노모리 호오슈우(雨森芳洲), 기온 난카이(祇園南海), 사카키바라 코오슈우(榊原篁洲)를 '목문오선생'(木門五先生)이라고 부르고 거기에 난부 난잔(南部南山), 마츠우라 카쇼오(松浦霞沼), 미야케 칸란(三宅觀瀾), 핫토리 칸사이(服部寬齋), 무카이 소오슈우(向井滄洲)를 합쳐 '목문십철'(木門十哲)이라고 부른다.

큐우소오는 야마자키 안사이(山崎闇齋)의 제자인 하구로 요오센(羽黑養潛, 1629~1702)과 친교를 맺으면서 깊은 영향을 받았다. 하구로 요오센의 소개로 아사미 케이사이(淺見絅齋)를 사사(師事)한 적도 있으며 야마자키 안사이 학파의 지식인들과도 교류하였다. 그러나 큐우소오는 야마자키 안사이와 달리 신도(神道)에 대해서는 부정적인 견해를 가졌다. 그는 키노시타 쥰안 문하 중에서도 특히 주자학을 신봉하여 주자학 이외의 학문을 배격하였다. 당시 이토오 진사이가 주장한 고학(古學)이 널리 유행하였으나 이에 대해서는 부정적인 자세를 취하였다. 1711년 아라이 하쿠세키의 추천으로 미야케 칸란과 더불어 막부의 유관이 되었다. 1716년에 제7대 장군인 토쿠가와 이에츠구(德川家繼, 재위: 1713~1716)가 죽고 제8대 장군으로 요시무네(吉宗)가 즉위하였다. 이에 따라 아라이 하쿠세키는 실각하였지만 큐우소오는 요시무네 정권에서도 계속 출사하였다. 요시무네는 교육개혁을 행하여 대대로 하야시 가(林家)가 운영한 교육기관인 유시마 세이도오(湯島聖

---

1. 이하 무로 큐우소오에 대한 서술은 柴田篤・邊土名朝邦, 『中村惕齋・室鳩巢』(『叢書・日本の思想家』 11, 東京: 明德出版社, 1983) 및 荒木見悟, 「室鳩巢の思想」(『貝原益軒・室鳩巢』, 日本思想大系 34, 東京: 岩波書店, 1970)을 참조하였다.

堂) 이외에 타카쿠라야시키(高倉屋敷)라는 교육기관을 만들었다. 이곳에서는 키노시타 키쿠탄, 핫토리 칸사이 등 키노시타 쥰안 문하의 유학자가 강의하였다. 큐우소오 역시 타카쿠라야시키에서 유학을 강의하였다. 저작에 『대학장구신소』(다이가쿠쇼오쿠신소, 大學章句新疏), 『준대잡화』(순다이자츠와, 駿臺雜話) 등이 있다.

4 내용

■ 창화시

필담집 마지막 부분에 「삼한(三韓)의 사적(事蹟)을 읊어 조선에서 예빙 온 통신사에게 삼가드리는 220운」(賦三韓事蹟, 奉寄朝鮮禮聘諸使君二百二十韻)이라는 제목으로 큐우소오가 통신사들에게 보낸 장편시가 실려 있다. 기자 조선(箕子朝鮮)에서 시작하여 고려의 성립, 삼국시대, 신라의 통일, 몽고족의 침략 등을 서술하고 후반부에서는 임진왜란에 대해서도 언급하고 있다.[2]

■ 필담

큐우소오는 조선의 지리와 타케바야시(武林)라는 인물에 대해 물어보았다.

큐우소오: 『대명일통지』(大明一統志)의 조선 조(條)에 북악산(北嶽山)이라는 항목이 있는데 그 아래의 주석에 '본조(本朝) 초에 조선국왕 이모(李某)가 이 산에 의거하여 도읍을 정했다'라고 했습니다. 이 북악산이란 혹시 한성부(漢城府)의 진산(鎭山)이 아닙니까? 이 산이 경성(京城)의 북쪽에 있는 건가요? 그렇지 않으면 북악산이라고 이름을 붙인 것은 어째서입니까?

홍순연: 북악(北嶽)은 곧 우리나라 수도의 진산이며 고려 때 여기에 성을 쌓아서 방어하는 땅으로 삼았습니다. 우리 신조(神祖)께서 이곳에다가 도읍을 정함으로써 만세무궁(萬世無窮)의 기업(基業)을 세우셨습니다. 『대명일통지』에 기록된 사실은 틀림없습니다.

큐우소오: '북악'의 뜻은 무엇입니까?

홍순연: 다른 뜻이 있는 것이 아니라 그 산이 북쪽에 있기 때문입니다.

큐우소오: 귀국(貴國)의 소위 '삼경'(三京)이란 한경(漢京)과 서남(西南)의 이경(二京)을 합쳐서 말하는 것입니까?

---

2. 무로 큐우소오가 통신사들에게 보낸 장편시에 대해서는 이혜순, 「室鳩巢의 賦三韓事蹟詩 小考: 18세기 日文士의 한국사인식」(『관악어문연구』 제18집, 서울대학교 국어국문학과, 1993) 참조.

홍순연: 우리나라의 한경(漢京)은 곧 지금의 왕도(王都)이고, 평양(平壤)은 서경(西京), 곧 기자 조선과 고구려가 도읍한 곳이고, 송경(松京)은 곧 개성(開城)으로 승국(勝國: 고려를 말함)이 도읍한 곳이고, 경주는 신라가 도읍한 곳입니다.

鳩巢: 『大明一統志』<朝鮮>下, 有北嶽山, 其下注云: “本朝初朝鮮國王李某依此山爲都.” 莫是爲漢城府之鎭否? 豈其山在京城北耶? 不然其所以名北嶽者如何?

鏡湖: 北嶽卽我國國都之鎭山. 勝國之世, 築城于此, 以爲保障之地, 逮我神祖定鼎于此, 以建萬世無窮之基. 『明志』所記亦不謬悠矣.

鳩巢: 北嶽之義如何?

鏡湖: 其義無他, 在北故也.

鳩巢: 貴國所謂三京是漢京幷西南二京稱之否?

鏡湖: 我國漢京是卽今王都, 平壤是西京, 卽箕子及高句麗所都, 松京卽開城, 勝國所都, 慶州卽新羅所都.(10b~11b)

『대명일통지』는 1461년에 완성된 명나라 때의 지리서이다. 큐우소오는 『대명일통지』에 실려 있는 조선의 지역 및 지명의 유래에 대해 질문하고 있다. 위의 대화가 끝난 곳에 엄한중의 대답에 대해 다음과 같은 소감이 작은 글자로 부기(附記)되었는데 이는 필담집을 편찬하는 과정에서 큐우소오가 삽입한 것으로 보인다.

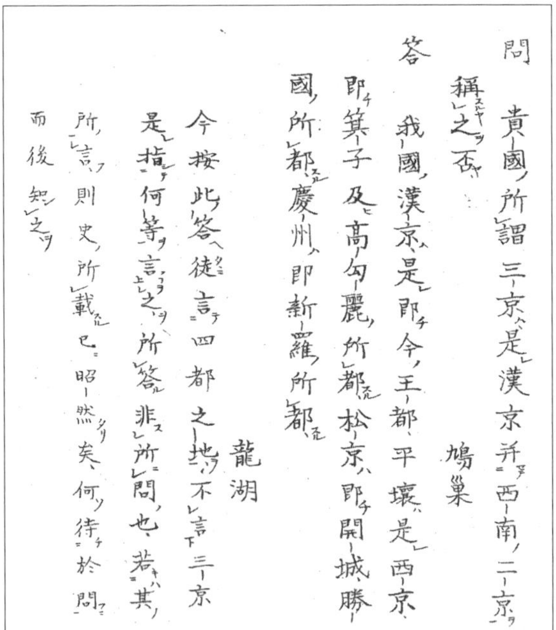
問 貴國所謂三京是漢京幷西南二京稱之否 鳩巢
答 我國漢京是卽今王都平壤是西京卽箕子及高句麗所都松京卽開城勝國所都慶州卽新羅所都 龍湖
今按此答徒言四都之地不言三京是指何等言之所答非所問也若其所言則史所載已昭然矣何待於問而後知之

지금 이 대답을 살펴보건대 네 도읍의 땅에 대해서 말했고 삼경(三京)이 어떤 것을 가리키는지 말하지 않았으니, 물음에 대한 답이 아니다. 그가 말해 준 것은 역사서에 실려 있는 것이 이미 명확하니 어찌 물음을 기다린 후에 알 수 있는 것이겠는가?

今按此答, 徒言四都之地, 不言三京是指何等言之, 所答非所問也. 若其所言, 則史所載已昭然矣, 何待於問而後知之.(11b~12a)

삼경은 시대에 따라 다른데, 고려 성종 때 경주에 동경(東京)을 설치하고 수도인 개경

(開京)과 평양에 설치된 서경(西京)을 합해 삼경이라 칭한 것이 그 시초이다. 그 뒤 문종 때 남경을 설치하여 사경(四京)이라 하기도 했으나, 후에는 사경이라는 호칭을 피하여 동경을 제외해 삼경이라 하였다. 남경은 문종 때인 1067년 처음 설치되었다가 몇 년 뒤 폐지되었고, 숙종 때인 1104년 5월 남경 궁궐을 재건한 후 많은 왕들이 수시로 와서 머물렀다. 궁궐의 위치는 지금의 경복궁 북쪽 청와대 부근이며, 남경의 범위는 북으로는 북악산, 남으로는 신용산 남단에 이르렀다고 한다. 남경을 둔 이후 임금이 순행(巡行)하던 삼경은 중경(中京: 개성), 서경(西京: 평양)과 남경이다. 중경은 송경(松京)이라고도 했다. 엄한중이 서울과 평양, 개성, 경주의 이름을 들면서 설명하였는데도 불구하고, '삼경'에 대해서 명확히 말하지 않았기에 큐우소오는 질문에 대한 답을 얻을 수 없었고 생각한 것이다.

이어서 다음과 같은 필담이 시작된다.

큐우소오: 귀국 평안도에 적유령(狄踰嶺)이 있는데 이는 일찍이 이적(夷狄)이 침범해 왔을 때 이 고개를 넘었기 때문에 이런 이름이 된 것입니까? 그게 아니라면 그렇게 이름을 붙인 까닭은 무엇입니까? 알려 주십시오.

엄한중: 우리나라 평안도 강계(江界) 땅에 이 고개가 있습니다. 당초에 북적(北狄)이 침범해 왔기 때문에 그렇게 이름을 붙인 것이 아니었는데 이름을 붙인 후 북로(北虜) 병사의 침범을 받아 그 이름과 우연히 들어맞은 것입니다.

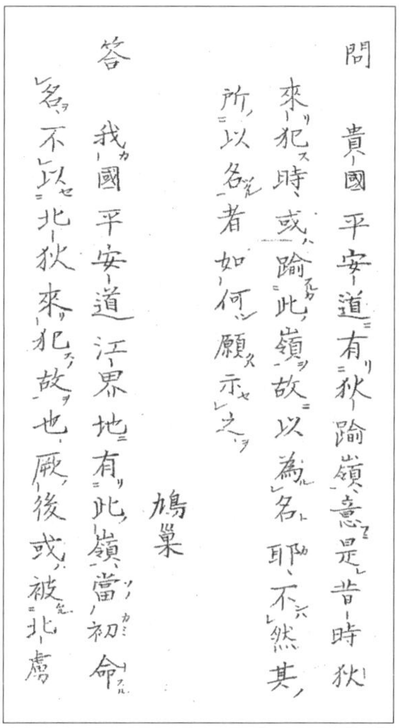
問 貴國平安道有狄踰嶺意是昔時狄來犯時或踰此嶺故以爲名耶不然其所以名者如何願示之 鳩巢
答 我國平安道江界地有此嶺當初命名不以北狄來犯故也厥後或被北虜

큐우소오: 근래 타케바야시(武林)라는 성(姓)을 가진 무사가 있었는데, 그 사람의 조상은 귀국에서 태어났습니다. 그가 살았던 곳이 '武林'이라고 합니다. 임진년의 난 때 우리나라 군대의 포로가 되어 드디어 일동인(日東人: 일본인을 말함)이 되었습니다. 그래서 고향의 이름을 따서 성으로 삼았습니다. 전해 들은 바가 이와 같습니다. '武林'이라는 지명이 정말로 귀국에 있는지요? 아마도 작은 고을의 이름이어서 족하(足下)께서도 모를 듯 싶군요.

남성중: 우리나라 고을에 '武林'이라는 지명은 없습니다. 별호(別號)가 아니면 향명(鄕名: 그 지방 사람들이 부르는 방언식 이름)인 것 같은데 저도 잘 모르겠습니다.

鳩巢: 貴國平安道有狄踰嶺, 意是昔時狄來犯時, 或踰此嶺, 故以爲名耶? 不然其所以名者如何? 願示之.

龍湖: 我國平安道 江界地有此嶺, 當初命名不以北狄來犯故也, 厥後或被北虜之兵, 其名偶驗.

鳩巢: 此間近有士人覆姓武林者, 其人先世産于貴國, 其所居之地名武林, 壬辰之亂爲我師所獲, 遂爲日東人, 因以鄕里名爲姓. 蓋所傳聞如此. 不知貴國眞有地名武林者否. 想是小鄕聚之名, 雖足下亦有不識者.

泛叟: 我國州縣無武林之名, 或別號或鄕名, 僕亦未詳.(12a~13a)

큐우소오가 타케바야시(武林)라는 인물에 대해 물어본 데에는 이유가 있다. 1701년 아코오 번(赤穗藩: 지금의 효오고 현兵庫縣)의 번주(藩主)인 아사노 나가노리(淺野長矩, 1667~1701)가 에도 성 안에서 키라 요시나카(吉良義仲, 1641~1702)에게 모욕을 당하자 이에 분노하여 칼로 부상을 입혔다. 당시 에도 성 안에서 칼을 뽑는 것은 금지되어 있었기 때문에 아사노 나가노리는 즉각 할복 명령을 받았고 아사노 가(淺野家)의 땅은 몰수되었다. 이에 아사노 나가노리 수하 47명의 무사들은 번주의 복수를 위해 키라 요시나카의 저택에 침입하여 키라 요시나카 및 그 일족과 가신(家臣)들을 살해하였다. 체포된 무사들은 이듬해 할복의 명을 받았다. 이 일련의 사건을 '겐로쿠 아코오 사건'(元祿赤穗事件)이라고 하고 번주의 복수를 한 무사들을 아코오 로오시(赤穗浪士), 또는 아코오 기시(赤穗義士)라고 부른다. 이 사건은 당시 큰 관심을 모아 아코오 로오시를 주제로 삼은 죠오루리(淨瑠璃: 전통악기인 샤미센三味線의 반주에 맞추어 이야기를 읊는 무대연극)나 카부키(歌舞伎)가 많이 상연되었다. 유학자들 역시 번주의 복수를 실행한 의사들의 행동을 둘러싸고 분분한 논의를 벌였다. 하야시 호오코오(林鳳岡), 이토오 토오가이(伊藤東涯, 1670~1736), 미야케 칸란 등은 이들의 행동을 긍정적으로 평가한 반면 사토오 나오카타(佐藤直方, 1650~1719)는 통렬하게 비난하였다. 큐우소오 또한 이 사건에 큰 관심을 보여 이들이 할복한 지 얼마 되지 않아 『적수의인록』(아코오기진로쿠, 赤穗義人錄) 두 권을 집필하였다. 큐우소오는 상권에서 사건의 과정을 개괄하고 하권에 의사들의 전기(傳記)를 실어서 목숨을 다하여 군주에 대한 절의를 지킨 의사들의 행동을 예찬하였다.

이와 같이 큐우소오는 아코오 로오시에 대해 큰 관심을 가졌는데 필담 중에 언급된 타케바야시(武林)라는 무사는 바로 47명의 의사 가운데 한 명이다. 그의 이름은 타케바야시 타카시게(武林隆重, 1672~1703)인데 아사노 번에 출사하였다. 타카시게의 조부인 맹이관(孟二寬)은 맹자(孟子)의 후손으로 절강성(浙江省) 항주(杭州)에 있는 '武林'에서 태어났다. 그는 임진왜란 때 명나라 병사가 되어 조선에 파병되었는데 일본군에게 잡혀 일본으로 왔다. '武林'이라는 지역이 조선의 어디에 있는지 물어본 것으로 미루어 보아 큐우소오는 타케바야시의 조상이 조선에서 붙잡혀 왔기 때문에 그를 조선인으로 오해한 것으로 보인다.

9. 좌간필어(坐間筆語)

1 서지사항

서명: 좌간필어(坐間筆語)
소장처: 국립공문서관(國立公文書館) 나이카쿠 문고(內閣文庫)
편자: 스즈키 키미하루(鈴木公溫)
간행연대: 1789년 1월
책수: 불분권 1책
판본: 간본(八文字屋止兵衛)

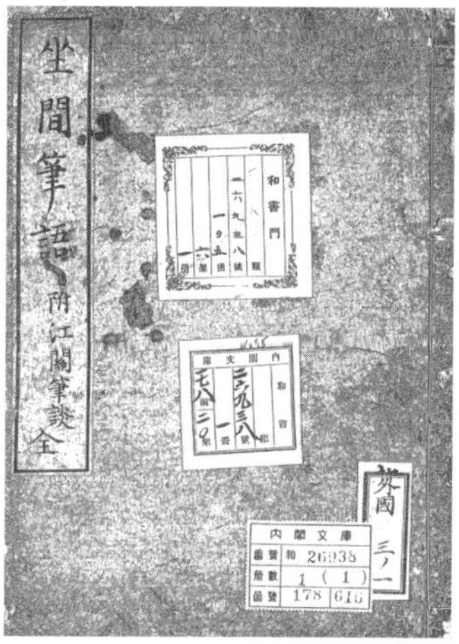

『좌간필어』(坐間筆語)는 통신사와 아라이 하쿠세키(新井白石)가 악무(樂舞)를 보면서 나눈 필담을 수록한 책이다. '坐間'은 일본통신사와 일본 문인들이 만남을 가진 자리를 뜻하고 '筆語'는 거기서 나눈 필담을 가리킨다. 표제에 '坐間筆語 附江關筆談'이라 되어 있으며, 뒤편에 부록으로 『강관필담』(江關筆談)이 수록되어 있다.[1]

첫 장에는 편자인 스즈키 키미하루(鈴木公溫)가 쓴 서문이 있다. 서문의 간기가 "天明己酉正月甲子"라고 되어 있는바, 1789년 1월에 서문을 썼다는 사실을 알 수 있다. 편자인 스즈키 키미하루에 대해서는 미상이다. 키미하루의 서문 다음에는 무로 큐우소오(室鳩巢)의 서문이 있다. '坐間筆語'라 되어 있는 내제 다음 행에 "정덕(正德) 2년 조선에서 내빙(來聘)한 사신이 에도에 이르렀다. 같은 해 11월 연악(燕樂)을 보여 드렸다. 하쿠세

1. 『강관필담』에 대해서는 이 뒤에 별도의 해제가 있다.

키가 자리에서 통신사와 필담을 하였다."(正德二年, 朝鮮來聘使者, 至于江戶. 本年十一月, 賜燕樂. 白石 源君美在坐, 與使人筆語: 1a)라는 구절이 보인다. 다음으로 '연악목록'(燕樂目錄)이라는 소제목 아래 각 악무(樂舞)의 제목을 수록하였다. 한편, 나이카쿠 문고(內閣文庫)에 소장된 이본에는 연향 당시의 배치도가 수록되어 있다.

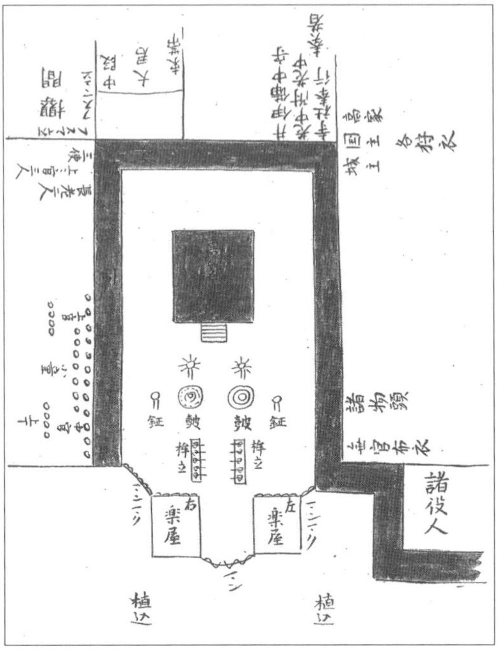

이본 內閣文庫本『坐間筆語』에 실린 배치도

2 필담일시 및 장소

필담일시는 1711년 11월 3일이고, 장소는 에도 성(江戶城) 내전(內殿)이다.

3 참여자

조선인 참여자는 삼사(三使)인 조태억(趙泰億, 1675~1728), 임수간(任守幹, 1665~1721), 이방언(李邦彦, 1675~?)과 역관 최상집(崔尙嶫, 1664~?)이며, 일본인 참여자는 아라이 하쿠세키이다.

- 조태억. 자는 대년(大年), 호는 겸재(謙齋), 태록당(胎祿堂), 시호(諡號)는 문충(文忠)이다. 1693년 진사(進士)가 되고, 1702년 문과(文科)에 급제, 검열(檢閱), 지평(持平), 정언(正言) 등을 역임하였다. 1711년 통신사로 일본에 다녀왔다. 1712년 일본과의 사이에서 일어난 국서(國書) 문제 때문에 관직이 삭탈되고, 문외출송(門外黜送)되었다가 이듬해 사면되었다. 1714년 다시 기용되어 공조(工曹)와 예조(禮曹)의 참의(參議) 등을 지냈다. 1720년 다시 경상도 관찰사로 나갔다가 1721년 호조참판(戶曹參判)으로 기용되고 세제(世弟: 뒤의 영조) 책봉과 대리청정(代理聽政)을 반대하여 철회시켰으며, 김일경(金一鏡) 등과 함께 신임사화(辛壬士禍)를 일으켜 노론(老論) 측을 공격하였다. 영조가 즉위하자 우의정에 승진, 이듬해 좌의정(左議政)에 올랐으나, 노론의 논척(論斥)으로 삭직되었다. 1727년 정미환국(丁未換局)으로 다시 좌의정

에 복직되었다가 영돈녕부사(領敦寧府事)에 전임하였다. 그 후 1755년 나주괘서사건(羅州掛書事件)으로 관직이 추탈되었다. 문집으로 『겸재집』(謙齋集)이 있다.

- 임수간. 자는 용여(用汝), 호는 돈와(遯窩)이며, 우참찬(右參贊) 상원(相元)의 아들이다. 1694년 문과(文科)에 급제, 1699년 홍문록(弘文錄)에 올랐다. 그 뒤 교리(校理), 정언(正言) 등을 역임하다가 1703년 당쟁의 폐단을 논하였으나 받아들여지지 않자 일시 향리에 은거하였다. 복직 후 지평(持平)이 되었고, 1711년에 통신사 부사(副使)가 되어 일본에 파견되었으나 국휘(國諱) 문제 때문에 파직되었다. 1720년에 다시 등용되어 승지에 올랐다. 저서로 『돈와유고』(遯窩遺稿)가 있다.
- 이방언. 자는 미백(美伯), 호는 남강(南岡)이다. 이세석(李世奭)의 아들이다. 1702년 식년시(式年試)에 급제하였다. 설서(設書), 정언(正言), 지평(持平)을 거쳐 1711년 종사관으로 일본에 다녀왔다.
- 최상집. 자는 연보(延普)이다. 1687년 역과(譯科)에 급제하였다.
- 아라이 하쿠세키. 이름은 킨미(君美), 통칭은 카게유(勘解由)라 하였다. 자(字)는 아리나카(在中) 혹은 사이비(濟美), 하쿠세키(白石)는 그 호이다. 다른 호로 멘뵤오산진(綿屛山人), 시요오(紫陽) 등이 있다. 에도(江戶)에 살면서 키노시타 쥰안(木下順庵)의 문하에 들어갔다. 쥰안의 문하에서는 하쿠세키를 비롯해 무로 큐우소오(室鳩巢), 아메노모리 호오슈우(雨森芳洲) 등 저명한 유학자가 배출되었으며 하쿠세키는 그들과 깊은 교우를 맺었다. 쥰안의 추천으로 코오후 번(甲府藩: 지금의 야마나시 현山梨縣)의 번주(藩主) 토쿠가와 츠나토요(德川綱豊, 1662~1712)에 출사하였다. 1709년에 제5대 장군 토쿠가와 츠나요시(德川綱吉)가 죽자 토쿠가와 츠나토요가 제6대 장군이 되고 이름을 토쿠가와 이에노부(德川家宣)로 바꿨다. 이에 하쿠세키는 장군 이에노부의 측근이 되어 대담한 정치 개혁을 주도하였다. 이에노부가 죽자 하쿠세키도 정치 일선에서 물러나 은거하면서 저작 활동에 힘을 썼다.

4 내용

▣ 서문

서문은 두 개인데, 하나는 편자인 스즈키 키미하루의 것이고 또 하나는 무로 큐우소오가 쓴 것이다. 스즈키 키미하루는 필담에 보이는 하쿠세키의 말이 대단히 아름답다고 하면서 요즘의 '속유'(俗儒)는 경전을 이해하지 못하기 때문에 외국인을 접할 때 편파적인 말과 망령된 대답으로 나라의 체면을 실추시킨다고 하였다. 조선에 대해서는 "조선은 원래 우리나라의 속국(屬國)인데, 예의의관(禮義衣冠)의 나라로 자처한다."(蓋朝鮮原吾屬國, 而彼以禮義衣冠之邦自居矣)라고 하여 일본적 화이관(華夷觀)으로 조선을 인식하고 있다. 무로 큐우소오는 조선의 사신을 맞이하는 연회에서 연주되는 음악이 하쿠세키의 제안으로 인해 산악(散樂: 곡예, 춤, 흉내, 환술 같은 오락적 요소가 강한 일본의 대중예능)에서 고악(古樂)으로 바뀌었다는 사실을 지적하면서, 한(漢)나라 이후 볼 수 없었던 고악을 지금 볼 수 있는 것은 외국 사신뿐만 아니라 일본인에게도 영광된 일이라고 하였다.

▣ 필담

통신사 일행은 11월 1일 에도 성에 들어가 국서를 진정(進呈)하였다. 11월 3일에 막부는 에도 성 내전에서 향연(饗宴)을 열고 무악(舞樂)을 연주하였다.[2] 무악에는 당악(唐樂)과 고려악(高麗樂) 두 종류가 있다. 당악은 사호오(左方)의 무악, 고려악은 우호오(右方)의 무악이라고 한다. 무악은 사호오와 우호오가 짝을 이루어 연주된다. 먼저 사호오가 연주되고 그다음 우호오가 연주되는데 이것을 츠가이마이(番舞)라고 한다.

통상적으로 통신사를 초대한 향연에서는 사루가쿠(猿樂: 중국에서 산가쿠散樂를 수입하면서 형성된 일본의 전통예능으로 곡예, 마술, 흉내 내기 등이 포함된다), 게마리(蹴鞠: 사슴의 가죽으로 만든 공을 치는 경기), 가부키(歌舞伎) 등의 공연이 이루어졌다. 1711년 당시에도 원래는 노오(能: 사루가쿠에서 발전한 전통예능으로 가면을 쓴 연기자가 등장하는 악극)를 보여 줄 예정이었는데, 하쿠세키의 제안으로 무악 공연으로 대체되었다. 에도 성에서 열리는 향연에서 무악이 연주된 것은 이때가 처음이자 마지막이었다. 통신사와 하쿠세키는 무악을 보면서 필담을 나누었다. 각 무악마다 소제목이 붙어 있는바, 해제도 소제목 별로 정리하여 제시한다.

▪ 엔부(振鉾)

하쿠세키: 우리나라가 개국(開國)한 날에 천조(天祖: 아마테라스 오오미카미天照大神를 말함)의 공을 기리기 위해 만든 악무(樂舞)이며 음악을 베풀 때 반드시 이 곡을 먼저 연주합니다. '엔부'(振

2. 통신사에게 보여 준 일본의 궁중악무에 관해서는 이도남・박태규, 「한국 측 기록에 보이는 일본의 궁중악무에 관한 일고찰」(『일본문화연구』 제35집, 동아시아일본학회, 2010) 참조.

鉾)는 엔부(偃武)와 같이 읽습니다. 어떤 사람은 주(周)나라의 대무무(大武舞)라고도 합니다.

조태억: 유장한 것이 치세(治世)의 음악입니다. 따로 제향(祭享)의 음악이 있습니까?

하쿠세키: 제향을 할 때 쓰는 음악으로는 가구라(神樂)가 있고 국풍(國風)으로는 사이바라(催馬樂)가 있습니다.

이방언: 엔부(振鉾)는 엔부(偃武)와 비슷합니다. 음절(音節)이 화락하여 볼 만하니, 생각건대 반드시 제향에서 사용되겠군요.

白石: 東方開國之日, 天祖象功樂舞, 凡陳樂必先奏此曲. 振鉾讀如偃武. 或曰周大武舞.

趙泰億: 渢渢乎其治世之音也.

趙泰億: 又有祀享之樂耶.

白石: 祀享則有神樂, 國風則有催馬樂.

李邦彦: 振鉾似偃武, 音節雍容可觀. 想必用於祀享.(1b)

엔부(振鉾)는 무악이 연주되기 전에 무대를 깨끗이 한다는 의미로 연주된다. 가구라는 오오니에노 마츠리(大嘗祭: 천황이 즉위한 직후에 행하는 의식)에서 연주되는 무악이다. 사이바라는 민간의 노래나 민요를 당악(唐樂: 중국의 음악)으로 편곡한 것이다.

▪ **산다이엔(三臺鹽)**

하쿠세키: 소륵국(疏勒國) 염곡(鹽曲)이 하나입니다. 수(隋)나라와 당(唐)나라 때 연악(燕樂)으로 썼습니다.

조태억: 어째서 소호(韶護)를 취하지 않고 외국의 음악을 섞어서 사용합니까?

하쿠세키: 그래서 연악(燕樂)이라 한 것입니다.

조태억: 어째서 고대의 악현(樂懸: 종이나 경쇠를 거는 틀)을 사용하지 않습니까?

하쿠세키: 당송(唐宋)의 악현은 고증할 수 있으니, 이른바 용봉고(龍鳳鼓) 같은 악기가 바로 이것입니다. 그 제도는 『문헌통고』(文獻通考) 등에 자세하게 실려 있습니다.

조태억: 『문헌통고』도 비록 고서(古書)이긴 하지만 어찌 육경(六經)만 하겠습니까?

하쿠세키: 이것 또한 연악으로 쓰는 이유입니다.

최상집: 춤추는 사람은 화장을 합니까?

하쿠세키: 남자가 어째서 화장을 하겠습니까?

최상집: 그 얼굴이 새하얀 것이 아름답군요! 이 나라 인물은 맑고 아름답습니다.

白石: 疏勒鹽曲之一也. 隋唐以備燕樂者也.

趙泰億: 何其不取韶護而雜用外國之音耶?

白石: 故曰燕樂.

趙泰億: 何不用古樂懸耶?

白石: 唐宋樂懸可考而已. 所謂龍鳳鼓等制卽此也. 其制詳見于『文獻通考』等.

趙泰億: 『通考』雖古書, 何如六經?

白石: 此又所以備燕樂也.

崔尙嵲: 舞人傳粉耶?

白石: 男子何用施粉爲?

崔尙嵲: 美哉, 其面絶白. 大抵是邦人物淸而麗.(1b~2b)

산다이엔은 당나라 때 측천무후(則天武后)가 지은 음악이다. '소륵'(疏勒)이란 카시가르(Kashgar: 중국 신강성新疆省 서부에 있는 도시)를 가리킨다. 소호(韶護)란 순임금의 음악인 소(韶)와 탕왕(湯王)의 음악인 호(護)를 가리키는데, 고악(古樂)을 의미한다. 연악(燕樂)은 연회를 열 때 연주된 음악으로 제사를 지낼 때 연주되는 아악(雅樂)과 달리 오락적인 요소가 강하다. 수나라 때 중앙아시아나 인도에서 들어온 음악을 수용하면서 형성되었다.

- **조오보오라쿠(長保樂)**

하쿠세키: 이것은 고려부(高麗部)의 음악입니다.

하쿠세키: 귀방(貴邦)에는 아직 이 춤이 남아 있습니까?

조태억: 승국(勝國: 고려를 말함)의 음악은 이제 없습니다.

임수간: 우리나라에는 우리나라 음악과 다른 나라 음악이 모두 있습니다. 귀국(貴國)의 사람을 만나면 귀국의 음악을 연주하여 즐기고, 중국 사람을 만나면 중국의 음악을 연주하여 그들을 위로합니다.

白石: 卽是高麗部樂.

白石: 貴邦猶有此舞耶?

趙泰億: 勝國之音, 今則亡矣.

任守幹: 我朝有我朝幷他邦之樂, 逢貴國之人, 則奏貴國之樂以翫之, 逢唐山之人, 則奏唐朝之樂以慰.(2b)

조오보오라쿠는 일본의 연호(年號)인 조오호오(長保, 999~1003)를 따서 명명한 것이다.

- **요오구우라쿠(央宮樂)**

하쿠세키: 본조(本朝: 일본을 이름)의 악무(樂舞)입니다.

조태억: 자못 고아(古雅)한 음조가 있으니, 귀하게 여길 만합니다. 귀하게 여길 만합니다.

白石: 本朝樂舞.

趙泰億: 大抵頗有古雅調, 可貴可貴.(2b~3a)

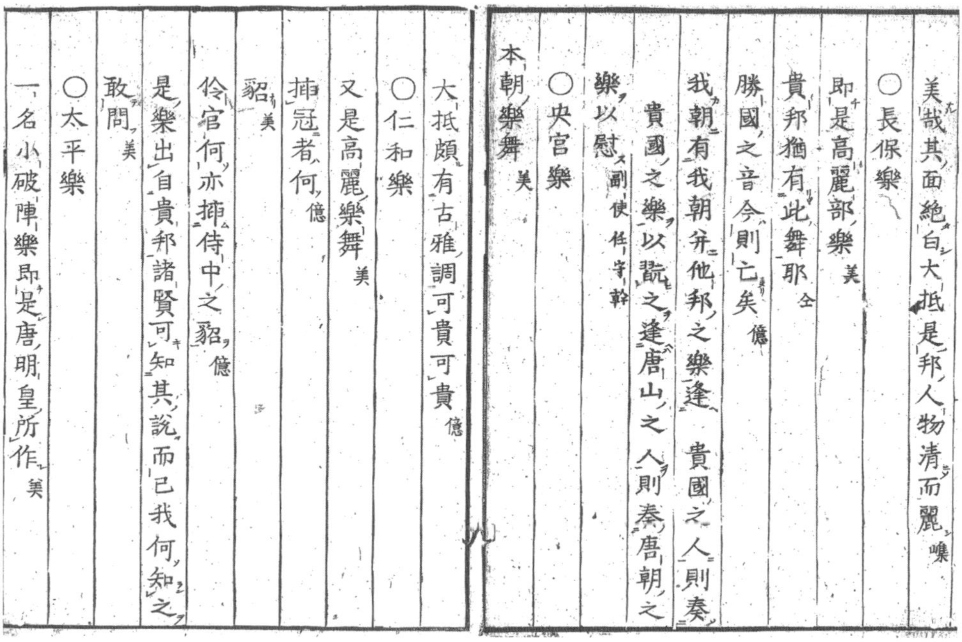
美哉其面絶白大抵是邦人物清而麗 嘯
○長保樂
即是高麗部樂 美
貴邦猶有此舞耶 仝
勝國之音今則亡矣 億
我朝有我朝并他邦之樂逢貴國之人則奏
貴國之樂以説之逢唐山之人則奏唐朝之
樂以慰 副使任守幹
○央宮樂
本朝樂舞 美
大抵頗有古雅調可貴可貴 億
○仁和樂
又是高麗樂舞 美
揷冠者何 億
貂 美
伶官何亦揷侍中之貂 億
是樂出自貴邦諸賢可知其説而已我何知之
敢問 美
○太平樂
一名小破陣樂即是唐明皇所作 美

이 음악은 닌묘오 천황(仁明天皇 재위: 833~850) 시기에 지은 일본의 악무다.

- **닌나라쿠(仁和樂)**

하쿠세키: 이것도 역시 고려악입니다.

조태억: 관(冠)에 꽂은 것은 뭡니까?

하쿠세키: 담비의 꼬리입니다.

조태억: 영관(伶官: 음악을 맡은 벼슬)이 어째서 시중(侍中)이 쓰는 담비의 꼬리를 꽂은 것입니까?

하쿠세키: 이 음악은 원래 귀방(貴邦)에서 나온 것이니 여러분께서 그 이유를 알 수 있을 것입니다. 어찌 제가 그것을 알겠습니까? 감히 묻겠습니다.

白石: 又是<u>高麗</u>樂舞.

趙泰億: 揷冠者何?

白石: 貂.

趙泰億: 伶官何亦揷侍中之貂?

白石: 是樂出自貴邦, 諸賢可知其說而已. 我何知之? 敢問.(3a)

닌나라쿠는 고오고오 천황(光孝天皇 재위: 884~887)의 때에 크다라노 테이유우(百濟貞雄)가 만든 무악이다. 일본에서 처음으로 고려악의 형식을 빌려 만든 음악이다. 인용문

중에 "담비의 꼬리"라는 말이 나오는데, 옛날 시중(侍中)의 관(冠)을 담비의 꼬리로 장식했다.

▪ 다이헤이라쿠(太平樂)

하쿠세키: 일명 소파진악(小破陣樂)이라고도 하니 당나라의 명황(明皇)이 지은 것입니다.

임수간: 귀국(貴國) 사람들은 격도술(擊刀術)를 잘한다고 들었습니다. 청컨대 저희를 위해 계문(啓文)을 올려 요청하여 한 번 보여 주시면 어떻겠습니까?

하쿠세키: 우리나라에서 병졸 이상은 모두 칼을 두 개씩 허리에 차고 전쟁을 할 때에는 칼을 또 하나 차니, 칼의 길이와 크기는 그 용도에 맞추어 사용합니다. 농민과 상인(商人)도 칼을 하나 차지 않는 사람이 없습니다. 몸에 이미 칼을 찼으면서 제대로 사용할 줄을 모른다면 무슨 소용이 있겠습니까? 또한 칼을 뽑는 기술이 있는데 칼이 칼집에서 나오고 들어올 때까지의 움직임이 변화무쌍하여 예측할 수가 없습니다. 한 손이 칼자루에 닿는 순간 번개가 치고 바람이 일어나 피를 흩뿌립니다. 하지만 칼날이 애초에 칼집에서 나오지도 않은 것 같은데, 순식간에 사람의 목이 이미 달아나서 두 어깨만 남은 채 앉아 있습니다. 이러한 작은 기술은 누구든 할 수 있습니다. 여러분이 한 번 보고 싶으시다면 츠시마에 요청하면 되니, 어찌 굳이 계문을 올려 요청할 필요가 있겠습니까?

하쿠세키: 귀국의 황창(黃倡)의 칼춤은 어떠합니까?

조태억: 우리나라의 황창은 나이 14살에 검술을 배워 아비의 원수를 갚았습니다. 지금까지도 이 일과 관련한 악부(樂府)가 있습니다. 조선 사람들은 이 춤을 가장 잘 추니, 볼 만합니다.

조태억: 기녀(妓女)들도 이 칼춤을 잘하니, 두 개의 검을 공중에 던져 한 손으로 받을 수 있습니다.

임수간: 교오토와 오오사카에도 이 음악이 있습니까?

하쿠세키: 천조(天朝)의 악관(樂官)이 대대로 그 직책을 지키고 있으며 오오사카와 나라(奈良)는 옛날 도읍이었기 때문에 각각 갓고(樂戶)가 있습니다. 그들은 모두 천 년 이상에 걸쳐 대를 이어가며 그 직책을 폐하지 않고 있습니다.

白石: 一名'小破陣樂', 卽是唐明皇所作.

任守幹: 嘗聞貴國人士善擊刀術, 幸爲俺等啓請得一觀如何?

白石: 本邦之俗, 卒伍以上皆腰雙刀. 戎事則又佩一刀, 長短大小各適其用. 若農商亦無不佩一刀者, 身已佩之不堪運用, 亦何爲? 又有拔刀之術, 其法神機出入變動不測, 隻手纔及刀頭, 電掣風飛灑血吐霧, 鋒刃如未始出乎室者, 而跬步間有人旣喪其元, 駢肩而坐焉. 是等小技人人能之, 諸賢欲試觀之, 則請宗馬州可也. 何必啓請?

白石: 貴國黃倡劍戲亦如何?

趙泰億: 鷄林兒黃倡, 年十四學劍報父讐, 至今有樂府, 鷄林人最善是舞, 可觀.

趙泰億: 妓女輩亦能之, 擲雙劍於空中, 能以一手接之.

任守幹: 皇京大坂亦有此樂耶?

白石: 天朝樂官世守其職. 大坂及南都是舊京之地, 各有樂戶, 皆是歷世千有餘年, 而不墜厥業者.(3a~4a)

다이헤이라쿠는 당악(唐樂)에 속하는 무악이며 갑옷을 입고 칼을 차고 연희한다. 명황은 당나라 황제 현종(玄宗, 685~762)을 말한다. 황창(黃倡)은 신라 시대 황창랑(黃倡郎)을 말한다. 신라 사람인 황창랑이 백제에 들어가 궁중에서 칼춤을 추다가 백제왕을 죽이고 자신도 죽임을 당했다는 전설이 있다. 그를 주제로 한 검무(劍舞)는 조선시대까지 전승되었다. 갓고(樂戶)란 의식이나 연회에서 음악을 담당하는 사람들을 가리킨다.

▪ 고토리소(古鳥蘇)

하쿠세키: 이것도 고려부의 무악(舞樂)입니다.

조태억: 춤추는 사람이 가지고 있는 것은 뭡니까?

하쿠세키: 아마도 불자(拂子)인 것 같습니다. 저는 일찍이 『천조예기도』(天朝禮器圖)를 본 적이 있는데 그중에 <불자 그림>이 있었으니, 그것은 춤추는 자가 가지고 있는 것과 똑같습니다. 나라(奈良)에 세 개의 비고(秘庫)가 있는데 그 창고 속에 소장된 것이 모두 쇼오무 천황(聖武天皇)의 유품입니다. 그 가운데 주미(麈尾: 불자를 말함)가 하나 있는데, 춤추는 사람이 갖고 있는 것과는 다릅니다. 세상에 전하기를 세 개의 비고에는 조경(晁卿)의 유서(遺書)도 있다고 합니다. 그 당시는 실로 당나라 개원(開元) 연간의 전성기였으니, 비고에 소장되어 있는 보기(寶器)들 대부분은 당나라 물건인 것을 알 수 있습니다.

임수간: 왕유(王維)와 이백(李白)의 시도 거기에 소장되어 있습니까?

하쿠세키: 저는 작년에 나라(奈良)에 들러 세 개의 크고 오래된 비고가 여전히 높이 서 있는 것을 봤습니다. 다만 안타깝게도 거기에 소장되어 있는 것을 보지 못하여 왕유와 이백의 시가 소장되어 있는지는 모릅니다.

이방언: 김생(金生)의 진적(眞蹟)은 아직 남아 있습니까?

하쿠세키: 대부분은 인적(印蹟)인데, 친필(親筆)도 간혹 있습니다.

白石: 是又高麗部舞.

趙泰億: 所採何物?

白石: 蓋是古拂子. 吾嘗得見『天朝禮器圖』, 其中有〈拂子圖〉. 卽如舞人所採者. 南京又有三秘庫. 庫中所藏皆是聖武天皇內府之物, 有一麈尾, 其制與舞人所採亦異. 世傳庫中又有晁卿遺書云, 當時實是唐 開元全盛之日, 則知庫中諸寶器多是唐代物也.

任守幹: 王維、李白之詩, 此存耶?

白石: 不佞去歲一過南京, 及見三大舊庫, 巍然猶存. 但恨未得見其所藏者, 不知王、李之詩亦何如.

李邦彦: 金生眞蹟猶存否?

白石: 多有印蹟, 親筆亦或有之.(4a~5a)

고토리소는 사가 천황(嵯峨天皇)이 재위했을 때 고려의 하춘(下春)이 일본에 전한 것으로 알려져 있다. 불자(拂子)는 소・말・곰 등 짐승의 털을 묶어 자루 끝에 맨 것으로 번뇌를 털어 낸다는 의미를 지닌 불구(佛具)이다. 쇼오무 천황(聖武天皇, 재위: 724~749)은 나라시대(奈良時代)의 천황이다. 불교를 신봉하여 많은 사원을 세웠다. 그 시대의 귀족들은 당나라의 선진문화를 활발하게 수용하였다. 나라에 있는 도오다이지(東大寺) 쇼오소오인(正倉院)에 쇼오무 천황의 유품이 소장되어 있다. '세 개의 비고'란 이 쇼오소오인을 가리킨다. 조경(晁卿)은 아베노 나카마로(阿倍仲麻呂, 698~770)를 말한다. 717년 견당사(遣唐使)로 당나라 수도 장안(長安)에 유학한 후 과거시험에 합격하여 중국 조정에 출사하였다. 중국 이름으로 조형(晁衡) 혹은 조형(朝衡)이라고 한다. 이백(李白)과 왕유(王維)와 친교를 맺었다고 한다. 몇 번 일본으로 돌아가려고 하였으나 이루지 못하였다. 귀국을 단념한 후 다시 당나라에 출사하였으며 안남절도사(安南節度使)에 임명되어 베트남으로 파견되었다. 이백의 「조경형(晁卿衡)의 죽음을 곡하다」(哭晁卿衡)와 왕유의 「일본에 돌아가는 비서감(秘書監) 조형을 보내며」(送秘書晁監還日本國)는 아베노 나카마로와의 이별을 읊은 시이다. 이백의 「조경형(晁卿衡)의 죽음을 곡하다」는 아베노 나카마로가 배를 타고 일본으로 가던 중 조난을 당해 죽었다는 잘못된 소식을 듣고 지은 시이다.

▪ 칸슈우(甘州)

하쿠세키: 이것은 천보(天寶) 시기의 악곡(樂曲)입니다.
조태억: 사장(詞章)을 볼 수 있습니까?
하쿠세키: 당시(唐詩) 가운데 「감주사」(甘州詞)가 곧 이것입니다.
白石: 卽是天寶樂曲.
趙泰億: 詞章可得見歟?
白石: 唐詩中有「甘州詞」卽此.(5a)

「감주사」 또한 당나라 현종 때 지은 당악이다. 감주는 감숙성(甘肅省)에 해당한다. 천보(天寶, 742~756)는 현종 때 사용된 연호이다.

▪ **린카(林歌)**

하쿠세키: 이것 역시 고려악입니다. 춤추는 사람이 쓴 것은 이백의 시에 나오는 "금꽃 꽂은 절풍모"(金花折風帽)와 같은 것인지요?

조태억: '금꽃 꽂은 절풍모'는 우리나라에서 새로 관례를 하는 사람이 쓰는 금색의 초립(草笠)입니다. 저 모자는 공인(工人)이 쓰는 화관(花冠)의 종류이며 사대부는 이런 것을 쓰지 않습니다.

白石: 又是高麗樂. 舞人所戴, 李白詩云金華折風帽之類乎?

趙泰億: 金華折風帽, 卽我國新冠者所著金色草笠也. 此則工人所著花冠之類, 士大夫不著之.(5a~5b)

린카는 당악(唐樂)과 고려악(高麗樂)이 있는데, 여기서 연주된 것은 고려악이다. "금꽃 꽂은 절풍모"는 이백의 시 「고구려」(高句麗)에 나오는 구절이다. 전문은 다음과 같다: "금꽃 꽂은 절풍모 쓰고/백마 타고 잠시 머뭇거리네/하늘하늘 너른 소매 춤추니/해동에서 날아온 새와 같구나."(金花折風帽, 白馬小遲回, 翩翩舞廣袖, 似鳥海東來.)

▪ **료오오오(陵王)**

하쿠세키: 난릉왕(蘭陵王) 장공(長恭)이 금용성(金墉城)에서 북주(北周)의 군대를 격파하는 것을 북제(北齊)의 사람이 묘사한 것으로, <난릉왕 입진곡>(蘭陵王入陣曲)입니다.

조태억: 가지고 있는 것이 뭡니까?

하쿠세키: 피리[籥]입니다.

임수간: 고제(高齊: 북제北齊를 말함)의 음악이 어째서 귀국에 전하였습니까?

하쿠세키: 천조(天朝: 일본을 가리킴)가 수(隋)나라와 당(唐)나라와 교역하였을 때 전해 온 것입니다.

조태억: 이들 악보(樂譜)는 비록 삼대의 음악이 아니요 수나라와 당나라 이후의 음악지만 천하에 전하지 않은 곡조를 홀로 전하고 있으니, 참으로 귀하게 여길 만합니다.

하쿠세키: 천조는 하늘과 더불어 시작하고 천종(天宗)은 하늘과 더불어 추락하지 않으니, 천황은 참으로 하늘의 아들입니다. 그렇기 때문에 서토(西土: 중국을 가리킴)의 역대 왕조에서 사람으로서 천명(天命)을 이어받아 역성혁명(易姓革命)을 통해 하늘 대신 사람이 즉위하는 것과는 다릅니다. 그러므로 예악전장(禮樂典章)이 만세(萬世)에 걸쳐 하나의 제도입니다. 삼대의 예악은 또한 우리나라에서 충분히 징험할 수 있거늘, 어째서 수당 이후(隋唐以後)를 이르십니까?

조태억: 예(禮)가 있음이 이와 같고 악(樂)이 있음이 이와 같으니, 한 번 변하면 중화(中華)에 이르지 않겠습니까?

이상집: 손으로 춤추고 발로 구르는 것이 박자에 맞지 않음이 없으니 정말로 묘합니다.

하쿠세키: 음악을 연주하는 사람은 그 조상이 고려인(高麗人)으로 성(姓)을 박(狛)이라고 합니다. 그 소리와 음악은 당대 제일이고, 그가 쓰고 있는 가면(假面) 또한 수백 년이 된 물건입니다.

白石: 齊人象蘭陵王 長恭破周師於金墉城下者. 卽<蘭陵王入陣曲>.

趙泰億: 所採何物?

白石: 籥.

任守幹: 高齊之樂, 何以傳播於貴邦耶?

白石: 天朝通問於隋唐之日所傳來也.

趙泰億: 此等樂譜雖非三代之音, 隋唐以後音樂, 獨傳天下不傳之曲, 誠可貴也.

白石: 天朝與天爲始, 天宗與天不墜, 天皇卽是眞天子, 非若西土歷朝以人繼天易姓代立者. 是故禮樂典章萬世一制, 若彼三代禮樂亦有其足徵者, 何其隋唐以後之謂哉?

趙泰億: 有禮如此, 有樂如此, 及不一變至華耶?

李尙幉: 手之舞、足之蹈, 無不中於其節者, 最妙.

白石: 奏此曲者其先高麗人, 因以狛爲姓. 於其聲樂當代第一, 其假面亦數百年之物也. (5b~6b)

료오오오는 북제(北齊)의 난릉왕(蘭陵王) 장공(長恭)의 일화에서 유래한 음악이다. 용모가 수려한 난릉왕이 그 미모를 숨기기 위해서 사납게 생긴 가면을 쓰고 전쟁에 나가 대승을 거두었다는 일화가 전한다.

일본은 수나라와 당나라 시대에 견수사(遣隋使)와 견당사를 보내어 적극적으로 중국과 교류하였다. 하쿠세키는 그때 중국에서 전래되어 지금까지 일본에 남아 있던 음악을 통신사에게 들려주었다. 하쿠세키가 종래의 관례를 바꾸어 산가쿠가 아니라 수당(隋唐) 이후의 음악을 연주한 이유는 수당 시대의 문화를 수용함으로써 발전을 이룬 일본의 문화를 과시하기 위함이 아닐까 생각된다.

하쿠세키가 일본을 '천조'(天朝)라 일컫고, 일본에 삼대의 음악이 있는데 왜 하필 수당 이후의 음악을 일컫느냐고 한 말에는 일본과 중국은 대등하며, 혹은 만세일계(萬世一系)의 일본이 왕조마다 대(代)가 끊긴 중국보다 우월하며, 조선은 일본의 속국이라는 인식을 암암리에 드러낸 것으로 보인다. 한편 조태억이 "한 번 변하면 중화에 이르지 않겠습니까."라고 한 것은 완곡하게 하쿠세키의 말을 반박하면서 일본은 아직 오랑캐이며 중화와 대등하다고 할 수 없음을 말한 것이라 할 것이다.

- **나소리(納曾利)**

하쿠세키: 고려부의 음악입니다.

조태억: 이 성대한 연회를 즐기게 해 주셔서 대단히 감사합니다. 하물며 하쿠세키 씨(氏)와 함께 했으니 어찌 작은 인연이겠습니까. 더욱 다행스럽습니다. 우리들과 이별한 후에도 잊지 말아

주십시오.

하쿠세키: 『시경』(詩經) 위풍(衛風)에 "끝내 잊을 수 없다"(終不可諠兮)라는 말이 있습니다. 어찌 감히 당신의 말씀대로 하지 않을 수 있겠습니까?

白石: 高麗部樂.

趙泰億: 不佞輩叨此盛事, 已極感荷. 況與白石周旋, 此豈小夤緣耶? 尤幸. 吾輩別後幸勿忘之.

白石: 衛風有之云終不可諠兮. 何敢不拜嘉.(6b)

나소리는 사호오(左方)인 로오오오(陵王)가 연주된 다음 우호오(右方)로 연주되는 고려악이다.

▪ 초오게이시(長慶子)

초오게이시는 연회가 끝나고 관객들이 나갈 때 연주하는 음악이다. 본문에는 소제목만 적혀 있다.

10. 강관필담(江關筆談)

1 서지사항

서명: 강관필담(江關筆談)
소장처: 국립공문서관(國立公文書館) 나이카쿠 문고(内閣文庫)
편자: 조태억(趙泰億)
간행연대: 1789년 1월
책수: 불분권 1책
판본: 간본(京都: 八文字屋正兵衛)

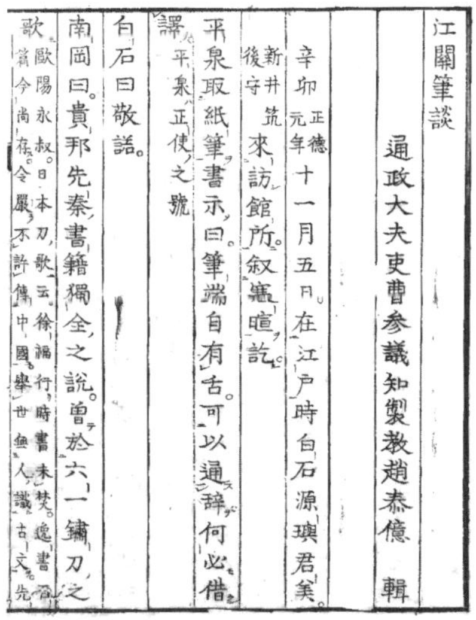
江關筆談
通政大夫吏曹參議知製教趙泰億 輯
辛卯正德元年十一月五日在江戸時白石源璵君美
新井筑後守來訪館所叙寒暄訖
平泉取紙筆書示曰筆端自有舌可以通辭何必借
譯 平泉正使之號
白石曰敬諾
南岡曰貴邦先秦書籍獨全之說曾於六一鐫刀之
歌 歐陽永叔日本刀歌云徐福行時書未焚逸書百篇今尚存令嚴不許傳中國擧世無人識古文先

『강관필담』(江關筆談)이라는 제목의 필담집은 조선과 일본에서 각기 다른 본으로 존재한다. 본 해제에서는 일본에서 간행된 것을 저본으로 삼는다. 조선본 『강관필담』은 부사(副使)인 임수간이 편집한 것이다. 임수간은 귀국 후 『동사일기』(東槎日記)를 엮었는데 그 속에 『강관필담』이 실려 있다. 그 서문에서 임수간은 『강관필담』의 편집과정을 밝히고 있다. 이에 따르면, 아라이 하쿠세키(新井白石)가 통신사의 숙소에 찾아와서 수백 장에 이르는 필담을 나누었다. 임수간은 "귀국하는 도중에 시모노세키(下關)에서 풍랑으로 발이 묶였을 때 몹시 무료한 심정이라 행장 속에서 필담을 나눈 낡은 종이를 꺼내어 엮어서 차례를 정하고 이름을 『강관필담』이라 하였다."(歸到下關, 阻風淹滯, 懷思無聊, 出裝中故紙, 編而次之, 名曰『江關筆談』)[1]라고 밝히고 있다. '江關'이란 에도(江戶)를 가리키는 것으로 생각된다.

1. 『江關筆談』, 『東槎日記』(민족문화추진회, 『海行摠載(續)』 第九輯, 1977), 76면.

일본에서 간행된 『강관필담』은 스즈키 키미하루(鈴木公溫)가 편집하여 1789년에 간행한 『좌간필어』(坐間筆語)의 부록으로 실려 있다. 그런데 이상한 것은 일본본 『강관필담』에 "通政大夫 吏曺參議知製教 趙泰億輯"이라는 기록이 남아 있다는 점이다. 조태억은 당시 통신사 정사였던 인물이다. 그렇다면 일본 간본에 보이는 이 "通政大夫 吏曺參議知製教 趙泰億輯"이라는 기록을 어떻게 볼 것인가? 이 물음에 대한 답을 구하는 데 하나의 중요한 단서가 있다. 『강관필담』 말미에 있는 다음의 기록이다: "오늘 잔치 자리에서 한 말을 기록해 둔다면 또한 기이할 것입니다. 감히 청컨대 자리에서 나눈 필담 종이 수십 장을 뒷날 저에게 보내 주셨으면 합니다."(今日宴語, 記之亦奇. 敢請席上數十紙, 他日幸賜焉: 20a) 이는 당시 필담에 참여한 하쿠세키의 말이다. 또 하나의 중요한 단서는 임수간이 엮은 『강관필담』과 일본에서 간행된 『강관필담』이 기본적으로 동일한 체제와 편차를 취하고 있다는 점에서 발견된다. 단지 차이가 있다면 임수간이 엮은 『강관필담』이 일본과 관련해 다소 미묘한 부분을 빼버렸다는 점 정도이다.[2]

이 두 가지의 단서를 통해 다음과 같은 추론이 가능하다. 하쿠세키는 단지 조선 측에 필담 초본만을 요청한 것이 아니라 필담을 편집해 보내 줄 것을 요청했던 게 아닐까 한다. 이런 요청을 받은 정사 조태억은 아마도 부사 임수간에게 이 일을 맡겼지만 일본 측에 성책(成冊)한 자료를 보낼 때는 통신사의 책임자인 조태억의 이름으로 보냈으리라 여겨진다. 그 결과 현재 전하는 일본 간행본에는 '趙泰億輯'이라고 표기되었다고 생각된다. 조선 측이 보낸 『강관필담』에 하쿠세키가 약간의 첨삭을 가했을 가능성은 없지 않지만 기본적으로는 원래의 체제와 구성을 유지하고 있다고 보는 것이 온당할 듯하다. 일본의 『강관필담』을 편집한 임수간은 귀국 도중 시모노세키에서 다시 초고를 꺼내 조선 측에 좀 곤란한 내용을 덜어 버리고 같은 제목의 책을 또 하나 엮었던 게 아닌가 추정된다. 그 결과 조선과 일본에 똑같은 제목의 필담집이 각각 하나씩 전해져 내려오게 된 것으로 생각된다.

2 필담일시 및 장소

1711년 11월 5일, 에도에서 이루어진 필담이다. 하쿠세키가 통신사의 숙소인 히가시 혼간지(東本願寺)를 방문하여 이루어졌다.

---

2. 두 책의 차이에 대해서는 이 해제의 말미에서 간단히 언급한다.

3 참여자

조선인 참여자는 정사 조태억, 부사 임수간(任守幹), 종사관 이방언(李邦彦)이다. 필담 중간부터 제술관 이현(李礥) 및 서기(書記) 홍순연(洪舜衍), 엄한중(嚴漢重), 남성중(南聖重)이 참여하였다.

일본인 참여자는 아라이 하쿠세키이다.

4 내용

■ 필담

여기서는 필담 가운데 중요하다고 생각되는 내용을 주제별로 선별하여 제시한다.

과두문자(蝌蚪文字)

이방언은 선진(先秦)의 서적이 일본에 아직 남아 있다는 것을 구양수(歐陽脩)의 「일본도가」(日本刀歌)를 통해 알았다. 그래서 혹시 일본에 지금 전해 오는 책이 있느냐고 물었다. 이 질문에 대해 하쿠세키는 이즈모 타이샤(出雲大社: 지금의 시마네 현島根縣에 있는 신사神社를 말함)에 옻으로 글씨를 쓴 죽간(竹簡)이 소장되어 있으며, 그것이 아마 『고문상서』(古文尙書)일 것이라고 대답하였다. 임수간이 『고문상서』는 과두(蝌蚪) 문자로 쓰여 있는데, 이를 해석한 책이 없는지 묻자 하쿠세키는 일본의 풍속에서는 전적(典籍)을 비장(秘藏)하기만 한다고 대답하였다. 임수간은 서적이 있어도 전하지 않으면 없는 것과 똑같으며, 서적이 있으면 마땅히 천하의 사람들과 공유해야 하는데, 신묘(神廟)에 감추는 것은 이해가 안 된다고 하면서 왜 사본을 만들 것을 건의하지 않는지 물었다. 이에 대해 하쿠세키는 오와리(尾張: 지금의 아이치 현愛知縣)의 아츠타(熱田) 신궁(神宮)에도 죽간에 다 옻으로 쓴 글이 두세 가지 있으며, 과두문자로 쓴 것이라고 하였다. 이방언이 돌아가는 길에 볼 수 있냐고 묻자 하쿠세키는 신부(神府)에 비장된 것은 볼 수 없다고 대답하였다. 조태억은 채옹(蔡邕)이 『논형』(論衡)을 숨긴 예를 들면서 서적이 있음에도 불구하고 그것을 보여 주지 않으면 그 책이 없는 것과 무슨 차이가 있느냐고 하였다. 이에 대해 하쿠세키는 이제(二帝) 삼왕(三王)의 도를 얻는 데 반드시 선진시대의 과두로 된 글을 읽을 필요가 없으며 금문(今文)만으로도 충분하다고 대답하였다.

남송(南宋) 때는 일본과 무역이 활발히 행해졌던바, 송나라는 일본에 송전(宋錢), 도자기, 서적, 그림 등을 수출하였고, 일본은 목재, 일본도(日本刀) 등을 수출하였다. 특히 수많은 일본도가 송나라에 수출되었는데, 구양수 이외에 송나라의 시인 매요신(梅堯臣, 1002~1060)이나 명나라의 당순지(唐順之, 1507~1560) 같은 시인도 '일본도'를 제재로 한 시를 남겼다. 구양수의 「일본도가」(日本刀歌)에는 "서복(徐福)이 갈 때는 분서갱유(焚書坑儒) 전이라/백 편의 일서(逸書)가 아직도 남아 있네/중국으로 전하는 것을 금해/온 세상에 고문을 아는 이 없네"(徐福行時書未焚, 逸書百篇今尙存, 令嚴不許傳中國, 擧世無人識古文)라는 구절이 보인다. 이는 진시황의 분서(焚書)가 시행되기 이전에 서복(徐福)이 일본에 책을 가지고 갔기 때문에 일본에는 옛 서적이 남아 있고, 중국에는 옛 서적이 전해지지 않았음을 읊은 구절이다. 이방언은 이것을 근거로 진시황의 분서갱유 이전에 일본에 전해진 책이 아직 남아 있는지 물어본 것이다.

'과두문자'는 올챙이 모양의 고전(古篆)을 말한다. 중국의 전국시대에 사용되었다. 임수간이 말한 과두문자로 된 『고문상서』는 현재는 위서(僞書)로 알려져 있다. 하쿠세키는 이즈모와 오와리에 과두문자로 된 죽간이 있다고 했는데 이는 과두문자가 아니라 신대문자(神代文字)를 가리키는 듯하다. 당시 에도 시대의 유학자나 신도가(神道家) 사이에서는 한자가 일본에 들어오기 전에 이미 일본 고유의 글자인 신대(神代)문자가 존재하고 있었다는 설이 유행하고 있었다. 에도 시대의 지식인 중에서도 카이바라 에키켄(貝原益軒, 1630~1714), 모토오리 노리나가(本居宣長, 1730~1801), 카모노 마부치(賀茂眞淵, 1697~1769) 등은 신대문자의 존재를 부정하였으나, 하쿠세키는 평소 신대문자가 이즈모 타이샤(出雲大社)나 아츠타 신궁에 비장되어 있다고 주장하였다.[3] 하쿠세키 이후 히라타 아츠타네(平田篤胤, 1776~1843)도 신대문자의 존재를 역설하였다. 특히 일본 각지의 신사(神社)에 남아 있는 신대문자를 수집하여 『신자일문전』(칸나히후미덴, 神字日文傳)을 짓고 신대문자가 실재하였음을 주장하였다.

만국전도(萬國全圖)와 이마두(利瑪竇)

하쿠세키는 자신이 중국 사람이나 류우큐우(琉球) 사람뿐만 아니라 대서양(大西洋)과 구라파(歐羅巴) 지역의 네덜란드[和蘭], 스웨덴[蘇亦齊], 이탈리아[意多禮亞] 사람과도 직접 면담한 적이 있다고 하였다. 임수간은 대서양은 서역(西域)의 나라 이름인데, 구라파

3. 宮崎道生, 『新井白石の硏究』(東京: 吉川弘文館, 1958), 442면 참조.

(歐羅巴)와 이탈리아 등은 어디에 있는지 물었다. 하쿠세키가 조선에 <만국전도>(萬國全圖)가 없는지 묻자 이방언은 고본(古本)은 있으나, 전술한 나라들은 실려 있지 않다고 대답하였다. 하쿠세키는 자신이 <만국전도>를 소장하고 있어 보여 줄 수 있지만, 지명은 모두 일본의 속자(俗字)로 되어 있어서 그 뜻을 이해하기 어렵다고 하였다.

다음 날 하쿠세키는 작은 지도를 가져오면서 <만국전도>가 어떤 책인지 설명한 다음, 유럽에서 직접 기증받은 지도가 비장되어 있으나, 그 지도를 통신사에게 보여 줄 수 있는 권한은 자신에게 없다고 하였다.

또 임수간이 마테오 리치(Matteo Ricci, 1552~1610)의 저작이 일본에 전해진 것이 있냐고 묻자 천주교(天主教)가 금지된 일본에서 천주교에 관한 책은 모두 소각되었다고 하면서, 다만 마테오 리치의 『교우론』(交友論)이 『백천학해』(百川學海)와 『설부』(說郛) 등에 실려 있다고 하였다.

하쿠세키가 갖고 있었던 <만국전도>는 마테오 리치의 <곤여만국전도>(坤輿萬國全圖)를 일본에서 모사한 것이다. <곤여만국전도>는 17세기 초에 일본에 들어왔다. 하쿠세키는 1708년 이탈리아인 선교사 시도티(Giovanni Battista Sidotti, 1668~1714)와 면담했을 때 들은 서양 사정과 마테오 리치의 세계지도를 바탕으로 하여 『채람이언』(사이란이겐, 采覽異言)[4]을 지었다. 『채람이언』에는 세계의 지명 및 풍속, 지리, 산물 등이 기재되어 있으며, 이 책은 에도 시대 후기 양학자(洋學者)들에게 큰 영향을 끼쳤다. 이 필담이 있은 지 2년 후에 『채람이언』을 출판한 것으로 미루어 볼 때 이 시기 하쿠세키는 서양 연구에 몰두하고 있었다고 생각된다. 하쿠세키가 언급한 『백천학해』는 정확하게는 『광백천학해』(廣百川學海)이다. 명나라 풍가빈(馮可賓)이 편집한 책이다. 『백천학해』는 송나라 좌규(左圭)가 편집한 총서로, 당나라와 송나라 문인들의 야사(野史) 및 잡설(雜說)을 모았다. 『설부』는 원말명초(元末明初)의 학자 도종의(陶宗儀, 1321~1407)가 편찬한 총서로, 한(漢)나라 시대에서 원나라 시대까지의 글을 모았다.

무역(貿易)

이방언이 매년 왕래하는 상선(商船)에 제한이 있다고 들었는데 정말인지 묻자 하쿠세키는 중국과 서남(西南)에서 오는 상선은 160척에서 170척 가량이며 매년 나가사키에 많은 배가 몰려온다고 하였다.

---

4. 『新井白石全集』 第四卷(東京: 國書刊行會, 1907)에 수록되어 있다.

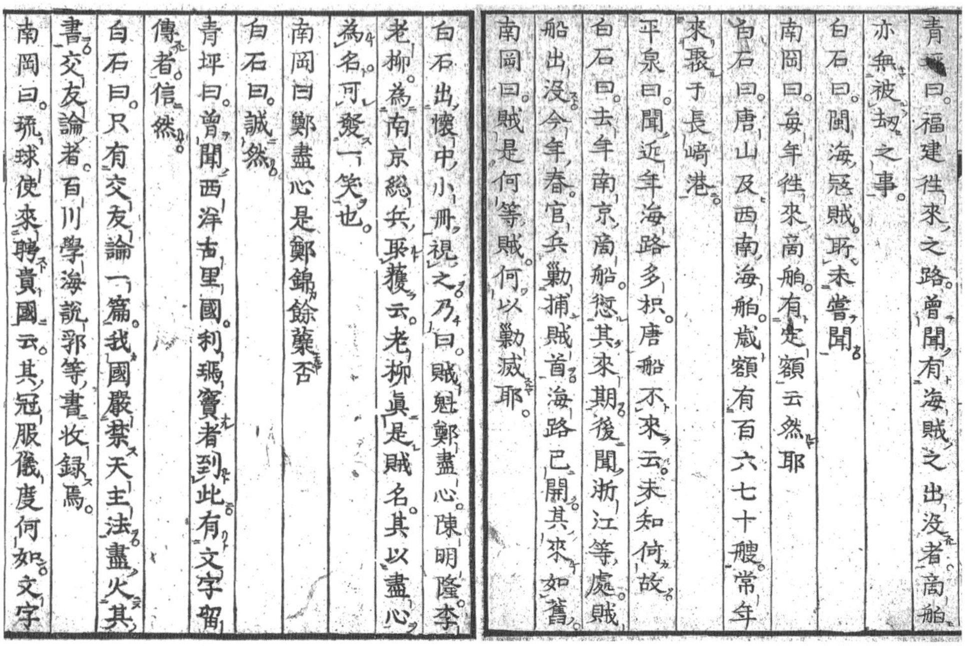
青坪曰。福建往來之路。曾聞有海賊之出沒者。商船
亦無被刼之事。
白石曰。聞海寇賊。所未嘗聞。
南岡曰。每年往來商船。有定額云然耶
白石曰。唐山及西南海船。歲額有百六七十艘。常年
來聚于長崎港。
平泉曰。聞近年海路多梗。唐船不來云。未知何故。
白石曰。去年南京商船。愆其來期。後聞浙江等處賊
船出沒。今年春。官兵勦捕賊首。海路已開。其來如舊。
南岡曰。賊是何等賊。何以勦滅耶。
白石出懷中小冊視之。乃曰。賊魁鄭盡心。陳明隆。李
老柳。爲南京總兵所獲云。老柳眞是賊名。其以盡心
爲名。可發一笑也。
南岡曰鄭盡心是鄭錦餘孽否
白石曰。誠然。
青坪曰。曾聞西洋古里國。利瑪竇者到此。有文字留
傳者。信然。
白石曰。只有交友論一篇。我國嚴禁天主法。盡火其
書。交友論者。百川學海說郛等書收錄焉。
南岡曰。琉球使來聘貴國云。其冠服儀度何如。文字

에도 시대 토쿠가와 막부는 쇄국(鎖國) 정책을 취하여 외국과 무역하는 것을 금지하였는데, 중국과 네덜란드에 대해서는 특별히 무역을 허가하였다. 그러나 무역은 나가사키에서만 제한적으로 허락되었다. 하쿠세키는 해외 무역으로 국내의 금은(金銀)이 유출되는 것을 문제시하였다. 금은의 해외 유출을 막기 위해 하쿠세키는 1715년에 대규모의 무역 개혁을 시행하였다. 이 무역 개혁을 '쇼오토쿠 신레이'(正德新例)라고 한다. 하쿠세키는 왕래하는 상선의 수를 청나라는 30척, 네덜란드는 2척으로 제한하였고, 이 외에도 은(銀)의 수량이나 수출품에도 대폭 제한을 가했다. 또 밀무역을 막기 위해 중국 상인이 신패(信牌: 무역허가증)를 휴대할 것을 의무화하였다.

류우큐우(琉球)

이방언은 류우큐우 사절이 일본을 방문하는 것을 언급하고 류우큐우의 관복(冠服)과 제도, 언어에 관해 물었다. 이에 대해 하쿠세키는 류우큐우의 의복과 관제(官制)에 대해 설명한 다음, 류우큐우는 외교문서에 일본과 같은 글자를 사용하고 와카(和歌)를 잘하는 이도 있으며 명대 이후 중국에 조공하기 때문에 한문도 사용한다고 대답하였다.

상무(尙武)

임수간은 일본인이 칼과 총을 다루는 것을 장기(長技)로 삼는다고 들었는데, 검술을 보여줄 수 있는지 물었다. 하쿠세키는 일본은 원래 무(武)를 숭상하는 나라라고 인정하면서도 임수간이 들은 검술은 옛날의 기격(技擊)을 말하는 듯한데, 그것은 일본이 숭상하는 바가 아니라고 대답하였다. 이어서 하쿠세키는 일찍이 천황의 권력이 쇠퇴하여 반란이 빈번하게 일어났을 때 미나모토노 요리토모(源賴朝)가 나타나 반란군을 토벌하여 무공(武功)을 펼쳐 천황을 도와준 이후 일본은 인후(仁厚)한 풍속에서 용맹하고 굳센[勇銳剛毅] 풍속으로 변모하였다고 말했다. 하쿠세키는 "어진 사람은 반드시 용기가 있게 마련이다"(仁者必有勇)라는 『논어』의 말을 인용하면서 신조(神祖)인 토쿠가와 이에야스(德川家康)가 무력으로 반란을 다스리고 문(文)으로 통치하기 시작한 지 100년이 되었다고 하였다. 그리고 신숙주(申叔舟)가 죽기 직전에 성종(成宗)에게 일본과 친선을 잃지 말 것을 당부한 것을 들며, 지금 삼사(三使)도 신숙주처럼 나라를 걱정하면 조선과 일본의 백성들에게 복이 있을 것이라 답하였다.

이에 대해 조태억은 신숙주가 바로 자신의 외가 쪽 선조이며 신숙주가 성종에게 한 말은 선린우호(善隣友好)를 바라고 불화를 경계하는 뜻에서 나온 말인바, 그 말을 하쿠세키가 경계로 삼으니 양국의 큰 다행이라고 대답하였다.

하쿠세키가 신숙주의 외가 친척이 다시 일본에 와서 양국의 친목(親睦)을 말하는 것은 참으로 창생(蒼生)의 복(福)이라고 하자, 조태억은 일본은 무력을 숭상하는 나라라고 들었는데 지금 문교(文敎)가 번성한 것은 실로 축하할 만하다고 대답하였다.

하쿠세키는 키노시타 쥰안(木下順庵)의 문하에 들어가 유학을 배우고 토쿠가와 츠나요시(德川綱吉)에게 사서(四書)를 강의하였지만 원래 무사 집안 출신이었다. 그는 일본이 무를 숭상하지만 토쿠가와 정권 이후에는 문치(文治)에 바탕을 둔 나라가 되었음을 강조하고 있다. 그런데 하쿠세키는 유학에 의거한 정책을 전개한 반면, 무에 대해서도 관심을 가졌다. 하쿠세키의 저작 중에는 『독사여론』과 같은 역사서 및 『채람이언』 같은 지리서 이외에 『손무병법택』(손부헤이호오타쿠, 孫武兵法擇), 『본조군기고』(혼초오군키코오, 本朝軍器考)와 같은 병학 및 군사에 관한 책이 있다. 이러한 사실을 통해서도 하쿠세키가 유학을 강의하는 한편으로 병학에도 관심을 가졌음을 알 수 있다.

제술관과 세 명의 서기

필담 중간에 제술관인 이현 및 세 명의 서기(홍순연 · 엄한중 · 남성중)가 참여하였다. 하쿠세키는 1682년에 통신사가 왔을 때 홍세태(洪世泰)를 알게 되었다고 하며 서기인 홍순연이 홍세태의 친척인지 물었다. 홍순연은 이에 대해 홍세태와 예전부터 아는 사이지만 친척은 아니라고 답하였다. 또 하쿠세키는 1682년에 제술관으로 일본을 방문한 성완(成琬)에 대해서도 물었는데, 성완이 이미 죽었다는 말을 듣자 조선에 돌아가면 성완의 아들에게 안부를 전해 달라고 부탁하였다. 그 외에 하쿠세키는 군관(軍官)으로 동행한 정찬술(鄭纘述)이 정몽주(鄭夢周)의 원손(遠孫)이라는 말을 듣자 통신사에게 국서를 받은 수서관(受書官)이 이마가와 사다요(今川貞世: 1377년 일본을 방문한 정몽주鄭夢周를 접대한 인물)의 9대 후손이라고 말하였다. 하쿠세키는 정몽주의 후손이나 신숙주의 외손, 남용익(南龍翼)의 문인 등 일찍이 일본을 방문한 사람의 자제나 친척, 제자가 다시 일본을 찾아오는 것을 두고 "이웃 나라의 큰 경사"(隣邦之大慶: 19b)이며 "세상에 흔치 않은 기이한 만남"(曠世之奇會: 19b)이라고 표현하였다. 이에 대해 조태억을 비롯한 삼사(三使)들은 각자 이별의 아쉬움을 표현하였다. 마지막으로 하쿠세키는 여러분이 귀국한 후 동쪽을 바라보며 자신을 그리워해 달라고 답하며 후일 오늘 나눈 필담의 기록을 보내 달라고 하였다.

1682년에 일본을 방문한 홍세태는 아라이 하쿠세키와 필담을 나누고 하쿠세키의 시집인 『도정시집』(토오죠오시슈우, 陶情詩集)에 발문(跋文)을 쓰는 등 깊은 교류를 맺었다. 성완 또한 일본 방문 시에 하쿠세키와 만나 『도정시집』의 서문을 쓴 바 있다. 이를 통해 볼 때, 하쿠세키는 1682년에 만난 성완과 홍세태에게 깊은 인상을 받았던 것 같다.

■ 두 텍스트의 차이점

조선과 일본에서 전해 온 두 종류의 『강관필담』은 내용상 다른 점이 있다. 두 텍스트 사이의 이동(異同)에 대해서는 이일재, 「江關筆談에 대한 일고찰」(『아시아문화』 제19호, 한림대학교 아시아문화연구소, 2003)에서 자세하게 다루어졌다. 이 논문을 토대로 여기서는 중요한 차이점만 지적한다.

첫째, 일본의 『강관필담』에는 하쿠세키가 가져온 <만국전도>의 형태와 입수과정이 자세히 기재되어 있는 데에 비해 조선의 『강관필담』에는 그 기술이 없다.

둘째, 하쿠세키가 조선과 류우큐우에 대한 청나라의 정책에 대해 언급한 부분이 조선의 『강관필담』에는 삭제되어 있다. 하쿠세키는 청나라가 조선과 류우큐우를 번국(藩國)으로 삼으면서도 변발(辮髮)을 강요하지 않은 이유에 대해 청나라가 주(周)나라처럼 덕으로 통치하고 무력으로 강제하지 않기 때문인지, 아니면 일본의 힘을 경계하기 때문인지를 물어

보았는데, 이 발언은 조선의 『강관필담』에는 보이지 않는다. 청나라에 관한 정치적인 발언이기 때문에 임수간이 빼버렸거나, 일본의 영향력을 강조하기 위해 하쿠세키가 가필한 것이라 생각된다.

셋째, 조선의 『강관필담』에는 통신사가 호오슈우에 대해 언급하고 그를 칭찬하는 상면이 나오지만 일본의 『강관필담』에는 호오슈우에 대한 칭찬이 보이지 않는다. 하쿠세키가 호오슈우에 대해 그리 좋은 감정을 갖고 있지 않았기 때문에 삭제한 것이 아닌가 생각된다.

11. 조선국빙사록(朝鮮國聘使錄)

① 서지사항

서명: 조선국빙사록(朝鮮國聘使錄)
소장처: 토오쿄오 도립중앙도서관(東京都立中央圖書館) 나카야마 문고(中山文庫)
편자: 카라하시 세이사이(唐橋世濟)
간행연대: 미상
책수: 불분권 1책
판본: 필사본

편자인 카라하시 세이사이(唐橋世濟, 1736~1800)는 에도시대의 유학자이다. 자(字)는 미쿄오(美卿), 호(號)는 쿤잔(君山)이다. 가업을 이어 유의(儒醫)가 되었다. 타카노 란테이(高野蘭亭, 1704~1757), 요 유우지(餘熊耳, 1697~1776) 문하에 들어가 켄엔(蘐園)학파의 시를 배웠다. 막부의 명령으로 분고노쿠니(豊後國: 지금의 오오이타 현大分縣)의 역사를 서술한 『풍후국사』(분고코쿠시, 豊後國史)를 지었다.

『조선국빙사록』[1]에는 「정덕조선빙사록부언」(正德朝鮮聘使錄附言)이라는 제목의 초서로 된 서문이 있다. 또 통신사 파견 이전에 츠시마(對馬島)를 매개로 주고받은 외교문서와 서계(書契)가 수록되어 있다. 필담은 아라이 하쿠세키(新井白石)를 상대로 한 『내전연악필어』(內殿燕樂筆語)가 수록되어 있다. 이 필담은 앞에서 살펴본 『좌간필어』(坐

1. 표제는 '正德朝鮮聘使錄'으로 되어 있지만 내제가 '朝鮮國聘使錄'으로 되어 있기에 서명을 '조선국빙사록'으로 한다. 참고로, 본문 앞에 목록이 붙어 있는데 목록 제목은 '朝鮮聘使錄目'으로 되어 있다.

問筆語)와 동일한 내용이다.[2] 그 외에 통신사의 관직 명부와 막부가 통신사에게 보낸 병풍 그림의 전(傳)과 찬(贊)이 소개되어 있다.

2 필담일시 및 장소

1711년 11월 에도 성(江戶城)의 내전(內殿)에서 필담을 나누었다.

3 참여자

조선인 참여자는 정사 조태억(趙泰億), 부사 임수간(任守幹), 종사관 이방언(李邦彦), 그리고 역관 최상집(崔尙嶫)이다.

일본인 참여자는 아라이 하쿠세키이다.

4 내용

■ 외교문서

1711년의 통신사 방문을 계기로 아라이 하쿠세키는 비용 삭감을 위해 대규모의 외교의례(外交儀禮) 개혁을 단행하였다. 그 내용은 일본국왕(日本國王)의 복호(復號) 요청, 세자에 대한 빙례(聘禮) 정지, 예조(禮曹)가 로오쥬우(老中: 막부 쇼오군 밑에서 국정을 총괄하는 관직)에게 보내는 폐물(幣物)과 서계(書契)의 정지, 사절이 객관(客館)에 들어갈 때의 의례법 개정 등이다. 본 필담집에는 로오쥬우에게 보낼 폐물과 서계 및 국휘논쟁(國諱論爭)에 관한 외교 자료가 수록되어 있다. 내용을 간략히 소개한다.

「츠시마의 소오가 조선 홍참판에게 준 서계」(宗對州贈朝鮮洪參判書)

츠시마 번(對馬藩) 타이슈 슈우이(太守拾遺: 태수를 보좌하는 관직)인 타이라노 요시카타(平義方)가 1710년(寶永 7) 4월 조선 예조참판 홍만조(洪萬朝)에게 보낸 서계인데, 이듬해 통신사가 일본을 방문할 때 일정에 착오가 없도록 미리 여러 가지 사항을 확인하는 내용이다.

---

2. 『좌간필어』의 해제는 본서 109~121면에 실려 있다.

「홍참판이 츠시마의 소오에게 준 답서」(洪參判答宗對州書)

앞 서계에 대한 답이다.

「동래부사 이정신이 츠시마의 소오에게 보낸 서계」(東萊府使李正臣寄宗對州書)

1711년 동래부사 이정신(李正臣)이 타이라노 요시카타에게 보낸 서계이다. 통신사 방문 직전에 주고받는 서찰 및 쇼오군의 세자에게 보내는 예물(禮物)을 폐지하자는 막부의 제안을 거부하는 내용이다. 서찰을 갑자기 폐지하는 것은 조선에는 아무런 손해가 없으나 교린(交隣)의 예에 어긋난다는 이유로 막부의 제안에 반대하고 있다.

「혼다 탄죠오가 츠시마의 소오에게 보낸 서계」(本多彈正諭告宗對州書)

막부 쇼오군의 측근인 혼다 타다하루(本多忠晴, 1641~1715)가 츠시마 번에 보낸 서계이다. 혼다 타다하루는 토쿠가와 이에야스(德川家康, 1543~1616)의 중신(重臣)인 혼다 타다카츠(本多忠勝, 1548~1610)의 증손으로 에도에서 태어났다. 1664년 무츠(陸奧) 아사가와 번(淺川藩: 지금의 후쿠시마 현福島縣)의 제2대 번주(藩主)가 되어, 같은 해 탄죠오쇼오히츠(彈正小弼: 중앙정부의 감찰을 담당하는 관직)를 맡았다. 당시 타다하루는 통신사가 막부 쇼오군의 세자에게 보내는 예물(禮物)과 예조(禮曹)가 로오쥬우(老中)에게 보내는 서계를 폐지하도록 결정하였던바, 그 취지를 조선 측에 전하도록 츠시마 번에 요청하였는데 조선 측이 그것을 거절하였다. 이에 이 서계를 통해 그 구체적인 상황을 츠시마 측에 전달하였다. 혼다에 의하면, 통신사가 막부 쇼오군의 세자에게 예물을 보낸 것은 1643년에 이에츠나(家綱)의 탄생을 축하한 것이 그 시초이며, 츠나요시(綱吉)가 쇼오군에 즉위한 지 3년이 지난 1682년(天和 2)에 통신사가 왔을 때도 에도 성 니시노마루(西の丸)에 있던 세자 토쿠가와 이에노부(德川家宣, 재위: 1709~1712)를 배알(拜謁)하려 했다고 한다. 그때 츠나요시는 이에노부가 아직 젊다는 이유로 싯세이(執政)가 대신해 배알을 받도록 명하였다. 이에 대해 삼사(三使)는 세자에게 배알하라는 조선 국왕의 왕명을 이유로 츠나요시의 요청을 거절하였다. 혼다는 쇼오군의 세자가 젊고 에도 성의 별전에 있을 경우 세자에 대한 배알을 둘러싸고 조선과 막부의 주장이 충돌할 가능성이 있기 때문에 지금 세자에 대한 배알을 폐지하는 게 좋다고 주장하고 있다. 또 혼다는 우호 관계를 맺고 나라의 신의(信義)를 밝히기 위해서는 '국왕'에게 서계를 보내는 것만으로도 충분하다고 하면서 예조와 로오쥬우 사이 왕래하는 서계의 폐지를 주장하고 있다.

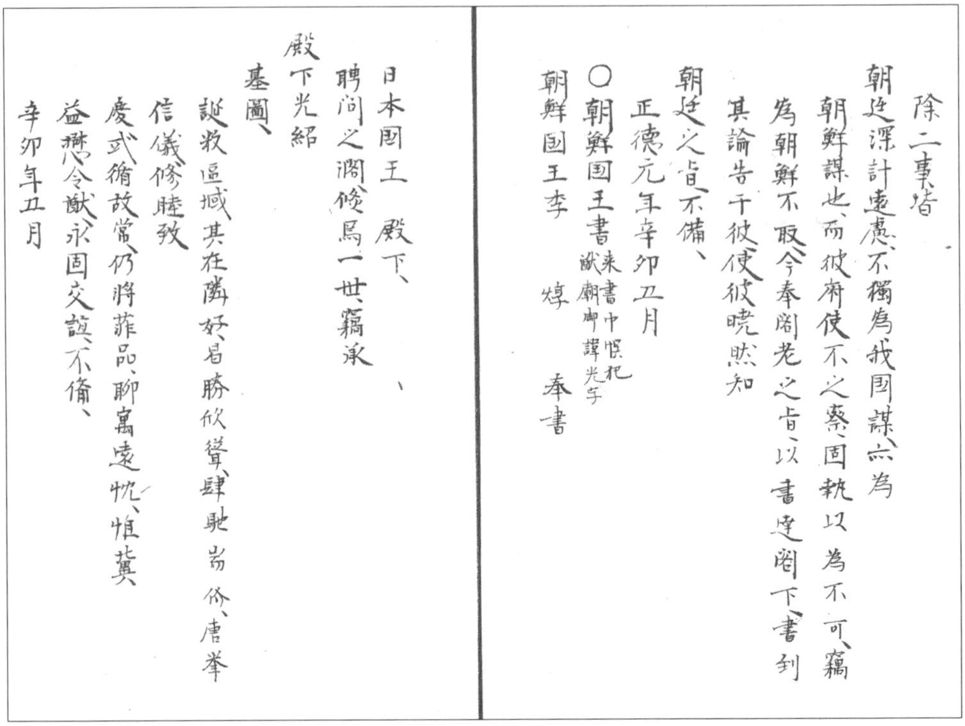
除二事皆
朝廷深計遠慮、不獨為我國謀、亦為
朝鮮謀也、而彼府使不之察、固執以為不可、竊
為朝鮮不取、今奉閣老之旨、以書達閣下、書到
其論告于彼使、彼曉然知
朝廷之旨、不備、
正德元年辛卯五月
○朝鮮國王書 來書中悞犯獻廟御諱光字
朝鮮國王李 焞 奉書

日本國王 殿下、
聘問之闕、倏焉一世、竊承
殿下光紹
基圖、
誕敷區域、其在隣好、曷勝欣聳、肆馳尚价、庸舉
信儀、修睦致
慶、式循故常、仍將菲品、聊寓遠忱、惟冀
益懋令猷、永固交誼、不備、
辛卯年五月

「조선국왕서」(朝鮮國王書)

조선왕조 19대 국왕 숙종(肅宗)이 일본국왕(日本國王), 즉 쇼오군에게 보낸 국서이다. 제목 '조선국왕서' 아래 작은 글자로 "국서 안에서 유묘(猷廟)의 어휘(御諱)인 '光'자를 범하였다."(來書中, 悞犯猷廟御諱光字: 7b)라고 쓰여 있다. 국서에 '光紹'라는 글자가 있는데, 여기서 '光'자가 제3대 쇼오군 토쿠가와 이에미츠(德川家光, 재위: 1623~1651)의 휘(諱)를 범하였다고 지적한 것이다. 뒤에 통신사가 막부의 범휘(犯諱)를 비난했을 때 막부는 이 문서를 가지고 반박하였다. 내용은 원래의 방식에 따라 교의(交誼)를 맺을 것을 청하는 내용이다.

「교유」(教諭)

막부가 조선 측에 보낸 서계이다. 외교 의례(儀禮)에 조선과 일본 양국에 공통된 형식이 없다는 것을 지적하고, 그 때문에 통신사가 내빙(來聘)할 때마다 의례가 달라지는 것을 인정하면서 앞으로 수시로 미흡한 점을 보완하도록 하겠다는 내용이다.

「조선통신사 및 종자(從者)의 성명과 관직」(朝鮮信使及從者姓名官職)

정사(正使)에서 의원(醫員), 종사관(從事官), 전악원(典樂員)에 이르기까지 사절단의 관직과 이름 및 중관(中官)과 하관(下官)의 인원수가 기록되어 있다.

「내전연악필어」(內殿燕樂筆語)

『좌간필어』(坐間筆語)와 같은 내용이다.[3]

「복서」(復書)

11월 5일 에도 성에서 통신사와 아라이 하쿠세키의 면담이 이루어진 이후, 쇼오군 이에노부(家宣: 원문은 '日本國王'으로 되어 있다)가 조선국왕에게 보낸 글이다. 이 복서(復書)를 계기로 조선과 막부 사이에 범휘(犯諱)를 둘러싸고 분쟁이 발생하였다. 복서의 내용은 통신사에게 서계(書契)와 예물(禮物)을 받은 것을 감사하는 글인데, 그중에 "예물이 풍성하고 편지의 말씀 또한 간곡하니, 감격에 넘쳐 말씀드릴 바를 모르겠습니다."(禮幣旣豊, 書辭且縟, 其於感懌, 罔罄敷陳: 19b)라는 말이 보인다. 조태억을 비롯한 삼사가 이에노부가 보낸 복서(復書) 중에 제7대 국왕 중종(中宗)의 휘(諱)인 "懌"자가 있는 것을 문제 삼았다.

「사가미의 츠치야가 통신사 정사에게 주는 편지」(土屋相州敎諭領客使書)

로오쥬우(老中) 츠치야 마사나오(土屋政直, 1641~1722)가 조태억의 주장을 반박한 글이다. 츠치야 마사나오는 히타치노쿠니(常陸國) 츠치우라 번(土浦藩: 지금의 이바라기 현 茨城縣)의 번주이며, 토쿠가와 막부에서 4대에 걸쳐 출사하여 31년 동안 로오쥬우를 맡은 인물이다. 그는 국서의 수정을 요구한 삼사에 대해 『예기』(禮記)의 구절을 인용하면서 5대조 이상의 휘는 고려하지 않는 것이 "천하의 통례"(天下之通禮: 20a)라고 하면서 반박하고 있다. 또 삼사(三使) 자신도 막부에 보낸 서계 중에서 토쿠가와 이에미츠의 휘를 범하였다는 사실을 지적하면서 『논어』(論語)를 인용하여 "자신이 원하지 않는 것을 남에게 베풀지 않는 것이 충서(忠恕)의 도"(己所不欲, 勿施於人, 忠恕之道: 21a)라고 하면서 단호하게 삼사의 주장을 비판하고 있다. 츠치야는 막부가 국서의 수정을 받아들이는 조건으로 먼저 조선 국왕이 이에미츠의 휘를 범한 국서를 수정하고 다시 막부에 보낼 것

---

3. 이 필담의 해제는 본서 109~121면에 실려 있다.

을 요구하고 있다.

이 책에 수록된 외교문서는 이와 같은데, 이 가운데 중요한 것은 조선사절 대우의 간소화와 국휘(國諱)의 문제이다. 막부 측이 쇼오군의 세자에 대한 통신사의 배알을 폐지하고 로오쥬우에 대한 서계도 폐지하자고 한 이유는 외교의례를 둘러싸고 문제가 생길 수 있다고 판단했기 때문이다. 그러나 이 밖에도 통신사 응대를 위한 경비를 삭감하고 싶다는 막부의 의향도 작용했던 것으로 보인다. 국휘 문제는 결국 양국이 서로 국서를 고쳐 쓰고 개서(改書)한 국서를 츠시마에서 교환하는 것으로 타협이 이루어졌다. 조선 측은 '光'을 '克'으로 개정하고, 일본 측은 '懌'을 '戢'으로 개정하였다. 그런데 귀국한 후 조태억을 비롯한 삼사 및 역관들은 이 국휘 문제 때문에 처벌을 받았다.[4]

■ 서화 소개

막부가 조선 국왕에 보낸 15폭의 그림이 소개되어 있다. 모든 서화에는 코오 겐타이(高玄岱, 1649~1722)가 전(傳)과 찬(贊)을 쓰고 서화의 배경을 설명하고 있다. 코오 겐타이는 자는 子新, 호는 天漪이며, 후카미 겐타이(深見玄岱)라고도 한다. 유학과 의학 이외에 서예(書藝)와 전각(篆刻)에도 능통하였다. 조부 코오 쥬카쿠(高壽覺)는 복건(福建)에서 도래(渡來)한 귀화인(歸化人)이며, 아버지 코오 다이쇼오(高大誦)는 나가사키(長崎)에서 통역으로 활약하였다. 겐타이는 사츠마 번(薩摩藩: 지금의 카고시마 현鹿兒島縣)에서 유의(儒醫)로 출사한 이후 나가사키에 돌아왔다. 아라이 하쿠세키의 추천으로 막부의 유원(儒員)으로 발탁된 후 하쿠세키에게 부탁을 받아 시집 『백석시초』(하쿠세키시소오, 白石詩草)를 편집하고 서문을 썼다. 1711년에 통신사가 일본을 방문했을 때 필담을 나누었다.

서화의 제목과 화가를 정리하면 다음과 같다.

① 〈코오토쿠 천황과 흰 꿩〉(孝德天皇白雉圖), 카노오 탄신(狩野探信) 작(作)

코오토쿠 천황(孝德天皇, 재위: 645~654)은 제36대 천황이다. 노카노오오에노 오오지(中大兄皇子: 후에 텐치 천황天智天皇으로 즉위함), 나카토미노 카마타리(中臣鎌足)와 더불어 다이카노 카이신(大化の改新)을 단행하여 호족(豪族) 중심의 정치를 천황 중심의 정치로 전환시켰다. 다이카(大化: 645~650)는 일본 최초의 연호(年號)이다. 카노오 탄신(狩野探信, 1653~1718)은 에도 전기의 화가이며 카노오 탄유우(狩野探幽)의 장남이다. 카노오 탄유우는 에도 시대의 저명한 화가이다.

4. 국휘 문제의 발생과 결말에 관해서는 미야케 히데토시(三宅英利), 손승철 역, 『근세 한일관계사 연구』(이론과실천, 1991), 제2편 제3장 참조.

② 〈몬무 천황과 상서로운 구름〉(文武天皇慶雲圖), 카노오 탄신 작

몬무 천황(文武天皇, 재위: 697~707)은 제42대 천황으로, 일본사상 최초의 본격적인 율령(律令)인 타이호오 리츠레이(大寶律令)를 반포하였다. 재위 중 타이호오 리츠레이를 토대로 대규모의 정치개혁이 시행되었다.

③ 〈오오에노 마사후사가 사백구의 시를 짓다〉(大江匡房賦四百句圖), 카노오 요오보쿠(狩野養朴) 작

오오에노 마사후사(大江匡房, 1041~1111)는 헤이안(平安) 시대의 학자이자 가인(歌人)이다. 『후습유화가집』(고슈우이와가슈우, 後拾遺和歌集)에 많은 시가 수록되어 있다. 카노오 요오보쿠(狩野養朴, 1636~1713)는 에도 전기의 화가이며, 카노오 탄유우(狩野探幽)의 조카이다. 궁정의 벽화 제작에 종사하였다.

④ 〈미나모토노 츠네노부 삼선(三船)의 재능을 겸비하다〉(源經信兼三船才圖), 카노오 요오보쿠 작

미나모토노 츠네노부(源經信, 1016~1097)는 헤이안 시대 후기의 가인(歌人)이다. 삼선(三船)은 한시(漢詩)・와카(和歌)・관현(管絃)을 말한다. 츠네노부는 이 세 가지 방면에 모두 뛰어난 재주를 지니고 있었다. 『후습유화가집』에 와카(和歌)가 수록되어 있다.

⑤ 〈타이나라노 시게모리가 아버지에게 간하다〉(平重盛諫父圖), 카노오 슌코(狩野春湖) 작

타이라노 시게모리(平重盛, 1138~1179)는 헤이안 시대 말기의 무인이며 타이라 키요모리(平淸盛)의 장남이다. 키요모리가 헤이지(平氏) 일족을 타도하려 한 고시라카와(後白河) 천황을 유폐(幽閉)하려 하였을 때 시게모리가 아버지에게 간하여 말렸는데, 이 광경을 그린 그림이라 생각된다. 카노오 슌코(狩野春湖, ?~1726)는 카노오 탄유우(狩野探幽)의 제자이다.

⑥ 〈쿠스노키 마사시게가 아들을 가르치다〉(楠正成敎子圖), 카노오 슌코 작

쿠스노키 마사시게(楠木正成, ?~1336)는 카마쿠라(鎌倉) 시대 말기의 무인이다.

⑦ 〈무라사키 시키부가 책을 엮다〉(紫式部編書圖), 카노오 토오쇼오(狩野洞松) 작

무라사키 시키부(紫式部)는 헤이안 시대 중기의 여성 작가이자 시인이다. 『원씨물어』(겐지모노가타리, 源氏物語)의 작자이다. 카노오 토오쇼오(狩野洞松)에 대해서는 미상이다.

⑧ 〈세이쇼오 나곤이 주렴을 걷어 올리다〉(淸少納言捲簾圖), 카노오 도오슌(狩野洞春) 작

세이쇼오 나곤(淸少納言)은 헤이안 시대의 여성 가인이다. 저작으로 『침초자』(마쿠라노소오시, 枕草子)가 있다. 카노오 도오슌(狩野洞春, 1747~1797)은 에도 시대의 화가이다.

⑨ 〈미나모토노 요시나카가 쿠리카라를 함락시키다〉(源義仲陷俱利伽羅圖), 카노오 탄세츠(狩野探雪) 작

미나모토노 요시나카(源義仲, 1154~1184)는 헤이안(平安) 시대 후기의 무인이다. 『평가물어』(헤이케모노가타리, 平家物語)에서는 '아사히(朝日) 쇼오군'이라고 불렸다. 1183년 쿠리카라 토오게(俱利伽羅峠)의 전쟁에서 헤이시(平氏) 일족의 대군을 격파하였다. 카노오 탄세츠(狩野探雪, 1655~1714)는 화가이며 카노오 탄유우(狩野探幽)의 차남이다. 1682년과 1711년에 두 번에 걸쳐 통신사에게 보낸 병풍(屛風)을 제작하였다.

⑩ 〈미나모토노 모리츠나가 후지토의 바다를 건너다〉(源盛綱度藤戸海圖), 카노오 탄세츠 작

미나모토노 모리츠나(源盛綱, 1151~1216)는 원래 사사키 모리츠나(佐佐木盛綱)라고 한다. 미나모토노 요리토모(源賴朝)의 부하로 비젠(備前) 후지토(藤戶: 지금의 오카야마 현岡山縣)에서 타이라노 유키모리(平行盛)의 군대를 격파하였다.

⑪ 〈미나모토노 타메토모와 큰 화살〉(源爲朝大箭圖一雙), 카노오 류우세츠 작

미나모토노 타메토모(源爲朝, 1139~?)는 헤이안 시대 후기의 무인이다. 활을 잘 쏘는 것으로 유명하였다. 카노오 류우세츠(狩野柳雪, 1647~1712)는 에도 성의 장벽화(障壁畵) 제작에 참여하기도 하였다.

⑫ 〈타이라노 요시히데가 문을 깨뜨리다〉(平義秀破門圖), 카노오 탄신 작

타이라노 요시히데(平義秀)의 본명은 아사히나 요시히데(朝比奈義秀, 1176~?)로, 카마쿠라 시대의 무인이다. 아버지인 와다 요시모리(和田義盛)가 당시의 싯켄(執權: 쇼오군을 보좌하는 관직) 호오죠오 요시토키(北條義時)와 대립하자 아버지를 따라 반란군에 참가하였다. 일본의 역사서 『오처경』(아즈마카가미, 吾妻鏡)에 쇼오군이 거주하는 저택의 문을 깨뜨리며 활약하는 요시히데의 모습이 묘사되어 있다.

⑬ 〈이즈미 치카히라가 배를 지고 가다〉(泉親衡負船圖), 카노오 류우세츠 작

이즈미 치카히라(泉親衡)는 카마쿠라 시대 초기의 무인이다. 1213년 호오죠오 요시토키(北條義時)에 대항해 반란을 일으켰다.

⑭ 〈한가쿠 여인이 적을 막다〉(坂額女拒敵圖), 카노오 요오보쿠 작

한가쿠(坂額)는 헤이안 시대 말기에서 카마쿠라 시대 초기에 활약한 여성 무인이다. 조카인 죠오스케모리(城資盛)가 카마쿠라 막부에 대해 반란을 일으키자 스케모리를 따라 반란군에 참여하였다.

⑮ 〈토모에 여인이 적을 죽이다〉(巴女殺敵圖), 카노오 요오보쿠 작

토모에(巴)는 헤이안 시대 말기의 여성 무인이다. 미나모토노 요시나카의 첩이며, 요시나카를 따라 타이라 씨와의 전쟁에 참여하였다.

12. 광릉문사록(廣陵問槎錄)

1 서지사항

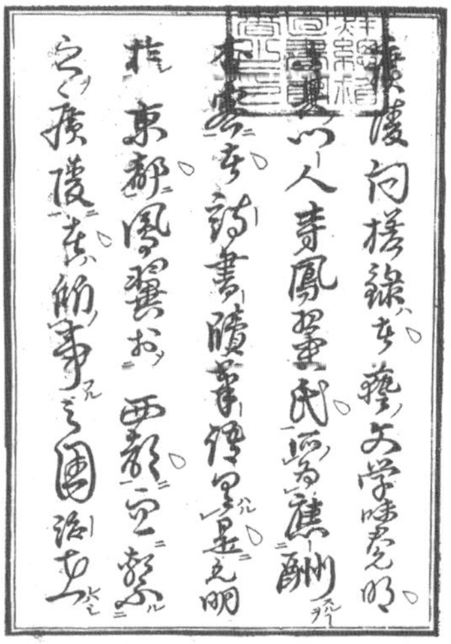

서명: 광릉문사록(廣陵問槎錄)
소장처: 국립중앙도서관
편자: 야마다 키잔(山田崎山), 후지타 신케이(藤田榛溪)
간행연대: 1712년(正德 2)
책수: 2권 1책
판본: 간본

이 필담집은 권상(卷上)과 권하(卷下)로 나뉘어 있다. 권상은 30장, 권하는 32장이다. 표지는 없다. 권상에는 아지키 릿켄(味木立軒, 1650~1725)과 통신사의 필담이 수록되어 있고, 권하에는 릿켄의 제자인 테라다 린센(寺田臨川, 1678~1744)과 통신사의 필담이 수록되어 있다. '광릉'(廣陵)이란 히로시마(廣島)의 다른 이름으로, 릿켄과 린센이 아키 번(安藝藩: 지금의 히로시마 현廣島縣)에 출사했기에 '광릉'이라 한 것이다. '문사'(問槎)는 '일본을 방문한 통신사'라는 뜻이다.

이 필담집에는 오규우 소라이(荻生徂徠)가 쓴 서문이 실려 있다.[1] 소라이가 관여한 필담창화집에는 『광릉문사록』 이외에 『문사기상』(問槎畸賞)이 있는데, 이 두 책은 출판 과정에서 한 책으로 합철(合綴)되어 『문사이종』(問槎二種)이라는 제목으로 간행되었다. 소라이가 자신의 제자들의 필담창화집인 『문사기상』에 서문을 쓰고 평점 비평까지 가했

1. 이 서문은 『徂徠集・徂徠拾遺』(近世儒家文集集成 第3卷, 東京: ぺりかん社, 1985)에 「廣陵問槎錄序」라는 제목으로 수록되어 있다.

는 데 비해, 『광릉문사록』에는 서문만 썼다. 이는 릿켄이 하야시 호오코오(林鳳岡)의 제자이며 소라이와 직접적인 사제관계가 아니었기 때문이라 생각된다. 소라이는 서문에서 "아지(味: 릿켄을 말함) 군은 코쿠시(國子: 하야시 호오코오를 말함) 선생의 뛰어난 제자인데 일찍부터 명성이 높아 대국(大國: 조선을 말함)의 통신사를 응접(應接)하였다. 그의 문장과 학술이 이미 인정을 받고 있음은 진실로 두말할 나위가 없다."(味君者, 今國子先生高第弟子, 早歲蜚譽, 應聘大國. 其文章學術業, 已經伯樂一顧者, 是固亡論已: 序 1b)라고 릿켄을 소개하였다. 이를 통해 그 당시 릿켄이 일본에서 이미 인정받은 문인이었음을 알 수 있다. 이어서 소라이는 "그렇지만 나는 유독 호오요쿠(鳳翼: 린센을 말함)의 학업을 애호한다."(雖然予獨愛鳳翼之業: 序 2a)라고 하고 "한수청람"(寒水青藍: 제자가 스승을 능가하다는 뜻)이라는 말을 사용하면서 린센을 릿켄보다 높이 평가하였다.

2 필담일시 및 장소

권상의 필담은 1711년 11월 초순, 에도(江戶)에서 이루어졌다. 권하에 실린 필담은 9월 하순 나니와(浪華: 지금의 오오사카 부大阪府)에서 이루어졌다.

3 참여자

(1) 권상

조선인 참여자는 제술관(製述官) 이현(李礥)과 세 명의 서기(書記) 홍순연(洪舜衍), 엄한중(嚴漢重), 남성중(南聖重), 그리고 양의(良醫) 기두문(奇斗文)이다.

일본인 참여자는 아지키 릿켄이다. 이름은 虎, 자(字)는 允明이고, 릿켄(立軒)은 그 호이다. 覆載라는 호를 쓰기도 했다. 야마시로(山城: 지금의 교오토 부京都府)에서 태어나 아키 번에 출사했다. 릿켄은 후지와라 미치나가(藤原道長, 966~1027)의 후손이며 조부는 토요토미 히데요시(豊臣秀吉, 1537~1598)에 출사하였고 부친은 교오토에서 병학(兵學)을 가르쳤다. 릿켄은 아버지에게 병학을 배웠고 나바 모쿠안(那波木菴, 1614~1683)의 문하에 들어가 주자학을 배웠다. 여러 지방을 만유(漫遊)하였으며 에도(江戶)에서 야마가 소코오(山鹿素行, 1622~1685)에게 고학(古學)을 배웠다. 유학자로 자칭했으나 그를 초빙하는 사람들은 병학자(兵學者)로 대우하였다.

아지키 릿켄이라는 이름은 1719년 통신사 제술관으로 일본에 간 신유한(申維翰)의 『해유록』(海游錄)에도 보이는바, 그는 릿켄을 다음과 같이 소개하였다.

> 나이는 일흔 남짓이고, 호를 릿켄(立軒)이라 하는데 사람됨이 점잖고 고기(古氣)기 있이 보였다. 스스로 말하기를, "하야시 다이가쿠(林大學)의 문인으로 추천을 받아 벼슬에 올랐는데, 지금은 늙었으니 전원에 들어가 만 권 서적 속에 파묻힐까 합니다."라고 하였다. 그 말이 매우 들을 만하였고 시(詩) 또한 평순(平順)하여 뜻을 제대로 표현하였다. 나는 그와 함께 시를 부르는 대로 곧 화답하고, 이야기도 몹시 정성스럽게 하였다.
>
> 生年七十餘, 號立軒, 爲人安靜有古氣, 自云: "以林大學門人, 被薦筮仕, 今老矣, 且欲告休田園, 伴蠹魚萬卷中." 其言頗可聽, 詩亦平順寫意, 余爲之隨唱輒和, 接話甚款.(『海游錄』 8月 27日)

(2) 권하

조선인 필담 참여자는 이현, 홍순연, 엄한중, 남성중이다.

일본인 필담 참여자는 릿켄의 제자 테라다 린센(寺田臨川, 1678~1744)이다. 이름은 카쿠(革), 자는 시효오(士豹), 린센은 그의 호이며 별도로 호오요쿠(鳳翼)라는 호도 있다. 아버지인 테라다 린안(寺田林庵)은 호리 쿄오안(堀杏庵, 1585~1642)에게 배웠고 의학을 업(業)으로 하였다. 린센은 아키 번에서 아지키 릿켄에게 배운 이후 에도에 가서 하야시 호오코오에게 배웠다. 그 후 아키 번의 번주(藩主)인 아사노 요시나가(淺野吉長, 1681~1752)의 지코오(侍講)가 되었다. 1725년에는 아사노 요시나가가 창립한 번교(藩校) '코오가쿠조'(講學所)의 교수가 되었다.

4 내용

■ 창화시

권상(卷上)의 시 가운데 "처음으로 접역(鰈域)의 영호(英豪)를 뵈었네"(始接鰈域英豪: 卷上 1b)라는 말이 보인다. '접역'이란 조선의 별칭이다. 이렇게 부른 이유는 동해(東海)에서 가자미가 많이 나기 때문이라고도 하고, 또 조선의 지형이 가자미처럼 생겼기 때문이라고도 한다. 창화시는 대부분 만남을 반가워하는 내용을 담고 있다. 릿켄은 1682년에 성완(成琬)과 이담령(李聃齡)을 만나 시를 창화했던 사실을 말하면서 이미 고인이 된 그 두 사람을 애도하는 시를 이현에게 보내기도 하였다.

▣ 필담

(1) 권상

엄한중이 필담에서 테라다 린센을 오오사카에서 만난 사실을 밝히고 있는 것을 볼 때 통신사 일행은 먼저 오오사카에서 린센을 만난 후 에도에서 릿켄을 만났다고 생각된다. 릿켄은 린센을 자신의 제자라고 소개하였다.

릿켄은 이현에게 몇 가지 질문을 하였는데 그중에서 흥미로운 질문은 『자치통감』(資治通鑑)에 관한 것이다. 릿켄은 이현에게 "온공(溫公: 사마광司馬光을 말함)이 지은 『통감』(通鑑)에서 '자치'(資治)라는 말의 출처는 무엇인가?"(溫公『通鑑』, 資治出處: 卷上 20b)라고 물었다.

이에 대해 이현은 당장 답하지 않았고 나중에 서간을 보냈다. 그 서간에서 이현은 『자치통감』은 사마광(司馬光)이 편찬한 한 부의 책이며 『자치』(資治)와 『통감』이 따로 있는 게 아니라고 하였다. 또 『자치통감』 중에서 촉(蜀)이 위(魏)를 토벌한 것을 '입구'(入寇: 오랑캐가 쳐들어왔다는 뜻)라고 표현한 사실을 놓고, 이 단어는 소열(昭烈: 유비劉備를 말함)이 정통(正統)이 아니라는 것을 의미한다고 하며 『자치통감』의 문제점을 지적하였다. 이현의 답장에 대해 릿켄은 『자치통감』의 '입구'에 대한 이현의 지적은 지극히 마땅하다고 대답하면서도, 자신이 물어보고 싶었던 것은 『자치통감』이 어떤 책이냐가 아니라 '자치'라는 두 글자의 출전이라고 하며 재차 가르쳐 달라고 하였다.

이상이 이현과 릿켄이 주고받은 『자치통감』에 관한 문답이다. 『자치통감』은 북송(北宋)의 학자인 사마광(司馬光, 1019~1086)이 편찬하여 1084년에 완성된 역사서이다. 처음에는 『통지』(通志)라는 제목이었으나, 북송 제6대 황제인 신종(神宗, 재위: 1067~1085)이 "과거를 거울로 삼아, 치도(治道)에 도움이 되도록 한다."(鑑於往事, 有資於治道)라고 한 이래로 『자치통감』(資治通鑑)이라 명명(命名)하였다. 이현은 사마광이 『자치통감』 중에서 촉나라가 위나라를 토벌한 것을 '입구'라고 표현한 것에 대해 비판하고 있는데, 이는 주희(朱熹)의 『주자어류』(朱子語類)를 참조한 것으로 보인다. 『주자어류』 권105에 사마광이 『자치통감』에서 제갈량(諸葛亮)이 위나라를 공격한 것을 '입구'라고

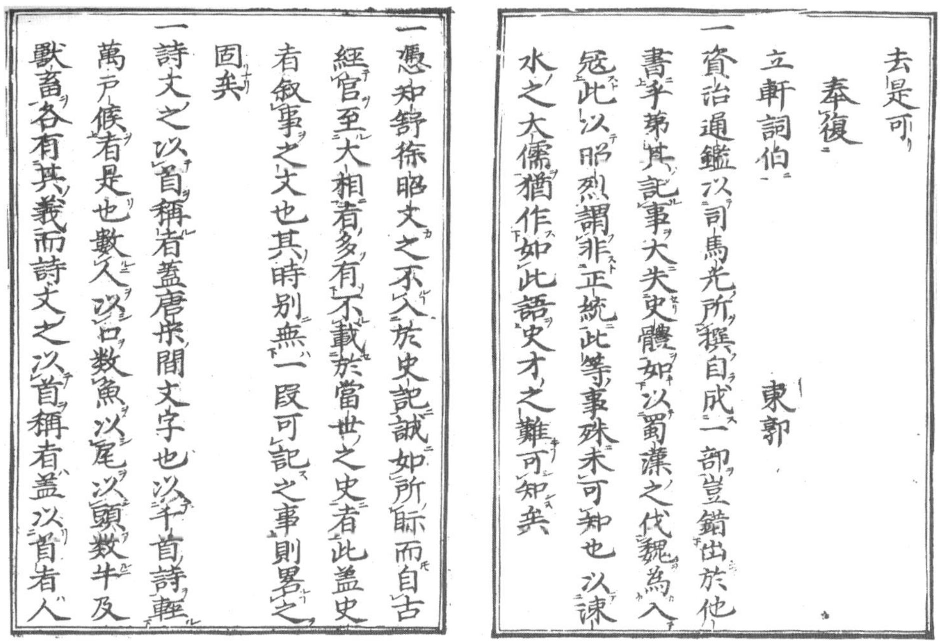
去是可

奉復

立軒詞伯　東郭

一資治通鑑以司馬光所撰自成一部豈錯出於他書乎第其記事大失史體如以蜀漢之伐魏為入寇此以昭烈謂非正統此等事殊未可知也以涑水之大儒猶作如此語史才之難可知矣

一憑知舒絛昭文之不入於史記誠如所眎而自古經官至大相者多有不載於當世之史者此蓋史者叙事之文也其時別無一段可記之事則畧之固矣

一詩文之以首稱者蓋唐宋間文字也以千首詩奪萬戶侯者是也數人以口數魚以尾以頭數牛及獸畜各有其義而詩文之以首稱者蓋以首者人

표현한 것을 비판하는 내용이 보인다.

(2) 권하

린센은 덕행과 문장으로 뛰어난 조선의 문인이 누가 있는지 물었다. 이현은 '도덕'으로 유명한 사람으로 이황(李滉)·이이(李珥)·조광조(趙光祖)·이언적(李彦迪)·김종직(金宗直)·송시열(宋時烈) 등을 거론하면서 "그 문장이 도학(道學)과 더불어 나란히 높지 않은 것은 아니지만, 문장은 도리어 여사(餘事)였습니다."(其文章非不與道學齊高, 而文章卽反爲其餘事矣: 卷下 19a)라고 하였다. 이어서 그는 과거시험에서 표(表)·책(策)·시(詩)·부(賦)·논(論)·의(疑)·의(義)·잠(箴)·명(銘)·송(頌)과 같은 문체를 출제하기 때문에 사장(詞章)이 입신출세의 도구가 되어 버렸다고 지적하면서 이학(理學)은 조정(朝廷)에서 매우 중요시하였으나 사한(詞翰)은 말사(末事)라 논할 만하지 않다고 대답하였다.

과거시험에 대한 이현의 비판적인 인식은 그가 서얼이었다는 사실과 관계가 있을 것이라 생각된다. 통신사절 가운데 제술관 및 서기는 대부분 서얼이었다. 1719년에 일본을 방문한 신유한(申維翰)과 1764년에 방문한 남옥(南玉, 1722~1770) 역시 서얼이며, 서기

(書記)도 서얼 출신이 대부분이었다. 그들은 일본 문인들과 적극적으로 만나 필담을 나누었다. 특히 그중에서도 이현은 수많은 일본 문인들과 필담을 나누거나 창화시를 주고받으면서 깊이 교유하였고, 일본에서 문명(文名)을 크게 떨쳤다. 1713년에 발행된 우키요 조오시(浮世草子: 당시의 풍속을 묘사한 소설)인 『화한승합선』(와칸노리아이부네, 和漢乘合船)에는 이현이 화자(話者)로 등장하는데 소설에 나타날 만큼 그의 이름은 일본에서 알려져 있었다.[2] 이현은 일본 문인들과 만날 때마다 상대를 칭찬하는 시를 지었고 우호적인 태도로 대면하였다. 엄격한 신분제 때문에 차별당할 수밖에 없었던 이현에게 일본 문인과의 문학 교류는 신분에 구애받지 않고 자신의 능력을 마음껏 발휘할 수 있는 좋은 기회였으리라 생각된다.

▣ 편지

린센은 통신사에게 보낸 편지에서 시에 대한 자신의 생각을 다음과 같이 말하였다.

> 한(漢)・위(魏)・진(晉)・송(宋) 때에 이르러 호걸들이 속속 나타났으며, 뛰어난 시인들이 별똥이 떨어지듯 서로 경쟁하면서 각자 기치(旗幟)를 세웠습니다. 당나라가 천하를 차지하자 정강(政綱)이 크게 떨쳐 기운(氣運)이 모인 곳에 인재가 나타났습니다. 당나라 전기에는 이백(李白)과 두보(杜甫)가 있었고, 후기에는 한유(韓愈)와 유종원(柳宗元)이 있었습니다. 나머지 대가들 가운데 왕유(王維)・잠삼(岑參)・이고(李翺)・장적(張籍)・백거이(白居易)・원진(元稹)・허혼(許渾)・옹도(雍陶) 같은 작가를 일일이 꼽을 수 있습니다. 그런데 그중에서도 가장 존경할 만한 사람은 오직 두보 한 사람뿐입니다. 그가 평소 쓴 시는 모두 충효와 측달(惻怛)의 말로 임금과 백성을 근심하는 마음이 자욱이 언외(言外)에 흘러넘치니 또한 평범한 시인에 비할 바가 아닙니다. 소위 시성(詩聖)이라는 말은 허언이 아닙니다. 송나라도 성대하여 인재가 끊이지 않았습니다. 구양수(歐陽脩)・매요신(梅堯臣)・황정견(黃庭堅)・진사도(陳師道)・소동파(蘇東坡)・왕안석(王安石)・범성대(范成大)・육유(陸游) 등이 끊임없이 나왔으니 누가 그 끝을 알 수 있겠습니까.
>
> 漢魏晉宋豪傑雲起, 俊采星馳, 相共掎角, 各樹旗幟. 唐有天下, 政綱大振, 氣運所鍾, 人材係焉. 前有李杜, 後有韓柳, 其餘名家, 若王維岑參李翺張籍白居易元稹許渾雍陶之屬, 歷歷可數矣. 而其最可敬服者, 唯杜陵一老翁耳. 凡平生所著, 皆是忠孝惻怛之辭, 而憂君憂民之心, 靄然溢乎言外, 則非亦尋常韻士之比. 所謂詩聖者不誣也. 趙宋之隆亦不乏人, 歐梅黃

---

2. 杉下元明, 「朝鮮の學士李東郭」(『江戶漢詩』, 東京: ぺりかん社, 2004) 참조. 이 외에 이현과 일본 문인과의 교류를 살핀 논문으로 松田甲, 「日本に名を留めたる李東郭」(『續日鮮史話』 第2編, 京城: 朝鮮總督府, 1931)과 鈴木健一, 「李東郭の詩二題」(『季刊 日本思想史』 第49号, 東京: ぺりかん社, 1996) 및 堀川貴司, 「唐金梅所と李東郭」(같은 책) 등이 있다.

陳、蘇、王、范、陸, 滾滾浩浩, 滔滔溶溶, 熟能知津涯哉? (卷下 10b~11a)

위의 내용은 당시 일본 유학자의 문학관을 살피는 데 좋은 자료가 되리라 생각된다. 소라이가 송나라 시를 일절 인정하지 않았던 데에 비해 린센은 당나라 시인뿐만 아니라 송나라 시인도 긍정적으로 언급하고 있다. 일본에서 당시(唐詩)가 유행한 것은 1724년에 소라이의 제자 핫토리 난카쿠(服部南郭, 1683~1759)가 교정한 『당시선』(唐詩選)이 출판된 다음부터이며, 1711년 무렵에는 송시(宋詩)도 널리 읽히고 있었다.[3]

이어서 린센은 자신의 시 100여 수를 수록한 시집이 있음을 밝히고 이현에게 그 시집을 수정하고 서문을 써 줄 것을 부탁하였다. 이에 대해 이현은 서문을 써 줄 것을 승낙하였다. 권말에 이현의 「임천시집서」(臨川詩集敍)가 수록되어 있다.

▣ 서문

이현은 「임천시집서」에서 "사람의 성정(性情)을 도야하고, 사람의 심지(心志)를 드러내고, 풍경을 접해 모사하고, 사람과 더불어 창수하는 것"(陶人之性情, 發人之心志, 遇景而模寫, 與人而唱酬: 卷下 31a)이 바로 시라고 하는 자신의 시론을 바탕으로 린센의 시를 높이 평가하였다. 또 "시가 교제에 도움이 되는 것이 크지 않겠습니까. 시로 시를 구하는 것은 사람으로 시를 구하는 것만 못합니다."(詩之有補於交際者, 不其大歟. 以詩而求詩, 不若以人而求詩: 卷下 32a)라고 하면서 사람과 사람 사이의 교제를 원활하게 하는 시의 역할을 강조하였다.

3. 일본에서 당시가 유행한 과정에 대해서는 船津富彦, 「古文辭派の影響」(『明清文學論』, 東京: 汲古書院, 1993) 참조.

13. 계림창화집(鷄林唱和集)

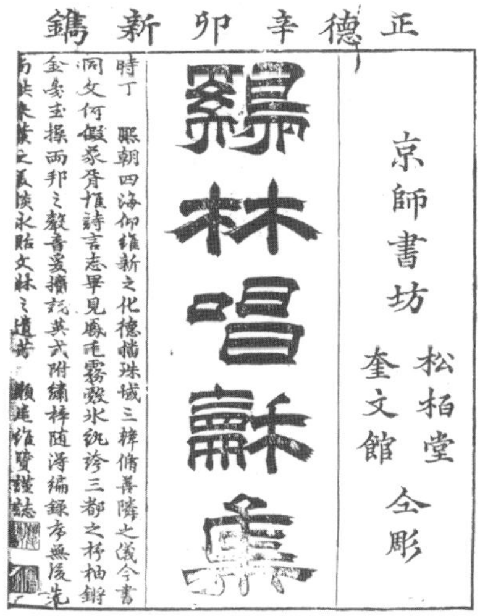
正德辛卯新鐫

鷄林唱和集

京師書坊

松栢堂
奎文館 仝彫

□ 서지사항

서명: 계림창화집(鷄林唱和集)
소장처: 국립중앙도서관
편자: 세오 요오세츠사이(瀨尾用拙齋), 이즈모지 이즈미노죠오(出雲寺和泉掾)
간행연대: 1712년
책수: 15권 8책
판본: 간본

『계림창화집』(鷄林唱和集)은 1711년 일본을 방문한 통신사와 일본 문인 사이에서 이루어진 필담과 창화시를 집대성한 책으로 1712년에 간행되었다. 15권 8책으로 이루어져 있으며 아이노시마(藍島)에서 에도(江戶)에 이르기까지 통신사가 일본 각지에서 일본 문인들과 주고받은 필담과 창화시가 수록되어 있다.

표지에 '松栢堂 奎文館 仝彫'라고 기재되어 있는 것을 보아 두 출판사가 공동으로 출판한 것으로 보인다. '松栢堂'은 이즈모지 이즈미노죠오(出雲寺和泉掾)의 호(號)이다. 이즈미노죠오는 쿄오토에서 출판사를 설립한 후 에도에도 서점을 열었다. 한학(漢學) 서적, 가서(歌書), 막부의 간행물 등을 출판하였다. 세오 요오세츠사이(瀨尾用拙齋, 1691~1728)는 쿄오토에서 출판사를 경영한 사람이다. 이름은 코레카타(維賢), 자(字)는 토시오(俊夫)이고 요오세츠사이(用拙齋)는 그 호이다. 이토오 진사이(伊藤仁齋, 1627~1705)에게 유학(儒學)을 배웠고 이리에 쟈쿠스이(入江若水, 1671~1729)와 가까이 지냈다. 이토오 진사이와 그의 아들인 이토오 토오가이(伊藤東涯, 1670~1736)의 저작을 출판하였으며, 『한객필어』(韓客筆語), 『상한훈지집』(桑韓壎篪集) 같은 통신사의 필담집도 출판하였다.

『계림창화집』에는 상당히 많은 분량의 필담과 편지, 창화시가 수록되어 있고, 내용도 매우 광범위하다. 먼저 서문과 통신사의 인물 소개, 편목(編目)이 수록되어 있다. 서문은 마츠자키 란코쿠(松崎蘭谷, 1674~1735)가 썼다. 그는 서문에서 "예로부터 외국 중에 황조(皇朝)에 대해 예를 갖춘 종족이 한둘이 아니었는데, 혹은 통하고 혹은 끊어져 조정을 방문하는 것이 일정하지 않았다. 그러나 오직 삼한(三韓)의 교빙(交聘)은 가장 오래되어 끊어지지 않았다."(古昔外國修禮皇朝者, 其種非一, 而或通或歇, 來廷不常. 唯至三韓交聘, 最爲久遠不絶: 1a)라고 하여 통신사가 '황조', 곧 일본 왕실에 조공을 바치러 온 것이라 한 데서 당시 통신사를 대하는 일본인의 속내가 잘 드러난다.

서문 다음에는 '韓使官職姓名'이라는 제목 아래 통신사들의 관직과 성명 및 자호(字號) 등이 간략히 기재되어 있고 그다음에 '鷄林唱和集編目'이라는 제목 아래 각 지역에서 통신사와 교류한 일본 문인들의 목록이 권별로 기재되어 있다. 그 뒤에는 '七家唱和集編目'이라는 제목으로 『칠가창화집』의 목록이 기록되어 있다. 제목 아래에 작은 글씨로 '嗣出'이라고 되어 있는 것으로 볼 때 『계림창화집』의 속편으로 간행될 예정이었음을 알 수 있다.[1]

'鷄林唱和集編目'에 기재된 일본 문인들은 다음과 같다. 편목에 기재된 인물정보를 참조하되 보충할 수 있는 것은 보충한다.

권지일(卷之一)

토오부(東武: 에도를 말함)

- 하야시 호오코오(林鳳岡). 이름은 노부아츠(信篤), 자(字)는 나오타미(直民), 호(號)는 류우코오 또는 세이우(整宇)이다. 제4대 장군 토쿠가와 이에츠나(德川家綱, 재위: 1651~1680)에서 제8대 장군 토쿠가와 요시무네(德川吉宗)까지 5대에 걸쳐 토쿠가와 막부에 출사하였다. 1691년에 유학자의 교육기관인 유시마 세이도오(湯島聖堂)가 설립됨에 따라 다이가쿠노카미(大學頭)에 임명받아 최고책임자가 되었다.
- 하야시 카이도오(林快堂, 1681~1758). 이름은 노부미츠(信充), 통칭은 시치사브로오(七三郎)이다. 노부아츠의 아들이다.
- 하야시 타이세이(林退省). 이름은 노부토모(信智), 자는 햐쿠스케(百助). 노부미츠의 동생이다.

1. 『칠가창화집』의 해제는 본서 197~212면에 실려 있다.

권지이(卷之二)

토오부

- 하야시 카츠로(林葛廬). 이름은 신뇨(信如).
- 히토미 토오겐(人見桃原). 이름은 긴(沂). 히토미 치쿠도오(人見竹洞, 1638~1696)의 아들이다.
- 히토미 코오잔(人見香山). 이름은 히로시(浩).
- 히토미 셋코오(人見雪江). 이름은 카츠(活).
- 쇼오료오 츠키카와(庄良月川). 이름은 스케후지(資藤).
- 와다 이쿠안(和田幾菴). 이름은 나가마사(長房).
- 야스미 탄안(安見湛菴). 이름은 소오하쿠(宗怕).
- 후카오 진테이(深尾訒亭, 1640~1715). 이름은 나오(直), 자는 시호오(子方). 하야시 라잔의 문인이다.
- 후카오 세이사이(深尾省齋, 1671~1719). 이름은 켄(謙). 자는 무네야스(致恭). 후카오 진테이의 아들이다.
- 가츠라야마 카쿠테이(桂山鶴汀, 1679~1749). 이름은 요시키(義樹), 자는 쿤카(君華). 사이간(彩巖)이라는 호도 있다.
- 토쿠리키 쿄오켄(德力恭軒, 1662~1738). 이름은 요시아키(良顯), 자는 시겐(子原).
- 아키야마 타쿠카(秋山卓窩). 이름은 마사후사(正房).
- 츠다 니스이(津田二水). 이름은 겐코오(玄孝).
- 사사키 치안(佐佐木池庵, 1650~1722). 이름은 겐류우(玄龍). 자는 아키투시(煥甫). 조선풍의 글씨를 잘 써서 서예가로 이름이 높았다. 1682년, 1711년, 1719년에 일본을 방문한 통신사를 만났다.
- 이이다 토오케이(飯田東溪, 1660~1738). 이름은 타카오키(隆興).
- 우에지마 네이사이(上島寧齋). 이름은 히데카츠(英勝).
- 히구치 유키에(樋口雪江). 이름은 히데키요(榮淸).
- 카타오카 켄테이(片岡謙亭). 이름은 아츠시(敦).
- 아츠미 바이우(渥美梅塢). 이름은 타네미츠(種光).
- 코미야마 란엔(小見山蘭畹). 이름은 하네노리(羽儀).
- 쿠마가이 치쿠도오(熊谷竹堂, 1677~1748). 이름은 나오히라(直平), 자는 시분(斯文), 시쥬우(子孺)이다. 쿄오토 출신이며 에도에서 하야시 호오코오에게 주자학을 배웠다.
- 요다 타이켄(依田耐軒). 이름은 쇼에키(處易) 혹은 야스시(易).
- 사토오 가인(佐藤華隱).
- 코타니 류유소(小谷龍沼). 이름은 虎.
- 오구라 쇼오사이(小倉尙齋, 1677~1731). 이름은 테이(貞), 자는 지츠소오(實操). 호오코오에게 배웠다. 메이린칸(明倫館) 초대 학두(學頭)를 맡았다.
- 아카이 토쿠스이(赤井得水, 1690~1746). 이름은 메이케이(明啓). 저명한 서예가이다.

권지삼(卷之三)

토오부

- 오카지마 칸잔(岡島冠山, 1674~1728). 나가사키 출신의 중국어 학자이다. 이름은 메이케이(明敬) 또는 하쿠(璞)이고 자는 교쿠세이(玉成) 또는 엔시(援之)이다. 쵸오슈우 번(長州藩: 지금의 야마구치 현山口縣)의 번주(藩主) 모오리 요시나리(毛利吉就, 1668~1694)에게 통역으로 출사하였다가 요시나리가 죽은 후 나가사키에 돌아가 통역으로 일하였다. 1710년 에도에 가서 다음해 하야시 호오코오의 문하에 들어갔다. 오규우 소라이(荻生徂徠)와 가까이 지냈으며, 소라이가 연 중국어 공부 모임인 야쿠샤(譯社)의 강사가 되었다. 야쿠샤에서 가르친 경험을 토대로 수많은 중국어 학습서를 간행하기도 하였다. 또 일본에서 처음으로 『수호전』(水滸傳)을 번역하였는데, 이는 후대 일본 소설가들에게 큰 영향을 미쳤다.
- 오카 린치쿠(岡林竹, 1671~1736). 이름은 요시미치(義道), 자는 봇카이(渤海). 하야시 호오코오의 제자로 서예가로 이름이 높았다.
- 오카 슈우치쿠(岡秀竹).
- 아라세 긴치쿠(荒瀨吟竹).
- 오가와 즈이치쿠(小川隨竹).
- 칸류우(貫隆).

권지사(卷之四)

케이시(京師: 지금의 쿄오토京都를 말함)

- 마츠자키 란코쿠(松崎蘭谷). 단파(丹波: 지금의 효오고 현兵庫縣) 출신의 유학자이다. 이름은 스케유키(祐之), 자(字)는 시케이(子慶), 통칭(通稱)은 타스케(多助)이다. 호(號)는 란코쿠, 칸파쿠(甘白), 바이쇼(梅處) 등이 있다. 이토오 진사이에게 배웠고 그 아들인 이토오 토오가이와 가까이 지냈다. 서예에 능하여 예서(隸書)와 초서(草書)를 잘 썼으며 본초학(本草學)에도 조예가 깊었다. 필담에는 '란코쿠'가 아니라 '칸파쿠'로 기재되어 있다.
- 마츠모토 슈쿠사이(松本肅齋). 자는 슈우탄(秋潭), 이름은 신조오(新藏). 아이즈 번(會津藩: 지금의 후쿠시마 현福島縣과 니이가타 현新潟縣 일대)에서 서기(書記)로 출사하였다.
- 이노오 쟈쿠스이(稻生若水, 1655~1715). 에도 출신의 본초학자(本草學者)이다. 이름은 기(義), 자는 노부요시(宣義) 또한 아키노부(彰信), 호는 쟈쿠스이 또는 하쿠운도오진(白雲道人)이다. 이토오 진사이에게 배운 후 키노시타 쥰안(木下順庵)에게 주자학을 배웠고 본초학을 연구하였다. 키노시타 쥰안의 추천으로 카가 번(加賀藩: 지금의 이시카와 현石川縣과 토야마 현富山縣 일대)의 번주(藩主) 마에다 츠나노리(前田綱紀, 1643~1724)에게 출사하였다. 마에다 츠나노리의 협력을 얻어 『서물유찬』(쇼부츠루이산, 庶物類纂)을 편찬하여 일본 본초학 발전에 크게 기여하였다.
- 아오치 슌신(青地浚新, 1675~1744). 이름은 테이슈쿠(貞叔), 통칭은 겐지로오(源次郎). 레이칸(禮幹)이라는 호도 있다. 카나자와 번(金澤藩: 지금의 이시카와 현石川縣 일대)에 출사하였다. 야마자키 안사이(山崎闇齋)의 제자 하구로 요오센(羽黑養潛, 1629~1702)에게 유학을

배웠다. 하구로 요오센과 친분이 있던 무로 큐우소오의 문하에서 배우기도 하였다.

- 오오마치 톤소(大町敦素, 1659~1729). 이름은 마코토(質), 자는 마사아츠(正淳). 이토오 진사이에게 배웠다.
- 도이 아츠시(土井篤志). 이름은 토오야(東野).
- 나나카 노오센(田中東泉). 이름은 치키나가(親長).
- 키소 릿켄(喜早立軒, 1682~1736). 이름은 키요아리(淸在).
- 무카이 킷슈우(向井橘洲). 이름은 세이안(誠安).
- 나카무라 케이테이(中村敬亭). 이름은 토모츠라(知連).

권지오(卷之五)

케이시

- 마츠자키 란코쿠.
- 이노오 쟈쿠스이.
- 이오치 슌신.
- 에무라 치쿠톤(江村竹墩, 1691~1734). 이름은 소오지츠(悰實), 자는 쟈쿠쿄(若虛). 치쿠톤은 그 호이며 세이코오(靑郊)라는 호도 있다. 미야즈 번(宮津藩: 지금의 쿄오토 일대)에 출사하였다.

권지육(卷之六)

케이시

- 마츠시타 신잔(松下眞山, 1667~1746). 이름은 케이세키(慶績), 자는 시세츠(子節), 통칭(通稱)은 켄레키(見櫟)이다. 『이칭일본전』(이쇼오니혼덴, 異稱日本傳)을 저술한 마츠시타 켄린(松下見林, 1637~1703)에게 배웠으며, 그 딸과 혼인하였다. 유의(儒醫)로 일하면서 많은 시문을 지었다.
- 이토오 바이우(伊藤梅宇, 1683~1745). 이름은 쵸오에이(長英), 자는 시게죠오(重藏)이다. 이토오 진사이의 차남이자 이토오 토오가이의 이복동생이다. 토쿠야마 번(德山藩: 지금의 야마구치 현山口縣 슈우난 시周南市 일대)의 번주(藩主) 모오리 모토츠구(毛利元次, 1668~1719)에게 출사하였다. 모토츠구가 죽은 후, 후쿠야마 번(福山藩: 지금의 히로시마 현廣島縣 후쿠야마 시福山市 일대)에 출사하여 이토오 진사이의 고의학(古義學)을 널리 펼쳤다.
- 이토오 카이테이(伊藤介亭, 1685~1772). 이름은 쵸오코오(長衡), 자는 쇼오조오(正藏)이다. 진사이의 셋째 아들이자 토오가이의 이복동생이다. 셋츠(攝津) 타카츠키 번(高槻藩: 지금의 오오사카 부大阪府 타카츠키 시高槻市 일대)에 유원(儒員)으로 출사하였다.
- 이토오 치쿠리(伊藤竹里, 1692~1756). 이름은 나가노리(長準), 자는 헤이조오(平藏)이다. 진사이의 넷째 아들이다. 쿠루메 번(久留米藩: 지금의 후쿠오카 현福岡縣 쿠루메 시久留米市 일대)에 출사한 후, 에도에서 유학을 가르쳤다.
- 츠구다 네이칸(佃寧幹). 이름은 쥬우죠오(重藏), 이세(伊勢: 지금의 미에 현三重縣 일대) 출신이다.
- 타케베 세이안(武部省菴). 이름은 토시요시(敏好). 쿄오토의 의사이다.

- 마츠이 토오안(松井東菴). 이름은 모토노리(元規), 자는 胡云. 대대로 제묵업(製墨業)으로 유명했던 고바이엔(古梅園)을 경영하였다. 시에도 능하여 『동암시고』(토오안시코오, 東菴詩稿)라는 시문집이 있다.
- 마츠이 겐타이(松井元泰, 1689~1743). 토오안의 아들이다. 자는 테이분(貞文), 호는 겐겐사이(玄玄齋) 또는 쵸오코오(長江)이다. 가업인 제묵업을 계승하여 고바이엔을 경영하였다. 나가사키에서 중국의 제묵법(製墨法)을 연구하여 『고매원묵보』(코바이엔보쿠후, 古梅園墨譜)를 저술하였다.
- 후카에 로분스이(深江蘆文水).
- 누노다 벤사이(布田勉齋). 이름은 直, 자는 正伯, 호는 벤사이(勉齋). 사도(佐度) 출신이다.
- 코오베 코오켄(神戶恒軒).
- 이노우에 고토오시(井上梧桐子). 이름은 카츠토모(勝知).
- 타나카 토오센(田中東泉).
- 아리마 토오코오(有馬東皐). 이름은 미츠아키(光章).
- 나가오카 탄안(長岡丹菴).
- 소오신(僧辰).
- 슈우안(周恩).
- 치몬(智門).
- 세오 요오세츠사이(瀨尾用拙齋). 이름은 미치유키(道通). 이름은 코레카타(維賢), 자(字)는 토시오(俊夫)이다. 쿄오토에서 출판사를 경영하였다.

권지칠(卷之七)

나니와(浪華: 지금의 오오사카大阪)

- 벳슈우 소엔(別宗祖緣, 1658~1714). 쇼오코쿠지(相國寺) 지쇼오인(慈照院)의 승려이다. 통신사를 접대하는 윤번승(輪番僧)으로 1682년 및 1711년에 통신사를 수행하였다.
- 이토오 신야(伊藤莘野, 1681~1736). 이름은 스케유키(佑之), 자는 코토타다(思忠), 쥰케이(順卿)이다. 이토오 만넨(伊藤萬年, 1614~1701)에게 배웠고 그의 양자가 되었다. 벼슬하지 않고 카나자와(金澤: 지금의 이시카와 현石川縣)에서 사숙(私塾)을 열었다.
- 마에다 키쿠소오(前田菊叢). 이름은 토키무네(時棟), 자는 子債, 통칭은 이치노신(市之進). 빗츄우(備中) 마츠야마 번(松山藩: 지금의 오카야마 현岡山縣 일대)에 출사하였다. 필담에서 자기소개를 할 때는 '후지와라'(藤原)라는 성(姓)을 사용하고 있다.
- 키타무라 토쿠쇼(北村篤所, 1647~1718). 이름은 요시마사(可昌)이다. 이토오 진사이에게 배웠다. 야마토(大和) 시바무라 번(芝村藩: 지금의 나라 현奈良縣)의 유신(儒臣)이 되었다.
- 타나카 토오센(田中東泉).

권지팔(卷之八)

나니와

- 와타라이 카쿠케이(度會鶴溪, 1675~1733). 가명(家名)은 후쿠시마(福島), 이름은 스에시게

(末茂), 통칭은 죠오슈(造酒)이다. 이토오 진사이와 이토오 토오가이에게 배웠고, 이세진구우(伊勢神宮)의 곤네기(權禰宜: 신사神社에서 제사나 실무를 담당하는 직책)가 되었다.

- 키소 릿켄(喜早立軒).
- 카와시마 난로오(河島南樓). 이름은 세이고오(正鄕)이다. 카가 번(加賀藩)의 문인이다.
- 와카스기 코오잔(若杉恒山). 이름은 사추우(左忠). 히젠(肥前: 지금의 사가 현佐賀縣과 나가사키 현長崎縣 일대)의 문인이다.
- 이리에 쟈쿠스이(入江若水, 1671~1729). 이름은 카네미치(兼通), 자는 시테츠(子徹)이다. 셋츠(攝津: 지금의 오오사카大阪) 출신의 문인이다. 토리야마 시켄(鳥山芝軒, 1655~1715)에게 시를 배웠고 이토오 토오가이에게도 배웠다.
- 무카이 킷슈우(向井橘洲).
- 오카니시 이츄우(岡西惟中, 1639~1711). 이름은 勝, 자는 赤子이다. 이치지켄(一時軒)이라는 호도 있다. 이나마노쿠니(因幡國: 지금의 돗토리 현鳥取縣 돗토리 시鳥取市 일대)에서 태어나 오오사카에서 활동한 가인(歌人)이다. 하이카이(排諧)에 능해서 많은 작품을 남겼다. 하이카이에 관한 이론서도 출판하였다.
- 세오 요오세츠사이(瀨尾用拙齋).

권지구(卷之九)

나니와

- 키타무라 토쿠쇼(北村篤所).
- 카라카네 바이쇼(唐金梅所, 1675~1739). 이름은 코오류우(興隆), 통칭은 기우에몬(喜右衛門)이다. 오오사카 출신의 상인이자 시인이다. 기온 난카이(祇園南海, 1676~1751)와 가까이 지냈다. 회선업(廻船業: 항구를 오고가면서 화물의 수송, 관리 및 매매 등 선박을 대상으로 한 일)을 영업하던 카라카네 가(唐金家)의 양자가 되어 가업(家業)을 이어받았다.

권지십(卷之十)

나니와

- 겐신(彦岑). 오오사카 후도오지(不動寺)의 승려이다.
- 이마니시 쇼오류우사이(今西正立齋, 1683~1761). 이름은 슌코오(春光), 자는 겐민(元珉). 오오사카 출신의 의사이다. 시문도 잘 하였다.
- 이리에 쟈쿠스이.

권지십일(卷之十一)

쵸오슈우(長州) 아카마가세키(赤間關: 지금의 야마구치 현山口縣 시모노세키 시下關市)

- 야마가타 슈우난(山縣周南, 1687~1752). 이름은 코오쥬(孝孺), 자는 지코오(次公)이다. 쵸오슈우 번(長洲藩: 지금의 야마구치 현)에서 태어났다. 에도에 나가 오규우 소라이에게 배웠다. 쵸오슈우 번에 돌아간 후 번교(藩校)의 교사가 되어 소라이학을 서쪽 지방으로 전파하였다.

■ 사사키 신가(佐佐木眞雅). 쵸오슈우 번의 문인이다.
■ 사사키 슈쿠오오(佐佐木縮往, 1649~1734). 쵸오슈우 번 출신의 문인이자 화가이다. 오구라 쇼오사이(小倉尙齋, 1677~1737)와 가까이 지냈다.
■ 쿠사바 쿄케이(草場居敬, 1679~1737). 이름은 추우쇼오(中章), 자는 헤이조오(兵藏)이다. 쵸오슈우 번의 번주(藩主) 모오리 요시히로(毛利吉廣, 1673~1707)에 출사하였다. 서예가로 유명하다.

보오슈우(防州) 이와쿠니(岩國: 지금의 야마구치 현 이와쿠니 시岩國市)

■ 우츠노미야 케이사이(宇都宮圭齋, 1677~1724). 이름은 三的, 자는 文甫이다. 쿄오토에 가서 이토오 진사이에게 배웠다. 이와쿠니 번(岩國藩: 지금의 야마구치 현山口縣 이와노쿠니 시岩國市)의 번주인 킷카와 히로미치(吉川廣達, 1695~1715)에게 문학(文學)을 가르쳤다.

반슈우(播州) 무로츠(室津: 지금의 효오고 현兵庫縣 타츠노 시)

■ 키무라 칸코쿠(木村甘谷). 하리마노쿠니(播磨國: 지금의 효오고 현兵庫縣 일대) 출신.

죠오슈우(城州) 요도(淀: 지금의 쿄오토 후시미 구伏見區)

■ 요도시로 하쿠산(淀城栢山). 의사이다.

코오슈우(江州) 오오츠(大津: 지금의 시가 현滋賀縣 오오츠 시)

■ 코오노 쿠우즈시(河野空圖子). 이름은 겐추우(玄通)이며 의사이다.

노오슈우(濃州) 오오가키(大垣: 지금의 기후 현岐阜縣 오오가키 시)

■ 카지카와 키쿠인(梶川菊隱).
■ 오카다 즈이츠키(岡田隨月).
■ 토리이 콘벤사이(鳥居困勉齋).
■ 키타오 슌치쿠(北尾春竹).
■ 키타오 슌린(北尾春倫).
■ 요시다 도오센(吉田道仙).
■ 코다마 도오슌(兒玉道順).

노오슈우(濃州) 이마스(今須: 지금의 기후 현 후와 군不破郡)

■ 츠지 슈쿠산(辻叔山).

산슈우(參州) 요시다(吉田: 지금의 아이치 현愛知縣 토요하시 시豊橋市)

■ 나카노 기켄(中野撝謙, 1667~1720). 이름은 츠쿠요시(繼善), 자는 젠스케(善助)이다. 나가사키 현 출신 유자이다. 에도에서 주자학을 배우며 세키야도 번(關宿藩: 지금의 치바 현千葉縣)에 출사하였다.

엔슈우(遠州) 하마마츠(濱松: 지금의 시즈오카 현靜岡縣 하마마츠 시)

- 오미 마사카즈(尾見正數). 하마마츠 번(濱松藩: 지금의 시즈오카 현靜岡縣)의 번사(藩士)이다.

순슈우(駿州) 세이켄지(淸見寺: 지금의 시즈오카 현 시즈오카 시)

- 시간(芝岸). 코고오잔(巨鼇山) 세이켄지의 승려.

주슈우(豆州) 미시마(三島: 지금의 시즈오카 현 미시마 시)

- 이토오 카이테이(伊藤介亭)
- 후지에 유우요오(藤江熊陽, 1683~1751). 이름은 타다카도(忠廉). 이토오 진사이와 이토오 토오가이에게 배웠고 하리마노쿠니 타츠노 번(龍野藩: 지금의 효오고 현兵庫縣 일대)에 유관(儒官)으로 출사하였다.

권지십이(卷之十二)

주슈우(豆州) 미시마(三島)

- 후지에 유우요오(藤江熊陽).

엔슈우(遠州) 하마마츠(濱松)

- 오미 마사카즈(尾見正數).

산슈우(參州) 아카사카(赤坂: 지금의 아이치 현 토요카와 시豊川市)

- 츄우죠안(忠恕菴).

산슈우(參州) 요시다(吉田)

- 나카노 기켄(中野撝謙).

비슈우(尾州) 키유우(起邑: 지금의 아이치 현)

- 노나카 탄켄(野中坦軒). 오와리(尾張: 지금의 아이치 현愛知縣) 출신의 무인이다.

노오슈우(濃州) 오오가키(大垣)

- 오카다 즈이츠키(岡田隨月).
- 토리이 콘벤사이(鳥居困勉齋).
- 마츠노 소오호(松野操甫). 이름은 시게요시(重義)이다.
- 타케다 요오코(武田又古). 이름은 타케시게(武重)이다.
- 타카노 요오준(高野養順).

권지십삼(卷之十三)

노오슈우(濃州) 오오가키(大垣)

- 키타오 슌치쿠(北尾春竹).
- 키타오 슌린(北尾春倫).
- 요시다 도오센(吉田道仙).
- 키타오 슌포(北尾春圃, 1658~1741). 호는 토오소오안(當壯菴), 또는 쇼오인(松隱)이다. 대대로 의학을 업(業)으로 삼은 집안에서 자랐다. 1711년 통신사를 따라 일본을 방문한 의관(醫官) 기두문(奇斗文)과 필담을 나누고 1719년에는 신유한(申維翰)과 필담을 나누었다. 기두문과의 필담은 『상한의담』(桑韓醫談)이라는 제목으로 일본에서 간행되었다.
- 키타오 토오바이(北尾東梅). 이름은 傳貞. 키타오 슌포의 아버지.

코오슈우(江州) 히코네(彦根: 지금의 시가 현滋賀縣 히코네 시)

- 코마츠 타이겐(小松泰源). 코마츠지(小松寺)의 승려.

코오슈우(江州) 오오츠(大津)

- 니시무라 타이코도오(西村帶湖堂). 이름은 토쿠호오(德峰)이다.
- 미츠이 라이호오(三井雷峰).

권지십사(卷之十四)

반슈우(播州) 무로츠(室津)

- 츠루미 큐우코오(鶴見九皐).

쵸오슈우(長州) 아카마가세키(赤間關)

- 야마가타 슈우난(山縣周南).

치쿠젠슈우(筑前州) 아이노시마(藍島)

- 텟소오(鐵相). 치쿠젠(筑前) 하카타(博多: 지금의 후쿠오카 현福岡縣) 코오묘오지(光明寺)의 승려.
- 카미야 쇼오도오(神屋松堂).
- 타케다 슌안(竹田春菴, 1661~1745). 이름은 사다나오(定直), 치쿠젠(筑前) 하카타(博多)의 유신(儒臣)이다. 카이바라 에키켄(貝原益軒, 1630~1714)에게 주자학을 배웠다. 후쿠오카 번(福岡藩)의 유신이 되어 통신사를 접대하였다.

권지십오(卷之十五)

보유(補遺)

- 키진(基珍).
- 히토미 토오겐(人見桃原).
- 우에나가 쇼오도오(植長松堂). 켄닌지(建仁寺)의 승려.

- 슈쿠운(叔雲).
- 키노시타 손켄(木下巽軒). 쿄오토 출신의 유자.
- 코오잔(輿山). 에도의 아사쿠사(淺草) 다이쇼오지(大松寺)의 승려.
- 야마와키 류유로오(山脇柳浪). 이름은 敬美. 카가 번(加賀藩)의 의사.
- 사카이 토오케이(坂井桃溪). 이름은 쥰겐(順元). 카가 번(加賀藩)의 의사.

이상이 편목에 제시된 일본 문사들이다. 이들의 필담과 창화시가 본서에 모두 수록되어 있지는 않다. 간행과정에서 산삭된 것으로 생각된다. 이하 각 권별로 중요하다고 여겨지는 내용을 소개한다.

(1) 鷄林唱和集 卷之一

권1에는 하야시 가(林家) 부자(父子)들과 통신사가 나눈 필담 및 창화시가 수록되어 있다. 필담에 참여한 일본 문인은 하야시 호오코오 및 그의 아들인 하야시 카이도오(林快堂)와 하야시 타이세이(林退省)이다. 그들이 나눈 필담 중에서 서기(書記) 남성중(南聖重)이 하야시 호오코오에게 자신의 부친이 일본에서 남긴 글을 보여 달라고 부탁하는 장면이 인상적이다. 남성중의 아버지 남용익(南龍翼)은 1655년 종사관으로 일본을 방문하여 하야시 라잔(林羅山)과 하야시 가호오(林鵞峰)를 만나 필담을 나누었다. 남성중은 자신의 부친이 일찍이 교류한 일본 문인의 아들인 호오코오를 만난 것은 '기이한 만남'이라 하면서 그 당시 부친이 수창한 시문의 원고가 남아 있으면 보여 달라고 요청하였다. 이에 대해 하야시 호오코오를 비롯해 필담에 참여한 하야시 일가의 문인들은 소장하던 남용익의 유묵(遺墨)을 보여 주면서 남성중과의 만남을 기뻐하는 시를 지었다.

(2) 鷄林唱和集 卷之二

권2에는 에도에서 이루어진 필담이 수록되어 있는데 그중에서 1711년 11월 8일 하야시 호오코오를 따라 통신사의 숙소를 방문한 쿠마가이 치쿠도오(熊谷竹堂)가 이현과 나눈 필담이 주목된다. 그 내용은 다음과 같다.

> **치쿠도오**: 우리나라에는 『원중랑집』(袁中郎集)을 좋아하는 사람이 있어 그 문집이 왕왕 전하고 있습니다. 저는 처음에 그것을 읽고 몹시 흠모하고 경복(敬服)하여 가는 곳마다 중랑(中郎: 원굉도袁宏道를 말함)에 대해 말했는데, 사람들이 그 뜻을 이해하지 못하면 저는 천하의 좋은 문장이

조물주의 시기를 받는 것을 깊이 탄식하였습니다. 그런데 요즘은 생각건대 그의 격체(格體)가 굉대(宏大)하고 파란(波瀾)이 기괴한 것은 비록 미칠 수 없을 듯하지만, 그 근거로 삼은 것이 모두 도(道)에서 벗어났습니다. 위로 전모훈고(典謨訓誥)로부터 아래로 맹가씨(孟軻氏: 맹자를 말함)에 이르기까지는 우리들이 논할 바가 아니거니와, 한유(韓愈)의 순정함과 구양수(歐陽脩)의 순수함은 오로지 도덕과 이치를 근본으로 삼았으니 정종(正宗)이 여기에 있거늘 누가 감히 함부로 여기에서 벗어나 제멋대로 할 수 있겠습니까? 원씨(袁氏) 같은 이는 고인(古人)에게 미치지 못함을 스스로 숨기고 한 격식을 세워 그릇되이 피난처로 삼았으니, 평직정대(平直正大)한 길은 요매(妖魅)가 걸을 수 있는 바가 아니라는 것을 진실로 알겠습니다. 공께서는 어떻게 생각하시는지요?

이현: 『원중랑집』은 저도 섭렵(涉獵)하였습니다. 그 문기(文氣)가 풍부하고 격체가 굉대한 것은 역시 중국의 작자라서 그런 것입니다. 그런데 이 사람은 사한가(詞翰家)의 고수(高手)일 뿐, 애초에 학문하는 사람이 아닙니다. 그가 논한 바가 도에 벗어난 것은 공죄(公罪)이니, 어찌 책임을 면할 수 있겠습니까?

竹堂: 我邦有喜『袁中郎集』者, 往往傳焉. 僕初讀之, 瓣香敬服, 到處說中郎, 人未會其意, 則深嘆天下好文字造化所忌也. 近謂彼格體宏大, 波瀾奇怪, 雖如不可企及, 其所根者皆離道也. 夫上自典謨訓誥, 下至孟軻氏, 非我曹所議. 韓之醇正, 歐之純粹, 一本乎道德理致, 則正宗所在, 孰敢橫流倒出? 如袁氏者, 自掩其不及古人, 而建立一格, 枉爲遯地耳, 眞知平直正大路頭, 非妖魅所步也. 高明以爲如何?

東郭: 『袁中郎集』, 僕亦涉獵. 蓋其文氣浩汗, 格體宏大, 自是中朝作者, 而是人也, 卽詞翰家高手, 初非學問中人, 其所論之離道, 公罪也, 何足除責?(卷之二 22b)

전모훈고(典謨訓誥)는 『서경』(書經)을 가리킨다.[2] 『원중랑집』은 명나라의 문인 원굉도(袁宏道, 1568~1610)의 문집이다. 원굉도는 호북성(胡北省) 공안현(公安縣)에서 출생하였고 문학에 능하여 형 중도(中道), 아우 종도(宗道)와 함께 '삼원'(三袁)으로 일컬어졌으며 공안파(公安派)라 불리기도 하였다. 그는 이반룡(李攀龍, 1514~1570), 왕세정(王世貞, 1526~1590)을 비롯한 의고파(擬古派) 문인들을 비판하면서 개인의 진정(眞情)을 그대로 드러내는 자유로운 글쓰기를 주장하였다. 이와 같은 원굉도의 문학론은 17세기 이래 조선의 문인들에게 점차 수용되었고, 18세기에 들어서면서 대대적으로 유행하게 되었다. 일본 문인 중에서 처음으로 원굉도에 대해 언급한 사람은 겐세이(元政, 1623~1668)이다.[3] 1696년에 『원중랑전집』(袁中郎全集)이 일본에서 간행되었으며 원굉

---

2. 전(典)은 「요전」(堯典)과 「순전」(舜典)을, 모(謨)는 「대우모」(大禹謨)·「고요모」(皐陶謨)·「익직」(益稷)을, 훈(訓)은 「이훈」(伊訓)을, 고(誥)는 「중훼지고」(仲虺之誥)·「탕고」(湯誥)·「대고」(大誥)·「강고」(康誥)·「주고」(酒誥)·「소고」(召誥)·「낙고」(洛誥)·「강왕지고」(康王之誥)를 말한다.

3. 이노구치 아츠시(猪口篤志), 심경호·한예원 역, 『일본학문학사』(소명출판, 2000), 293면.

도를 존경한 문인으로 야마모토 호쿠잔(山本北山, 1752~1812)이 있다.

치쿠도오는 원굉도에 대해 "평직정대(平直正大)한 길은 요매(妖魅)가 밟을 수 있는 바가 아니"라고 하였는데, "요매"는 요사스럽고 괴이한 귀신이라는 뜻으로 원굉도를 폄하하는 말이다. 그는 당초 『원중랑집』을 즐겨 읽었다가 후에 비판적으로 보게 되었다고 말하면서 그 이유를 원굉도의 글이 도에서 벗어났기 때문이라 하였는데, 원굉도가 불교와 노장사상에서 큰 영향을 받은 점을 비판해서 한 말인 듯하다. 이현 또한 원굉도에 대해서 긍정적인 측면이 있다고 지적하면서도 그리 높이 평가하지는 않았다.

다음으로 치쿠도오는 손이중(孫詒仲)의 『사서서언』(四書緒言)이 일본에 수입되었다고 하면서 비록 정주(程朱)의 주석과 부합되지 않은 부분이 있긴 하나 저자의 높은 식견을 담고 있는 책이라고 높이 평가하였다. 또 손이중이 지금도 살아 있는지, 『사서서언』은 조선에도 있는지 물었다. 이에 대해 이현은 그 책이 조선에도 전하지만 정주가 말한 것과 차이가 있다고 하면서 조선에서는 오직 정주를 배우고 손이중을 해충[蟊賊]같이 본다고 하였다.

손이중은 청나라 문인이다. 『사서서언』의 화각본(和刻本)이 1702년에 이미 출판된 것으로 보아 일본에서 많이 읽혔던 것으로 보인다. 이현은 조선에도 『사서서언』이 있다고 했는데 조선에서 얼마나 읽혔는지는 미상이다.

그다음에 치쿠도오는 조선에서 '문려정표'(門閭旌表: 충신・효자・열녀 등을 표창하기 위해서 집 앞이나 마을 입구에 문을 세우는 것)가 어떤 식으로 행해지는지 물었다. 이현은 조선에서는 예로부터 절의를 지켜 순사(殉死)한 신하, 부모를 잘 섬긴 효자, 정절을 지킨 여성 등을 모두 정려(旌閭)하였다고 답했다.

또 치쿠도오는 통신사의 명부에 적힌 이현의 이름 앞에 '좌랑'(佐郎)이라고 되어 있는 것을 보고 다음과 같이 물었다: 일찍이 그대가 저작좌랑(著作佐郎)을 맡았다고 들었는데 이 때문에 '좌랑'이라고 칭하였는가? 또 그 벼슬이 육조(六曹)의 좌랑인가? 이에 대해 이현은 과거에 급제한 뒤 '저작랑'(著作郎)을 맡았고, 그 후 여러 벼슬을 거쳐서 호조낭관(戶曹郎官)이 되고 후에 태수가 되었다고 답하였다. 좌랑은 육조(六曹)의 정육품(正六品) 관직으로 행정 실무를 맡았고, 저작랑은 교서관(校書館)・승문원(承文院)・홍문관(弘文館) 등의 관직으로 문서 작성을 담당하였다.

그 이외에 치쿠도오는 통신사들에게 과거시험에 급제했을 때 어떤 제목으로 글을 지었는지, 그리고 조선의 관직제도에 있는 산관(散官: 품계品階만 부여받고 실질적인 업무가 없는 관직)과 영직(影職: 직함職銜만 있고 근무규정이 없는 관직)에 대해 물었다. 통신사들은 각자 자신이 과거에 급제했을 때 지은 글의 종류와 제목을 말해 주었고, 이현은 조선의 산관과 영직에 대해 간단히 설명해 주었다.

(3) 鷄林唱和集 卷之三

권3에도 에도에서 이루어진 필담이 수록되어 있는데 그중에서 오카지마 칸잔(岡島冠山)이 통신사와 나눈 필담이 흥미롭다. 그는 10월 말 히가시혼간지(東本願寺)에서 다음과 같이 필담을 나누었다.

칸잔: 저는 나가사키 출신이며, 성(姓)은 오카지마, 자는 교쿠세이(玉成)이니, 국자좨주(國子祭酒) 하야시(林) 노인(老人)의 제자입니다. 족하(足下)의 재능은 이두(李杜: 이백李白과 두보杜甫)와 같고 기운은 원백(元白: 원진元稹과 백거이白居易)을 압도합니다. 명성이 이미 일본에까지 알려져 사람들이 우러러본 지 오래되었습니다. 지금 그대가 여기에 왔으니, 제가 즉시 안부를 여쭈는 것이 마땅하지만 벼슬 없는 처사(處士)라 감히 곧장 오지 못했습니다. 오늘에야 카쇼오(霞沼) 형을 조구생(曺丘生)으로 삼아 함께 사관을 찾아 만나 뵙게 되니, 지극히 기쁜 마음을 이기지 못하겠습니다. 저는 어릴 때부터 화음(華音: 중국어)을 배워 마음속으로 몹시 좋아하였습니다. 삼대관사(三大官使: 정사 · 부사 · 종사관)의 부하 가운데 북경음(北京音)에 능통한 분이 두 명 계시다고 들었습니다. 부디 그분들과 한 번 이야기하고 싶습니다. 만일 족하의 소개를 받아 그 두 분을 만나볼 수 있다면 대단히 감사하겠습니다.

이현: 과찬의 말씀입니다. 족하는 이미 화음에 능통하니 뛰어난 재주를 갖고 있다는 것을 알겠습니다. 창주(昌周)가 곧 나올 겁니다.

明敬: 僕長崎人氏, 姓岡島, 名璞, 字玉成, 乃國字祭酒林老人門弟也. 足下才班李杜, 氣壓元白, 芳聲預聞扶桑, 人人翹仰久矣. 今尊駕抵此, 本當卽趨奉候, 然白身處士未敢造次直至. 今日方以霞沼兄爲曺丘生, 而同登館門, 得遂識荊, 不勝欣躍之至. 僕自少學華音, 心甚喜之, 傳聞三大官使部下有兩位通北京音者. 僕正欲與之一晤. 若蒙足下維持見彼兩位, 則感謝不盡.

東郭: 不當過譽. 足下旣通華語, 大才可知. 昌周卽當出來矣.(卷之三 1a~1b)

필담 중에서 칸잔이 밝혔듯이 당시 그는 하야시 호오코오의 문하에서 수학하고 있었으며 벼슬은 하지 못했다. 조구생은 전한(前漢) 시대의 문인으로 변론을 잘하는 것으로 유명했으며 초(楚)나라 무인 계포(季布)의 이름을 널리 알려 주었다는 일화가 『사기』(史記) 「계포전」(季布傳)에 보인다. 카쇼오는 마츠우라 카쇼오(松浦霞沼)를 말한다. 카쇼오는 키노시타 쥰안(木下順庵)의 제자로 츠시마 번(對馬藩)에 출사하였다. 칸잔과 카쇼오는 함께 나가사키에서 중국어를 배운 사이로 절친한 친구였다. 칸잔은 통신사 접대를 담당했던 카쇼오의 소개로 통신사를 만날 수 있었다. 그래서 카쇼오를 조구생에 비유한 것이다. 또한 칸잔은 통신사 일행 가운데 중국어를 할 줄 아는 사람이 있다는 소문을 듣고 만나 보고자 하였다. 이에 대해 이현은 역관 정창주(鄭昌周, 1652~?)를 소개하였다. 정창주는 역관으로 자는 성지(盛之)이다. 1675년 식년시(式年試) 역과에 합격하여 사역원 정(正)・판관(判官) 등을 지냈으며, 1711년에 상통사(上通事) 판관으로 통신사를 따라 일본을 방문하였다.

칸잔과 정창주는 중국어로 대화를 나누었는데, 필담집에는 두 사람의 중국어 대화가 필담과는 다른 형식으로 표기되어 있다. 필담으로 이루어진 대화는 '寫云', '答寫云'이라고 표기하였고, 중국어로 이루어진 칸잔과 정창주의 대화는 '說曰', '答說曰'이라 표기하였으며, 또한 그 밑에 작은 글자로 '口談'이라는 표시가 있다. '明敬'은 칸잔의 이름이다. 나가사키 출신의 지식인과 조선의 통역관이 만나 중국어로 대화를 나눈 것이 특이한데, 그 대화는 다음과 같다.

칸잔: 당신은 북경어(北京語)를 할 줄 안다고 들었는데 정말입니까?

정창주: 대강 할 수 있습니다. 당신은 남경어(南京語)를 할 줄 안다니 정말 대단합니다.

칸잔: 저는 나가사키 사람인데 우리 나가사키에는 원래 남경 사람들이 많이 옵니다. 그래서 남경어를 배웠습니다.

정창주: 당신은 아마도 어릴 때 배운 것 같습니다. 그렇지 않다면 어떻게 이렇게 잘 하겠습니까.

칸잔: 10살쯤 배우기 시작하여 하루 종일 마음을 기울여 착실하게 10여 년 동안 배웠습니다. 제가 비록 우둔하지만 중국어를 말하는 것을 원래 좋아해서 배울 수 있었습니다. 그렇지 않았다면 배우지 못했을 겁니다.

정창주: 나가사키에는 1년에 몇 척의 당선(唐船: 중국 배)이 옵니까? 또 며칠 동안 머무는가요?

칸잔: 나가사키에는 1년에 7,80척의 당선이 오는데 3월과 4월 사이에 도착하고 12월에 중국으로 돌아갑니다. 나가사키에는 예로부터 규칙이 있어서 일찍 왔을 때는 일찍 돌아가고 늦게 왔을 때는 늦게 돌아갑니다. 12월까지는 모두 중국으로 돌아갑니다.

정창주: 나가사키에서 남경이나 영파(寧波), 보타산(普陀山)까지 거리가 얼마나 되는지요?

칸잔: 나가사키에서 남경까지는 300여 리이고, 영파까지는 300여 리이며, 보타산까지는 200여 리입니다. 그리 멀지 않습니다.

정창주: 그대는 몇 살인가요?

칸잔: 제 나이는 이제 40살인데 강호(江湖)에 영락(零落)한 채 오랫동안 고생해서 구레나룻과 머리카락이 모두 반백(斑白)이 되었으니, 몹시 부끄럽습니다.

정창주: 전혀 나이 들어 보이지 않습니다.

칸잔: 공께서는 연세가 어떻게 되시는지요?

정창주: 저는 60살입니다. 북경에는 네 차례 다녀왔고, 올해는 귀국에 와서 고생을 감당할 수가 없습니다.

칸잔: 남경 사람은 당신들 조선 사람과 류우큐우(琉球) 사람의 의관(衣冠)을 보면 눈물을 흘리고 곡하면서, 중국의 의관이 오히려 외국에 있으니 오늘날 우리의 모습이 몹시 부끄럽다고 말합니다.

정창주: 제가 30년 전에 북경에 갔을 때 류우큐우 사람을 봤는데 우리 의관과 똑같았습니다.

칸잔: 우리 일본은 비록 충분히 크지 않지만, 각 지방에 사는 사람들의 생활이 넉넉하고 상품 거래가 활발하게 이루어져 없는 것이 없습니다. 에도는 더욱 번화하여 골목마다 활기차서 길거리에 사람들이 붐벼 길을 가기 힘들 정도이니, 역시 좋은 지역인 것 같습니다.

정창주: 귀국은 본디 좋은 곳이고 풍속도 몹시 좋습니다.

明敬: 曾聞長兄會說北京話, 果如此麽?

昌周: 略略曉得, 長兄會講南京話, 難得難得.

明敬: 我乃長崎人. 我長崎原來南京人來得多. 所以學了南京話.

昌周: 長兄只怕少年的時候學了. 不然那得這般會講.

明敬: 十來歲的時候, 方纔學起便晝夜用心準準. 學了十餘年. 我雖愚鹵, 却原來愛說唐音, 所以學得成了. 不然不能句.

昌周: 長崎一年來多少唐船, 耽閣幾多日子.

明敬: 長崎一年來七八十隻唐船, 三四月間來了十二月回唐. 長崎有個舊規矩, 來早的早回去, 來遲的遲回去. 所以直到十二月便都回唐去了.

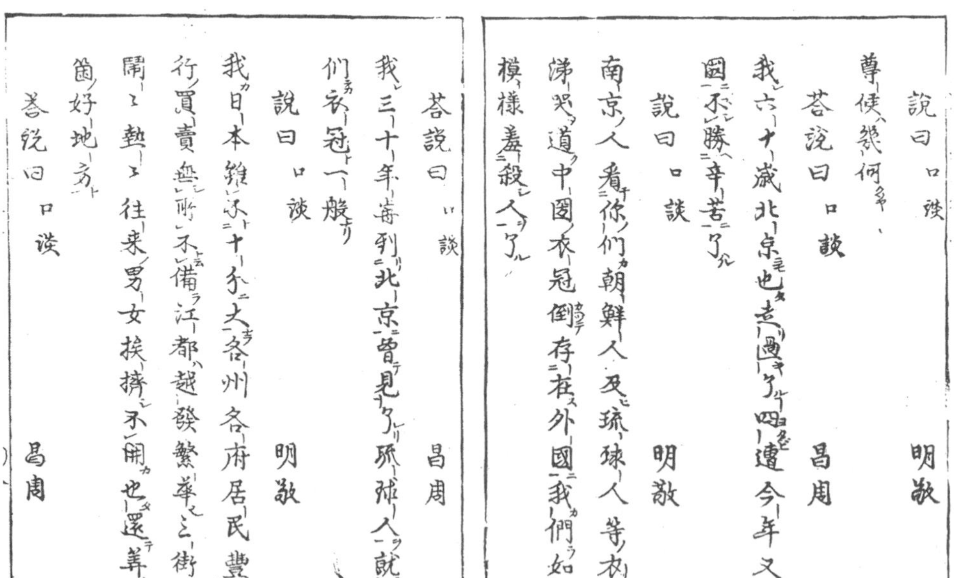

說曰 口談 明敬
尊侯幾何
荅說曰 口談 昌周
我六十歲北京也去過了四遭今年又到貴國不勝辛苦了
說曰 口談 明敬
南京人看你們朝鮮人及琉球人等衣冠便涕哭道中國衣冠倒存在外國我們如今的模樣羞殺人了
荅說曰 口談 昌周
我三十年前到北京曾見琉球人就是我們衣冠一般
說曰 口談 明敬
我日本雖不十分大各州各府居民豐富百行買賣無所不備江都越發繁華了街市鬧熱往来男女挨擠不開也還算得一箇好地方
荅說曰 口談 昌周

昌周: 長崎到南京, 或者到寧波, 或者到普陀山, 不知有多少路程?

明敬: 長崎到南京有三百餘里路, 到寧波有三百來里路, 到普陀山有二百餘里路, 沒甚麽遠.

昌周: 貴庚多少?

明敬: 賤庚虛渡四十. 只因流落江湖吃了多年苦楚. 所以鬢髮都班白了. 慚愧慚愧.

昌周: 我看來, 倒沒有老了.

明敬: 尊候幾何?

昌周: 我六十歲. 北京也走過了四遭. 今年又到貴國不勝辛苦了.

明敬: 南京人看你們朝鮮人及琉球人等衣冠, 便涕哭道中囶[4]衣冠倒存在外國, 我們如今的模樣羞殺人了.

昌周: 我三十年前到北京, 曾見了琉球人, 就是我們衣冠一般.

明敬: 我日本雖不十分大, 各州各府居民豊富, 百行買賣無所不備. 江都越發繁華, 三街六市鬧鬧熱熱. 往來男女挨擠不開, 也還筭得一箇好地方.

昌周: 貴國原來好所在. 風俗也大好.(卷之三 5b~8b)

영파는 절강성(浙江省)에 있는 도시이고 보타산 또한 절강성에 있는 섬이다. 그 당시 나가사키에는 네덜란드와 중국의 수많은 무역선이 왕래하였다. 중국에서는 주로 강소(江蘇), 절강, 복건(福建) 지역의 상인들이 왕래하였다. 정창주는 남경어를 구사하는 칸잔을 보고 놀랐는데, 이는 나가사키에서 통역으로 일하던 칸잔이 중국의 남쪽에서 온 상인들과 말할 기회가 많았기 때문이다. 1687년 에도 막부는 중국에서 오는 배의 수를 70척으로 제한하였다. 따라서 매년 7,80척의 배가 중국에서 온다는 칸잔의 말은 과장이 아님을 알 수 있다. 남경 상인들이 조선인과 류우큐우인의 의관을 보고 눈물을 흘린 것에서 이들이 한족(漢族)임을 알 수 있다. 청나라는 한족의 의관과 머리 모양을 모두 만주식으로 바꾸게 했던바, 한족은 이를 대단히 치욕스럽게 생각했다.

한편 이들은 과거시험에 관한 대화를 나누기도 했다.

칸잔: 중국과 조선에는 모두 과거(科擧)가 있습니다. 그래서 학생들이 발분하여 책을 읽고 글쓰기에 몰두하기 때문에 가끔 큰 재주를 가진 사람이 나옵니다. 일본에도 만약 과거가 있다면 기재(奇才)를 가진 사람이 끊임없이 나올 것인데, 안타깝게도 우리나라에는 과거가 없기에 설령 재주를 지닌 사람이 몇몇 있을지라도 스스로 이름을 감추고 끝내 세상에 나오지 않으니 정말 한탄할 일입니다.

정창주: 제가 보기에 여러분은 모두 현재(賢才)입니다. 만일 과거가 있다면 큰 재주를 발휘하는 사람이 더 많이 나올 것입니다.

---

4. 囶: '國'의 이형자이다.

칸잔: 일동인(日東人: 일본인을 말함)은 학문은 모자라지만 무예(武藝)에 능합니다. 창으로 찌르고 봉(棒)을 휘두르고 활을 쏘고 말을 모는 것은 전반적으로 잘합니다. 그런데 저 같은 사람들은 이 세상에 쓸모없는 존재이니, 참으로 꽉 막힌 부류입니다. 더욱이 오랫동안 곤궁하여 결국 조금도 빛을 보지 못했습니다.

明敬: 唐山、朝鮮共有科擧, 所以諸生發狠讀書用意于筆硯, 往往有大才人出來. 我日本若也有及第之事, 必然追有奇才人團團出來. 但可惜我國沒有科擧. 故縱有幾個良才人, 也自埋沒姓名, 終不能出身. 可嘆可嘆.

昌周: 我看列位都是賢才. 若有科擧, 越發大才人多哩.

明敬: 日東人學問雖不如, 却精通武藝, 刺槍使棒, 射弓跑馬, 般般在行. 但我這樣人乃當世廢料, 寔是頑人之徒了. 況且多年落泊, 竟沒些光景.(卷之三 8b~9b)

칸잔은 일본에 과거시험이 없는 것을 한탄하고, 학문 대신 무예에 힘을 기울이는 사람들을 몹시 비판적으로 보고 있다. 일본의 유학자 중에는 유학을 공부하면서도 무예의 중요성을 강조한 사람들이 많았는데, 칸잔은 이와 다른 생각을 갖고 있었던 듯하다.

11월 8일에 칸잔은 다시 히가시혼간지를 방문하여 이현, 엄한중, 홍순연과 필담을 나누었다.

칸잔: 우리나라의 문인들은 오로지 팔대가(八大家)의 문장을 보는데, 그중에도 한유(韓愈)와 유종원(柳宗元)을 가장 숭상합니다. 귀국 역시 그렇습니까?

엄한중: 한유와 유종원의 글을 사람들이 숭상하는 것은 우리나라도 똑같습니다.

칸잔: 저는 예전에 수많은 중국의 문인들을 만나 시문에 대해 논하면서 서로 절차탁마(切磋琢磨)하였습니다. 비록 모든 사람이 훌륭한 재주를 가진 것은 아니었지만 특출나게 뛰어난 사람도 있었습니다. 족하께서도 일찍이 청나라 사람의 시문을 본 적이 있습니까?

엄한중: 저도 일찍이 몇몇 사람의 작품을 본 적이 있는데, 과연 모두 아름다웠습니다.

明敬: 吾國諸生專覽八大家文章, 就中最貴韓柳. 貴國亦如此否?

龍湖: 韓柳之文, 人人貴之, 我國亦然.

明敬: 吾昔邂逅許多華客, 論文談詩, 相與切磋. 雖非盡皆良材, 亦有出類拔群者. 足下亦曾見清朝人詩文否?

龍湖: 我亦曾見若干人作, 果然都佳.(卷之三 13a~13b)

'팔대가'는 당송팔대가(唐宋八大家)를 말한다. 칸잔은 그중에서도 특히 한유와 유종원을 강조하고 있는데, 그 배경에 오규우 소라이의 영향이 있는 것으로 보인다. 인물 소개에서도 언급하였듯이 칸잔은 소라이가 설립한 중국어 연구회 야쿠샤(譯社)에서 중국어 강사를 맡아 소라이와 가까이 지냈다. 소라이는 당송팔대가 중에서 유일하게 한유와 유종원만을 인정하였다. 그는 한유·유종원·이반룡(李攀龍, 1514~1570)·왕세정(王世貞, 1526~1590)의 문장을 발췌하여 『사가준』(시카슌, 四家雋)을 편찬하였다. 이 책은 소라이의 사후, 제자들의 교정을 거쳐 1761년에 간행되었다.[5]

이어서 칸잔은 일본의 풍경 중에서 조선의 풍경과 다른 곳이 있는지 물었다. 이에 대해 홍순연은 비와코(琵琶湖)와 후지산(富士山)을 들어 '우주 사이의 기이한 광경'[宇宙間奇觀]이라고 하였다. 그 뒤로 칸잔과 홍순연의 필담은 다음과 같이 이어졌다.

> **칸잔:** 우리나라의 후지산을 직접 보거나 그에 대해 들은 사람치고 놀라지 않는 이가 없습니다. 옛날에 중국의 문인 또한 후지산을 많이 읊었습니다. 족하께서는 직접 그 산을 보셨으니, 어찌 시를 짓지 않을 수 있었겠습니까? 일찍이 들으니 귀국에도 큰 산이 하나 있다고 하는데 아직 그 이름을 알지 못하니 부디 알려 주십시오.
>
> **홍순연:** 우리나라에는 명산이 많은데 그중에서도 가장 기이하고 큰 것은 금강산(金剛山)입니다. 족하께서 들으신 것이 혹 이 산 아닙니까? 후지산도 신묘하고 특출나지만 기이하고 수려하며 맑고 깨끗한 것은 금강산에 미치지 못합니다. 제가 도중에 「후지산을 바라보며」(望富岳)라는 시를 한 수 지었는데, 구수(句數)가 많아 써서 보여 드릴 수 없으니 안타깝습니다.
>
> **明敬:** 吾國富岳, 見者聞者無不駭然. 在昔華之才人亦多題之. 足下親見其山, 豈可不題之哉? 嘗聞貴國亦有一座大山, 其名未知, 見教見教.
>
> **鏡湖:** 我國名山甚多, 而其最奇而大者<u>金剛山</u>. 足下所聞, 無乃是耶? 富岳亦神特, 而奇秀清淑, 所不及<u>金剛</u>耳. 僕路中有「望富岳」一篇, 而句數浩多, 未及錄示, 可嘆.(卷之三 14b~15a)

이 필담을 시작으로 칸잔과 홍순연은 후지산과 금강산 중 어느 쪽이 빼어난가 논쟁을 벌였다. 칸잔이 이 세상에서 가장 뛰어난 산은 후지산뿐이며, 후지산 외에 어느 산이 있는가, 조선의 금강산도 뛰어나다고 하는데, 나는 이 산에 대해 들은 바 없으니, 자세히 가르쳐 달라고 하자, 홍순연은 금강산의 위치, 높이, 외관, 특징 등을 설명하면서 중국인의 말에 "동국(東國: 조선을 말함)에 태어나 한 번 금강산을 보고 싶다."(願生東國, 一見金剛)라는 말도 있거니와 천하의 명산 중 금강산보다 장려한 산은 없을 것이라고 답하였다. 그러자 칸잔은 일본에는 명산이 여럿 있고 모두 수려한데 역시 후지산만 못한다고 하면서 예부터 일본을 봉래(蓬萊: 신선이 산다는 전설상의 산)라고 일컫는 것은 후지산 때문이라고 하였다. 또 후지산이 금강산만 못한다는 말을 전혀 믿을 수가 없는데, 금강산은 어느 책에

---

5. 『사가준』을 편찬한 소라이의 의도에 관해서는 白石眞子, 「徂徠, 徂徠學派の詩文論」(『太宰春臺の詩文論』, 東京: 笠間書院, 2012, 16~70면) 및 白石眞子, 「荻生徂徠『四家雋』に見える文論」(『上智大學國文學論集』 30號, 1997) 참조.

실려 있는가, 그렇게 이름이 높은 산이라면 그림이 있을 터인데 한 번 보고 싶다고 하였다. 이에 대해 홍순연은 금강산은 중국의 여러 책에 실려 있고, 그 때문에 중국인도 조선에 태어나서 금강산을 보고 싶다고 한 것인데, 지금 더 자세히 말할 시간이 없으며, 그림도 있지만 사행길에 가져오지 않아 아쉽다고 답하였다.

금강산과 후지산 중 어느 쪽이 더 뛰어난가에 대한 논쟁에 대해서는 이미 선행 연구가 있다.[6] 예부터 일본인은 후지산을 사랑하여 많은 문인들이 와카(和歌)나 하이쿠(俳句)로 후지산의 경관을 읊었으며, 에도 시대에 들어서는 후지산을 그린 우키요에(浮世繪)가 수없이 인행(印行)되었다. 그 외에 병풍, 족자, 의복의 모양, 일상생활에서 쓰는 그릇에 이르기까지 후지산이 묘사되어 있었다. 일본을 비교적 객관적으로 보고 있던 칸잔마저도 다른 일본인과 마찬가지로 후지산에 대해서는 큰 자부심을 갖고 있었던 것으로 보인다.

마지막 부분에 서예가인 오카 린치쿠와 통신사가 주고받은 수창시와 편지가 수록되어 있는데, 이현의 편지에 린치쿠와 만나게 된 과정이 적혀 있다. 그에 의하면 이현이 에도성(江戶城)에 있었을 때 아메노모리 호오슈우(雨森芳洲)가 서축(書軸)을 보여 주면서 오카 린치쿠라는 일본에서 이름이 높은 서예가가 쓴 글씨라고 하였다. 그 글씨가 너무 뛰어나서 이현은 오카 린치쿠를 몹시 만나고 싶어 했는데, 며칠 후 오카 린치쿠가 숙소를 찾아왔다. 린치쿠가 쓴 시 또한 볼 만하였다. 이현은 린치쿠에게 글씨를 몇 장 부탁하면서 귀국하여 조선의 문인들에게 자랑하고 싶다고 말하였다. 필담집에는 이현 외에 린치쿠의 글씨를 칭찬하는 조태억과 이방언의 글도 수록되어 있다.

(4) 鷄林唱和集 卷之四

권4에는 쿄오토 혼코쿠지(本國寺)에서 이루어진 필담이 수록되어 있다. 여기서는 마츠자키 란코쿠(松崎蘭谷), 이노오 쟈쿠스이(稻生若水), 아오치 슌신(靑地浚新)의 필담을 소개한다.

마츠자키 란코쿠[7]와 통신사의 필담은 1711년 10월에 이루어졌다.

란코쿠는 이현에게 몇 가지 질문을 했다. 먼저 조선의 관직제도에 대해 옛날 조선의

6. 이혜순, 「18세기 韓日文士의 金剛山-富士山의 우열 논쟁과 그 의미」(『韓國漢文學硏究』 제14집, 1991) 참조.

7. 마츠자키 란코쿠는 통신사와 필담을 할 때 '甘白'이라는 호를 사용하였는데, 일반적으로 일본에서는 '마츠자키 란코쿠'라는 이름으로 알려져 있기 때문에 본서에서도 '마츠자키 란코쿠'라는 호칭을 사용한다.

관직 중에 일길찬(一吉湌)・나마(奈麻)・나졸(奈卒)・사찬(沙湌) 등의 명칭이 있는데, 그 명칭의 의미와 등급이 무엇이며 지금도 그 관직이 있는지 물었다. 이에 대해 이현은 그 관직들은 신라(新羅)나 고려(高麗) 시대의 것으로 지금은 없다고 답하였다. 란코쿠가 거론한 관직명 중 '나졸'(奈卒)은 '나말'(奈末)의 오기로 보인다. 일길찬을 비롯하여 란코쿠가 물어본 관직명은 모두 신라시대의 관직을 가리킨다.

다음으로 란코쿠는 조선의 관직제도가 명나라 홍무(洪武, 1368~1398), 영락(永樂, 1403~1424)의 제도를 답습한다고 들었는데, 지금도 그러는지, 관직의 등급은 『경국대전』(經國大典)이나 『고사촬요』(攷事撮要) 등의 책에 의거하는지 물었다. 이에 대해 이현은 조선의 관직제도는 모두 명나라 제도를 따르며, 그중에 관직의 명칭이 다른 것도 없지는 않다, 관직의 등급도 『경국대전』과 『고사촬요』에 실려 있고, 그 책들은 이미 일본에도 유포되었기 때문에 확인하면 된다고 답하였다.

그다음에 란코쿠는 조선의 붓에 대해 물었다. 그는 『대명일통지』(大明一統志)와 동규봉(董圭峰, 1430~1502)의 「조선부」(朝鮮賦)에 '낭미필'(狼尾筆)이라는 말이 보이는데, 주석에 이것을 황서호(黃鼠毫)라 하였던바 이는 곧 황모필(黃毛筆)이라 생각된다면서, 주석에서 말한 '황서'(黃鼠)가 이시진(李時珍, 1518~1593)의 『본초강목』(本草綱目)에 실린 것과 다른 것인지 물었다. 이에 대해 이현은 조선의 붓, 먹, 종이는 천하에 유명해서 일찍이 명나라 사절들이 조선에 오면 꼭 구해 갔다고 하였다. 또 황모필은 가장 고급품으로 황광(黃獷)의 털로 만든 것인데 지금 일상적으로 사용되며, 낭미필은 너무 딱딱해서 사용하지 않는다고 하였다. 그 외에 날다람쥐 털로 만든 청필(青筆)과 양털로 만든 백필(白筆)이 있는데, 둘 다 유약해서 좋은 붓이 아니라고 답하였다. '황광'이 무엇인지 린코쿠가 묻자 이현은 조선의 언문(諺文)으로 말하면 '족지비'(足衹飛: 족제비)이며, 이것의 노란 털을 모아 갖옷을 만든다고 답하였다. 린코쿠가 조선에서 언문이 언제부터 사용되었는지 묻자 이현은 조선에서 한글이 만들어진 과정을 말하며 츠시마 사람 중에도 한글에 능통한 사람이 있으니 몹시 신기한 일이라고 답하였다.

동규봉은 동월(董越, 1430~1502)을 말한다. 그는 1488년 명나라의 사신으로 조선에 와서 조선의 풍토를 읊은 「조선부」를 지었는데, 란코쿠는 그 속에 나오는 '낭미필'(狼尾筆)이 도대체 무엇인지를 물은 것이다. 본초학에 관심이 있었던 란코쿠는 그것이 『본초강목』에 실린 것과 똑같은 것인지 궁금했던 듯하다. 이현은 란코쿠의 질문을 받고, 조선의 붓에 대해 자세히 설명해 주었다. 당시 조선 붓의 품질이 좋다는 사실이 일본에도 널리 알려져 있어서 통신사가 일본인들과 만날 때면 붓을 선물하였다.

이어서 란코쿠와 이현은 삼한정벌(三韓征伐)에 대해 필담을 나누었다.

란코쿠: 우리 국사(國史)에 신세(神世) 때 스사노오노미코토(素戔嗚尊)가 신라국(新羅國)으로 갔다는 기록이 있습니다. 귀방(貴邦)에도 지금 이런 사실이 전해집니까?

이현: 스사노오노미코토의 이야기는 모두 신라 때 있었던 일입니다. 시대가 너무 멀고 증거가 없으니, 상고할 수 없습니다.

甘白: 我國史載我神世有素戔嗚尊往新羅國. 貴邦今亦傳此等事耶?

東郭: 素戔嗚尊之說皆在新羅之世, 世代久遠, 無徵不可考矣.(卷之四 6a)

'甘白'은 란코쿠의 별호이다. '신세'(神世)는 신이 일본을 다스렸던 시대, 즉 신화 시대를 가리킨다. 스사노오노미코토는 『일본서기』(니혼쇼키, 日本書紀)나 『고사기』(코지키, 古事記) 등 일본의 고대 신화에 나오는 신(神)이다. 『일본서기』에는 하늘에서 추방당한 스사노오노미코토가 신라로 내려갔다는 기술이 있다. 이 기술을 근거로 일본의 역사학자 호시노 히사시(星野恒, 1839~1917)는 스사노오노미코토가 '신라의 주(主)'라고 하면서 일조동조론(日朝同祖論)을 주장하기도 하였다. 란코쿠 또한 『일본서기』를 역사적 사실로 보고 있었던 것 같다. 이에 대해 이현은 스사노오노미코토의 이야기는 신라 시대의 일이라 고증할 수 없다고 대답하며 그 이야기가 사실인지에 대해 의문을 제기하였다.

이어서 이노오 쟈쿠스이가 이현에게 식물에 대해 질문한 문답을 소개한다. 그는 아오치 슌신과 더불어 통신사의 숙소인 혼코쿠지를 방문하여 필담을 나누었다. 쟈쿠스이는 초목곤충(草木昆蟲)에 관해 연구하고 있다고 자신을 소개하고 벚나무와 단풍나무의 가지를 가져와서 이현에게 물었다. 그는 먼저 일본에 '앵화'(櫻花)라는 이름의 나무가 있다고 하면서 그 나무의 형체, 종류, 가지와 잎의 모양, 특성 등을 자세히 설명한 다음, 이 나무가 조선에도 있는지 물었다. 이에 대해 이현은 자신이 츠시마에서 본 '백앵도'(白櫻桃)가 바로 쟈쿠스이가 말하는 나무와 비슷한데, 츠시마에서는 아쉽게도 꽃핀 모습을 볼 수 없었다고 하였다. 또 조선의 '앵화'(櫻花) 나무는 일본의 나무와 크기와 모양이 다르다고 하였다. 그다음에 쟈쿠스이는 '홍수'(紅樹), 즉 단풍나무의 가지를 보이면서 그 나무의 특징, 잎의 크기와 색깔, 종류 등에 대해 설명하고 조선에 이 나무가 있는지 물었다. 이현은 일본에서 바다에 접한 지역을 지날 때 이 나무를 많이 봤다고 하면서 조선의 단풍나무의 전반적인 특징과 계절에 따라 어떻게 색깔이 달라지는지 등에 대해 설명하였다.

그 외에 쟈쿠스이는 남성중과 필담을 나누었는데 선인장(仙人掌)의 종류, 포도의 생산지 등에 대해 이야기를 나누었다. 또 쟈쿠스이는 양의(良醫) 기두문과 초목에 관해 이야기를 나누었다. 본초학을 공부하고 있었던 그는 식물에 매우 큰 관심을 가지고 있었던 듯하다.

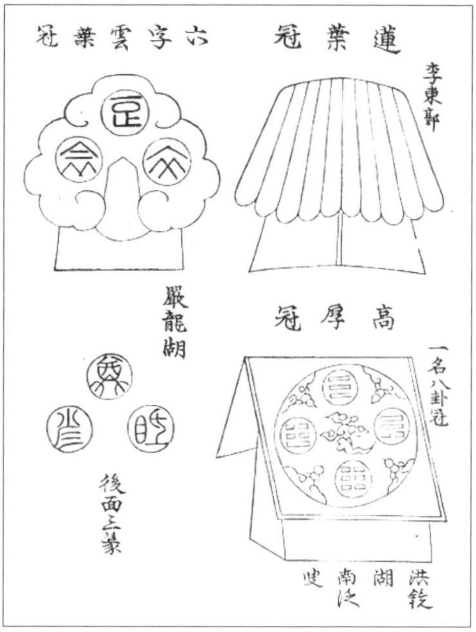

마지막으로 아오치 슌신과 통신사가 주고받은 필담의 내용을 소개한다. 슌신이 오랫동안 이퇴계의 학문을 숭상하였는데, 그 자(字)를 모르니 가르쳐 달라고 하자 이현은 퇴계의 자와 약력을 간단히 설명하였다. 또 슌신은 엄한중에게 이현, 엄한중, 남성중이 쓰고 있는 관의 명칭에 대해 물었는데, 엄한중은 이현은 연엽관(蓮葉冠), 엄한중은 운엽육자관(雲葉六字冠), 남성중은 고후관(高厚冠)을 쓰고 있다고 답하였다. 그리고 그 옆에는 연엽관, 운엽육자관(그림에는 육자운엽관이라고 적혀 있음), 고후관의 모양과 관 뒷면의 모양이 그려져 있다. 그림의 아래와 옆에는 각각 제술관 및 서기의 이름이 적혀 있고, 고후관 그림 옆에는 '일명 팔괘관'(一名八卦冠)이라고 하여 별칭이 적혀 있다.

또 슌신이 가지고 있던 인갑(印匣)에 대해 엄한중이 자세히 물어보았고, 슌신이 일찍이 나가사키에서 구입한 그릇을 엄한중이 매우 칭찬하면서 어디서 구할 수 있는지 물어보기도 하였다.

(5) 鷄林唱和集 卷之五

권5에는 사행의 복로(復路)에서 이루어진 필담이 수록되어 있다. 에도에서 국사(國事)를 마친 통신사는 돌아가는 길에 다시 쿄오토를 방문하였는데, 마츠자키 란코쿠(松崎蘭谷), 이노오 쟈쿠스이(稻生若水), 아오치 슌신(靑地浚新)이 통신사와 다시 만나 매우 흥미로운 대화를 나누었다.[8]

특히 이노오 쟈쿠스이가 『서물유찬』(쇼부츠루이산, 庶物類纂)의 서문 집필을 통신사

8. 마츠자키 란코쿠와 이현이 주고받은 문답에 대해서는 본서에 수록된 『한객창화집』(韓客唱和集)의 해제가 참조된다.

에게 요청하는 장면이 매우 흥미롭다. 그는 먼저 자신이 『서물유찬』을 쓰게 된 과정을 다음과 같이 설명하였다.

> 저는 우리나라 북부의 번(藩)인 카가(加賀), 엣츄우(越中: 지금의 토야마 현富山縣), 노토(能登: 지금의 이시카와 현石川縣) 세 주(州)의 번주 카나자와(金澤: 마에다 츠나노리前田綱紀를 말함)의 신하입니다. 번주께서는 제가 초목곤충의 학문을 좋아하는 것을 아시고 『서물유찬』 천 권을 편찬하라고 명하셨습니다. 중국인이 기록한 책 중에 우리나라에서 나는 것을 증거로 삼은 것이 모두 2천여 가지이니, 일생의 정력(精力)을 다하여 종류별로 정리하고 백가(百家)의 설을 망라하여 직접 눈과 귀로 연구한 것을 가지고 결단한 이후에 이 책을 지었다고 자부합니다. 옛날 기록에는 보이지만 지금 우리나라에 없는 것과 귀한 나무, 아름다운 풀, 기이한 동물, 기괴한 짐승, 옥돌, 진귀한 물건 가운데 동방(東方)에만 있어 고증할 수 없는 것에 대해서는 따로 편찬하고자 합니다. 그러나 그 사업이 너무나 크니 역시 하루아침에 할 수 있는 일이 아닙니다. 저는 늙고 병이 많아 수명을 기약할 수 없으니 뜻만 있고 이루지 못할까 걱정입니다. (…)
>
> 義蔽邦北藩加賀、越中、能登三州鎭主金澤侯小臣也. 侯知義有好草木昆蟲之學, 乃命義撰次『庶物類纂』一千卷, 皆係作徵于華人記載中而吾國所産者凡二千餘種, 自謂盡一生之精力, 以平章群類, 罔羅百家之說, 斷以耳目之親究. 然後作此書也. 雖於其名見于往牒, 而本國未之有者, 與夫嘉木艶草、奇禽怪獸、玉石珍寶, 東方所獨有而不可考者, 則欲別撰著. 其事洪大, 亦非旦夕所能爲者. 衰年多病, 壽命不可期, 恐有志而不能成耳.(卷之五, 7b~8a)

이를 통해서 쟈쿠스이가 『서물유찬』의 완성에 얼마나 심혈을 기울였는지 알 수 있다. 『서물유찬』은 중국의 서적에서 식물, 동물, 약초 등에 관한 기사를 발췌하여 26가지로 분류하고 각 사물의 별명, 효능, 특징, 성질을 설명한 책이다. 쟈쿠스이의 말대로 모두 천 권을 예정으로 편찬 작업에 들어갔으나, 1715년에 쟈쿠스이가 죽었기 때문에 362권까지 편찬되고 중단되었다. 1734년 막부는 『서물유찬』의 증보(增補)를 계획하여 쟈쿠스이의 제자인 니와 쇼오하쿠(丹羽正伯, 1700~1753)를 책임자로 삼아 일본 각지의 산물을 조사하였다. 1747년 드디어 정편(正編) 천 권, 보편(補編) 54권이 완성됐다. 양이 너무 방대했기 때문에 출판되지는 않았으나, 『서물유찬』을 완성시킨 것은 큰 의미가 있다. 당시 본초학이나 각 지방의 산물 조사는 주로 개인이 했는데, 이번에는 막부가 적극 나섰기 때문이다. 막부가 일본 각지의 산물 조사를 시킨 것을 계기로 각 지방에서 본초학에 대한 관심이 높아져 각지에서 본초학 연구가 행해지게 되었다.[9]

쟈쿠스이는 이전에 무로 큐우소오(室鳩巢, 1658~1734)가 써 준 『서물유찬』의 서문을 통신사들에게 제시하면서 그 서문을 참고로 하여 서문을 써 달라고 부탁하였다. 이에 대해 통신사는 다음과 같이 대답하였다.

홍순연: 당신의 말씀에 부응하고자 하나 등한히 글을 지어서는 안 되고 삼가 마땅히 깊이 생각해야 할 것이니, 아마도 감히 못할 듯합니다.

엄한중: 이 책은 찬집(纂集)한 것이 대략 몇 권입니까? 글의 내용과 제목을 보니, 옛날에 『이아』(爾雅)를 증보한 것과 비슷합니다. 족하께서는 박아(博雅)의 선비라 할 만합니다. 부탁하신 말씀은 감당할 수 없으니 어떻게 해야 할지요?

쟈쿠스이: 찬집한 것이 천 권입니다. 꼭 거작(巨作: 상대방의 글을 높인 말)을 내려주시고, 사양하지 마십시오.

남성중: 족하께서 엮은 것을 대략 보건대 대단한 책이라 저 같은 부유(腐儒)가 논할 수 있는 바가 아닙니다. 다만 족하께서 이러한 공부를 쌓으셨으니, 꼭 일국(一國) 안에서만 유통시킬 게 아니라 천하에 전하여 보여 주신다면 정말 경하할 만한 일이겠지요. 귀하께서 글을 다 쓰신 지 몇 년이 지났으니, 생각건대 틀림없이 세상에 간행되었을 겁니다. 전질(全帙) 한 부를 볼 수 있을까요?

쟈쿠스이: 서문은 귀하가 아니면 안 됩니다. 반드시 거작을 내려주시고, 거절하지 마십시오.

남성중: 서발(敍跋)의 글은 곧 문인학사(文人學士)가 하는 일이니, 저 같은 부유가 어떻게 대가(大家)의 글에 붓을 댈 수 있겠습니까? 족하에게도 영광스럽지 않을 것이니, 강권(强勸)하지 마시기 바랍니다.

쟈쿠스이: 천 번 만 번 감히 부탁드립니다. 은혜를 베푸시면 매우 다행이겠습니다.

---

9. 杉本つとむ, 『江戸の博物學者たち』(東京: 講談社學術文庫, 2006), 75~76면.

鏡湖: 雖欲副教, 不可等閑構出, 謹當研思, 而恐不敢也.

龍湖: 此書所纂集凡幾卷耶? 觀其立言命意, 與古之埤『爾雅』相類. 足下可謂博雅之士也. 所托之辭, 不敢當奈何.

若水: 所纂一千卷. 必賜巨作, 勿以辭.

泛叟: 足下所撰, 觀其大略, 卽書之大家也. 非僕腐儒之所可議也. 但足下積此工夫, 必不行之於一國, 行將傳示於天下, 可賀可賀. 貴書之卒業已幾歲矣, 想必刊行於世, 一件全書可以得玩也?

若水: 叙文非君則不可也. 必賜巨作, 勿拒.

泛叟: 敍跋之文卽文人學士之所居. 如僕腐儒安敢二筆於大家之書乎? 於足下亦無光, 幸勿强之也.

若水: 千萬爲敢乞, 惠來幸甚.(卷之五, 8b~9b)

쟈쿠스이가 끈질기게 부탁하여 마침내 이현이 서문을 써 주었다. 통신사들은 『서물유찬』의 방대함에 몹시 놀랐던 것 같다. 이로부터 37년 후인 1748년에 의원 자격으로 통신사를 따라 일본을 방문한 조덕조(趙德祚) 또한 쟈쿠스이의 제자 니와 쇼오하쿠가 완성한 『서물유찬』을 보고 서문(序文)을 써 주었다. 그 글은 『양동필어』(兩東筆語) 권6에 실려 있는데, 조덕조는 거기서 정밀한 고증에 바탕한 『서물유찬』의 서술을 칭찬한 바 있다.

다음으로 쟈쿠스이는 '성'(鮏)이라는 물고기에 대해 질문하였다. 그 물고기가 어디에 생식하는지, 어디서 알을 낳고 어떻게 성장하는지, 크기, 색깔, 모양, 맛이 어떤지 등을 구체적으로 설명한 다음, 『민서』(閩書)에 실린 '과납어'(過臘魚)가 그 물고기와 비슷하긴 한데 완전히 똑같은 것이 아닌 것 같다고 하였다. 또 그는 미나모토노 시타고오(源順, 911~983)가 지은 『화명류취초』(와메이루이주쇼오, 和名類聚抄)에서 최우석(崔禹錫)의 『식경』(食經)을 인용하면서 이 물고기가 봄에 태어나고 겨울에 죽기 때문에 연어(年魚)라고 부르기도 한다고 했지만, 지금 『식경』이 전하지 않으니 고증할 길이 없다고 하였다. 그리고 조선에 과연 이러한 물고기가 있는지 물었다. 엄한중은 조선의 농어[鱸魚] 같다고 답하였고, 이현과 남성중, 홍순연은 송어(松魚)일 것이라고 하였다.

필담을 수록한 다음 쟈쿠스이는 통신사와 필담을 하게 된 과정과 그들과 나눈 문답에 대한 자신의 견해를 다음과 같이 기록하였다: 통신사들이 말한 '송어'라는 물고기는 『동의보감』(東醫寶鑑)에 보이는데, 이 책에 의하면 '성'과 '송어'는 같은 물고기이다. 그러나 이는 중국과는 다르다. 『팔민통지』(八閩通志)를 비롯한 중국의 책에도 '송어'가 실려 있으나, 거기서 설명하는 송어의 형체는 '성'과는 전혀 다르다. 이름은 똑같은데 전혀 다른 것을 가리키고 있으니 모두 그 나라에서만 사용되는 명칭일 것이라고 하였다.

쟈쿠스이가 말하는 '성'이라는 물고기가 구체적으로 무슨 물고기인지 알 수 없으나, 아마도 연어와 비슷한 물고기를 가리키는 것으로 추측된다. 『민서』는 명나라의 문인 하교원(何喬遠, 1558~1631)이 지은 책으로 복건성(福建省)의 풍속이나 지리를 기록한 지방지(地方誌)이다. 『화명류취초』는 미나모토노 시타고오리는 일본의 학자가 10세기 전반에 지은 한화사전(漢和辭典)이다. 한어(漢語)로 된 명사를 의미에 따라 분류하고 출전(出典)과 발음을 제시한 책으로 백과전서에 가까운 사전이다. 최우석의 『식경』은 당(唐)나라 이전에 편찬된 책으로 곡물, 과일, 야채, 물고기 등의 섭취방법을 기록한 책인데, 현전하지 않는다. 『팔민통지』는 명나라의 문인 황중소(黃仲昭, 1435~1508)가 지은 복건성에 관한 지리서로 1490년에 간행되었다. 본초학을 연구했기 때문인지 쟈쿠스이는 '성'이라는 이름의 물고기가 무엇인지를 알아보기 위해 방대한 책을 참조하면서 고증하고 있다. 한 마리의 물고기를 둘러싸고 수많은 책을 섭렵하면서 꼼꼼하게 따지는 쟈쿠스이의 자세에서 에도 시대 본초학자의 근면한 모습을 엿볼 수 있다.

이어서 아오치 슌신이 통신사들과 주고받은 문답이 수록되어 있다. 슌신은 통신사의 숙소를 찾아갔는데, 그날이 국기일(國忌日)이었기 때문에 이현이 필담을 거절하였다. 그래서 그는 호오슈우와 카쇼오에게 부탁하여 『대학신소』(다이가쿠신소, 大學新疏)라는 책과 편지를 이현에게 보내고, 세 가지 질문을 적은 편지를 남성중에게 보냈다.

슌신은 이현에게 보낸 편지에서 자신이 마키노 나루미(牧野成實, 1629~1702)에게 유학을 배웠고 나루미의 친구인 무로 큐우소오(室鳩巢, 1658~1734)를 매우 존경한다고 하였다. 또 무로 큐우소오가 저술한 『대학신소』를 이현에게 증정한다는 내용이 담겨 있다.

마키노 나루미는 주자학자로 야마자키 안사이(山崎闇齋)에게 배웠다. 이름은 나루미, 자는 요오센(養潛), 호는 켄사이(謙齋)이다. 일본에서는 하구로 요오센(羽黑養潛)이라는 이름으로 알려져 있다. 무로 큐우소오는 키노시타 쥰안(木下順庵)의 문인으로 불교와 신도(神道)를 이단으로 배척하고 오직 주자학만을 정통으로 간주한 유학자이다. 큐우소오는 통신사가 에도에 왔을 때 필담을 나눈 바 있다.[10]

슌신은 이현에게 『대학신소』를 선물하며 자신의 스승인 나루미가 항상 무로 큐우소오를 칭찬하였다고 하였다. 또한 조선에서는 정주(程朱)의 학문만을 숭상하고 다른 학설을 따르지 않음을 지적하고 『대학신소』의 내용이 조선 유학자들의 생각과 일치할 것이라고 하였다. 『대학신소』는 『대학장구신소』(다이가쿠쇼오쿠신소, 大學章句新疏)를 가리키는

---

10. 무로 큐우소오와 통신사의 필담 내용에 관해서는 본서의 『조선객관창화시병필어』(朝鮮客館唱和詩幷筆語) 해제가 참조된다.

것으로 보인다. 주자의 주석을 충실히 따라 소(疏)를 붙인 책으로 현재 일본 국립중앙도서관에 소장되어 있다.

이현에게 보낸 편지 외에 슌신은 남성중에게도 세 가지 의문을 적은 편지를 보냈다.

첫째는 주희의 『역학계몽』(易學啓蒙)과 이황(李滉)의 『계몽전의』(啓蒙傳疑)에 관한 질문이다. 『역학계몽』은 주희가 『주역』(周易)을 해설한 책이고, 『계몽전의』는 이황이 『역학계몽』의 내용을 더 자세하게 설명한 책이다. 슌신은 우선 『계몽전의』가 믿고 따를 만한 책이라고 칭찬한 다음 이 책에서 이황이 주희의 점치는 법에 대해 의문을 제기한 것이 타당한지 남성중에게 물었다. 슌신에 의하면, 주희는 『역학계몽』에서 "네 번째 효(爻)와 다섯 번째 효가 변하면 변하지 않은 효로 점을 친다"(四爻五爻變, 以不變爻占)라고 주장했다. 그런데 퇴계는 『계몽전의』에서 여기에 대해 의문을 제기했으며, 그 근거로 자신의 생각과 비슷한 의문을 제기한 명나라 한방기(韓邦奇, 1479~1556)의 『역학계몽의견』(易學啓蒙意見)을 들었다는 것이다. 또 슌신은 명나라 학자 양시교(楊時喬, 1531~1609)도 『주역전서』(周易全書)에서 한방기와 비슷한 의견을 제시했지만, 한방기와 양시교의 무리들은 이론(異論)을 만들고 스스로 일가(一家)의 말을 세우기를 좋아하는 자들이기 때문에 자신은 더 이상 논의하고 싶지 않다고 하였다. 이어서 슌신은 "이선생(李先生: 퇴계를 말함)의 학문은 순정(醇正)하고 박아(博雅)하여 오로지 주자의 학문을 숭상하는데, 지금 『계몽』(啓蒙: 『계몽전의』를 말함)에서 '네 번째 효와 다섯 번째 효가 변하면 변하지 않은 효로 점을 친다'라는 설에 의문을 가진 것은 어째서입니까?"(李先生之學醇正博雅, 一宗朱子之學, 今於『啓蒙』有疑四爻五爻變以不變爻占之說者, 何哉: 16a)라고 물었다. 슌신은 이황이 주희의 의견을 충실히 따른다고 생각하고 있었는데, 점치는 방법에 이견을 제기한 것을 이해할 수 없었던 듯하다. 또 슌신은 일찍이 야마자키 안사이가 이황이 상세히 고증하지 않고 의문을 제기했음을 지적한 적이 있다고 하며, 남성중은 이에 대해 어떻게 생각하는지 물었다.

요컨대 주희가 『역학계몽』에서 말한 점치는 방법에 대해 이황이 의문을 제기했는데, 이는 이황의 잘못이 아닌가라는 질문이다. 이 질문을 통해 일본의 유학자가 퇴계학을 매우 깊이 연구했음을 알 수 있다. 당시 일본의 주자학은 퇴계학을 준신하는 경향이 있었는데, 슌신은 이황의 견해를 무조건 따르지 않고 있다. 또한 일본 주자학의 비조라 할 수 있는 야마자키 안사이가 이황의 견해를 비판적으로 인식했다는 점도 주목할 만하다. 일본의 주자학은 퇴계학을 깊이 연구한 안사이에게 와서 비로소 심화될 수 있었는데 안사이도 이황의 학문을 비판적으로 검토하면서 받아들이고 있었음을 알 수 있다. 슌신의 스승인 하구로 요오센(羽黑養潛)이 안사이의 제자였기 때문에 슌신도 안사이 사상의 영향을 받아 이렇게 말한 것이라 생각된다.

둘째는 휘(諱)에 대한 질문이다.

> 대저 지존(至尊)의 이름을 일컬을 때 '어명(御名) 모'라고 하고 대인(大人)을 일컬을 때 '존명(尊名) 모'라고 하거니와, 사람의 생전 이름을 휘라고 일컫는 경우는 듣지 못했습니다. 『좌씨전』에 "주나라 사람은 휘(諱)로써 귀신을 섬기므로, 이름은 마침내 피휘하게 됩니다."라는 말이 있습니다. 이것은 고금에 통용되는 도리여서 의심할 만한 것이 없습니다. 그러나 우리나라에서 요즘에는 생전에도 휘라고 하니, 제 생각에 이것은 근거가 없을 뿐 아니라 기피해야 하는 일에 속합니다. 임술년(1682)에 취허(翠虛: 성완成琬) 성공(成公)이 빙사(聘使)를 따라 일본에 왔는데, 시를 수창할 때 사인(士人)에게 존휘(尊諱)가 무엇인지 물었고 승려에게 법휘(法諱)와 법자(法字)가 무엇인지 물었습니다. 제 생각으로 『예기』(禮記)에 "다른 사람 집의 문에 들어가서는 그 집 어른의 휘를 묻는다"라는 말이 있는데 이렇게 하는 것은 그 집 주인에게 실례를 할까 걱정했기 때문입니다. 성공(成公)이 휘를 물어본 것은 아마도 이 예를 행하고자 생각했기 때문일 것입니다. 그런데 답하는 사람들이 이를 잘못 답습하여 함부로 자기 이름을 들어 대답했습니다. 그런데 성공은 자(字)를 같이 물었으니, 그렇다면 귀국에도 생전에 휘라고 칭하는 경우가 있는 듯합니다. 그래서 감히 물어보는 것입니다.
>
> 凡名稱於至尊謂'御名某', 於大人謂'尊名某', 未聞人之生前稱名爲諱者. 『左氏傳』云: "周人以諱事神, 名遂將諱." 是古今通義無可疑者, 而弊邦近世於生前亦以諱稱之. 私竊謂不唯出於無稽, 頗涉忌諱. 壬戌年間翠虛 成公從聘使來. 其唱酬之際, 於士人問尊諱如何, 於僧侶問法諱法字如何. 愚意謂『禮』入門而問諱, 慮得罪於主人也, 成公所問蓋有意行此禮也, 而答者誤襲舊習, 謾擧自己名應之. 然成公倂字問之, 則貴國亦似有以諱稱者, 敢以爲問.(卷之五 17a~17b)

살아 있는 사람의 이름을 물을 때 '휘'(諱)라는 말을 쓰는 것이 옳지 않은데, 지금 일본에서는 그러고 있는바 조선에서도 그런지 어떤지 묻고 있다. 여기에 대한 통신사의 답은 수록되어 있지 않다.

셋째는 조선에서 제사를 지낼 때 촛불을 사용하는지 여부에 대한 질문이다. 제사를 지낼 때 촛불을 사용하는 것은 옛날의 예(禮)가 아니라고 들었는데, 중국과 조선의 제사를 묘사한 그림을 보니 촛불을 사용하고 있는데 이는 어째서인가, 또 종묘(宗廟), 사직(社稷), 성묘(聖廟: 공자를 모신 사당)에서 제사를 지낼 때 촛불을 사용하는가 물었다. 이 질문에 대한 남성중의 답장은 수록되어 있지 않다. 슌신이 남성중에게 보낸 질문에 대한 답이 하나도 수록되어 있지 않은 것으로 보아 편지가 제대로 전달되지 않았거나 일정이 바빠

답을 하지 못했던 것으로 생각된다.

이날 슌신은 이현과는 만날 수 없었으나 홍순연과는 만날 수 있었다. 슌신은 코오호오(光峯)라는 화승(畵僧)이 그린 세 편의 그림을 가져와서 홍순연에게 찬(贊)을 써 달라고 하였다. 홍순연이 그중 종규(鍾馗: 역귀疫鬼를 내쫓는 전설상의 신)의 그림을 붓과 교환하자고 하자, 슌신은 그 그림을 주고 대나무를 그린 두 편의 그림에 찬을 써 달라고 하였다. 그러자 홍순연은 코오보오가 자신의 초상을 그려 줬으면 좋겠다고 슌신에게 부탁하였고, 슌신은 생각해 보겠다고 답하였다. 홍순연이 조선으로 떠나기 이전에 꼭 그려 달라고 재차 부탁하자 슌신은 코오보오는 친한 친구이기 때문에 내일 데리고 올 테니, 그때 밑그림을 그릴 수 있고, 훗날 완성하면 츠시마의 서기인 카쇼오를 통해 전달하겠다고 하였다.

그 뒤 슌신이 숙소를 찾아와 홍순연에게 보내 준 『대학신소』와 질문을 적은 편지를 받았는지 묻자 홍순연은 아직 못 받았으며 곧 호오슈우에게 확인해 보겠다고 답하였다. 슌신은 오늘 코오보오를 데려왔으니 만나서 초상화의 밑그림을 그리는 게 어떤지, 그리고 대나무 그림의 찬을 썼는지 물었다. 홍순연은 찬은 내일까지 써 주겠다고 하고, 화가를 데려온 것에 대해 매우 감사하면서 그림이 완성된 후 어떻게 전달할 것인지에 대해 논의하였다. 그리고 화가에게 자신의 초상을 그리게 하였다는 사실은 비밀로 해 달라고 부탁하였다.

한편 슌신이 통신사의 숙소를 방문한 날, 쿄오토의 승려 수십 명이 찾아와서 이현에게 질문을 적은 편지를 보내고자 하였다. 그 내용은 불교의 흥폐(興廢), 불교 종문(宗門)의 교의(教義), 명승(名僧)의 저술 등에 관한 것이었는데, 이를 본 카쇼오가 이런 질문을 하면 모욕을 당할 뿐이라고 하면서 예전에 슌푸(駿府: 지금의 시즈오카 현靜岡縣)에서 일어났던 일을 말해 주었다: 통신사가 슌푸에 머물고 있을 때 어느 큰 사찰을 주관하는 이름이 높은 승려가 이현에게 편지를 보냈는데, 그 내용이 지금 그대들이 이현에게 묻고자 하는 질문과 비슷하다. 이현은 그 편지를 받고 이렇게 말했다. 고려가 멸망한 원인은 오직 불교가 성행했기 때문이다. 태조(太祖)가 조선을 세우면서 유교를 숭상하고 이교(異教)를 배척하였으니, 만약 조선에서 불교를 믿는 사람이 있으면 깊은 산골에 살게 하여 사민(四民)과 같은 지위를 주지 않고 토목 공사가 있으면 부역시키기를 마치 노예와 똑같이 한다. 복덕(福德)을 구할 수 없음은 물론이고 교의나 명승의 저술도 있을 수 없다. 이와 같은 내용의 답장을 읽은 승려는 성을 내며 돌아가 버렸다.

카쇼오가 이렇게 말하자 승려들은 결국 통신사를 만나지 않고 돌아갔다. 카쇼오와 승려들의 대화를 곁에서 보고 있었던 슌신은 호오슈우에게 자신은 그동안 이현을 불교도라고 생각하고 있었다고 말했다. 왜냐하면 이현이 에도에서 하야시 호오코오와 시를 수창했을 때 "의발은 우리 임금에게 속하네"(衣鉢屬吾君)라고 했고, 무로 큐우소오와 수창했을 때는 "화택을 나온다"(出火宅)라고 했기 때문이다. 호오슈우는 슌신의 말을 듣고 웃기만 하고 답히지 않았다.

다음날 슌신이 다시 통신사의 숙소를 찾아갔더니 홍순연은 약속한 대로 그에게 대나무 그림의 찬을 써 주었다. 슌신은 이현과도 만나 시를 수창하였고 『대학신소』를 전달하였다. 질문을 적은 편지에 대해 남성중이 자신이 부족해서 질문에 답할 수 없었다고 하자 슌신은 다른 두 명의 서기(書記)에게도 물어보고 답장을 받을 수 있으면 한다고 하였다.

호오슈우와 나눈 대화도 기록되어 있다. 『대학신소』를 읽은 호오슈우는 그 책이 "천하의 좋은 책이니 귀중한 보물이라 할 만하다."(天下好書, 可珍重: 23b)라고 극찬하면서 에도에 도착하기 전에 주지 않았던 것을 매우 아쉬워하였다. 호오슈우는 만약 통신사가 에도에 가기 전에 이 책을 보고 일본에 이처럼 훌륭한 학자가 있다는 것을 알았더라면 에도에서 큐우소오를 만났을 때 그를 시인으로만 대하지 않았을 터이니 매우 안타깝다고 하였다. 그러자 슌신은 통신사에게 미리 『대학신소』를 선물하려고 하였으나 법에 저촉될까 해서 선물하지 않았다고 답하였다. 그러나 통신사가 에도로 떠난 후에 이노오 쟈쿠스이(稻生若水, 1655~1715)와 상의한 결과 『대학신소』의 내용은 국사(國事)와 별로 관련이 없기 때문에 문제될 것이 없다고 판단해서 이번에 카쇼오와 호오슈우에게 맡겼는데, 그 책이 통신사에게 전달된 것만으로도 다행이라고 하였다. 호오슈우가 자신에게도 『대학신소』를 한 권 달라고 하자 슌신은 당장은 새로운 책이 없다고 하며 자신이 비점(批點)을 붙인 책을 주었다.

슌신은 홍순연이 가지고 있는 부채에 츠시마(對馬島)에서 에도에 이르기까지의 역(驛)의 이름과 거리가 적혀 있다고 하였다. 또 슌신은 남성중이 쓰고 있는 운엽육자관(雲葉六字冠)에 적힌 전자(篆字)의 내용을 물었는데, 이에 대해 남성중은 관 앞에는 "의관을 바로하다"(正衣冠)라고 적혀 있고 뒷면에는 "봄을 공경히 하다"(尊瞻視)라고 적혀 있다고 알려주었다. 관에 적혀 있는 말은 『논어』(論語) 「요왈」(堯曰)에 나오는 "군자는 의관을 바르게 하고 봄을 공경히 한다."(君子正其衣冠, 尊其瞻視)라는 구절에서 비롯한 말이다.

또 슌신은 일찍이 일본을 방문했던 정몽주(鄭夢周, 1337~1392)의 자손으로 이번 사행에 선전관(宣傳官)으로 참여한 정찬술(鄭纘述)을 만나 시를 수창하기도 하였다.

(6) 鷄林唱和集 卷之六

권6에도 쿄오토에서 이루어진 창화시와 필담이 수록되어 있다.

먹을 만드는 제묵업으로 이름이 높았던 마츠이 겐타이(松井元泰)가 이현에게 자신이 만든 먹에 대한 시를 보내 달라고 부탁하는 필담이 흥미롭다. 그는 당나라에 다녀온 승려 쿠우카이(空海)가 니타이보오(二諦坊: 나라 현奈良縣에 있는 사찰)에서 마을 사람들에게 먹의 제조법을 가르쳤는데, 그 먹을 니타이보오보쿠(二諦坊墨)라고 부른다고 하였다. 자신이 만들고 있는 먹은 그 제조기술을 이어받은 것이라고 하였다. 또 자신이 제조하는 먹은 명가(名家)에게 진상(珍賞)을 받아 '부잔코오'(豊山香)라고 한다고 소개하면서 이현에게 부잔코오의 먹에 찬을 써 달라고 하였다. 이현은 겐타이를 위해 찬을 써 주었다. 필담집에는 겐타이의 이름이 '고바이엔'(古梅園)으로 되어 있다. 겐타이가 경영한 고바이엔은 먹을 제조하는 업체로 옛날부터 유명하였고 지금도 나라 현에 회사가 있다.

이현은 마츠이 겐타이의 아버지인 마츠이 토오안과도 만나 필담을 나누었다. 필담집에는 이현이 토오안의 시집에 붙인 서문이 수록되어 있다.

또한 타나카 토오센(田中東泉), 아리마 토오코오(有馬東皐), 세오 요오세츠사이(瀨尾用拙齋) 등이 각각 이현과 주고받은 편지가 수록되어 있는데, 특기할 만한 내용은 없다.

(7) 鷄林唱和集 卷之七

권7에는 오오사카에서 이루어진 필담과 창화시가 수록되어 있다. 여기서는 마에다 키쿠소오(前田菊叢) 및 키타무라 토쿠쇼(北村篤所)의 필담을 소개한다.

키쿠소오와 이현의 필담은 1711년 9월 18일 니시혼간지(西本願寺)에서 이루어졌다.

> **키쿠소오:** 귀방(貴邦)의 선배인 허봉(許篈), 허성(許筬), 허균(許筠) 삼형제는 명성을 나란히 했는데, 허봉과 허균은 모두 장원(壯元)으로 급제하였습니다. 이전에 중화의 『열조시집』(列朝詩集)을 읽다가 허균 선생의 송행시(送行詩)를 보았는데, 감개(感慨)하고 비창(悲愴)하여 크게 고풍(古風)이 있었습니다. 일찍이 허균 선생께서 조선의 시선집을 엮었다고 들었는데, 그것이 지금 귀국에서 널리 유포되었는지요? 권수는 얼마나 됩니까?
>
> **이현:** 세 사람은 모두 우리나라의 뛰어난 인물입니다. 허성은 벼슬이 상서(尙書)에 이르렀고 허봉은 전한(典翰)이 되었습니다. 허균 또한 상서가 되었는데 역모를 일으켜 처형되었기 때문에 문집이 세상에 전하지 않는데, 사고(私稿)를 감추어 둔 사람이 왕왕 있습니다. 문장이 풍부하고

화려하며 문(文)과 시가 지극히 오묘합니다. 그래서 중국인들이 동국(東國)에 소동파(蘇東坡)가 있다고 했으니, 이는 그가 능하지 않은 게 없었음을 말한 것입니다. 그는 일찍이 우리나라 시인들의 시를 가려서 출판하였으니, 그 서명(書名)이 『국조시산』(國朝詩刪)입니다. 지금까지 세상에 전하는데, 상・중・하 세 편입니다. 허봉의 시재(詩才)는 청려(淸麗)하고 화려하니, 그 명성이 허균보다 높습니다.

키쿠소오: 메이레키(明曆) 을미년(1655)에 귀국의 학사(學士) 이명빈(李明彬)이 통신사를 따라 멀리 우리나라에 왔는데 달성(達城) 서강중(徐剛中) 씨가 저술한 『동인시화』(東人詩話) 한 권을 키구치 코오사이(菊池耕齋)에게 주었습니다. 우리나라의 호사가(好事家)들이 목판으로 간행했는데, 그 책을 읽어 보니 평론이 적확하여 시가(詩家)의 동호(董狐: 춘추시대 진晉나라의 사관史官)라 할 만합니다. 서자(徐子: 서거정)는 저술이 많습니까? 문집은 귀국에 전해집니까?

이현: 이명빈이 전한 『동인시화』는 우리나라 상서(尙書) 벼슬을 지내신 사가(四佳) 서거정(徐居正) 선생이 편찬한 책입니다. 그 시화(詩話)에는 비록 의론이 많지 않지만 지극히 넓고 큽니다. 그 문집 몇 십 권이 세상에 전하고 있습니다.

키구소오: 강희(康熙) 연간에 중화 연양(連陽: 지금의 광동성廣東省)의 요문영(廖文英)이 엮은 『정자통』(正字通)이 상선(商船)을 통해 동방(東邦: 일본)에 유입되어 전해졌습니다. 변론(辨論)이 자세하고 모든 글자를 남김없이 망라하였으니, 찾아보는 데에 매우 편리하여 일일이 물어보는 수고를 덜 수 있습니다. 귀국에도 이것이 있습니까?

이현: 황명(皇明)이 멸망한 후, 중국의 문화(文華)는 모두 사라졌습니다. 우리나라 사신이 왕래할 때 서적을 구입하는 일이 원래 없기 때문에 요문영이 지은 책은 본 적이 없습니다. 지금 중국에 그런 책이 또한 많기 때문에 귀하게 여길 것이 못 됩니다.

菊叢: 貴邦先輩許篈､許筬､許筠三兄弟齊名一騎, 篈與筠共擧狀元, 曩讀中華『列朝詩集』, 得見筠老送行詩, 感慨悲愴, 大有古風. 嘗聞筠老撰朝鮮詩選, 詩選今傳播於貴邦乎? 卷數有幾許?

東郭: 三許俱是我國高手, 而筬官至尙書, 篈典翰, 筠亦爲尙書而死於逆獄, 文集不傳於世, 往往有藏置其私稿者. 文章富贍華美, 文與詩極其高妙. 故華人曰東國有蘇東坡云, 蓋云其無不能也. 嘗刊選我國詩人詩, 名曰『國朝詩刪』, 至今傳之於世, 上中下三篇耳. 篈之詩才淸麗華絢, 名出筠之上矣.

菊叢: 明曆乙未歲, 貴邦學士李明彬隨聘使遠到本邦, 携達城 徐剛中氏所著『東人詩話』一冊, 贈菊池耕齋, 本邦好事者鐫梨棗行于世, 執讀之, 評論確實, 夫詩家之董狐乎. 徐子富著述乎? 本集傳於貴邦乎?

東郭: 李明彬所傳『東人詩話』, 卽我朝徐尙書居正號四佳先生所撰者也. 其詩話雖不多議論, 極其宏博, 其文集累十卷傳于世矣.

菊叢: 康熙年中, 中華連陽 廖文英所輯『正字通』, 商船載來, 流傳東邦. 辨論詳悉, 擧字靡遺, 甚便檢閱, 省載酒之勞. 貴邦亦有之乎?

東郭: 皇明革正之後, 中國文華掃地盡矣. 我國使价之往來, 元無購買文籍之事. 故廖文英所撰之書不曾見之, 而卽今中國亦多有如此等書, 不足貴也.(卷之七 17a~18b)

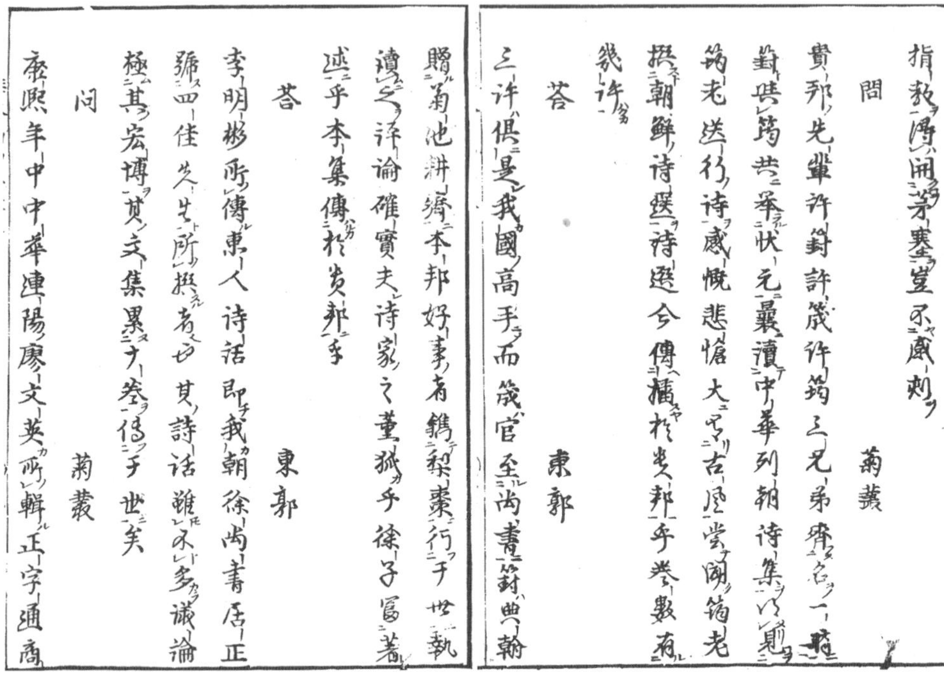

指教傳聞筭塞豈不感刺
問　菊叢
貴邦先輩許篈許筬許筠三兄弟齊名一時
對供筠共擧狀元曩讀中華列朝詩集所見
筠老送行詩感慨悲愴大有古風嘗閱筠老
撰朝鮮詩選詩選今傳播於貴邦乎
幾許
答　東郭
三許俱是我國高手而筬官至尙書篈典翰
贈菊池耕齋本邦好事者鋟梓行于世孰
讀之評論確實夫詩家之董狐乎徐子冨著
述乎本集傳於貴邦乎
答　東郭
李明彬所傳東人詩話即我朝徐尙書居正
號四佳先生所撰者也其詩話雖不多議論
極其宏博其文集累十卷傳于世矣
問　菊叢
康熙年中中華漣陽廖文英所輯正字通商

『열조시집』은 전겸익(錢謙益, 1582~1664)이 명나라의 시를 모아 만든 시선집이다. 이 시집에는 조선의 시도 일부 수록되어 있으며 허균의 시가 11수 수록되어 있다. 키쿠소오가 허균의 시를 칭찬한 데 반해 이현은 허봉의 시가 더 뛰어나다고 하였다.

『동인시화』는 1655년에 일본을 방문한 이명빈이 키쿠치 코오사이(菊池耕齋)에게 선물하여 처음으로 일본에 유통되었으며, 널리 읽혔음을 알 수 있다. 1719년의 필담창화집에도 서거정의 『동인시화』에 관해 질문하는 사람이 있는 것으로 볼 때 일본 문인들 사이에서 널리 읽힌 듯하다. 키쿠치 코오사이는 쿄오토 출신의 유학자로 에도에 나가 하야시 라잔(林羅山, 1583~1657)에게 배웠다. 의학도 배워 유의(儒醫)로 일하였다. 45세 때 사츠마 번(薩摩藩: 지금의 카고시마 현鹿兒島縣)에 출사하였다.[11] 『동인시화』를 엮은 서거정의 자는 강중(剛中), 호는 사가정(四佳亭)이며 본관은 달성(達城: 지금의 대구)이다. 『동인시화』는 최치원(崔致遠), 이규보(李奎報), 박인량(朴寅亮), 박인로(朴仁老), 권근(權近) 등 이름 높은 우리나라 시인의 작품을 주로 논평한 시화집인데, 키쿠소오는 서거정을 '시가(詩家)의 동호(董狐)'라 하여 칭찬하였다. 동호는 춘추시대 때 진(晉)나라의 사관(史

11. 『동인시화』가 일본에 수입된 과정에 대해서는 松田甲, 「東人詩話の翻刻」(『續日鮮史話』 第二編, 朝鮮總督府, 1931) 참조.

官)인데, 진나라 군주 영공(靈公)이 조천(趙穿)에게 살해당했을 때 정경(正卿)이었던 조순(趙盾)이 조천을 토벌하지 않았기 때문에 "조순이 임금을 시해하였다."라고 기록했다는 이야기가 『춘추좌전』(春秋左傳)에 나온다. 권세에 구애받지 않고 역사의 진실을 공평하게 기술한 역사가로 널리 알려져 있다.

『국조시산』은 허균이 엮은 시선집으로 1697년에 간행된 것으로 추정된다. 정도전(鄭道傳, 1342~1398)부터 권필(權韠, 1569~1612)에 이르는 35명 877수의 한시가 수록되어 있으며 작품마다 비(批)와 평(評)이 붙어 있다. 요문영(廖文英)은 청나라 때의 문인이다. 『정자통』은 명나라의 문인 장자열(張自烈, 1597~1673)이 엮은 사전으로, 요문영이 1680년에 중정(重訂)하여 간행하였다. 『정자통』이 조선에 들어온 정확한 시기는 알 수 없다. 다만 이덕무(李德懋, 1741~1793)와 정약용(丁若鏞, 1762~1836)이 『정자통』을 자주 언급한 것으로 보아 18세기 후반에는 조선에서도 통용되었던 것 같다.

그 외에 중국 고전에 나오는 물고기 이름이나 중국의 풍습, 이백(李白) 시에 나오는 어려운 단어, 조선의 관직제도 등에 관한 문답을 주고받았는데, 여기서는 벚꽃에 대한 문답을 소개한다. 키쿠소오는 일본에서는 예부터 벚꽃을 즐겨 완상하여 꽃이라 하면 벚꽃을 가리킬 정도로 애호하는데, 중국에서는 벚꽃을 일본만큼 즐겨 사랑하지 않는 것 같다고 하였다. 또 자신은 일본인만이 벚꽃을 몹시 애호하는 것이 이상하다고 생각하는데, 조선에서는 어떠한지 물었다. 이에 대해 이현은 조선에도 벚꽃은 많이 있으나 그리 귀하게 여기지 않고 꽃의 색깔도 아름답지 않아 다른 꽃들에 비해 칭찬할 만한 점이 없다고 하였다. 또 일본의 벚꽃과 조선의 벚꽃은 전혀 다르다고 답하였다.

일본인이 벚꽃을 애호한다는 사실은 잘 알려져 있다. 일본에서 언제부터 벚꽃이 대중적으로 사랑받은 꽃이 되었는지 정확히 알 수는 없으나, 적어도 에도 시대부터 일본인들이 벚꽃을 대단히 애호했음을 알 수 있다.

이어서 키타무라 토쿠쇼와 이현이 주고받은 필담이 수록되어 있다. 키타무라 토쿠쇼는 성인(聖人)의 학문은 일상생활에 도움이 되고 자신을 닦고 사람을 다스리기 위한 것인데 도학(道學)이라 일컫는 학문은 실용에 도움이 되지 않는다고 하면서, 어떻게 하면 옛날의 학문으로 오늘날의 폐해를 개선할 수 있는지 물었다. 또 조선에서 이름 높은 이황의 학술이 면면히 이어져 이름 높은 유학자가 있을 것 같은데 그 가르침을 대략적이나마 알고 싶다고 하였다. 이에 대해 이현은 학문의 도는 방심(放心)을 수습하고 실천하는 것에 있고 군자의 학문은 정심공부(正心工夫)에 있으며 성경(誠敬)을 근본으로 삼아야 한다고 대답하였다. 이에 대해 키타무라 토쿠쇼는 다음과 같이 답장하였다.

토쿠쇼: 말씀하신 바 성문(聖門)의 학문은, 그 요점이 정심지경(正心持敬: 마음을 바르게 하고 공경심을 가진다는 뜻)에 있다는 뜻이 명백하고 자세하니, 당신께서 정주(程朱)의 학문에 밝은 데 찬탄하게 되고, 조예가 깊은 데 실로 경복하는 바입니다. 정주의 학문은 오직 귀국만이 존숭할 뿐 아니라 우리나라 또한 마찬가지이니, 누가 감히 비난하겠습니까. 그러므로 우리가 해마다 배우는 것과 평소에 강학하는 것이 모두 정주의 학문이고, 다른 학설은 전혀 섞인 적이 없습니다. 그런데 저는 요즘 '정심지경'이라는 정주의 뜻이 『논어』에서 말한 '궁행천리'(躬行踐履: 몸소 행하고 실천한다는 뜻)의 학문과, 비록 발단은 사소한 차이지만 실은 큰 차이가 있다고 의심하고 있으므로 논한 바가 여기에 미쳤습니다. 이 논의는 결국 주희(朱熹)와 육상산(陸象山)이 같은지 다른지 하는 문제에 귀결되니, 이것은 천 년 동안 풀리지 않는 공안(公案)인데, 어찌 객관(客館)에서 잠깐 뵙고 논할 수 있는 바겠습니까? (…)

篤所: 所論聖門之學, 其要在正心持敬之旨, 明白詳悉, 竊嘆公明于程朱之學, 所造之深, 實所敬伏也. 而程朱之學, 非止貴國尊宗之, 而東國亦同, 誰敢非議乎? 故僕輩歲年所學, 生平所講, 皆是程朱之學, 更不雜佗說也. 而僕近來竊有疑程朱正心持敬之旨, 與『論語』躬行踐履之學, 將有毫釐千里之差, 故所論略及此, 然此論畢竟落乎朱陸異同, 則千年未了之公案, 豈客中目擊之所論乎.(卷之七 24b~25a)

키타무라 토쿠쇼는 이토오 진사이의 제자이다. 이토오 진사이는 주자학을 비판하고 고학(古學)을 주장한 사람인데, 토쿠쇼 또한 스승과 마찬가지로 주자학에 대해 의심을 품었던 것으로 보인다. 토쿠쇼는 이현이 주장하는 정주(程朱)의 학에 바탕을 둔 학문관에 대해 은근히 의문을 제시하였다. 『논어』에서 공자가 말한 학문과 정주가 말한 학문 사이에는 큰 차이가 있지 않을까라고 그는 의문을 제시한 것이다. 다시 말해 실천을 중시하는 공자의 학문과 내면수양을 중시하는 정주의 학문 사이에는 큰 차이가 있다는 것이다. 그러나 토쿠쇼는 이 논의가 결국 '주륙이동'(朱陸異同)에 귀결된다고 하면서 더 이상의 논의는 삼가고 있다. '주륙이동'은 이(理)를 중시하는 주자학과 심(心)을 중시하는 육상산의 학문의 차이를 말한다. 1763년에 일본을 방문한 계미통신사(癸未通信使)와 일본 유학자 사이에 성리학을 둘러싼 치열한 학문적 논쟁이 일어났는데, 성리학에 대한 두 나라의 인식차이는 이미 이 당시부터 존재했음을 알 수 있다.

(8) 鷄林唱和集 卷之八

권8에서는 오오사카에서 이루어진 창화시가 수록되어 있으며 필담은 수록되어 있지 않다.

(9) 鷄林唱和集 卷之九

권9에도 오오사카에서 이루어진 필담이 수록되어 있는데, 여기서는 카라카네 바이쇼(唐金梅所)와 통신사의 교류를 소개한다.

카라카네 바이쇼가 '스이유우도오'(垂裕堂)라 이름붙인 자신의 집에서 바라보이는 여덟 가지의 경승지에 대한 시를 써 달라고 부탁하였다. 바이쇼의 요청으로 이현 및 세 명의 서기가 시를 써 주었다. 이현은 팔경시와 함께 써 준 서문에서 바이쇼가 상업으로 많은 재산을 모았지만 이에 그치지 않고 서적을 사 모으고 문학에 힘쓰는 점을 높이 평가하였다.

카라카네 바이쇼는 1719년에 일본을 방문한 통신사에게도 팔경시를 써 달라고 부탁하였다. 통신사들이 쓴 팔경시는 『매소시고』(바이쇼시코오, 梅所詩稿)의 부록에 수록되어 있다.

(10) 鷄林唱和集 卷之十

권10에도 오오사카에서 이루어진 필담이 수록되어 있다. 겐신(彦岑)이라는 승려와 이현이 주고받은 필담이 수록되어 있다. 이에 대해서는 『양동창화록』(兩東唱和錄)의 해제를 참조하기 바란다.

(11) 鷄林唱和集 卷之十一

권11에는 여러 지방에서 이루어진 필담이 수록되어 있다. 그 가운데 야마가타 슈우난(山縣周南)과 통신사가 주고받은 수창시가 수록되어 있는데, 슈우난은 『계림창화집』에 자신의 시가 몇 수밖에 수록되지 않았던 것에 불만을 가졌다. 슈우난의 스승인 오규우 소라이는 『계림창화집』을 편찬할 때 자기 제자들의 시가 배제된 것에 불만을 느껴 『문사기상』(問槎畸賞)을 편집하였는데, 실제로 『문사기상』과 비교해 보면 슈우난의 수창시가 대폭 삭제되어 있음을 알 수 있다. 자세한 것은 『문사기상』의 해제를 참조하기 바란다.

(12) 鷄林唱和集 卷之十二

권12에서도 여러 지방에서 이루어진 필담이 수록되어 있는데, 이현과 오미 마사카즈(尾見正數) 사이에서 이루어진 필담이 주목을 요한다.

마사카즈: 일본의 신세(神世) 때 수사노오노미코토(素戔嗚尊)는 그 아들인 이소타케루(五十猛神)를 데리고 신라에 가서 음악을 만들었으니, 소위 회정악(廻庭樂)이라는 것입니다. 귀국에서는 지금도 이 음악을 연주합니까?

이현: 회정악은 신라의 정악(庭樂)입니다. 우리나라의 이원(梨園)에서는 모두 아악(雅樂)을 사용하기 때문에 회정악은 사용하지 않습니다.

마사카즈: 일본의 오우진 천황(應神天皇) 시대에 백제(百濟)의 왕인(王仁)이 조회(朝會) 와서 유교의 도를 크게 밝혔습니다. 황자(皇子) 우지노와키이라츠코(菟道稚郎子)는 왕인(王仁)을 스승으로 삼아 배웠는데, 그 후 우지노와키이라츠코와 그의 형 오오사자키노미코토(大鷦鷯尊)가 서로 왕위 계승을 사양하여 형제 모두 백이(伯夷)・숙제(叔齊) 같은 행실이 있었습니다. 황자가 돌아가셨을 때 오오사자키노미코토는 슬퍼서 견딜 수가 없었습니다. 이때 왕인이 와카(和歌)를 바치며 즉위할 것을 권하자 이에 오오사자키노미코토가 즉위하였으니, 진토쿠 천황(仁德天皇)이라 불린 분입니다. 귀국의 역사서에 왕인에 대한 기록이 있습니까?

이현: 우리나라의 세속에 전하기를, "백제의 왕인이 일본에 들어갈 때 『천자문』(千字文)과 『논어』(論語) 한 권을 가지고 가서 많은 선비들을 가르쳤으니, 일본에 문자가 있는 것은 이로부터 시작되었다."라고 합니다. 그러나 백제가 망한 지 거의 수천 년이 지났기 때문에 사적(史籍)이 세상에 전하지 않아 고증할 길이 없습니다.

고려 시대 때 정포은(鄭圃隱: 정몽주鄭夢周) 선생을 명나라에 보내 황명(皇明) 태조황제(太祖皇帝: 명나라 태조 주원장朱元璋)의 즉위를 축하하였습니다. 포은 선생께서 명나라의 창업 초기에 예악과 문물이 날마다 찬란하게 펼쳐진 모습을 직접 보았습니다. 그래서 그 문집에 찬미한 시가 있습니다.

正數: 日東神世, 素盞烏尊師其子五十猛神, 到於新羅國作樂, 所謂廻庭樂也. 貴國于今奏此樂耶?

東郭: 廻庭樂條是新羅庭樂. 我國梨園皆用雅樂, 故則不用之耳.

正數: 日本 應神天皇御世, 百濟國 王仁來朝, 大闡儒道, 皇子菟道稚郎子師王仁而學之. 其後菟道與兄大鷦鷯尊, 互相讓受禪, 而兄弟有如夷 齊之行. 皇子薨去時, 大鷦鷯尊悲哀不已, 于時王仁獻和歌, 奉勸卽位. 於是大鷦鷯尊卽位, 號仁德天皇是也. 貴國史錄中有王仁事實耶?

東郭: 我東諺傳: "百濟 王仁入日本時, 携『千字文』及『論語』一卷而來, 敎誨多士, 日東之有文字蓋始於此"云云, 而百濟之亡幾數千載, 史籍不傳於世, 無由考信矣.

高麗時送鄭圃隱先生, 賀皇明大祖皇帝登極, 圃隱先生親見其創業之初, 禮樂文物彬彬日述. 故其文集中, 有贊美之詩矣.(卷之十二. 4b~5b)

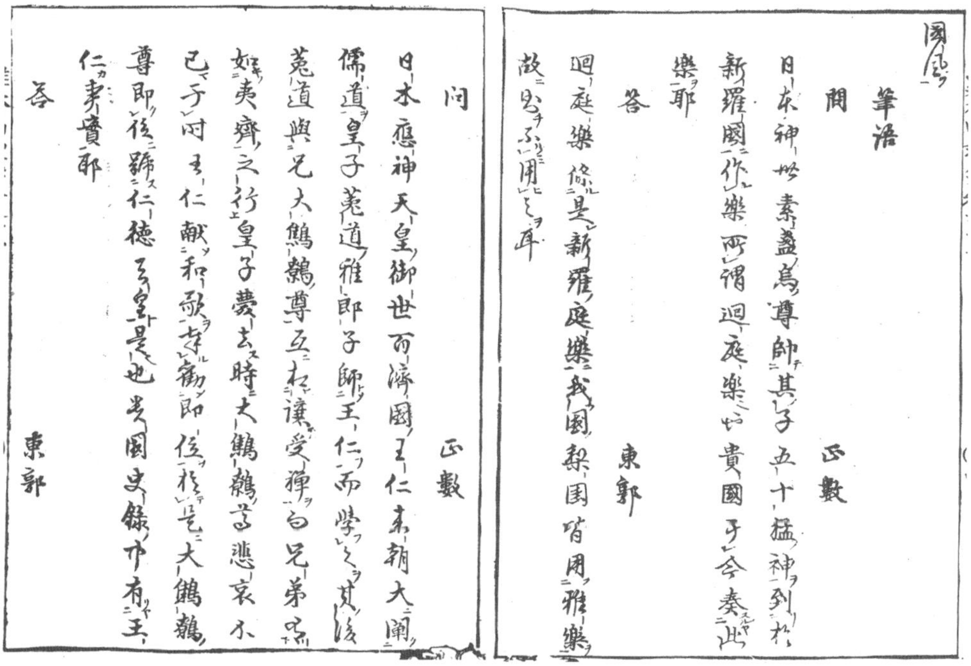

'신세'(神世)는 신이 나라를 다스리던 시대라는 뜻으로 일본에서는 진무 천황(神武天皇) 이전의 시대를 가리킨다. '회정악'(廻庭樂)이란 일본의 궁중음악으로 수사노오노미코토(素戔嗚尊)가 신라를 침략했을 때 만들어졌다고 한다. 이현이 말하는 '정악'(庭樂)도 궁중음악을 가리키는 것으로 보이지만 자세한 것은 미상이다. 백제(百濟)에서 온 왕인이 우지노와키이라츠코의 스승이 되어 중국의 전적(典籍)을 가르쳤다는 이야기는 『일본서기』(니혼쇼키, 日本書紀) 권10 「오오진 천황」(應神天皇)에 나온다. "백이·숙제와 같은 행실이 있었습니다."라는 말은 우지노와키이라츠코가 형에게 왕위를 양보하고 자살한 것을 가리킨다. 왕인이 오오사자키노미코토에게 바친 와카는 『고금화가집』(코킨와카슈우, 古今和歌集)에 수록되어 있다. 왕인이 일본에 『논어』와 『천자문』을 가져왔다는 이야기는 『고사기』(코지키, 古事記) 중권(中卷) 「오오진 천황」(應神天皇)에도 수록되어 있는데, 거기에는 '王仁'이 아니라 '와니키시'(和爾吉師)로 되어 있다.

이 대화에서 흥미로운 점은 마사카즈가 왕인이 일본을 방문한 것을 '조회 왔다'[來朝]라고 표현한 점이다. 이를 통해 마사카즈가 왕인의 일본 방문을 조공으로 인식하고 있었음을 알 수 있다. 이현의 대답 중에는 정몽주에 대한 언급이 보는데, 마사카즈의 질문 중에 정몽주에 대한 것은 없다. 원래의 필담에는 있었지만 책을 편집하는 과정에 빠진 게 아닌가 한다.

마사카즈: 홍무(洪武, 1368~1398) 말에 중화와 귀국의 국교가 끊어졌다가 영락(永樂) 원년(1403)에 이르러 서로 화목해졌다고 들었는데, 지금 귀국은 청나라의 책력(冊曆)과 연호를 받습니까? 귀국의 지금 연호는 무엇입니까?

이현: 지금 우리나라는 이미 청나라를 섬기고 있으니 그 연호를 사용하는 것이 당연한 일입니다. 그래서 공사(公私)의 문서에 모두 '강희'(康熙)라는 연호를 사용합니다.

마사카즈: 귀국의 국왕은 중화에 조회를 드립니까?

이현: 술직(述職)의 예(禮)는 주(周)나라 이후 폐지되어 시행되지 않습니다. 따라서 일찍이 황명(皇明)의 시대에도 국왕이 조빙(朝聘)하는 일이 없었는데, 하물며 오늘날에 있겠습니까? 매년 동지(冬至)에 사절을 파견하여 하례(賀禮)할 뿐입니다.

正數: 聞洪武末中華與貴國絶, 至永樂元年相和. 今也貴國受大清歲曆年號耶? 貴國今年號如何?

東郭: 卽今我國旣服事大淸, 則用其年號固也. 是以公私文書皆用康熙耳.

正數: 貴國大王朝於中華耶?

東郭: 述職之禮, 周以後廢罷不行, 故曾在皇明之世, 亦無朝聘之擧, 況今日乎. 每年冬至, 惟遣使陳賀而已矣.(卷之十二 5b~6b)

홍무 말에 중국과 조선의 국교가 끊어졌다가 1403년에 화목해졌다는 마사카즈의 말은 명나라 홍무제가 조선을 건국한 이성계(李成桂)에게 고명(誥命)과 인신(印信)을 보내지 않아 양국 관계가 악화되었다가 1403년 영락제(永樂帝)가 고명과 인신을 조선 측에 보냄으로써 양국 관계가 호전된 것을 가리킨다.

'술직의 예'란 제후(諸侯)가 직접 천자(天子)를 방문하여 자신이 맡은 정무(政務)에 관해 보고하는 것을 말한다. 이러한 질문을 하는 것으로 보아 마사카즈는 조선과 중국의 관계에 대해 그리 지식이 없었던 것 같다.

이 문답에서 이현이 조선에서 청나라를 섬기고 있으니 청나라의 연호를 쓰는 것이 당연하다고 하고 공사의 문서에서도 청나라의 연호를 쓰고 있다고 한 점이 주목된다. 실제로는 조선에서 청나라의 연호를 쓰는 것에 대해 큰 거부감이 있었으며, 사적인 문서에서는 청나라의 연호를 거의 쓰지 않았다. 이현이 이와 같이 말한 것은 외교적으로 문제가 일어나는 것을 피하기 위해서인 듯하다.

이어서 마사카즈와 이현은 조선의 지방제도에 관해 다음과 같이 필담을 나누었다.

마사카즈: 귀국의 제후들은 수도에 조회하러 갑니까? 또 태수(太守)라 칭하는 자는 봉지(封地)가 있습니까?

이현: 우리나라 360여 주에는 모두 태수가 있는데 땅의 대소(大小)에 따라 고하(高下)가 다릅니다. 그 관직은 목부(牧夫)가 가장 윗자리고 부부(府夫)가 그다음이고 군수(郡守)가 그다음이고, 현령(縣令)이 그다음이고 현감(縣監)이 가장 낮습니다. 어떨 때는 3년 만에 해임하고 어떨 때는 6년 만에 해임하니, 모두 봉건(封建)의 제도가 없습니다.

正數: 貴國諸侯就國耶? 又稱太守者有封地耶?

東郭: 我國三百六十餘州, 皆有太守, 而亦隨其地之大小高下. 其官牧夫爲上, 府夫次之, 郡守次之, 縣令次之, 縣監爲下矣. 或三年而解, 或六年之解, 皆無封建之制矣.(卷之十二 6b)

'목부'와 '부부'는 각각 '목사'(牧使)와 '부사'(府使)를 가리킨다. 이현은 조선의 지방제도가 '봉건의 제도'가 아니라고 하여 일본의 지방제도와 다르다는 것을 강조하였다.

이어서 화제는 후지산(富士山)과 금강산으로 옮겨 갔다. 마사카즈는 후지산의 경치를 자랑하면서 일찍이 송렴(宋濂, 1310~1381)이 「일동곡」(日東曲)을 지었다고 하였다. 그리고 조선의 통신사도 일본을 방문하였을 때 후지산을 읊은 시를 지었는데, 이번 사행에서 후지산을 주제로 글을 지었는지 물었다.

송렴은 원말명초(元末明初)의 정치가이자 학자이다. 자가 경렴(景濂)이기 때문에 마사카즈는 송경렴(宋景濂)이라 적고 있다. 명 태조 주원장에게 초빙(招聘)되어 태자에게 유교 경전을 강의하였고 『원사』(元史)를 비롯한 역사서의 편찬에 힘썼다. 유기(劉基, 1311~1375), 고계(高啓, 1336~1374)와 더불어 명초의 시문삼대가(詩文三大家)로 꼽힌다. 명나라의 이름 높은 문인 방효유(方孝孺, 1357~1402)가 그의 제자이다. 송렴은 당시 명나라에 유학한 일본 승려들과 가까이 지냈다. 그 자신은 일본에 가본 적이 없으나, 일본의 문인들과 활발하게 교류하여 「부일동곡」(賦日東曲)을 지었는데, 그중에 후지산을 언급한 부분이 있다.

마사카즈의 질문에 대해 이현은 다음과 같이 답하였다.

이현: 후지산은 참으로 명산(名山)이지만 그래도 우리나라 금강산의 경치만 못합니다. 당나라 황제도 그 빼어난 경치에 대해 듣고 한 번 완상하고자 했습니다만 끝내 갈 수 없어서 신하들로 하여금 시를 짓게 하여 보았으니, "고려국에 태어나/직접 금강산을 보고 싶어라"라는 구절은 친히 지은 시구입니다. 그 산은 봉우리가 1만 2천 개인데 모두 우뚝 솟아 있어 마치 백옥(白玉)을 깎은 듯하니, 기이하고 기이합니다. (…)

東郭: 富士山信是名山, 而猶不如我國金剛山之勝. 唐皇帝亦聞其奇勝, 欲一賞玩而終不能得, 使臣僚作詩而觀之, '願生高麗國, 親見金剛山',[12] 親製之詩也. 其山有一萬二千峯, 皆矗矗秀出, 如削白玉, 奇哉奇哉. (…)(卷之十二 7b)

후지산의 아름다운 경치를 강조하는 마사카즈에 대해 이현은 후지산보다 금강산이 더 훌륭하다고 응수하였다. 이현이 언급한 "고려국에 태어나 친히 금강산을 보고 싶다"(願生高麗國, 親見金剛山)라는 시는 예부터 조선에 전해 온 시인데 누가 지었는지는 미상이다. 당나라 황제가 한번 금강산을 보고 싶다고 했다는 말도 그 출처를 알 수 없다.

이어서 마사카즈는 이현에게 몇 가지 질문을 하였다. 그 내용은 일본과 조선 및 일본과 중국의 외교관계에 관한 내용이다. 마사카즈와 이현이 주고받은 문답은 다음과 같다.

마사카즈: 귀국이 일본과 통신(通信)한 일과 과거에 삼한(三韓) 시대로부터 일본에 조공한 일은 모두 역사서에 자세히 기록되어 있습니다. 중국과 일본이 통문(通問)한 일은 황제(黃帝) 및 요(堯)임금의 시대에 있었는데(『운급칠첨』(雲笈七籤) 및 『산해경』(山海經)에 나온다), 세월이 아주 멀어서 정확히 알기 어렵습니다. 그런데 주(周)나라 때 일본과 통한 일이 『논형』(論衡)에 나오니 이치와 근거가 있다 하겠습니다. 위(魏)・수(隋)・당(唐)・송(宋)의 여러 왕조에 일본에서 사신을 보냈고 또 승려들이 불법(佛法)을 구하기 위해 배를 타고 중국으로 건너갔습니다. 원(元)나라 때에 이르러 일본과 서로 화친하지 않았는데 명나라 때 일본 장군 다이쇼오코쿠(大相國) 요시미츠(義滿)와 서로 화목하여 자주 사신을 보냈습니다. 명나라의 임금이 일본 비슈우(肥州)의 아소산(阿蘇山)을 쥬안친코쿠(壽安鎭國)에 봉하고 요시미츠에게 쿄오켄오오(恭獻王)라는 시호(諡號)를 내렸습니다. 이때 우리 왕실이 쇠미해져서 여러 도(道)가 분열되어 완악한 백성이 나라의 금법을 범하여 명나라에 들어가 도적질하였습니다. 만력(萬曆) 때 토요토미 히데요시(豊臣秀吉, 1537~1598)가 명나라를 엿보아 귀국을 통로로 삼았으니 끝내 명나라와 화친하지 않았습니다. 청나라 때에 이르러도 아직 국교를 맺지 않았고 다만 매년 상선이 히젠슈우(肥前州)의 나가사키에 와서 무역을 할 뿐입니다.

이현: 우리나라는 일본과 통한 지 오래되었는데, 임진년의 변란이 불시에 생겼으니 애통하고 애통합니다. 뒷일을 생각하여 사신을 보내 우호를 다지니, 이전과 같이 진실하게 신의를 맺는다면 어찌 양국의 다행한 일이 아니겠습니까? 듣자 하니 귀국은 청나라와 교류하지 않는다고 하는데 정말 그런지 모르겠습니다. 귀국은 큰 바다가 주위를 둘러싸고 있어서 강역이 본디 견고하니 진실로 천부(天府)의 땅이라 할 만합니다.

正數: 貴國與日本通信之事, 又昔年自三韓朝貢日本之事, 皆詳于史書. 中華與日本通問之事爲在黃帝及唐堯之世(出于『雲笈七籤』,『山海經』等), 歲月久遠, 難決知之. 周代與日本通之事出于『論衡』, 爲有理致源委也. 從魏,隋,唐,宋數代自日本遣使, 又有釋氏爲求法航海. 至大元與日本不相和, 自大明與日本將軍大相國義滿, 自相和屢聘問明主對日本 肥州阿蘇山於壽安

12. 山: 저본에는 '以'로 되어 있으나 오자이다.

鎭國, 諡義滿曰恭敬王. 此時我王室衰微, 諸道分裂, 頑民犯國禁, 入寇于大明. 萬曆中豊臣秀吉窺於大明路依于貴國, 終與大明不相和. 雖至大淸未通. 唯每歲商舶至肥前州 長崎而互市耳.

東郭: 我國通日本蓋久矣, 壬辰之變出於不虞, 痛哉痛哉. 顧後通聘修好, 一如前日誠交孚, 豈非兩邦之幸乎? 聞貴國則不與大淸相通云, 未知然否. 大海環回, 疆場自固, 眞所謂天府之地也.(卷之十二 8a~9a)

『운급칠첨』은 11세기 송나라 시대의 학자 장군방(張君房)이 편찬한 도교(道教) 서적이다. '다이쇼오코쿠(大相國) 요시미츠(義滿)'는 무로마치 막부(室町幕府) 제3대 장군 아시카가 요시미츠(足利義滿, 재위: 1368~1394)를 가리킨다. '쇼오코쿠'(相國)는 요시미츠의 관직명이다. 요시미츠는 명나라와 정식으로 국교를 맺고 영락제(永樂帝)에게 책봉(冊封)을 받았다. 영락제는 아소산(阿蘇山: 지금 쿠마모토 현熊本縣에 있는 산)에 쥬안친코쿠(壽安鎭國)라는 칭호를 주었고, 요시미츠가 죽은 후 쿄오켄(恭獻)이라는 시호(諡號)를 내렸다.

여기서 주목할 만한 점은 삼한이 일찍이 일본에 조공하였다고 마스카즈가 말한 것이다. 『일본서기』 소재의 삼한정벌 기사를 근거로 일본 사람들은 삼한이 일찍이 일본에 조공하였다고 믿었다. 마사카즈는 필담에서 집요하게 삼한정벌에 관해 언급했는데, 이현은 이 문제에 대해 일절 언급하지 않았다.

이어서 마사카즈는 이현에게 다음과 같이 말하였다.

마사카즈: 귀국의 책 『경국대전』(經國大典), 『해동제국기』(海東諸國記), 『동국통감』(東國通鑑) 등에는 일본의 사적(事蹟)에 대한 기록이 빠져 있거나 와전된 기록이 적지 않습니다. 『징비록』(懲毖錄), 『평양록』(平壤錄) 등에도 일본에 대한 기록이 빠져 있습니다. 이 책들에 빠져 있는 사실은 모두 『태합가보』(타이코오카후, 太閤家譜), 『풍신실록』(토요토미지츠로쿠, 豊臣實錄), 『경원기』(케이겐키, 慶元記), 『조선정벌기』(초오센초오바츠키, 朝鮮征伐記), 『서봉금안』(세이호오킨안, 西峯今按) 등의 책에 상세히 기록되어 있습니다. 『구사기』(큐우지키, 舊事紀), 『고사기』(코지키, 古事記), 『일본기』(니혼키, 日本紀), 『속일본기』(쇼쿠니혼키, 續日本記), 『일본후기』(니혼코오키, 日本後紀), 『속일본후기』(쇼쿠니혼코오키, 續日本後紀), 『삼대실록』(산다이지츠로쿠, 三代實錄), 『유취국사』(루이쥬우코쿠시, 類聚國史), 『신국사』(신코쿠시, 新國史), 『비부략』(히후랴쿠, 秘府略), 『본조통감강목』(혼쵸오츠우간코오모쿠, 本朝通鑑綱目), 『본조통기』(혼쵸오츠우기, 本朝通紀), 『원태력기』(엔타이랴쿠키, 園太曆記), 『왕대일람』(오오다이이치란, 王代一覽), 『역대전안록』(레키다이센안로쿠, 歷代筌案錄)과 같은 책 외에 신서(神書: 신도神道에 관한 책), 경(經) · 사(史) · 자(子) · 집(集) 약 8천여 부가 모두 다 있습니다. 중화의 경적(經籍)과 고금(古今)의 시편(詩篇) 등이 매년 무수히 많은 배에 실려 오니, 우리나라에 본래 경사(慶事)가 있음을 알 수 있

습니다.

> **正數:** 貴國書『經國大典』、『海東諸國記』、『東國通鑑』等闕日本事蹟, 亦傳聞之訛不少, 『懲毖錄』、『平壤錄』等, 又闕其事實, 皆詳于『太閤家譜』、『豊臣實錄』、『慶元記』、『朝鮮征伐記』、『西峯今按』等書也. 『舊事記』、『古事記』、『日本紀』、『續日本記』、『日本後紀』、『續日本後紀』、『三代實錄』、『類聚國史』、『新國史』、『秘府略』、『本朝通鑑綱目』、『本朝通紀』、『園太曆記』、『王代一覽』、『歷代筌案錄』, 此外神書,經史子集, 大凡八千餘部皆悉存焉. 中華經籍,古今詩編等, 每年萬船載到, 吾邦天然慶幸可知矣.(卷之十二. 9a~9b)

이에 대해 이현은 조선에는 일본 사적(事蹟)에 대한 견문기나 기록이 빠져 있으며 마사카즈가 제시한 서적들을 볼 수 없어 매우 안타깝다고 답하였다. 마사카즈가 제시한 조선의 책 중에서 『해동제국기』는 일본의 지리, 역사, 풍속, 언어 등 일본의 '사적'을 정리한 책인데, 마사카즈는 『해동제국기』에 실린 정보가 그리 정확하지 않다고 생각한 듯하다. 이 외에 마사카즈가 제시한 책에 대해 간단히 설명하면 다음과 같다.

『태합가보』는 토요토미 히데요시(豊臣秀吉, 1537~1598)의 족보를 기록한 책으로 보이는데 자세한 것은 미상이다. 『풍신실록』은 정확히 무슨 책을 가리키는 것인지 알 수 없으나 『태합기』(타이코오키, 太閤記)를 말하는 듯하다. 『태합기』는 히데요시의 일생을 다룬 전기이다. 히데요시의 전기에는 많은 종류가 있으나 17세기 후반에 간행된 오제 호안(小瀨甫庵, 1564~1640)이 쓴 전기가 가장 유명하다. 『경원기』는 토쿠가와 막부와 토요토미 가(豊臣家)의 가신들과의 전쟁을 다룬 역사서로, 17세기 전반에 호오죠오 우지나가(北條氏長, 1609~1670)가 집필하였다. 『조선정벌기』는 임진왜란을 다룬 역사서로 호리 쿄오안(堀杏庵, 1585~1643)이 집필하였다. 『서봉금안』은 마츠시타 켄린(松下見林, 1637~1703)이 쓴 『이칭일본전』(이쇼오니혼덴, 異稱日本傳)을 가리킨다. 『구사기』는 일본의 고대 역사를 기술한 책인데, 9~10세기경에 성립된 것으로 추정된다. 근대에 들어 위서(僞書)임이 밝혀졌다. 『고사기』는 일본에서 가장 오래된 역사서로 8세기 초반에 오오노 야스마로(太安萬侶)에 의해 편찬되었다. 『일본기』는 『일본서기』(니혼쇼키, 日本書紀)를 가리킨다. 일본의 역사서로 720년에 편찬되었다. 이하 마사카즈가 제시한 일본의 서적은 모두 일본의 역사를 천황을 중심으로 기술한 책이다. 『속일본기』는 『일본서기』의 속편으로 792년에 완성되었고 『일본후기』는 『속일본기』의 속편으로 840년에 완성되었다. 그 속편인 『속일본후기』는 869년에 완성되었고 『삼대실록』은 901년, 『유취국사』는 892년에 완성되었다. 『신국사』가 완성된 시기는 미상이다. 『비부략』은 일본에서 가장 오래된 백과사전으로 9세기에 편찬되었다. 『본조통감강목』은 『본조통감』(혼쵸오츠우간, 本

朝通鑑)을 가리키는 것으로 보이는데, 이 책은 하야시 라잔(林羅山, 1583~1657)을 중심으로 하야시 가(林家)의 유자들이 막부의 명령을 받고 편찬한 일본통사(日本通史)이다. 『본조통기』, 『원태력기』, 『왕대일람』 역시 모두 역사서이다. 『역대전안록』은 어떤 책인지 미상이다.

마사카즈는 일본에 얼마나 많은 책이 유통되고 있는지 과시하고 있다. 실제로 근세 일본에서는 상업 출판이 몹시 발달하여 많은 책이 유통되고 있었다. 또 마사카즈가 제시한 목록의 대부분이 역사서인 데서 알 수 있듯이, 일본에서는 일찍부터 자국의 역사에 대한 연구가 활발히 이루어지고 있었다.

(13) 鷄林唱和集 卷之十三

1711년 여러 지방에서 이루어진 필담이 수록되어 있는데 특기할 만한 내용은 없다.

(14) 鷄林唱和集 卷之十四

1711년 여러 지방에서 이루어진 필담이 수록되어 있는데, 여기서는 야마가다 슈우난(山縣周南) 및 타케다 슌안(竹田春菴)의 편지와 필담을 소개한다.

야마가타 슈우난은 이현에게 자신의 아버지 마츠켄(松軒)을 위해 시를 써 달라고 하였고, 이현은 다음날 출발하기 때문에 당장 시를 보낼 수 없으나 돌아가는 길에 시를 완성하여 호오슈우에게 전달하겠다고 답하였다. 그 뒤에 호오슈우가 슈우난에게 보낸 편지가 나온다. 호오슈우는 슈우안의 시를 "격앙(激昂)의 기개가 있고 위축된 태도가 없다."(有激昂之氣, 無萎薾之態)라고 극찬하였다. 남성중이 슈우난에게 보낸 편지 중에도 슈우난의 시를 매우 칭찬하는 말이 보인다. 통신사와의 만남을 계기로 슈우난의 이름은 일본 전국에 널리 알려졌는데, 이에 관해서는 본서에 수록된 『문사기상』(問槎畸賞)의 해제를 참조하기 바란다.

타케다 슌안(竹田春菴)과 이현이 주고받은 문답에 흥미로운 내용이 있다. 슌안은 이현에게 다음과 같이 질문하였다: 일찍이 퇴계(退溪)의 책을 읽었는데, 그가 진정한 유학자임을 알았다. 그 외에 권근(權近)과 이언적(李彦迪)의 책을 읽고 조선에 주자학이 널리 퍼진 것을 알게 되었다. 명나라 학자 중에서는 구준(丘濬)과 설선(薛瑄) 이외는 정주(程朱)를 비난하여 믿을 수 없다. 요즘 중국에서 들어온 책을 보면 명말(明末)의 유학자와 달리 볼 만한 게 있었는데, 귀국에서는 지금도 정주를 따르는가, 아니면 양명학을 존경하는가, 아니면 따로 새로운 학설을 주장하는 사람이 있는가? 방효유(方孝孺)는 "주자를 거슬러도 도를 등지는 게 아니다."라고 하였는데, 그대도 이 말이 이치에 맞다고 생각하는가? 『사서』(四書)의 주석서 중에서 『대전』(大全), 『몽인』(蒙引), 『존의』(存疑), 『천설』(淺說) 등의 책이 높은 평가를 받고 있는데, 『사서』의 주석서 중에는 어떤 책이 있는가, 조선의 유학자가 쓴 주석서 중에 좋은 책이 있는가?

이와 같이 말하면서 슌안은 서목을 만들고 좋은 책을 가르쳐 주었으면 좋겠다고 부탁하였다. 슌안의 질문에 대해 이현은 긴 답장을 써서 대답하였는데, 그 내용은 대략 다음과 같다: 우선 정몽주(鄭夢周, 1337~1392)가 유학을 수입하는 데 큰 공헌을 하였다. 조선시대에 들어와서는 김굉필(金宏弼, 1454~1504), 정여창(鄭汝昌, 1450~1504), 조광조(趙光祖, 1482~1519), 이언적(李彦迪, 1491~1553), 이황(李滉, 1501~1570), 이이(李珥, 1536~1584), 성혼(成渾, 1535~1598), 김장생(金長生, 1548~1631) 등 탁월한 유학자들이 많이 배출되었다. 조선에서는 오로지 정주(程朱)의 학문만을 기준으로 하며 왕양명과 육상산의 학문을 배우는 이는 없다. 우리나라는 성학(聖學)과 이단(異端)의 구별이 엄격하기 때문에 과거시험에서 장자나 노자의 말을 사용한 이는 합격시키지 않는다. 명나라의 유학자 가운데 구준과 설선 외의 유학자는 취할 만한 것이 없으며 논의하지 않아도 된다.

또 이현은 주자를 거슬러도 도를 등지는 게 아니라는 방효유의 말에 대해서는 이렇게 말했다: 명나라 때는 유학자들 사이에서 정학(正學)에 관한 논쟁이 가장 많이 일어났다. 방효유에게 주자를 비난하고자 하는 마음은 없었을 것이다. 명나라 유학자가 저술한 『대전』, 『몽인』, 『존의』, 『천설』 같은 책은 이미 잘못되었다는 것을 알고 있기 때문에 조선 유학자 중에 그 책을 책상 위에 놓아두는 사람은 없다. 한우충동(汗牛充棟)과 같이 책이 많이 있어도 아무 소용이 없으며, 학문은 의리(義理)에서 하는 것이고 의리는 사람의 마음속[腔子裏]에 있다. 자신의 마음을 스승으로 하지 않고 훈고(訓詁)의 학문에만 구애받으면 안 된다. 먼저 『소학』(小學), 그다음에 『대학』을 읽고 나서 『논어』·『맹자』·육경(六經)을 주자의 주석에 따라 읽으면 일가(一家)를 이룰 수 있을 것이다. 이현은 이상과 같은 말로 슌안의 질문에 답변하였다.

구준과 설선은 모두 명나라의 유학자로 성리학에 조예가 깊었다. 방효유 또한 명나라의 유학자인데, 영락제(永樂帝)의 즉위를 '연적찬위'(燕賊簒位)라 비난하여 처형되었다. 『대전』은 명나라 호광(胡廣) 등이 영락제의 명을 받고 편찬한 『사서대전』(四書大全)을 말한다. 『몽인』은 명나라 유학자 채청(蔡淸, 1453~1508)이 편찬한 『사서몽인』(四書蒙引)을 말한다. 『존의』는 임희원(林希元, 1482~1567)이 편찬한 『사서존의』(四書存疑)를 말한다. 『천설』(淺說)은 진침(陳琛, 1477~1545)이 편찬한 『사서천설』(四書淺說)을 말한다. 『대전』, 『몽인』, 『존의』, 『천설』 같은 책들은 조선후기에는 많이 읽혔던 것 같으며 정약용(丁若鏞)도 자주 인용하였다. 하지만 『사서대전』에 대해서는 비판적 인식도 존재하였다. 가령 기대승(奇大升)은 『고봉집』(高峯集)에 수록된 『논사록』(論思錄) 상권의 4월 29일자 기사에서 이 책에 잘못된 곳이 매우 많음을 지적하고 있으며, 정조(正祖)의 『홍재전서』(弘齋全書) 권161에 수록된 『일득록』(日得錄) 권1의 '문학1'에도 이 책의 문제점이 거론되고 있다.

마지막에 이현이 쓴 『일도만상』(잇토오반쇼오, 一刀萬象)의 서문이 수록되어 있다. 『일도만상』은 서예가이자 전각가(篆刻家)로 이름이 높았던 이케나가 도오운(池永道雲, 1674~1737)이 새긴 인장(印章)을 모아 엮은 책이다. 이케나가 도오운의 이름은 에이슌(榮春), 자는 도오운, 호는 잇포오(一峰), 시인(市隱), 산운스이게츠슈진(山雲水月主人) 등이다. 키노시타 쥰안(木下順庵)의 제자 사카키바라 코오슈우(榊原篁洲)에게 배웠다.

(15) 鷄林唱和集 卷之十五

15권은 「보유」(補遺)로 14권까지의 내용에서 빠진 수창시, 편지, 필담 등이 수록되어 있다. 1682년에 일본을 방문한 홍세태(洪世泰, 1653~1727)가 히토미 치쿠도오(人見竹洞, 1638~1696)에게 보낸 편지 및 히토미 치쿠도오의 아들 히토미 토오겐(人見桃原)이 쓴 답장이 수록되어 있다. 이에 대해서는 본서에 수록된 『양동창화록』(兩東唱和錄)의 해제를 참조하기 바란다.

켄닌지(建仁寺)의 승려 우에나가 쇼오도오(植長松堂)가 남성중에게 보낸 편지가 실려 있다. 우에나가 쇼오도오의 스승 시게하라 쇼오하쿠(茂原紹柏)는 1655년에 통신사가 일본에 왔을 때 접반승(接伴僧)으로 통신사와 관계하였는데, 그때 남성중의 부친 남용익(南龍翼, 1628~1692)과 깊이 교유했다고 한다. 쇼오도오는 일찍이 자신의 스승과 교유했던 남용익의 아들을 만날 수 있었던 것은 기우(奇遇)라고 하면서 그와 시를 수창하였다.

또 이현과 슈쿠운(叔雲)의 문답이 수록되어 있다. 슈쿠운은 누구인지 알 수 없으나 호를 류우코쿠(龍谷)라 하고 사사키 치안(佐佐木池庵, 1650~1722)에게 서예를 배운 사람이다. 이현과 슈쿠운은 전서(篆書), 예서(隸書), 해서(楷書) 등 서체(書體)에 관해 대화를 나누었다.

또 키노시타 손켄이 통신사들과 나눈 문답이 수록되어 있다. 손켄은 자신이 오오사카에서 통신사들과 필담을 나눈 미야케 세키헤이(三宅石屛)의 아주 먼 친척이라고 소개하며 통신사에게 전언(傳言)을 전달하였다. 미야케 세키헤이는 미야케 소오메이(三宅滄溟)의 동생으로 오오사카에서 통신사를 만나 필담을 나누었다. 이 필담에 관해서는 본서의 「조선통신사일행시문필담집」(朝鮮通信使一行詩文筆談集)의 해제를 참조하기 바란다. 이현은 소오메이와 세키헤이 형제와 오오사카에서 필담을 나누었다고 하면서 그 글들을 매우 칭찬하였다. 손켄은 다음에 오오사카에 갈 때 그 말을 그들에게 전달하겠다고 하고 중국에서 들어온 『문장궤범』(文章軌範)을 이현에게 선물하였다. 그리고 손켄은 현향(玄香)이라는 이름의 먹을 남성중에게 선물하면서 조선에서는 먹을 만들을 때 송연(松煙)으로 제조하는지 유연(油煙)으로 제조하는지 물었다. 남성중은 원래는 유연으로 만들지만 송연으로 만들기도 한다고 답하였고 두 사람은 먹의 제조법에 관해 대화를 이어 갔다.

또 손켄은 조선에서도 공자의 시호(諡號)를 '문선왕'(文宣王)이라고 부르는지, 석전(釋奠)은 모두 중국의 방식을 따르는지 물었다. 이에 대해 남성중은 조선에서도 '문선왕'이라고 부르고 석전은 모두 중국의 방식을 따라하여 국왕은 3년에 한 번 성묘(聖廟)에 배알한다고 대답하였다. 이어서 남성중은 에도에 있다는 대성전(大成殿)을 거론하면서 그곳 성묘의 시호도 문선왕이라 부르는지 물었다. 이에 대해 손켄은 쇼오토쿠 천황(稱德天皇, 718~780)이 공자에게 문선왕(文宣王)이라는 추호(追號)를 수여한 이후부터 이미 천 년이 되는데, 아직 그 호를 사용하고 있다고 대답하였다.

'문선왕'은 당(唐)나라의 제6대 황제 현종(玄宗: 685~762)이 공자에게 내린 시호를 말한다. 남성중이 말한 에도의 '대성전'이란 유시마 세이도오(湯島聖堂)를 말한다. 유시마 세이도오와 석전에 대해서는 하야시 호오코오와 이현과의 필담에도 나오는데, 자세한 것은 『한객문답별집』(韓客贈答別集)의 해제를 참조 바란다. 쇼오토쿠 천황은 제48대 천황으로 764년부터 770년까지 재위하였다. 당나라를 따라 공자에게 문선왕이라는 시호를 내렸다.

14. 칠가창화집(七家唱和集)

1 서지사항

서명: 칠가창화집(七家唱和集)
소장처: 국립중앙도서관
편자: 세오 요오세츠사이(瀨尾用拙齋)
간행연대: 1712년(正德 2) 12월
책수: 10권 7책
판본: 간본

『칠가창화집』(七家唱和集)은 1712년 『계림창화집』(鷄林唱和集)의 속편으로 간행되었다. 7명의 일본 문인들과 통신사가 주고받은 창화시, 필담, 편지 등을 수록한 책이다. 세오 요오세츠사이(瀨尾用拙齋)는 쿄오토에서 출판사를 경영한 사람이다. 이름은 코레카타(維賢), 자(字)는 토시오(俊夫)이고 요오세츠사이(用拙齋)는 그 호이다. 이토오 진사이(伊藤仁齋, 1627~1705)에게 유학(儒學)을 배웠고 이리에 쟈쿠스이(入江若水, 1671~1729)와 가까이 지냈다. 수록된 창화집은 『반형집』(班荊集) 2권, 『정덕화한집』(正德和韓集) 2권, 『지기한담』(支機閒談) 1권, 『조선객관시문고』(朝鮮客館詩文稿) 1권, 『상한창수집』(桑韓唱酬集) 1권, 『상한창화집』(桑韓唱和集) 1권, 『빈관호저집』(賓館縞紵集) 2권이다.

『반형집』의 '반형'(班荊)은 '형초(荊草)를 깔다'라는 뜻이다. 춘추시대에 초(楚)나라의 오거(伍擧)가 정(鄭)나라 교외에서 옛 친구인 채(蔡)나라 성자(聲子)를 만나 형초를 깔고

앉아서 옛 이야기를 주고받았다는 '반형도고'(班荊道故)의 고사에서 유래한 것으로, 옛 친구를 만난 기쁨을 표현할 때 쓰는 말이다. 『정덕화한집』의 '정덕'(正德)은 일본의 연호로 1711년에서 1716까지 사용되었다. 『지기한담』의 '지기'(支機)는 '지기석'(支機石: 베틀을 괴는 돌)을 말한다. 한무제(漢武帝) 때 장건(張騫)이 뗏목을 타고 은하수로 올라가서 직녀(織女)에게 지기석을 받고 돌아왔다는 전설에서 유래한 것으로, 사명(使命)을 받들고 바다를 건너 외국으로 가는 것을 말한다. 『상한창수집』의 '상한'(桑韓)은 '일본과 조선'이라는 뜻이다. 예부터 일본을 '부상'(扶桑)이라 불렀기 때문에 이러한 제목을 붙인 것이다. 『빈관호저집』의 빈관(賓館)은 통신사의 숙소를 말하며 '호저'(縞紵)는 오(吳)나라의 계찰(季札)이 정(鄭)나라에 사신 가서 자산(子產)에게 흰 비단띠[縞]를 보내자 자산이 그 답례로 모시옷[紵]을 보냈다는 고사에서 유래한 것으로 우정이 두터움을 가리킨다.

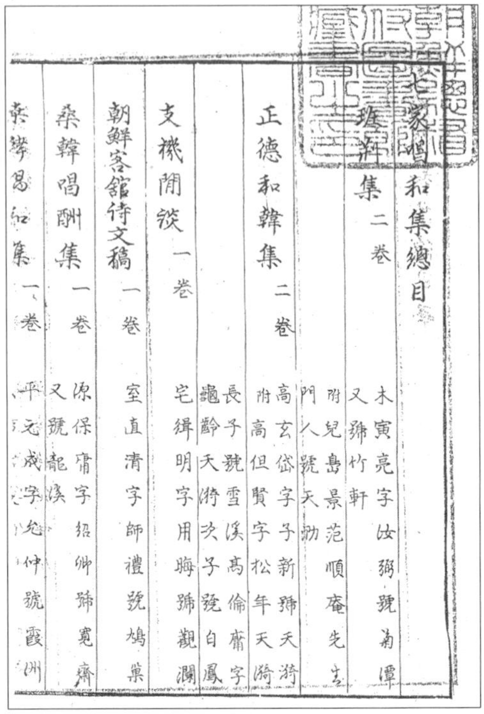
七家唱和集總目
班荊集 二卷 木寅亮字汝弼號菊潭 又號竹軒 附兒島景范順菴先生門人號天物
正德和韓集 二卷 高玄岱字子新號天漪 附高但賢字松年號天漪 長子號雪溪 高倫甫字龜齡號天漪次子號白鳳
支機閒談 一卷 宅緝明字用晦號觀瀾
朝鮮客館詩文稿 一卷 室直清字師禮號鳩巢
桑韓唱酬集 一卷 源保甫字紹卿號寬齋 又號龍溪
賓館縞紵集 一卷 平元成字允仲號霞洲

1711년 10월 28일과 11월 5일, 아라이 하쿠세키(新井白石)는 유학자 7명을 데리고 통신사의 숙소가 있는 에도의 히가시혼간지(東本願寺)를 방문하였다. 유학자 7명이란 키노시타 키쿠탄(木下菊潭, 1667~1743), 후카미 텐이(深見天漪, 1649~1722), 미야케 칸란(三宅觀瀾), 무로 큐우소오(室鳩巢, 1658~1734), 핫토리 칸사이(服部寬齋), 도히 카슈우(土肥霞洲, 1693~1757), 기온 난카이(祇園南海, 1677~1751)이다. 모두 키노시타 쥰안(木下順庵)과 관계가 깊은 유학자들이다. 『칠가창화집』은 이 7명의 유학자들과 통신사의 필담을 수록한 책이다. 이하 각 권의 내용을 소개한다.

(1) 반형집(班荊集)

1 필담일시 및 장소

1711년 10월 28일 및 11월 5일 에도의 히가시혼간지에서 이루어진 필담이 수록되어 있다.

2 참여자

조선인 참여자는 이현(李礥), 홍순연(洪舜衍), 엄한중(嚴漢重), 남성중(南聖重)이다.

일본인 참여자는 키노시타 키쿠탄(木下菊潭, 1667~1743)이다. 이름은 코료오(寅亮), 자는 죠히츠(汝弼)이고 치쿠켄(竹軒)이라는 호도 있다. 키노시타 쥰안(木下順庵)의 차남으로 막부 제5대 쇼오군(將軍) 토쿠가와 츠나요시(德川綱吉)에 출사하였다.

3 내용

상권과 하권으로 나누어져 있으며, 키쿠탄이 통신사에게 보낸 편지와 창화시가 수록되어 있다. 필담은 수록되어 있지 않고 편지에도 특기할 만한 내용은 없다. 부록으로 코지마 텐로쿠(兒島天泐, ?~1725)가 통신사와 주고받은 창화시가 수록되어 있다. 코지마 텐로쿠의 이름은 케이한(景范), 자는 소오분(宋文)이다. 키노시타 쥰안에게 배웠으며 카나자와번(金澤藩: 지금의 이시카와 현石川縣 카나자와 시金澤市)에 출사하였다.

(2) 정덕화한집(正德和韓集)

1 필담일시 및 장소

1711년 10월 28일 및 11월 5일에 에도의 히가시혼간지에서 이루어진 필담이다.

2 참여자

조선인 참여자는 이현, 홍순연, 엄한중, 남성중, 현만규(玄萬奎)이다. 현만규는 의원(醫

員)이다.

일본인 참여자는 후카미 텐이(深見天漪)이다. 텐이는 코오 겐타이(高玄岱)라고도 부른다. 이름은 겐타이, 자는 子新이다. 나가사키 출신의 유자이자 서가(書家)이다. 할아버지가 중국인이며 본성(本姓)을 코오(高)라고 하기 때문에 코오 겐타이라고도 불렀다. 중국 출신의 귀화승인 도쿠리츠(獨立)에게 의학과 중국어를 배웠다. 역관(譯官)으로 나가사키에서 일하다가 미야케 칸란과 무로 큐우소오 등과 더불어 막부의 유관(儒官)이 되었다.

3 내용

텐이가 통신사에게 보낸 장편시가 수록되어 있다. 또 텐이가 통사(通事) 조군서(趙君瑞)와 정창주(鄭昌周)를 만나 중국어로 대화하는 장면이 나온다.

텐이는 조선의 사절이 북경으로 들어갈 때 북경성(北京城)의 아홉 개 문 가운데 어느 문을 사용하는지 물었고, 이에 대해 조선의 통사는 동화문(東化門)이라고 답하였다. 또 텐이는 요동(遼東)을 지나 만리장성으로 들어갈 때 문의 편액에 '천하제일관'(天下第一關)이라는 이사(李斯)의 전서(篆書)가 적혀 있는지 물었고, 조선의 통사는 정말로 그런 편액이 있다고 답하였다. 이어서 텐이는 압록강의 넓이, 서울에서 북경까지의 거리, 만리장성의 높이 등을 물었다.

'천하제일관'이라 적힌 편액은 지금도 산해관의 동문(東門)에 걸려 있다. 이사는 진(秦)나라 때의 재상(宰相)인데, 사실 이 글씨를 쓴 사람은 이사가 아니라 명나라 때의 정치가 엄숭(嚴嵩, 1480~1567)이라고 한다.

부록에 텐이의 장남인 후카미 아리치카(深見有隣, 1691~1773)와 셋째 아들인 후카미 이사이(深見頤齋, 1715~1774)가 통신사와 주고받은 시가 수록되어 있다.

■ 필담

필담은 11월 5일에 이루어졌다. 텐이와 이현은 인사를 마친 후 다음과 같이 필담을 나누었다.

텐이: 고려 때에 목은(牧隱) 이군(李君: 이색李穡을 말함)이라는 분이 있었는데, 당신의 선조가

아닙니까?

이현: 목은 선생은 곧 제 외가의 조상이고 임진년(1352)에 정승을 지내셨습니다. 아계(鵝溪: 이산해李山海를 말함) 선생은 곧 제 외고조입니다. 아계 선생의 글은 귀국에도 알려졌을 테지요.

텐이: 그렇다면 선생은 문장의 벌열가 출신이군요. 부럽습니다.

이현: 제 조상인 아계 선생은 임진왜란 때 영의정이었습니다. 휘(諱)는 산해(山海)입니다.

텐이: 이전에 장편의 원고를 보내드렸는데, 보셨습니까?

이현: 이미 삼가 읽었습니다. 웅장하고 기이하더군요.

텐이: 도성에서 북경(北京)까지 어느 정도 걸립니까?

이현: 40일 걸립니다.

텐이: 압록강의 길이는 얼마이고 폭은 얼마입니까?

이현: 도성에서 압록강까지는 14일 걸리고 폭은 매우 좁습니다.

텐이: 매우 좁다고 해도 틀림없이 유장하고 광활한 규모가 있을 테죠.

이현: 그 수원(水源)이 백두산에서 나오기 때문에 길이를 측정할 수 없지만 원래 험악한 강이 아닙니다. 또 폭이 좁아서 남북의 경계로 삼을 것이 못 됩니다.

天漪: 前朝有牧隱先生李君者, 莫非令先祖耶?

東郭: 牧隱先生卽僕外家先世, 卽壬辰年間首相. 鵝溪先生卽僕外高祖, 而鵝溪文章, 貴國亦聞之矣.

天漪: 然則先生卽文章閥閱家也, 敬羡.

東郭: 僕之先祖鵝溪當壬辰之亂, 爲領議政矣, 諱卽山海也.

天漪: 前有長篇稿奉之, 未知電覽否?

東郭: 謹已奉覽矣. 壯哉奇哉.

天漪: 都下往北京城, 多少路程?

東郭: 四十日程.

天漪: 鴨綠江多少長, 多少濶?

東郭: 距都下十四日程, 而不過一衣帶也.

天漪: 雖謂之衣帶, 必有屯濶之量.

東郭: 其源則出於白頭山, 長不可測, 而元非險惡之水, 且狹不足爲南北之限矣.(下卷 1b~3a)

이어서 텐이는 신라 때의 승려인 도선(道詵, 827~898)이 천문지리(天文地理)에 정통했다는 사실을 언급하면서 지금도 풍수지리를 잘 아는 사람이 있냐고 물었다. 이에 대해 이현은 도선은 원래 신승(神僧)이기 때문에 풍수지리에 능통하였으며 지금은 승려 중에 풍수지리를 계승한 사람이 있으나 조선에서 불교를 숭상하지 않기 때문에 모두 산림(山林)에 묻혀 있을 뿐이라고 하였다. 승려 중에 지리에 능통한 사람이 많이 있는데, 그들이 아마도 도선의 얼마 안 되는 계승자일 것이라고 대답하였다.

텐이가 말하고 있는 이전에 보낸 장편의 원고는 텐이가 이현에게 보낸 편지를 말하며 이 책에 실려 있다. 텐이는 『동국여지승람』(東國輿地勝覽)에 언급하면서 조선의 지리와 풍도(風度)를 예찬하고 있다.

(3) 지기한담(支機閒談)

1 필담일시 및 장소

1711년 10월 28일 및 11월 5일에 히가시혼간지에서 이루어진 필담이다.

2 참여자

조선인 참여자는 이현, 홍순연, 엄한중, 남성중이다.

일본인 참여자는 미야케 칸란이다. 미야케 칸란의 이름은 슈우메이(緝明), 자(字)는 用晦, 호(號)는 칸란 혹은 탄잔(端山)이다. 쿄오토(京都)의 유학자 미야케 도오에츠(三宅道悅)의 아들이자 오오사카에서 카이토쿠도오(懷德堂)를 세운 미야케 세키안(三宅石庵, 1665~1730)의 형이다. 아사미 케이사이(淺見絅齋, 1652~1711)에게 배우다가 키노시타 쥰안(木下順庵) 문하에 들어갔다. 1697년 미토 번(水戶藩: 지금의 이바라기 현茨城縣 일대) 번주(藩主) 토쿠가와 미츠쿠니(德川光圀)에게 출사하여 『대일본사』(다이니혼시, 大日本史)의 편찬사업에 참여하였다. 『대일본사』는 진무 천황(神武天皇)에서 고코마츠 천황(後七松天皇, 재위: 1382~1412)까지의 역사를 기전체(紀傳體)로 기록한 역사서다. 1657년에 편찬 작업이 시작되고 1906년에 완성되었다. 전 397권 226책에 이르는 방대한 역사서이다. 미토 번의 번주(藩主) 토쿠가와 미츠쿠니는 1672년에 쇼오코오칸(彰考館)을 설치하면서 본격적으로 『대일본사』 편찬사업에 들어갔다. 칸란은 쇼오코오칸에 들어가 편찬사업에 참여하여 1710년에는 소오사이(總裁)가 되었다. 1711년 아라이 하쿠세키(新井白石)의 추천으로 무로 큐우소오와 더불어 막부에 출사하였다.

3 내용

■ 송서(送序)

칸란이 통신사에게 보낸 편지가 많이 수록되어 있는데, 그중에서 엄한중과 주고받은 편지의 내용이 흥미롭다.[1] 칸란과 엄한중은 명나라 학자 설선(薛瑄, 1389~1464)과 구준(丘濬, 1420~1495)을 어떻게 평가할 것인지에 대해 논의하였다. 설선의 자는 덕온(德溫), 호는 경헌(敬軒)으로 명나라를 대표하는 주자학자이다. 구준의 자는 중심(仲深), 호는 심암(深菴)이다. 주자의 『가례』(家禮)에 여러 글을 추가하여 『가례의절』(家禮儀節)을 편집하였다. 설선과 구준의 책은 조선과 일본 양국에서 널리 읽혔다.

칸란은 주희 이후 유학이 크게 유행하였다고 하며, 만약 공자, 맹자, 정호(程顥), 정이(程頤), 주희가 다시 태어나 오늘날처럼 유학이 성행하는 것을 본다면 몹시 놀랄 것이라고 하였다. 그렇지만 실제로 유학의 뜻을 알고 몸소 실천하는 사람은 적다고 하면서, 설선과 구준을 다음과 같이 평가하였다.

> 명나라에 이르러 설문청(薛文清: 설선을 말함)과 구문장(丘文莊: 구준을 말함)이 있었는데, 비록 그 정신의 광휘가 한 시대를 고무시키지 못하고 백 세대를 교화시키지 못하지만, 식견이 탁월하고 자기 몸을 단속하며 믿기를 두텁게 하고 실천을 올바르게 한 것은 모두 연원(淵源)을 둔 바가 있으니, 경전의 글자만 읽고 훈고(訓詁)의 지엽적인 것만 일삼아 간첩(簡捷: 간단하고 빠르다는 뜻)하고 허탄(虛誕)한 지경에 빠진 이와는 다릅니다.
>
> 至明有薛文清、丘文莊, 雖其精神輝光, 不能以鼓振一時, 潤化百世, 而識之卓、守之約、信之厚、由之正, 一皆有所淵源. 不與夫事佔畢訓詁之末, 而淪簡捷虛誕之域者侔.(14a~14b)

이어서 그는 조선에 이황이 나왔고 그 후 일본에 야마자키 안사이(山崎闇齋)가 나왔다고 하면서 각각 그들 학문의 특징을 개괄한 다음, 이렇게 말하였다.

> 명나라 사람 중에 일찍이 귀국의 문장을 논한 자가 있었는데 그 뜻이 거만하여 중화문명을 자처하였습니다. 그런데 그가 배운 바를 따져 보았더니, 불교를 숭상하고 노장사상에 물들었으며, 문장을 수식하고 자구(字句)를 다듬고 으스대면서 재자(才子)라고 표방할 뿐, 옛 성현의

---

1. 칸란과 엄한중이 주고받은 문답에 대해서는 『선철총담』(센테츠소오단, 先哲叢談)에도 언급되어 있다. 자세한 것은 原念齋, 源了圓・前田勉 譯註, 『先哲叢談』(東京: 平凡社, 1994), 270~272면 참조.

큰 법과 중요한 도(道)가 이어져서 중국 밖에 있다는 것을 다시 알지 못합니다. 그러니 이런 사람을 두고 중화로서 이적(夷狄)으로 변했다고 해도 될 것입니다.

明人嘗有論貴境之文者, 其意倨然以中夏文明自處, 及隨訂其所爲學, 則尙釋雜老, 刻章琢句, 沾沾喜, 以才子相爲標榜, 不復知古聖賢之大法要道屬而在外矣. 此謂華而變夷可也. (15a~15b)

그리고 문인들이 명성만 구하는 세태를 비판하고 공맹정주(孔孟程朱)가 다시 태어나면 후회하고 원망할 것이라고 하며 진실로 유학의 뜻을 알고 실천하는 사람이 적다고 탄식하였다. 그리고 지금 일본에서는 안사이의 뒤를 이은 학자가 나오고 있는데, 조선에는 퇴계의 학문을 계승한 사람이 얼마나 있는지, 퇴계보다 월등히 빼어난 사람이 있는지 물어보며 통신사야말로 바로 그런 사람들이라고 칭송하였다. 그리고 마지막으로 "마침내 우리나라에서 도학(道學)을 자임하여 귀국의 선현(先賢)들과 더불어 지향을 함께 하는 사람을 거론하여 이 글을 드리니, 이 편지를 가지고 돌아가시기 바랍니다."(卒擧我邦所有, 能以道學自任, 與貴境先賢同其指趣之人, 以贈焉, 請其齎歸: 16a)라고 하였다.

또 그는 부첩(副帖)을 붙였는데 거기서 "저는 우리나라의 수많은 선비 중에서 매번 야마자키 씨(山崎氏)를 으뜸으로 치니, 족하에게 부탁하여 이 말을 전해서 회재(晦齋: 이언적李彦迪을 말함)와 퇴계(退溪)의 학풍을 배우는 사람들로 하여금 다른 시대 다른 지역에도 지향하는 학풍이 같은 사람이 있다는 것을 알게 하기를 바랍니다. 감히 자랑하기 위해서가 아니니 양해해 주시기 바랍니다."(僕於我邦多士之中, 每推山崎氏爲稱首. 意願託足下齎致此言, 使學晦齋, 退溪風者, 知異代殊域亦未嘗無同調共趣之人, 匪敢詫也, 垂諒是祈: 16a~16b)라고 하였다.

이 편지를 통해 칸란이 명나라의 문인 설선과 구준을 높이 평가한다는 점, 일본을 대표하는 문인으로 야마자키 안사이를 들어 통신사에게 소개하였다는 점, 일본에도 조선의 학자와 같은 학풍을 가진 학자가 있음을 강조하고 있다는 점을 알 수 있다. 나중에 그 자신이 밝혔듯이 조선의 문학을 비판하며 중화문명을 자처하는 사람이란 명나라의 문인 왕세정(王世貞, 1526~1590)을 말하는데, 칸란이 그의 교만한 태도를 "중화로서 이적으로 바뀌었다"(華而變夷: 15b)라고 매우 신랄하게 비난한 점이 주목할 만하다.

이 편지에 대해 엄한중도 긴 편지를 써서 답하였는데, 명나라 문인에 대해서는 다음과 같이 말하였다.

명나라가 일어나 비록 정황돈(程篁墩: 정민정程敏政), 진백사(陳白沙: 진헌장陳獻章), 왕양명

(王陽明) 같은 사람이 있어, 더러 잡박(雜駁)한 폐단이 있고 또한 편벽된 잘못이 많았습니다만, 문청(文清: 설선을 말함)의 학문으로 말하면, 순실(純實)하여 거짓이 없고 해박하여 견문이 많으니, 이 사람을 으뜸으로 삼아도 되겠습니까? 이른바 구준이라는 사람은 학문이 괴이하고 입론(立論)이 그릇되어, 악비(岳飛)를 두고 꼭 나라를 회복하지는 못했을 것이라고 하고, 진회(秦檜)를 일컬어 송(宋)나라의 충신(忠臣)이라 하였습니다.

明興雖有程篁墩、陳白沙、王陽明諸人, 間有駁雜之病, 亦多偏係之失, 而至如文清之學, 純實無僞, 博洽多聞, 肯以此爲巨擘可乎? 所謂丘濬者, 爲學詭異, 立論謬盭, 以岳飛爲未必恢復, 稱秦檜爲宋忠臣.(17b)

그리고 퇴계 이전 시대에 이름이 높았던 학자로 조광조(趙光祖, 1482~1519), 김굉필(金宏弼, 1454~1504), 정여창(鄭汝昌, 1450~1504), 이언적(李彦迪, 1491~1553)을 들었고, 퇴계 이후 이름이 높았던 학자로 정구(鄭逑, 1543~1620), 이이(李珥, 1536~1584), 성혼(成渾, 1535~1598)을 들었다. 또 이들의 학문을 계승한 동시대 학자로 윤증(尹拯, 1629~1714)을 들었다. 엄한중은 칸란의 말로 판단하건대 야마자키 안사이는 '학문을 좋아하는 군자'(好學之君子: 18b)라 할 만하다고 하며, 외국에 그 이름이 전해지지 않은 것은 매우 안타까운 일이라고 하였다. 또 칸란이 언급한 교만한 명나라 문인에 관해서는 참으로 한바탕 웃어도 부족하다고 하며 개국 이래 조선의 문물(文物)은 윤택하여 어린 아이라도 유교를 숭상하고 불교를 배척할 줄 안다 하였다. 그리고 "제가 일본에 와서 여러 군자(君子)들과 시문을 창화한 것이 많은데, 아직 궁리격물(窮理格物)의 설을 들은 적이 없었습니다. 지금 보내 주신 편지를 받고 들어 본 적이 없는 말을 듣게 되었으니, 매우 다행입니다."(僕之東來也, 與諸君子相和詞章者多矣, 未嘗聞窮格之說矣. 今者獲承來書, 聞所不聞之語, 良幸良幸: 19a)라고 하여 주자학에 관한 이야기를 들을 수 있어서 좋았다고 하였다.

엄한중은 정민정(程敏政, 1446~1499), 진헌장(1428~1500), 왕양명(1472~1528) 등 명나라의 문인에 대해서는 평가하지 않았다. 정민정은 주희와 육상산(陸象山, 1139~1192)의 학문이 근본적으로 일치한다고 주장한 학자로 유명하며, 진헌장은 정좌(靜坐)를 통해 학문을 심화시킬 것을 주장한 학자이다. 엄한중은 왕양명을 포함해 그들을 그리 높이 평가하지 않았다. 또한 엄한중은 악비가 명예를 회복하지 않아도 되며 진회가 송나라의 충신이라고 한 구준의 발언을 매우 비판적으로 보고 있다. 악비와 진회는 모두 송나라 때의 인물이다. 악비는 금(金)나라의 침략에 대항하여 수많은 군공(軍功)을 세운 무장인 반면, 진회는 금나라와 화친을 맺을 것을 주장하고 이에 반대한 악비를 모함하여 죽였다.

엄한중은 구준이 금나라에 대항한 악비를 높이지 않고 반대로 금나라와 타협한 진회를 충신이라 부른 것을 비판한 것이다.

엄한중의 답장에 대해 칸란은 다시 편지를 썼는데, 그 편지에서 다음과 같이 말하였다.

보내 주신 편지에서 "설선을 으뜸으로 삼아도 되겠습니까"라고 말씀하셨는데, 이 부분 앞뒤의 맥락을 이해하기 어렵습니다. 이 말이 설씨(薛氏: 설선을 말함)를 숭상할 만하냐고 한 것이라면 바로 제 뜻과 합치하지만, 숭상할 만하지 않다는 것이라면 제가 지향하는 바와 크게 다르니, 그냥 두고 논의하지 않는 것이 합당하겠습니다.

구문장이 악비가 꼭 나라를 회복하지는 못했을 것이라고 한 것은 시세(時勢)에 있어서 각각 소견이 있었던 것이지, 애초에 도의(道義)와 마음의 잘못이라고 여겼던 것이 아닙니다. 하물며 금나라의 군대는 송나라보다 10배나 강했으니 그 승패의 자취에 대해서는 서생(書生)이 종이에 적은 말로 쉽게 판단할 수 없습니다. 구준이 진회를 송나라의 충신이라고 한 것은 이 늙은이(구준을 말함)가 고고하고 기이하여 중론(衆論)을 거스르는 것을 좋아하는 폐단 때문에 그런 것입니다. 그러나 화이(華夷)를 구별하여 내외(內外)를 바로잡고자 하였으니, 그가 종신토록 정력을 쓴 것은 바로 여기에 있습니다. 『세사정강』(世史正綱) 한 부는 소연하여 볼 만하니, 어찌 송나라의 의관을 찢고 금로(金虜)에 신복(臣服)하는 것을 옳다고 하는 자이겠습니까? 다만 조예의 깊이 및 견식과 취향의 높이는 설선에 미치지 못한 점이 있긴 하지만, 실천하는 것이 올바르고 믿음이 두터우니 명나라 한 시대에 쉽게 얻을 수 있는 사람이 아닙니다. (…)

또 학맥(學脈)을 바로잡아 선배를 논할 때는 마땅히 스스로 체모를 갖추어야 합니다. 아무리 높은 덕과 훌륭한 업적이 왕양명 같더라도 만약 문로(門路)에 있어서 어그러진 바가 있으면 의리상 마땅히 버리고 돌아보지 말아야 합니다. 그런데 문장(文莊: 구준을 말함)의 올바른 학문에 대해 어찌 대번에 사소한 흠을 들추어내고 크게 순수한 점을 버릴 수 있겠습니까? 그리고 그의 『대학연의보』(大學衍義補)와 『주자학적』(朱子學的) 또한 어찌 괴이하고 그릇되다고 할 수 있겠습니까?

來簡云: "文淸爲巨擘可乎?" 此段前後語脈, 難得領會. 其以薛氏爲可尙邪, 則正與鄙意合, 以爲不足尙邪, 則所趣大異, 宜措勿論也. 丘文莊以岳飛爲未必恢復, 是於時勢各有所見, 始不以爲道義心術之累. 況金兵之强比宋十倍, 勝敗之跡, 未猝易以書生紙上語而斷也. 其以秦檜爲宋忠臣, 則此老好高奇, 矯衆論之弊然耳. 然辨夷夏, 正內外, 其終身精力所用, 正在乎斯. 一部『世史正綱』, 昭然可見, 豈以裂冠毁冕, 稱臣金虜爲是者邪? 特其造詣深淺, 識趣高卑, 固有不及文淸, 而由之正與信之厚, 蓋亦朱明一代非所易得矣. (…) 且夫訂學脈以論先輩, 自當有體. 雖乃高德偉績如王守仁, 苟於門路有所乖馳, 則義當棄之不顧, 而若文莊之學之正, 豈可卒然摘其小疵, 遺其大醇, 而『衍義之補』·『學的』之編, 亦豈可以爲詭異謬盭而論邪? (19b~20b)

칸란은 먼저 설선에 대해 자신이 긍정적으로 평가하고 있음을 다시 확인한 후 악비와 진회에 대한 구준의 평가에 대해 엄한중과 다른 의견을 제시하였다. 칸란은 금나라에 대

향한 악비의 행동을 매우 냉철하게 현실적으로 판단하고 있다. 한편으로 진회를 송나라의 충신이라 칭찬한 구준을 옹호하고 『세사정강』을 사례로 들면서 그가 화(華)와 이(夷)를 엄격히 구분한 사람이라고 주장하였다. 악비와 진회에 대한 평가를 둘러싸고 칸란과 엄한중이 보여 주는 차이는 명분과 실제 중 어느 쪽을 중시하는가에서 비롯되는 것으로 여겨진다. 『세사정강』은 구준이 화와 이를 엄격히 구분하고 중국의 정통을 밝히는 것을 목적으로 진시황으로부터 명나라 홍무(洪武) 1년까지의 역사를 기록한 책이다. 『대학연의보』는 남송(南宋) 때의 학자 진덕수(眞德秀, 1178~1235)의 『대학연의』(大學衍義)를 구준이 보충하여 국가통치에 대한 의견을 개진한 책이며, 『주자학적』은 구준이 주희의 언행을 모으고 주자학의 유래를 서술한 책이다.

이어서 그는 조선의 학문에 대해 다음과 같이 논평하였다.

> 저는 퇴계의 『계몽전의』(啓蒙傳疑)를 읽고, 논하는 바가 번잡하여 옛날의 깨끗하고 조용하고 정밀한 기상(氣象)을 잃었으며 특히 <시책일도>(蓍策一圖)는 더욱 견강부회와 혼란스러움이 있지 않나 의심했습니다. 그렇지만 순수하게 강학(講學)을 하고 정밀하게 수양한 것에 이르러서는 일찍이 주희의 잘못을 끌어다가 자신의 훌륭함을 가리지 않았으니, 제가 퇴계에 대해 논하는 것은 참람한 일입니다. (…) 김대유(金大猷: 김굉필)에 이르러 실로 처음으로 정주(程朱)를 존중할 줄을 알았으니, 그 조예가 정달가(鄭達可: 정몽주)와 겨루면 어느 쪽이 얕고 깊은지 모를 정도입니다. 달가의 문장, 경세제민(經世濟民), 기절(氣節), 충개(忠慨)는 앞 시대의 사람과도 뒤 시대의 사람과도 비교가 안 됩니다만, 강설(講說)한 바는 호운봉(胡雲峰)의 『사서통』(四書通)과 꼭 들어맞을 뿐이니 식견이 어느 정도인지 대략 헤아릴 수 있습니다. 이복고(李復古: 이언적)가 나온 뒤로 크게 정명(精明)해졌고 퇴계에 이른 뒤에야 집대성하여 요점을 얻었습니다. 이 때문에 저는 귀국의 학자 가운데 특히 퇴계를 읽을 뿐, 다른 학자에 미칠 겨를이 없습니다. 우리나라에서 오로지 야마자키 타카요시(山崎敬義: 안사이)를 거론하는 것도 같은 뜻입니다. 퇴계의 뒤를 이은 학자로 율곡·우계 등 여러 공(公)이 많이 있다고 들었습니다. 학문을 좋아하는 군자와 풍화(風化)의 성대함은 흠모할 만합니다.
>
> 僕讀退溪『啓蒙傳疑』, 常疑所說煩雜, 失古潔靜精微氣象, <蓍策一圖>尤涉牽强紛錯, 而至其講學之醇, 養心之密, 未嘗援彼誤以蔽此美, 僕之議退溪則僭矣. (…) 至金大猷, 實始知尊程朱, 其之所得, 未知與鄭達可孰爲淺深. 達可文章經濟, 氣節忠慨, 前後無比. 但其所講說, 與胡雲峰『四書通』脗合而已, 則識見所造, 略可窺測, 而自李復古出, 大加精明, 以至退溪然後, 集其成而得其要矣. 是僕之所以於貴國特誦退溪, 不遑它及也. 而於我邦專擧山崎敬義, 亦此意耳. 得承退溪之後, 有栗谷、牛溪諸公多矣. 好學君子, 風化之盛, 足可欽仰.(20b~21b)

칸란은 기본적으로 퇴계의 학문을 긍정적으로 평가하였으나 『계몽전의』의 내용에 대해서는 비판적인 견해를 갖고 있었다. 칸란이 특히 비판적으로 보고 있다고 하는 <시책일도>란 『계몽전의』 두 번째 글인 「명시책」(明蓍策)을 가리키는 것 같다. '시책'의 '시'(蓍)는 점칠 때 사용하는 산가지를 말한다. 『계몽전의』는 쿄오토에서 통신사를 만나 필담을 나눈 아오치 슌신(青地浚新, 1675~1744)도 비판한 바 있다.[2] 또 칸란은 일찍이 일본을 방문한 적이 있는 정몽주의 학문에 대해 호운봉이 『사서통』에서 제시한 내용과 그리 다르지 않다며 높이 평가하지 않았다. 호운봉은 원나라의 문인 호병문(胡炳文, 1250~1333)을 말하는데, 역학에 조예가 깊은 주자학자로 『사서통』은 그의 대표적인 저작이다.

나아가 칸란은 조선의 학문을 대표하는 학자로 퇴계를 거론하였는데, 일본에서 조선의 퇴계에 해당하는 인물이 바로 야마자키 안사이라고 하였다. 칸란은 처음에 아사미 케이사이에게 배웠다가 키노시타 쥰안의 문하에 들어갔는데, 그가 처음에 사사한 케이사이는 안사이의 제자이다. 칸란이 일본을 대표하는 학자로 쥰안이 아닌 안사이를 내세운 것으로 보아 그는 쥰안보다 안사이를 높이 평가하고 있었던 듯하다.

이어서 칸란은 이전에 보낸 편지에서 '조선의 문학을 비판한 중국 문인' 운운한 것은 왕세정(王世貞)을 말한 것이라고 밝힌 다음, 일본의 학문에 대한 자신의 생각을 다음과 같이 말하였다.

> 보내 주신 편지에서 "우리나라의 풍속이 크게 변하여 문교(文敎)가 성대하게 일어났다."라고 하셨는데 사실 우리나라는 상세(上世)에는 문(文)을 숭상하였고 중엽(中葉)에는 무(武)를 일삼아 오늘날에 이르러도 문장을 아름답게 꾸미는 기교가 옛날에 미치지 못합니다. 반면 병법(兵法)이나 화살・칼과 관련된 기술은 날로 더욱 정밀해지고 있습니다. 지금의 무(武)를 가지고 옛날의 문(文)을 아우르는 것이 제가 눈을 씻고 바라는 바입니다.
>
> 來簡又云: "我邦俗尙丕變, 文敎蔚興." 然其實我邦上世尙文, 中葉事武, 乃至今日, 組章繪句之巧, 未能及古, 而韜鈐櫜鞬之業, 則日益精. 以今之武, 倂古之文, 是又僕所拭目而望覩也. (21b)

이와 같이 칸란은 일본의 학문 상황에 대해, 문교가 일어나기는 했지만 아직 무(武)가 지배적인바, 과거 성행했던 문교와 현재의 무가 적절한 조화를 이루는 것을 원한다고 하였다.

1711년 사행에서 대화의 내용은 주로 문학에 관한 것이 많고 이와 같이 학문에 관해

---

2. 이에 대해서는 본서 153면에 수록된 『계림창화집』 권지오(卷之五)의 해제가 참조된다.

깊은 대화를 나눈 것은 드물다. 설선과 구준을 비롯한 명나라 문인의 평가를 둘러싼 의견 차이, 조선 지식인에 대한 일본문인의 인식, 그리고 조선의 문인들에게 야마자키 안사이의 이름이 깊이 각인되었다는 점을 이 대화를 통해 확인할 수 있다.

▣ 필담

칸란은 이현과 다음과 같은 필담을 나누었다.

칸란: 이회재(李晦齋)와 이퇴계는 주자학을 평정(平正)하고 순수(醇粹)한 마음으로 받아들여서 그 종지(宗旨)를 얻은 사람이라 할 수 있기에 참으로 흠모하고 있습니다. 회재에 대해서는 퇴계가 쓴 행장(行狀)이 있기 때문에 상고할 수 있거니와 퇴계의 사적(事跡)에 이르러서는 역시 제자들이 기록한 것이 필시 있을 텐데 아직 일본에 전해 온 기록이 없어서 보지 못했습니다. 관직, 기치와 가계(家系)가 어떠하며 벼슬은 어느 임금부터 어느 임금까지 했는지, 족하께서 기억하고 있는 것이 있으면 적어 주십시오.

이현: 이퇴계 선생의 학문이 순수한 것은 귀국의 여러 분들이 이미 익숙히 알고 계신 것이어서 췌언(贅言)할 필요가 없겠습니다. 선생께서는 원래 경상도 예천 사람이며 벼슬은 이상(二相: 우찬성右贊成)에 이르렀고, 자(字)는 경호(景浩)입니다. 그 평생의 사적에 대한 기록은 이미 명현(名賢)들이 지어서 엮은 것이 있습니다. 나라에서는 특별히 서원을 세워서 많은 선비들이 학문을 연마하는 곳으로 삼았습니다. 선조(宣祖) 말년에 제우(際遇)가 특히 융성했습니다. 우리나라 이율곡 선생도 그 문인입니다.

觀瀾: 李晦齋, 李退溪之於朱學, 平正醇粹, 可謂得其宗者, 固攸欽服. 晦齋則有退溪所述行狀可考, 至退溪事跡, 亦必有門人子弟所錄, 未得傳而見之. 爵里世系爲何, 仕自何朝至何朝? 足下如有所記, 請被錄示.

東郭: 退溪 李先生學問之醇粹, 貴國諸公旣已稔聞, 不須更容贅說. 先生本

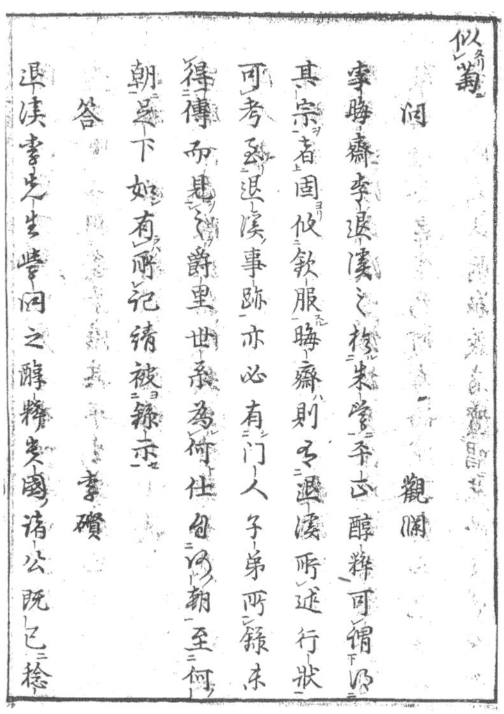
似前
問 觀瀾
李晦齋李退溪之於朱學平正醇粹可謂得其宗者固攸欽服晦齋則有退溪所述行狀可考至退溪事跡亦必有門人子弟所錄未得傳而見之爵里世系爲何仕自何朝至何朝足下如有所記請被錄示
答 李礥
退溪李先生學問之醇粹貴國諸公旣已稔

以慶尙道醴川之人, 官至二相, 字景浩. 其平生事跡, 已有名賢之撰次. 國家特設書院, 爲多士藏修之所矣, 宣廟末年, 際遇特隆. 我東李栗谷先生亦其門人也.(27a~27b)

퇴계가 쓴 이회재의 행장 「회재이선생행장」(晦齋李先生行狀)은 『퇴계선생문집』(退溪先生文集) 권49에 수록되어 있다. 퇴계의 사적을 저술한 기록으로는 류성룡(柳成龍, 1542~1607)이 작성한 「퇴계선생연보」(退溪先生年譜)가 있다. "선조(宣祖) 말년에 제우(際遇)가 특히 융성했다"는 것은 퇴계가 죽은 후 1610년 문묘(文廟)에 종사(從祀)된 것을 말하는 것 같은데, 1610년은 선조 말년이 아니라 광해군의 시대에 해당한다. 또 이율곡은 퇴계의 문인이 아니다.

이어서 칸란은 이율곡에 대해 아는 바를 일러 달라고 하였다. 또 두 번째 필담에서는, 야마자키 안사이가 엮은 『소학본주』(小學本註)는 조선에서 전해 온 『소학집성』(小學集成)의 본주를 가려 뽑아서 간행한 것인데, 주자가 주석을 붙인 『소학』이 조선에 없는지 물었다. 첫 번째 질문에 대해 이현은 율곡의 직위, 이력, 제자 및 조선 유학에 끼친 공적 등에 대해 설명하였다. 두 번째 질문에 대해서는 지금 조선에 유포된 『소학』은 주자의 주석본 외에 율곡이 엮은 책이 있으며 보통 사대부 집에서는 율곡이 엮은 책을 사용하고 있음을 밝혔다. 이와 같은 대화를 통해 칸란이 조선의 학문에 큰 관심을 보였음을 알 수 있다.

(4) 조선객관시문고(朝鮮客館詩文稿)

『조선객관시문고』의 내용은 『조선객관창화시병필어』(朝鮮客館唱和詩幷筆語)와 동일하다.[3]

(5) 상한창수집(桑韓唱酬集)

① 필담일시 및 장소

1711년 10월 28일 및 11월 5일에 히가시혼간지에서 이루어진 필담이다.

---

3. 『조선객관창화시병필어』 해제는 본서 103~108면에 실려 있다.

② 참여자

조선인 참여자는 이현(李礥), 홍순연(洪舜衍), 엄한중(嚴漢重), 남성중(南聖重)이다.

일본인 참여자는 핫토리 칸사이(服部寬齋)이다. 이름은 야스츠네(保庸), 자는 쇼오케이(紹卿), 호는 칸사이 또는 류우케이(龍溪)이다. 키노시타 쥰안에게 배웠고 막부의 유관이 되었다. 주자학을 종주(宗主)로 삼았다.

③ 내용

필담은 없고 창화시만 있는데, 특기할 만한 내용은 없다.

(6) 상한창화집(桑韓唱和集)

① 필담일시 및 장소

1711년 10월 25일에서 11월 14일까지 히가시혼간지에서 이루어진 필담 및 주고받은 편지가 수록되어 있다.

② 참여자

조선인 참여자는 이현, 홍순연, 엄한중, 남성중이다.

일본인 참여자는 도히 카슈우(土肥霞洲, 1693~1757)이다. 이름은 모토나리(元成), 자는 마사나카(允仲), 호는 카슈우 또는 신센(新川)이다. 아라이 하쿠세키에게 배웠다가 막부의 유관이 되었다. 아라이 하쿠세키가 죽은 후, 그의 저작을 정서(淨書)하였다.

③ 내용

카슈우가 통신사와 주고받은 편지 및 창화시가 수록되어 있는데, 특기할 만한 내용은 없다.

(7) 빈관호저집(賓館縞紵集)

1 필담일시 및 장소

1711년 10월 28일 및 11월 5일에 히가시혼간지에서 이루어진 필담이다.

2 참여자

조선인 참여자는 이현(李礥), 홍순연(洪舜衍), 엄한중(嚴漢重), 남성중(南聖重)이다.

일본인 참여자는 기온 난카이(祇園南海, 1677~1751)이다. 이름은 正卿, 자는 하쿠교쿠(伯玉)이다. 키이(紀伊: 지금의 와카야마 현和歌山縣) 출신의 유학자이다. 에도에서 키노시타 쥰안에게 배웠다. 1697년 아버지를 이어 키이 번의 유관이 되었는데, 3년 후 '방탕무뢰'(放蕩無賴)하다는 이유로 키이 번의 변방에 유배되었다. 1710년 아라이 하쿠세키가 도와 사면되었다. 다음해 막부의 명령으로 조선에서 온 통신사를 응대하였다. 통신사와의 시문수창과 응대를 성공적으로 수행한 공적으로 다시 키이 번에 출사하게 되었다.

3 내용

10월 28일과 11월 5일에 필담을 나누었는데, 기온 난카이는 많은 장시(長詩)를 통신사에게 보냈다. 이현에게는 150운(韻)의 시, 엄한중에게는 100운의 시, 남성중에게는 50운의 시를 보냈다. 이방언이 오오사카 성(城)을 읊은 50운의 시에 대해서도 창화시를 보냈다. 후반부에는 조태억, 임수간, 이방언에게 보낸 편지가 수록되어 있다. 특기할 만한 내용은 별로 없다.

15. 호저풍아집(縞紵風雅集)

□ 서지사항

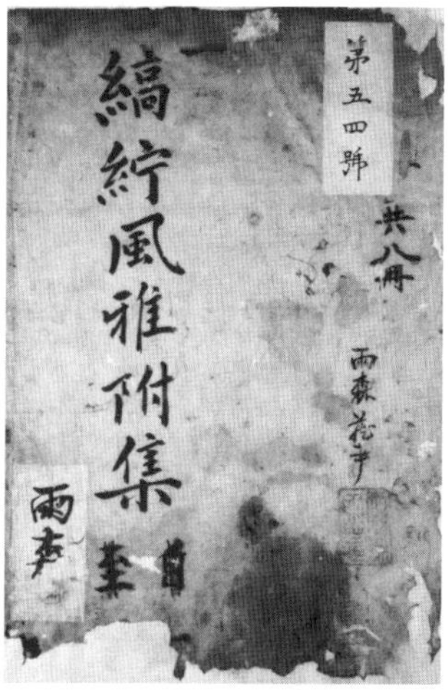

서명: 호저풍아집(縞紵風雅集)
소장처: 타카츠키 칸논노사토 역사민속자료관(高月觀音の里歷史民俗資料館) 호오슈우 문고(芳洲文庫)
편자: 아메노모리 호오슈우(雨森芳洲)
간행연대: 미상
책수: 13권 8책
판본: 필사본

『호저풍아집』(縞紵風雅集)은 츠시마(對馬島) 키시츠(記室) 아메노모리 호오슈우(雨森芳洲)가 1711년 신묘사행 때 일본 각지의 문인과 통신사가 나눈 필담과 창화시를 모은 총서 성격의 필담창화집이다. 호저(縞紵)는 춘추시대(春秋時代) 오(吳)나라 계찰(季札)이 정(鄭)나라에 사신으로 가서 대부(大夫)인 자산(子產)에게 흰 비단 띠[縞]를 선물하자 자산이 답례로 모시옷[紵]을 보낸 고사(故事)에서 유래한 말로, 친구 사이의 두터운 우정을 의미한다. 풍아(風雅)는 시(詩)를 가리키는 말이다. 따라서 '호저풍아집'은 조선과 일본의 문인이 우정을 나누면서 주고받은 시를 모은 책이라는 뜻이다.

『호저풍아집』은 파손이 심해 결락된 권(卷)도 있으며 앞부분과 뒷부분 일부가 떨어져 나간 권도 있다. 전반적으로 파손이 심하며 본문 내용 파악이 불가능할 정도로 손상된 권도 있다. 1~6책은 정집(正集)으로 통신사의 화답시만 수록하였고, 7~8책은 부집(附集)으로 일본 문인의 시를 수록하였다. 『호저풍아집』에 실린 내용은 1711년 필담창화집인 『계림창화집』(鷄林唱和集), 『칠가창화집』(七家唱和集), 『문사기상』(問槎畸賞), 『광릉문사록』(廣陵問槎錄)과 중복되는 부분이 많이 보인다. 이 네 권의 필담창화집은 모두 간본(刊本)이다.

각 책의 권수제(卷首題) 위에 '雨'라는 타원 모양의 인장이 찍혀 있으며 아래에는 '雨森所藏'이라는 인장이 찍혀 있어, 호오슈우의 구장본임을 알 수 있다. 또한 각 책의 속표지 좌측 아래에 '雨森家藏'이라는 묵서(墨書)가 있는데, 표지의 묵서와 필체가 다른 것으로 보아 후대에 소장자가 정리하면서 쓴 것이라 생각된다.

저본에는 서문이 없으나 칸사이 대학(關西大學)에서 영인본을 간행할 때 호오슈우 문고(芳洲文庫)에 소장된 『방주선생문초』(호오슈우센세이분쇼오, 芳洲先生文抄)에 수록된 「호저풍아서」(縞紵風雅序)를 전재하였다.[1] 서문의 주요 내용은 다음과 같다.

호오슈우는 "우리나라가 부강하고 순후(醇厚)한 것은 제(齊)나라와 노(魯)나라에 뒤지지 않지만, 붓을 잡고 지은 글의 아름다움에 있어서는 끝내 계림(鷄林: 조선을 말함)에 부끄러운 바가 있다."(我國富强醇厚, 未必讓於齊魯, 而拈毫弄翰之美, 終有愧於鷄林矣)라고 하며 일본의 국력이 부강하지만 문학적인 역량은 조선에 미치지 못함을 솔직하게 인정하였다. 이어서 "하늘이 사람을 냄에 고금(古今)이 모두 동일한 이(理)요, 화이(華夷)가 동일한 기(氣)이다. 그 이와 기가 쌓여서 도덕(道德)이 되고 드러나서 문장(文章)이 되니, 어찌 유독 우리나라만 모자라겠는가?"(夫天地生人也, 古今同一理也, 華夷同一氣也, 則蘊而爲道德, 發而爲文章, 何獨有少於我國哉)라고 하고, 그 이유로 일본과 중국은 언어가 달라 고인(古人)의 시와 문장을 배우는 데 어려움이 있다고 하였다. 한유(韓愈), 구양수(歐陽脩), 이백(李白), 두보(杜甫)와 같은 사람도 모두 지난 시대 문인의 정수를 배워 일가를 이루었지만, 일본인은 언어 습관이 달라 문장 한 편, 시 한 수를 기억하는 것도 어려우니 창작은 말할 것도 없다고 하였다. 또 조선의 시와 문장이 중국과 반드시 같지는 않지만 일본인의 작품은 그것에도 미치지 못한다고 하였다. 그런데도 자만에 빠진 일본 문사들이 자기 자신을 성찰하지 않고 통신사가 지은 시의 흠을 찾아내어 그들과 대등하다고 생각하는 세태에 대해 탄식하면서, 이것이 일본의 문학(文學)이 끝내 조선에 부끄러운 이유라고 하였다. 일본이 조선에 비해 문학적 역량이 뒤떨어진다는 점을 냉철하게 인식하고 자국 문인의 오만함을 비판적으로 성찰하고 있는 점이 주목된다.

이하 각 책의 특징과 주요 내용을 소개한다.

---

1. 서지적인 특징에 대해서는 水田紀久, 「解說」(『縞紵風雅集』, 雨森芳洲全書1, 關西大學東西學術硏究所資料集刊 11-1, 京都: 關西大學出版・廣報部, 1979)을 참조하였다. 이하 각 권의 서지사항도 마찬가지이다.

(1) 제1책

① 서지사항

제1책의 표제는 '縞紵風雅集'이고 그 밑에 소자쌍행(小字雙行)으로 '自相吟詠 卷之二'라고 되어 있다. 권수제는 '縞紵風雅集 卷之二'이다. 모두 39장으로 삼사(三使)・제술관(製述官)・서기(書記)・의원(醫員)의 시와 서신이 수록되어 있다. 창화시를 제외한 제시(題詩), 차운시(次韻詩) 등을 모아 놓았다. 중간에 '附錄明曆乙未信使詩'라는 제목 아래 1655년 통신사의 시가 삽입되어 있다.

② 내용

삼사인 조대억, 임수간, 이방언과 제술관인 이현, 그리고 서기 홍순연, 엄한중, 남성중의 시가 수록되어 있다. 아카마가세키(赤間關)의 안토쿠시(安德祠)에서 송운대사(松雲大師, 1544~1610)의 시에 차운한 시가 여러 편 있다. 송운대사는 임진왜란 때 포로 송환을 위해 일본에 건너갔던 고승(高僧) 사명당(四溟堂)을 말한다. 그는 아카마가세키에서 안토쿠 천황(安德天皇, 재위: 1180~1185)을 추모하는 시를 남겼는데, 통신사가 이곳을 지나면서 그 시에 차운하는 것이 관례였다. 남성중은 아버지인 남용익이 1655년 사행 당시 남긴 시를 발견하고 감격하기도 했다. 이 밖에도 고쿠라(小倉), 세이켄지(淸見寺), 오오가키(大垣), 츠시마, 요도우라(淀浦) 등에서 지은 시가 순서에 관계없이 뒤섞여 수록되어 있다.

또 의관인 상백헌(嘗百軒) 기두문(奇斗文)이 일본의 의원 카타오카(片岡)에게 보낸 편지가 실려 있다. 카타오카는 『양동창화록』 후록에 등장하는 카타오카 이센(片岡意專)이 아닌가 생각된다. 또 기두문이 溪南, 키쿠탄(菊潭), 텐이(天漪)에게 준 시도 수록되어 있다. 키쿠탄은 키노시타 키쿠탄(木下菊潭, 1667~1743), 텐이는 후카미 텐이(深見天漪, 1649~1722)이다. 케이난(溪南)은 『양동창화집』 후록(後錄)에 등장하는 무라카미 케이난(村上溪南)이라 생각된다.

(2) 제2책

① 서지사항

제2책의 표제는 '東關唱酬'이고, 제목 밑에 작은 글씨로 '淀 吉田 三島 卷之三之四'라고 되어 있다. 단, '淀'은 먹으로 지워져 있고, '三'을 '八'로 '四'를 '九'로 고쳐 놓았다. 표제의 오른쪽에는 '東關'이라 되어 있고 그 옆에 '六'이라 써져 있다. 권수제는 '縞紵風雅集 卷之三'인데, '三' 위에 '八'을 덮어 썼으나 잘못된 정정이라 생각된다. 다음 권의 권수제가 '縞紵風雅集 卷之四'이기 때문이다. 정정한 것은 이 책을 제4책과 제5책 사이에 놓으려고 했기 때문이라 생각되나, 전책(全冊)을 통관해서 볼 때 잘못 고친 듯하다. 토오칸(東關)은 에도를 가리키고, 요도(淀)는 지금의 쿄오토 시(京都市) 후시미 구(伏見區) 서남부에 있는 지명으로 에도 시대에는 요도 성(淀城)이 있던 곳이다. 요시다(吉田)는 지금의 오카야마 시(岡山市)에, 미시마(三島)는 지금의 시즈오카 현(靜岡縣) 이즈(伊豆) 반도(半島)에 속한 지명이다. 모두 65장이다.

에도에서의 필담과 창화시가 주로 수록되어 있다. 다이가쿠노카미(太學頭) 하야시 호오코오(林鳳岡) 부자와 문인들 그리고 키노시타 쥰안(木下順庵)의 문인과 오규우 소라이(荻生徂徠) 문인의 필담 및 기타 에도에서 활동하는 문인들의 창화시가 수록되어 있다. 내용상 이 책은 제7책 『호저풍아집 부집』(縞紵風雅集 附集) 권1・2와 제8책 권3에 수록된 일본 문인의 시와 짝을 이룬다.

2 내용

권3에는 창화시 외에 호오코오와 이현이 나눈 필담이 수록되어 있는데, 이는 『한객증답별집』(韓客贈答別集)에 수록된 내용과 거의 동일하다. 또 미야케 칸란(三宅觀瀾)과 이현의 필담이 수록되어 있는데, 『칠가창화집』(七家唱和集) 제4책 『지기한담』(支機閒談)과 동일한 내용이다.

권4에는 창화시 외에 오카지마 칸잔(岡島冠山)과 이현의 필담이 수록되어 있다. 이 내용은 『계림창화집』 권3과 거의 동일하다. 또 나가사키(長崎)의 유학자인 나카노 기켄(中野撝謙, 1667~1720)과 이현, 엄한중, 남성중이 나눈 필담이 수록되어 있다. 기켄의 이름은 츠구요시(繼善), 자는 칸오오(完翁), 기켄은 그 호이다. 나가사키에서 하야시 도오에이(林道榮, 1640~1708)에게 유학을 배우고 19세에 에도에 나가 주자학을 배웠으며 세키야도 번(關宿藩: 지금의 치바 현千葉縣 노다 시野田市 일대)에 출사하였다. 오규우 소라이가 그에게 중국어를 배우기도 하였다. 필담의 일부를 소개한다.

기켄: 처음 그대를 뵙게 되었으니 얼마나 다행인지요. 저는 젊은 시절부터 자학(字學)을 좋아했

습니다. 이번에 몇 자 적어서 가지고 왔으니 한 번 봐주시기 바랍니다.

엄한중: 지금 족하의 필법을 보니 팔분서(八分書)가 모두 삼매(三昧)의 오묘한 경지에 이르렀으니 사람으로 하여금 공경하고 심복하게 합니다.

(…)

기켄: 귀국의 아직기(阿直岐)와 왕인(王仁)이 우리나라에 와서 사서(四書)와 오경(五經)을 가르쳤습니다. 그 사적(事跡)이 어떠합니까?

이현: 귀국에는 애초에 문교(文教)가 없었는데 백제의 왕인이 『논어』와 『천자문』을 가지고 와서 처음 문자를 가르쳤다고 들었습니다. 귀국에 문자가 있는 것은 아마 이로부터 비롯된 것일 테지요.

撝謙: 初獲識荊, 何幸如之. 僕自少嗜字學. 今番書數字帶來, 希垂電覽.

龍湖: 今見足下筆法, 八分俱臻三昧之妙, 令人欽服.

(…)

撝謙: 貴國阿直岐、王仁來我國, 教四書五經, 其事跡何如?

東郭: 聞貴國初無文教矣. 百濟 王仁携『論語』及『千字文』而來, 始教文字. 貴國之有文字, 蓋自此也.(卷之四 36b-37b)

'자학'(字學)은 문자학을 뜻하기도 하지만, 여기서는 서학(書學), 즉 서예에 관한 학문을 가리키는 것으로 보인다. '팔분서'에 대해서는 종래 여러 학설이 있었지만, 여기서는 전서 8분, 예서 2분의 서체를 가리키는 것으로 생각된다.

이어서 양의(良醫) 기두문과 아라키 도오센(荒木道仙)의 천연두에 관한 짧은 필담이 수록되어 있다.

(3) 제3책

1 서지사항

표제는 '縞紵風雅集'이고 아래에 '五之六', '自五之六'이라 되어 있다. 표제 오른쪽에는 큰 글씨로 '尾張'(오와리), '大垣'(오오가키), '大津'(오오츠)라 쓰여 있다. 여기에서 나눈 필담을 모은 것이라 생각된다. 또 표지 중앙 위쪽에 '四'라고 표기되어 있는데 별도로 권차(卷次)를 매긴 것으로 보인다. 두 권으로 구성되어 있으며 권수제는 각각 '縞紵風雅集 卷之五'와 '縞紵風雅集 卷之六'이다. 권5의 첫 번째 시 제목 밑에 작은 글씨로 '尾張'이라고 쓰여 있고 권6에는 마찬가지로 '皇京'이라고 쓰여 있다. 오와리와 쿄오토에서 주고받은 시를 수록했다는 표시인 듯하다. 권6은 주로 마츠자키 란코쿠(松崎蘭谷), 이노오 쟈쿠스이(稲生若水)와의 필담이 수록되어 있다. 내용은 관제(官制), 문구(文具), 언문(諺文), 본초(本草) 등에 관한 것이다. 모두 23장이다.

2 내용

권5에는 특기할 만한 내용은 없다. 권6에는 이현과 란코쿠의 필담이 수록되어 있는데, 이 필담은 『계림창화집』 권4의 내용과 대부분 일치한다. 주요 내용을 몇 가지 소개한다.

> **란코쿠:** 듣건대 귀국의 관제(官制)는 명나라 홍무(洪武)·영락(永樂) 연간의 제도를 따른다고 하던데 지금도 그러합니까? 품계와 등급은 『경국대전』(經國大典)과 『고사촬요』(攷事撮要) 등의 책에 기재된 것에서 징험할 수 있는지요?
>
> **이현:** 우리나라의 관제는 모두 황명(皇明)의 옛 제도를 따릅니다. 그러나 그 사이에 또한 관호(官號)가 각기 다른 것이 없지 않으니, 대개 음악을 똑같이 하지 않고 예를 똑같이 하지 않는 유의(遺義)에서 나온 것입니다. 내외, 존비, 대소의 등급은 우리나라의 『경국대전』과 『고사촬요』에 모두 실려 있습니다. 이 서적들은 이미 귀국에 유입되었다고 하니, 보시면 알 수 있을 것입니다.

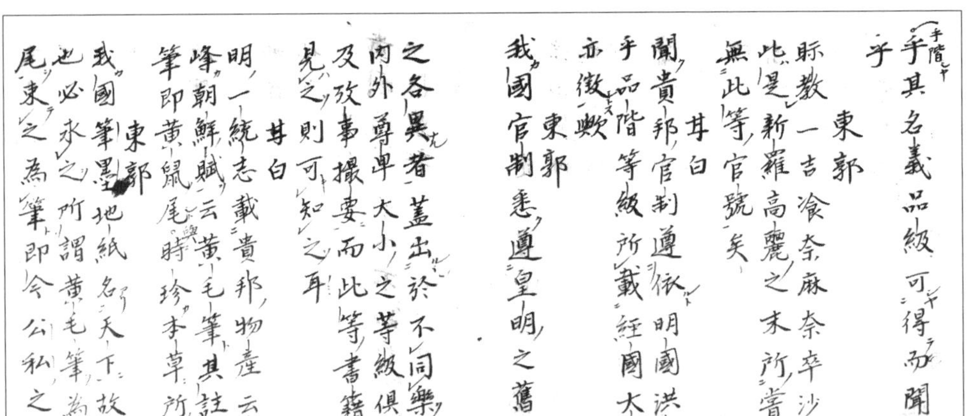
手其名義品級可得而聞乎其名今亦有存者
乎
東郭
眎敎一吉湌奈麻奈卒沙湌等名號皆古號而
此是新羅高麗之末所當因循者也今則我國
無此等官號矣
井白
聞貴邦官制遵依明國洪武永樂之制今亦然
乎品階等級所載經國大典攷事撮要等書可
亦徵歟
東郭
我國官制悉遵皇明之舊而其間亦不無官號
之各異者蓋出於不同樂不同禮之遺義也且
內外尊卑大小之等級俱載於我國經國大典
及攷事撮要而此等書籍亦已流入於貴邦云
見之則可知之耳
井白
明一統志載貴邦物產云云狼尾筆近閱董圭
峰朝鮮賦云黃毛筆其註又引一統志云狼尾
筆卽黃鼠尾時珍本草所載黃鼠有異乎
東郭
我國筆墨紙名天下故曾前皇明使价之來
也必求之所謂黃毛筆爲上品截取黃狌皮之
尾束之爲筆卽今公私之所用者也今行亦多

甘白:[2] 聞貴邦官制遵依明國洪武、永樂之制，今亦然乎? 品階等級，所載『經國大典』、『攷事撮要』等書，可亦徵歟?

東郭: 我國官制悉遵皇明之舊，而其間亦不無官號之各異者，蓋出於不同樂不同禮之遺義也. 其內外、尊卑、大小之等級，俱載於我國『經國大典』及『攷事撮要』，而此等書籍亦已流入於貴邦云，見之則可知之耳.(卷之六 1b~2a)

이 외에도 쟈쿠스이는 낭미필(狼尾筆)과 황광피(黃獷皮)에 대해 물었다. 낭미필은 족제비 꼬리털로 만든 붓으로 중국에서 상품(上品)으로 쳤으며, 황광피는 족제비 가죽이다. 또 쟈쿠스이는 조선의 언문에 대해 물었고, 이현은 세종대왕과 신숙주(申叔舟), 정인지(鄭麟趾) 등이 청탁고저의 음을 분별하여 만든 것이라 대답하였다. 이어서 쟈쿠스이는 이현과 기두문에게 각종 식물과 약초에 대해 장황하게 질문을 하며 본초학에 대한 관심을 나타냈다. 동일한 필담이 『계림창화집』 권4에 수록되어 있다. 『계림창화집』 해제를 참조하기 바란다.

(4) 제4책

1 서지사항

표제는 '縞紵風雅集 卷ノ七'이다. 그 밑에 작은 글씨로 '京'이라 써져 있었으나 후에 먹으로 지웠다. 표지 중앙에 다른 필체로 '京往返唱酬'라 쓰고 그 옆에 작은 글씨로 '淀 七'이라 표기되어 있다. 오른쪽 위에는 '五'라고 또 다른 권차가 표기되어 있다. 권수제는 '縞紵風雅集 卷之七'이다. 그 밑에 작은 글씨로 '皇京'이라 되어 있는 것으로 볼 때 교오토에서의 창수시와 필담을 모은 것으로 생각된다. 이 책의 내용은 제8책 『호저풍아집 부집』 권4의 내용과 짝을 이룬다. 이노오 쟈쿠스이, 아오치 레이칸(靑地禮幹, 1675~1744), 타고 하쿠잔(多湖栢山, 1680~1753)과의 필담이 수록되어 있다. 모두 45장이다.

레이칸(禮幹)의 자는 테이슈쿠(貞叔), 호는 레이칸, 레이타쿠(麗澤), 슌신사이(浚新齋), 진치로오(仁智樓) 등이다. 하구로 요오센(羽黑養潛, 1629~1702)과 무로 큐우소오(室鳩巢)에게 배우고 카가 번(加賀藩: 지금의 이시카와 현石川縣 카네자와 시金澤市 일대)의 마에다 츠나노리(前田綱紀)에 출사하였다. 저서에 『준신문집』(슌신분슈우, 浚新文

---

2. 甘白: 란코쿠(蘭谷)의 별호이다. 저본의 표기를 따랐다.

集), 『가관소설』(카칸쇼오세츠, 可觀小說) 등이 있다.

하쿠잔(栢山)의 이름은 야스시(安), 자는 겐타이(玄泰), 하쿠잔은 그 호이다. 하야시 호오코오에게 배우고 마츠모토 번(松本藩: 지금의 나가노 현長野縣 마츠모토 시松本市 일대)의 번유(藩儒)가 되었다. 쿄오토, 오오사카와 에도를 왕래하면서 아라이 하쿠세키(新井白石), 무로 큐우소오, 아사카 탄파쿠(安積澹泊, 1656~1738), 미야케 칸란(三宅觀瀾)과 교유하였다. 저서에 『한객증답집』(韓客贈答集), 『백산집』(하쿠잔슈우, 栢山集) 등이 있다.

2 내용

쟈쿠스이와 이현, 엄한중, 홍순연, 남성중의 필담이 수록되어 있다. 쟈쿠스이는 연어라 생각되는 '鮏'이라는 물고기에 대해 묻고, 또 자신이 편찬한 『서물유찬』(쇼부츠루이산, 庶物類纂)이라는 백과전서에 서문을 부탁하기도 하였다.

또 레이칸과 통신사의 필담이 '浚新筆談錄'이라는 제목 아래 수록되어 있다. 따로 존재하던 필담집에서 일부를 절취하여 수록한 것으로 보인다. 주요 내용을 소개한다.

12월 5일 레이칸은 코오호오(光峯)라는 승려가 그린 그림 3폭을 가지고 가서 홍순연에게 화찬(畵讚)을 지어 줄 것을 청했다. 홍순연은 이를 승낙하면서 대신 자신의 초상화를 그려 달라고 한다. 홍순연은 이현이 에도에서 이미 초상화를 얻었으니 자기에게도 하나 그려 달라고 말했다. 레이칸은 코오호오가 자신과 친하므로 내일 데려와서 그리게 하겠노라고 답하였다. 홍순연은 자신이 종이를 마련하겠다고 했으나 레이칸이 생견(生絹)을 준비하겠노라고 하였다. 이어서 레이칸이 퇴계를 경모(敬慕)한다고 하자, 이현은 퇴계의 이름과 자, 관직 등을 알려 주었다.

다음날 레이칸은 또 홍순연과 필담을 나누었다. 레이칸은 어제 호오슈우와 마츠우라 카쇼오(松浦霞沼)에게 『대학신소』(다이가쿠신소, 大學新疏) 두 책과 편지 및 질문서를 통신사에게 전해 줄 것을 부탁했는데 그것이 전달되었는지 물었고, 홍순연은 『대학신소』는 아직 보지 못했다고 답했다. 또 레이칸과 홍순연은 화찬과 초상화를 그려 주는 일에 대해 필담을 나누었다. 레이칸은 그림이 완성되면 호오슈우나 카쇼오에게 부탁하여 전해 줄 것을 약속하였고, 홍순연은 그림이 지체될까 염려하면서 이것은 외교적인 일이 아니므로 비밀리에 그려 달라고 하였다.

이날 황벽승(黃檗僧)과 쿄오토의 승려들이 여러 명 왔다. 카쇼오는 이현이 스루가(駿河: 지금의 시즈오카 현靜岡縣 중부와 북동부 일대)의 이치다이지(一大寺)에서 주지와 나눈 필담을 그들에게 보여 주며 조선에서는 불교를 이단을 배척하고 있으니 불법에 대해 묻지 말고 시를 수창할 것을 권하였다.

7일에 호오슈우와 카쇼오는 『대학신소』와 서독(書牘)과 의문(疑問: 질문지)을 각각 1편씩 가지고 와서 남성중에게 전달하였다. 남성중이 지신은 힉식이 얕아 질문에 답할 수 없다며 사양하였다. 이때 호오슈우는 레이칸에게 이렇게 말하였다.

> **호오슈우:** 『대학신소』는 원래 좋은 책입니다. 한인(韓人)은 우리나라 학자들이 단지 시부(詩賦)를 일삼을 뿐이라 여깁니다. 에도에 가기 전에 이 책을 보여 줬다면 우리나라에도 이런 학문이 있는 줄 알고 틀림없이 시인으로 큐우소오(鳩巢)를 대하지 않았을 것이니, 이것이 몹시 안타깝습니다.
>
> **芳洲:** 『大學新疏』自是一好書, 韓人以爲我國學者徒事詩賦而已. 若使此書示在東行之前, 則知我國有如此學問, 而必不以詩人待鳩巢也. 此甚可惜.(卷之七 21b)

『대학신소』는 무로 큐우소오가 지은 『대학장구신소』(다이가쿠쇼오쿠신소, 大學章句新疏)를 말한다. 이때까지만 해도 통신사는 일본 학자들을 문인(文人)으로 대했는데, 호오슈우는 큐우소오의 저서를 통신사에게 전달함으로써 이러한 편견을 불식시키고 일본 유학의 수준을 보여 줄 수 있다고 생각했던 것 같다.

마지막으로 홍순연이 자신의 초상화를 전달받고 몹시 기뻐하며 그림을 그려 주도록 주선한 레이칸과 그림을 그린 승려 코오호오에게 보낸 감사의 편지가 실려 있다.

한편 하쿠잔이 엄한중과 나눈 필담이 본 책의 마지막에 부분에 수록되어 있으나 특기할 만한 내용은 보이지 않는다.

이상의 내용은 『계림창화집』 권5에도 수록되어 있다.[3]

(5) 제5책

1 서지사항

표제는 '縞紵風雅集'이고 밑에 소자쌍행으로 '十ヨリ十三ニ至'(권10에서 권13까지)라 되어 있다. 이 글씨는 호오슈우의 7대 후손인 雨森二橘의 필체이다. 2권으로 이루어져

---

3. 『계림창화집』 해제는 본서 149~196면에 실려 있다.

있는데 첫 번째 권의 권수제는 '縞紵風雅集 卷之十'이고 두 번째 권은 '縞紵風雅集 卷之十一'이다. 첫 번째 권의 권수제 밑에 'ヨリ十三ニ至'(에서 권13까지)라고 부기되어 있는데, '권10에서 권13까지'라는 뜻이다. 표제는 이것을 따른 듯하다. 그러나 실제 이 책은 권10, 권11의 두 권으로 이루어져 있다. 모두 53장이다.

권10에는 8,9월 사이 왕로(往路)에 지나갔던 우시마도(牛窓), 아카마가세키, 치쿠젠(筑前)에서 이루어진 필담과 창화시가 수록되어 있고, 권11에는 사행 내내 통신사와 동행했던 켄닌지(建仁寺) 에이겐안(永源庵)의 승려 운카쿠 에이슈우(雲壑永集)와 쇼오코쿠지(相國寺) 지소오인(慈照院) 이신토오(頤神堂)의 승려 벳슈우 소엔(別宗祖緣)의 시에 차운한 시가 수록되어 있다. 운카쿠와 벳슈우의 시는 제8책 권3에 실려 있다.

2 내용

권10에는 야마가타 슈우난(山縣周南)과 이현이 나눈 필담이 있는데, 『문사기상』(問槎畸賞)과 동일한 내용이다.

권11에는 후지산(富士山)과 관련된 시가 여러 편 보인다. 그중에 종사관 이방언이 벳슈우의 「후지산을 바라보며」(望富士山)라는 시에 차운한 시가 있다. 이방언은 후지산의 빼어난 승경에 감탄하며 금강산 또한 그에 못지않다고 하였는데 호오슈우가 이 시에 대해 논평을 남긴 것이 있어 주목된다.

그는 일본인 가운데 후지산의 승경을 말하는 사람들은 매양 거만한 기색이 있는데, 통신사는 반드시 금강산을 들어 일본인의 날카로운 성품과 이기기 좋아하는 마음을 꺾어 놓으니, 이것은 피차 한 번씩 휘두른 것이라 하였다. 그러나 후지산 꼭대기에 만년설이 쌓인 것을 두고 통신사가 흰 돌이라느니, 흰 구름이라느니, 심지어 백토를 칠해 놓은 것이라고 말하는 것은 여름에 금강산에 눈이 없기 때문이며, 이로써 금강산이 후지산보다 고도가 낮다는 것을 알 수 있다고 하였다. 그리고 백두산, 히에이잔(比叡山), 아소산(阿蘇山)에 눈이 있는 것은 그늘지고 깊은 골짜기의 눈이 4, 5월까지 녹지 않는 것일 뿐이라고 하면서 "산 가운데 지극히 높고 신령한 것은 우주 안에 오직 후지산이 최고가 아니겠는가"(豈非山之極高且神者, 宇宙內有富山爲最歟: 卷之十一 9a)라고 하며 후지산을 우주 제일의 산이라 칭송하였다. 그러나 이어서 산이 있거나 없는 것, 높거나 낮은 것이 나라의 성쇠와는 관계가 없는데도 이것으로써 자랑하려는 자는 참으로 무식한 자이며, 또 통신사처럼 말로써 이것을 이기려 하는 자 또한 장자(長者)의 언행이 아니라 하

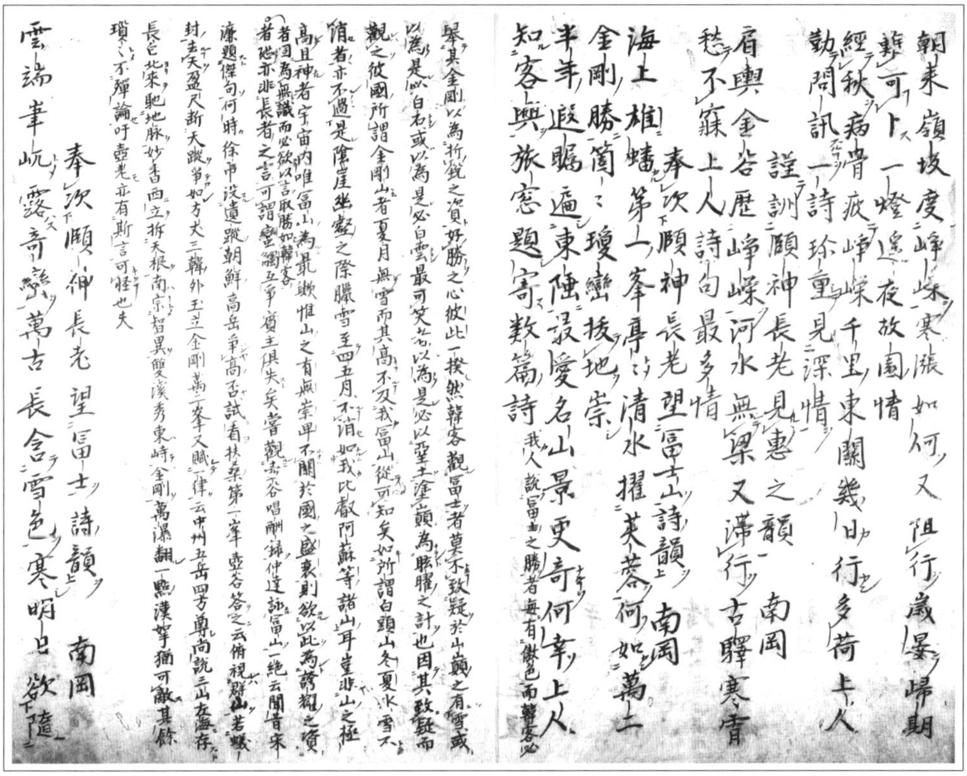

朝來嶺坂度峥嵘 寒滅如何又阻行 歲晏歸期難可卜 一燈遥夜故園情
經秋病骨疲峥嵘 千里東關幾日行 多荷上人勤問訊 一詩珍重見深情
謹酬顧神長老見惠之韻 南國
肩輿今谷歷峥嵘 河水無梁又滞行 古驛寒宵愁不寐 上人詩句最多情
奉次顧神長老望富士山詩韻 南國
海上雄蟠第一峯 亭亭清水擢芙蓉 何如萬二金剛勝 簡簡瓊巒拔地宗
半年遐躡遍東陲 最愛名山景更奇 何幸上人知客興 旅窓題寄數篇詩
奉次顧神長老望富士山詩韻 南國
雲端峯屹露奇巒 萬古長含雪色寒 明日欲隨

며, 이는 사소한 일로 다투는 것이라 손님과 주인이 모두 예를 잃은 것이라 하였다. 일본인이 후지산이 높다고 자랑하는 것이나 통신사가 금강산을 가지고 이에 대응하는 것이나 모두 잘못이라는 것이다. 후지산을 우주에서 가장 신령스러운 산이라는 입장을 고수하고 있기는 하나, 소모적인 논쟁을 비교적 균형 잡힌 시각으로 보고 있는 점은 주목할 만하다.[4]

4. 호오슈우의 이러한 입장은 통신사와 일본 문인 간의 금강산, 후지산 논쟁을 다룬 기왕의 연구에서 전혀 언급되지 않았다. 이혜순, 「18세기 한일 문사의 금강산-부사산 우열 논쟁과 그 의미」(『조선통신사의 문학』, 이화여자대학교출판부, 1996, 260~280면); 임채명, 「조선 문사의 詩文을 통해 본 富士山 인식의 변모 양상」(『동방한문학』 제36집, 2008); 임채명, 「朝日 문사의 조선 산과 富士山의 우열 비교 연구」(『비교문학』 제46집, 2008) 등 참조.

(6) 제6책

1 서지사항

표제는 '芳洲唱酬'이고 그 아래 작은 글씨로 '附筆談 十四終'이라고 되어 있다. 표지 오른쪽 위에는 '八'이라고 권차가 매겨져 있다. 내제는 '縞紵風雅集 卷之十四'이다. 모두 39장이다. 여덟 책 가운데 가장 파손 정도가 심해서 모든 장의 바깥쪽 1, 2행 대부분이 떨어져 나가 판독할 수 없는 부분이 많다. 통신사가 아메노모리 호오슈우와 그의 아들 아메노모리 호오카이(雨森鵬海)에게 준 시가 수록되어 있으며, 후반부에는 호오슈우와 통신사의 필담이 수록되어 있다.

2 내용

창화시 다음에 장을 바꾸어 '芳洲筆談'이라는 제목 아래 이현과 호오슈우의 필담이 수록되어 있다. 주요 내용을 소개한다. 파손되어 보이지 않는 부분은 '■■■'로 표시하였다.

이현: 우리나라 또한 궁벽하게 한 모퉁이에 있어, 바다 가운데 여러 나라의 산천과 풍속에 대해서는 아득하여 들은 바가 없으니 답답하다 할 만합니다. 귀방은 근래 청나라와 통교하는데 교제하는 예법이 어떠합니까? 류우큐우(琉球)나 안남(安南)과는 서로 ■■■ 바닷길로 얼마나 됩니까? 또 통신(通信)하여 왕래하는 일이 ■■■ 나라가 서로 가까워 서로 통합니까? 한 번 듣기를 청합니다.

호오슈우: 류우큐우는 지금 우리의 속국이라 와서 조빙(朝聘)하는데. 의복과 언어가 크게 다르지는 않으며, 안남 등 여러 나라와는 나가사키(長崎)에서 무역을 할 뿐이니, 교빙(交聘)의 예가 있다는 것은 듣지 못했습니다. 제가 일찍이 나가사키에 있을 때 청나라 사람을 만나 보았는데 모두 머리를 깎아 털끝만큼도 중화의 체모가 없었으니, 한 번 탄식할 일이라고 말할 만합니다.

호오슈우: 우리나라는 큰 바다 가운데 치우쳐 있으니 단지 무예에 몹시 정통하고 병장기가 날카로운 것만이 아닙니다. 그 땅을 얻어도 봉토(封土)로 삼을 수 없고, 그 백성을 얻어도 부릴 수 없습니다. 그러므로 오랜 옛날부터 병사를 이끌고 바다를 건너 강역을 침략하는 자가 없었는데 유독 원(元)나라 세조(世祖)가 교활하게 침략하려는 뜻을 가졌으나 끝내 성공하지 못하고 말았으니, 동방의 수역(壽域)이라 하는 것이 마땅하지 않겠습니까.

이현: 진실로 그러합니다.

東郭: 吾東亦僻在一隅, 海中諸國山川風俗, 邈然無所聞, 可鬱可鬱. 貴邦近與清國相通, 而交際禮貌何如耶? 琉球國、安南國與 ■■■ 海路幾何? 亦有通信往來之事 ■■■ 邦相近而相通耶? 願一聞之.

芳洲: 琉球今爲我屬國, 有來往[5]之擧, 衣服言語不甚相遠, 與安南等諸國, 賫貨來商於長崎耳. 未聞有交聘之禮. 余曾在長崎, 得見清國之人, 悉皆剃頭, 毫無中華體態, 可謂一嘆耳.

芳洲: 我國僻在大洋之中, 不獨武藝絶精､兵鋒犀利. 蓋得其地不可食, 得其民不可使, 故邃古以來, 未嘗有率兵渡海, 而侵凌疆域者, 獨元 世祖有狡焉啓疆之志, 卒之竟無成功而罷, 謂之東方之壽域, 不亦宜乎?

東郭: 誠然.(卷之十四 24a~25a)

'수역'(壽域)은 사람마다 천수(天壽)를 누린다는 태평성세를 뜻한다. 여기서는 일본이 그런 곳이라는 의미로 썼다.

중국 강남의 상인들이 나가사키에 와서 무역을 했는데, 이현은 일본과 정식으로 국교를 맺은 것으로 착각한 듯하다. 명나라는 임진왜란 이후 일본이 국교를 맺을 것을 요청하자 이를 거절하고 교역을 금지했다. 그러나 강남 상인들은 몰래 일본과 교역을 했는데, 그 규모가 연간 수십 척이나 되었다. 에도 막부는 1635년 중국 선박의 기항지를 나가사키에 한정시켰다. 청나라 때는 해금정책을 취하여 일본과의 교역을 금지했으나, 1684년 해금을 해제하여 교역량이 폭발적으로 늘어났다. 이에 에도 막부는 귀금속 유출 등을 염려하여 교역량을 점차 줄여 나가 18세기 말에는 나가사키에 내항하는 중국 선박이 연간 십수 척 정도로 감소하였다.

류우큐우는 1609년 사츠마 번(薩摩藩: 지금의 카고시마 현鹿兒島縣 일대)에 복속되어 1634년부터 쇼오군과 류우큐우 국왕의 교체 때 각각 하경사(賀慶使)와 사은사(謝恩使)를 파견하였다. 호오슈우는 류우큐우를 속국으로 인식하고 있다. 또 청나라 때문에 중국 땅에서 중화의 기풍이 사라진 점을 개탄하였으며, 일본이 예부터 침략을 받은 적이 없다는 점을 강조하며 평화로운 나라임을 자부하고 있다. 임진왜란에 대한 반성이나 성찰은 보이지 않고 오히려 일본의 무위(武威)에 자부심을 느끼는 듯이 보인다. 이현은 호오슈우의 말에 대해 그렇다고 짧게 대답하고 있는데 이는 외교적 수사로 보아야 할 것 같다. 외교적 문제가 될 수도 있는 민감한 사항에 대해 언쟁을 하고 싶지 않았기 때문에 적당히 응대를 한 것이라 생각된다.

이어서 이현은 일본의 물산과 풍속에 대해 이렇게 말했다.

이현: 귀국은 풍요롭고 화려하고 번화합니다. 제가 근래 사행 도중에 매일 세 편의 시를 지었는

---

5. 往: 저본에는 '王'으로 되어 있으나 오자이다.

데도 끝내 그 만분의 일도 형용하지 못하였으니, 한탄할 만합니다.

이현: 이는 천지간의 별국(別國)입니다. 다만 한스러운 것은 예의와 겸양의 풍속이 없다는 점입니다. 그러나 제가 귀국에 들어온 지 이미 4, 5개월이 지났는데 직접 목도한 것을 가지고 말하자면, 인심(人心)이 자못 순후한 기풍이 있습니다. 아이들까지도 모두 단정하고 의젓하며 명민하여 무릎을 모으고 옷깃을 여미고 단정히 앉지 않는 이가 없었습니다. 만일 한 번 그 풍속을 변화시켜 예의와 겸양으로 가르치고 문장으로 가르친다면 ■■■

東郭: 貴國富麗繁華. 僕近在道上, 日賦三篇, 終不能形容其萬一, 可嘆可嘆.

東郭: 此是天地間別國, 而茀恨無禮讓之俗. 然余之入貴國, 已周四五月, 以目所及者言之, 則人心頗有醇厚之風, 至於兒小輩, 亦皆端莊明敏, 無不歛膝揷衽而端坐. 若一變其俗, 而教以禮讓, 教以文章 ■■■(卷之十四 25a)

뒷부분은 파손된 곳이 많아 내용을 알 수 없다. 문맥상 일본도 예의와 겸양, 문장으로 가르친다면 풍속이 변할 수 있을 것이라는 말이 이어졌으리라 짐작된다. 이현은 일본의 물산이 풍부하고 도시가 번창한 것에 몹시 감탄하였으며, 유학으로 교화한다면 중화의 기풍을 지닐 수 있다고 생각한 듯하다. 여기에 대한 호오슈우의 답은 수록되어 있지 않다. 이어서 호오슈우는 『경국대전』을 거론하며, 조선에는 360여 개나 되는 주(州)와 군(郡)에 모두 향교가 있으며 일반 백성들도 모두 삼년상을 치르니 참으로 중화(中華)가 미치지 못하는 바라 감탄하고, 일본이 어째서 이런 풍속을 받아들이지 않는지 참으로 부러운 일이라 탄식하였다. 이어서 호오슈우는 청나라에 대해 이렇게 말한다.

호오슈우: 옛말에 이르기를 오랑캐는 백 년 운이 없다고 하였습니다. 청나라가 순치(順治) 이래 중국 땅을 도적질해서 차지하여 오랑캐로써 중화를 변하게 했는데, 명나라 태조처럼 능히 옛 문물을 회복한 호걸스러운 군주가 있다는 말을 듣지 못했으니 이것은 무슨 까닭입니까?

한객(韓客): 제가 듣기로는 청나라가 근래 망할 징조가 다분하다고 하니 오랑캐의 명운이 어찌 오래갈 수 있겠습니까? 반드시 진정한 주인이 시대를 기다려 나타날 것이니, 만약에 하늘이 우리들에게 수명을 더해 준다면 한관(漢官)의 위의(威儀)를 볼 수 있을 듯합니다.

芳洲: 古云: '胡無百年之運.' 而清國順治以來竊據中國, 以夷變華, 而未聞有豪傑之主克復舊物如明 太祖者, 此何故也?

韓客: 仄聞清國向來多有敗徵, 胡命其能久乎? 必有眞主待時而生, 吾輩若假以壽, 則庶見漢官威儀也.(卷之十四 25b~26a)

"오랑캐는 백 년의 운이 없다"는 말은 17세기 이래 조선의 사대부들 사이에서 회자되던 말로 원(元)나라가 일찍 멸망한 것을 염두에 두고 한 말이다. 일본에서도 이렇게 생각한 점이 흥미롭다. 호오슈우는 만주족이 청나라를 차지한 것에 대해 몹시 울분을 느끼고 있었던 듯하다. 그러나 청나라가 번영을 구가하며 망할 기미를 보이지 않자 이렇게 물은 것이다. '한객'이라 표기한 것은 통신사 가운데 누가 대답했는지 알 수 없거나 혹은 여러 사람이 답한 것이라 그렇을 수 있다. 혹은 청나라와 관련된 민감한 내용이므로 익명으로 처리한 것이라 볼 수도 있다. '한관의 위의'를 볼 수 있다는 것은 한족이 다시 중원을 차지하여 중화의 옛 제도를 회복하는 것을 말한다.

이어서 호오슈우는 조선의 과거제도에 대해 물었다. 진사과에 급제한 사람은 재상이 되지 못하고 지방관에 임명된다는 말이 사실인지, 문벌이 원래 높은 자만 재상이 되는 것인지에 대해 묻자, 통신사는 생원(生員)과 진사(進士)의 차이와 대과(大科), 음관(蔭官) 등에 대해 상세하게 답변해 주었다.

한편 호오슈우는 중인 신분에 대해 이렇게 물었다.

호오슈우: 소위 중인(中人)이란 『맹자』의 이른바 서인(庶人)으로 관직에 있는 자입니까? 혹은 상인(商人)도 아니고 장인(匠人)도 아니면서 사류(士類)보다 한 등급 낮은 사람인지요?

이현: 우리나라는 명분(名分)이 대단히 분명합니다. 이른바 중인은 지위가 비록 사대부의 반열에 끼지 않지만 상민과 비교하면 현격히 다릅니다. 개중에는 혹 대대로 과거에 급제하여 내외의 문호(門戶)가 모두 성대한 자가 있는데도 오히려 중인으로 대하니 우리나라에서 사람을 등용하는 길이 몹시 막혀 있습니다. 중인이 비록 문과나 무과에 급제해도 또한 현달한 관직을 허락하지 않습니다. 그래서 항상 통한(痛恨)의 마음을 품고 문자(文字)의 일에 종사하려 하지 않고 역학(譯學)을 하여 생계 꾸리는 계책으로 삼으니, 애석하다 할 만합니다.

芳洲:[6] 所謂中人者, 『孟子』所謂庶人而■[在]官者耶? 或非商非工, 而下士類一等者耶?

東郭: 我國名分甚截. 所謂中人, 地位雖不齒於士夫之列, 比常漢絶異, 而其中或有連世登科, 內外門戶俱赫然者, 而猶以中人待之, 我國用人之道甚隘矣. 中人雖登文武科, 亦不許華顯之職, 故常懷痛恨之心, 而亦不肯從事於文字, 爲譯學爲資生之計. 可惜可惜.(卷之十四 27b)

'■'로 표기한 것은 파손되어 판독할 수 없는 글자인데, 『맹자』「만장」(萬章) 하(下)에 "庶人在官者, 其祿以是爲差"라는 말이 있는 것으로 보아 '在'자로 추정된다. 중인은 일본에는 없는 신분이라 호오슈우가 궁금하게 여겼던 듯하다. '중인'은 서얼과는 다르지만, 조선에서는 흔히 둘을 묶어 '중서'(中庶)로 표현하곤 하였다. 이 둘은 모두 신분적 제약이 있었다. 통신사 제술관이나 서기는 대개 서얼 가운데 문재(文才)가 빼어난 이들이 맡았는데 이현 역시 그러하였다. 이현은 서얼이기 때문에 중인의 처지에 공감하는 발언을 했을

6. 저본에는 '東郭'이라 되어 있으나, '芳洲'의 오기라 생각된다.

것이다.

이밖에도 호오슈우는 '이두'(螭頭: 건축물이나 공예품에 새긴 뿔 없는 용의 형상)나 '파병초'(婆餠焦: 할미새) 등 단어의 뜻을 묻기도 하였다. 그 후 이현과 호오슈우의 명나라 시에 관한 필담이 이어졌다.

호오슈우: 명나라 사람의 시를 족하는 어떻게 생각하십니까?

이현: 명나라 사람 가운데 백설루(白雪樓) 칠자(七子) 같은 분들은 의기(意氣)가 몹시 드높아서 당송시(唐宋詩)를 보고 스스로 '시가 우리들에 이르러 한 격 더 높아졌다'라고 생각했습니다. 제가 보건대 명나라 사람의 시는 마치 성품이 나쁜 자가 큰소리치는 것을 좋아하여, 다른 사람을 업신여기고 능멸하는 것을 좋은 계책으로 삼는 것과 같습니다. 아무리 이렇게 하더라도 오히려 화락한 군자가 완곡하고 부드러운 말로 궤석(几席)에서 사람을 대하는 것만 못합니다. 그러니 어찌 굳이 명시(明詩)를 배우겠습니까?

芳洲: 明人之詩, 足下以爲何如?

東郭: 明人若白雪七子者, 意氣甚亢高, 視唐､宋, 自以爲詩到我輩而加一格耳. 以余視之, 明人之詩, 有如性惡者喜作大聲, 以傲人凌駕爲長計, 猶不如雍容君子, 以婉辭軟語, 接人於几席之上, 明詩何必學也?(卷之十四 29b)

백설루는 이반룡(李攀龍)의 서재를 말한다. 이곳에서 이반룡을 비롯하여 왕세정(王世貞), 사진(謝榛), 서중행(徐中行), 종신(宗臣), 양유예(梁有譽), 오국륜(吳國倫) 등 후칠자(後七子)가 모여 시사(詩社)를 결성하여 복고적인 문풍을 크게 떨쳤다. 당시 일본에서는 소라이가 이반룡과 왕세정을 추종하면서 고문사학을 주창하였는데, 이러한 분위기 때문에 호오슈우가 명시에 대해 물었던 듯하다. 그러나 이현은 명시(明時)를 배우는 것에 대해 몹시 비판적이었다. 일반적으로 후칠자의 시를 비판할 때 모방과 답습으로 흐른 것을 지적하는 데 비해 이현의 관점은 조금 다른 듯하다.

호오슈우가 이현에게 몇 가지 질문을 적어 주고 이현이 그것에 답하였다. 그러나 질문은 수록되어 있지 않고 이현의 답변만 기록되어 있다. 답변을 보건대 채생절할(採生折割: 사람을 죽인 후 삶아서 약으로 만들어 파는 범죄), 부과(附過: 관리의 잘못을 정안政案에 기록하는 일)에 대한 질문과 이산해(李山海), 차천로(車天輅), 김일손(金馹孫)에 대한 질문으로 여겨진다.

또 이현은 호오슈우와 카쇼오가 참으로 자신의 마음을 알아준다고 하며 "두 사람이 지리적으로는 이국(異國)의 사람이고 마음으로는 남북의 차이가 있지만 한 번 만나 친교를 맺어 백 년 동안 변하지 않을 것이니, 이는 진실로 이른바 '지기(知己)의 사귐'이다."(兩人

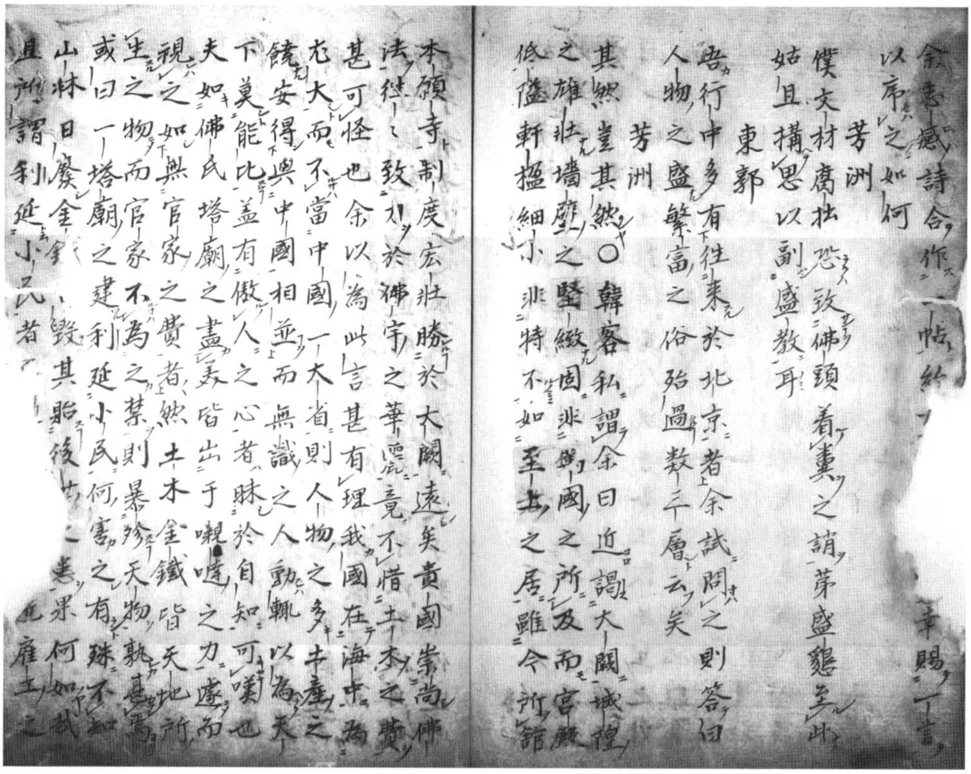

以地則異國之人也, 以心則南北之異也, 而一見托交百年不改, 此眞所謂知己之交也: 卷之十四 31a)라고 하였다. 그리고 같은 나라에서 태어난다 하더라도 지기를 만나기 어려운데 수천 리나 떨어진 외국에서 만나 서로 마음으로 통한 것은 몹시 드문 일이라며 감격하였다. 통신사가 일본 문인을 '지기'라 부른 것은 1763년 계미사행(癸未使行)의 필담집에는 자주 보이나 이 시기의 필담집에는 잘 보이지 않는다. 1719년 통신사의 제술관이었던 신유한은 자신의 사행록인 『해유록』에서 호오슈우가 겉과 속이 다른 인물이며, 권력을 쥐게 되면 조선에 큰 해를 끼칠 인물이라고 평가했는데, 이현의 평가는 퍽 다르다.

한편, 이현은 일본의 번성한 물산을 보고 호오슈우에게 이렇게 물었다.

이현: 우리 일행 중에 북경에 여러 번 왕래한 사람이 있어 내가 한 번 물어보았더니, 답하기를 인물의 성대함과 부유한 풍속이 거의 두세 배 더하다고 하였습니다.

호오슈우: 그렇습니까? 어찌 그렇겠습니까.

○한객(韓客)이 개인적으로 나에게 이렇게 말했다. "근래 대궐(大闕: 에도 성)에 가 보니 성의 웅장함과 성벽의 견고함이 진실로 만국(萬國)이 미칠 바가 아닙니다. 그러나 궁전

이 낮고 좁으며 기둥이 가늘고 작아서 비단 지존이 거처하는 곳 같지 않을 뿐만 아니라, 지금 비록 사관(使館)으로 쓰고 있는 혼간지(本願寺)의 제도(制度)라 할지라도 웅장한 것이 대궐보다 훨씬 낫습니다. 귀국은 불법을 숭상하여 왕왕 절을 화려하게 하는데 치력하여 끝내 공사하는 비용을 아끼지 않으니 몹시 이상합니다."

나는 이 말이 대단히 이치에 맞다고 생각한다. 우리나라는 해중(海中)에서는 대단히 크지만, 중국의 하나의 큰 성(省)에 미치지 못하니 인물의 많음과 토산의 풍부함이 어찌 중국과 나란할 수 있겠는가. 그런데 식견 없는 사람은 걸핏하면 천하에 비길 바가 없다고 한다. 남을 업신여기는 마음을 가진 자가 스스로를 아는 데 어두운 것이니 탄식할 만하다.

東郭: 吾行中多有往來於北京者, 余試問之, 則答曰: "人物之盛､繁富之俗, 殆過數三層"云矣.

芳洲: 其然, 豈其然? ◯韓客私謂余曰: "近謁大闕, 城隍之雄壯､墻壁之堅緻, 固非萬國之所及, 而宮殿低隘, 軒楹細小, 非特不如至上之居, 雖今所館本願寺制度宏壯, 勝於大闕遠矣. 貴國崇尙佛法, 往往致力於佛宇之華麗, 竟不惜土木之費, 甚可怪也." 余以爲此言甚有理. 我國在海中爲尤大, 而不當中國一大省, 則人物之多､土産之饒, 安得與中國相竝, 而無識之人動輒以爲天下莫能比. 蓋有傲人之心者, 昧於自知, 可嘆也.(卷之十四 31b~32a)

'◯' 표시는 저본을 그대로 따른 것이다. 필담과는 구분되는 논평임을 표시한 듯하다. 일본의 위용이 성대한 것을 말하면서, 다른 한편으로 쇼오군이 검소하게 사는 점을 강조하고 있다. 또 통신사가 일본의 절이 궁궐보다 화려한 것을 지적하자 호오슈우는 이에 동조하면서, 일본이 중국보다 풍족하다고 자랑하는 일본 문인의 자기중심적이고 오만한 태도를 비판하고 있다. 이는 앞서 후지산과 금강산의 우열을 가리는 것을 비판할 때 보인 태도와 일치한다. 필담창화집에서 드물게 보이는 자기 성찰적인 태도라 주목할 만하다. 호오슈우의 말은 계속 이어진다.

대저 불가의 탑묘(塔廟: 탑이나 불상을 말함) 가운데 몹시 아름다운 것은 모두 시주의 공력에서 나온 것이라 얼핏 보면 관가(官家)의 비용이 들지 않은 것처럼 보인다. 그러나 흙, 나무, 금과 철은 모두 천지가 낳은 물건인데 관가에서 그것을 금지하지 않으면 하늘이 낸 물건을 해치는 것이 어찌 이보다 더 심할 수 있겠는가. 혹자가 말하길, "탑묘를 하나 만들면 이익이 소민(小民)에게 이어지니 무슨 해로움이 있겠는가?"라고 하나, 이는 산림이 날로 황폐해지고 금과 철이 훼손되면 후세에 끼칠 우환이 과연 얼마나 될지를 도무지 모르는 것이다. ■■■ 대궐이 웅장한지 여부는 참으로 정치의 득실과 무관하지만, 탑묘가 아름답고 화려한지 여부는 진실로 널리 의논하기를 깊이 하는지와 관련이 있다. 지금 만약 전륜법왕(轉輪法王)에게 이것을 보게 한다면 눈살을 찌푸리고 지나가지 않으리라고 어찌 장담할 수 있겠는가?

夫如佛氏塔廟之盡美, 皆出于嚫噠之力, 遠而視之, 如無官家之費者, 然土木金鐵, 皆天地所生之物, 而官家不爲之禁, 則暴殄天物, 孰甚焉? 或曰: "一塔廟之建, 利延小民, 何害之有?" 殊不知山林日廢, 金鐵■毀, 其貽後世之患, 果何如哉. ■■■ 大闕之宏壯與否, 固無關於政治之得失, 而塔廟之美麗與否, 實係乎廣議之深淺, 今若使轉輪法王視之, 安知其不皺眉而過之乎?(卷之十四 32a~32b)

전륜법왕은 불법으로 온 세상을 다스리는 이상적인 군주를 말한다. 탑묘가 비록 백성의 시주를 받아 짓는 것이지만, 국가적인 차원에서 볼 때는 자원의 낭비라고 하였다. 또 사치스러운 탑묘가 많은 것은 적절한 규제가 이루어지지 않았기 때문이라고 말하고 있다. 호오슈우는 백성의 시주를 받아 탑묘를 건설하는 것이 지나치면 국력의 손실로 이어진다고 생각하고 있다. 유학자로서 불교와 관련된 일에 재화를 낭비하는 것을 비판하고 있다. 유학자의 입장에서 사태의 본질을 날카롭게 꿰뚫어보고 국정 운영에 대한 비판적인 관점을 제시하고 있다. 그러나 호오슈우는 끝내 중용되지 못하고 츠시마의 기실루 일생을 마쳤다.

또 호오슈우는 이현에게 쿄오토에 있는 자신의 친구 야나가와 소오슈우(柳川滄洲, 1666~1731)의 시집에 서문을 써 줄 것을 부탁하였다. 소오슈우의 이름은 三省, 자는 子魯 또는 魯甫이고 소오슈우(滄洲)는 그 호이다. 키노시타 쥰안에게 배우고 아라이 하쿠세키, 무로 큐우소오 등과 교유하였다. 소오슈우는 야나가와 신타쿠(柳川震澤, 1650~1690)에게 입문하여 고제(高第)로 인정받았으며 1682년 통신사행 때 스승과 함께 통신사와 시를 수창하였다. 호오슈우는 이런 인연을 말하면서 이현에게 서문을 써 줄 것을 부탁하였고, 이현은 즉시 승낙하였다.

한편, 엄한중은 호오슈우에게 왕세정에 대해 물었다.

엄한중: 왕엄주(王弇州: 왕세정을 말함)의 『사부고』(四部稿)를 보았습니까?

호오슈우: 우리나라에도 그 책이 있습니다만 읽기 어려운 곳이 있다는 것을 깨달았습니다. 대개 명조(明朝)의 문장가 가운데 이창명(李滄溟: 이반룡을 말함)과 왕봉주(王鳳洲: 왕세정을 말함)가 가장 기오(奇奧)하여 괴이하다 할 수 있습니다. 참으로 저와 같은 천학자(淺學者)가 능히 엿볼 수 있는 것이 아닙니다.

龍湖: 王弇州『四部稿』得見乎?

芳洲: 我國亦有之, 第覺有難讀處, 蓋明朝文章, 如李滄溟, 王鳳洲最爲奇奧可怪. 固非如我淺學者所能窺耳. ■■■(卷之十四 34a~32b)

이어서 엄한중은 후칠자의 이름과 호를 전부 아는지 물어보고 안다면 써서 보여 줄 것을 요청하였다. 호오슈우는 일본에서는 후칠자(後七子) 시집 중에 이반룡의 것을 가장 높이 치고 그다음이 왕세정이라 하고, 그 외에 사진, 종신, 오국륜 등의 시가 있으며 나머지 두 명의 이름과 호는 잊어버렸다고 하였다. 이에 엄한중은 "명말에 후칠자가 우뚝 일어나 문장으로 기습(氣習)을 숭상하여 제남(濟南: 산동성山東省의 성도省都)에 누각을 하나 짓고 '白雪'이라 편액을 붙였으니, 대개 「영곡」(郢曲)이 화답하기 어렵다는 뜻을 취한 것입니다."(明末七子傑然而起, 以文章尙氣習, 建一樓於濟南, 扁以白雪, 蓋取「郢曲」難和之意也: 卷之十四 34b)라고 답하고, 후칠자의 이름과 호를 모두 써서 보여 주었다. '영곡'이란 아주 기량이 높은 노래를 말한다. 전국시대 초(楚)나라 수도 언영(鄢郢)에서 어떤 사람이 「양춘백설곡」(陽春白雪曲)이라는 노래를 불렀는데 그 기량이 몹시 높아 화답하는 자가 거의 없었다고 한다.

(7) 제7책

1 서지사항

제7책과 제8책은 '부집'(附集)이다. 제7책의 표제는 '縞紵風雅附集'이고, 아래에 '自一至二'라 되어 있다. 두 권으로 구성되어 있으며 권수제는 각각 '縞紵風雅附集 卷之一'과 '縞紵風雅附集 卷之二'이다. 이 책에 수록된 시는 내용상 본서의 제1책, 제2책과 짝을 이룬다. 조선인의 시는 모두 제1책과 제2책에 수록되어 있고, 일본인의 시는 제7책에 따로 수록되어 있다. 다만 양국 문인의 필담은 제1책과 제2책에 수록되어 있다. 이렇게 양국 문인의 창화시를 따로 수록하는 구성은 여타의 필담창화집에는 잘 보이지 않는데, 어째서 이런 구성을 갖추었는지는 알 수 없다. 모두 59장이다. 에도에서의 창화시와 편지가 주로 수록되어 있다. 수록된 문인은 다음과 같다.

권지일(卷之一)

- 하야시 호오코오. 이름은 노부아츠(信篤), 자(字)는 나오타미(直民), 호(號)는 호오코오 또는 세이우(整宇)이다. 제4대 장군 토쿠가와 이에츠나(德川家綱, 재위: 1651~1680)에서 제8대 장군 토쿠가와 요시무네(德川吉宗)까지 5대에 걸쳐 토쿠가와 막부에 출사하였다. 1691년에 유학자의 교육기관인 유시마 세이도오(湯島聖堂)가 설립됨에 따라 다이가쿠노카미(大學頭)에 임명받아 최고책임자가 되었다.
- 하야시 카이도오(林快堂, 1681~1758). 이름은 노부미츠(信充), 통칭은 시치사브로오(七三

郎)이다. 노부아츠의 아들이다.

- 하야시 타이세이(林退省). 이름은 노부토모(信智), 자는 햐쿠스케(百助). 노부미츠의 동생이다.
- 하야시 카츠로(林葛廬). 이름은 신뇨(信如).
- 히토미 토오겐(人見桃原). 이름은 긴(沂). 히토미 치쿠도오(人見竹洞, 1638~1696)의 아들이다.
- 히토미 코오잔(人見香山). 이름은 히로시(浩).
- 히토미 셋코오(人見雪江). 이름은 카츠(活).
- 쇼오료오 츠키카와(庄良月川). 이름은 스케후지(資藤).
- 와다 이쿠안(和田幾菴). 이름은 나가마사(長房).
- 야스미 탄안(安見湛菴). 이름은 소오하쿠(宗怕).
- 후카오 진테이(深尾訒亭, 1640~1715). 이름은 나오(直), 자는 시호오(子方). 하야시 라잔의 문인이다.
- 후카오 세이사이(深尾省齋, 1671~1719). 이름은 켄(謙), 자는 무네야스(致恭). 후카오 진테이의 아들이다.
- 카츠라야마 카쿠테이(桂山鶴汀, 1679~1749). 이름은 요시키(義樹), 자는 쿤카(君華). 사이간(彩巖)이라는 호도 있다.
- 토쿠리키 쿄오켄(德力恭軒, 1662~1738). 이름은 요시아키(良顯), 자는 시겐(子原).
- 아키야마 타쿠카(秋山卓窩). 이름은 마사후사(正房).
- 츠다 니스이(津田二水). 이름은 겐코오(玄孝).
- 사사키 치안(佐佐木池庵, 1650~1722). 이름은 겐류우(玄龍), 자는 아키토시(煥甫). 조선풍의 글씨를 잘 써서 서예가로 이름이 높았다. 1682년, 1711년, 1719년에 일본을 방문한 통신사를 만났다.
- 겐류우(玄龍).

권지이(卷之二)

- 키노시타 키쿠탄(木下菊潭, 1667~1743). 이름은 코료오(寅亮), 자는 죠히츠(汝弼)이고 치쿠켄(竹軒)이라는 호도 있다. 키노시타 쥰안(木下順庵)의 차남으로 막부 제5대 장군 토쿠가와 츠나요시(德川綱吉)에게 출사하였다.
- 후카미 텐이(深見天漪, 1649~1722). 코오 겐타이(高玄岱)라고도 부른다. 이름은 겐타이, 자는 子新이다. 별호로 세츠케이(雪溪), 하쿠호오(白鳳)가 있다. 나가사키(長崎) 출신의 유자이자 서가(書家)이다. 할아버지가 중국인이며 본성(本姓)을 코오(高)라고 하기 때문에 코오 겐타이라고도 불렀다. 중국 출신의 귀화승(歸化僧)인 도쿠리츠(獨立)에게 의학과 중국어를 배웠다. 역관(譯官)으로 나가사키에서 일하다가 미야케 칸란과 무로 큐우소오 등과 더불어 막부의 유관(儒官)이 되었다.
- 미야케 칸란(三宅觀瀾). 이름은 슈우메이(緝明), 자는 用晦, 호는 칸란 혹은 탄잔(端山)이다. 쿄오토(京都)의 유학자 미야케 도오에츠(三宅道悅)의 아들이자 오오사카에서 카이토쿠도오(懷德堂)를 세운 미야케 세키안(三宅石庵, 1665~1730)의 형이다. 아사미 케이사이(淺見絅

齋, 1652~1711)에게 배우다가 키노시타 쥰안 문하에 들어갔다. 1697년 미토 번(水戸藩: 지금의 이바라기 현茨城縣 일대) 번주(藩主) 토쿠가와 미츠쿠니(德川光圀)에게 출사하여 『대일본사』(다이니혼시, 大日本史)의 편찬사업에 참여하였다.

이상의 인물은 『계림창화집』 권1과 권2 및 『칠가창화집』에 등장하는 인물과 대체로 일치한다. 여기서는 『계림창화집』과 『칠가창화집』 해제에 수록된 인물 정보를 간략히 제시하였다. 자세한 사항은 해당 해제를 참조하기 바란다. 또한 주요 내용은 해당 필담창화집의 해제에서 다루었으므로 따로 소개하지 않는다.

(8) 제8책

1 서지사항

제8책의 표제는 '縞紵風雅附集'이고, 아래에 '自三至四'라고 되어 있다. 제7책과 마찬가지로 두 권으로 구성되어 있으며 권수제는 각각 '縞紵風雅附集 卷之三'과 '縞紵風雅附集 卷之四'이다. 내용상 권3은 본서의 제1책, 제2책과 짝을 이루고 권4는 제4책, 제5책과 짝을 이룬다. 7책과 마찬가지로 일본 문인의 시만 따로 수록하였다. 모두 52장이다. 수록된 문인은 다음과 같다. 인물 정보를 찾을 수 없는 경우 저본에 표기된 호만 제시하였다.

권지삼(卷之三)

- 무로 큐우소오(室鳩巢, 1658~1734). 이름은 나오키요(直淸), 자는 시레이(師禮), 통칭은 신스케(新助)이다. 의사인 무로 겐보쿠(室玄樸, 1616~1683)의 아들로 에도에서 태어났다. 당초 카가 번(加賀藩: 지금의 이시카와 현石川縣과 토야마 현富山縣에 걸친 지역)에 출사하였다. 1672년 쿄오토에 가서 키노시타 쥰안(木下順庵)의 문하에 들어갔다. 1711년 아라이 하쿠세키의 추천으로 미야케 칸란과 더불어 막부의 유관이 되었다.
- 핫토리 칸사이(服部寬齋). 이름은 야스츠네(保庸) 자는 쇼오케이(紹卿), 호는 칸사이 또는 류우케이(龍溪)이다. 키노시타 쥰안에게 배워 막부의 유관이 되었다. 주자학을 종주(宗主)로 삼았다.
- 도히 카슈우(土肥霞洲, 1693~1757). 이름은 모토나리(元成), 자는 마사나카(允仲), 호는 카슈우 또는 신센(新川)이다. 아라이 하쿠세키에게 배웠다가 막부의 유관이 되었다.
- 운카쿠 에이슈우(雲壑永集). 켄닌지(建仁寺) 에이겐안(永源庵)의 승려.
- 벳슈우 소엔(別宗祖緣, 1658~1714). 쇼오코쿠지(相國寺) 지쇼오인(慈照院)의 승려. 통신사를 접대하는 윤번승(輪番僧)으로 1682년 및 1711년에 통신사를 수행하였다.
- 기온 난카이(祇園南海, 1677~1751). 이름은 正卿, 자는 하쿠교쿠(伯玉)이다. 키이(紀伊: 지

금의 와카야마 현和歌山縣) 출신의 유학자. 에도에서 키노시타 쥰안에게 배웠다.

- 토오케이(東溪).
- 네이사이(寧齋).
- 히토미 셋코오(人見雪江). 이름은 카츠(活).
- 겐데이(謙亭).
- 바이우(梅塢).
- 란엔(蘭畹).
- 치쿠도오(竹堂).
- 타이켄(耐軒).

권지사(卷之四)

- 이토오 신야(伊藤莘野, 1681~1736). 이름은 스케유키(佑之), 자는 코토타다(思忠), 쥰케이(順卿)이다. 이토오 만넨(伊藤萬年, 1614~1701)에게 배웠고 그의 양자가 되었다. 벼슬하지 않고 카나자와(金澤: 지금의 이시카와 현石川縣)에서 사숙(私塾)을 열었다.
- 統外.
- 아오치 슌신(青地浚新, 1675~1744). 이름은 테이슈쿠(貞叔), 통칭은 겐지로오(源次郎). 레이칸(禮幹)이라는 호도 있다. 카나자와 번(金澤藩: 지금의 이시카와 현石川縣 일대)에 출사하였다. 『계림창화집』 권4에도 창화시가 수록되어 있다.
- 마츠시타 신잔(松下眞山, 1667~1746). 이름은 케이세키(慶績), 자는 시세츠(子節), 통칭(通稱)은 켄레키(見櫟)이다. 『이칭일본전』(이쇼오니혼덴, 異稱日本傳)을 저술한 마츠시타 켄린(松下見林, 1637~1703)에게 배웠으며, 그 딸과 혼인하였다. 유의(儒醫)로 일하면서 많은 시문을 지었다. 『계림창화집』 권6에도 창화시가 수록되어 있다.
- 鶴洲.
- 숀켄(巽軒).
- 마츠자키 란코쿠(松崎蘭谷, 1674~1735). 단파(丹波: 지금의 효오고 현兵庫縣) 출신의 유학자이다. 이름은 스케유키(祐之), 자는 시케이(子慶), 통칭은 타스케(多助)이다. 호는 란코쿠, 칸파쿠(甘白), 바이쇼(梅處) 등이 있다. 이토오 진사이(伊藤仁齋)에게 배웠고 그 아들인 이토오 토오가이(伊藤東涯)와 가까이 지냈다. 서예에 능하여 예서(隷書)와 초서(草書)를 잘 썼으며 본초학(本草學)에도 조예가 깊었다. 필담집에는 란코쿠가 아니라 칸파쿠로 기재되어 있다.
- 訥軒.
- 미야케 소오메이(三宅滄溟). 이름은 쵸쿠토오(直棟), 자는 쿄츄우(居中), 호는 소오메이 또는 칸란(觀瀾)이다. 조부 때부터 경학을 강의하고 글을 짓는 벼슬을 해 왔다고 한다. 세키헤이(石屛)라는 남동생이 있다.
- 미야케 세키헤이(三宅石屛). 소오메이의 동생으로 함께 통신사를 접견하였다.
- 테라다 린센(寺田臨川, 1678~1744). 이름은 카쿠(革), 자는 시효오(士豹), 린센은 그의 호이며 별도로 호오요쿠(鳳翼)이라는 호도 있다. 아버지인 테라다 린안(寺田林庵)은 호리 쿄오안(堀杏

庵, 1585~1642)에게 배웠고 의학을 업으로 하였다. 린센은 아키 번에서 아지키 릿켄에게 배운 이후 에도에 가서 하야시 호오코오에게 배웠다. 그 후 아키번의 번주(藩主)인 아사노 요시나가(淺野吉長, 1681~1752)의 지코오(侍講)가 되었다. 1725년에는 아사노 요시나가가 창립한 번교(藩校) '코오가쿠죠'(講學所)의 교수가 되었다.

- 후나키 치카노부(舟木近信). 이름은 立敬. 『양동창화록』 상권(上卷)에도 창화시가 수록되어 있다.
- 요오슈우(楊州).
- 킷슈우(橘洲).
- 키타오 란슈우(北尾蘭洲). 이름은 호오안(芳安). 『양동창화록』 하권(下卷)에도 창화시가 수록되어 있다.
- 이토오 치쿠리(伊藤竹里, 1692~1756). 이름은 나가노리(長準), 자는 헤이조오(平藏)이다. 진사이의 넷째 아들이다. 쿠루메 번(久留米藩: 지금의 후쿠오카 현福岡縣)에 출사한 후, 에도에서 유학을 가르쳤다. 『계림창화집』 권6에도 창화시가 수록되어 있다.
- 소오슈우(操舟).
- 쇼오리츠사이(正立齋).
- 토쿠센(德泉).
- 키타무라 토쿠쇼(北村篤所, 1647~1718). 이름은 요시마사(可昌)이다. 이토오 진사이에게 배웠다. 야마토(大和) 시바무라 번(芝村藩: 지금의 나라 현奈良縣)의 유신(儒臣)이 되었다. 『계림창화집』 권7에도 창화시가 수록되어 있다.
- 다이세츠(大拙). 승려. 『양동창화록』 하권에도 등장한다.
- 세오 요오세츠사이(瀨尾用拙齋). 이름은 코레카타(維賢), 자는 토시오(俊夫)이고 요오세츠사이(用拙齋)는 그 호이다. 쿄오토 출신으로 가업(家業)을 계승하여 서점을 경영하였다. 이토오 진사이(伊藤仁齋, 1627~1705)에게 유학(儒學)을 배우고 이리에 쟈쿠스이(入江若水)와 교유하였다. 자신의 저서 이외에도 이토오 진사이와 그 아들인 이토오 토오가이(伊藤東涯, 1670~1736), 쟈쿠스이의 저서 등을 출판하였다.
- 이리에 쟈쿠스이(入江若水, 1671~1729). 오오사카의 상인. 이름은 카네미치(兼通), 자는 시테츠(子徹), 쟈쿠스이(若水)는 그 호이다. 토리야마 시켄(鳥山芝軒, 1655~1715)의 문하에 들어가 시를 배운 후 에도에 나가 소라이와 교유를 맺었다. 한편 소라이학과 대립한 이토오 토오가이(伊藤東涯, 1670~1736)의 문하에 들어가기도 하였다. 『문사기상』(問槎畸賞)에도 창화시가 수록되어 있다.
- 야마가타 슈우난(山縣周南, 1687~1752). 스오오(周防: 지금의 야마구치 현山口縣) 출신의 문인으로 이름은 코오쥬(孝孺), 자는 지코오(次公), 슈우난(周南)은 그 호이다. 아버지인 야마가타 료오사이(山縣良齋, 1648~1728)는 쵸오슈우 번(長州藩: 지금의 야마구치 현山口縣)의 번주(藩主) 모오리 요시히로(毛利吉廣, 1673~1707)에 출사한 유관(儒官)이다. 『문사기상』에도 창화시가 수록되어 있다.
- 타케다 슌안(竹田春菴, 1661~1745). 『사서소림』(시쇼소린, 四書疏林)을 짓고 오로지 주자

(朱子)를 숭상하여 통신사에게 깊은 인상을 남겼다.

이상에서 알 수 있듯이 제8책에 수록된 인물 가운데 몇몇은 여타의 1711년 필담창화집에도 등장한다. 호오슈우가 1711년 사행 당시 작성된 여러 필담창화집에서 일부를 어떤 기준에 따라 선록하였다고 생각되나 자세한 것은 알 수 없다. 또 현전하는 여타의 필담창화집에 실려 있지 않은 인물이 다수 있는 것으로 볼 때, 호오슈우 당대에는 존재했으나 후에 일실된 필담창화집이 있을 것으로 생각된다. 주요 내용 및 사세한 인눌정보는 각각의 해제에서 다루었으므로 여기서는 따로 다루지 않는다.

Ⅱ. 기해년(1719) 필담

1. 성사답향(星槎答響)

1 서지사항

서명: 성사답향(星槎答響)
소장처: 오오사카 부립 나카노시마 도서관(大阪府立中之島圖書館)
편자: 미상
간행연대: 1719년(享保 4) 10월 1일
책수: 2권 1책
판본: 간본(京都: 平安書林 柳枝軒 刊行, 茨城多左衛門)

내제는 '星槎答響', 외제는 '和韓唱酬 星槎答響'이다. '星槎'는 통신사를 말하고, '答響'은 화답하는 소리라는 뜻이다. 곧 통신사와의 만남을 가리키는 제목이다. 봉면(封面)에 "享保己亥韓使來聘唱和/桑韓星槎答響/平安書林柳枝軒刊行"이라 되어 있다. 헤이안(平安)은 쿄오토를 말한다. '류우시켄'(柳枝軒)은 17세기 중반부터 메이지(明治) 시대까지 이어진 오랜 역사를 지닌 서점이다. 쿄오토의 롯카쿠도오리(六角通) 고코마치(御幸町) 니시이리쵸오(西入町)에 위치해 있었다. 이바라키 타자

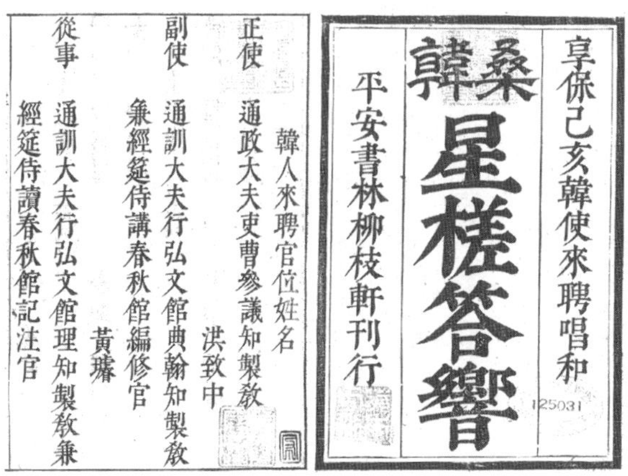
享保己亥韓使來聘唱和
桑韓
星槎答響
平安書林柳枝軒刊行

韓人來聘官位姓名
正使 通政大夫吏曹參議知製敎 洪致中
副使 通訓大夫行弘文館典翰知製敎兼經筵侍講春秋館編修官 黃璿
從事 通訓大夫行弘文館理知製敎兼經筵侍讀春秋館記注官

에몬(茨城[1]多左衛門)은 2대째 주인으로 당대에 이름난 유학자 카이바라 에키켄(貝原益軒, 1630~1714)의 저서를 주로 출판하였으며, 불서(佛書)도 출판하였다.

『성사답향』은 상권(上卷) 하권(下卷)으로 이루어져 있으며, 본문에 앞서 '韓人來聘官位姓名'이라는 제목 아래 6장에 걸쳐 통신사행원의 직책과 이름을 기록해 놓았다.

2 필담일시 및 장소

1719년 6월 27일에서 8월 18일 사이에 츠시마(對馬島), 이키노시마(壹岐島: 츠시마對馬島와 큐우슈우九州 사이에 있는 섬)의 사관(使館) 및 선상(船上)에서 화답한 시와 편지가 수록되어 있다.

3 참여자

조선인 참여자는 신유한(申維翰, 1681~1752), 성몽량(成夢良, 1673~?), 장응두(張應斗, 1670~?), 강백(姜栢, 1690~1777)이다.

- 신유한. 본관은 영해(寧海), 자(字)는 주백(周伯), 호(號)는 청천(靑泉)이다. 사행 당시 관직은 비서관저작 겸 태상시직장(秘書館著作兼太常寺直長)이다. 1705년(숙종 31) 진사시에 합격하고, 1713년 증광문과에 병과로 급제하였다. 1719년 제술관(製述官)에 임명되어 통신사 홍치중(洪致中)을 따라 일본에 가서 문장과 시로 이름을 떨쳤다. 당시 나이는 39세였다. 저서에 『청천집』(靑泉集), 『분충서난록』(奮忠紓難錄)이 있고, 일본에 다녀와서 지은 『해유록』(海游錄)이 널리 알려졌다.
- 성몽량. 본관은 창녕(昌寧), 자는 여필(汝弼), 호는 장소헌(長嘯軒)이다. 부사(副使)의 서기이며 사행 당시 나이는 47세였다.
- 장응두. 자는 필문(弼文), 호는 국계거사(菊溪居士) 또는 단구자(丹丘子)이다. 종사관(從事官) 서기이며 사행 당시 나이는 50세였다.
- 강백. 본관은 진주(晉州), 자는 자청(子靑), 호는 우곡(愚谷), 경목자(耕牧子) 또는 추수(秋水)이다. 어려서부터 시에 재능을 보였다. 15세에 생원시에 합격하였으며, 1714년 사마시에 1등, 1727년 정시(庭試)에 장원으로 합격하여 승문원박사・성균관전적을 역

1. '茨木'(이바라키)라 쓰기도 한다.

임하였다. 1719년 통신사 정사(正使)의 서기(書記)로 일본에 갔으며 사행 당시 나이는 30세였다. 사행록인 『해사록』(海槎錄)을 남겼다고 하나 전하지 않는다. 1728년 이인좌의 난에 연루되었다는 무고로 인해 평안도 철산(鐵山)으로 유배되었다. 유배지에서 젊은이들을 교육시켜 과거시험에서 최다 합격자를 낸 공로로 1732년 해배되어 정산현감에 제수되었다. 그 뒤 벼슬이 한성부우윤(漢城府右尹)에 이르렀다. 문집으로 『우곡집』(愚谷集) 6권이 있다.

일본인 참여자는 겟신 쇼오탄(月心性湛)과 아메노모리 호오슈우(雨森芳洲)이다. 겟신 쇼오탄의 호는 카치쿠(可竹)로 쿄오토 신죠오인(眞乘院)의 승려이다. 접반승(接伴僧)으로 츠시마(對馬島)에서 에도까지 통신사를 수행하였다.

4 내용

필담은 수록되어 있지 않고, 창화시와 편지만 수록되어 있다. 쇼오탄은 사행 내내 신유한과 시와 필담을 주고받으며 우정을 나누었다. 신유한이 평소 불교에 관심을 가지고 있었기에 두 사람은 깊이 있는 대화를 나눌 수 있었다.

쇼오탄은 츠시마에서 신유한에게 보낸 편지에서 이렇게 말하였다.

> (…) 지난번 성서기(成書記: 성몽량)께서 주신 시 중에 "유학과 불교가 본래 두 개의 문(門)이 아니네"(儒釋元來門不二)라는 구절이 있었는데, 진실로 그러합니다. 생각건대 유학과 불교는 자취이고 도(道)는 근원입니다. 근원이 투철(透徹)하다면 자취를 어찌 논하겠습니까? 오직 '불이문'(不二門)을 향하여 눈썹이 엉킬 정도로 바짝 다가가 조금도 남음이 없다면 어찌 기쁜 일이 아니겠습니까! (…)
>
> (…) 嚮成書記所惠詩中, 有'儒釋元來門不二'之句, 信然矣. 想夫儒釋跡而道原也, 其原透徹, 跡何論耶? 只向不二門中, 眉毛厮結, 涓滴無遺, 寧不慶快乎! (…)(卷上 16a~16b)

"눈썹이 엉킬 정도로 바짝 다가"간다는 말은 남송(南宋)의 승려 무문혜개(無門慧開, 1183~1260)가 지은 『무문관』(無門關)에서 유래한 말로 깨달음에 완전히 합한다는 뜻이다. 『무문관』 제1칙 「조주(趙州)의 무자(無字)」(趙州無字)에 "선종(禪宗)의 무문관을 통과한 자는 조주(趙州)를 친견(親見)할 뿐만 아니라 역대 조사(祖師)와 손을 잡고 함께 가고 눈썹이 엉킬 정도로 얼굴을 맞대고 함께 보고 함께 들으니 어찌 즐겁지 아니한가!"(禪宗無門關, 透得過者, 非但親見趙州, 便可與歷代祖師, 把手共行, 眉目厮結, 同一

眼見, 同一耳聞, 豈不慶快)라는 구절이 있다. 쇼오탄이 이 구절을 빌려 썼다는 것을 알 수 있다.

쇼오탄은 유학과 불교는 도가 각기 다른 형태로 발현된 것일 뿐임을 근원과 발자취에 비유하였다. '불이문' 역시 같은 의미이다. 자신은 비록 승려이지만 유학자인 신유한과 같은 길을 가고 있어, 도가 깊다면 충분히 서로 소통할 수 있다는 것이다. 당시 신유한은 병이 있어 이 편지에 즉시 화답하지 못하고 이키노시마에 도착한 후인 7월 20일에야 사람을 시켜 대필한 답장을 보낼 수 있었다.

> (…) 유학과 불교는 자취이고 도는 근원이라는 말씀은 사람의 마음을 한층 시원하게 합니다. 제가 비록 노둔하기 짝이 없으나 또한 일찍이 선가(禪家)의 정혜(定慧)에는 원래 동정(動靜)과 근엽(根葉)이 있어 충서(忠恕)의 문(門)과 호응한다는 것을 들은 적이 있습니다. 그 요체는 다만 거짓되고 삿된 것을 물리치고 망상(妄想)을 막는 데 있습니다. 고양이가 쥐를 잡듯, 닭이 알을 품듯 본원(本原)의 자리로 하여금 항상 한 조각 허명(虛明)함을 유지하게 한다면 원래 털끝만큼도 가릴 수 있는 것이 없을 것입니다.
>
> 이른바 '본원의 자리'라는 것은 나와 남이 똑같이 하늘에서 얻은 것입니다. 하늘이 선함을 내린 이래로 해와 달이 비추는 것, 서리와 이슬이 내리는 것, 배와 수레가 통하는 것이 어느 것인들 나의 하늘이 아닌 게 없습니다. 본원이 이미 밝으니 만물이 모두 비추어져, 이것으로써 집에 거처하고, 이것으로써 나라를 받들고, 이것으로써 다른 사람과 사귀니 모두 활발발(活潑潑)한 원두(源頭)에서 비롯된 것이라, 일체의 끊임없이 일어나는 잡념과 생각이 애초에 그 사이에 머무는 것이 용납되지 않거늘, 유학과 불교가 힘쓰는 바도 이것일 뿐입니다. (…)
>
> (…) 諭儒釋跡而道原一語, 益爽人懷, 不佞雖魯鈍無似, 亦嘗聞禪家之定慧, 自有動靜､根葉, 互應於忠恕之門. 其要只在剗卻僞魔､杜了妄想. 如猫搏鼠, 如鷄抱卵, 使本原之地, 常常保得一片虛明, 原無毫髮可翳. 夫所謂本原之地者, 卽吾與人同得之天也, 自天降衷以來, 日月所照, 霜露所墜, 舟車所通, 何往而非吾天者. 本原旣明, 萬物皆燭, 以之居家, 以之奉國, 以之與人交, 皆從活潑潑源頭做去, 一切絲絲岐念, 脈脈細意, 初未嘗容住其間, 儒釋之所其勉者, 若是而已. (…)(卷上 21a~21b)

신유한은 유학과 불교가 같은 바탕이며 드러난 모양만 다를 뿐이라는 쇼오탄의 말에 동의하며 선가에도 움직임과 고요함, 근본과 지엽이 있어 유학의 충서(忠恕)와 같다고 하였다. 그리고 하늘이 내려주신 본원의 이치를 보존하기 위해서는 마음속에 망상이 일어나는 것을 막아야 하며, 이것이 바로 유학과 불교의 공통된 점이라고 부연하였다.

쇼오탄은 이 편지를 받고 다시 장문의 답장을 보내왔다. 그는 신유한이 젊은 나이에 유학과 불교를 겸비한 것에 놀랐으며 박식함을 흠앙한다며 찬탄하였다. 그리고 다음과 같이 말했다.

(…) 주신 편지 가운데 '선가(禪家)의 정혜(定慧)는 그 요체가 다만 거짓되고 삿된 것을 물리치고 망상(妄想)을 막는 데 있다'는 말씀은 진실로 그러합니다. 우리 불가의 도는 괴이하고 요망한 술법이 아니며, 또 현묘하고 기이한 일도 아닙니다. 다만 뭇 어리석은 사람으로 하여금 마음자리를 밝히게 할 따름입니다. 마음이란 무엇입니까? 과거・현재・미래를 거치지 않고 초연(超然)하여 비길 데가 없으니, 또한 훌륭한 문장가들이 의탁한 바입니다. 그러나 시대와 사정이 달라져 그 도가 점차 낮아지고 쇠퇴하게 되었습니다. (…)

(…) 所惠書中有云'禪家之定慧, 其要只在剗卻僞魔,杜了妄想', 寔如諭矣, 吾佛之道, 非瓌異妖孽之術, 又非玄妙奇特之事. 只在使群蒙發明心地而已. 心也者何? 不涉古來今, 超然無比況者, 又如椽筆所托, 然世殊事異, 其道欲寖下衰. (…)(卷上 23a)

주술적이고 기복적이라는 세간의 오해와 달리 불교의 도는 단지 마음을 밝히는 것일 뿐이라 하였다. 마음이란 곧 중생에게 모두 갖추어져 있는 불심(佛心)을 말한다. 이렇게 말한 다음, 이어서 보통(普通) 연간(520~526)에 달마(達磨) 대사가 중국에 '불립문자'(不立文字) '직지인심'(直指人心)의 심인(心印)을 전하여 기틀을 바꾼 사실을 말하였다. 그리하여 어진 사대부들 가운데 귀의한 사람이 많았다고 하며 당나라의 유종원(柳宗元, 773~819), 북송(北宋)의 장상영(張商英, 1043~1121), 황정견(黃庭堅, 1045~1105), 소식(蘇軾, 1037~1101), 명나라의 송렴(宋濂, 1310~1381) 등을 들었다. 이들은 작록(爵祿)과 공명(功名), 가족과 관직을 버리지 않고 '직지인심'의 도를 밝힌바, 그 기운이 불조(佛祖)를 삼키고 안목이 건곤(乾坤)에 높다고 하면서, 이것은 문자와 언어를 허공에 쓸어버리고 의지함 없이 홀로 해탈하는 길을 증득한 것이라고 높이 평가하였다. 또한 도는 본래 말이 없는 것이지만 말에 의탁하여 도를 드러내는 것이니, 도와 문자는 둘이라 할 수 없다고 하였다.

신유한은 이키노시마에 머물 동안 병세가 호전되어 쇼오탄에게 장문의 편지를 보내 불교에 대한 자신의 견해를 자세히 피력하였다. 다음은 그 일부이다.

(…) 장상영, 유종원, 황정견, 소식 등은 끝내 얻지 못했으니, 그들은 여전히 습기(習氣)를 따르고 명화(名華)에 빠져 아득한 것이 마치 초지(初地) 단계의 사람이 부처의 현신을 보았지만 끝내 중생을 제도함이 없는 것과 같으니, 하물며 제가 어찌 그러겠습니까? 비록 그렇지만 저도 역시 직지(直指)의 전함이 선가의 상승(上乘)이 됨을 들은 적이 있습니다. 그러니 아난(阿難)의 총지(總持)는 부처가 설산(雪山)에서 가부좌를 튼 것만 못합니다. 만일 담박하고 허명(虛明)하여 한 번

뛰어넘어 여래장(如來藏)에 이른다면 가하거니와, 그 말을 한 번 세워 천하의 글자를 알지 못하는 중생을 이끌어 모두 '수미산'(須彌山)과 '방하착'(放下著)의 화두에만 매달리게 하면, '공'(空)에 의탁하는 자가 혹 그 완고함을 얻어 왕왕 스스로 야호굴(野狐窟)에 떨어지게 됩니다. (…)

(…) 夫張、柳、黃、蘇卒不可得, 而彼尙沿於習氣, 汨於名華, 渺渺如初地人見佛現身, 了無津梁, 況於不佞何有哉? 雖然, 亦嘗聞直指之傳爲禪家上乘, 故阿難之總持, 弗如雪山之趺坐, 若其澹然虛明, 一超而到如來藏則可矣, 其言一立, 而率天下不識字衆生, 擧皆膠柱於須彌山、放下著一話, 所托於空者, 或得其頑, 而往往自墮於野狐窟中矣. (…)(卷下 5a~5b)

'초지'는 보살이 수행하는 단계 가운데 가장 첫 단계로 환희지(歡喜地)를 말한다. 번뇌를 끊어 마음속에 환희가 일어난다고 한다. '아난'은 석가모니의 제자이고, '총지'는 설법을 마음속에 모두 기억하는 것을 말한다. '아난의 총지'란 아난이 스승의 설법을 마음속에 모두 기억한 것을 이른다. '수미산' 화두는, 어떤 사람이 운문(雲門) 선사에게 "한 생각도 일으키지 않으면 허물이 됩니까" 하고 물으니 "수미산이니라"라고 한 데서 유래하고, '방하착' 화두는 어떤 사람이 조주(趙州) 선사에게 "한 물건도 가지고 있지 않을 때는 어떠합니까?"하고 물으니, 조주 선사가 "내려놓아라[放下著]"라고 한 데서 유래한다. 이 두 화두는 모두 '유'(有)와 '무'(無) 어디에도 집착하지 않고 그 근원을 밝혀야 한다는 것을 말하고 있는데, 자칫하면 '유'의 상대 경계로서의 '무'를 말하는 것으로 받아들여 도리어 '무'에 집착하게 될 위험성이 있다는 것이다. 신유한은 선가의 요체가 마음을 바로 가리키는 것일 뿐 말에 집착해서는 안 된다고 생각했다. 그래서 아난이 부처의 설법을 모두 기억하지만 좌선을 통해 깨닫는 것만 못하다고 한 것이다. 마음을 말로 설명하는 순간 그 말에 집착하여 '야호굴', 즉 깨닫지도 못했으면서 스스로 깨달았다고 여기는 지경에 빠지게 된다는 것이다. 이어서 신유한은 유가(儒家)에 대한 자신의 견해를 말한다.

(…) 생각건대 유가에도 또한 존양(存養)과 박약(博約) 두 단어가 있습니다. 육자정(陸子靜: 육상산陸象山)이 자양(紫陽: 주희朱熹)을 논박하여 말하기를 "육경은 나의 주석(註釋)이고 나는 육경의 주석이다."라고 했는데, 당시에 사람들이 이미 그 말이 지나치게 높음을 병통이라 생각했습니다. 왕양명(王陽明)과 진백사(陳白沙) 같은 제현이 또한 모두 존양 공부에 동의해 심지어는 천하에 성인의 도를 배우는 사람들로 하여금 전주(箋註)를 멀리하도록 했습니다. 그들은 전주를 지목하여 지리(支離)하고 그림자나 메아리 같다고 했으니 그 원류가 대개 불가의 심인(心印)에서 온 것으로, 기품이 높은 사람은 더러 한두 가지 방불함을 얻기도 했지만 기품이 낮은 사람은 스스로 사장(事障)과 업장(業障)에 있어 매번 형태를 바꾸면서 무관(無關)한 데에 떨어지니, 어찌 명덕(明德)을 운운하겠습니까? 이는 유석(儒釋)의 문(門)에서 각기 진실되고 망령됨의 구분이 있는 것이니, 살피지 않아서는 안 됩니다. (…)

(…) 惟儒家亦有是存養、博約兩個語. 陸子靜駁紫陽云: "六經註我, 我註六經", 當時已病其太高, 而王陽明、陳白沙諸賢, 又皆左袒於存養, 至令天下學聖人之道者, 厭薄箋註, 目爲支離影響, 其源蓋出於佛家心印, 而氣稟之高者, 或得其彷彿一二, 其下者, 自在事障、業障, 頭頭換面, 著落無關, 將明德之云何? 此於儒釋之門, 各有眞妄之分, 不可不審也. (…)(卷下 5b)

존양은 내면 수양을 강조하고, 박약은 널리 배우는 것을 강조한다. 왕양명은 왕수인(王守仁, 1472~1528)을, 진백사는 진헌장(陳獻章, 1428~1500)을 가리킨다. 신유한은 육상산 이하 양명학자들이 '존양'에 치우쳐 경전을 탐구하는 것을 멀리했다고 생각했으며, 그 원류는 불교에 있다며 은근히 쇼오탄을 경계하고 있다.

이어서 신유한은 양명학자들이 자신들의 시가 『시경』(詩經)을 전범으로 삼고 있다고 여기지만, 실제로는 아로새기는 데 골몰하여 공자의 본의를 저버렸다고 비판하였다.

쇼오탄은 신유한이 언급한 수미산과 방하착의 화두에 대해서 이렇게 답하였다.

(…) 보내 주신 편지에서 깨우쳐 주신 '수미산'과 '방하착'은 또한 운문(雲門)과 조주(趙州)의 화두입니다. 수미산은 안신입명(安身立命)에 답한 것이고, 방하착은 한 물건도 가지고 있지 않다는 데 답한 것이니, 다른 이치인 듯하지만 어찌 하나가 아니겠습니까? 그 사이에서 안배(安排)할 필요는 없을 것입니다.

또 산곡노인(山谷老人: 황정견)이 회당(晦堂) 선사를 방문해서 함께 산길을 가던 중 산곡이 '공자께서 나는 너희들에게 숨기는 것이 없다고 하셨는데, 그 뜻이 어떠합니까?' 하고 물으니 회당 선사는 답하지 않았습니다. 두 사람이 빠른 걸음으로 걸어가는데 무성하게 핀 목서나무의 꽃향기가 코를 찔렀습니다. 이때 회당 선사가 '목서나무 꽃향기를 맡았는가?' 하고 물으니, 산곡은 '맡았습니다'라고 대답했습니다. 그러자 회당 선사가 '나는 너에게 숨기는 것이 없느니라'라고 하자, 산곡이 이 말을 듣고 깨쳤습니다. (…) 여기에 이르러서 무슨 아난의 총지(總持)와 부처의 가부좌를 말할 것이며, 무슨 존양과 박약을 논할 것입니까? '불립문자'와 '직지인심'의 뜻이 다했습니다.

(…) 來書所諭須彌山、放下著亦雲門、趙州之話, 而須彌山答安身立命, 放下著答一物不

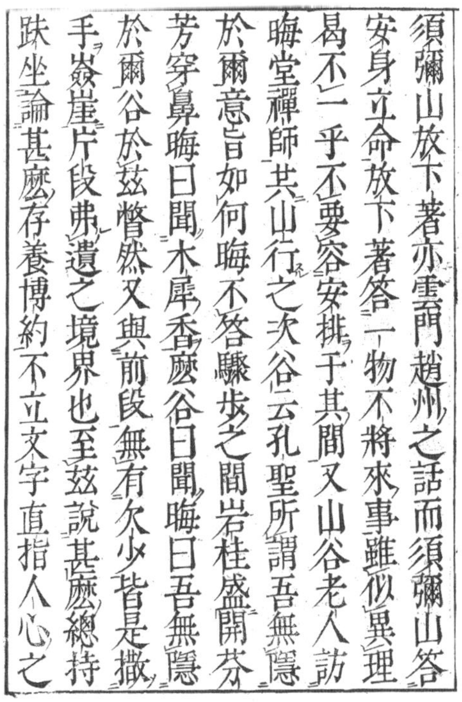
須彌山放下著亦雲門趙州之話而須彌山答
安身立命放下著答一物不將來事雖似異理
曷不一乎不要容安排于其間又山谷老人訪
晦堂禪師共山行之次谷云孔聖所謂吾無隱
於爾意旨如何晦不答驟步之間岩桂盛開芬
芳穿鼻晦曰聞木犀香麽谷曰聞晦曰吾無隱
於爾谷於玆憣然又與前段無有欠少皆是撒
手懸崖片段弗遺之境界也至玆說甚麽總持
趺坐論甚麽存養博約不立文字直指人心之

將來事, 雖似異理, 曷不一乎? 不要容安排于其間, 又山谷老人訪晦堂禪師, 共山行之次, 谷云: "孔聖所謂'吾無隱於爾', 意旨如何?" 晦不答. 驟步之間, 岩桂盛開, 芬芳穿鼻, 晦曰: "聞木犀香麽?" 谷曰: "聞." 晦曰: "吾無隱於爾." 谷於玆瞥然. (…) 至玆, 說甚麽總持趺坐? 論甚麽存養博約? 不立文字、直指人心之義盡矣.(卷下 8a~9a)

'목서나무'는 '암계'(巖桂)라고도 하는데, 상록관목으로 흰 꽃이 피며 꽃향기가 좋다. 쇼오탄은 수미산과 방하착의 화두가 모두 근본을 밝힌다는 점에서 같다고 말하고 황정견이 회당 선사를 통해 도를 깨친 일화를 말하였다. 쇼오탄은 신유한이 제기한 문제에 대해 구체적인 논의를 펼치기보다 불교적인 견지에서 봉합해 버렸다. 그래서 두 사람의 대화는 더 이상 진전되지 않았다.

2. 남도창화집(藍島唱和集)

1 서지사항

서명: 남도창화집(藍島唱和集)
소장처: 후쿠오카 현립도서관(福岡縣立圖書館) 쿠시다 문고 (櫛田文庫)
편자: 미상
간행연대: 미상
책수: 불분권 1책
판본: 필사본

아이노시마(藍島)는 츠시마(對馬島)와 큐우슈우(九州) 사이에 있는 작은 섬이다. '藍島唱和集'이란 아이노시마에서 나눈 필담창화라는 뜻이다. 『남도창화집』은 전편과 후편으로 이루어져 있으며 각각 22장과 10장이다. 후편의 뒤에는 『남도창화집』이라는 동일한 제목 하에 1763년에 이루어진 필담창화가 합철되어 있다. 1719년의 『남도창화집』에는 쿠시다 킨잔(櫛田琴山, 1675~1742)의 필담창화가 실려 있고, 1763년의 『남도창화집』에는 그의 장남 쿠시다 키쿠탄(櫛田菊潭, 1720~1772)의 필담창화가 수록되어 있다.

키쿠탄. 이름은 이쿠(彧), 자는 분야(文哉)이다. 킨잔의 장남으로 아버지와 마찬가지로 후쿠오카 번에 출사하였으며 1748년과 1763년 두 번에 걸쳐 통신사의 접대를 담당하였다.

[2] 필담일시 및 장소

1719년 8월 3일, 5일, 6일과 12월 12일 아이노시마(藍島)에서 이루어진 필담이다. 12월 12일 필담은 귀로에 이루어졌으며, 킨잔이 신유한과 장응두를 아이노시마의 관아에 초청하여 이경(二更: 밤 9시에서 11시 사이)까지 필담을 나누었다.

한편 신유한의 『해유록』 8월 3일조에 킨잔을 만나게 된 경위가 다음과 같이 기록되어 있다.

> 아메노모리 호오슈우(雨森芳洲)가 치쿠젠(筑前)의 두 기실(記室)을 데리고 왔다. 한 사람은 호(號)가 킨잔(琴山)이고, 한 사람은 호가 바이호오(梅峯)인데, 사람됨이 모두 민첩하고 영리하였다. 좌정한 후 내가 장난삼아 킨잔에게 "그대에게 금상(琴上)의 말을 얻었거늘/나를 축전(筑前)의 고을에서 맞이하네"(得君琴上語, 邀我筑前州)라는 시구(詩句)를 지어 주니[1] 기뻐하며 웃었다. 시를 수창하였는데, 번갈아 부르고 답하는 시가 모두 졸박하여 가소로웠다. 킨잔은 식견이 범상치 않아 나와 필담으로 고금의 문장에 대해 논하고 몇 가지 의문을 말하였는데, 몹시 기이한 말이 있었다.
>
> 雨森東引筑前兩記室而來, 一號琴山, 一號梅峯, 爲人俱敏而慧. 座定, 余戲以律語挑之曰: "得君琴上語, 邀我筑前州", 客喜而笑. 卽以詩唱酬, 遞發而遞答, 皆拙朴可笑. 琴山識見殊不凡, 與余筆談古今文章及疑問數條, 頗有奇言.

[3] 참여자

조선인 참여자는 신유한(申維翰), 성몽량(成夢良), 장응두(張應斗), 강백(姜栢), 정후교(鄭后僑, 1675~1755)이다. 12월 12일 귀로에 나눈 필담에는 장응두, 신유한이 참여하였다.

정후교. 본관은 하동(河東), 자는 혜경(惠卿), 호는 국당(菊塘)으로 부사 황선(黃璿)의 비장(裨將)으로 사행에 참여하였다. 1727년에 황선이 경상도 관찰사로 부임할 때 그 막좌(幕佐)가 되었다. 1728년 이인좌의 난 때 정희량(鄭希亮) 등이 거창(居昌)에서 함양(咸陽)으로 들어가 전라도 경계를 넘으려 하는 것을 저지하였다. 1729년 첨지중추부사(僉知中樞府事)가 되고, 이어 동지중추부사(同知中樞府事)에 올랐다. 고서(古書)에 밝

---

1. 이 시구 중 '금상'(琴上)은 킨잔의 이름이 '琴山'이기에 한 말이다. '축전'의 '축'은 악기 이름이기에 '금'(琴)과 대(對)를 맞추었다. 장난삼아 이리 한 것이다.

았으며 시(詩)에 뛰어나 신정하(申靖夏), 김창흡(金昌翕) 등과 교유하였으며, 김창흡으로부터는 당시(唐詩)의 절묘함을 재현했다는 격찬을 받기도 하였다. 『희조일사』(熙朝軼事)에 그의 글이 실려 있다.

일본인 참여자는 쿠시다 킨잔과 아메노모리 호오슈우이다.

킨잔(琴山)은 이름이 와타루(涉), 자는 쿄겐(巨源), 호는 킨잔 또는 스이난(水南)이다. 카이바라 에키켄(貝原益軒)의 고제(高弟)인 츠루하라 큐우코오(鶴原九皐, 1666~1711)에게 배웠으며 치쿠젠(筑前) 후쿠오카 번(福岡藩: 지금의 후쿠오카 현福岡縣 후쿠오카 시福岡市)에 출사하였다. 저서에 『반은당집』(한인도오슈우, 半隱堂集), 『녹사당집』(료쿠사도오슈우, 綠蓑堂集)이 있다.

4 내용

▣ 필담

(1) 전편

8월 6일 강백과 킨잔이 만나 다음과 같은 대화를 나누었다. 원문을 보면 일본 문인의 필담에는 '倭', 통신사의 필담에는 '韓'이라 표기되어 있다. 당시만 해도 일본인들은 스스로를 '倭'라 지칭하기도 했음을 알 수 있다.

킨잔: 아름다운 시를 여러 번 주시니 저도 모르는 사이에 오래된 두통이 갑자기 나았습니다. 강공(姜公) 족하는 문단의 독보적인 존재로 필봉을 당해 낼 사람이 없습니다. 그런데 어찌 이리 겸손하신지요? 시를 짓는데 어찌 빠르냐 더디냐를 따질 필요가 있겠습니까? 다만 뜻을 말하는 것을 귀하게 여길 따름입니다. 차분히 필담을 나누는 것이 제가 평소 바라던 바이니, 이렇게 필담하는 것은 피로하지 않습니다.

강백: 필담이 간결하게 이어지는 것이 입으로 말하는 것 같아 사람으로 하여금 사랑스러워 손을 놓지 못하게 합니다. 저는 시도(詩道)에 있어서 "곧바로 원류를 건너서 현묘한 곳에 깊이 나아간다."라고 감히 말하는 것이 아닙니다. 숙업(宿業)이 여기에 있어 아직 다 갚지 못하였습니다. 그래서 매번 시를 가지고 오는 문인묵객을 만날 때마다 번번이 기뻐서 열중하여 위로는 『시경』(詩經) 풍아(風雅)로부터 중간에는 진(晉)나라와 위(魏)나라에 미치고, 아래로는 송(宋)·명(明)의 대가(大家)에 이르기까지 머리를 빗질하거나 돈꿰미를 헤아리듯 샅샅이 살피면서 대방가의 고론(高論)을 듣고자 하였습니다. 지금 그대를 보니 마치 이 도(道)에 대해 소림사의 면벽 공부를 하듯 하시

니 어느 시대의 시에서 깨달았는지 모르겠습니다. 평소 좋아하는 책이 어떤 것인지 겸양하지 말고 말씀해 주시는 것이 어떻겠습니까?

琴山: 屢奉瑤韻, 不覺頭風頓痊. 姜公足下, 詞壇獨步, 筆鋒無敵, 何謙光之甚耶? 詩何論遲速? 惟貴言志耳. 筆語從容吾素望, 此不爲疲.

秋水: 筆談簡潔亹亹如口談, 令人愛不能釋手. 僕於詩道, 非敢曰: "値涉源流, 深造玄妙." 蓋宿業在此, 未得盡償, 故每遇文人墨客以詩來者, 輒欣喜傾倒, 上自三百篇風雅, 中逮晉魏, 下至宋明大家, 無不髮櫛而縉數, 要聞大方家之高論, 今見高明, 似於此道有少林面壁工夫, 未知得之於何代, 而平日所嗜好者在何書, 幸毋執謙, 亦賜金玉音如何?(12a~13a)

추수(秋水)는 강백의 또 다른 호이다. 필담할 때에는 대개 경목자(耕牧子)라는 호를 썼다. 킨잔은 강백의 시를 극찬하면서 시를 짓는 데 빠르고 느린 것은 문제가 되지 않는다고 하였다. 이는 아마도 통신사 일행이 많은 일본인을 응대하면서 시를 전광석화처럼 짓는 것을 염두에 두고 한 말이라 생각된다. 강백은 원류를 중요시해야 함을 은근히 강조하면서, 킨잔이 『시경』과 남북조 시대의 시, 그리고 송나라와 명나라의 시 가운데 어떤 것을 주로 공부했는지 물었다. 킨잔의 대답을 듣기에 앞서 강백은 연이어 자신의 시론을 말했다.

강백: 시도(詩道)를 어찌 쉽게 말할 수 있겠습니까. 여래의 정법안장(正法眼藏)을 한 번 잃어버리면 야호(野狐)의 도일 뿐입니다. 풍아(風雅: 『시경』을 말함)가 으뜸이지만 요원하여 미칠 수 없으니, 그다음으로는 아마도 한(漢)・위(魏)이겠지요. 한・위의 오언고시(五言古詩)와 여러 악부(樂府)는 이별의 순간에 서로 수창한 것, 여항 남녀의 민요에 불과합니다. 감정을 따라 글로 쓴 것이고 마음을 따라 말이 이루어진 것이니 고졸하고 질박하여 사람으로 하여금 청묘(淸廟)의 주현(朱絃)에 일창삼탄(一唱三歎)하는 마음을 가지게 합니다. 사람이 시를 배우지 않는다면 그만이지만, 배운다면 이 문호(門戶)를 버리고서는 옛날에 시를 지은 사람과 멀어질 것입니다. 아래로 진(晉)・위(魏)에 이르러서는 비록 체격(體格)이 떨어져 처음으로 기려(綺麗)하고 조회(雕繪)한 습속이 있었지만, 도연명(陶淵明)과 사령운(謝靈運)의 시는 또한 하승(下乘)에 떨어지지 않았습니다. 그대 또한 이에 관해 예전에 깊이 공부한 것이 있는지 모르겠습니다. 시도(詩道)를 한 마디로 논단한다면 "빈산엔 사람 하나 없고/물은 흐르고 꽃은 절로 피었네"(空山無人, 水流華開)라는 말이 잘 비유했다고 할 수 있습니다.

저는 10년 동안 병을 앓아 글을 지으려는 뜻이 퍽 공소해졌는데 외람되이 서기(書記)의 일을 맡아 그대같이 높은 안목을 가진 분과 마음껏 대화를 나누고 있으니 또한 어찌 하늘이 내린 좋은 기회가 아니겠습니까?

킨잔: 문자(文字)의 숙업(宿業)은 쉽게 없앨 수 없습니다. 저는 시도(詩道)에 있어 본래 조금도 엿본 바가 없습니다. 대저 시는 성정(性情)을 말한 것입니다. 풍아는 이미 먼 옛날의 것이니 잠시 놓아두고 후세의 작가들에 대해 말한다면 단번에 뛰어넘어 곧장 그 속으로 들어가고자 했으나 풍기

(風氣)가 크게 달라 억지로 관계하기가 어려웠습니다. 옛사람이 이른바 “시를 산정한 후에는 시가 없다”(刪後無詩)는 말은 허언(虛言)이 아니었습니다. 육조의 기려한 습속에 대해 논하신 바는 말씀하신 것이 매우 타당하여 어리석은 사람을 깨우치기에 충분합니다. 요컨대 시도삼매(詩道三昧)는 스스로 깨닫는 문(門)을 막지 않는 데 있습니다. “빈산엔 사람 하나 없고/물은 흐르고 꽃은 절로 피었네”는 동파(東坡)의 「나한찬」(羅漢贊) 가운데의 구절인데 그대가 인용하여 훌륭한 비유로 삼았습니다. 마음으로 깨달아 깊이 실제의 이치로 나아갔으니 경탄을 금할 수 없습니다. 말하기가 어찌 쉽겠습니까만, 말로 다 표현할 수 없는 깊은 경지를 오히려 비유로써 보여 주셨으니 저를 아껴 주신 것일 테지요.

秋水: 詩道豈易言哉? 一失如來正法眼藏云, 不過野狐道耳. 風雅尙矣, 邈遠不可及, 則抑其次其漢魏乎. 漢魏之五言古詩、諸樂府, 是不過離別之際唱酬之作, 閭巷男女謠歌之辭, 而因情直書, 緣心爲言, 古直蒼朴, 使人有淸廟朱絃一唱三歎之意, 人苟不學詩則已, 學詩則捨此門戶, 則其於古作者遠矣. 下至晉魏, 體格雖下, 始有綺麗雕繪之習, 而淵明、靈運之作, 亦不落下乘, 未知高明亦於此有宿昔工夫乎? 詩之道, 一言而斷之曰: “空山無人, 水流花開”, 爲善譬耳. 僕十年疾病, 其於筆硯意甚踈矣, 猥當載筆之役, 得與高眼大開口說話, 亦豈非天賜之便乎?

琴山: 文字宿業, 未易銷除. 僕於詩道, 本無一管之窺. 夫詩言性情. 風雅旣遠, 姑舍之, 後世作者, 雖欲一超直入, 風氣夐殊, 關係難强, 古人所謂刪後無詩者, 非亦虛語. 六朝綺麗之論, 示喩切當, 足鼓聾瞶之耳. 要之, 詩道三昧, 在不塞自家悟門, 夫“空山無人, 水流花開”, 坡老「羅漢贊」中用之, 高明

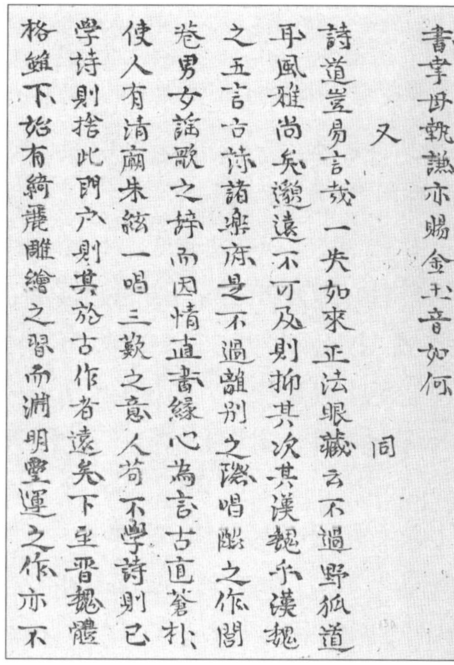
書字毋軌識亦賜金玉音如何
又　同
詩道豈易言哉一失如來正法眼藏云不過野狐道
耳風雅尚矣邈遠不可及則抑其次其漢魏乎漢魏
之五言古詩諸樂府是不過離別之際唱酬之作閭
巷男女謠歌之辭而因情直書緣心爲言古直蒼朴
使人有淸廟朱絃一唱三歎之意人苟不學詩則已
學詩則捨此門户則其於古作者遠矣下至晋魏體
格雖下始有綺麗雕繪之習而淵明靈運之作亦不

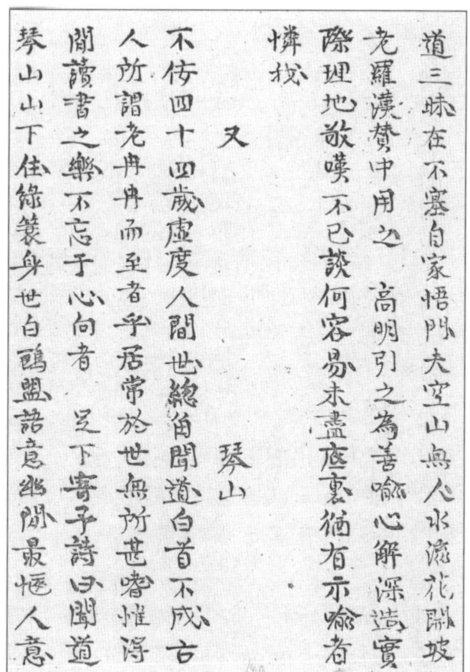
道三昧在不塞自家悟門夫空山無人水流花開坡
老羅漢贊中用之高明引之爲善喩心解深造實
際理地敬嘆不已談何容易未盡底裏猶有示喩者
憐我
又　琴山
不佞四十四歲虛度人間世總角聞道白首不成古
人所謂老冉冉而至者乎居常於世無所甚嗜惟得
閒讀書之樂不忘于心向者　足下寄予詩曰聞道
琴山山下住餘襄身世白鷗盟詩意幽閒最愜人意

引之爲善喩, 心解深造實際理地, 敬嘆不已, 談何容易, 未盡底裏, 猶有示喩者憐我.(13a~14a)

강백은 자신의 시론을 피력하면서 불교의 깨달음에 비유하였다. '정법안장'은 불법(佛法)을 말하고 '야호'는 올바른 도가 아닌 외도(外道)를 가리킨다. '청묘의 주현'이란 『예기』(禮記) 「악기」(樂記)편에 "청묘의 슬(瑟)은 붉은 줄에 큰 구멍이 뚫려 있으며, 한 사람이 선창하면 세 사람이 화답하니 이는 선왕의 남긴 소리가 있는 것이다."(淸廟之瑟, 朱絃而疏越, 壹倡而三嘆, 有遺音者矣)라는 구절을 염두에 두고 한 말로, 훌륭한 시에 감탄하게 된다는 뜻이다. 또 소식(蘇軾)이 깨달은 사람의 경지를 표현하기 위해 쓴 "빈산엔 사람 하나 없고/물은 흐르고 꽃은 절로 피었네"(空山無人, 水流華開)라는 구절을 시도(詩道)에 비유한 점도 흥미롭다. '정법안장'이니 '야호'니 하는 선가(禪家)의 용어를 쓴 데에서도 알 수 있듯이 강백은 불교에 깊은 관심을 가지고 있었다.

킨잔이 인용한 "시를 산정한 후에는 시가 없다"(刪後無詩)는 말은 북송(北宋) 학자 소옹(邵雍, 1011~1077)의 말로 공자가 『시경』을 편찬한 이후로 경(經)이 될 만한 훌륭한 시가 없다는 뜻이다. 킨잔 역시 '삼매'라는 불교 용어로써 강백의 말에 동의하였다. 강백은 『시경』으로부터 시작하여 한・위의 고시를 차례대로 학습할 것을 권했다. 킨잔은 스스로도 인정했듯이 이러한 방법 대신 후대의 작가를 통해 다시 고대의 시로 거슬러 올라가려고 했던 듯하다.

한편 장응두는 킨잔의 시를 칭찬하며 이렇게 말했다.

장응두: 그대의 시율(詩律)이 청원(淸圓)하니 반드시 스승으로부터 전수받은 것이 있을 것입니다. 누구에게 배웠는지 적어 주시기 바랍니다. 치쿠젠 주의 산수가 맑고 아름답다고 들었습니다. 그대가 사는 곳도 경관이 몹시 빼어나겠지요. 당호(堂號)가 무엇인지 알고 싶습니다.

킨잔: 저의 시가 어찌 말할 만한 것이겠습니까. 일찍이 들으니 훌륭한 장인(匠人)의 고심(苦心)은 오직 식견 있는 사람이 안다고 합니다. 족하께서 치켜세워 주시니 이는 참으로 노둔한 말에 채찍질하는 것이겠지요. 한편으로는 감사하고 한편으로는 부끄럽습니다. 치쿠젠 주에는 카이바라 에키켄 옹과 츠루하라 큐우코오라는 분이 있습니다. 이분들이 저의 스승입니다. 두 유학자께서 돌아가신 지 이미 여러 해가 되었습니다. 우리 주에는 아름다운 산수가 매우 많습니다. 그래서 빼어난 경치와 기이한 볼거리를 찾는 사람의 발걸음이 끊이지 않습니다. 제가 사는 곳은 비록 크게 아름다운 경치는 없지만 꽃과 대나무를 조금 길러 사계절 볼거리로 삼고 '킨잔 쇼오쿠'(琴山書屋)라 이름했습니다.

菊溪: 高明詩律淸圓, 必有師受, 所事何人? 書示爲望. 聞筑前爲州, 山水淸佳, 高明所居, 亦有泉石之勝耶. 堂名亦云何? 願聞.

琴山: 僕詩何足道耶. 嘗聞良工苦心, 惟識者知之. 足下之推奬, 眞是駑馬之鞭也哉. 一惑一愧. 筑前州有益軒 貝原翁及鶴原 君玉者, 是吾所師, 二儒歿既數年, 本州頗富佳山水, 故濟勝奇賞之人, 踵相繼云, 余所居雖無大佳趣, 略栽花竹爲四時觀物之資, 自稱琴山書屋.(15a~15b)

킨잔의 스승인 카이바라 에키켄의 이름은 아츠노부(篤信), 자는 시세이(子誠), 호는 에키켄(益軒) 또는 손켄(損軒)이다. 후쿠오카 번에 출사하였다가 쿄오토에 유학하였다. 처음에 양명학을 배웠다가 주자학으로 전향하였다. 만년에는 주자학에 의문을 품고 『대의록』(다이기로쿠, 大疑錄)을 지었다. 교육, 의학, 본초(本草) 등 다방면에 관심을 가졌다. 『여논어』(온나론고, 女論語), 『패원양생훈』(카이바라요오죠오쿤, 貝原養生訓), 『근사록비고』(킨시로쿠비코오, 近思錄備考), 『본초강목화명목록』(혼조오코오모쿠와묘오모쿠로쿠, 本草綱目和名目錄), 『대화본초』(야마토혼조오, 大和本草) 등 많은 저술을 남겼다.

츠루하라 큐우코오의 이름은 韜, 자는 君玉, 별호는 바이안(梅庵)이다. 에키겐의 고제(高弟)이며 가업을 이어 의사가 되어 쿄오토와 에도에 유학하였다. 후에 고향인 후쿠오카 번에 출사하여 지코오(侍講)가 되었다.

킨잔의 스승은 본초학으로 이름을 떨쳤으나 킨잔은 주로 문학에 관심을 가지고 있었던 듯하다. 필담에서 본초학이나 의학에 관한 내용은 찾아볼 수 없다.

(2) 후편

12월 12일 귀로에 들린 아이노시마에서 신유한과 장응두는 아메노모리 호오슈우의 소개로 다시 킨잔을 만나 이경(二更)까지 필담을 나누었다. 다음은 신유한과 킨잔의 필담이다.

킨잔: 육경 이외에 기서(奇書)가 없고, 성현(聖賢) 이외에 이인(異人)이 없다고 하니 참으로 명언입니다. 이밖에 제가 평소에 몹시 좋아하는 것은 『좌전』(左傳), 『국어』(國語), 『장자』(莊子), 「이소」(離騷) 및 도연명(陶淵明)과 유종원(柳宗元) 두 사람의 문집입니다. 송(宋)・명(明) 제가(諸家)의 말은 넓고 많아서 젊은이의 탐독하고 섭렵할 힘이 지금 남아 있더라도 황홀하여 어찌할 바를 모르겠습니다. 족하께서 독서하고 사람을 깨우쳐 인도하는 방법은 어떠한지 모르겠습니다. 가르침을 아끼지 않으신다면 이보다 큰 은혜가 없겠습니다.

신유한: 육경 외에 기서(奇書)가 없다는 것은 참으로 천고의 단안(斷案)입니다. 족하께서 이미 이 관문을 통과하셨고, 또 『좌전』, 『국어』, 『장자』, 「이소」와 도연명, 유종원 두 사람에 이르셨으니 이른바 주면(朱冕)과 조절(藻梲)을 모두 갖춘 것입니다. 성대한 업적이 신묘한 곳에 이른 것이

마땅하군요. 천 년 이후로 어떤 바보 같은 남자가 감히 이 길을 바꾸어 새로운 설을 내겠습니까? 몹시 경복(敬服)합니다. 저는 일찍부터 글을 좋아하였는데 단지 기고(奇古)한 것을 좋아하는 데 벽(癖)이 있어 당(唐)·송(宋) 이후 여러 명가의 말을 다 섭렵하지 못했습니다. 생각건대 선진(先秦) 시대와 전국(戰國) 시대의 글은 『좌전』이냐 『국어』냐 『장자』냐 『열자』(列子)냐를 막론하고 그 당시의 우부우부(愚夫愚婦)와 삼척동자가 입에서 나오는 대로 말한 것이니, 곧 후세의 유명한 군자가 각고의 노력을 해도 얻지 못하는 곳이 있습니다. 저는 일찍이 이런 생각을 갖고 자중자애했으며, 또한 더러 지금 시대의 사람들에게 이런 생각을 말해 주기도 했습니다만, 지금 시대의 사람들 모두가 제 생각을 옳다고 여기는 것은 아닙니다. 대개 속세를 살아가다가 명리를 구하는 곳에 참여하게 되어 다시 책읽기를 폐하게 되었으니, 흉중을 돌아보면 다만 열 길 번뇌만 있고 고금(古今)의 문자가 갑자기 막혀 버립니다. 여기서 성대한 물음을 받으니 부끄러워 무슨 말로 대답해야 할지 모르겠습니다.

琴山: 六經之外無奇書, 聖賢之外無異人, 固是名言. 除此外, 余平生酷好者, 『左』、『國』、『莊』、「騷」及陶、柳二集耳. 至宋、明諸家之言博矣多矣, 少年貪賣涉獵之力在今, 恍乎無所措手, 足下讀書誘人之方, 不知如何? 無吝見敎, 賜莫大焉.

靑泉: 六經之外無奇書, 自是千古斷案. 足下已透了此關, 又逮『左』、『國』、『莊』、「騷」與陶、柳二家, 所謂朱冕藻梲莫不備矣, 宜乎, 盛業之臻妙, 而千載已下, 更有何樣痴男子敢將易斯路而新其說? 敬服敬服. 僕早嗜文字, 只癖於好奇古, 不能盡涉唐、宋以後諸名家言, 以爲先秦、戰國之語, 勿論『左』、『國』、『莊』、『列』, 卽當時愚夫愚婦、三尺豎兒矢口卒發, 便有後世名君子刻畫不得處, 嘗以自好, 亦或語向今人, 今人未盡然之也. 蓋於風塵跋涉, 冒參名場, 因復廢書, 回顧胸中, 只有十丈煩惱, 頓塞了古今文字, 玆承盛問, 赧然不知作何語以對.(29a~30a)

킨잔은 육경과 선진의 문장을 전범으로 삼고 있었던 듯하다. 신유한은 킨잔의 말에 공감을 표시하였다. 주면(朱冕)과 조절(藻梲)은 화려한 문장을 비유한 말이다. 선진(先秦)과 제자백가의 기이한 글도 실은 당대의 일상어일 뿐이지만, 거기에 문학의 높은 경지가 있음을 말했다. 필담이 끝나자 킨잔은 작별의 인사를 하고 신유한, 장응두와 읍을 한 다음 헤어졌다.

3. 양관창화집(兩關唱和集)

1 서지사항

서명: 양관창화집(兩關唱和集)
소장처: 국립중앙도서관
편자: 미상
간행연대: 1720년(享保 5) 5월 1일
책수: 2권 2책
판본: 간본(京師書房 唐本屋八郎兵衛 梓行)

내제와 외제가 모두 '兩關唱和集'이다. '兩關'은 필담창화가 이루어진 아카마가세키(赤間關: 지금의 시모노세키 시下關市)와 카마도노세키(竈門關: 지금의 야마구치 현山口縣 쿠마게 군熊毛郡 카미노세키 정上關町 나가시마長島)를 가리킨다. 전편(前篇)・후편(後篇)이 2책으로 나누어져 있으며, 외제는 건(乾)・곤(坤)으로 구분되어 있다. 목차를 보면, 전편을 '迎勞詩篇'이라 하고 후편을 '送往詩篇'이라 하여 소제목을 따로 붙여 구분해 놓았다. 이것으로 볼 때, 전편에는 통신사가 에도로 가는 도중에 나눈 필담이, 후편에는 귀로(歸路)에서의 필담이 수록되어 있음을 알 수 있다.

2 필담일시 및 장소

전편은 1719년 8월 18일 쵸오슈우(長州: 지금의 야마구치 현山口縣 북서부 일대) 아카마가세키에서 이루어진 필담이다. 후편은 1719년 12월 8일경 호오슈우(防州: 지금의 야마구치 현 동부 일대) 카마도노세키와 쵸오슈우 아카마가세키에서 이루어진 필담이다.

3 참여자

(1) 전편

조선인 참여자는 신유한(申維翰), 강백(姜栢), 성몽량(成夢良), 장응두(張應斗)이다.

일본인 참여자는 통신사를 수행했던 아메노모리 호오슈우(雨森芳洲) 외에 하기 번(萩藩: 지금의 야마구치 현 하기 시萩市)의 유학자 4명이 참여하였다. 이들의 약력은 다음과 같다.

- 사사키 슈쿠오오(佐佐木縮往, 1649~1734). 자는 沕眞, 통칭(通稱)은 헤이다유우(平太夫), 호는 슈쿠오오(縮往) 또는 즈넨(圖然)이다. 명(明)나라 화법을 배워 화가로도 알려졌다.
- 야마가타 료오사이(山縣良齋, 1648~1728). 이름은 長白, 자는 타네나리(子成), 료오사이는 그 호이다. 오규우 소라이(荻生徂徠)의 고제(高弟) 중 한 명인 야마가타 슈우난(山縣周南, 1687~1752)의 아버지이다. 하기 번에 출사하여 번주의 지코오(侍講)가 되었다.
- 쿠사바 쿄케이(草場居敬, 1679~1737). 이름은 中章, 자는 豹藏, 쿄케이는 그 호이다. 히젠(肥前: 지금의 사가 현佐賀縣 및 나가사키 현長崎縣 일대) 마츠우라 군(松浦郡: 지금의 나가사키 현 마츠우라 시松浦市) 출신의 서예가로 하야시 도오에이(林道榮, 1640~1708)와 키타지마 세츠잔(北島雪山, 1637~1698)에게 글씨를 배우고 하기 번에 출사하였다. 1711년에도 아카마가세키에서 통신사를 만나 필담을 나누었다.
- 오다 시칸(小田芝澗). 이름은 孺熙, 자는 文甫, 시칸은 그 호이다.

(2) 후편

조선인 참여자는 신유한, 강백, 성몽량, 장응두, 박주창(朴舟昌), 이사성(李思晟)이다. 박주창의 호는 죽헌(竹軒)이다. 이사성은 정사(正使)의 군관(軍官)이다.

일본인 참여자는 다음과 같다.

- 오구라 쇼오사이(小倉尙齋). 이름은 테이(貞), 자는 지츠소오(實操), 쇼오사이는 그

호이다. 쿄오토에서 이토오 탄안(伊藤坦庵, 1623~1708)에게 배우고, 하기 번에 출사하였다. 후에 에도에서 하야시 호오코오 문하에 들어갔다. 1719년 하기 번의 번교인 메이린칸(明倫館)이 창건되면서 초대 학두(學頭)가 되었다. 1711년 통신사가 방문했을 당시 에도에서 만나 필담을 나누었다. 편저에 『당시취』(토오시슈, 唐詩趣), 저서에 『팔강기문』(핫코오키분, 八江紀聞)이 있다.

- 야마네 타케우라(山根竹浦). 이름은 清, 자는 忠通, 타케우라(竹浦)는 그 호이다. 하기 번의 메이린칸의 생도로 쇼오사이를 따라왔다.

4 내용

▣ 서문

서문은 이토오 토오가이(伊藤東涯, 1670~1736)가 썼다. 토오가이의 이름은 나가타네(長胤), 자는 겐조오(源藏), 토오가이는 그 호다. 이토오 진사이(伊藤仁齋, 1627~1705)의 장남으로 아버지의 가숙(家塾)인 코기도오(古義堂)를 계승하여 문인들을 가르쳤으며, 진사이의 저작을 정리, 출판하는 등 진사이가 제창한 고의학(古義學)을 집대성하였다. 박학강기하여 경학 이외에도 자의(字義)와 훈고(訓詁), 제도(制度)와 전장(典章), 사전(史傳) 등에도 정통하였다. 시에도 능하였으며 특히 두보(杜甫)를 추존하였다. 『고금학변』(코콘가쿠헨, 古今學變), 『제도통』(세이도츠으, 制度通), 『조고자결』(소오코지케츠, 操觚字訣) 등 많은 저서가 있다. 특기할 만한 것은 그가 조선에 대해 비상한 관심을 가지고 역사, 지리, 제도 등에 관한 다수의 저서를 남겼다는 사실이다. 조선과 관련된 토오가이의 저서로는 『삼한기략』(산칸키랴쿠, 三韓紀略), 『조선잡지』(쵸오센잣시, 朝鮮襍誌), 『조선국언문자모』(쵸오센코쿠온몬지보, 朝鮮國諺文字母), 『조선관직고』(쵸오센칸쇼쿠코오, 朝鮮官職考), 『계림군기』(켄린군키, 鷄林軍紀), 『왜한통신잡지』(와칸츠으신잣시, 倭韓通信襍誌)가 있다.[1]

서문의 내용은 다음과 같다: 자신이 쇼오사이와 이별한 지 20여 년이 지난 어느 날 쇼오사이의 문인이 스승의 편지를 가지고 찾아왔는데, 통신사와 나눈 필담과 창화시가 쌓인 것이 책으로 여러 권이 될 만큼 많으니 거기에 서문을 써 달라는 내용이었다. 토오가이는

---

1. 이상 이토오 진사이와 이토오 토오가이에 관해서는 伊東倫厚, 『伊藤仁齋・伊藤東涯』(『日本の思想家』 10, 東京: 明德出版社, 1983); 吉川幸次郎, 『仁齋・徂徠・宣長』(東京: 岩波書店, 1975) 참조.

옛 친구의 뜻이라 사양할 수 없었다고 하며 조선에 대해 이렇게 말한다.

삼한(三韓)과 우리의 관계로 말하면, 전지(腆支)와 왕인(王仁)이 온 뒤로부터 문학으로 서로 사모하고 숭상하였으니, 그 유래가 오래되었다. 임진년의 전쟁 때, 융신(戎臣: 용맹한 무신武臣. 조선침략의 선봉에 섰던 카토오 키요마사加藤清正와 코니시 유키나가小西行長를 가리킴)이 힘을 다해 그 세 도읍(한양, 개성, 평양을 말함)을 짓밟고 팔도를 유린하여 노인과 어린아이 및 기물(器物)을 노획해 돌아왔다. 그래서 우리가 그들을 멸시한다. 다만 문사(文事)에 있어서는 더불어 겨루는 것이 쉽지 않다. 그 나라가 중화와 접경하고 있어 평소에 교화를 받아 왔고, 격려 받을 기회가 많았다. 그러니 일개 사신이 만 리 바다 밖으로 배를 타고 와서 분주한 숙소 안에서 여러 편의 시문과 편지를 민첩하게 지어내는 것이 당연하다. 비록 지적할 만한 결점이 없긴 하나, 그렇다고 해서 크게 놀라운 사람이 있다는 말도 들은 적이 없다.

三韓之於我也, 自腆支、王仁以還, 以文學相慕尙, 其來也舊矣. 壬辰之役, 戎臣效力, 擣其三都, 蹦其八道, 俘其旄倪器械而還, 故我視彼蔑如也. 唯於文事則爲未易與也. 蓋國接壤禹服, 漸被有素, 激勸有具, 宜其一介使臣萍梗于萬里之海外, 逆旅草草之中, 連篇累牘, 倚馬而辦. 然雖無罅之可抵, 而亦未聞有大可驚者也.(「兩關唱和集序」 2a~3a)

'전지'(腆支)는 백제 아신왕(阿莘王, ?~405)의 태자이다. 『삼국사기』(三國史記)에 397년 아신왕이 일본과 우호를 맺으면서 전지가 볼모가 되어 일본에 갔다는 기록이 있다. 『고사기』(코지키, 古事記)에 의하면 왕인(王仁)이 아신왕 말년에 일본으로 건너가 『논어』와 『천자문』을 전했다고 하나 자세한 것은 알 수 없다. 토오가이는 이들이 일본에 온 이래로 서로 문학으로 우호를 나누었는데, 임진왜란 이후 조선을 멸시하게 되었다고 한 후, 그러나 문학적인 역량만큼은 조선이 뛰어나다고 인정하였다. 그렇지만 크게 놀랄 만큼 빼어난 문인은 없다고 하였다. 조선과 일본이 문장으로 서로 겨룬다는 의식이 드러난다.

다음으로 일본에 대해서는 다음과 같이 말한다.

우리나라는 동쪽 바다 끝에 있어서 중국과 막혀 있기 때문에 언어도 같지 않고 풍속 또한 다르다. 글 짓는 선비들이 고생스럽게 글을 구상하고 그 법도를 배워서 저들과 장단을 비교하고 교졸(巧拙)을 다툰다. 비록 창고의 병기가 날카롭고 무딘 차이가 없지는 않지만, 우리 가운데 걸출한 이들이 때로 뛰어난 재목이라 일컬어지니, 그렇다면 우리가 얻은 것이 또한 많지 않은가?

吾國表乎東海, 與函夏阻, 語言不同, 風尙亦殊. 綴文之士慘淡經營, 學其步驟, 而以與彼較長短鬪巧拙, 雖武庫之兵, 不無利鈍, 而我之上駟, 時稱逸材, 則我之所得, 不亦多乎?(「兩關唱和集序」 3a~3b)

일본은 중국과 떨어져 있어 언어와 풍속이 다르지만, 빼어난 재주를 지닌 문사들이 있다는 것이다. '창고의 병기'는 문필을 뜻한다. 이어서 토오가이는 "나는 일찍이 우리나라 선비들의 타고난 자질과 마음이 도에 이를 만하다 생각했다."(予故嘗謂吾國士人資性心靈, 可以至於道矣: 序 3a)라고 하여 일본 문사의 타고난 자질을 인정하고, 이 필담집에 실린 시와 필담이 민첩하고 기이하여 예리한 무기와 마구간의 준마와 같다고 하며 "작은 것을 가지고 큰 것을 비유할 수 있고, 한 사람을 가지고 천하를 점칠 수 있으니, 어찌 글솜씨만 그렇겠는가?"(小可以喩大, 一人可以卜天下, 豈有文字巧拙之間乎: 序 3b)라고 하며 서문을 끝맺었다.

■ 필담

전편에는 필담이 없고, 편지와 창화시만 수록되어 있다. 특기할 만한 내용은 없다.

후편에는 쇼오사이가 통신사 일행과 나눈 필담이 수록되어 있다. 그 가운데 일부를 소개한다.

쇼오사이: 몇 년 전부터 근심이 많아 울적하였는데 오직 시마(詩魔)만이 여전히 항복하지 않았습니다. 그래서 경전을 강(講)하는 여가에 초당(初唐)·성당(盛唐)·만당(晩唐)의 절구(絶句) 8천여 수를 모으고 35부(部), 25권으로 나누어 『당시취』(唐詩趣)라고 이름 붙였습니다. 호오슈우(芳洲)가 서문을 써서 간행되어 우리나라에 두루 퍼졌습니다. 지금 호오슈우의 상자 속에 있으니 한 번 봐 주시길 청합니다.

신유한: 공께서는 고인(古人)의 시 가운데 어떤 것을 취하여 모범으로 삼았습니까?

쇼오사이: 당시 절구 가운데 가장 준일(俊逸)한 것을 모아 분류하였습니다.

신유한: 제가 물은 것은 공의 시격(詩格)이 유래한 바를 살피고자 한 것입니다. 성당입니까? 중당, 만당입니까? 아니면 송(宋)·명(明) 제가(諸家)까지 널리 취하여서 시를 짓습니까? 저도 나름대로 억견(臆見)이 있는데 장차 서문에서 말할 것입니다. 공께서 평소에 즐겨 힘을 얻은 곳이 어디인지 감히 묻습니다.

쇼오사이: 저는 절구는 당시를 좋아하고, 율시(律詩)와 장편(長篇)은 당시와 명시(明詩)를 좋아합니다. 송시(宋詩)와 원시(元詩)는 취하지 않습니다.

신유한: 훌륭하군요, 그대의 말씀이. 저의 근심을 풀어 줄 수 있겠습니다. 당나라 이래로 세상 사람들이 다 송시에 빠졌으니, 저는 일찍이 백설루(白雪樓: 이반룡의 서재를 말함)의 제공(諸公)이 비록 당시(唐詩)의 수준에는 이르지 못했으나, 요컨대 송·원 사람의 말을 쓰지는 않았다고 생각했습니다. 저에게 주신 장편 시는 굳세고 격조가 있어 옛 사람의 시에 몹시 핍진합니다. 장미수(薔薇水)를 얻어 손을 씻고 공경함을 다할 수 없는 것이 안타깝습니다. (…)

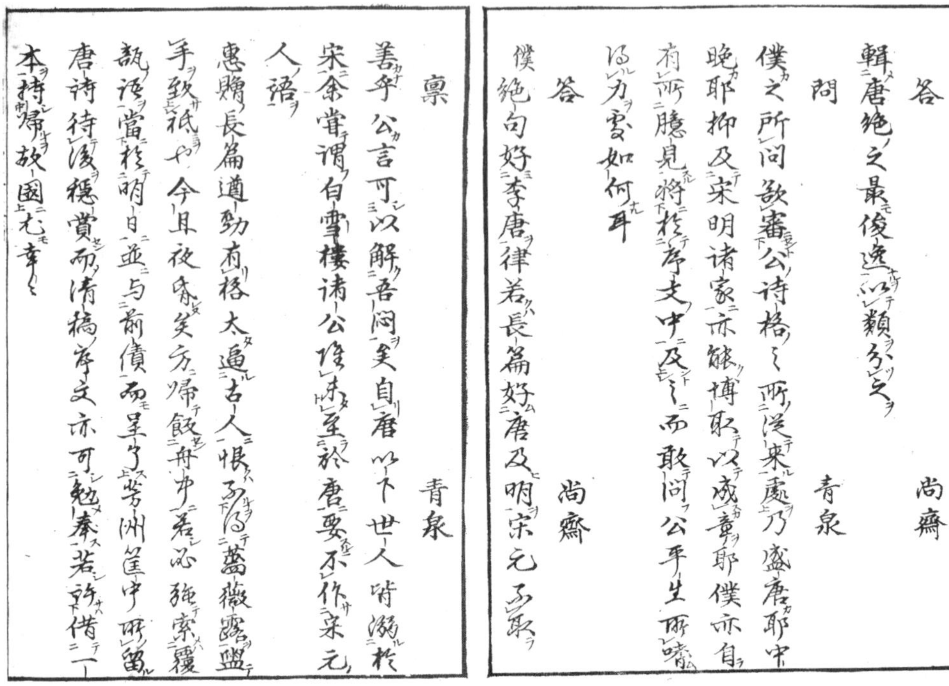

尙齋: 年來萬慮灰冷, 唯詩魔猶未降, 講經之暇, 輯初、盛、中、晩絶句八千餘首, 分部三十五, 分卷二十五, 命題爲『唐詩趣』, 芳洲爲之序, 刊行遍我邦, 今在芳洲巾箱中, 請賜覽觀.

青泉: 公於古人詩, 何所取法乎?

尙齋: 輯唐絶之最俊逸, 以類分之.

青泉: 僕之所問, 欲審公詩格之所從來處, 乃盛唐耶? 中、晩耶? 抑及宋、明諸家, 亦能博取以成章耶? 僕亦自有所臆見, 將於序文中及之, 而敢問公平生所嗜得力處如何耳.

尙齋: 僕絶可好李唐, 律若長篇好唐及明, 宋、元不取.

青泉: 善乎公言. 可以解吾悶矣. 自唐以下, 世人皆溺於宋, 余嘗謂白雪樓諸公, 雖未至於唐, 要不作宋、元人語. 惠贈長篇, 遒勁有格, 太逼古人. 恨不得薔薇露, 盥手致祗也. (…)(後篇 13a~14a)

쇼오사이는 당나라 시를 모아 편찬한 『당시취』를 소개하며 신유한에게 봐 줄 것을 청했다. 『당시취』는 25권 8책으로 1720년에 간행되었다. 신유한을 만난 것이 1720년 12월경이니 간행된 지 몇 달도 채 되지 않았다. 신유한은 쇼오사이가 어떤 기준으로 시를 선별했는지, 당시 이외에 송시나 명시도 전범으로 삼는지 물었는데, 쇼오사이는 송시와 명시는 취하지 않는다고 했다. 송시를 배척하는 것은 소라이학파 문인들의 일반적인 경향이다. 쇼오사이는 소라이학파에 속하지는 않는데, 송시를 취하지 않는다고 한 점이 흥미롭다.

신유한이 쇼오사이의 장편시를 칭찬하며 '장미수' 운운한 것은 유종원(柳宗元)이 한유(韓愈)의 시를 읽기 전에 장미수에 손을 씻고 경건한 마음으로 읽었다는 고사에서 유래한 것이다. 신유한은 오늘은 늦었으니 내일 서문을 지어 주겠다고 하며, 가능하다면 조선에 한 부를 가지고 가고 싶다고 부탁하였다.

한편 성몽량은 쇼오사이와 일본의 제도, 풍습 등에 대한 문답을 주고받았다. 필담창화집을 보면 일본 문사가 조선에 대해 묻는 경우가 일반적인데, 여기서는 성몽량이 묻고 쇼오사이가 답하였다. 문답은 '答嘯軒問條'라는 제목 아래 수록되어 있다. '嘯軒'은 성몽량의 호이다. 전문을 제시하면 다음과 같다.

문: 관가(官家)의 문서에는 인신(印信)을 찍거나 수결을 하는 일이 없습니까?

답: 관가의 문서에는 어떤 때는 인신을 찍고 어떤 때는 수결을 하며 어떤 때는 인신과 수결이 모두 있기도 하고, 어떤 때는 모두 없기도 하니, 일에 따라 다릅니다.

문: 관부(官府)에 백성의 소송을 접수하고 판결을 내려주는 일이 있습니까?

답: 있습니다.

문: 관혼(冠婚)의 예(禮)는 어떠합니까? 상장(喪葬)의 예는 어떠합니까?

답: 관혼·상장의 예는 왕후(王侯)와 사서(士庶)가 귀천에 따라 품절(品節)이 있습니다. 다만 그 제도는 우리나라의 전고(典故)가 있어서 『문공가례』(文公家禮)에 실려 있는 것과 대동소이합니다.

문: 사가(私家)에도 신주(神主)를 세우고 조상에게 제사지내는 집이 있는지요?

답: 사가에서 신주를 세우고 조상에 제사지내는 것은 집집마다 모두 그러합니다. 다만 신주의 제도와 제사의 의례는 또한 우리나라의 구례(舊禮)가 있어서 차마 중화의 예에 의거하지 못합니다.

문: 나라의 풍속이 아내를 맞을 때 처(妻)가 다만 한 명뿐인지요?

답: 나라의 풍속에 처는 한 명뿐입니다. 부유한 사람은 더러 별실(別室)을 두기도 합니다.

문: 장유(長幼) 간에 절하고 읍하는 예절이 없다고 하던데, 그런지요?

답: 장유 간에 절하고 읍하는 것은 중화의 예와 다릅니다. 꿇어앉아서 머리를 조아리는 것으로 공경을 표합니다. 다만 임금님과 어버이, 형님과 어른에게 절할 때 각기 품절(品節)이 있습니다.

문: 민간의 의복은 어떤 색을 귀하게 여기며, 음식은 어떤 것을 높이 치며, 연회에서의 예는 사행을 접대하는 절차와 같습니까?

답: 사대부의 조복(朝服)은 위계의 존비(尊卑)에 따라 그 색을 나눕니다. 민간의 겨울옷은 검은 색을 숭상하고 여름옷은 표색(縹色: 옅은 남색을 말함)을 숭상합니다. 음식은 꼭 어떤 것을 귀하게 여기지는 않습니다. 연회의 예는 귀천과 빈부(貧富)에 따라 품절이 있습니다. 사행의 접대는 성대한 예를 따릅니다.

문: 효자와 열녀 같은 부류에게는 또한 정문(旌門)을 세워 주고 포상을 하는 일이 있습니까?

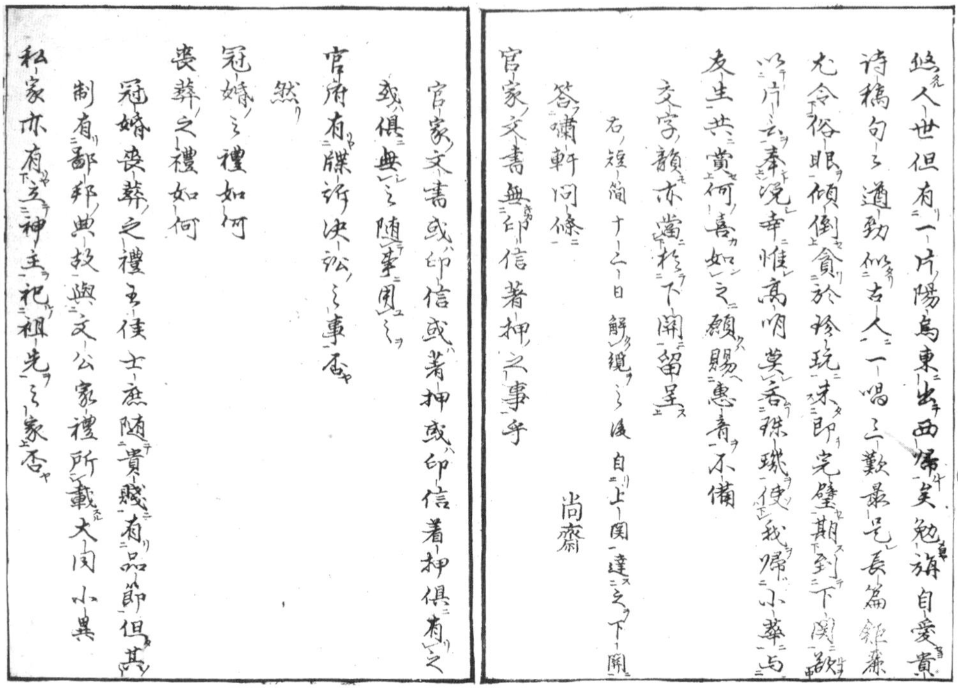
然人世但有一片陽烏東出西歸矣勉旃自愛貴
詩稿句之遒勁似古人一唱三歎最是長篇叙兼
尤令俗眼傾倒貪於珍玩未即完璧期到下関歎
以片云奉浼幸惟高明莫吝珠璣使我帰小華与
友生共賞何喜如之願賜恵音不備
文字韻亦當於下関留呈
答嘯軒問條　尚齋
右短簡十七日解纜之後自上関達之下関
官家文書無印信着押之事乎
官家文書或印信或著押或印信着押俱有之
或俱無之随事用之
官府有牒訴決訟之事否
然
冠婚之禮如何
喪葬之禮如何
冠婚喪葬之禮王侯士庶随貴賤有品節但其
制有鄙邦典故與文公家禮所載大同小異
私家亦有立神主祀祖先之家否

답: 효자와 열녀 같은 부류에게는 왕후와 군수, 현령이 각기 금과 비단, 미곡을 하사합니다. 혹 평생토록 전지(田地)의 조세를 면제해 주고 과역(課役)을 면해 주기도 합니다. 그러나 정려문(旌閭門)을 세워서 표창하는 일은 없습니다.

문: 나라 안에 이름난 산과 경치가 빼어난 곳이 이미 지나온 곳 외에 몇 군데나 있습니까?

문: 신사(神社)에는 카스가(春日), 하치반(八番), 스미요시(住吉)의 세 신이 있다고 하던데, 어떤 신인지요? 이 외에 또 얼마나 많은 신이 있는지요?

답: 카스가는 아마노코야네노미코토(天兒屋根命)로 국초에 현신(賢臣)을 보필하였으며, 하치반은 곧 오오진 천황(應神天皇)이며, 스미요시는 곧 진구우 황후(神功皇后)입니다. 그 밖에 주현(州縣)에 각각 진좌신(鎭座神: 특정한 장소에 깃든 신)이 있으니, 일일이 거론할 수 없습니다.

답: 나라 안에 명산과 경치가 빼어난 곳은 사행단이 지나온 곳 외에, 산 중에는 카나보오(金棒), 하세(初瀨), 카즈라키(葛城), 쿠마노(熊野), 나치(那智), 타카노(高野), 아사마(淺間), 아소(阿蘇)가 있고, 강 중에는 우지(宇治), 타츠타(龍田), 츠쿠마(筑摩), 이카마(餝摩), 토네(砥根)가 있습니다. 이외에도 신령스러운 승경은 이루다 말할 수 없습니다. 저는 아직 그중에 백 분의 일도 보지 못하였습니다.

問: 官家文書, 無印信、著押之事乎?

答: 官家文書, 或印信, 或著押, 或印信、著押俱有之, 或俱無之, 隨事用之.

問: 官府有牒訴、決訟之事否?

答: 然.

問: 冠婚之禮如何? 喪葬之禮如何?

答: 冠婚喪葬之禮, 王侯士庶隨貴賤有品節, 但其制有鄙邦典故, 與『文公家禮』所載大同小異.

問: 私家亦有立神主､祀祖先之家否?

答: 私家立神主､祀祖先, 戶戶皆然. 但神主之制､祭祀之儀亦有鄙邦舊禮, 不忍據于華禮.

問: 國俗娶室, 只有一妻否?

答: 國俗只有一妻, 富民或置別室.

問: 長幼無拜揖之節云, 然否?

答: 長幼拜揖, 異于中華禮容, 以跪坐頓首爲敬, 但君父兄長各有品節.

問: 民間衣服以何色爲貴, 飮食以何物爲尙, 宴集之禮如使行接待節次否?

答: 士大夫朝服, 隨位階尊卑分其色, 民間寒服尙黑色, 暑服尙縹色, 飮食未必以何物爲尙, 宴集之禮, 隨貴賤豐約有品節, 如使行接待, 則用盛禮.

問: 孝子烈女之類, 亦有旌褒之事乎?

答: 孝子烈女之類, 王侯及郡守､縣令各賜金帛米穀, 以褒賞之. 或復田租, 免課役, 以終其身, 但無表閭之事.

問: 神祠有春日､八幡､住吉三神云, 未知何神? 而此外亦有幾許神耶?

答: 春日卽天兒屋根命, 蓋國初輔弼賢臣, 八幡卽應神天皇, 住吉卽神功皇后. 此外州縣各有鎭座神, 難枚擧.

問: 國中名山及勝地, 所經之外, 更有幾處?

答: 國中名山及勝地, 使行所經之外, 山有金峰､初瀨､葛城､熊野､那智､高野､淺間､阿蘇, 川有宇治､龍田､筑摩､鲂摩､砥根, 此外靈境難勝言. 僕未嘗見其百一.(後篇 21b~23b)

짧은 문답이지만 일본의 행정제도, 민간의 관혼상제, 조상에 대한 제사, 일부일처제, 장유간의 질서, 복식제도, 정려(旌閭), 신사, 승경 등 다양한 내용을 담고 있다. 성몽량은 질문을 통해 주로 일본의 예법과 제도가 조선이나 중국과 다르다는 점을 지적하고 있다. 중화문명권의 주변부에 속하는 일본이 중화와 다른 독자적인 예법을 가지고 있는 것에 대한 위화감이 질문으로 표출된 것이라 할 수 있을 것이다. 필담창화집을 살펴보면 대개 일본인이 조선의 제도나 전장(典章), 풍속에 대해 묻는 경우가 많은데, 이 문답은 그것을 그대로 뒤집어 놓은 듯하다. 이를 통해서도 드러나듯이 통신사 측에서도 일본의 풍속, 제도, 예법 등에 대해 많은 관심을 가지고 있었을 법한데, 현전하는 필담창화집에 그러한 문답이 거의 보이지 않는 점은 의문이다. 1719년 필담창화집 가운데는 이것이 유일하다고 생각된다.

4. 한객창수록(韓客唱酬錄)

[1] 서지사항

서명: 한객창수록(韓客唱酬錄)
소장처: 텐리 대학 부속 텐리도서관(天理大學附屬天理圖書館)
코기도오 문고(古義堂文庫)
편자: 이토오 바이우(伊藤梅宇)
간행연대: 미상
책수: 불분권 1책
판본: 필사본

이 자료는 필담집을 간행하기 전에 만든 초고본이라 생각된다. 표지는 근래에 새로 장정한 것으로 보인다. 새로 장정한 표지의 제목은 '韓客唱酬錄'이고, 원본의 표제는 '享保四年己亥 韓客唱酬'이다. '한객'(韓客)은 통신사절단을 가리키는 말이고 '창수'(唱酬)는 시를 수창한다는 뜻이다. 모두 13장이다. 그러나 11a면부터 13b면까지는 앞의 내용 중 일부를 발췌하여 행초(行草)로 써 놓은 것이기 때문에 제외하고 나면 전체는 10장이라 할 수 있다. 3a면에는 내용을 보충하는 첨지가 붙어 있어 초고본임을 짐작케 한다. 그리고 필담 본문 사이에는 필담이 벌어지고 있는 상황이나 그 내용을 설명하는 지문(地文)이 있다. 이 지문은 필담집을 엮은 편집자가 삽입한 것으로 보이며 카나(假名)와 한문을 혼용해서 쓰는 일본 근세어로 되어 있다. 필담의 현장을 눈에 보이듯 생생하게 전달하기 위해 삽입한 것으로 보인다.

이 필담집은 3개의 이본(異本)이 존재한다. 하나는 텐리 대학 부속 텐리도서관(天理大學附屬天理圖書館)에 소장된 것으로 이 필담집의 원본으로 추정되는 권축(卷軸)이다. 필담창화를 나눌 때 서로 주고받은 종이가 여러 장 존재하는데 이것을 이어 붙여 하나의 긴 종이로 만든 다음 장정하여 축으로 만든 것이다. 제일 앞에 이토오 토오가이(伊藤東涯, 1670~1730)가 1730년에 쓴 「한객필어인」(韓客筆語引)이 있어 그 시말(始末)을 알 수 있다. 이토오 토오가이는 필담에는 참여하지 않았지만 이 필담집의 편자인 동생인 이토오 바이우(伊藤梅宇, 1683~1745)를 위해 서문을 써 준 듯하다. 1730년에 필담과 창화시를 모아 두루마리를 만들 때 붙인 서문이다. 내용은 대략 다음과 같다: 1719년에 통신사가 내빙(來聘)하였을 때 동생인 이토오 바이우가 토모노우라에서 통신사 서기 성몽량을 만났다. 통신사가 지은 시 가운데 아버지인 이토오 진사이를 경모한다는 내용이 있어, 귀로에 『동자문』을 주었다. 신유한은 병이 나서 만나보지 못하였다. 츠시마의 서기인 아메노모리 호오슈우는 일찍부터 친분이 있었는데, 통신사와 동행하였다는 등의 내용이다.

또 하나의 이본은 토오쿄오 도립중앙도서관(東京都立中央圖書館)에 소장된 『한객창화』(韓客唱和)이다. 이 필담집은 3종류의 각기 다른 책에서 초록한 내용을 하나의 책으로 편집한 것으로 추정된다. 그 가운데 『한객창수록』의 내용이 일부 포함되어 있다.

세 번째는 1719년 사행 당시 간행된 여러 필담집에서 주요 내용을 선록(選錄)하여 9책으로 간행한 『상한훈지집』(桑韓塤篪集)이다. 이 책의 권8에 『한객창수록』의 내용이 일부 편집된 채 수록되어 있다.

2 필담일시 및 장소

1719년 8월 28일 후쿠야마 번(福山藩: 지금의 야마구치 현山口縣 후쿠야마 시福山市) 토모노우라(鞆浦)의 후쿠젠지(福禪寺)에서 이루어진 필담이다.

3 참여자

성몽량(成夢良)과 이토오 바이우 두 사람이 필담을 나누고 시를 수창하였다.

- 성몽량. 자는 여필(汝弼), 호는 장소헌(長嘯軒). 부사(副使)의 서기이며 사행 당시 나이는 47세였다.
- 이토오 바이우. 이름은 나가히데(長英), 자는 쥬우조오(重藏), 바이우(梅宇)는 그 호이다. 쿄오토 출신으로 고의학(古義學)을 창도한 이토오 진사이(伊藤仁齋, 1627~1705)

의 차남이다. 이토오 토오가이가 그의 형이다. 아버지에게 고의학을 배웠고, 1706년에 토쿠야마 번(德山藩: 지금의 야마구치 현山口縣 슈우난 시周南市 일대)에 초빙되었으며, 1715년에 번유(藩儒)가 되었다. 1718년에 후쿠야마 번(福山藩)으로 옮겨 고의학을 가르쳤다. 『견문담총』(켄몬단소오, 見聞談叢), 『강헌선생시집』(코오켄센세이시슈우, 康獻先生詩集), 『강헌선생문집』(코오켄센세이분슈우, 康獻先生文集), 『수몽쇄기』(쥬모오사키, 授蒙瑣記) 등의 저서가 있다.

바이우의 아버지인 이토오 진사이는 쿄오토 출신의 유학자로 주자학을 비판하고 고의학을 창도하였다. 이름은 코레에다(維楨), 자는 겐스케(源佐), 진사이(仁齋)는 그 호이다. 11세 때 처음 『대학』(大學)을 읽고 주자학 연구에 뜻을 두었으나 37세 무렵 주자학에 의문을 품고 공자(孔子)와 맹자(孟子)의 본의(本義)를 궁구할 것을 주장하였다. 그리하여 직접 고전(古典)의 진의(眞義)에 이르기 위한 방법론으로 고의학을 창도하였다. 그는 송대에 성행한 성리학은 노불(老佛) 사상의 영향을 받았다고 하며 성리설(性理說)을 비판하였다. 또 문헌비판을 통해 『대학』이 증자(曾子)의 저서가 아님을 밝히고, 오로지 『논어』만이 한 글자도 보태거나 덜 것이 없는 "우주 제일의 책"(『語孟字義』)이라고 주장하였다. 따라서 『논어』를 철저하게 연구함으로써 공자의 본의에 다다를 수 있다는 것이다. 고의학을 대표하는 저서로 『어맹자의』(고모오지기, 語孟字義)와 『동자문』(도오시몬, 童子問)이 있다. 이외에도 『논어고의』(론고코기, 論語古義), 『맹자고의』(모오시코기, 孟子古義), 『대학정본』(다이가쿠테이혼, 大學定本), 『중용발휘』(츄우요오핫키, 中庸發揮), 『심학원론』(신가쿠겐론, 心學原論), 『태극론』(타이쿄쿠론, 太極論) 등 경학 관련 저서와 『고학선생문집』(코가쿠센세이분슈우, 古學先生文集), 『고학선생시집』(코가쿠센세이시슈우, 古學先生詩集), 『고학선생화가집』(코가쿠센세이와카슈우, 古學先生和歌集) 등의 책을 저술하였다.

바이우의 형 토오가이(東涯)는 아버지 진사이의 고의학을 계승하여 경학에 정통하였다. 이름은 쵸오인(長胤), 자는 겐조오(源藏), 토오가이는 그 호이다. 박학강기하여 경학 이외에도 자의(字義)와 훈고(訓詁), 제도(制度)와 전장(典章), 사전(史傳) 등에도 정통하였다. 시에도 능하였으며 특히 두보(杜甫)를 추존하였다.[1]

1. 자세한 사항은 『양동창화록』 해제 참조.

4 내용

▣ 창화시

이토오 바이우가 통신사에게 준 시와 통신사가 바이우에게 준 시가 각각 3수이다. 대부분 의례적인 내용이라 특기할 만한 점은 없다.

▣ 필담

이토오 바이우와 성몽량은 먼저 서로의 성명과 자호, 관직을 적은 종이를 주고받으며 인사를 나누었다.

> **바이우**: 제 성은 이토오(伊藤)이고 이름은 쵸오에이(長英)이며 자는 十藏, 호는 바이우(梅宇)입니다. 비후 주(備後州) 후쿠야마 부(福山府)의 분가쿠(文學: 유학儒學을 가르치는 관직)입니다.
>
> **성몽량**: 제 성은 성(成)이고 이름은 몽량(夢良)이며 자는 여필(汝弼)입니다. 성균관 진사이며 자호(自號)는 장소헌(長嘯軒)입니다.
>
> **梅宇**: 僕姓伊藤, 名長英, 字士藏, 護梅宇, 見爲備後州 福山府文學.
>
> **嘯軒**: 僕姓成, 名夢良, 字汝弼, 成均館進士, 自號長嘯軒.(1a~1b)

서로의 신상 명세를 적은 종이를 교환한 다음 마주보고 읍을 하고 시를 주고받았다. 먼저 바이우가 「조선의 서기 성공(成公)에게 드림」(奉呈朝鮮國書記成公)이라는 제목의 시를 주자, 성몽량은 여기에 화답하여 「바이우가 준 시에 화답함」(奉和梅宇辱示韻)이라는 제목의 시를 써 주었다. 이어서 성몽량은 바이우의 아버지인 이토오 진사이에 대해 물었다.

> **성몽량**: 일찍이 본국(本國: 조선을 말함)에 있을 때 이토오 진사이가 일본 유학의 종장으로 우뚝하다는 말을 익히 들은지라 찾아뵙고 성리설(性理說)에 대해 한 번 듣고 싶었습니다. 지금 집사(執事: 상대방을 높여 부르는 말)를 만났는데 집사께서는 실로 진사이의 후손이시니 기쁘고 다행함이 얼마나 큰지요. 선공(先公: 진사이를 말함)께서 논변하신 성리서가 반드시 집안에 보존되어 있을 터이니, 저에게 한 권 주신다면 평소 존모하던 뜻을 이룰 수 있을 것입니다. 또한 그 책을 가지고 돌아가 본국의 학자들에게 보여 주어 귀국(貴國)의 유풍(儒風)이 융성함을 알리는 것이 어떻겠습니까?

바이우: 족하께서 선인(先人: 진사이를 말함)의 보잘것없는 이름을 일찍이 귀국에서 들으시고 칭찬해 주시는 특별한 은혜를 입었습니다. 선인께서는 평소의 논의를 모아 책을 한 권 엮고 『동자문』(도오지몬, 童子問)이라고 하셨습니다. 내일 호오슈우(芳洲: 아메노모리 호오슈우雨森芳洲) 공(公)께 전하여 가져다 드리겠습니다. 다행히 귀국에 전해진다면 선인께서 바라던 바가 이루어지는 것일 터입니다.

성몽량: 선공의 책을 받아 가도록 허락해 주시니, 본국에 돌아가 자랑하고 사람들로 하여금 도학(道學)의 한줄기 맥이 해가 뜨는 동쪽 나라에 있음을 알게 할 수 있게 되어 몹시 기쁩니다.

嘯軒: 曾在本國, 慣聞藤仁齋蔚爲日東儒宗, 思欲望履門下, 一聞性理之說. 今獲私於執事, 執事實仁齋之胤也, 其爲忻幸, 如何如何. 先公論辨性理書, 必有家藏, 僕望惠賜一本, 俾遂平昔尊慕之意. 且使歸示本國學者, 以知貴國儒風之盛, 如何如何?

梅宇: 承先人之卑名, 足下嘗於貴邦聞之, 惟賞殊渥, 平素所言論, 聚爲一書, 名『童子問』, 明日託芳洲公致之, 幸傳貴邦, 先人之志願足矣.

嘯軒: 尊先集許以贈, 行歸誇本國, 使知道學一脈在于浴日之東. 忻幸忻幸.(2b~4a)

바이우는 『동자문』 한 부를 아메노모리 호오슈우 편으로 성몽량에게 전해 주었다. 『동자문』은 모두 세 권으로 학문의 방법, 도덕의 대체(大體)에 대한 동자(童子)의 질문에 스승이 답하는 형식으로 되어 있다. 이 책은 진사이의 학문이 원숙한 경지에 이른 노년에 쓰기 시작하여 죽기 전까지 여러 번의 교정을 거쳐 완성하였는데, 진사이의 사상과 학설의 정수가 온축되어 있는 책이다. 1748년 통신사행 때의 필담집인 『평교창화록』(萍交唱和錄)에는 당시 서기로 참여했던 이봉환(李鳳煥, 1710~1770)이 진사이의 후손인 이토오 카다이(伊藤霞臺, 1724~1753)를 만나서 『동자문』이 성몽량에 의해 조선에 전래되어 조선 학자들이 많이 읽었다고 하며 진사이의 다른 저서도 보고 싶다고 말하는 대목이 나온다. 자세한 내용은 『평교창화록』 해제에 보인다.

이어서 바이우는 조선의 서적이나 인물에 관해 질문하였다. 여러 개의 질문을 한 장의 종이에 적어서 건네주자 성몽량이 여기에 답하는 글을 써서 전해 주었다. 질문과 답의 전문은 다음과 같다.

○ 삼가 물음

- 『용재총화』(慵齋叢話)에는 찬자(撰者)의 이름이 적혀 있지 않은데, 발문(跋文)에 '성문공(成文公)이 지은 것이다.'라고 되어 있습니다. 저의 백씨(伯氏: 토오가이를 말함)께서는 "『동문선』(東文選)에 성간(成侃)의 「용부전」(慵夫傳)이 있으니 아마도 이 사람일 것이다"라고 하셨는데, 맞는지 모르겠습니다.
- 귀국의 책이 본방(本邦: 일본을 말함)에 많이 전해졌습니다. 『고사촬요』(攷事撮要)에 귀국 대왕

(大王)의 세차(世次)가 대략 쓰여 있습니다. 이 책은 가정(嘉靖: 1522~1566) 연간에 간행된 것이라서 그 이후는 실려 있지 않습니다. 우리나라 겐로쿠(文祿: 1688~1703) 연간에 재위하신 귀국 대왕 휘(諱)가 '日' 옆에 '公'인 분('昖'을 이름)과 그 후대의 '人' 옆에 '宗'인 분('倧'을 이름)과 '日' 옆에 '軍'인 분('暉'를 이름)의 묘호와 시호는 어떻게 됩니까? 지금 대왕에 이르기까지 재위 연수(年數)는 얼마나 됩니까? 알려 주시기 바랍니다.

- 우리나라 명력(明曆: 1655~1657) 임신년[2]에 통신사로 오신 이석호(李石湖: 제술관 이명빈李明彬) 학사(學士)께서 『동인시화』(東人詩話)를 가지고 오셨는데 지금 일본에 간행되어 전합니다. 함께 오신 여러 관원들께서 가지고 온 기서(奇書)는 없는지요? 혹시 부본(副本)이 있으면 아끼지 말고 주시길 원합니다. 혹 책수가 많지 않다면 빨리 베끼고 돌려 드리겠습니다.
- 귀국의 책에 '간다개장'(看多介匠)이라는 자가 있는데, 어떤 물건을 만드는 사람입니까? 또 하엽록장(荷葉綠匠)이라는 사람도 있습니다. 『해동제국기』(海東諸國記)에 본국(本國: 일본을 이름)의 스오오 주(周防州: 지금의 야마구치 현山口縣 동남부 일대)에 하엽록이 있다고 했는데 어떤 것인지 잘 모르겠습니다. 가르쳐 주시기 바랍니다.
- 신묘년(1711)에 오신 일행은 모두 무양(無恙)하신지요? 이학사(李學士: 제술관 이현李礥)와 세 분의 서기는 모두 건재하신가요? 저는 그때 교오토에 있었는데 숙소에서 학사를 만났습니다. 갑자기 뵈었지만 그때의 풍류와 문채가 아직도 완연히 눈에 보이는 듯합니다.
- 신주(神主) 제식(題式)의 경우, 본종(本宗)의 4대조 부모까지는 『문공가례』(文公家禮)에 그 법식이 갖추어져 있습니다. 그런데 방계 자제와 처질(妻侄) 및 여러 비유(卑幼: 항렬이 낮은 사람과 어린 사람을 말함)에 대해서는 어떤 책에도 그 법식이 실려 있지 않습니다. 귀국은 중하(中夏: 중국을 말함)와 몹시 가깝고 평소에 예의의 나라라고 일컬어집니다. 모든 제식에는 그에 맞는 법식이 있을 것이라 생각됩니다. 아울러 명나라와 청나라 사람들이 쓴 책에는 그 법식이 어떻게 기재되어 있는지요? 가르쳐 주시기 바랍니다.
- 중국에는 지금도 이름이 알려진 사람이 있는지요? 진정경(陳廷敬), 서건학(徐乾學, 1631~1694), 왕완(汪琬, 1624~1691) 등의 책이 일본에도 전해졌습니다. 여러분께서도 이 사람들을 아시는지요?
- 『징비록』(懲毖錄)에도 저자가 누구인지 적혀 있지 않습니다. 임술년(1622)에 귀국인(貴國人)이 '류씨(柳氏) 성룡(成龍)이 지은 것이다'라고 하였고, 혹자는 '『무비지』(武備志) 중에 류구총(柳求寵)이라는 사람이 있으니 바로 그분이다'라고 하였습니다. 그렇습니까?

○ 謹問

一 『慵齋叢話』不著譔人名, 跋云成文公所著, 予伯氏曰: "『東文選』中有成侃「慵夫傳」, 恐卽是人." 不知是非.

一 貴國之書多傳于本邦, 『攷事撮要』略書貴國大王歲次. 書成于嘉靖中, 故自是而後不載. 吾文祿之時, 貴國大王諱日旁從公, 其後人旁從宗, 日旁從軍, 廟號、謚號如何? 有位年數多少? 到今大王之時幾世? 幸蒙報知.

---

2. '을미년'의 잘못인 듯하다

一 吾明曆壬申來聘之次, 李石湖學士携來『東人詩話』來, 今刊傳于世, 此回一行諸官員亦齊到奇書否? 若有副本, 幸不恡惡投, 或冊數不多, 速謄奉退.

一 貴國書有看多介匠者, 是造何等物? 又有荷葉綠匠者, 『海東諸國記』中云本國周防州有荷葉綠, 不審爲何物? 幸蒙告示.

一 辛卯歲來聘一行諸官員皆無恙否? 李學士[3]幷三書記皆健在否? 予時在京, 邂逅學士于行館, 忽接之中, 風流文采宛尙在目.

一 神主題式, 本宗四世考妣『文公家禮』中具有成法. 旁親子弟妻侄及諸卑幼, 諸書不載其法. 貴國密邇中夏, 素稱禮義之邦. 凡此諸式想其有成法, 幷明､淸人所書, 其法如何? 幸蒙敎示.

一 中國今亦有聞人否? 陳廷敬､徐乾學､汪琬等文字東來, 列位亦識其人否?

一 『懲毖錄』不著譔人. 壬戌之歲, 貴國人云"柳氏成龍所著." 或云"『武備志』中云柳求寵卽其人也." 然否? (5a~6b)

바이우는 『용재총화』, 『동인시화』, 『징비록』 등 조선에서 전래된 책에 대해 묻고 있으며, 통신사를 통해 조선의 서적을 얻고자 하는 열망을 내비친다. 그가 『용재총화』의 작자에 관한 토오가이의 견해를 언급한 데에서도 알 수 있듯이 바이우는 형인 토오가이의 영향을 받아 조선에 대한 관심을 넓혀 나갔던 듯하다. 앞서 언급했듯이 바이우의 형인 토오가이는 조선에 대해 특별한 관심을 가지고 조선의 역사, 관제, 군사, 지리 등에 관한 다수의 저술을 남겼다.

『용재총화』는 1636년 하야시 라잔(林羅山)과 통신사의 필담에도 이미 등장한다. 라잔은 통신사에게 『용재총화』 권9에 나오는 온천(溫泉)에 관한 내용에 대해 질문을 하였다. 『나산선생문집』(라잔센세이분슈우, 羅山先生文集) 권74에 『용재총화』를 인용하기도 한 것으로 볼 때 이때 이미 『용재총화』가 일본에 유입되었던 것으로 보인다.[4]

『고사촬요』는 1554년에 어숙권(魚叔權) 등이 편찬한 책으로 사대교린(事大交隣)에 관련된 내용과 일상생활에 필요한 여러 가지 상식이 실려 있다. 모두 3권인데, 중권(中卷)에 명나라와 조선의 기신(忌辰)과 탄일(誕日)이 수록되어 있다. '간다개장'은 말 가슴 아래에 드리우는 장식을 만드는 장인을, '하엽록장'은 초록색 도료를 만드는 장인을 말한다. 『해동제국기』는 1471년 신숙주(申叔舟)가 왕명을 받들어 일본의 지세(地勢)와 국정(國情), 교빙내왕(交聘來往)의 연혁, 사신관에서의 접대 등의 절목(節目)을 기록한 책이다. 『무비지』는 1621년 명나라 모원의(茅元儀, 1594~1644?)가 역대의 여러 병법서를 모아 편찬한 책으로 모두 240권이나 된다. 일본에서는 칸분(寬文) 연간(1661~1672)에 간행되

---

3. 士: 저본에는 없는 글자인데 보충한다.

4. 여기에 대해서는 野崎充彦, 앞의 논문 참조.

었다.

진정경은 청나라 강희제(康熙帝)의 스승으로 문연각(文淵閣) 대학사(大學士)가 되어 『강희자전』(康熙字典) 편찬을 지휘하였다. 서건학 역시 강희제에게 문재를 인정받아 『명사』(明史), 『청회전』(淸會典), 『대청일통지』(大淸一統志)의 편찬에 간여하였다. 장서가로도 이름이 높았는데, 서고를 '전시루'(傳是樓)라고 하였다. 왕완은 후방역(侯方域), 위희(魏禧)와 더불어 명말청초 산문(散文) 삼대가(三大家)로 불렸으며, 호부주사(戶部主事), 형부낭중(刑部郎中)을 역임하였다. 일본에서는 1862년에 왕완의 글을 선록한 『왕요봉문선요』(汪堯峰文選要)가 간행되었고, 1863년에는 위희의 글을 선록한 『위숙자문선요』(魏叔子文選要)가 간행되기도 하였다. 왕완의 문집인 『요봉문초』(堯峰文鈔)와 후방역, 위희, 왕완의 글을 선록한 『삼가문초』(三家文鈔) 등은 조선에도 중국에서 수입되어 읽혔다.

○ 답

- 『용재총화』는 우리나라 성현(成俔)이 지은 것입니다. 성현의 호는 용재(慵齋) 또는 허백당(虛白堂)입니다. 성간의 호는 진일재(眞逸齋)로 용재의 동생입니다. 두 분은 저에게는 먼 조상이 됩니다.
- 『동인시화』는 사가(四佳) 서거정(徐居正)이 지었습니다. 이번에 별다른 기서(奇書)는 가지고 오지 않았습니다.
- 하엽록은 유동기(鍮銅器: 놋쇠그릇을 말함)에 생기는 녹색입니다. 우리나라에서는 누각에 단청을 하는 재료로 이것을 사용합니다.
- 신묘년 통신사의 정사와 부사는 무양(無恙)하십니다. 종사관 이남강(李南岡: 이방언李邦彦을 말함)은 세상을 떠났습니다. 이동곽(李東郭: 제술관 이현을 말함)도 작년에 고인(古人)이 되었습니다. 세 분 서기는 모두 잘 있습니다.
- 신주의 제식은 다음과 같습니다. 아들은 '亡子某神主'라고 적고, 아내는 '亡室某氏神主'라고 적으며, 동생과 조카들이 후사가 없어 조상의 사당에 함께 모실 때에는 또한 '亡弟', '亡侄'이라고 합니다. 이 규범은 우리나라 사대부 집안에 통용되고 있습니다. 황명(皇明)의 의례도 또한 이 규범에서 벗어나지 않을 것입니다.
- 중국에 근래 패림(霈霖)이라는 이름을 가진 사람이 있다고 합니다. 학문으로 세상에 이름을 알렸는데, 주자(朱子)를 존숭할 줄 안다고 합니다.
- 『징비록』은 서애(西厓) 류성룡이 지은 것입니다.

○ 答

一 『慵齋叢話』即我國成俔所著. 成俔號慵齋, 號虛白堂. 成侃號眞逸齋, 慵齋之弟也. 二公於僕爲族祖.

一『東人詩話』卽徐四佳 居正所著也. 今行別無奇書齎來.
一 荷葉綠卽鍮銅[5]器上所生綠也. 我國以此爲樓閣丹靑之資.
一 辛卯上副使無恙, 從事李南岡棄世, 李東郭前年亦已作古人, 而書記三公共好在.
一 神主題式, 子則題曰'亡子某神主', 妻則曰'亡室某氏神主', 第與侄若無後班附, 則亦稱'亡弟亡侄.' 此規我國士大夫家通行, 皇明儀禮亦不出此規.
一 中國今歲聞有霈霖爲名, 以學名世, 知尊朱子云矣.
一『懲毖錄』卽柳西厓 成龍所譔.(6b~7b)

원래 성간(成侃, 1427~1456)은 성현(成俔, 1439~1504)의 형인데 성몽량이 착각한 듯하다. 패림(霈霖)은 명말 청초의 학자 이패림(李霈霖)을 말한다. 도량(都梁) 출신으로 자는 대운(岱雲)이다. 『사서이동조변』(四書異同條辨) 40권과 『사서제유집요』(四書諸儒輯要) 40권이 있다. 『사서이동조변』은 여러 유학자의 학설 가운데 주자의 학설과 같고 다른 것을 조목별로 구분해 수록하고 자신의 안설(按說)을 붙인 책이다. 이패림이 편찬하고 동생인 이정(李禎)이 교정하였으며, 18세기 초에 조선에 전래된 것으로 보인다. 주자의 학설을 중심으로 역대 주석을 집대성하였는데, 조선의 학자들에게 특히 많이 읽혔다.[6] 성몽량은 진정경, 서건학, 왕완 등에 대해서는 답하지 않았다. 이들에 대해 잘 몰랐거나, 주자학을 존숭하는 학자들이 아니라 굳이 언급하지 않은 것이라 생각된다. 문답을 주고받은 다음 두 사람은 읍을 하고 헤어진다.

성몽량은 바이우에게 써 준 시에서 진사이의 학문에 대해서 "참된 근원은 하락(河洛)으로 거슬러 올라가고/지극한 이치는 어연(魚鳶)을 살피네"(眞源遡河 洛, 至理察魚鳶)라고 하면서 진사이 학문의 연원이 하도낙서(河圖洛書)에 있다고 하였다. '어연'은 『시경』(詩經) 대아(大雅) 「한록」(旱麓)에 "솔개 날아 하늘에 이르고/고기는 못에서 뛰어 오르네"(鳶飛戾天, 魚躍于淵)라는 구절에서 온 말로 만물의 이치가 자연에 내재해 있음을 노래한 것이다. 아직 『동자문』을 읽지 않은 성몽량은 진사이의 학설이 성리학의 틀을 벗어나지 않았다고 여겨 진사이를 칭찬하는 시를 지어 준 듯하다. 그러나 진사이는 주자의 경전 해석을 부정하고 송유(宋儒)의 성리설이 불교나 노장(老莊) 사상과 같다고 비판하였다. 그리하여 송대 이래 성리학자의 주석(註釋)을 버리고 고대의 언어에 대한 연구를 바탕으로 『논어』와 『맹자』(孟子)를 다시 읽을 것을 주장하였다. 진사이의 이러

---

5. 銅: 저본에는 '錮'로 되어 있으나 오자이다.

6. 여기에 대해서는 唐潤熙, 「『四書朱子異同條辨』의 朝鮮으로의 전래와 영향에 대한 一考」(『중국어문학지』 제40집, 2012) 참조.

한 주장은 『동자문』을 통해 조선에 알려졌고, 1748년에 내일(來日)한 통신사절단은 진사이의 학설에 대해 부정적인 평가를 내린다. 이러한 사실은 1748년 사행 당시의 여러 필담집에 잘 나타난다.

5. 상한창수집(桑韓唱酬集)

1 서지사항

서명: 상한창수집(桑韓唱酬集)
소장처: 국립중앙도서관
편자: 카와마 마사타네(河間正胤)
간행연대: 1720년(享保 5) 9월
책수: 3권 3책
판본: 간본

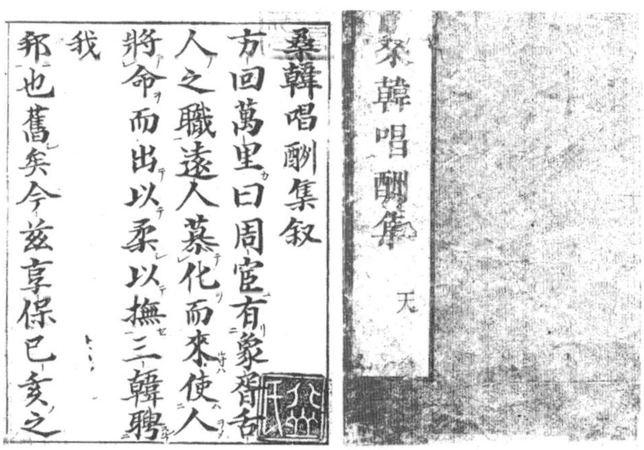
桑韓唱酬集叙
方回萬里曰周官有象胥舌
人之職遠人慕化而來使人
將命而出以柔以撫三韓聘
我
邦也舊矣今茲享保已亥之

桑韓唱酬集 天

『상한창수집』(桑韓唱酬集)은 오오사카(大阪) 출신의 카와마 마사타네(河間正胤)가 편찬한 3권 3책의 간본 필담집이다. 제목의 '상한'은 각각 일본과 조선을 의미한다. 따라서 '상한창수집'이란 제목은 '한일 양국 문사의 시문 창수집'이란 뜻이 된다. 이 책은 마사타네의 서문과 권1, 권2, 권3으로 구성되어 있는데, 그 분량은 각각 3장, 40장, 38장, 45장이다.

2 필담일시 및 장소

1719년 9월 1일과 11월 17일 우시마도(牛窓)에서 창수하였다. 같은 해 9월 3일 통신사절이 효오고(兵庫)에 와서 전날 보낸 시에 화답해 주었다. 또 11월 6일 오오사카의 니시혼간지(西本願寺)에서 필담을 나누었다.

3 참여자

조선인 참여자는 신유한(申維翰), 장응두(張應斗), 성몽량(成夢良)이다.

일본인 참여자는 마츠이 카라쿠(松井河樂, 1643~1728)가 특히 주목된다. 그의 이름은 요시나오(良直), 카라쿠는 그 호이고, 유우켄(幽軒)이라는 호도 썼다. 에도 시기의 유학자로, 비젠노쿠니(備前國) 오카야마 번(岡山藩: 지금의 오카야마 현岡山縣 오카야마 시岡山市 일대)의 초대 번주(藩主)인 이케다 미츠마사(池田光政)와 그 아들인 2대 번주 이케다 츠나마사(池田綱政)를 차례로 섬겼으며, 번교(藩校)의 학감(學監)으로 근무하였다. 『시법요략』(시호오요오랴쿠, 詩法要略), 『문법요략』(분보오요오랴쿠, 文法要略), 『동산일기』(토오잔닛키, 東山日記) 등의 저서가 있다. 당시 77세의 노령이었다.

카와즈 토오호(河澄桃圃), 타나카 모쿠요오(田中默容), 야마다 코오사이(山田剛齋), 와다 쇼오사이(和田省齋), 핫타 세키켄(八田碩軒), 핫타 테이요(八田貞礜), 마츠우라 카쇼오(松浦霞沼) 등도 필담에 참여하거나 시를 창수하였다.

4 내용

■ 서문

책의 편자인 마사타네가 쓴 것으로, 통신사가 와서 일본 문사들과 주고받은 편지와 시문을 편집하고 '상한창수집'(桑韓唱酬集)이라고 명명(命名)한 사실을 밝히고 있다. 또 『상한창수집』의 내용을 살펴보면, 일본에 도(道)가 있어 조선이 일본을 몹시 흠모하고 있음을 알 수 있다고 적고 있어 조선에 대한 편자의 우월감을 확인할 수 있다.

한편, 이 서문은 1719년 12월에 쓴 것이다. 이 필담집에 등장하는 인물들이 마지막으로 시문을 창수한 것이 1719년 11월 19일 우시마도에서의 일이라는 점을 고려해 보면, 시문창수집의 편집이 시문창수가 있고 난 뒤 얼마 지나지 않아서 이루어지고 있음을 알 수 있다. 이처럼 시문창수집 편찬이 시문의 창수와 거의 동시적(同時的)으로 이루어지고 있는 것은 곧 조선과 일본 양국(兩國)의 문사 교유에 대한 현지의 높은 관심을 반영하는 것으로 볼 수 있다.

▣ 내용

(1) 권1

권1에서 주목되는 일본측 인물은 마츠이 카라쿠이다. 통신사는 9월 1일 우시마도(牛窓)에 도착하여 카라쿠와 여러 차례 시를 주고받았는데, 시 속에 카라쿠에 대한 정보가 꽤 많이 들어 있다. "저는 젊었을 적 무(武)에 힘쓰다가/국학(國學)의 일 맡게 되어 문(文)으로 옮겼지요/예순 넘어 병으로 사직했는데/임시로 일을 맡아 이번에 그대를 만나게 되었네요"(吾本壯强武事勤, 國黌司業復遷文. 六旬餘歲病辭職, 權授這回會雅君: 卷一 3a)라는 시에는 카라쿠가 젊었을 적에는 무업(武業)에 종사하다 번교의 학감을 맡게 되어 문사(文事)에 전념하였고, 이 일을 그만둔 것이 예순 살이 넘어서였다는 정보가 담겨 있다. 또 통신사는 연로한 카라쿠에게 장수를 축원하기도 하였는데, 장응두가 쓴 「절구 한 수를 따로 지어 카라쿠 공의 미수(眉壽)를 축하하다」(別搆一絶, 以賀河樂公眉壽)라는 시에 "오늘 저녁 그대 뵈오니 풍모가 예스러워/굳이 수련 안 해도 오래 사시겠네"(今夕見君顔貌古, 不煩修鍊到遐齡: 卷一 4b)라는 구절이 대표적이다.

또 카라쿠는 신유한의 『해유록』에도 등장한다.

> 마츠이(松井)라는 이가 있었는데 호는 카라쿠(河樂)이다. 나이 80여 세인데 시를 지을 줄 알았고, 묻기를 좋아하여 오래되어도 피곤한 줄 몰랐다. 그가 말하기를, "젊었을 때 강도(江都)에서 벼슬하여 국자사업(國子司業)이 되었다가 늙어서 물러나 전원(田園)에 살고 있으며 시고(詩稿)를 모은 것이 매우 많다."라고 하면서, 나에게 서문(序文)을 청하였다.
>
> 有松井氏者, 號河樂, 時年八十餘, 能哦詩好問, 愈久不倦. 自云: "少仕江都, 爲國子司業, 老屛居田里, 輯詩藁甚多", 屬余序之.(『海游錄』 九月 一日)

신유한이 카라쿠의 나이를 잘못 안 듯하지만, 이 인물에 대해 호의를 품고 있음을 확인할 수 있다. 특히 '서문을 청하였다'라는 말은 주목할 만하다. 카라쿠는 당시 신유한과 성몽량에게 자신의 시집 『동산일기』에 서문을 써 달라고 부탁하였으며, 신유한과 성몽량은 귀로에 서문을 써 주겠다고 약속하였다.

통신사절이 우시마도에 다시 오게 된 것은 두 달쯤 지난 11월 17일이다. 이날 신유한은 자신이 카라쿠 옹이 부탁한 서문을 이미 지어 아메노모리 호오슈우를 통하여 전달하였는데, 잘 받았는지 모르겠다고 말하였다. 이 말을 들은 와다 쇼오사이(和田省齋)는 서문은 잘 도착하였으니 걱정하지 말라고 답했다.

『동산일기』는 1721년 오오사카에서 간행되었다고 한다. 신유한과 성몽량이 우시마도에 들른 것이 1719년 9월 및 11월의 두 차례이니 이때보다 2년 정도 뒤에 간행한 것이다. 이 책은 현재 오카야마 현(岡山縣) 비젠 시(備前市)에 위치한 마사무네 문고(正宗文庫)[1]에 소장되어 있다.

이 외에 야마다 코오사이(山田剛齋), 와다 쇼오사이(和田省齋)가 통신사절과 나눈 시들이 상당수 실려 있으며, 마지막에는 비젠 주의 승려 엔인(圓贇)이 카라쿠를 통하여 신라의 최치원(崔致遠)과 김지장(金地藏)에 대해 물은 것에 대해 장응두가 대답한 내용이 실려 있다.

(2) 권2

권2의 맨 앞에는 아마가사키 성(尼崎城: 지금의 효오고 현兵庫縣 아마가사키 시尼崎市)의 타나카 모쿠요오(田中默容)가 쓴 글이 한 편 실려 있다. 1719년 12월 상순에 쓴 글인데, 통신사가 일본에 도착하여 효오고를 거쳐 에도까지 갔다가 귀로에 다시 효오고를 들렀다 떠날 때까지의 과정을 비교적 상세하게 알려 주는 글이다. 또 통신사의 자세한 여정을 알 수 있을 뿐 아니라 통신사에 대한 일본인들의 지대한 관심도 알 수 있으며, 통신사를 떠나보낸 후에 느낀 타나카 모쿠요오의 안타까움까지 잘 드러나 있다.

이 글에서 타나카 모쿠요오는 쇼오군의 습직(襲職)으로 통신사가 파견되었다는 사실을 말한 후, 아마가사키 번(尼崎藩)의 번주가 카와즈 토오호(河澄桃圃)에게 통신사를 접대하는 임무를 맡겼으며, 타나카 모쿠요오 부자(父子)도 통신사를 기다렸다는 말을 하고 있다. 그런데 조선인 학사가 효오고에 도착했을 때 몹시 바쁠 경우 시를 창수하지 못할 수도 있으니 통신사가 무로츠(室津)에 도착했을 때 미리 시를 조선인 학사에게 바치는

---

1. 재단법인 마사무네 문고(正宗文庫)는 가인(歌人)이자 국문학자인 마사무네 아츠오(正宗敦夫, 1881~1958)가 수집한 전적문서류(典籍文書類)를 수장한 문고이다. 1936년 6월 아츠오부의 고향인 오카야마 현(岡山縣) 와케 군(和氣郡) 이리 무라(伊里村) 오오아자 호나미(大字穗浪)에 창설되었으며, 재단법인의 인가를 얻었다. 현재의 오카야마 현(岡山縣) 비젠 시(備前市) 호나미(穗浪)에 위치해 있다. 아츠오부가 사거(死去)한 후에는 후손에 의해 계속 관리되어 현재에 이르고 있다. 장서목록으로는 후카이 노리오(深井紀夫)가 편찬한 『正宗文庫所藏典籍分類目錄 鄕土關係編』(正宗文庫, 1995. 9)이 있고, 최근 국문학연구자료관(國文學硏究資料館)에 의해 조사가 이루어져, 『正宗文庫目錄(五十音順, 典籍編)』(『調査硏究報告』 제29호, 2009. 3)이 작성되었다.

게 좋겠다는 말을 토오호에게 듣고는 그 말대로 하였다. 츠시마(對馬島) 출신의 키시츠(記室) 아메노모리 호오슈우(雨森芳洲)와 마츠우라 카쇼오(松浦霞沼)를 통하여 9월 2일에 무로츠에 도착한 통신사절에게 먼저 자신의 시문을 전달한 것이다. 이 사실은 신유한의 『해유록』 9월 2일자에 다음과 같이 기록되어 있다: "셋츠 주(攝津州: 지금의 오오사카 부大阪府)의 모든 문인들이 긴 편지와 짧은 율시를 호오슈우에게 부탁하여 전달하였다. 아마 내가 앞으로 수응할 틈이 날로 더욱 없을 줄 알고 조용한 시간을 얻지 못할까봐 먼저 보내어 도모한 것이니, 가소롭다."(攝津諸文人, 各以長書短律, 托雨森東達之. 蓋知余前路酬應, 日益無暇, 恐未得從容, 故先發而圖, 可笑: 『海游錄』 九月 二日)

통신사절은 하루 뒤인 9월 3일 효오고에 도착하였다. 이날 토오호(桃圃)와 타나카 모쿠요오 부자는 아메노모리 호오슈우를 통하여 신유한과 처음 만났고, 그가 건넨 화답시를 보고는 감격하여 다음과 같이 말하였다: "말이 확실하고 시 또한 평이하니, 시를 한 번 읊으매 세번 감탄을 금할 길이 없군요. 학사께서 늘 성리학에 잠심(潛心)하고 있으며, 시는 그 여사(餘事)임을 알겠습니다. 이른바 '덕이 있는 이는 반드시 훌륭한 말을 한다'라고 하였으니 그렇지 않겠습니까?"(其言確實, 而詩亦平易, 足以爲一唱三嘆焉. 仍知學士常潛心於伊洛, 而詩乃其餘事也. 所謂有德者必有言, 不其然乎: 卷二 2a~2b)

한편, 효오고의 일본인들은 통신사절을 구경하는 것을 몹시 즐긴 듯하다. 효오고에 온 사절단을 보러 온 사람들에 대해 "사방에서 구경꾼들이 자식을 포대기에 업고 이르렀다."(四方觀者, 襁負其子而至: 卷二 2a)라거나 "좌중의 모든 사람들이 크게 놀랐고, 구경꾼들은 담장과 같이 둘러섰다."(滿座愕然, 觀者如堵: 卷二 2b)라고 묘사한 것을 보면 이 당시 일본인들의 통신사절에 대한 관심의 정도를 충분히 짐작할 수 있다.

효오고의 문사들은 더 이상 시문 창화를 할 수는 없었다. 통신사는 이날 밤 효오고를 떠나 이튿날 새벽 오오사카에 도착했고, 10월 1일에는 에도에서 전명식(傳命式)을 거행했다. 귀로에 오른 통신사는 11월 6일 오오사카에 도착하였다. 타나카 모쿠요오는 이 한가한 틈을 이용해 츠시마의 두 서기를 통하여 시를 보내 화답을 구하기를 원하였으나 호오슈우의 만류로 뜻을 이루지 못하였다. 통신사절이 효오고에 도착한 것은 11월 15일 저녁때였고, 이들은 배에서 하루를 묵었다. 통신사가 효오고를 떠나는 모습을 타나카 모쿠요오는 다음과 같이 묘사하고 있다.

> 때는 오경(五更: 오전 3~5시)이 되었으니 서리가 천지에 가득 찼다. 이때 문득 포화(砲火)를 한 방 쏘아, 그 소리가 적막한 포구에 울렸다. 또 여러 피리로 군악을 연주하였는데 그 소리가 아득한

바다에 사무쳤다. 이것이 무슨 일인지 아무도 몰랐다. 떠난다는 것인지 관소(館所)에 들겠다는 것인지 이 소리를 들은 사람 모두가 의아해하고 있었다. 우리들은 종종걸음으로 가 보았는데, 배가 흔들흔들 가볍게 떠가 우린 멀리 바라보기만 할 뿐 어쩔 도리가 없었다. 두성(斗星)과 우성(牛星) 사이에 배회하는 건 오직 하늘의 밝은 달뿐이었다. 유감스럽고도 유감스럽다. 전말(顚末)을 대략 적어서 스스로 위로한다.

夜向五更, 有霜滿天. 及斯時也, 欻放一星砲火, 而響動寂寞之濱, 又奏數角旅樂, 而聲徹渺茫之海, 不知是何故, 將解纜歟, 將臨館歟, 聞者皆訝之. 僕等趨而見之, 舟搖搖以輕颺, 更無如瞻望之遠何焉. 其徘徊於斗牛間者, 獨有一天之明月也耳. 遺憾遺憾. 略叙其顚末, 以自慰云爾. (卷二 3b)

통신사절이 갑작스레 떠나가는 모습을 묘사하고 있다.

이하에는 문사들 간의 창수한 시가 많이 실려 있고, 마지막에는 열 살 된 일본 여자아이의 글씨에 감탄하여 장응두가 쓴 제문(題文)과 이 아이의 아버지 오오타니(大谷)에게 보낸 토오호의 5언 장편고시가 한 수 실려 있다.

(3) 권3

11월 6일 오오사카의 니시혼간지(西本願寺)에서 있던 필담 및 시의 창수를 핫타 세키켄(八田碩軒)이 기록한 것이다. 세키켄의 성(姓)은 미나모토(源), 씨(氏)는 핫타(八田), 이름은 토모쿠니(朝國), 자는 미츠모토(充本)이고 세키켄(碩軒)은 그 호로, 당시 16세였다. 세키켄은 이날 부친을 따라 통신사 숙소로 와 신유한, 성몽량, 장응두를 만났으며, 강백(姜栢)은 몸이 안 좋아서 만나지 못하였다. 장응두는 이 젊은이에게 "그대 모습을 보니 단정하고 고요하며, 그대 시를 보니 말은 간략해도 뜻은 간절하다."(對君之貌, 端潔而雅靜, 見君之詩, 辭約而意懇: 卷三 4b)라고 격려하였다.

한편 권3에는 병학(兵學)과 관련된 필담이 보인다. 이 필담을 주도한 이는 핫타 테이요(八田貞譽)이다. 그의 성은 미나모토(源), 씨는 핫타(八田), 이름은 토모에(朝榮), 자는 세츠요오(節養)이며, 테이요(貞譽)는 그 호다. 세키켄과 형제가 아닌가 싶다. 테이요는 다음과 같은 질문을 하였다.

- 시자미(施子美)는 『칠서강의』(七書講義)와 『군림보감』(軍林寶鑑)을 만들었습니다. 시공(施公)은 어느 때 사람인지요? 문헌에 보이는 데가 없습니다.
- 「『군림보감』 서문」에 "정우(貞祐) 임오년(壬午年) 상사일(上巳日)에 같은 고을 강백호(江伯

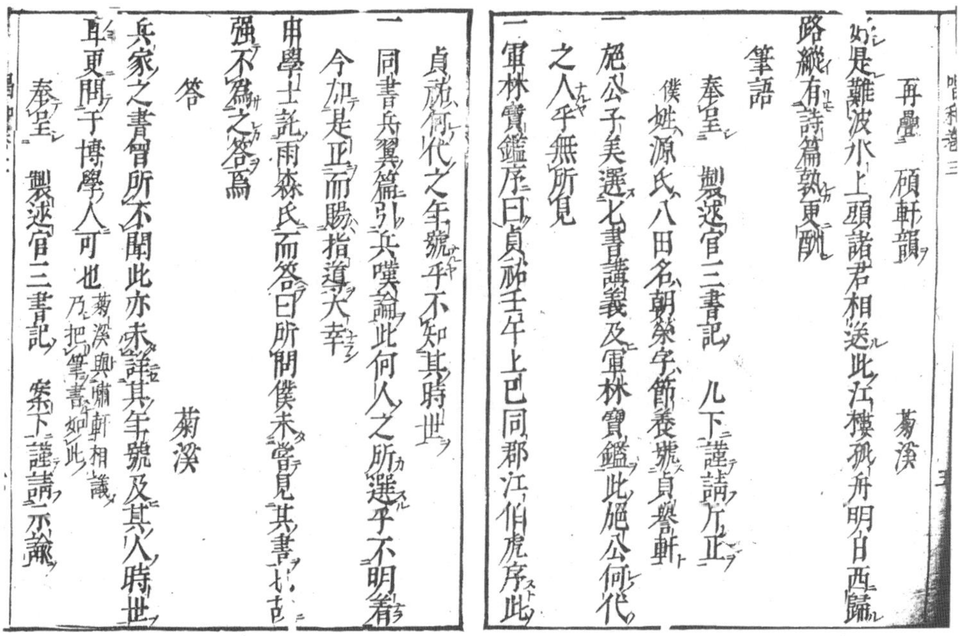
再疊 碩軒韻 菊溪
始是難波水上頭諸君相送此江樓孤舟明日西歸
路縱有詩篇孰更酬
筆語
奉呈 製述官三書記 几下謹請斤正
僕姓源氏八田名朝榮字節義號貞馨軒
一施公子美選七書講義及軍林寶鑑此施公何代
之人乎無所見
一軍林寶鑑序曰貞祐壬午上巳同郡江伯虎序此
貞祐何代之年號乎不知其時世
一同書兵翼篇引兵嘆論此何人之所選乎不明着
今加是正而賜指導大幸
申學士託雨森氏而答曰所聞僕未嘗見其書故
強不爲之答焉
答 菊溪
兵家之書曾所不聞此亦未詳其年號及其人時世
耳更問于博學人可也 菊溪與嘯軒相議乃把筆書如此
奉呈 製述官三書記 案下謹請示諭

虎)가 서문을 쓰다."라고 되어 있는데, 이 정우(貞祐)는 어느 때의 연호입니까? 그 시대를 모르겠습니다.

- 같은 책의 「병익편」(兵翼篇)에서는 「병탄론」(兵嘆論)을 인용하였는데 이것은 누가 지은 것입니까? 잘 모르겠습니다. 지금 시정해 주시고 지도해 주시면 몹시 다행이겠습니다.
- 施公子美選『七書講義』及『軍林寶鑑』. 此施公何代之人乎? 無所見.
- 「軍林寶鑑序」曰, 貞祐壬午上巳同郡江伯虎序, 此貞祐何代之年號乎? 不知其時世.
- 同書「兵翼篇」引「兵嘆論」, 此何人之所選[2]乎? 不明着. 今加是正而賜指導, 大幸.(卷三 5b~6a)

이 물음에 대해 신유한은 아메노모리 호오슈우를 통하여 이 책을 본 적이 없어서 억지로 답할 수 없다고 대답하였고, 장응두는 다음과 같이 대답하였다:

장응두: 병가(兵家)의 책에 대해서는 들어 본 적이 없으니 이 또한 그 연호가 어느 때이고 그 사람이 어느 시대 인물인지 잘 모르겠으니, 박학다식한 사람에게 다시 물어보는 게 좋겠습니다. (장응두는 성몽량과 상의한 뒤에 붓을 잡아 이렇게 썼다.)

菊溪: 兵家之書曾所不聞, 此亦未詳其年號及其人時世耳, 更問于博學人可也. (菊溪與嘯軒

---

2. 選: '撰'의 오자인 듯하다.

相議, 乃把筆書如此)(卷三 6a)

괄호 안의 내용은 필담을 나누는 상황을 기록한 것이다. 필담집을 간행하는 과정에서 삽입된 것으로 생각된다. 또 세키켄은 통신사들과 역법(譯法: 통역하는 법)에 대해 다음과 같은 필담을 나누었다:

세키켄: 서역의 신기(神琪)가 지은 『운경』(韻鏡)에 실린 동포(東浦) 장인지(張麟之) 서문에 이르기를, "비록 학 울음소리, 바람소리, 닭 우는 소리, 개 짖는 소리, 귓가에 들리는 벼락 소리, 눈앞을 스쳐 가는 모기소리라도 모두 통역할 수 있다. 하물며 사람의 말임에랴."라고 했습니다. 저는 자질이 어리석어 통역하는 법을 모르니 엎드려 빌건대 필어(筆語)로 역법을 분명히 알려주신다면 매우 다행이겠습니다.

신유한: 질문하신 역법(譯法)은 제가 감히 알 수 있는 것이 아닙니다. 대저 조수(鳥獸)와 곤충 등 소리를 내는 것들은 모두 말하고자 하는 것이 있습니다. 그러나 고인(古人) 가운데 이를 아는 사람은 또한 적었습니다. 저와 같은 사람은 귀국에 들어와서 말을 알지 못하니 어찌 역법이 있을 수 있겠습니까? 이것은 제가 감히 억지로 설명하지 못하겠습니다.

장응두: 역법은 소리를 방불하게 표현한 문자의 경우 사람의 말뿐 아니라 조수(鳥獸)의 소리도 유추할 수 있습니다. 음성은 각각 그 어미(성모聲母와 운모韻母를 이름)를 가지고 있으니, 그 아들로 그 어미를 탐구하면 분명히 알 수 있는 방도가 있습니다. 그러나 명목(名目)이 번쇄한 것에 이르러서는 이것을 가지고 추리할 수 없습니다. 역법의 이치는 몹시 은미하여 문자로 자세히 보여 줄 수 없으니 다만 정신으로 깨닫고 마음으로 이해하는 데 달려 있습니다. (이 또한 장응두가 성몽량과 의논하여 썼다.)

碩軒: 西域神琪『韻鏡』東浦 張麟之序曰: "雖鶴唳､風聲､鷄鳴､狗吠､雷霆經耳､蚉宝過目, 皆可譯也. 况於人言乎?" 僕資質頑愚, 未知譯之. 伏冀筆語以明告其譯法者, 幸甚.

靑泉: 承問譯法, 非僕所敢知. 大抵鳥獸昆虫有聲者, 皆有所云. 然古人之知者亦少, 如僕入貴疆, 不識語, 安能有譯法, 此則不敢疆爲之說.

菊溪: 譯法, 若以文字之聲近者而言之, 則非徒人言, 雖鳥獸之聲, 以類求之. 音聲各有其母, 因其子而求其母, 分有可知之道. 至於名目之煩碎者, 不可以是推之. 其理甚微, 未可以文字祥示, 只在神會而心解也.(是亦菊溪與嘯軒相議書)(卷三 6b~7a)

인용문에 보이는 『운경』은 현전하는 최고(最古)의 운도(韻圖: 한자어의 음을 정리한 도표)이다. 도표의 세로줄에는 성모(聖母: 음절 초두의 자음)가 동일한 한자가 배열되어 있고, 가로줄에는 운모(韻母: 음절에서 성모를 뺀 나머지)가 동일한 한자가 배열되어 있다. 수당시대(隋唐時代) 중국어 발음의 실상을 파악할 수 있어 중국음운학사상(中國音韻學史上) 무척 중요한 책으로 꼽힌다. 장인지(張麟之)는 남송(南宋) 시대의 인물로, 『운경』에

서문을 써서 1161년 최초로 공간(公刊)하였다. 이 책은 1197년에 재간본(再刊本)이, 1203년에 삼간본(三刊本)이 간행되었는데, 그 후 중국에서는 일실(逸失)되었다. 그런데 일본에는 1203년 출간본이 카마쿠라 시대(鎌倉時代: 1192~1333)에 전해져서 보존되었다. 중국에서는 청말(淸末)에 들어와서 비로소 모각(模刻)되었다.

역법(譯法)은 통역하는 법을 가리키지만, 여기서는 외국어의 뜻을 자국어로 바꾸어 전달한다는 좁은 의미로만 이 말을 쓴 것은 아니다. 위의 대화에 따르면 역법은 사람의 말을 다른 언어권의 말로 옮기는 일뿐 아니라 조수(鳥獸)와 곤충의 소리를 어떻게 언어화할 수 있는지를 포함한다. 즉 사물의 소리를 어떻게 인간의 언어로 표현할 수 있을지를 문제 삼고 있다. 이 같은 문제를 세키켄이 통신사들에게 제기할 수 있었던 것은 앞에서 언급한 것처럼, 일찍이 일본에 전래된 『운경』의 영향으로 이와 관련된 문제의식을 평소에 품고 있었기 때문으로 보인다.

이 물음에 대해 신유한과 장응두는 서로 다른 대답을 보여 주고 있다. 신유한은 자신은 역법(譯法)을 모른다며 함부로 이에 대해 말할 수 없다는 신중한 태도를 보이고 있다. 이에 비해 장응두는 일단 사람과 조수(鳥獸)의 소리를 문자로 재현하는 것은 가능하다는 것을 그 나름의 근거를 들어서 대답한 후, 그 외의 소리들에 대해서는 재현이 불가능하다고 설명하였다. 그리고 궁극적으로 이것은 마음과 정신의 영역에 속한 문제이기 때문에 필어(筆語)로 설명할 수 있는 성질의 것이 아님을 밝혔다. 『운경』이 조선에 언제 전래되었는지는 미상이고, 이와 관련된 통신사행단의 지식은 그다지 많지 않았으리라 추정된다. 신유한이 함부로 대답할 수 없었던 것 역시 이 같은 사정에 기인한 것으로 보이며, 장응두 역시 자신이 갖고 있는 성운학(聲韻學)에 대한 지식을 최대한 동원하여 대답하려고 하였으나, 결국 세키켄이 원하는 대답을 줄 수 없었던 것으로 보인다.

6. 부한인문・광릉문사록(附韓人文・廣陵問槎錄)

1 서지사항

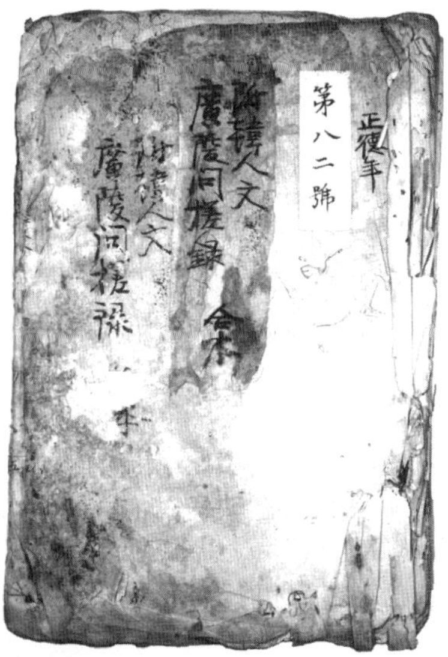

서명: 부한인문・광릉문사록(附韓人文・廣陵問槎錄)
소장처: 타카츠키 칸논노사토 역사민속자료관(高月觀音の里歷史民俗資料館) 호오슈우 문고(芳洲文庫)
편자: 카라카네 바이쇼(唐金梅所)
간행연대: 미상
책수: 불분권 1책
판본: 간본

본 자료는 다른 종류의 필담집 두 책을 하나의 책으로 합철(合綴)한 것이다. 표지에 '附韓人文・廣陵問槎錄 合本'이라고 쓰여 있다. '부한인문'(附韓人文)은 카라카네 바이쇼(唐金梅所, 1675~1738)의 시문집인 『매소시고』(바이쇼시코오, 梅所詩稿)의 일부이다.[1] 『매소시고』에 대해서는 따로 해제가 있다. '광릉문사록'(廣陵問槎錄)은 1711년 통신사행 때의 필담집으로 본 자료에는 하권의 일부가 수록되어 있다.

1. 여기에 대해서는 堀川貴司, 「唐金梅所と李東郭」(『日本思想史』49, 日本思想史懇話會編, ぺりかん社, 1996)의 각주4 참조. 堀川에 의하면, 현재 오오사카 부립 나카노시마도서관(大阪府立中之島圖書館)에 소장된 『매소시고』는 2권 2책인바, 표지의 안쪽에 적힌 '其後編附韓人作若干篇'이라는 기록으로 볼 때 원래 1책이 더 있었다고 추정된다. 한편 호오슈우 문고(芳洲文庫)에 소장된 본 자료의 광곽(匡郭)・판심(版心)・행수(行數)・자수(字數) 등의 외형적인 특징이 『매소시고』와 일치하는 것으로 볼 때 본 자료가 일실된 마지막 1책이라 생각된다.

성격이 다른 두 종류의 필담집이 어떤 연유로 합철되었는지 알 수 없다. 마모가 몹시 심한 것으로 볼 때 아마도 영본(零本)으로 전해지던 두 책을 후대에 한 책으로 묶고 표지를 붙인 것으로 생각된다.

『광릉문사록』에 대해서는 따로 해제가 있으므로 여기서는 '부한인문'만 다루기로 한다. '부한인문'은 모두 35장인데, 앞부분 2장이 일실되어 남아 있는 것은 모두 33장이다. 3장 뒷면부터 시작되며, 판심에는 '附韓人文'이라 쓰여 있다.

2 시문증답 일시 및 장소

신유한(申維翰)의 『해유록』에 의하면 통신사 일행은 1719년 9월 4일에서 9일까지 오오사카에 체류하였는데, 이때 바이쇼가 아메노모리 호오슈우를 통해 신유한에게 편지와 시를 보내 인사를 하고 아울러 시문집에 비평을 해 줄 것을 청하였다. 11월 4일 귀로에 오오사카에 들렀을 때도 시로써 작별의 인사를 했다.

『해유록』의 해당 기사는 다음과 같다.

> 내가 처음 츠시마(對馬島)에 도착했을 때 아메노모리 호오슈우가 와서 간절히 청하였다. "센난(泉南)의 문사(文士) 카라카네 코오류우(唐金興隆)는 빼어난 재주로 크게 명성을 얻었습니다. 당(堂)을 짓고 '스이유우'(垂裕)라 명명하고 대(臺)에는 '린에이'(臨瀛)라 이름 붙이고 시와 기문(記文)을 구하고 있습니다. 신묘년에 왔던 통신사 여러분이 모두 글을 지어 주었습니다."
>
> 나는 시문을 지어 주었다. 오오사카에 도착했을 때 그는 가까운 곳에 있으면서도 와 보지 않고 단지 편지를 보내 감사의 뜻을 표하였는데, 그 글씨를 보니 몹시 강건한 기운이 있었다. 내가 돌아가는 길에 오오사카에 도착하자 그는 또 오언 절구 두 편을 지어 나에게 보내 주어 작별을 대신했다. (…) 또 자신의 사고(私稿) 한 권을 호오슈우 편에 보내어 나에게 비평을 받고자 하였는데 그중에 볼 만한 것이 많이 있었다. 걸출하고 빼어난 사람인 것 같았는데, 만나지 못한 것이 안타까웠다.
>
> 余初至馬島, 雨森東力懇曰: "泉南文士唐金興隆, 有奇才大名, 築堂曰垂裕, 臺曰臨瀛, 求詩及記, 辛卯諸公皆有篇什"云云. 余作詩文以給之. 及至大坂, 其人在近而不來見, 但以書牘致謝, 觀其書, 頗矯矯有氣. 逮余歸到大坂, 又爲五言二絶句, 贈余替別. (…) 且以其私草一卷, 托雨森東致之, 欲得余批點, 見其中, 多有可觀, 以爲錚錚佼佼之類, 而恨不能相見.(『海游錄』 11月 4日)

바이쇼가 호오슈우를 통하여 자신의 문집을 보내왔음을 알 수 있다. 본 자료에 수록된 통신사의 시와 서문 등도 모두 이 문집을 읽은 후 지어 준 것이다.

3 참여자

필담에 참여한 일본인은 아메노모리 호오슈우(雨森芳洲)이다. 바이쇼는 필담에 참여하지 않았고 호오슈우를 통해 통신사에게 글을 부탁하였다. 바이쇼를 위해 시문(詩文)을 써 준 통신사는 신유한, 강백(姜栢), 성몽량(成夢良), 장응두(張應斗), 정후교(鄭后僑), 백흥전(白興銓), 이일방(李日芳)이다.

- 백흥전. 자는 군평(君平), 호는 서초(西樵)이며 의원(醫員)이다.
- 카라카네 바이쇼. 이름은 코오류우(興隆), 자는 모오키(孟喜), 바이쇼(梅所)는 그 호이다. 이즈미(和泉: 지금의 오오사카 부 이즈미 시和泉市) 출신의 상인(商人)으로 해운업과 미곡 도매로 많은 재산을 모았다. 문인(文人)과 학자를 후원하였으며 그 자신도 시에 뛰어났다고 한다. 당대의 유명한 시인 기온 난카이(祈園南海, 1676~1751)와 교류하였다. 저서에 『매소시고』와 『수유당가훈』(스이유우도오카쿤, 垂裕堂家訓)이 있다. 또 1711년 통신사와 증답한 시문이 『계림창화집』(鷄林唱和集) 권9에 수록되어 있다.

4 내용

▣ 창화시

『부한인문』에는 통신사가 바이쇼의 '스이유우도오'(垂裕堂)에서 보이는 여덟 승경(勝景)에 대해 읊은 시가 수록되어 있다. 바이쇼는 1719년 통신사가 방문한다는 소식을 듣고 미리 아메노모리 호오슈우에게 부탁하여 신유한에게 시와 기문(記文)을 써 줄 것을 청하였다.(『해유록』 11월 4일조 참조) 이때 강백, 성몽량, 장응두 세 명의 서기가 시와 서문 등을 함께 써 준 것으로 생각된다.

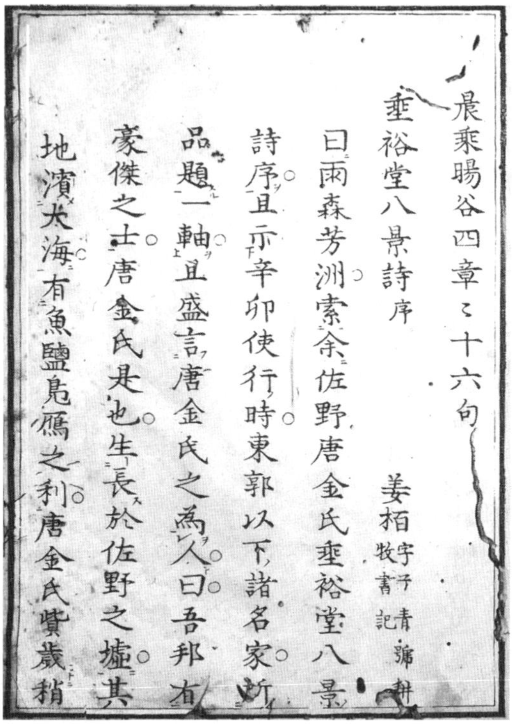
晨乘暘谷四章〻十六句
垂裕堂八景詩序　姜栢 字子青號耕牧書記
曰雨森芳洲索余佐野唐金氏垂裕堂八景
詩序且亦辛卯使行時東郭以下諸名家所
品題一軸且盛言唐金氏之為人曰吾邦有
豪傑之士唐金氏是也生長於佐野之墟其
地濱大海有魚鹽鳧鴈之利唐金氏貲歲稍

강백은 바이쇼의 「스이유우도오 팔

경시」(垂裕堂八景詩)에 서문을 지어 주었는데, 그 서문을 통해 전말을 알 수 있다. 호오슈우는 강백에게 시문이 적힌 축(軸)을 보여 주었는데 그것은 1711년 사행의 제술관이었던 동곽(東郭) 이현(李礥) 및 세 명의 서기가 바이쇼에게 써 준 것이었다. 호오슈우는 바이쇼가 호상(豪商)으로 많은 재산을 가지고 있지만 담박(淡泊)하고 간소(簡素)한 데 뜻을 둔 호걸지사(豪傑之士)라고 소개하였다. 바이쇼는 '스이유우도오'(垂裕堂)라는 건물을 짓고 거기서 바라보이는 빼어난 경치에 각각 '葛城峰', '淡路島', '武庫山', '茅渟海', '日根野', '興津崎', '吉見里', '佐野浦'라 이름을 붙이고 시를 지었던바, 통신사가 방문한다는 소식을 듣고 서문을 청한 것이다. 이에 강백은 서문과 함께 5언 절구 12수를 지어 주었다. 제목은 다음과 같다: 「카츠라기 언덕의 구름」(葛城嶺雲), 「난바 포구의 노을」(難波浦霞), 「아와지 섬에 내린 눈」(淡路島雪), 「치누에서 멀리 보이는 배」(茅渟遠帆), 「스마에서 보이는 어선의 불빛」(須磨漁火), 「아카시의 아침 안개」(明石朝霧), 「히네에 내리는 저녁 비」(日根暮雨), 「무코의 맑은 산기운」(武庫晴嵐), 「요시미의 가을 달」(吉見秋月), 「후케이의 저녁 조수」(吹飯夕潮), 「오키츠 모랫가의 물새」(興津沙鷗), 「사노의 상인」(佐野商客).

이 밖에도 장응두, 성몽량, 정후교가 '스이유우도오 팔경'(垂裕堂八景)을 제재로 지은 시가 수록되어 있다.

바이쇼가 명명한 '스이유우도오 팔경'은 중국의 '소상팔경'(瀟湘八景)을 모방한 것이다. '소상팔경'은 중국 소수(瀟水)와 상수(湘水)의 여덟 곳 아름다운 경치를 가리키는 말로 평사낙안(平沙落雁), 원포귀범(遠浦歸帆), 산시청람(山市晴嵐), 강천모설(江天暮雪), 동정추월(洞庭秋月), 소상야우(瀟湘夜雨), 연사만종(煙寺晩鍾), 어촌석조(漁村夕照)를 말한다. 명명한 것에서도 바이쇼가 소상팔경을 의식하고 있었음을 알 수 있다.

이 외에도 성몽량이 바이쇼가 보내온 시에 화답한 시가 2수 있으며 상호군(上護軍) 월암(月巖) 이일방이 바이쇼의 시에 차운한 시가 1수 있다.

▣ 필담

호오슈우가 바이쇼의 8살 난 아들이 쓴 글씨를 신유한에게 보여 주자, 신유한은 노성(老成)한 사람도 쓰기 어려운 글씨라고 칭찬한 짧은 필담이 수록되어 있다.

■ 편지

바이쇼는 강백, 신유한, 성몽량, 백흥전에게 편지를 보냈는데, 여기에는 이에 대한 답장만 수록되어 있다.

강백은 바이쇼가 편지와 함께 보낸 시에 대해 풍격이 있고 신운(神韻)이 감돌아 당인(唐人)의 기조(氣調)가 있으며, 문장 역시 맑고 깨끗하여 쉽게 볼 수 없는 인물이라 극찬하였다. 그러나 편지의 말미에서 고문사(古文辭)를 닦는 데 너무 힘쓰지 말고 자득(自得)할 것을 은근히 충고하였다. 아마도 바이쇼도 당시 유행하던 고문사에 경도되어 있었던 듯하다.

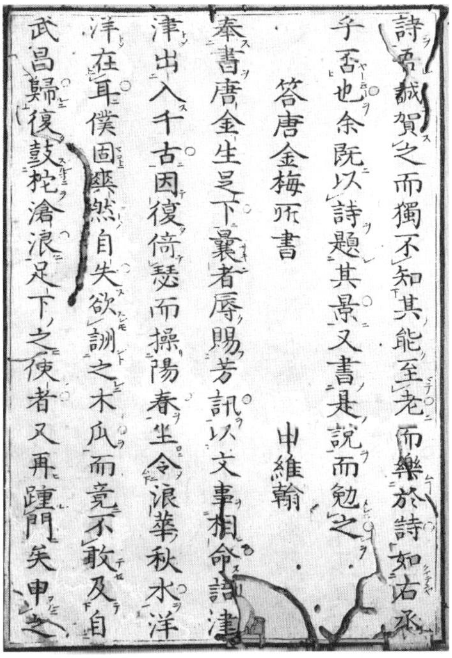

詩吾誠賀之而獨不知其能至老而樂於詩如古承
乎否也余既以詩題其景又書是說而勉之
答唐金梅所書　申維翰
奉書唐金生足下曩者辱賜芳訊以文事相命詞津
津出入千古因復倚瑟而操陽春坐令浪華秋水洋
洋在耳僕固嫖然自失欲詶之木瓜而竟不敢及自
武昌歸復鼓枻滄浪足下之使者又再踵門矣申之

신유한은 「카라카네 바이쇼에게 답하는 편지」(答唐金梅所書)에서 바이쇼의 문장이 “천고(千古)를 넘나든다”(出入千古: 29a)며 극찬하는 한편, 자신은 맡은 직책 때문에 일본에 와서 셀 수 없이 많은 시를 지어야 했지만 부끄러울 따름이라고 자조하며 보내 준 시에 일일이 화답할 수 없어 미안하다고 하였다. 하지만 편지의 말미에 「고금가(鼓琴家) 한 곡을 스이유우도오 주인에게 주다」(鼓琴歌一闋, 奉垂裕堂主人)라는 노래를 한 편 지어 함께 보냈다. 신유한이 바이쇼에게 보낸 이 편지와 노래의 원본이 지금까지 호오슈우 문고(芳洲文庫)에 보관되어 있다. 이 자료는 편지의 원본을 장정하여 책으로 만든 것으로 표지의 안쪽에 ‘雨森’이라 쓰여 있고 ‘雨’라는 낙관이 찍혀 있는 것으로 볼 때 아메노모리 호오슈우가 소장하고 있었던 것으로 생각되며, ‘朝鮮製述官申維翰筆’이라는 제목이 붙어 있어 신유한의 친필본임을 알 수 있다.

성몽량은 바이쇼에게 보낸 답장에서 “시를 웅대하게 쓰려 하면 살진 데 떨어지고, 맑게 쓰려하면 부화한 데 떨어지며, 시에 정신(精神)이 없으면 어두워지고, 운치가 없으면 속되다. 웅대하면서도 살지지 않고 맑으면서도 부화하지 않으며 정신이 있고 운치가 있은 다음에야 가히 시라 말할 수 있을 것이다.”(欲雄則失之於肥, 欲清則失之於浮, 無神則

晦, 無韻則俗, 雄而不肥, 淸而不浮, 有神有韻, 然後方可謂詩也: 32a)라며 고금(古今)에 이 도리를 아는 사람은 성당(盛唐)의 여러 시인들뿐이며 그 가운데서도 왕유(王維)가 가장 뛰어나다고 하였다. 자신 역시 왕유를 따르고자 하나 아직 그 경지를 엿보지도 못하였다고 하며 바이쇼가 자신을 양웅(揚雄)에 비견한 것에 대해 몹시 부끄럽다고 답하였다.

이외에도 의원인 백흥전이 바이쇼에게 보낸 답장이 수록되어 있다.

■ 서문 및 발문

바이쇼는 자신의 시문집인 『매소시고』를 통신사에게 보내 서문 및 발문을 구하였다. 신유한은 「카라카네씨의 시고(詩稿)에 적다」(書唐金氏卷)라는 글을 써 주었는데, 그 글에서 신유한은 바이쇼의 시가 아라이 하쿠세키(新井白石)의 시풍을 닮았다고 하였다. 신유한은 일본에 오기 전에 이미 하쿠세키에 대해 알고 있었다. 1711년 통신사 정사(正使)였던 조태억(趙泰億)이 하쿠세키의 시집인 『백석시초』(하쿠세키시소오, 白石詩草)를 가지고 왔기 때문이다. 신유한은 아메노모리 호오슈우에게 부탁하여 하쿠세키를 만나보고자 하였으나 관직에서 물러나 은거하고 있어 만나지 못하였다. 낙심한 신유한에게 호오슈우는 하쿠세키가 칭찬한 빼어난 선비의 글이라며 바이쇼의 시를 보여 주었다. 바이쇼의 시를 읽고 신유한은 진청(秦青: 전국시대 진나라의 유명한 가인歌人)의 노래에 비견하며 하쿠세키와 방불하다고 크게 칭찬하였다.

또 강백은 「『당금시집』 서문」(唐金詩集序)에서 시가(詩家)의 묘처(妙處)는 유담(幽淡)하고 고아(古雅)한 데 있다고 하면서 성당(盛唐)의 왕유(王維), 맹호연(孟浩然), 위응물(韋應物), 유종원(柳宗元)을 대표적인 시인으로 꼽았다. 그에 비해 송시는 의론(議論)의 병폐가 있어 진의(眞意)가 번잡하다고 하였다. 그러나 반드시 당시(唐詩)를 배울 필요는 없다고 하며 부화(浮華)하기만 한 중당(中唐)과 만당(晩唐)의 시보다는 오히려 송시(宋詩)를 배우는 것이 낫다고 하였다. 그리고 바이쇼 시의 몇 구절을 들면서 그 기격(氣格)이 진사도(陳師道, 1053~1102)와 육유(陸游, 1125~1209)에서 온 것이라 추측하였다. 진사도와 육유는 강서시파(江西詩派)의 일원이다. 강백은 당시와 송시의 장점을 취합하고자 했다.

성몽량은 「카라카네의 『매소시고』에 부친 서문」(唐金梅所詩稿序)을 써 주었는데, 가난하면서 시만 좋아하면 궁인(窮人)일 뿐이고, 반대로 재물을 늘리는 것에만 오로지하여 시를 모르는 사람은 천부(淺夫)일 뿐이며, 막대한 재산을 가지고도 학문에 힘써 문명(文

名)을 떨치는 사람이야말로 호걸지사라 하였다. 바이쇼야말로 그러한 선비라는 것이다. 또한 그가 산수의 경치가 뛰어난 곳에 집을 짓고 매화와 대나무를 기르면서 국내의 여러 문인들에게 그곳을 읊은 시를 얻고자 한 것은 성품이 그윽한 곳을 찾기를 좋아하고 운치(韻致)가 남들보다 빼어나기 때문이라 하였다. 싱몽량의 이 말은 바이쇼가 '스이유우도오 팔경'(垂裕堂八景)을 마련하고 일본 각지의 문인들에게 시와 문을 구한 것을 가리킨다.

부사(副使) 비장(裨將)인 정후교는 「스이유우도오 시집의 서문」(垂裕堂詩集序)을 써 주었다. 정후교는 이 글에서 아카시(明石)와 난바(難波) 사이에 있는 바이쇼의 집 '스이유우도오'(垂裕堂)를 지나가면서 그가 쓴 시를 읽고 세속의 인물이 아님을 깨닫고 만나지 못함을 한탄하였다. 시를 잘 쓰면서 늙어서 아름다운 승경을 누릴 수 있었던 사람은 당나라의 왕유(王維)뿐이었는데, 지금 바이쇼가 사는 곳이 왕유가 살았던 망천(輞川)의 경치와 비견된다고 하며 늙어서도 시를 즐길 수 있게 되기를 당부하였다.

7. 매소시고(梅所詩稿)

1 서지사항

서명: 매소시고(梅所詩稿)
소장처: 오오사카 부립 나카노시마도서관(大阪府立中之島圖書館)
편자: 카라카네 바이쇼(唐金梅所)
간행연대: 1720년(享保 5)
책수: 2권 2책
판본: 간본(豫章堂 日新堂 同梓)

『매소시고』(바이쇼시코오, 梅所詩稿)는 오오사카의 상인인 카라카네 바이쇼(唐金梅所)의 시문집이다. 상권에는 바이쇼가 일본 문인에게 준 시가 수록되어 있고, 하권에는 통신사에게 준 시문이 수록되어 있다. 하권의 권수제 아래에 작은 글씨로 '己亥韓客唱和幷文'이라 부기되어 있어 1719년 기해통신사에게 준 시문임을 알 수 있다.

상하권 공히 승려인 다이쵸오 겐코오(大潮元皓, 1676~1768)의 평점 비평이 수록되어 있다. 다이쵸오는 황벽승(黃檗僧)으로 히젠노 쿠니(肥前國) 마츠우라(松浦: 지금의 나가사키 현長崎縣 마츠우라 시松浦市) 출신이다. 겟시(月枝), 로료오(魯寮) 등의 별호가 있다. 불교 외에도 유학을 배웠으며 시문에 능하였다. 에도 후카가와(深川: 지금의 토오쿄오 도東京都 코오토오 구江東區 일대)에 로료오(魯寮)라는 암자를 짓고 오규우 소라이(荻生徂徠)와 핫토리 난카쿠(服部南郭) 등과 교유하였다. 중국어에도 능통하였으며, 만년에는 사가 번(佐賀藩: 지금의 사가 현 일대)에서 유학을 강의하였다. 바이쇼와 친분이 있어 1717년 바이쇼의 집을 방문하고 「스이유우도오 기문」(垂裕堂記)을 써 주었고, 후에 『매소시고』의 서문을 쓰고 비평을 가하기도 하였다. 필담창화집 가운데 평점 비평이 가해진 것은 극히 드문데, 현재로서는 『매소시고』 외에 1712년에 출판된 『문사기상』(問槎畸賞)이 있다.

원래 『매소시고』는 3책으로 이루어져 있었다. 호오슈우 문고(芳洲文庫)에 소장된 『부한인문 · 광릉문사록』(附韓人文 · 廣陵問槎錄)에 합철되어 있는 '附韓人文'이 바로 『매소시고』의 제3책이다.[1] 『부한인문』에는 신유한, 강백, 장응두, 성몽량, 정후교 등이 바이쇼의 집인 '스이유우도오'(垂裕堂)에서 보이는 승경에 대해 읊은 시가 수록되어 있고, 바이쇼의 시에 대한 통신사의 평도 수록되어 있다.[2] 본 해제에서는 통신사와 관련된 시문이 수록된 『매소시고』 하권을 주로 소개하고, 필요할 경우 상권의 내용도 다루기로 한다.

2 시문증답 일시 및 장소

『매소시고』에는 시문 증답 날짜가 기록되어 있지 않지만, 『해유록』의 다음 기사를 통해 그 대략적인 시기를 알 수 있다.

> 내가 처음 츠시마(對馬島)에 도착했을 때 아메노모리 호오슈우가 와서 간절히 청하였다. "센난(泉南)의 문사(文士) 카라카네 코오류우(唐金興隆)는 빼어난 재주로 크게 명성을 얻었는데, '스이유우'(垂裕)라는 당(堂)을 짓고 '린에이'(臨瀛)라는 대(臺)를 짓고 시와 기문(記文)을 구하고 있습니다. 신묘년에 왔던 통신사 여러분이 모두 글을 지어 주셨습니다."
>
> 나는 시문을 지어 주었다. 오오사카에 도착했을 때 그는 가까운 곳에 있으면서도 와 보지 않고 단지 편지를 보내 감사의 뜻을 표하였는데, 그 글씨를 보니 몹시 강건한 기운이 있었다. 내가 돌아가는 길에 오오사카에 도착하자 그는 또 오언 절구 두 편을 지어 나에게 보내 주어 작별 인사를 대신했다. (…) 그리고 자신의 사고(私稿) 한 권을 호오슈우 편에 보내어 나에게 비평을 받고자 하였는데 그중에 볼 만한 것이 많이 있었다. 걸출하고 빼어난 사람인 것 같았는데, 만나지 못한 것이 안타까웠다.
>
> 余初至馬島, 雨森東力懇曰: "泉南文士唐金興隆, 有奇才大名, 築堂曰垂裕, 臺曰臨瀛, 求詩及記, 辛卯諸公皆有篇什云云." 余作詩文以給之. 及至大坂, 其人在近而不來見, 但以書牘致謝, 觀其書, 頗矯矯有氣. 逮余歸到大坂, 又爲五言二絶句, 贈余替別. (…) 且以其私草一卷, 托雨森東致之, 欲得余批點, 見其中, 多有可觀, 以爲錚錚佼佼之類, 而恨不能相見.(『海游錄』 11月 4日)

---

1. 이에 대해서는 『부한인문 · 광릉문사록』 해제를 참고하기 바란다.
2. 자세한 것은 『부한인문 · 광릉문사록』 해제를 참고하기 바란다.

통신사 일행은 1719년 9월 4일에서 9일까지 오오사카에 체류하였다. 바이쇼는 미리 아메노모리 호오슈우에게 부탁해 신유한에게 편지와 시를 보내어 비평을 해 줄 것을 청하였는데, 통신사가 오오사카에 도착했을 때 편지로 감사의 인사를 전했던 것이다. 11월 4일 귀로에 오오사카에 들렀을 때도 마찬가지로 시로써 삭별의 인사를 전했다.

3 참여자

바이쇼는 정사 홍치중(洪致中)과 부사 황선(黃璿), 종사관 이명언(李明彦)에게 시를 보냈으나 전달되지 않았다. 이외에도 제술관 신유한(申維翰)과 서기인 강백(姜栢), 성몽량(成夢良), 장응두(張應斗)를 비롯하여 비장(裨將) 정후교, 의원 백흥전(白興銓), 사자관인 정세영(鄭世榮)과 이일방(李日芳)에게 보낸 시가 수록되어 있다.

- 정세영. 호는 서암(西岩)이며 사자관(寫字官)이다.
- 이일방. 호는 월암(月岩)이며 사자관이다.

4 내용

■ 창화시

바이쇼는 신유한, 성몽량, 장응두, 강백 등에게 여러 편의 시를 보냈다. 그중에 「신학사(申學士) 청천(青泉)이 나의 거처를 읊은 시와 서문을 주었기에 시 한 수를 보내 감사의 뜻을 표한다」(申學士青泉, 見惠弊居題詠及序文, 因呈鄙詩一章, 聊申謝忱)라는 제목의 시가 있어, 수록된 시가 통신사가 오오사카에 도착했을 때 보낸 것임을 알 수 있다. 이외에도 정사, 부사, 종사관에게 보낸 시도 수록되어 있는데, 말미에 "오른쪽 세 편은 퇴고가 이미 이루어졌는데, 츠시마 서기가 물리쳐서 마침내 그만두었다."(右三首, 敲推已成, 對州諸記室却之, 遂已: 卷下 4b)라고 쓰여 있어 츠시마 서기가 전달하지 못하게 한 것을 알 수 있다. 통상 일본 문인과의 시문 창화는 제술관 및 서기가 담당하기에 삼사(三使)와는 통할 수 없었던 것이다.

또 바이쇼는 정후교가 '스이유우도오'(垂裕堂)를 읊은 시를 보내 준 것에 감사하는 시를 주었는데, 거기에 "계림에서 우림랑(羽林郎)을 보내/오늘 동쪽 나라에 노닐며 관광(觀光)을 하네/석 자 길이 용천검 차고도/백 편의 시 담은 주머니를 찼네"(鷄林偏進羽林郎,

此日東游觀國光, 每佩龍泉三尺劍, 還携錦繡百篇囊: 卷下 6a)라는 구절이 있다. 뒤의 두 구절에 대해 다이쵸오(大潮)는 "칭찬이 너무 과하니, 이는 시인이 시를 증정할 때의 상투어이다."(褒他太過, 是詩人寄贈之常語: 卷下 6a)라고 하여 정후교에 대한 바이쇼의 평가가 과하다고 지적하고 있다.

또 바이쇼는 1711년 사행 당시 만났던 이현(李礥)에게 보내는 시를 지어 통신사 편에 부치려고 하였는데, 이현이 이미 죽었다는 소식을 듣고 몹시 슬퍼하였다. 이에 이미 쓴 시와 추모하는 시를 모두 수록하였다.

▣ 편지

신유한, 강백, 장응두, 성몽량, 정후교에게 보내는 편지와 츠시마의 서기인 아메노모리 호오슈우와 마츠우라 카쇼오(松浦霞沼)에게 보내는 편지 및 송서(送序)가 수록되어 있다. 이외에도 아키 번(安藝藩)의 유관(儒官)인 아지키 릿켄(味木立軒, 1650~1725)에게 보내는 편지가 있다. 삼사(三使)에게 보내는 편지도 있으나, 시와 마찬가지로 전달되지 않았다. 또 이현이 죽었다는 사실을 모르고 쓴 편지도 실려 있다. 이현은 1711년 사행에서 돌아온 후, 1713년 왜관에 온 호오슈우 편에 바이쇼에게 편지를 보내 소식을 전했다. 바이쇼 역시 호오슈우를 통해 수차례 이현에게 편지를 전하고자 했지만 나라에서 금하여 뜻을 이루지 못하였다. 강백에게 보낸 편지에서 바이쇼는 이러한 사정을 말하고 이번 통신사를 통해 이현이 죽었다는 소식을 듣고 눈물을 흘리며 몹시 안타까워하였다.

또 성몽량에게 보낸 편지에서는 성몽량이 호오슈우와 수창한 시를 보았는데 풍치(風致)가 고아(古雅)하여 탄복했다고 하며 고인의 안목과 핍진하다고 하였다. 이어서 "옛날 왕유(王維)는 그림 가운데 시가 있었는데 지금 다시 시 가운데 그림이 있는 것을 보나니, 오직 그대를 만나서입니다!"(昔王維畵中有詩, 而今復見詩中有畵, 獨得足下乎哉: 卷下 20b)라고 극찬하였다.

또 백흥전 외 2명의 의원에게 준 편지에서 바이쇼는 매번 『동의보감』(東醫寶鑑)을 읽고 약을 복용하고 있다고 하였다. 『동의보감』은 1724년이 되어서야 일본에서 출판되었으니, 바이쇼는 조선에서 유입된 것을 읽었다고 할 수 있다.

신유한, 강백, 장응두, 성몽량에게 보낸 편지에서 바이쇼는 젊은 시절부터 시를 많이 지었으나 마음에 드는 것이 없어 태워 버렸는데, 일 벌이기 좋아하는 이들이 그 가운데 몇 수를 모아 출판하였다고 하며 이렇게 말했다.

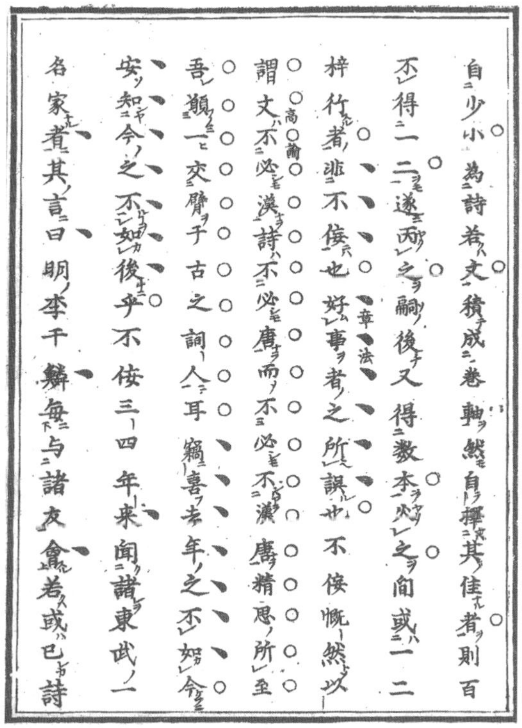
自少小為詩若文積成巻軸然自擇其佳者則百
不得一二遂取之嗣後又得数李何之向或一二
梓行者皆不佞也好事者之所誤也不佞慨然以
謂文不必漢詩不必唐而不必不漢唐精思所至
吾願一交臂于古之詞人耳竊喜去年之不如今
安知今之不如後乎不佞三四年来聞諸東武一
名家者其言曰明李于鱗每与諸友會若或己詩

저는 개연히 이렇게 생각했습니다. '문장은 반드시 한(漢)나라를 배울 필요가 없고, 시는 반드시 당(唐)나라를 배울 필요가 없으며, 한나라와 당나라를 배우지 않을 필요도 없다. 나의 정밀한 생각이 도달한 곳에서 옛 문인과 한 번 어깨를 나란히 하고 싶을 뿐이다.' 그리고 옛날이 지금만 못하니 지금이 나중만 못할 줄 어찌 알겠는가라며 적이 기뻐하였습니다.

저는 3, 4년 전에 토오부(東武: 에도를 말함)의 한 명가(名家)에게 들었는데, 그 사람이 이렇게 말했습니다. "명나라 이우린(李于鱗: 이빈룡)이 매번 여러 벗들과 모임을 가질 적에, 만일 자신의 시가 뛰어나지 않으면 감히 꺼내어 벗들에게 보여 주지 않았습니다. 명대의 여러 사람 가운데 이우린만한 이가 없으니, 이우린의 시가 성당(盛唐)의 시가 아닌 것이 없는 것은 다만 이 때문입니다. 만일 천 년 뒤에 사람을 놀라게 하려면 이와 같이 하지 않아서는 안 됩니다. 한나라보다 높지 않고 당나라보다 성대하지 않다면 또한 뭐 하러 짓겠습니까? 그대는 살펴 주십시오." 저는 감발되어 마침내 스스로 원고를 불태워 버렸습니다.

不佞慨然以謂: '文不必漢, 詩不必唐, 而不必不漢唐, 精思所至, 吾願一交臂于古之詞人耳.' 竊喜去年之不如今, 安知今之不如後乎? 不佞三四年來, 聞諸東武一名家者, 其言曰: "明李于鱗, 每與諸友會, 若或己詩不勝, 則不敢出以視諸友. 明代諸家莫如李者, 李詩未嘗不盛唐, 職此之由, 苟欲驚人千載之下, 不得不爾矣, 不高於漢, 不盛於唐, 亦奚以爲? 子審之." 不佞感發, 遂自焚稿矣.(下卷 23a~23b)

한나라나 당나라를 모방하지 않고 자득하는 것이 중요하다는 바이쇼의 견해에 대해 다이쵸오는 "뛰어난 의견이다"(高論)라는 평을 달았다. 에도의 한 명가란 아마도 소라이를 가리키는 듯하다. 그가 이반룡과 왕세정을 추종한 것은 잘 알려져 있다. 바이쇼는 에도에서 소라이 일문과 교류한 바 있으니, 그때 들었던 말이라 생각된다. 소라이가 바이쇼에게 한 말 가운데 한나라와 당나라를 뛰어넘어야 한다는 발언은 모의(模擬)에 머물지 말고 자득할 것을 강조했다는 점에서 주목할 만하다. 소라이 역시 전후칠자를 모의하는 데서 시작했지만 그것을 바탕으로 육경을 재해석하는 방향으로 사유를 확장시켰다. 바이쇼는 소라이의 말을 듣고 스스로 원고를 태워 버렸다고 하며, 통신사에게 보여 준 시는 장차 태우려 했던 것을 일 벌이기 좋아하는 이들이 잘못 가져다준 것이라 몹시 부끄럽다고 하였다. 겸사라 생각된다.

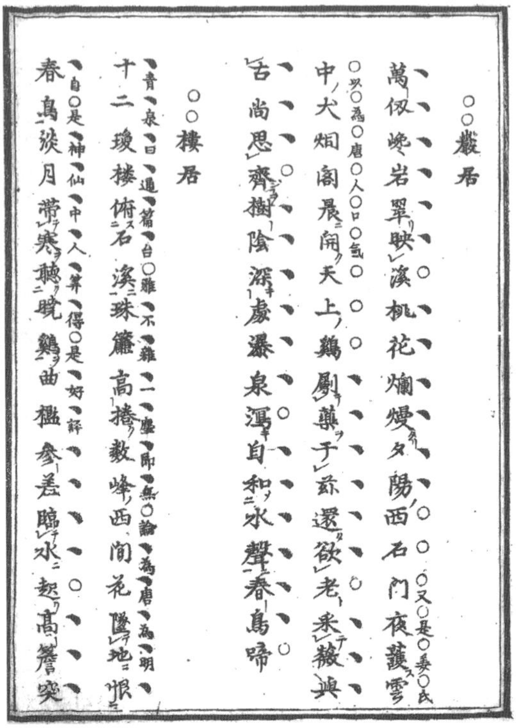
○○巖居

萬仞峰岩翠映溪　桃花爛熳夕陽西　石門夜護雲中犬　烟閣晨開天上鷄　劇喜于鱗還欲老　柔翰與古尚思齊　樹陰深處瀑泉瀉　自和水聲春鳥啼

○又○是○晏○氏　○以○爲○唐○人○口○氣○

○○樓居

十二瓊樓俯石溪　珠簾高捲數峰西　間花墜地恨春鳥　淡月帶寒聽曉鷄　曲檻參差臨水起　高簷突

青泉曰通篇台雅不雜一塵即無論爲唐爲明自是神仙中人算得是好評

한편, 『매소시고』의 상권에는 바이쇼가 아메노모리 호오슈우, 아라이 하쿠세키, 기온 난카이, 오규우 소라이, 하야시 호오코오 등 일본의 여러 문인들에게 준 시가 수록되어 있다. 신유한, 강백 등은 이 시를 보고 몇 군데 평어를 남겼던 듯하다. 그 평어는 수록되어 있지 않으나, 다이쵸오가 통신사의 비평을 읽고 다시 평어를 붙인 것이 있어 주목된다. 예를 들면, 「키타무라 토쿠쇼 군을 곡하다」(哭篤所北君)라는 시에 가한 평어에서 다이쵸오는 "신유한이 말하기를, '이 경련(頸聯)은 바로 우린(于鱗)의 말이다'라고 했으니, 한인(韓人)이 안목이 있다."(申維翰云: '此頸聯的是于鱗語', 韓人有眼: 卷上 7b~8a)라고 하여, 신유한의 평어를 인용하며 다시 자신의 의견을 덧붙이고 있다. 또 「누각에 거처하다」(樓居)라는 시에서는, "청천이 말하기를, '시 전체가 우아하여 티끌 하나 섞이지 않았으니, 당(唐)이니 명(明)이니 논할 것 없이 신선 가운데 있는 사람이다'라고 하였으니 좋은 평이라 생각된다."(青泉曰: '通篇台雅, 不雜一塵, 卽無論爲唐爲明, 自是神仙中人', 算得是好評: 卷上 16a)라고 하였다. 그리고 「동생 쿄오에이를 곡하다」(哭弟興榮)라는 시에서는 강백의 평을 인용하여 다음과 같이 말하였다: "조선의 강서기는 '정경(情境)이 비참하여 뼈에 사무친다'라고 하였는데 평이 대단히 옳다."(韓姜書記曰: '情境悲慘到骨', 評得極是: 卷上 3b)

이렇듯 조선과 일본의 문인들은 시를 주고받는 것에서 그치지 않고 비평을 하기도 했으며, 그 비평에 대해 다시 평을 하는 등 양국 문인 사이에 이루어진 시문 창화의 또 다른 양상을 살펴볼 수 있다는 점에서 흥미로운 자료라 생각된다.

8. 화한창화집(和韓唱和集)

1 서지사항

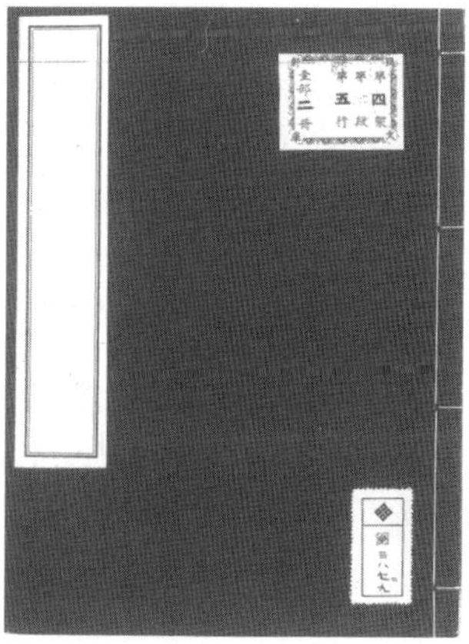

서명: 화한창화집(和韓唱和集)
소장처: 국립국회도서관(國立國會圖書館) 캇켄 문고(鶚軒文庫)
편자: 이리에 쟈쿠스이(入江若水)
간행연대: 1721년(享保 6) 3월
책수: 2권 2책
판본: 간본(大阪: 貫道軒 藏版, 淺野彌兵衛)

표지는 새로 장정한 것으로 보이는데 표제는 없다. 간행자인 아사노 야에에(淺野彌兵衛)는 오오사카의 상인으로 코오라이바시(高麗橋)에서 세이분도오(星文堂)라는 서점을 운영하였다. 초기에는 『역학계몽』(易學啓蒙) 등 점복(占卜)에 관련된 서적을 주로 취급하였으나, 후에는 필담집, 화본(畫本) 등 다양한 종류의 서적을 출판하였으며 막말(幕末)까지 운영되었다. 헌호(軒號)는 칸도오켄(貫道軒)이다.

책은 상하 2권으로 나뉘어 있으며, 상권은 22장, 하권은 29장으로 이루어져 있다. '화한'(和韓)은 일본과 조선을 가리키고, '창화'(唱和)는 시를 주고받는다는 뜻이다. 먼저 '和韓唱和集目錄'이라는 소제목 아래 상하권에 등장하는 일본인의 성명과 자호(字號)를 기록해 놓았고, 이어서 '韓客姓氏'라는 제목 아래 조선인의 성명과 자호, 간단한 약력을 기록해 놓았다. 다음은 본문으로, 통신사 일행과 주고받은 시, 서문과 발문 등을 일본 측 인물별로 한데 모아 구분해 놓았다.

이 책에는 쿄오토의 시인(詩人) 토리야마 시켄(鳥山芝軒, 1655~1715)의 문하생들과

1719년 통신사행원들이 주고받은 시와 필담이 수록되어 있다. 상권(上卷) 제일 첫 머리에 시켄의 아들인 토리야마 코오켄(鳥山香軒, 1687~1729)의 칠언고시(七言古詩)가 한 수 실려 있다. 그러나 그는 필담에는 참여하지 않았다.

토리야마 시켄의 이름은 스케히로(輔寬), 자(字)는 세키후(碩夫), 호(號)는 시켄(芝軒)이며 통칭(通稱)은 사다유우(佐太夫)이다. 쿄오토 후시미(伏見) 출신인데 후에 오오사카로 옮겨 활동했다. 당시(唐詩)에 뛰어났으며 저작으로 『지헌음고』(시켄긴코오, 芝軒吟稿), 『지헌략고』(시켄랴쿠코오, 芝軒略稿), 『패관자원』(하이칸지엔, 稗官字苑), 『화산거초』(와산쿄소오, 和山居草)가 있다. 신유한(申維翰)은 1719년 사행 당시 토리야마 시켄의 유고(遺稿) 시집을 읽고 높이 평가했으며 시켄의 제자인 토다 호오히츠(戶田方弼)의 부탁을 받고 시켄의 시집에 서문을 써 준 바 있다. 이와 관련하여 신유한의 『해유록』(海游錄) 11월 4일조에 다음과 같은 기록이 보인다.

> 토리야마 세키후(鳥山碩夫)가 지은 『지헌집』(芝軒集)은 대체로 고고(孤苦)하면서도 공교하고 치밀하니, 그가 부귀한 사람이면서도 곤궁한 데 마음을 두었다는 것을 알 수 있다. 하지만 내 생각에 이만한 사람은 일본 시인 중에 결코 쉽게 얻을 수 없는데 일본의 시속(時俗)에서는 그의 이름을 아는 자가 없었다. 그의 문집을 보니 「신묘년 조선 사신이 오오사카에 들어오는 것을 구경하고 지은 시」[1]가 있는데 중숙(重叔: 신묘년 통신사행의 제술관이었던 이현李礥의 자字) 등 여러 사람과 서로 주고받은 시가 없었다. 아마도 그 사람 됨됨이가 틀림없이 개결하고 자부심이 강하여 당대 사람들에게 알려지기를 구하지 않았기 때문인 듯하다. 지난번 오오사카에 도착하였을 때 그의 문집을 보고 기이하게 여겨 에도에 가지고 갔더니 그의 문하생 토다 호오히츠(戶田方弼)가 에도에 사람을 보내 나에게 그 서문을 써 주기를 편지로 청했다. 그 편지에 토리야마의 행적이 이렇게 적혀 있었다.
>
> "어릴 적부터 시를 짓고 술 마시기를 좋아하여 도선거사(逃禪居士)라 호를 짓고 일생토록 높은 사람 집에는 찾아가지 않았습니다. 쿄오토의 후시미 성(伏見城) 남쪽에 집을 짓고 살았는데, 한 해가 지나자 집에서 오색(五色)의 지초(芝草)가 났습니다. 그래서 호를 '즈이시켄'(瑞芝軒)이라 했습니다. 임종할 때 제자들에게 자기 원고를 달라 하면서 이렇게 말씀하셨습니다. '일본에는 지기(知己)가 없으니 설령 책을 간행할 수 있더라도 나를 알아보지 못하는 사람으로 하여금 내 글을 비평하게 하지 말라.' 말씀이 이와 같아서 감히 국중(國中)에서 서문을 구하지 않았는데 문집의 판각이 끝난 날에 마침 통신사 행차가 이르렀으니, 부디 군자의 감상(鑑賞)을 얻어 불후(不朽)하게 전하기를 청합니다."
>
> 수백 자의 긴 편지였는데, 뜻이 매우 간절하였다.

---

1. 시켄의 시집 『芝軒吟稿』 권5에 「觀朝鮮三使臣入坂陽」이라는 제목으로 수록되어 있다. 『芝軒吟稿』는 일본 국회도서관 소장본 참조.

鳥山碩輔所著『芝軒集』, 大抵孤苦工緻, 知其富貴中人而用意於窮者, 然余謂日本詩人中, 決不易得, 而倭俗無知其名者. 觀其集中有觀辛卯使行入大坂之作, 而又不與重叔諸公相唱酬. 意其爲人必耿耿自高, 不求知於當世者矣. 頃到大坂, 而得其集異之, 持卷而向江都, 其門人戶田方弼走使者江都, 以書乞序於余. 其書頗敍鳥山之行蹟: 自幼好哦詩飮酒, 號爲逃禪居士, 一生不至於貴者之門, 築室伏見城南, 逾年而產芝五色, 因號瑞芝軒. 臨圽, 訪藁於門生, 以爲日東無知己, 雖能剞劂, 勿令不知我者有所雌黃. 其言如此, 所以不敢求序於國中, 而梓訖之日, 適當使華, 幸荷君子之賞, 以斯人不朽請. 縷縷數百言, 意甚懇惻.

신유한이 시켄의 인품과 문학적 재능을 몹시 높게 평가하였음을 알 수 있다. 신유한이 서문을 써 줌으로 인해 시켄의 명성은 일본 전역에 알려졌으며 훗날 천황이 그의 시집을 보기까지 했다.

토리야마 코오켄의 이름은 스케카도(輔門), 자는 츠으토쿠(通德), 코오켄(香軒)은 그 호이다. 아버지의 뒤를 이어 시로써 이름을 떨쳤으며 저서에 『향헌음고』(코오켄긴코오, 香軒吟稿), 『향헌략고』(코오켄랏코오, 香軒略稿) 등이 있다.

2 필담일시 및 장소

상・하권 모두 1719년 9월 5일에서 9일 사이에 주고받은 시문(詩文)과 11월 4일경 귀로에 다시 오오사카에 들렀을 때의 것이 혼재되어 있다. 필담 장소는 오오사카의 니시혼간지(西本願寺)이다.

3 참여자

필담에 참여한 조선 문인은 신유한(申維翰), 강백(姜栢), 성몽량(成夢良), 장응두(張應斗), 정후교(鄭后僑), 백흥전(白興銓), 정세영(鄭世榮), 이일방(李日芳)이다.

상권에는 이리에 쟈쿠스이(入江若水, 1671~1729), 난바 죠시(難波如砥), 타카이 칸텐(高井觀天), 타나카 킨잔(田中琴山), 토오호오 코쿠시(東鳳國子)의 시와 필담이, 하권에는 키타야마 세이슈우(北山靑洲), 이케다 난메이(池田南溟), 미야자키 츄우히(宮崎仲卑)의 시와 필담이 수록되어 있다.

필담에 참여한 일본 문인은 다음과 같다.

- 이리에 쟈쿠스이. 이름은 카네미치(兼通), 자는 시테츠(子徹), 호는 쟈쿠스이(若水) 또는 이치이다니 산인(櫟谷山人)이다. 오오사카에서 양조장(釀造場)을 경영하는 집안에

서 태어나 가업을 이었다. 토리야마 시켄의 문하에 들어가 시를 배웠으며, 쿄오토의 이토오 토오가이(伊藤東涯)의 문하에서도 수학하고 에도(江戶)의 오규우 소라이(荻生徂徠)와도 친교를 맺었다. 시로 이름을 떨쳤다. 저서에 『서산초창집』(세이잔쇼오쇼오슈, 西山樵唱集), 『통속양국지』(츠우조쿠료오고쿠시, 通俗兩國志), 『동행음』(토오코오긴, 東行吟) 등이 있다.

- 난바 죠시(難波如砥). 이름은 나오에(尙英), 자는 子俊, 죠시(如砥)는 그 호이다.
- 타카이 칸텐. 이름은 겐켄(元賢), 자는 시사이(思齊), 칸텐(觀天)은 그 호이다.
- 타나카 킨잔. 이름은 노부타네(脩胤), 자는 나가타네(長胤), 킨잔(琴山)은 그 호이다.
- 호오 코쿠시(鳳國子). 이름은 □春(첫 글자가 마모되어 보이지 않음), 자는 다이사부로오(大三郞), 호오 코쿠시는 그 호이다. 토오호오 코쿠시(東鳳國子)와 동일인이다.
- 키타야마 세이슈우. 이름은 마사나가(正長), 자는 카메노스케(龜之助), 세이슈우(靑洲)는 그 호이다. 통신사 일행은 '마수재'(馬秀才) 혹은 '마동자'(馬童子)라 부르기도 하였다. 난메이의 종제(從弟)로 세이슈우라는 호는 장응두가 지어 주었다.
- 이케다 난메이. 이름은 츠네사다(常貞), 자는 모토노부(元信), 난메이(南溟)는 그 호이다.
- 미야자키 츄우히. 이름은 타다노리(唯倫), 자는 모토사다(元貞), 츄우히(仲卑)는 그 호이다.

4 내용

▣ 창화시

(1) 상권

상권에는 이리에 쟈쿠스이, 난바 죠시, 타카이 칸텐(高井觀天), 타나카 킨잔(田中琴山)이 통신사와 주고받은 시가 수록되어 있다. 시간 순서를 따르지 않고 편집자의 의도에 따라 인물별로 편집되어 있다. 쟈쿠스이, 죠시, 칸텐, 킨잔, 호오 코쿠시의 순서로 통신사 일행과 주고받은 시를 모아 놓았다. 단, 상권의 첫머리에 토리야마 코오켄의 7언 고시(古詩) 44구가 「토리야마 선생의 고시 한 편」(鳥山先生古風一編)이라는 제목 아래 실려 있는데, 그는 필담에는 참여하지 않았다. 아버지인 토리야마 시켄의 문인(門人)들에 의해 필담창화집이 출간된 것을 기념하기 위해 지은 시인 듯하다. 중국의 강남 지역과 일본의 오오사카가 직통으로 교역을 하고 있다는 내용이 보인다. 금으로 장식하고 화려한 색을 칠한 배들이 떠다니는 정경을 읊은 다음 삼사신(三使臣)의 풍모와 의관, 타고 있는 말의 장식, 악공의 연주 등 통신사 행렬을 묘사하고 있다. 특히 신유한을 거론하며 이백(李白)의 후신인 듯해서 일본의 문인들이 다투어 만나고 싶어 한다며 높이 평가하고 있는 점이 눈에 띈다.

쟈쿠스이가 통신사 일행과 주고받은 시는 사행의 노고를 위로하고 상대의 시재(詩才)를 칭찬하는 의례적인 내용이 대부분이다. 쟈쿠스이는 「청천(青泉) 신학사(申學士)에 드리는 편지」(寄青泉申學士書)에서 신유한이 오오사카에 머물 당시 만난 것이 더 없는 기쁨이었지만 주변에 다른 사람이 많아 자신의 소회를 다 말할 수 없었으며, 귀로에는 관(官)의 금령이 엄하여 만나 볼 수 없는 것을 한탄하고 있다. 그리고 자신의 시집에 서문을 써 주기를 청하고, 아울러 강백, 장응두, 성몽량 세 서기에게는 발문을 써 줄 것을 부탁하였다. 장응두에게 보낸 시에는 일본의 종이가 중국 섬계(剡溪)의 종이보다 좋다고 자부하는 내용이 보인다. 장응두는 귀로에 다시 만나리라 생각했지만 그러지 못하게 된 것을 슬퍼하고, 보내 준 종이와 시집 등이 서로의 우정과 그리움을 잘 드러낸다는 내용의 글을 시와 함께 써서 보냈다.

한편, 신유한은 죠시(如砥)의 시정(詩情)을 후지산(富士山)에 쌓인 눈에 비유하기도 하였다. 아울러 킨잔이 신유한에게 준 시 중에는 시켄의 문집을 천황이 열람한 것에 대한 축시(祝詩)가 있다. 그 소서(小序)에 "쿄오호오(享保) 기해년 10월에 토리야마 시켄의 시집을 천황께서 읽고 칭찬하셨습니다. 이에 공손한 마음으로 근체시 한 수를 지어 기쁜 마음을 기록하여 신학사(申學士)께 써 드립니다."(享保己亥孟冬, 芝軒鳥山處士吟稿, 蒙太上皇之覽, 且有褒嘉. 因恭裁近體一章以志喜, 錄呈申學士: 上卷 15a)라고 하였다. 여기에 대해 신유한이 킨잔에게 화답한 시의 서문에서 시켄의 시가 지초(芝草) 같고 주옥같다고 칭찬하고, 시켄의 제자인 호오히츠가 서문을 부탁하는 편지를 보낸 사실을 언급하였다. 호오히츠를 직접 만나 소회를 말하지 못한 것을 아쉬워하고 대신 화답하는 시를 지어 보낸다고 하였다.

장응두는 호오 코쿠시의 글씨를 보고 탄복하여 「호오 코쿠시 동자에게 써서 주다」(書贈鳳國童子)라는 제목의 시를 써 주었다. 그 소서에 호오 코쿠시는 나이가 12세인데 큰 글씨를 쓰고 필획이 몹시 웅건하여 곁에서 보는 사람이 머리털이 곤두서는 듯하다고 하였다. 그 밖에도 성몽량과 강백이 호오 코쿠시의 글씨를 칭찬하는 시를 써 주었다. 호오 코쿠시는 「월암(月岩)·서암(西岩) 두 사자관께 보잘것없는 시를 지어 사례함」(卒賦奉謝月岩、西岩兩寫字官)이라는 제목의 시 1편을 써서 정세영과 이일방 두 사자관에게 주었다.

(2) 하권

하권에 보이는 필담과 수창에 참여한 일본 문인은 키타야마 세이슈우(北山靑洲), 이케다 난메이(池田南溟), 미야자키 츄우히(宮崎仲卑)이다. 상권과 마찬가지로 통신사와 주고받은 시문을 인물별로 모아 놓았다. 세이슈우의 경우 호를 쓰지 않고 이름인 마사나가(正長)로 표기되어 있는 경우도 있다.

권수제(卷首題) 바로 다음에 기해년(1719) 가을 9월 6일에 이리에 쟈쿠스이, 이케다 난메이 외 여러 사람이 조선 통신사 일행을 오오사카의 객관(客館)에서 만났다는 내용이 보인다.

마사나가와 함께 필담과 수창을 한 조선인은 신유한, 장응두, 성몽량, 정후교이다. 장응두는 후지산의 절경에 깊은 인상을 받았던 듯, 「후지산을 읊은 절구를 써 주다」(富士山絶句書寄)라는 시에서 후지산의 아름다움이 마치 금강산과 같다고 하고, 금강산 1만 2천 개의 봉우리가 흰색이라 후지산에 눈이 쌓인 것과 비슷하다고 하였다. 또 「후지산 그림을 보고 쓴 시」(富士山圖詩)에서는 후지산의 아름다움을 읊고 부강한 일본이 만세토록 평안하기를 기원하였다. 성몽량도 「후지산 시를 써서 주다」(富士山詩書寄) 2수를 지었다.

한편 난메이는 신유한과 강백, 성몽량, 장응두에게 각각 운서(韻書)와 지남침(指南針)을 하나씩 선물하였는데, 성몽량이 이에 대한 답례로 시를 써 주었다. 또 난메이는 신유한, 강백, 성몽량, 장응두에게 운을 달리하는 30수 연작시를 지어 주었다. 장응두가 여기에 화답하는 뜻에서 7언 절구 30수를 지었다. 신유한은 여기에 화답하여 한대(漢代)의 악부인 「청상곡」(淸商曲)을 의방(依倣)한 시 7수를 지어 주었다.

■ 서문 및 발문

「쟈쿠스이 시집의 서문」(江若水詩集小序)은 신유한이 이리에 쟈쿠스이의 시집을 읽고 써 준 서문이다. 서문에 의하면, 신유한이 쟈쿠스이를 처음 만난 것은 9월 오오사카에 머물 때였다. 약 한 달 뒤 귀로에 올라 다시 오오사카에 들렀을 때 쟈쿠스이가 통신사 일행을 수행하고 있던 츠시마(對馬島)의 키시츠(記室) 아메노모리 호오슈우에게 자신의 시집 초고를 주며 통신사의 서문을 받아 줄 것을 부탁하였다. 호오슈우는 신유한에게 이것을 보여 주면서 쟈쿠스이가 예전에 신유한이 서문을 써 주었던 토리야마 시켄의 제자라고 하자 신유한은 놀라며 스승과 제자가 모두 훌륭하다고 극찬하였다. 이 서문을 쓴 것은 1719년 11월, 카미노세키(上關)에서이다.

서문 다음에는 장응두와 강백의 발문이 차례로 실려 있다. 「이리에 쟈쿠스이 시집의 발문」(江若水詩集跋)은 장응두가 이리에 쟈쿠스이의 시집에 써 준 발문이다. 쟈쿠스이는 신유한에게 서문을 부탁하는 편지를 보내면서 강백, 장응두, 성몽량에게 발문을 부탁한 바 있다. 통신사 일행이 귀로에 효오고(兵庫: 지금의 효오고 현兵庫縣 코오베 시神戶市 효오고 구兵庫區 일대)에 정박했을 때 아메노모리 호오슈우가 쟈쿠스이의 시집을 보여 주며 그는 평생을 시작(詩作)에 힘쓴 토리야마 시켄의 제자로 적통을 계승했다고 하였다. 장응두는 오오사카에서 만난 쟈쿠스이에게 고인의 풍모가 있었음을 떠올리고, 귀로에 만나지 못했지만 먼 거리를 마다않고 시집을 보내 준 것에서 깊은 정성을 느꼈다고 하였다.

강백의 발문은 제목이 없고 장응두의 발문 바로 다음에 실려 있다. 발문의 내용은 다음과 같다: 호오슈우가 토리야마 시켄의 시집을 강백에게 보여 주었는데 '정교하고 간결하여'[精工簡潔]하여 고인(古人)의 음운(音韻)이 있어 만나보고자 했으나 이미 죽었다는 말을 들었다. 강백이 제자가 있느냐고 묻자 호오슈우는 쟈쿠스이를 소개하였다. 그를 만나기를 고대하고 있던 차에 오오사카에서 만나 시를 몇 수 주고받을 수 있었다. 쟈쿠스이가 발문을 청하였는데 강백은 시켄을 만나지 못한 것에 실망하였지만 대신 제자인 쟈쿠스이의 시집을 처음부터 꼼꼼하게 읽어 보았다. 거기에는 이미 장응두의 평어와 발문이 있었다. 강백은 장응두의 안목이 매우 높아 조선에서는 그의 한 마디 말이 천금의 가치를 지닌다고 하며, 장응두가 쟈쿠스이의 시를 상찬한 것은 그의 시를 높이 평가했기 때문이거나 아니면 토리야마 시켄을 그리워했기 때문이라고 하였다. 또 일본의 시는 시켄에 이르러 도(道)가 더욱 밝아졌으니, 시켄의 제자인 쟈쿠스이 역시 한 시대의 고수(高手)라고 평가하였다. 쟈쿠스이보다 스승인 시켄의 시를 더욱 높이 평가하고 있음을 알 수 있다.

상권의 마지막에는 호오 코쿠시와 그의 아버지인 치쿠도오(竹堂)와 관련된 시와 발문 등을 모아 놓았다. 신유한은 1719년 11월에 호오 코쿠시의 글씨를 보고 「호오 코쿠시 동자의 필법을 보고 쓴 발문」(觀鳳國童子筆法跋)을 써 주었다. 내용은 대략 다음과 같다: 일본의 산천이 맑고 깨끗하여 재주가 빼어나고 명민한 이가 많이 있었는데, 오오사카에서 어떤 동자가 붓을 쥐고 나와 큰 글씨를 썼다. 그 필획이 큰 칼과 긴 창이 빽빽하게 늘어선 듯 힘이 있어 옛사람의 글씨 같다고 하며 그 신묘한 재주에 탄복하였다는 내용이다.

▣ 필담

(1) 상권

사자관 이일방은 호오 코쿠시에게 '東風' 두 글자를 써 주고, 호오 코쿠시의 손을 잡고 필획을 써 보인 다음 훌륭한 재능이 있다고 칭찬하기도 하였다.

다음으로 신유한과 호오 코쿠시의 짧은 필담이 실려 있다.

신유한: 필법을 어디서 익혔소?

호오 코쿠시: 제 부친께서 글씨 쓰는 일을 업으로 삼고 계십니다.

신유한: 엄군(嚴君)의 성명(姓名)은 어찌 되오?

호오 코쿠시: 부친의 성은 토오(東), 존함은 코오류우(光隆)이고, 자는 山光, 호는 치쿠도오(竹堂)입니다.

青泉: 公筆法從何而得?

鳳國子: 僕父業臨池.

青泉: 公嚴君姓名如何?

鳳國子: 家父姓東, 名光隆, 字山光, 號竹堂.(卷之上 18a~18b)

강백과 장응두도 호오슈우에게 호오 코쿠시의 가계에 대해 물었다.

○ **강백・장응두 두 사람이 호오슈우에게 물었다**: 호오 코쿠시의 필법은 누구의 문하에서 배운 것입니까?

호오슈우: 그 부친의 호는 치쿠도오이니, 와슈우(和州: 지금의 나라 現奈良縣 일대) 출신입니다. 쿄오토에서 센넨 옹(專念翁)에게 글씨를 배웠습니다. 그 기법을 다 터득하고 나서 쿄오토를 떠나 에도에 가서 20여 년을 지냈고, 지금은 오오사카에 살고 있습니다. 나이는 61세입니다. 출사하려는 뜻을 끊었지만 글씨를 배우려는 사람들이 항상 문전성시를 이룹니다.

○ **姜.張二生問芳洲公曰**: 鳳國之筆學誰門?

芳洲: 其父號竹堂, 和州之産也. 在京師學書於專念翁, 旣窮其技, 去而遊江城, 居二十年餘, 今住大坂, 年六十一, 絶志於仕進, 然學書之徒常滿其門矣.(卷之上 18b)

'○'는 저본의 표기를 따른 것이다. 통신사 일행은 나이가 어림에도 불구하고 글씨에 뛰어난 재주를 지닌 호오 코쿠시에게 매료된 듯 그의 가계와 사승 관계에 관심을 보였다. 이에 호오 코쿠시는 쓴 글 한 권을 꺼내어 성몽량에게 서문을 청하였으나, 성몽량은 날이 저물었으니 후일 마땅히 써 줄 것이라 하였다. 강백은 호오 코쿠시에게 '夙興夜寐' 네 글자를 크게 써 주고는 가지고 가서 훗날 이 글을 보고 자신의 얼굴을 떠올려 달라고 하였다. 또 신유한은 호오 코쿠시에게 "그대는 아직 젊으니 마땅히 노력해야 할 것이오. 나는 지금 주름진 얼굴에 백발이 되어 스스로 슬퍼할 뿐이니, 그대는 게으름 피우지 마시오."(秀才小壯, 而宜努力. 吾今面皺頭白, 徒自悲傷. 童子勿懈: 卷之上 19a)라고 하였다. 장응두는 츄우히(仲卑)를 통하여 치쿠도오에게 다음 기회에 시를 써 줄 것을 약속하였다.

사자관 이일방은 「호오 코쿠시 동자에게 말하다」(稟鳳國子)라는 글을 써 주었다. 이일방이 에도에 머물렀을 때 고인(古人)과 다름없는 필법을 구사하는 13세 동자를 본 적이 있는데, 호오 코쿠시의 필법 역시 이와 다르지 않다는 내용이다. 이것으로 볼 때 일본측에서는 일부러 통신사 일행을 놀라게 할 만한 재주를 지닌 인물을 내보였던 듯하다. 일종의 문화적 대결의식을 가지고 있었던 것이라 생각된다.

강백은 호오 코쿠시의 아버지 치쿠도오가 쓴 글씨에 「치쿠도오가 쓴 권학문(勸學文) 발문」(竹堂書勸學文跋)이라는 글을 써 주었다. 1719년 11월에 지은 글이다. 호오 코쿠시는 아버지 치쿠도오에게 글씨를 배웠고 치쿠도오는 센넨 옹에게 배웠는데, 센넨 옹의 스승은 누구인지 알 수 없다고 하면서 치쿠도오의 글씨는 안진경(顔眞卿, 709~785)과 유공권(柳公權, 778~865)의 근골(筋骨)을 갖추어 얻어 필가(筆家)의 정맥을 얻었다고 극찬하였다. 발문의 마지막에 세주(細註)가 있는데, '센넨 옹의 성은 사사키(佐佐木), 이름은 시즈마(志頭磨)'라고 되어 있다.

사사키 시즈마(佐佐木志頭磨, 1619~1659)는 에도시대의 서예가로 호는 쇼오치쿠도오(松竹堂) 또는 센넨 옹(專念翁)이다. 후지키 아츠나오(藤木敦直, 1582~1649)에게 글씨를 배웠다가, 후에 남송(南宋)의 장즉지(張卽之) 글씨와 일본에 수입된 『내각비전자부』(나이카쿠히덴지후, 內閣秘傳字府)를 학습하여 일가를 이루었다고 한다. 안진경은 당(唐)나라의 학자이자 서예가로 그의 글씨는 남성적인 박력으로 일가를 이루었다. 유공권은 안진경을 이어 당나라의 해서(楷書)를 집대성했으며 힘차고 강건한 필획을 위주로 한다. 안진경과 유공권의 장점을 모두 갖추었다는 말은 서예가에 있어서는 최대의 찬사가 아닐 수 없다. 한편 장응두는 「치쿠도오의 서실 명문(銘文)에 대한 발문」(竹堂書陋室銘跋)을 써서 호오 코쿠시가 대자(大字)를 잘 쓰는 것을 칭찬하고 그의 글씨가 아버지인 치쿠도오에게서 온 것임을 밝히고 있다.

한편 세 명의 서기는 시켄의 시집을 구하기 위해 아메노모리 호오슈우에게 "시켄의 시집은 담아(澹雅)하여 운치가 있습니다. 귀국할 때 한 부씩 가지고 갔으며 합니다. 자쿠스이와 난메이에게 이 뜻을 전하면 어떻겠습니까? 만약 주신다면 부산으로 보내 주시기 바랍니다."(<u>芝軒</u>詩集澹雅有致, 欲各得一件, 携歸故國. 此意傳于<u>南溟</u>.<u>若水</u>二公如何? 若或惠贈, 送于<u>釜山</u>爲望: 卷之上 10b)라고 부탁하였다. 토리야마 시켄의 시집은 1719년 통신사를 통해 조선에 전해졌을 가능성이 있다.

(2) 하권

난메이와 통신사 일행이 나눈 필담 가운데 한글과 관련하여 흥미로운 내용이 보인다.

> **난메이:** 저는 일찍이 귀국의 책 가운데 이런 글자가 있는 것을 본 적이 있습니다. 어떤 사람은 귀국의 통속(通俗) 문자라고 했습니다. 지금 기억하는 글자 수십 개를 적어 왔습니다. 해서(楷書)로 써서 보여 주시면 다행이겠습니다.
>
> **南溟:** 余嘗閱貴邦書中有如此字, 或曰是貴邦通俗之文字也. 今書所記得數十字矣. 請以楷字示之幸幸.

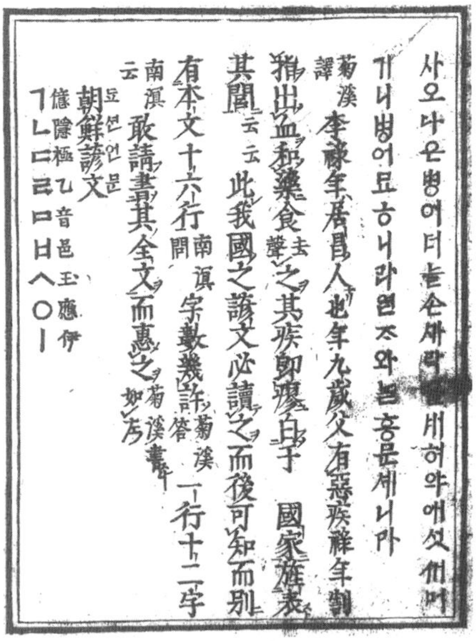
사오나온병어더늘손새락 ... 뻐혀약에섯써머
기니병어묘ᄒ니라연조와늘홍문세니라
菊溪譯 李祿年居昌人也年九歲父有惡疾祿年割
指出血和藥食之其疾卽瘳白于 國家旌表
其閭云云 此我國之諺文必讀之而後可知而別
有本文十六行 南溟問 字數幾許 菊溪答 一行十二字
南溟 敢請書其全文而惠之 菊溪書如左
云
됴션언문 朝鮮諺文
億 隱 極 乙 音 邑 玉 應 伊
ㄱ ㄴ ㄷ ㄹ ㅁ ㅂ ㅅ ㅇ ㅣ

> 니록련이ᄂᆞᆫ 거챵 사ᄅᆞ미라 나히 아홉서래 아비 사오나은 병 어더늘 손까락을 버혀 약애섯서ᅥ 머기니 병어묘ᄒᆞ니라 엳ᄌᆞ와ᄂᆞᆯ 홍문 셰니라 (卷之下 14a~14b)

저본에는 모두 붙여서 쓰여 있는데, 인용자가 띄어쓰기를 하였다. 난메이가 보여 준 한글을 보고 장응두가 다음과 같이 한문으로 번역하였다. 표점은 인용자의 것이다.

> <u>李祿年</u>, <u>居昌</u>人也. 年九歲, 父有惡疾. <u>祿年</u>割指出血, 和藥食之, 其疾卽瘳, 白于國家, 旌表其閭.(卷之下 14b)

번역은 다음과 같다: '이녹연은 거창 사람이다. 나이 아홉 살에 아버지가 심한 병에 걸렸다. 녹연이 손가락을 베어 피를 내어 약에 섞어 먹이니 그 병이 즉시 나았다. 나라에 고하니 정문을 세워 주었다.'

장응두는 난메이가 쓴 한글을 한문으로 번역한 다음 이렇게 말했다.

장응두: 이는 우리나라의 언문인데, 소리 내어 읽어야만 뜻을 알 수 있습니다. 별도로 본문(本文) 16행이 있습니다.

난메이: 글자 수가 얼마나 됩니까?

장응두: 한 행이 12자입니다.

난메이: 그 전문(全文)을 써 주시기를 감히 청합니다.

(장응두가 다음과 같이 써 주었다.)

菊溪: 此我國之諺文, 必讀之而後可知, 而別有本文十六行.

南溟: 字數幾許?

菊溪: 一行十二字.

南溟: 敢請書其全文而惠之.

(菊溪書如左)

朝鮮諺文됴션언문

ㄱ億ㄴ隱ㄷ極ㄹ乙ㅁ音ㅂ邑ㅅ玉ㅇ應ㅣ伊

가갸거겨고교구규그기ᄀᆞᄀᆡ
나냐너녀노뇨누뉴느니ᄂᆞᄂᆡ
다댜더뎌도됴두듀드디ᄃᆞᄃᆡ
라랴러려로료루류르리ᄅᆞᄅᆡ
마먀머며모묘무뮤므미ᄆᆞᄆᆡ
바뱌버벼보뵤부뷰브비ᄇᆞᄇᆡ
사샤서셔소쇼수슈스시ᄉᆞᄉᆡ
아야어여오요우유으이ᄋᆞᄋᆡ
카캬커켜코쿄쿠큐크키ᄏᆞᄏᆡ
타탸터텨토됴투튜트티ᄐᆞᄐᆡ
파퍄퍼펴포표푸퓨프피ᄑᆞᄑᆡ
자쟈저져조죠주쥬즈지ᄌᆞᄌᆡ
차챠처쳐초쵸추츄츠치ᄎᆞᄎᆡ
하햐허혀호효후휴흐히ᄒᆞᄒᆡ
파귀나눠돠둬롸뤄뫄뭐봐붜솨숴와워콰쿼타퉈
퐈풔좌줘촤춰화훠(卷之下 14b~15b)

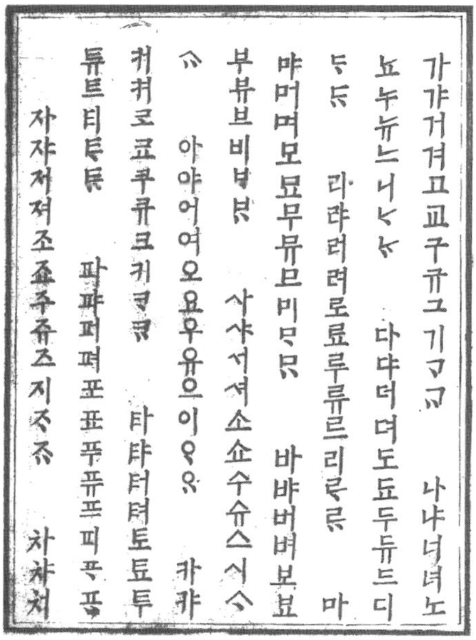
가갸거겨고교구규그기ᄀᆞᄀᆡ 나냐너녀노
뇨누뉴느니ᄂᆞᄂᆡ 다댜더뎌도됴두듀드디
ᄃᆞᄃᆡ 라랴러려로료루류르리ᄅᆞᄅᆡ 마
먀머며모묘무뮤므미ᄆᆞᄆᆡ 바뱌버벼보뵤
부뷰브비ᄇᆞᄇᆡ 사샤서셔소쇼수슈스시ᄉᆞ
ᄉᆡ 아야어여오요우유으이ᄋᆞᄋᆡ 카캬
커켜코쿄쿠큐크키ᄏᆞᄏᆡ 타탸터텨토됴투
튜트티ᄐᆞᄐᆡ 파퍄퍼펴포표푸퓨프피ᄑᆞᄑᆡ
자쟈저져조죠주쥬즈지ᄌᆞᄌᆡ 차챠처

난메이가 적어 온 한글 문장은 1514년에 편찬된 『속삼강행실도』(續三綱行實圖)의 한 구절이다. 원문은 다음과 같다: "李祿連이ᄂᆞᆫ 居昌 사ᄅᆞ미라 나히 아홉서레 아비 모딘 病 어더늘 손ᄯᅡ락을 버혀 藥애 섯거 머기니 病이 됴ᄒᆞ니라 엳ᄌᆞ바ᄂᆞᆯ 紅門 셰니라."

난메이가 적어 온 문장과 차이가 나는 것으로 보아 난메이가 직접 『속삼강행실도』를 보고 적어 온 것 같지는 않다. 일본에서 17세기 말경에 『삼강행실도』(三綱行實圖)의 번역본이 출판된 것으로 보아, 『속삼강행실도』 역시 당시에 이미 유입되어 있었던 것으로 보인다.

18~19세기에 『임경업전』이나 「최충전」, 『숙향전』 등 한글 소설이 일본에 유입되어 조선어 학습의 교재로 사용되기도 하였던바, 아메노모리 호오슈우가 주도적인 역할을 하였다.[2]

2. 이에 대해서는 정병설, 「18 · 19세기 일본인의 조선소설 공부와 조선관 — <최충전>과 <임경업전>을 중심으로 —」(『한국문화』 35, 2005) 참조.

9. 한객창화(韓客唱和)

1 서지사항

서명: 한객창화(韓客唱和)
소장처: 텐리 대학 부속 텐리도서관(天理大學附屬天理圖書館)
　코기도오 문고(古義堂文庫)
편자: 아사에다 쿠카(朝枝玖珂)
간행연대: 1719년(享保 4)
책수: 1권 1
판본: 필사본

이 책은 '한객창화'(韓客唱和)라는 제목에서 드러나듯이 조선과 일본의 문사들이 주고받은 시 위주이며, 필담은 소략하다.

2 필담일시 및 장소

1719년 9월 6일에 나니와(浪華: 지금의 오오사카)의 객관(客館)에서 필담이 이루어졌다. 한편 필담의 앞에 수록되어 있는 계(啓)와 서(書)는 그 하루 전인 9월 5일 작(作)으로 밝혀져 있다.

3 참여자

조선인 참여자는 제술관 신유한(申維翰), 서기인 강백(姜栢), 성몽량(成夢良), 장응두

(張應斗)이다.

일본인 참여자는 아사에다 쿠카(朝枝玖珂, 1697~1745), 이토오 메이사이(伊藤冥濟), 마츠모토 신조오(松本新藏)이다. 그런데 본 필담집에는 조선인 참여자와 쿠카가 주고받은 필담만이 소개되어 있다. 쿠카는 에도 시대 중기의 유자(儒者)로 이름은 세이비(世美)이고, 자는 토쿠사이(德濟)이며, 센지로오(善次郎) 또는 겐지로오(源次郎)라고도 불렸다. 이토오 진사이(伊藤仁齋, 1627~1705)의 장남인 이토오 토오가이(伊藤東涯, 1670~1736)의 문하에서 수학하였으며, 중국어에 능하고 중국 소설에 조예가 깊었다고 한다.

4 내용

■ 필담

먼저 쿠카와 신유한이 다음과 같이 필담을 나누었다.

> **쿠카:** 귀국의 신숙주(申叔舟)가 저술한 『해동제국기』(海東諸國記)는 우리나라에도 전해졌는데, 식자들이 그 박식함에 감탄했습니다. 제가 일찍이 『징비록』(懲毖錄)에 실려 있는 성종(成宗)께 답한 말을 보고 그분이 박식할 뿐만 아니라 선견지명이 있음을 알았습니다. 그분의 이름과 호, 이력에 대해 자세히 여쭈어도 될까요. 공과 신숙주는 같은 성(姓)인데 혹시 그의 후손은 아니십니까?
>
> **신유한:** 신공(申公)의 휘는 숙주(叔舟)이고 호는 보한재(保閑齋)이며, 관직은 상국(相國)에 이르렀고 시호(諡號)는 문충(文忠)입니다. 그분의 문학과 사업은 모두 역사서에 있으니 다 기록할 수 없습니다. 저와는 성(姓)의 글자가 비록 같으나 종친(宗親)은 아닙니다.
>
> **問:** "貴國申叔舟著『海東諸國記』, 其書流于吾邦, 識者嘆其博物. 僕嘗見『懲毖錄』中載其答成宗之語, 則知不啻博物又其有先識矣. 其名號履歷之詳, 可得而聞乎? 公与叔舟同姓, 抑得非其裔乎?"
>
> **答:** "申公諱叔舟, 號保閑齋, 官至相國, 賜謚文忠. 其文學事業, 皆在邦乘, 不可勝記. 与僕姓字雖同, 而曾無滕魯之系矣."(15a~16a)

위의 필담을 통해 쿠카를 비롯한 당시 오오사카의 문사들이 『해동제국기』와 『징비록』 등의 조선 문헌을 섭렵하였다는 사실이 확인된다. 특히 쿠카는 『해동제국기』의 편찬자인 신숙주(申叔舟, 1417~1475)에 관심을 표하였다. 주지하듯이 신숙주는 1443년에 서장관으로 일본에 다녀왔으며, 1471년에 자신의 외교 지식과 경험을 바탕으로 『해동제국기』를 편찬하였다. 『해동제국기』에는 일본과 류우큐우(琉球)의 역사, 지리, 환경, 교류, 언어에 대한 지식이 비교적 상세하게 소개되어 있다. 이에 쿠카가 '박식'하다고 평한 것으로 보인다. 한편 위의 필담에 보이는 "『징비록』(懲毖錄)에 실려 있는 성종(成宗)께 답한 말"이란, 『징비록』 첫머리에 인용된 신숙주의 유언(遺言)을 가리키는 것으로 보인다. 해당 대목은 다음과 같다: "신숙주가 임종에 다다르자, 성종(成宗)께서 그에게 하고 싶은 말이 있는가 물었다. 이에 신숙주가 '원컨대 우리나라와 일본의 화친(和親)을 잃지 마소서'라고 답하였다."(叔舟臨卒, 成宗問所欲言. 叔舟對曰: "願國家毋與日本失和") 이렇듯 신숙주는 일찍이 조선 초기에 일본 외교의 중요성을 설파한 인물이었기에 쿠카와 같은 일본의 문사로부터 특별한 관심을 받았던 것이 아닌가 추정된다.

다음으로 쿠카와 장응두가 다음과 같은 필담을 나누었다.

> **쿠카:** 일찍이 신묘년(1711)에 우리나라에 오셨던 이(李)·엄(嚴)·홍(洪)·남(南) 제공께서는 지금 여전히 무양(無恙)하신지요? 저는 그분들이 지은 시문을 보고 제공께서 여간한 인물이 아니심을 알았습니다. 이제 마땅히 그분들의 이름과 지위가 더욱 현달하셨을 터이니 자세한 근황을 감히 여쭙니다.
>
> **장응두:** 엄공께서는 군읍에서 직책을 역임하셨다가 지금 승문원(承文院) 교검(校檢)에 이르셨습니다. 남공께서는 이제 벼슬이 높아지셔서 조정에 계십니다. 홍공께서는 연로하시어 관직에서 물러나 별서(別墅)로 돌아가셨습니다. 이공께서는 불행히도 작년 7월에 이미 돌아가셨습니다.
>
> **問:** 辛卯之歲嘗來吾邦李､嚴､洪､南諸公, 今猶無恙乎? 僕讀其所著詩文, 固知其非池中物. 今當名位益顯達, 敢問其詳.
>
> **答:** 嚴公歷典郡邑, 今作承文院校檢. 南公方以顯位在朝. 洪公以年老棄官歸別墅. 李公不幸去年七月已作泉下人矣.(16a~16b)

위의 필담을 통해 쿠카가 1711년에 조선에서 온 신묘통신사 일행의 시문을 이미 접하였다는 사실이 확인된다. 쿠카가 근황을 물은 이(李)·엄(嚴)·홍(洪)·남(南) 제공이란, 1711년 통신사행의 제술관 이현(李礥), 부사 서기 엄한중(嚴漢重), 정사 서기 홍순연(洪舜衍), 종사 서기 남성중(南聖重)을 가리킨다.

이상의 짧은 필담 뒤에 이별의 글이 세 편 이어진다. 쿠카가 통신사 제공과의 이별을 아쉬워하며 쓴 글이 한 편 있고, 이에 대해 성몽량이 답한 글이 한 편 있으며, 마지막에 강백이 쓴 글이 한 편 있다.

10. 항해헌수록(航海獻酬錄)

1 서지사항

서명: 항해헌수록(航海獻酬錄)
소장처: 토오쿄오 도립중앙도서관(東京都立中央圖書館) 나카야마 문고(中山文庫)
편자: 미상
간행연대: 미상
책수: 불분권 1책
판본: 필사본(由庚 寫)

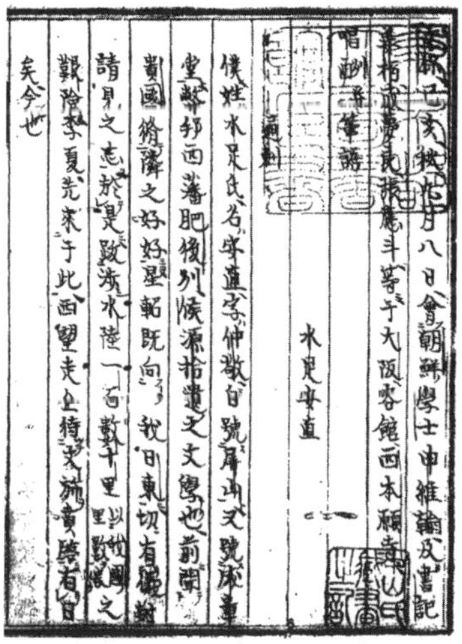

판심(版心)에 '松林堂藏版'이라 쓰여진 사란공권(絲欄空卷)에 필사되어 있다. '쇼오린도오'(松林堂)는 일본의 출판사인 듯하나 미상이다. 마지막 장에 '西肥 由庚寫焉', '平橋藏'이라고 쓰여 있는 것으로 볼 때 사이히 번(西肥藩: 히젠 번肥前藩을 말한다. 곧 지금의 사가 현佐賀縣과 나가사키 현長崎縣 일대)의 由庚이 필사했고 平橋가 소장하였던 듯하다. 두 인물에 대해서는 미상이다.

표제는 없고 권수제(卷首題)도 없다. 다만 마지막 장에 '航海獻酬錄'이라고 쓰여 있어 제목을 알 수 있다. '항해'(航海)는 배를 타고 온 통신사를 가리키는 말이고, '헌수'(獻酬)는 술을 서로 주고받는다는 뜻으로 통신사와 일본 문인과의 만남을 이른다.

『항해헌수록』은 모두 14장으로 이루어져 있다. 미즈타리 헤이잔(水足屛山)의 소개에 이어 주고받은 시와 필담이 차례로 실려 있으며, 9b면 이후로는 야스나리의 아들인 미즈타리 하쿠센(水足博泉)의 시와 필담이 실려 있다. 이본으로 쿠마모토 현립도서관(熊本縣立圖書館) 코오즈마 문고(上妻文庫)에 소장된 『항해창수』(航海唱酬)가 있는데, 여기에

는 오규우 소라이(荻生徂徠)가 쓴 서문이 수록되어 있다.[1]

2 필담일시 및 장소

1719년 9월 8일 오오사카(大阪) 니시혼간지(西本願寺)에서 이루어진 필담창화이다.

3 참여자

필담에 참여한 조선인은 신유한(申維翰), 강백(姜栢), 성몽량(成夢良), 장응두(張應斗), 권도(權道)이다. 권도의 호는 비목자(卑牧子)이며 양의(良醫)이다.

일본인 참여자는 다음과 같다.

- 미즈타리 헤이잔(水足屛山, 1671~1732). 이름은 야스나오(安直), 자는 츄우케이(仲敬), 호는 헤이잔(屛山) 또는 세이쇼오도오(成章堂)이다. 당시 히고 번(肥後藩: 지금의 쿠마모토 현熊本縣 일대)의 문학(文學)이었다. 주자학자인 아사미 케이사이(淺見絅齋, 1652~1712)에게 배웠다가 후에 소라이학(徂徠學)을 주장하였다. 저서에 『사강』(시코오, 史綱), 『병산시고』(헤이잔시코오, 屛山詩稿), 『상재선생실기』(쇼오사이센세이짓키, 尙齋先生實紀), 『산기선생행실』(야마자키센세이교오지츠, 山崎先生行實) 등이 있다.
- 미즈타리 하쿠센(水足博泉, 1707~1732). 이름은 야스카타(安方), 호는 슛센(出泉) 또는 하쿠센(博泉)이다. 헤이잔의 장남으로 아버지의 뒤를 이어 히고 번에 출사했다. 어릴 때부터 시문에 능해 신동이라 불렸다. 1719년 기해사행 당시 13세였으며, 아버지 헤이잔과 함께 통신사 일행을 접견하고 신유한으로부터 하쿠센이라는 호(號)를 받았다.
- 마츠우라 카쇼오(松浦霞沼). 츠시마(對馬島)의 서기(書記)로 1719년 사행 당시 아메노모리 호오슈우와 함께 통신사 일행을 에도까지 안내하였다. 자는 爾瞻이고 호는 카쇼오(霞沼)이다. 저서에 『하소우필』(카쇼오구우히츠, 霞沼寓筆), 『하소시집』(카쇼오시슈우, 霞沼詩集), 『선린원시록』(젠린겐시로쿠, 善隣原始錄), 『조선기』(쵸오센기, 朝鮮記) 등이 있다. 키노시타 쥰안(木下順庵)에게 배웠으며 어려서 재능을 인정받아 불과 13세의 나이에 츠시마에 출사(出仕)하였다.

---

1. 이에 대한 연구로 이효원, 「1719년 필담창화집 『航海唱酬』에 나타난 일본 지식인의 조선관」(『고전문학연구』 제41집, 한국고전문학회, 2012)이 있다.

4 내용

『항해헌수록』에는 서문이나 발문, 목차가 없다. 필담창화가 이루어진 일시와 장소를 기록한 다음, 바로 미즈타리 헤이잔의 간단한 신상 소개가 이어진다. 헤이잔은 통신사행단의 노고를 위로하는 인사를 끝낸 후 바로 자신의 아들을 소개하였다. 자세한 내용은 창화시와 필담으로 나누어 살펴보도록 한다.

■ 창화시

헤이잔과 통신사 일행이 주고받은 시는 모두 18수이다.

시의 내용은 대체로 의례적인 인사가 대부분이다. 헤이잔이 사행의 노고를 위로하고 학문과 문학의 재능을 칭양하는 시를 써 보이면 조선의 문인들이 여기에 대해 우호적인 시로 화답하였다. 헤이잔은 몹시 겸양하는 태도를 보이며 조선 문인들의 문재(文才)를 칭송하고 자신의 재주는 보잘것없다고 하였다. 이 외에도 두 나라가 태평성대를 구가하고 있으며 영원토록 선린(善隣)의 관계를 맺어 나가길 바라는 내용의 시가 있다.

한편 헤이잔이 성몽량에 준 시에 오오사카가 세 개의 강이 합쳐지면서 생겨난 땅임을 말하고 있는데(玉節暫留大坂城, 此地由來三水合: 3b), 이 구절을 설명하면서 조선이라는 이름 역시 습수(濕水), 열수(洌水), 산수(汕水) 세 강이 합쳐지는 데서 온 것이며 조선에 대한 지식을 과시하고 있는 점이 주목된다. 이러한 사실은 『사기』(史記) 「조선열전」(朝鮮列傳)의 장안(張晏) 주(註)에 나온다. 필담에서 조선의 학술에 관한 다양한 정보를 묻는 것에서도 그가 조선에 지대한 관심을 가지고 있었음을 알 수 있다.

한편 9b면 이후에는 헤이잔의 어린 아들인 하쿠센(博泉)과 조선 문인들과의 창화시가 실려 있다. 하쿠센은 신유한에게 하쿠센이라는 호를 받기 전의 원래 호(號)인 슛센(出泉)으로 표기되어 있다. 하쿠센이 통신사 일행에게 준 시는 모두 24수이다.

장응두는 하쿠센에게 이별의 시를 써 주면서 황필(黃筆) 한 자루, 현홀(玄笏) 한 개, 색지(色紙) 두 장을 주면서 학문에 힘쓸 것을 당부하였다.

■ 필담

헤이잔은 조선의 서적과 학문에 대해 많은 관심을 가지고 있었던 듯하다. 그는 조선에서 출간된 성리학 서적이나 조선 학자의 저서 등 아홉 개의 질문을 했고 신유한이 여기에 답했다. 다음은 필담의 전문이다.

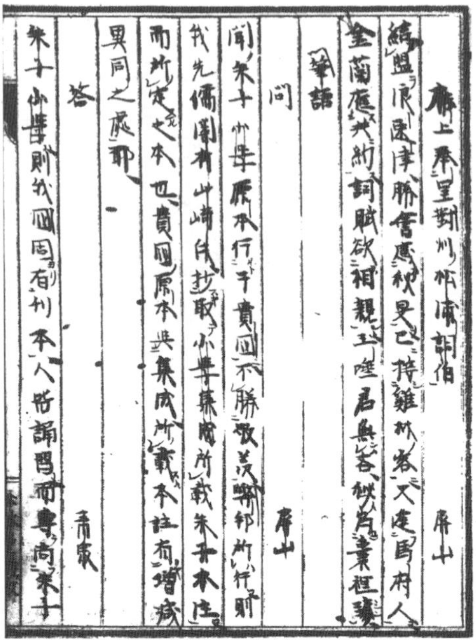
席上奉呈對州松浦詞伯　屛山
締盟浪速津勝會屬秋晏已持雞林客又逢馬府人
金蘭應共約詞賦欲相親玉唾君無吝秋光素程隣
筆語
問　屛山
聞朱子小學原本行于貴國不勝敬羨弊邦所行則
我先儒闇齋山崎氏抄取小學集成所載朱子本注
而所定之本也貴國原本與集成所載本註有增減
異同之處耶
答　青泉
朱子小學則我國固有刊本人皆誦習而專尚朱子

헤이잔: 주자(朱子)의 『소학』(小學) 원본(原本)이 귀국에서 간행되었다고 들었으니, 경모의 마음을 금할 수 없습니다. 우리나라에서 간행된 본은 선유(先儒) 야마자키 안사이(山崎闇齋) 씨가 『소학집성』(쇼오가쿠슈우세이, 小學集成)에 실려 있는 주자의 본주(本註)를 가려 뽑아 정한 것입니다. 귀국의 원본과 『집성』(集成)에 실려 있는 본주 사이에 증감(增減)한 곳이나 동이처(同異處)가 있습니까?

신유한: 주자의 『소학』은 우리나라에 간본이 있어 사람들이 모두 외우고 익히는데, 오로지 주자의 본주를 숭상합니다. 귀국의 야마자키 씨가 초록한 책은 아직 보지 못하여서 그 동이(同異)가 어떠한지 모르겠습니다.

屛山: 聞朱子『小學』原本行于貴國, 不勝敬羨. 弊邦所行, 則我先儒闇齋 山崎氏抄取『小學集成』所載朱子本註, 而所定之本也. 貴國原本與集成所載本註, 有增減異同之處耶?

青泉: 朱子『小學』, 則我國固有刊本, 人皆誦習而專尚朱子本註耳. 貴國山崎氏所抄書未及得見, 不知其異同之如何耳.(5a~5b)

안사이는 주자의 주석을 신봉하여 후대 학자의 주석을 배제하고 오로지 주자의 주석만을 편집하여 책을 엮었다. 조선에서 전래된 『소학집성』, 『근사록집해』(近思錄集解)에서 주자의 본주만 뽑아 다시 간행하기도 하였다. 헤이잔은 안사이의 편집을 거치지 않은 주자의 원본을 보고 싶었던 듯하다. 이어지는 질문은 다음과 같다.

헤이잔: 귀국에는 『근사록』(近思錄)의 원본도 간행되었습니까? 섭채(葉采)의 『근사록집해』를 귀국의 서생(書生)들이 읽고 강습(講習)의 자료로 삼고 있는지요?

신유한: 『근사록』 역시 간본이 있어서 섭채의 주(註)를 모두 강습하고 있습니다.

헤이잔: 귀국의 선유(先儒) 한훤당(寒暄堂) 김굉필(金宏弼)이 점필재(佔畢齋) 김씨(金氏)에게 배웠다고 하는데 점필재는 어떤 분입니까? 이름이 무엇입니까?

신유한: 점필재 김씨의 휘(諱)는 종직(宗直)입니다.

헤이잔: 귀국의 『유선록』(儒先錄)에 실린 이회재(李晦齋)의 「망기당에게 답하는 편지」(答忘機

堂書)는 그 말이 정미(精微)하고 조예가 깊으니, 실로 도학군자(道學君子)라 우리나라 학자들 가운데 앙모(仰慕)하는 사람이 많습니다. 회재가 저술한 『대학장구보유』(大學章句補遺), 『속혹문』(續或問), 『구인록』(求仁錄)은 아직 보지 못했으니 유감입니다. 다만 각각 입언(立言)과 명의(命意)가 반드시 다른 점이 있을 것이라 여겨집니다. 그 대략을 말씀해 주시기 바랍니다.

신유한: 회재가 저술한 『대학장구보유』는 그 대의(大意)가 '지어지선'(止於至善) 장(章)과 '본말'(本末) 장(章)에 있으니, 착간(錯簡)으로 의심되는 구절이 있어 지은 것입니다. 그러나 선생 또한 참망(僭妄)하다고 스스로 겸손하게 생각하여 널리 배포하지 않았습니다. 그래서 후생 중에 본 사람이 적으니 지금 하나하나 거론하여 말할 수 없습니다.

屛山: 『近思錄』亦貴國有原本而行耶? 葉采之所解, 貴國書生讀以資其講習否?

青泉: 『近思錄』亦有刊本, 而葉氏註, 諸生皆講習耳.

屛山: 貴國儒先寒暄堂 金宏弼, 從佔畢齋 金氏而學, 佔畢齋何人耶? 名字如何?

青泉: 佔畢齋 金氏諱宗直.

屛山: 貴國『儒先錄』所載李晦齋「答忘機堂書」, 其言精微深詣, 實道學君子. 我國學者, 仰慕者多. 晦齋所著『大學章句補遺』,『續或問』,『求仁錄』, 未見其書以爲憾. 顧必其書各有立言命意之別, 願示大略.

青泉: 晦齋所著『大學章句補遺』, 則大意在於止於至善章,本末章, 有所疑錯而爲之. 然先生亦以僭妄自謙, 不廣其布, 後生之得見者蓋寡, 今不可一一枚擧.(5b~6a)

섭채는 송(宋)나라 사람으로 주자가 죽은 뒤 약 50년 정도 지나 『근사록』과 관련된 여러 주석을 모아 『근사록집해』를 편찬하였다. 헤이잔은 조선의 성리학 서적과 해석 작업에 관심을 보이고 있다. 이것으로 볼 때 그가 성리학에 비판적이었던 소라이학을 따른 것은 1719년 이후라 생각된다. 『유선록』은 『국조유선록』(國朝儒先錄)을 말한다. 김굉필, 정여창, 조광조, 이언적의 행적과 주요 저술을 모은 책으로 유희춘(柳希春)이 선조(宣祖)의 명으로 1570년에 편찬하였다. 성리학을 추숭하고 기묘명현(己卯名賢)을 추장(推奬)하려는 의도에서 만들어졌다. 이 책은 일본에 전해져 널리 읽혔던 것으로 생각된다. 이 뒤로 퇴계와 관련된 질문이 이어진다.

헤이잔: 제가 일찍이 퇴계(退溪) 이씨(李氏)의 「도산기」(陶山記)를 읽고, 도산이 물이 흐르고 산이 높이 솟아 범상치 않은 지역임을 알았습니다. 도산(陶山)은 영지산(靈芝山)의 지산(支山)이라고 들었는데, 지금 팔도(八道)의 어느 주군(州郡)에 속합니까? 도산서당(陶山書堂)과 농운정사(隴雲精舍) 등은 아직도 옛 자취가 남아 있습니까?

신유한: 도산은 경상도(慶尙道) 예안현(禮安縣)에 있습니다. 서당과 정사는 아직도 완연하게 남아 있고, 그 곁에 또 사당을 세워 봄가을로 향사(享祀)하고 있습니다.

헤이잔: 이퇴계(李退溪)가 지은 「도산팔절」(陶山八絶) 가운데 "소옹은 푸른 하늘이 눈앞에 있

노라 하였고/주자는 화롯가에서 쇳조각 찾는다 비웃었네"(邵說青天在眼前, 零金朱笑覓爐邊)라는 구절이 있는데, '쇳조각 찾는다 비웃었네'(零金朱笑)라는 구절은 무엇을 말한 것입니까?

신유한: '零金朱笑'라는 말은 잘 모르겠습니다. 아마도 시가(詩家)의 특별한 말인 듯합니다.

헤이잔: 일찍이 귀국의 석각서(石刻書)가 잔결(殘缺)된 것을 본 적이 있는데, 종이에 반 행 정도만 겨우 남아 있었습니다. 그 제목이 '宋季元明理學通錄'이라 되어 있었고 그 아래에 '退溪李氏所著'라고 기재되어 있었습니다. 온전한 책이 있는지요? 있다면 그 대의(大意)와 권수(卷數)를 가르쳐 주시기를 원합니다.

신유한: 『이학통록』(理學通錄)은 우리나라에는 지금 전하는 것이 드뭅니다. 그 문제에 대해서는 말씀드리지 못하겠습니다.

헤이잔: 듣기로는 퇴계(退溪) 이후에 한강(寒岡) 정씨(鄭氏), 율곡(栗谷) 이씨(李氏), 우계(牛溪) 성씨(成氏), 사계(沙溪) 김씨(金氏) 등 많은 인물이 배출되었습니다. 도학이 대대로 훌륭한 사람을 잃지 않았으니 실로 귀국의 영광입니다. 다만 이분들이 모두 저술이 있을 것입니다. 그중 경전을 해석한 책은 제목이 무엇입니까?

신유한: 한강은 『오복도』(五服圖), 율곡은 『성학집요』(聖學輯要), 『격몽요결』(擊蒙要訣) 등이 있고, 우계는 『본집』(本集), 사계는 『상례비요』(喪禮備要)가 있습니다.

헤이잔: 『동국통감』(東國通鑑)은 귀국에서 당연히 간행되어야 할 서적입니다. 이 책이 없다고 들었는데, 그렇습니까?

신유한: 『동국통감』은 이미 간행되어 세상에 유행하고 있습니다.

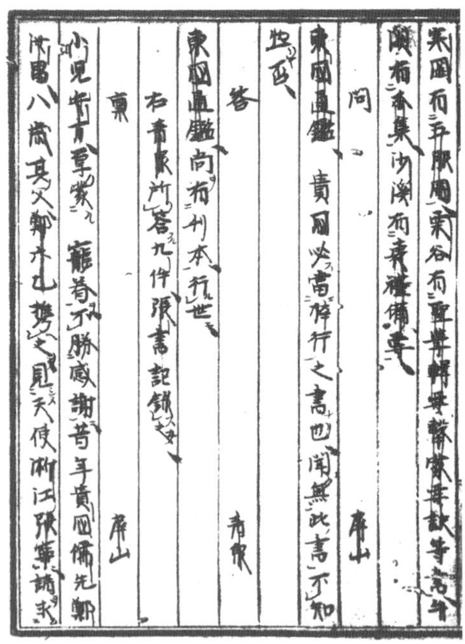

屛山: 僕嘗讀退溪 李氏「陶山記」, 已知陶山山水之流峙, 不凡之境也. 聞陶山卽靈芝之一支也. 今八道中屬何州郡? 陶山書堂, 隴雲精舍等尙有遺蹤耶?

靑泉: 陶山在慶尙道 禮安縣, 書堂, 精舍宛然猶在, 復立廟宇[2]於其傍, 春秋享祀.

屛山: 李退溪所作「陶山八絶」中有'邵說靑天在眼前, 零金朱笑覓爐邊'之句, '零金朱笑'何言耶?

靑泉: '零金朱笑'未及詳, 或詩家別語.

屛山: 嘗看貴國石刻[3]書殘缺, 僅存紙半行者, 題曰'宋季元 明理學通錄', 其下記爲'退溪 李氏所著'. 不知有全書否? 有則願敎大意及卷數.

---

2. 宇: 저본에는 '宗'으로 되어 있으나, 『항해창수』에 의거하여 바로잡는다.
3. 刻: 저본에는 '州'로 되어 있으나, 『항해창수』에 의거하여 바로잡는다.

青泉:『理學通錄』我國卽今之所罕傳, 闕之."

屛山: 聞退溪後有寒岡 鄭氏、栗谷 李氏、牛溪 成氏、沙溪 金氏等蔚蔚輩出, 而道學世不乏[4]其人, 實貴國榮也. 顧諸氏皆有所述, 其經解遺書, 以何等題名耶?

青泉: 寒岡有『五服圖』, 栗谷有『聖學輯要』、『擊蒙要訣』等書, 牛溪有本集, 沙溪有『喪禮備要』.

屛山:『東國通鑑』, 貴國必當梓行之書也. 聞無此書, 不知然否?

青泉:『東國通鑑』, 尙有刊本行世.(6b~7b)

헤이잔은 조선의 퇴계 이황(李滉, 1501~1570)에 지대한 관심을 표명하며 이황의 학문과 그것이 후대에 어떻게 계승되고 있는지 물었다. 헤이잔이 말한 이황의 「도산팔절」이란 『퇴계선생속집』(退溪先生續集) 권2에 실려 있는 「천은(天恩)을 입어 벼슬에서 물러날 것을 허락받으니 감사하고 경사스러워 스스로 절구 8수를 짓다」(伏蒙天恩, 許遂退閒, 且感且慶, 自述八絶)라는 제목의 시를 말한다. 헤이잔이 질문한 구절은 제7수의 첫 두 구절이다. 전문은 다음과 같다: "소옹은 푸른 하늘이 눈앞에 있노라 하였고/주자는 화롯가에서 쇳조각 찾는다 비웃었네/백발이 학문에 방해된다 말하지 말게나/위무공(衛武公)은 구십 세에 스스로를 경계했다네."(邵說青天在眼前, 零金朱笑覓爐邊. 莫言白髮妨人學, 衛武猶箴九十年) 도가 멀리 있는 것이 아니라 자기 마음에서 찾을 수 있다는 깨달음을 읊은 시이다. 신유한은 이 시를 몰랐던 듯하다. 이상의 필담은 장응두가 기록하였다.

이어서 헤이잔은 자신의 아들인 미즈타리 야스카타(水足安方)를 소개하면서, 중국의 사신이 조선에 왔을 때 정육을(鄭六乙)이 여덟 살 난 아들 정여창(鄭汝昌)을 사신인 장녕(張寧)에게 데리고 가서 이름을 지어 주기를 청했던 일을 말하고, 자신의 아들에게도 자와 호를 지어 줄 것을 간절히 부탁하였다.

이에 신유한은 자를 시류우(斯立)이라 지어 주고 호를 하쿠센(博泉)이라 하였다. 야스카타(安方)라는 이름이 몹시 좋으니 자는 '立'의 뜻으로 하고 원래 호(號)가 '슷센'(出泉)이었으니 마지막 글자를 맞추면서 『중용』의 '넓고 깊어 때때로 나온다'(溥博淵泉, 而時出之)라는 구절에서 뜻을 취한다고 하였다. 여기에 대해서는 신유한의 『해유록』(海游錄) 9월 4일조에 자세한 내용이 보인다. 다만, 『해유록』에는 '博泉'이 '博淵'이라고 되어 있는바, 신유한의 착오인 듯하다.

신유한은 오늘은 늦었으니 자호설(字號說)은 내일 써 주겠다고 하였는데, 이에 헤이잔

---

4. 乏: 저본에는 '令'으로 되어 있으나, 『항해창수』에 의거하여 바로잡는다.

은 다시 만나기를 기약하기 어려우니 지금 써 달라고 부탁하였다. 『항해헌수록』에는 신유한이 쓴 「자호설」의 전문이 남아 있다. 그 글에 의하면 '斯立'에는 '立身大方'의 상(象)이 있고 '博泉'은 『사전』(思傳)의 '時出'의 뜻에서 가지고 온 것이라 하였다. 『사전』은 공자의 손자 자사(子思)가 지은 책이란 뜻으로 『중용』(中庸)을 가리킨다.

하쿠센과 통신사 일행과의 필담은 다음과 같다. 필담에 참여한 사람은 성몽량, 권도, 정후교, 마츠우라 기이다.

하쿠센: 신유한, 성몽량, 장응두 세 선생께서 귀국의 지필묵(紙筆墨)을 주시니 입은 은혜가 너무나 큽니다. 감사하고 감사합니다.

마츠우라 기: 공께서는 '玉雪可念'이라는 한유(韓愈)의 말을 슛센(出泉)에게 써 주셨는데, 이 말이 무슨 뜻입니까?

성몽량: 동자(童子)의 빼어난 재주를 사랑해서 써 준 것입니다.

성몽량: 어린 아이의 문필(文筆)이 아름다우니, 사례하는 시를 지어 나에게 주었으면 합니다. 그러면 마땅히 화답하겠습니다. (시는 앞에 나왔다.)

성몽량: 지은 시가 몹시 아름답습니다. 옥(玉) 같은 사람에게서 옥 같은 시가 나왔으니, 사랑스럽고 사랑스럽습니다.

出泉: 申､成､張三先生, 辱賜貴國筆墨紙, 荷恩甚多, 奉謝奉謝.

霞沼: '玉雪可念', 退之語, 公書贈之出泉, 果何意?

嘯軒: 愛童子穎秀, 故書退之語, 贈之.

嘯軒: 小兒文筆可佳, 作謝詩贈我爲望, 便當和呈.(詩出于前)

嘯軒: 所作詩佳甚. 如玉人, 如玉詩, 可愛可愛.(13b~14a)

괄호 안의 글은 협주(夾註)이다. 필담창화집에는 필담의 중간이나 말미에 필담을 나누는 상황이나 내용에 대한 보충 설명을 하기 위해 협주를 사용하는 경우가 간혹 보인다. 성몽량과 하쿠센이 필담을 나누는데 옆에 있던 마츠우라 기가 끼어들어 성몽량이 하쿠센에게 써 준 '옥설가념'(玉雪可念)의 뜻을 물었다. 이 구절은 한유의 「전중소감(殿中少監) 마군(馬君) 묘지」(殿中少監馬君墓誌)에 나오는 말로 어린 아이의 피부가 옥설(玉雪)같아 사랑스럽다는 뜻이다.

이어서 권도가 하쿠센과 필담을 나눴다.

권도: 성명은?

하쿠센: 성은 미즈타리, 이름은 야스카타, 별호(別號)는 슛센(出泉)입니다.

권도: 나이는?

하쿠센: 정해(丁亥)년에 태어났으며, 13세입니다.
권도: 시를 지어 줄테니 잠시 기다리게.(시는 앞에 나왔다.)
卑牧子: 姓名?
出泉: 姓水足, 名安方, 別號出泉.
卑牧子: 年?
出泉: 丁亥生十有三.
卑牧子: 作詩贈之, 姑待之.(詩出于前)(14a)

다음으로 하쿠센이 선물을 보낸 것에 대해 신유한과 성몽량이 감사하는 필담이 이어진다.

하쿠센: 일본 붓 몇 자루를 신유한, 성몽량, 장응두 세 분 숙소에 보내 드립니다.
신유한: 물건은 우리가 주어야 할 것인데, 어찌 그대가 우리에게 주는가?
성몽량: 물건이 아름다운 것이 아니라 준 사람이 아름답네.
出泉: 和筆數枚, 奉呈申、成、張三公旅次.
靑泉: 物吾當贈君, 君豈贈我?
嘯軒: 旣, 非物爲美, 美人之貽.(14b)

성몽량의 말은 『시경』(詩經) 패풍(邶風) 「정녀」(靜女)의 "들판에서 삘기를 주니/참으로 곱고 기이하구나/삘기가 고와서가 아니라/고운 님이 주셔서라네"(自牧歸荑, 洵美且異. 匪女之爲美, 美人之貽)라는 구절을 패러디한 것으로, 나에게 준 물건이 아름다운 것이 아니라 그것을 준 사람이 아름답기 때문에 그 물건 역시 아름답다는 뜻을 담고 있다.

11. 객관최찬집(客館璀璨集)

1 서지사항

서명: 객관최찬집(客館璀璨集)
소장처: 오오사카 부립 나카노시마 도서관(大阪府立中之島圖書館)
편자: 키노시타 란코오(木下蘭皐)
간행연대: 1720년(享保 5)
책수: 2권 1책
판본: 간본

표제는 '和韓唱酬/客館璀璨集 乾'이다. 내용은 '客館璀璨集' 전편과 후편이 1책으로 합철되어 있다. '객관'(客館)은 통신사가 머무는 숙소를 말하고 '최찬'(璀璨)은 아름다운 구슬을 가리키는바, 숙소에서 양국의 문사들이 나눈 필담과 창화시를 비유한 말이다. 한편, '和韓唱酬/蓬島遺珠 坤'이라는 책이 있어 이 책과 짝을 이룬다. '和韓唱酬'라는 제목 아래 각기 다른 두 권의 필담창화집을 수록하고 '乾巻'과 '坤巻'으로 구분한 것으로 보인다. '蓬島遺珠'는 키노시타 란코오(木下蘭皐, 1681~1752)와 함께 통신사 일행을 방문한 아사히나 겐슈우(朝比奈玄洲, ?~1734)가 통신사와 나눈 필담과 창화시를 모아 편찬한 책이다. 두 사람 모두 오규우 소라이(荻生徂徠)의 제자로, 오와리 번(尾張藩: 지금의 아이치 현愛知縣 서부)의 유관(儒官)이다. 『객관최찬집』의 전편은 9장, 후편은 16장으로 이루어져 있으며, 전편에는 9월 16일에 나눈 필담이, 후편에는 10월 25일 귀로에 나눈 필담이 각각 수록되어 있다.

2 필담일시 및 장소

1719년 9월 16일 밤과 10월 25일에 나눈 필담 모두 오와리 번의 쇼오코오인(性高院)에서 이루어졌다. 쇼오코오인은 통신사의 숙소이다.

3 참여자

조선 측 참여자는 신유한(申維翰), 강백(姜栢), 장응두(張應斗), 백흥전(白興銓), 권흥식(權興式), 성몽량(成夢良)이다. 권흥식은 역관(譯官)이며, 자는 군경(君敬), 호는 북암(北岩)이다. 정묘년(1687)에 급제하여 첨정(僉正)을 지냈으며, 사행 당시 54세였다. 귀국길에 인삼 밀무역을 한 것이 발각되자 자살하였다. 백흥전은 의원이며, 자는 군평(君平), 호는 서초(西樵)이다. 성몽량은 9월 16일 필담에는 병으로 인해 참석하지 못하였고, 10월 25일 필담에 참여하였다.

필담에 참여한 일본인은 키노시타 란코오와 아사히나 겐슈우이다.

- 키노시타 란코오. 이름은 사네히로(實聞), 초명(初名)은 키세이(希聲), 자는 타츠오(達夫)이다. 호는 란코오(蘭皐) 또는 굣코신진(玉壺眞人)이다. 오카지마 칸잔(岡島冠山, 1674~1728)에게 중국어를, 오규우 소라이에게 유학을 배운 뒤 오와리 번에 출사하였다. 1719년 통신사를 만나 중국어와 시문에 능하다는 평을 받은 뒤 일본 전역에 이름이 알려졌다. 저서에 『대강난고선생시집』(오오에란코오센세이시슈우, 大江蘭皐先生詩集), 『옥호시고』(굣코시코오, 玉壺詩稿), 『호중방음』(코츄우호오긴, 壺中放吟), 『오하구문』(고카큐우분, 吳下舊聞), 『난고유문』(란코오이분, 蘭皐遺文) 등이 있다.

란코오가 중국어를 사사한 오카지마 칸잔은 나가사키(長崎) 출신의 당통사(唐通事)이다. 1701년 통사를 그만두고 쿄오토, 오오사카, 에도 등지를 떠돌다가 1711년 어학실력을 인정받아 하야시 호오코오(林鳳岡)의 수행원이 되어 통신사를 접견했다. 같은 시기 오규우 소라이가 주재하는 중국어 연구회의 강사가 되어 중국어를 지도하여 소라이학(徂徠學) 형성에 크게 기여하였다. 만년에는 쿄오토에 살면서 『수호전』(水滸傳)을 번역하였으나 간행 전에 죽었다.

- 아사히나 겐슈우. 이름은 분엔(文淵), 자는 칸토쿠(涵德)이다. 이 필담집에 등장하는 쵸오 겐슈우(鼂玄洲)가 바로 아사히나 겐슈우이다. 중국식 이름으로 고풍스럽게 보이기 위해 '朝'의 고자(古字)인 '鼂'를 썼다. 오규우 소라이에게 배우고 오와리 번에 출사하였

다. 저서에 필담집인 『객관최찬집』(客館璀璨集)과 『봉도유주』(蓬島遺珠)가 있다.

4 내용

▣ 창화시

창화시의 내용은 사행의 노고를 치하하고 서로의 안부를 묻는 내용이 대부분이다.

▣ 필담

(1) 전편

1719년 9월 16일 쵸오슈우 번에 도착한 통신사 일행을 만나기 위해 키노시타 란코오는 쵸오 겐슈우(晁玄洲)라는 인물과 함께 숙소를 방문하였다. 당시 그는 통신사 접대를 담당하는 주방을 감독하는 직책을 맡고 있었다. 신유한의 『해유록』(海游錄) 9월 16일조에도 이날의 상황이 간략히 기록되어 있다.

란코오는 먼저 신유한에게 칠언절구 한 수와 「선인편」(仙人篇)이라는 제목의 장편 7언시를 지어 주었는데, 마침 신유한이 병중이라 자리에 없었으므로 아메노모리 호오슈우(雨森芳洲)를 통해 전달하였다. 잠시 후 란코오는 신유한을 직접 찾아가서 필담을 나눴다.

> **란코오:** 병이 있다고 들었습니다. 근래 몹시 추워졌으니 힘써 더욱 보중(保重)하시는 것이 좋겠습니다. 일전에 오얏을 드렸는데 홀연 옥으로 화답하여 주시니 감사하기 그지없습니다. 성명을 아직 잘 모르니, 가르쳐 주시기 바랍니다.
>
> (병상에 가서 대면하여 인사를 하였다.)
>
> **신유한:** 병문안을 와 주시니 감사하고 감사합니다. 제 성은 '신'(申)이고 이름은 '유한'(維翰), 자는 '주백'(周伯)이고 호는 '청천'(靑泉)입니다. 비서저작(秘書著作: 제술관)의 직책으로 왔습니다. 아까 주신 빼어난 절구(絶句)에 이미 차운하였습니다만, 장편시는 화답할 겨를이 없었습니다. 우선 내일까지 기다려 주십시오. 반드시 화답해 드리겠습니다.
>
> **蘭皐:** 承聞有尊恙, 近來暴寒, 勉加保護可. 向者呈木李, 忽賜瓊玖, 感佩無已. 未審姓名, 願見示.
>
> (往病床, 面謝)
>
> **靑泉:** 辱訪賤恙, 多謝多謝. 僕姓申, 名維翰, 字周伯, 號靑泉, 以秘書著作來. 所贈玉什絶句

既次韻，若長篇則未暇和答．姑竢明日，必應奉酬.(前篇 2b~3a)

란코오가 오얏 운운한 것은 『시경』(詩經) 「모과」(木瓜)편의 "내게 오얏을 주길래/옥으로 갚아 주었지/답례가 아니라/길이 잘 지내자는 뜻이지"(投我以木李，報之以瓊玖．匪報也，永以爲好也)라는 구절을 빌려 와 감사의 뜻을 전한 것이다. 신유한은 병중임에도 란코오의 방문을 마다하지 않고 장편시에 화답할 것을 약속하였다. 란코오는 자신의 실력을 인정받기 위해 미리 고심해서 장편의 시를 지어 온 듯하다. 그 내용도 통신사 일행을 신선에 비유하여 용을 타고 일본을 방문하였으니 그 자태가 황홀하다는 등 칭송 일색이다.

이어서 란코오는 세 서기에게 주는 시를 썼는데, 강백과 장응두가 여기에 화답하였다. 성몽량은 병으로 인해 자리에 없었다. 또한 란코오는 곁에 있던 의원 백흥전(白興銓)에게 자신의 당호인 '白玉壺'를 대자(大字)로 써 줄 것을 부탁하였다. 편액으로 만들기 위해서였다. 이어서 란코오는 신묘년(1711) 통신사 일행의 안부를 물었다.

란코오: 신묘년에 통신사로 오신 이학사(李學士: 제술관 이현李礥)와 서기 세 분은 모두 무양(無恙)하신지요?

장응두: 그 당시의 서기는 모두 무양하지만 제술관은 불행히도 세상을 떠났습니다.

란코오: 저는 멀리 노닐기를 좋아하여 태사공(太史公)의 자취를 사모하는바, 남쪽으로 강회(江淮)에 노닐고 위로는 회계(會稽)에 이르고 우혈(禹穴)을 찾고 구의(九疑)를 바라보며 원수(沅水)와 상수(湘水)에 배를 띄우고 북으로 문수(汶水)와 사수(泗水)에 노닐면서 천하의 승경을 두루 다 구경하고 싶지만 세상사 때문에 그 바람을 아직 이루지 못했으니, 어찌 슬프지 않겠습니까? 귀국은 중화(中華)와 접해 있으니 명산대천(名山大川)이 어찌 다만 수십 군데뿐이겠습니까? 그중에서 유람할 만한 기이한 절경 한두 군데가 있으면 가르쳐 주시길 원합니다.

장응두: 우리나라에 유명한 산으로는 금강산, 지리산, 묘향산, 속리산, 태백산, 한라산 등이 있고, 강으로는 압록강, 두만강, 패수(浿水), 백마강, 금강, 낙동강 등이 있습니다. 저도 아직 다 구경하지는 못했고, 그중에 한두 군데만 가보았을 뿐입니다. 지금 3천 리나 되는 큰 바다를 건너와서 후지산(富士山)의 기이하게 우뚝 솟은 모습과 쿄오토의 웅장하고 화려한 모습을 보니 가히 천하의 큰 구경거리라 할 수 있겠습니다. 이는 자장(子長: 사마천을 이름)도 보지 못한 것입니다.

蘭皐: 辛卯之聘使李學士、三書記等，無恙否?

菊溪: 其時三書記皆無恙，製述官不幸下世矣.

蘭皐: 余好遠遊，慕太史公蹤，南遊江淮，上會稽，探禹穴，闚九疑，浮於沅湘，北遊汶泗，遍欲窮天下之勝，而因世故，厥圖未遂，豈不遺慨耶? 貴邦接壤於中華，名山大川何翅數十? 其中有一二絶境奇窟可遊之地，請見教.

菊溪: 吾邦山則有金剛、智異、玅香、俗離、太白、漢拏, 水則有鴨綠、豆滿、浿水、白馬、錦江、洛東, 而僕亦未及遍觀, 只窺其一二矣. 今來涉得三千里大海, 看了富士之奇峭、京都之雄麗, 則可謂天下之大觀, 而此則子長之所未覩也.(前篇 4b~5a)

란코오는 사마천처럼 천하를 주유하고 싶다는 포부를 내비치고 사마천이 유람한 곳을 언급한 뒤, 조선의 명승지를 가르쳐 달라고 했다. 조선이 중국과 접하고 있기 때문에 명승지 또한 있을 것이라고 생각해서다. 이에 대해 장응두는 조선의 유명한 산과 강을 말한 다음 후지산의 기이한 자태와, 쿄오토의 번영상이 놀랍다고 대답하였다.

장응두: 그대들은 한어(漢語)을 잘하니 기이하고 기이합니다. 저도 조금 배웠지만 열에 여덟 아홉은 모릅니다. 부끄럽고 부끄럽습니다.

(내가 겐슈우玄洲와 중국어로 이야기하는 것을 보았기 때문에 하는 말이다.)

란코오: 저는 당화(唐話: 중국어를 이름)를 오카지마 보쿠(岡島璞)에게 배웠습니다. 그의 자는 교쿠세이(玉成)이고, 또 다른 자는 엔시(援之)입니다. 엔시는 원래 나가사키 사람으로 신묘년에 에도에서 귀국의 정창주(鄭昌周)를 접견했습니다. 정 선생은 지금도 무양하신지요?

장응두: 정 판사(判事)는 지금 무양합니다. 이번에도 함께 왔습니다. 권 첨정(僉正)도 화어(華語: 중국어를 이름)를 잘하는데 이번 행차에 함께 왔습니다.

란코오: 족하께서는 어떤 제명(題名)으로 과거에 장원 급제하셨는지요?

장응두: '조만탄'(操縵歎)이라는 시제(詩題)로 장원 급제했습니다. 듣기로는 일본에는 과거제도가 없어 영재(英才)들이 포의(布衣)로 지낸다고 하니, 애석하고 애석합니다.

란코오: 감당할 수 없습니다. 감당할 수 없습니다.

(이후 중국어를 조금 가르쳐 주었으나 잠깐 사이라 잊어버린 것이 많았다.)

란코오: 여러분들이 쓰신 관(冠)은 무엇이라 부릅니까?

강백: 서초(西樵: 백홍전)가 쓴 것은 팔괘고후관(八卦高厚冠)이고, 제가 쓴 것은 동파관(東坡冠)이고, 국계(菊溪: 장응두)가 쓴 것은 와룡관(臥龍冠)입니다.

강백: 나이는 어떻게 됩니까? 아들이 있습니까? 아들도 학문을 하는지요?

란코오: 저는 에도에 오래 머물러 있었다가 근년에 번(藩)으로 돌아왔기 때문에 아직 처를 얻지 못하였습니다. 그러니 아들이 어찌 있겠습니까? 지금 헛되이 39년의 세월이 흘러 귀밑이 하얗게 새었으니 부끄러워 견딜 수 없습니다.

란코오: 쵸오슈우 번(長州藩) 하기 성(萩城: 지금의 야마구치 현山口縣 하기 시萩市)에 켄 코오쥬(縣孝儒)라는 사람이 있는데 호는 슈우난(周南)입니다. 저와 함께 공부한 사람입니다. 1711년에 아카마가세키(赤馬關: 지금의 시모노세키下關)에서 귀국의 제현(諸賢)을 만났습니다. 이번 행차에서도 슈우난이 여러분을 만났는지요?

장응두: '赤馬關'(아카마가세키)은 '赤間關'(아카마가세키)인가요?

란코오: 그렇습니다.

강백: 그 사람은 오지 않았습니다.

菊溪: 公等漢語善解, 可奇可奇. 余亦略學得, 而十不解八九, 可愧可愧.

(余與晁玄洲以唐音口談, 故云云.)

蘭皐: 余學唐話於岡島璞, 字玉成, 一字援之者, 援之本崎陽人, 辛卯歲接見貴邦鄭昌周于東都. 鄭子今尙亡恙否?

菊溪: 鄭判事今果無恙, 又來此行中耳. 權僉正亦善華語, 此行同隨來.

蘭皐: 足下科場中, 以何題占魁耶?

菊溪: 詩題以'操鏝歎'居魁耳. 嘗聞貴邦無科第, 使英材在布衣之列, 可嗟可嗟.

蘭皐: 不敢當, 不敢當.

(自是以後稍講唐話, 忽忽之際, 多忘却了.)

蘭皐: 公等所着冠, 名如何?

耕牧子: 西樵所著, 是八卦高厚[1]冠, 我所著, 則東坡冠, 菊溪所著, 則臥龍冠.

耕牧子: 尊年幾許? 且有令嗣, 又學耶?

蘭皐: 余久客東都, 近歲還家卿, 以故未嘗得受室, 奚況添丁耶? 今虛度三十九春秋, 雙鬢旣欲絲, 不堪惶愧之至.

蘭皐: 長州 萩府有縣孝孺, 號周南者, 余同社中之士也. 正德辛壬之交相會貴邦諸賢于赤馬關, 此行亦周南獲接見公等否?

耕牧子: 赤馬關則赤間關否?

蘭皐: 然.

耕牧子: 此人不爲來見耳.(前篇 5a~7b)

괄호 안의 글은 겐슈우가 필담을 나누는 현장 상황을 설명하기 위해 필담집을 편집할 때 삽입한 것이다. 겐슈우와 란코오가 중국어로 대화하는 것을 보고 장응두는 놀랐는데, 이는 소라이학을 배운 이들에게는 당연한 일이다. 소라이는 일본인들이 훈독(訓讀)을 하는 버릇 때문에 한문에 능하지 못하다는 것을 간파하고 중국어 학습을 통해 한문을 직독직해하는 능력을 기르도록 하였다. 정창주는 1711년 사행 당시 한학상통사(漢學上通事)였다. 정창주와 칸잔의 대화는 『계림창화집』 권3에 수록되어 있다. 란코오가 1711년 사행원의 안부를 묻는 것으로 볼 때 당시 이들과 만남을 가졌거나 스승인 칸잔에게 전해 들었을 것이라 생각되나 자세한 것은 알 수 없다.

'조만'(操鏝)은 악기의 음을 조정하는 것을 말한다. 『예기』(禮記)에 "음을 조정하는 것을 배우지 않으면 현을 제대로 탈 수 없다."(不學操縵, 不能安弦)는 구절이 있다. '탄'(歎)은 시 형식의 하나이다. 장응두가 일본에는 과거 제도가 없어 뛰어난 인물도 벼슬을

1. 厚: 저본에는 '後'로 되어 있으나 오자이다.

하지 못한다고 하자 란코오가 감당할 수 없다며 얼버무리고 있다. 계속해서 일본의 인재 등용과 관련한 필담이 이어졌을 가능성이 있지만, 란코오는 중국어 운운하며 기억이 나지 않는다고 둘러대고 있다. 막부의 노여움을 살까 두려워 얼버무린 것으로 보인다.

켄 코오쥬는 야마가타 슈우난(山縣周南, 1687~1652)을 말한다. 슈우난은 쵸오슈우 번의 유관(儒官) 야마가타 료오사이(山縣良齋, 1648~1728)의 차남으로, 1705년 19세 때 에도에 가서 오규우 소라이의 문하에서 3년간 공부하고 돌아와 번주의 지코오(侍講)가 되었다. 또 번교(藩校)인 메이린칸(明倫館)에서 제자들을 길러내어 소라이학이 쵸오슈우에까지 널리 퍼지게 되었다. 1711년 통신사 일행을 만나고 난 뒤 일본 전역에 이름이 알려졌다. 이때의 필담집인 『문사기상』(問槎畸賞)에 오규우 소라이가 평어를 달았다.

또 란코오는 의원 백흥전에게 상륙(商陸: 자리공의 뿌리)에 대해 물었으며, 장응두, 강백과 시를 주고받고 권흥식과 통성명을 하였다.

다음날 새벽 출발할 때 신유한은 벽에다, 모쿠 란코오(木蘭皐)에게 화답하지 못한 시가 한 편 있는데 아침 일찍 떠나게 되었다, 돌아올 때 다행히 다시 만나게 되면 어젯밤 못 다한 이야기를 계속하자는 글을 남기고 떠났다.

(2) 후편

후편은 통신사 일행이 에도를 떠나 귀로에 오른 후 10일이 지나 다시 오와리 번에 들렀을 때의 기록이다. 『해유록』 10월 25일조에도 이날의 상황이 기록되어 있어 참조가 된다.

통신사 일행이 사관에 도착할 때 많은 일본 문사들이 기다리고 있었으며, 란코오와 겐 슈우도 마중 나왔다. 란코오가 예전에 써 준 화답시를 성축(成軸)하였으니 인장을 찍어 후일의 기념으로 삼게 해 달라고 하자, 신유한과 세 서기가 각기 인장을 찍어 주었다.

서로 이별의 시를 주고받은 후 란코오와 강백이 필담을 시작하였다.

란코오: 귀국 선비들은 슬(瑟)을 잘 탄다고 들었는데, 과연 그렇습니까?

강백: 선비들은 대부분 금(琴)을 타고 슬(瑟)은 타지 않습니다. 금곡(琴曲)은 고조(古調)가 많아 이루 다 말할 수 없습니다.

란코오: 이항(里巷) 소곡(小曲)의 창(唱)에는 어떤 사(詞)가 있습니까?

강백: 「황풍악」(皇風樂), 「보허사」(步虛詞), 「옥수후정화」(玉樹後庭花)가 있습니다.

란코오: 도관(道觀)이 있어 도사와 여관(女冠)이 제사를 받드는지요?

강백: 도관은 없지만, 절이 있어 중이 제(祭)를 주관합니다.

란코오: 언문(諺文)을 아직 보지 못했습니다. 글자체가 어떠합니까?

강백: 글자는 범자(梵字)와 비슷합니다. 그리고 방언(方言)으로 글자의 뜻을 번역합니다. (따로 언문을 써서 나에게 주었으니, 아래와 같다.)

蘭皐: 聞貴邦之士善鼓瑟, 果然否?

耕牧子: 士多鼓琴, 不解鼓瑟, 琴曲多古調, 不能盡言.

蘭皐: 里巷小曲唱, 何等詞耶?

耕牧子: 有「皇風樂」､「步虛詞」､「平羽調」､「玉樹後庭花」.

蘭皐: 有道觀而羽流､女冠奉祠耶?

耕牧子: 無道觀, 有佛寺而僧髡主之.

蘭皐: 諺文未審, 字體如何?

耕牧子: 字似梵字, 而以方言譯字義.

(別書諺文, 惠余如左.)

ㄱㄴㄷㄹㅁㅅㅇ

가갸거겨고교구규그기ᄀᆞ

나냐너녀노뇨누뉴느니ᄂᆞ

다댜더뎌도됴두듀드디ᄃᆞ

라랴러려로료루류르리ᄅᆞ

마먀머며모묘무뮤므미ᄆᆞ

바뱌버벼보뵤부뷰브비ᄇᆞ

사샤서셔소쇼수슈스시ᄉᆞ

아야어여오요우유으이ᄋᆞ

자쟈저져조죠주쥬즈지ᄌᆞ

차챠처쳐초쵸추츄츠치ᄎᆞ

파퍄퍼펴포표푸퓨프피ᄑᆞ

타탸터텨토툐투튜트티ᄐᆞ

카캬커켜코쿄쿠큐크키ᄏᆞ

하햐허혀호효후휴흐히ᄒᆞ

과궈와워솨숴화훠

以呂波譯字

이ᄅᆞ하니허헤도　イロハニホヘト

지리느르어와가　チリヌルオワカ

요다례소즈녜나　ヨタレソツ子ナ

라므우이노어구　ラムウ井ノヲク

야마계후고예뎨　ヤマケフコエテ

아사기유메미시　アサキユメミシ

예히모셰츠　ヱヒモセス　(前篇 6a~8a)

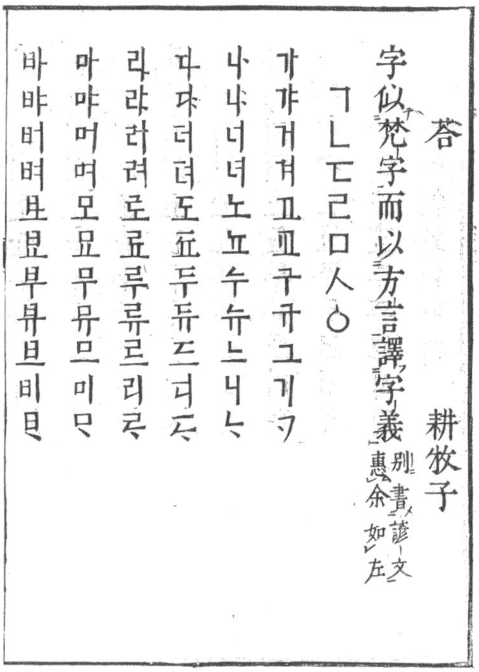

答　耕牧子
字似梵字而以方言譯字義 別書諺文惠余如左
ㄱㄴㄷㄹㅁㅅㅇ
가갸거겨고교구규그기ᄀᆞ
나냐너녀노뇨누뉴느니ᄂᆞ
다댜더뎌도됴두듀드디ᄃᆞ
라랴러려로료루류르리ᄅᆞ
마먀머며모묘무뮤므미ᄆᆞ
바뱌버벼보뵤부뷰브비ᄇᆞ

「황풍악」(皇風樂)은 당나라 음악을 모방하여 고려 왕조 창건을 노래한 궁중 음악으로 지금은 전하지 않는다. 「보허사」(步虛詞)는 고려 시대의 궁중 연례악(宴禮樂)으로 송나라에서 들여온 음악이다. 원래 이름은 「보허자」(步虛子)이며 「보허사」라는 이름은 조선 영조 때부터 쓰였다. 「옥수후정화」(玉樹後庭花)는 진(陳)나라 후주(後主)가 만든 곡으로 음란하다고 평해졌다. 고려 시대 궁중에서 불리다가 세종 때 폐지되었으며, 성종 때 성현(成俔)이 조선 창업을 송축한 가사로 개작하였다.

오오사카에서 이루어진 필담을 기록한 『화한창화집』(和韓唱和集)에도 일본인들의 한글에 대한 관심이 보인다. 강백은 이로하(以呂波), 즉 일본의 가나(假名)에 한글로 음을 붙여 주기도 하였다.

한편 란코오는 신유한에게 소라이의 학문 방법론을 소개했다.

란코오: 에도에 소라이 선생이란 분이 계십니다. 일찍이 고문사(古文辭)의 학문에 힘써 주공(周公)과 공자(孔子)의 책이 아니면 보지 않았고, 좌씨(左氏), 사마천(司馬遷), 반고(班固), 양웅(揚雄)의 책(策)이 아니면 꺼내 보지 않았으며, 「이소」(離騷), 『문선』(文選), 이백(李白), 두보(杜甫)의 시가 아니면 마음에 두지 않았으니, 대개 명(明)나라 이몽양(李夢陽)과 그 공(功)을 나란히 할 것입니다.

선생은 일찍이 이렇게 말씀하셨습니다. "문장의 도는 달의(達意)와 수사(修辭) 두 유파가 있다. 둘 다 성인의 말씀에서 나온 것이니 실은 서로 의지하는 것이다. 수사가 아니면 뜻을 전달할 수 없다. 그러므로 삼대(三代) 때는 두 가지가 나뉘지 않았다. 그러다 동한(東漢) 때 수사에 치우쳐 달의(達意)를 주장하는 일파는 잠잠하였고, 육조(六朝) 시대에 부미(浮靡)하여 당나라 때 절정에 이르렀다. 그러므로 한유(韓愈)와 유종원(柳宗元)이 달의로 떨쳐 우주를 일신하였다. 구양수(歐陽脩)와 소식(蘇軾)에 이르러 수사는 또 쇠퇴하였다가, 원나라와 명나라 때 다시 절정에 이르렀다. 이때 이반룡(李攀龍)과 왕세정(王世貞)이 나와 오로지 수사로 떨쳐 한결같이 고(古)를 가지고 준칙을 삼았으니 가히 대호걸이라 하겠다. 그러므로 서한(西漢) 이래의 문인들을 평하면서 당나라에서는 한유와 유종원을 취하고 명나라에서는 왕세정과 이반룡을 취한 것은 이 때문이다."

저는 그 문하에 노닐면서 그 책을 받아 읽고 몹시 기뻤습니다. 지금 글 읽는 선비들은 모두 앞 다투어 달려가 종지(宗旨)로 삼습니다. 귀국 문화(文華)의 융성함은 중국에 뒤지지 않은 지 오래되었습니다. 지금 문인들은 송(宋)·원(元)의 구습을 따르고 있습니까? 명나라 제가(諸家)를 따릅니까?

신유한: 소라이 선생의 성명(姓名)은 아직 들어 보지 못했습니다. 그러나 그가 고문사의 달의와 수사 두 가지를 논한 것은 몹시 명쾌합니다. 하물며 족하가 직접 배웠다니요. 저는 문장에 있어서는 고인의 깊은 경지를 엿보지도 못하였습니다. 그러나 대저 약관 이전에는 진한(秦漢) 고서(古書)를 읽는 데 뜻을 두었고 당송(唐宋)의 지엽말단에 먼저 힘을 쏟으려 하지 않았습니다. 그러나 애석하게도 심한 병에 걸려 다시 학업을 그만두어 마침내 스스로 한계를 정하고 나아가지 않았으니,

몹시 슬픕니다.

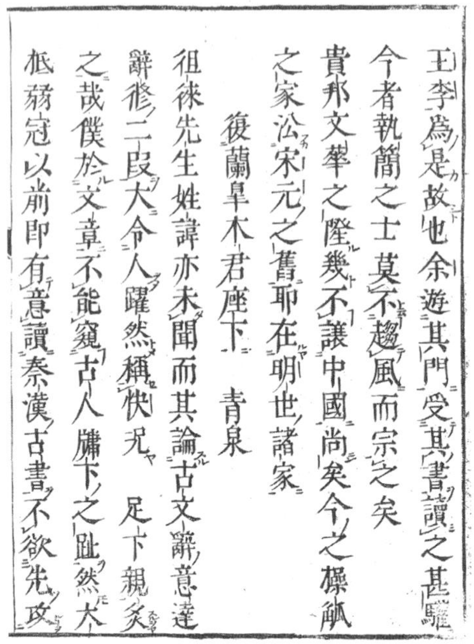
王李爲是故也余遊其門受其書讀之甚驩
今者執簡之士莫不趨風而宗之矣
貴邦文華之隆幾不讓中國尚矣今之操觚
之家沿宋元之舊耶在明世諸家
復蘭皐木君座下　青泉
徂徠先生姓諱亦未聞而其論古文辭意達
辭修二段大令人躍然稱快況足下親炙
之哉僕於文章不能窺古人牖下之趾然大
抵弱冠以前即有意讀秦漢古書不欲先攻

우리나라는 고려시대에는 오로지 송・원의 문장을 따랐는데, 우리 왕조에 이르러 여러 재자(才子)들이 일어나 혹자는 "반고와 사마천"이라 하고 혹자는 "한유와 유종원과 소식"이라 하였습니다. 그러나 그 바탕을 궁구하면 유도(儒道)를 종지(宗旨)로 삼습니다. 그러므로 그 문장의 체재는 대체로 송나라의 기습(氣習)을 따르되, 간혹 한두 구절 험(險)함과 순(順)함, 평이함과 난삽함의 차이가 있을 따름입니다. 명나라 제자(諸子) 중 이몽양, 하경명(何景明), 왕세정, 이반룡은 진실로 대가들이라 그들의 문장이 처음 전해졌을 때 또한 이를 존모하려는 생각이 없지 않았습니다. 그러나 왕세정과 이반룡의 문장을 전공(專攻)하는 사람은 열에 한둘도 되지 않습니다. 지금 우리나라의 문사들은 대부분 "마땅히 먼저 팔대가(八大家)를 다독(多讀)해서 나의 문장이 익숙하여 통창하고 평탄해진 뒤에 명나라 제자들 또한 때때로 펼쳐보아 그 문채(文彩)를 도와야 한다."라고 말합니다.

蘭皐: 東都有徂徠先生者, 夙務古文辭之學, 非姬公､宣父之書, 不涉於目, 非左､馬､班､揚之策, 不發于笥, 非「騷」､『選』､李､杜之篇, 不歷于思, 蓋齊功於明 李獻吉矣. 先生嘗謂: "文章之道, 達意､修辭二派, 發自聖言, 其實二者相須, 非修辭則意不得達, 故三代時二派未嘗分別也. 東京偏修辭而達意一派寥寥, 六朝浮靡, 至唐而極矣. 故韓､柳而達意振之, 宇宙一新, 至歐､蘇又衰降, 迨元､明再極矣. 時有出李于鱗､王元美者焉. 專以修辭振之, 一以古爲則, 可謂大豪傑矣. 故評騭西京下文人, 唐取韓､柳, 明取王､李爲是故也. 余遊其門, 受其書, 讀之甚驩, 今者執簡之士, 莫不趨風而宗之矣. 貴邦文華之隆, 幾不讓中國尚矣. 今之操觚之家, 沿宋､元之舊耶? 在明世諸家.

青泉: 徂徠先生姓諱亦未聞, 而其論古文辭意達､修辭二段, 大令人躍然稱快. 況足下親炙之哉! 僕於文章不能窺古人牖下之趾. 然大抵弱冠以前, 即有意讀秦､漢古書, 不欲先攻枝葉於唐､宋之末, 而惜罹毒痾, 因復輟業, 遂畫而不進, 可哀可哀. 我國高麗之世, 專當宋､元, 至我朝而群才亦起, 或曰班､馬, 或曰韓､柳､蘇, 而原其體, 則以儒道爲宗. 故其文體裁, 率緣宋習, 間有一二章句, 險順平澁之殊而已. 皇明諸子中李､何､王､李, 允爲大方家, 其文之始來傳也, 亦不無向風之思, 而其專攻王､李之文者, 十無一二. 即今我國中操觚之士, 大都言曰: "宜先多讀八代家, 吾文既熟, 豁逕平坦, 然後皇明諸子亦可時時披閱, 以佐其采", 如此云云矣.(後篇 10a~12a)

란코오가 신유한에게 소라이 문장론의 대략을 말하고 있다. 고대(古代)에는 수사와 달의가 하나였는데 시대가 하강하면서 둘이 나뉘었다는 것이다. 그러므로 고대의 문장을 회복하기 위해서는 명나라 이반룡과 왕세정처럼 고(古)를 전범으로 삼아야 하며, 그 전범이 되는 텍스트는 『좌전』, 『사기』나 반고, 양웅의 글 그리고 「이소」, 『문선』이나 이백, 두보의 시라는 것이다. 란코오가 소라이의 문학론을 충실히 계승하였다는 점을 알 수 있다.

신유한은, 소라이의 이름은 들어 보지 못했으나 그의 의론은 명쾌하다고 추어올린 다음, 자신 역시 젊은 시절에는 당송고문보다 진한고문을 우선시했다고 말한다. 그리고 조선에도 진한고문을 배우는 풍조가 없지 않다는 점을 지적한 다음, 그럼에도 불구하고 대부분의 문인들은 당송고문을 먼저 배운 다음 명나라 대가들의 문장으로 들어가는 것이 순서라 생각하고 있다고 하였다. 신유한은 조선의 문장가들이 진한고문을 배우면서도 그 근원을 유학의 도리에 두고 있다고 하여, 수사(修辭)에 치중하여 진한고문만을 학습의 대상으로 삼는 소라이나 란코오와 다르다는 것을 분명히 하고 있다는 점이 주목된다. 소라이가 수사와 달의를 기준으로 진한고문과 당송고문을 구분 짓고 수사가 우세했던 진한고문을 회복하기 위해서 명나라 제가를 배워야 한다고 주장하고 있는 데 반해 신유한은 재도론적(載道論的)인 관점에서 유학의 도리를 중심에 두고 진한고문과 당송고문을 겸비해야 함을 말하고 있다. 당시 일본에서 소라이학이 유행하면서 한문에 자신감을 가지게 된 일본 문인들이 조선에 대해 도전적인 발언을 던지기 시작한 것이다. 소라이학파와 동신사와의 논쟁은 이후 1748년 무진사행을 거치면서 격화되어 1763년 계미사행 때 정점에 이른다.

한편 란코오는 신유한에게 자신의 시집인 『옥호음초』(곳코긴소오, 玉壺吟草)에 서문을 써 줄 것을 부탁하였다. 이에 신유한은 란코오의 시가 근래에 보기 드문 시라 극찬하고 정성들여 써서 아메노모리 호오슈우 편으로 전해 줄 것을 약속하였다. 이어서 신유한은 일본의 한시에 대한 자신의 견해를 피력한다.

신유한: 귀국에서 독서할 때 훈독(訓讀)을 아주 일찍부터 해서 알아듣기 어려운 듯합니다. 그래서 여러 문사들과 시를 창화하거나 필담을 할 때 문리(文理)의 맥락을 알 수 없는 것이 많으니, 이는 성률(聲律)에 익숙하지 않기 때문입니다. 이것은 일본이 중국과 멀리 떨어져 있어 풍음(風音: 한자를 일본음으로 읽는 것을 말함)이 다르기 때문입니다. 츠시마의 아메노모리 토오(雨森東: 아메노모리 호오슈우)와 마츠우라 기(松浦儀: 마츠우라 카쇼오松浦霞沼) 두 사람의 문장은 참으로 빼어나니 지금 시대에 쉽게 얻을 수 있는 것이 아닙니다. 그런데 그 사람들을 보니 그들은 모두 한음(漢音)에 익숙했습니다. 족하를 만나기 전에 먼저 주신 「선인편」(仙人篇)을 보고 고조(古調)가 있는 것에 몹시 놀라서 아마도 한음을 아는 사람이 시은 것이라 생각했습니다. 당신을 직접 만나 말하는

것을 듣고 보니 정말로 그렇군요. 또한 당신이 당대 사람과 다르다는 것을 알겠습니다.

신묘년(1711) 통신사가 귀국할 때 『백석시초』(하쿠세키시소오, 白石詩草) 한 권을 가지고 와서 내게 보여 주었습니다. 저는 그 음조가 아름답고 낭랑하여 중화(中華)의 울림이 있는 것에 감탄했습니다. 지금 듣건대 그 사람이 나와서 객(客)을 만나지 않아 인사할 기회가 없으니 몹시 애석합니다.

얼마 전 오오사카에 도착했을 때 어떤 사람이 새로 간행된 『서지헌음고』(즈이시켄긴코오, 瑞芝軒吟稿) 여러 권을 나에게 전달하여 보여 주면서 "토리야마(鳥山) 씨가 지은 것입니다."라고 하였습니다. 그 시는 온자(蘊藉)하여 음미할 만했습니다. 그 문생(門生) 한 명이 나에게 서문을 써 줄 것을 간곡히 부탁하기에 사양하지 않고 서문을 써 주었습니다. (…)

란코오: (…) 하쿠세키(白石: 아라이 하쿠세키) 선생은 에도에 살고 있으며, 토리야마는 오오사카에 있습니다. 저 또한 아직 만나 본 적이 없으나, 그 시명(詩名)은 태산북두(泰山北斗)와 같아 우리가 감히 엿볼 수 있는 경지가 아닙니다. 저는 시도(詩道)에 있어서 고시(古詩)는 반드시 한(漢)·위(魏)를 숭상하고, 근체시(近體詩)는 반드시 성당(盛唐)을 본받습니다. 또한 명나라의 왕세정과 이반룡 등 칠자(七子)를 사모하며, 대력(大曆: 당나라 대종代宗의 연호) 이래 서곤체(西崑體: 송나라 초기의 미려한 시)를 모방한 자들이 지은 것은 배운 적이 없습니다. 원서(元瑞: 호응린胡應麟)가 "시가(詩歌)의 도(道)는 한(漢)나라 때 한 번 융성했고 당나라 때 다시 융성했으며 명나라 때 또다시 융성했다."라고 한바, 저는 확론이라 생각합니다. 근래에 어떤 사람들은 말하기를 "당나라에서는 원진(元稹)과 백거이(白居易)를 모범으로 삼고, 송나라에는 오로지 소식(蘇軾)과 황정견(黃庭堅)이 있을 뿐이다. 명나라 제자(諸子)는 취할 바가 못 된다."라고 하니, 도청이식(塗聽耳食: 길에서 주워들은 말)이라 애석할 따름입니다!

靑泉: 貴國讀書, 音譯甚早, 似難曉識. 是以諸文士倡和筆談, 文理脈絡多有不可解者, 蓋坐於聲律之未閑. 此與中國遠, 故其風音自別, 馬州 雨森東及松浦儀二君子, 其諸文固是絶才, 今世之不易得也, 見其人皆習漢音. 未見足下, 先得「仙人篇」, 絶驚有古調, 疑其曉漢音, 而及見之, 聽言語, 乃信然, 又知非當代之人也. 辛卯使行歸時, 持『白石詩草』一卷示余, 余歎其音調婉朗, 有中華之響. 今聞其人不出見客, 無以奉拜, 甚恨甚恨. 頃到大坂, 有人傳示新板『瑞芝軒吟稿』數卷, 曰: '鳥山氏所作.' 其詩蘊藉有味, 其門生一人力請余爲序, 不辭以爲之序. (…)

蘭皐: (…) 白石子居東都, 鳥山生在浪華. 余亦未相見, 以其詩名恰如斗山, 吾輩非所可敢窺知也. 余於詩道古心尙漢魏, 近體必盛唐, 且慕明 王李等七子, 亦未嘗學大曆以來倣西崑體者所爲矣. 元瑞云: "詩歌之道, 一盛於漢, 再盛於唐, 又再盛明." 余謂確論也. 近有一家云: "唐宗元白, 宋唯蘇黃, 明世諸子無足取." 塗聽耳食, 哀哉!(後篇 12b~14a)

아라이 하쿠세키의 『백석시초』는 1711년 통신사의 정사(正使)인 조태억(趙泰億)이 가지고 온 것이다. 토리야마 시켄의 『서지헌음고』에 대해서는 『해유록』 11월 4일조에 관련 내용이 보인다.

란코오가 언급한 칠자(七子)는 왕세정·이반룡과 더불어 복고적인 문학 노선을 주장한 문인들을 통칭하는 말이다. 앞서도 언급했듯이 란코오의 스승인 오규우 소라이는 고대의 문학을 당대에 구현하려고 했던바, 그 방법론으로 제시된 것이 의고(擬古)이다. 이는 명나라 칠자, 그중에서도 특히 이반룡과 왕세정의 영향 때문이다.

신유한은 일본의 문인들이 시를 잘 짓시 못하는 것이 음역(音譯), 즉 한문을 일본어로 읽는 훈독 때문이라고 지적하였고, 그 증거로 중국어를 배운 이들의 시가 대단히 훌륭하다는 점을 들었다. 란코오는 신유한의 이러한 지적에 대해서는 응대하지 않고 있다. 신유한이 훌륭하다고 했던 아라이 하쿠세키와 아메노모리 호오슈우는 주자학자로 소라이학파와는 거리가 있는 인물들이다. 따라서 그들의 시문이 훌륭하다고 하면서도 자신은 스승인 소라이의 복고적 문학 노선을 따른다는 점을 거듭 강조하고 있다.

12. 봉도유주(蓬島遺珠)

1 서지사항

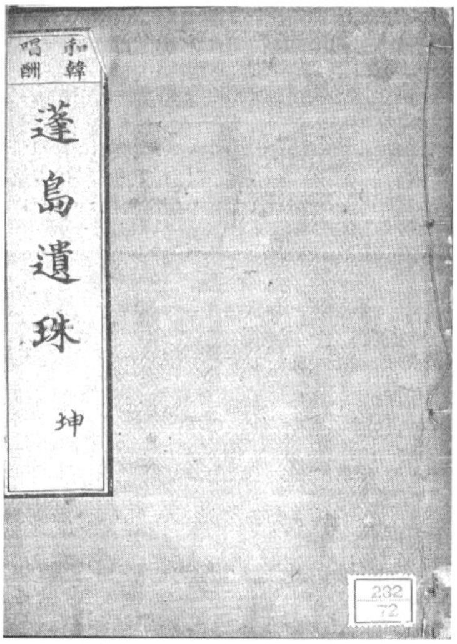

서명: 봉도유주(蓬島遺珠)
소장처: 오오사카 부립 나카노시마도서관(大阪府立中之島圖書館)
편자: 아사히나 겐슈우(朝比奈玄洲)
간행연대: 1720년(享保 5) 1월
책수: 2권 1책
판본: 간본(京都 押小路通 柳馬場 東江入町: 皇都書林 安田万助)

표제는 '和韓唱酬 客館璀璨集 坤'이나, 내용은 '봉도유주'(蓬島遺珠) 전편(前篇)과 후편(後篇)이 1책으로 합철되어 있다. '봉도'(蓬島)는 신선이 사는 섬으로 일본을 가리키는 말이고, '유주'(遺珠)는 세상에 드러나지 않은 빼어난 시문(詩文)을 구슬에 비유한 말로 통신사 일행과 주고받은 시문을 가리킨 것이다. '和韓唱酬 客館璀璨集 乾'과 짝을 이루는 책이다. '和韓唱酬'라는 제목 아래 『객관최찬집』(客館璀璨集)과 『봉도유주』(蓬島遺珠)를 각각 엮고 전자를 '乾卷', 후자를 '坤卷'으로 삼은 것이다. '객관최찬집'(客館璀璨集)은 아사히나 겐슈우(朝比奈玄洲, ?~1734)와 함께 통신사 일행을 방문한 키노시타 란코오(木下蘭皐, 1681~1752)가 자신과 관련된 창화시와 필담을 편집하여 간행한 필담창화집이다. 두 사람은 모두 오규우 소라이(荻生徂徠)의 제자이며 오와리번(尾張藩: 지금의 아이치 현愛知縣 서부)에 출사하였다. 『봉도유주』는 전편 12장, 후편 14

장, 부록 1장으로 이루어져 있다. 전편에는 9월 16일에 나눈 필담이, 후편에는 10월 25일 귀로에 나눈 필담이 각각 수록되어 있으며 부록에는 하야시 슌안(林春庵)이 신유한과 성몽량에게 준 시가 각각 1수씩, 이것에 대한 신유한과 성몽량의 화답시가 1수씩, 모두 4수의 시가 실려 있다.

2 필담일시 및 장소

전편은 1719년 9월 16일 밤 오와리 번의 통신사 숙소에서 이루어진 필담이고, 후편은 10월 25일 같은 곳에서 이루어진 필담이다.

3 참여자

조선 측 참여자는 신유한(申維翰), 강백(姜栢), 장응두(張應斗), 백흥전(白興銓)이다.

일본 측 참여자는 아사히나 겐슈우이다. 아사히나 겐슈우의 이름은 분엔(文淵)이고 자는 칸토쿠(涵德)이며 겐슈우(玄洲)는 그 호이다. 겐슈우는 오규우 소라이의 제자로 서예에 능했으며 전서(篆書)와 예서(隷書) 같은 고대의 글씨를 주로 연구하였다. 1719년 통신사절단을 만나서 자신의 필첩을 보여 주고 서문을 받은 뒤 일본 전역에 이름이 알려졌다.

4 내용

▣ 창화시

겐슈우가 쓴 시는 대체로 통신사절단의 방문을 환영하고 시문의 훌륭함을 찬탄하는 내용이다. 통신사가 쓴 시는 겐슈우의 글씨를 칭찬하는 내용이 대부분이다.

▣ 필담

(1) 전편

겐슈우는 9월 16일 밤 오와리 번의 통신사 숙소를 방문하였다. 먼저 자신의 이름과 자호를 말한 다음 신유한의 명성을 익히 들었다고 하며 시를 지어 보였다. 시를 몇 수 주고받은 후 겐슈우는 에도에 가면 오카지마 칸잔(岡島冠山, 1674~1728)이라는 사람이 있는데 자신과 몹시 가까운 사이이며, 신묘년(1711)에 제술관 이현(李礥)과 정창주(鄭昌周)를 만나 필담을 나누고 그게 칭찬을 받은 인물이라고 소개하였다. 겐슈우는 에도의 소라이 문하에서 수학했는데, 이때 오카지마 칸잔에게 중국어를 배웠기 때문에 이렇게 말한 것이다.

잠시 후 신유한은 건강이 좋지 않다며 방으로 들어갔으며, 서기인 강백과 장응두, 의원인 백흥전이 남아 겐슈우와 필담을 나누었다. 강백과 장응두가 간단하게 자기소개를 한 다음 겐슈우에게 시를 지어 주었고, 겐슈우는 여기에 화답하는 시를 지은 다음 자신의 팔분첩(八分帖)과 초서첩(草書帖)을 보여 주며 백흥전에게 발문(跋文)을 써 달라고 하였다. 팔분(八分)은 예서체(隷書體)의 한 종류이다. 백흥전은 필첩을 보고 글씨가 몹시 훌륭하다고 칭찬하고는 자신에게 그 서첩을 달라고 하였다. 겐슈우는 지나친 칭찬을 감당할 수 없다고 하며 오히려 백흥전의 글씨의 획이 철과 같이 단단하고 은바늘처럼 날카로워 부러워할 만하다고 칭찬하였다. 그러면서 이 서첩은 졸필(拙筆)이기 때문에 줄 수 없고 훗날 별도로 글자를 써서 주리라고 약속하였다. 강백과 백흥전이 초서첩과 팔분첩에 각각 발문을 써 주었다.

장응두: 여러 번 높이 평가해 주시니 감당할 수 없습니다. 청컨대 겸양하지 마시고 빨리 글씨를 써 주시기 바랍니다.

(장응두는 즉시 여러 장을 써서 나에게 주었다.)

장응두: 저는 잘 되고 못 되고를 따지지 않고 써 드렸습니다. 고명(高明: 상대방을 높여 부르는 말)께서는 글씨를 잘 쓰시면서 어찌 한 글자도 쓰지 않습니까?

겐슈우: 헛된 칭찬을 입어 부끄럽고 부끄럽습니다. 여러분들께서 다시 이곳을 지나가시면 반드시 써 드리겠습니다.

겐슈우: 글씨 써 주신 걸 받아 몹시 감격스럽습니다.

강백: 저도 한 점 얻고 싶습니다. 혹시 허락해 주시겠습니까?

겐슈우: 삼가 그리 하겠습니다.

강백: 몹시 다행입니다. 몹시 다행입니다.

菊溪: 數辱高褒, 不敢當. 請莫謙辭, 速揮毫.

(菊溪卽書數張以與余)

菊溪: 不佞則不論工拙而書呈矣. 高明則善書, 何不書一字?

玄洲: 多蒙虛譽, 慚愧慚愧. 榮行再過此, 則必當書呈矣.

玄洲: 旣蒙書給之示, 可感可感.

耕牧子: 不佞亦欲得一本, 倘或許之否?

玄洲: 謹領謹領.

耕牧子: 幸甚幸甚.(前篇 7b~8b)

장응두와 강백은 겐슈우가 지나치게 겸손한 태도를 보이며 글씨를 써 주려 하지 않자 먼저 글씨를 써 준다. 그러나 겐슈우는 끝까지 사양하며 귀로에 다시 만나면 그때 주겠노라고 하였다. 이어서 겐슈우는 조선의 서예에 대해 궁금한 것을 질문하였다.

겐슈우: 귀국에서 글씨 쓰는 법은 무엇에 의거하여 학습합니까? 그리고 명(明)나라 말에 서예에 능한 사람으로는 누가 있습니까?

장응두: 우리나라 선비들은 진(晉)나라 서법만을 배웁니다. 그러므로 그 나머지는 알지 못합니다.

겐슈우: 진나라 이후로 꼽는 사람은 누가 있습니까?

장응두: 진나라와 당나라 이후로는 조송설(趙松雪: 조맹부趙孟頫) 한 사람을 취하는 데 불과합니다.

겐슈우: 미해악(米海嶽: 미불米芾)의 서법은 어째서 취하지 않습니까?

장응두: '미해악'의 서법은 비록 절묘하지만 이미 송설(松雪)이 있기 때문에 취하지 않습니다.

겐슈우: 귀국에는 글씨를 잘 쓰는 명사(名士)가 몇 명이나 있습니까?

장응두: 윤순(尹淳)과 조윤덕(曹潤德)이 있습니다.

玄洲: 貴國臨池之法, 因何學之矣? 亦明季書才爲誰耶?

菊溪: 吾邦之士但學晉法, 故其餘不知耳.

玄洲: 晉以往, 足之爲以何人耶?

菊溪: 晉、唐以後, 不過取越松雪一人而已.

玄洲: 米海嶽之書法, 何以不取之耶?

菊溪: 米法雖妙絶, 旣有松雪, 故不取耳.

玄洲: 貴國善書名士有幾耶?

菊溪: 尹淳、曹潤德是也.(前篇 8b~9b)

조맹부(1254~1322)는 원(元)나라의 서화가로, 왕희지(王羲之)를 배워 '송설체'(松雪體)라는 서풍을 창안하였다. 송설체는 고려와 조선의 서예에 큰 영향을 끼쳤다. 미불(1051~1107)은 북송(北宋)의 서화가로 시(詩)・서(書)・화(畵)에 모두 능했는데, 글씨는 왕희지의 서풍을 이었다. 채양(蔡襄), 소식(蘇軾), 황정견(黃庭堅)과 더불어 송사대가(宋四大家)로 불렸다. 윤순(1680~1741)은 조선후기의 서예가로 자는 중화(仲和), 호는 백하(白下)이다. 미남궁체(米南宮體: 미불의 글씨체)를 잘 써서 명필로 알려졌다. 조윤덕은 18세기 인물인데 명필로 이름이 나 서울 사대문(四大門) 중의 하나인 돈의문(敦義門)

의 현판을 쓰기도 하였다.

이어지는 필담에서 겐슈우는 조선의 도가(道家)와 독서법에 대해 물었다.

겐슈우: 귀국에는 신선술을 배워서 승천(昇天)하거나 시해(尸解: 죽어서 신선이 됨)한 사람이 있는지요?

강백: 신라 때 네 명의 신선이 있었으니, 안상(安詳) · 영랑(永郎) · 술랑(述郎) · 남석행(南石行)의 무리입니다. 또 최고운(崔孤雲: 최치원)이 신선이 되었다는 말이 전하는데 어찌 다 믿을 수 있겠습니까.

겐슈우: 귀국의 독서음(讀書音)과 속어(俗語)의 같고 다름은 어떠합니까?

강백: 우리나라의 속어는 습속에 따라 각기 다릅니다. 육경(六經)은 우리나라 언문(諺文)으로 그 뜻을 풀이하여 아이들에게 가르칩니다. 그런데 우리나라 독서법에는 음(音)과 석(釋)과 현토(懸吐)가 있습니다. '음'은 경서 본문의 한자음이고, '석'은 속어를 따르며, '토' 역시 속음(俗音)입니다.

겐슈우: 귀국에서는 시를 학습할 때 어떤 방법으로 가르칩니까?

강백: 시를 학습할 때는 당시(唐詩)가 으뜸입니다. 당시가 완전히 몸에 밴 다음에는 송나라의 간재(簡齋: 진여의陳與義), 방옹(放翁: 육유陸游), 소식, 황정견 등을 충분히 배우고 익혀 그 바탕을 얻습니다.

겐슈우: 시학(詩學)은 오로지 성당(盛唐)에 있을 뿐이라 중당(中唐)과 만당(晩唐)은 감히 취하지 않습니다. 하물며 송나라는 말해 무엇하겠습니까. 소식이나 황정견은 특히 외도(外道)라 생각합니다. 고명(高明)께서는 어떻게 생각하십니까?

강백: 우리들은 시에 치력(致力)하지 못하고 단지 섭렵했을 뿐이니 자세한 것은 모르겠습니다.

玄洲: 貴國有學僊而昇天尸解者耶?

耕牧子: 羅朝有四僊. 安詳､永郎､述郎､南石行之屬. 又傳崔孤雲仙化, 而豈可盡信哉.

玄洲: 貴國讀書音與俗間語, 異同如何?

耕牧子: 吾邦俗語, 各因習俗而不同, 六經則以吾邦諺文釋其義, 以教小兒. 然吾國俗讀書之法, 有音釋及吐, 音則正經, 釋則從俗語, 吐亦俗音耳.

玄洲: 貴國學詩之教如何?

耕牧子: 學詩則唐詩尙矣. 旣已浹洽之後, 亦以宋朝簡齋[1]､放翁､蘇､黃之屬, 優游涵泳,[2] 以得其質子也.

玄洲: 詩學唯在盛唐, 而中､晩不敢取矣. 況宋朝乎? 如蘇､黃則殊以爲外道. 高明如何?

耕牧子: 吾輩於詩不能致力, 只涉獵而已. 未知其詳耳.(前篇 9b~10b)

안상, 영랑, 술랑, 남석행은 사선(四仙)으로 통칭된다. 이들은 수려한 산수를 찾아다니

---

1. 簡齋: 저본에는 '篤齊'로 되어 있으나 오기이다.
2. 泳: 저본에는 '詠'으로 되어 있으나 오자이다.

며 몸과 마음을 닦았다.

겐슈우는 조선의 독서음과 속어에 대해 묻고 있는데, 일본은 훈독을 주로 하는 데 비해, 조선에서는 한문(漢文)을 조선 음으로 읽는데도 의미가 통하는 것이 자못 이상하게 여겨졌을 법하다. 훈독을 할 경우 문장 성분 사이의 관계를 표시해 주는 훈점(訓點)이 없으면 한문을 읽을 수 없다. 그렇기 때문에 일본인들은 한문이나 한시를 짓는 데 익숙하지 못한 사람이 많았다. 오규우 소라이는 이 점을 간파하고 중국어를 배워 한문을 직독직해할 것을 주장한 것이다. 겐슈우도 소라이학파의 중국어 선생인 오카지마 칸잔에게 중국어를 여러 해 배웠기 때문에 훈독과 직독의 차이를 이해하고 있었을 것이다. 겐슈우는 소라이학파의 시론(詩論)을 들어 조선에서 소식이나 황정견을 학습하는 것은 외도(外道)를 배우는 것이라 공박하였다. 그러나 강백은 토론을 꺼려서인지 잘 모르겠다며 얼버무렸다.

강백: 그대는 문자를 잘 아시는데, 어떻게 배웠습니까?

겐슈우: 토오토(東都: 에도)에 부츠 모케이(物茂卿: 오규우 소라이)라는 분이 계시는데 호는 소라이(徂徠)입니다. 저는 그분을 몇 년간 사사하였습니다. 그렇지만 경술과 문장은 아직 그 계단을 엿보지도 못했습니다. 화음(華音: 중국어)도 대략 한두 가지 기억할 뿐입니다. 부끄럽고 부끄럽습니다.

겐슈우: 그대들은 중국 땅에 들어가 본 적이 있습니까?

강백: 우리나라 산수의 경관과 예악문물의 성대함은 중국에 뒤지지 않습니다. 어찌 굳이 중국까지 멀리 갈 필요가 있겠습니까?

강백: 서책 가운데 『한서평림』(漢書評林)과 『좌전평림』(左傳評林)은 부디 저를 위해 그 가격을 물어봐 주시고, 보관해 두었다가 제가 돌아오는 길에 받아 가는 것이 어떻겠습니까? 고인(古人)의 화물(畵物) 또한 사 가고 싶습니다.

겐슈우: 삼가 명하신 대로 하겠습니다.

장응두: 그대 집에 소장된 것 중에 어떤 좋은 서첩이 있는지요?

겐슈우: 우리나라에는 글씨를 배우는 사람들이 적지 않습니다. 비록 그렇지만 나라에 한 한 종류의 글자체만 있어서 저는 마음속으로 이것을 몹시 싫어합니다. 그래서 진(秦)나라 이래 비첩(碑帖)을 스스로 취사선택하여 임모(臨模)합니다. 요즘은 명(明)나라 왕이길(王履吉: 왕총王寵)과 축희철(祝希哲: 축윤명祝允明) 등의 진적을 얻어 임모하고 있습니다.

耕牧子: 公能解文字, 何以學之耶?

玄洲: 東都有物茂卿號徂徠者, 余師事之有年矣. 雖然, 經術文章, 未曾窺楷梯也. 華音亦略記一二耳. 惶愧惶愧.

玄洲: 公等有入中朝之地耶?

耕牧子: 弊國烟霞水石之觀, 禮樂文物之盛, 不讓中國, 何必遠入中邦耶?

耕牧子: 書冊中『漢書評林』、『左傳評林』, 幸爲僕問價, 置之以待還歸如何? 古人畵物亦欲貿去耳.

玄洲: 謹領命矣.

菊溪: 尊家所藏, 有何好書帖耶?

玄洲: 吾邦學書之家, 不乏其人, 雖然, 唯有一種國樣, 而余心甚厭之, 故秦以往碑帖, 自取捨以模之, 頃得明 王履吉, 祝希哲等之眞蹟以爲玩弄耳.(前篇 10b~12b)

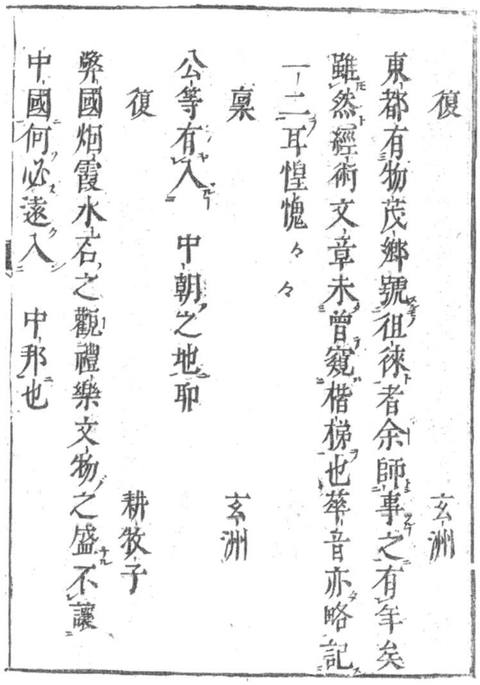

復　　　　　　　　　　　　　　　玄洲

東都有物茂卿號徂徠者余師事之有年矣

雖然經術文章未曾窺楷梯也華音亦略記

一二耳惶愧々々

稟　　　　　　　　　　　　　　　玄洲

公等有入中朝之地耶

復　　　　　　　　　　　　　　　耕牧子

弊國烟霞水石之觀禮樂文物之盛不讓

中國何必遠入中邦也

겐슈우는 중국에 대한 정보를 얻고 싶어 강백에게 물었으나, 강백은 중국보다 조선의 산수와 예악문물이 성대하다고 말하며 대답을 회피하였다. 『한서평림』과 『좌전평림』은 모두 명나라 때 처음 간행된 책이나. 『한서평림』은 일본에서 1657년(明曆 3)에 훈점을 붙여서 간행되었다. 강백이 구입하고자 한 것은 바로 이 화각본(和刻本)이라 생각된다. '고인의 화물(畵物)'은 일본 사람의 서화를 말하는 듯하다. 왕총(1494~1533)은 명말 청초의 서가(書家)로 호는 아의산인(雅宜山人), 이길(履吉)은 그 자이다. 명에 출사했으면서도 청에 귀복해 고관에까지 올랐다. 초서를 잘 썼다.

(2) 후편

10월 25일 통신사절단은 귀로에 다시 오와리 번에 들러 겐슈우를 만났다. 먼저 겐슈우가 신유한에게 시를 지어 주자 신유한은 화답하는 시를 써 주면서, 9월 16일에 겐슈우가 언급했던 오카지마 칸잔을 에도에서 만났다고 하며 창화한 시를 써서 보여 주기도 하였다. 이어서 신유한과 겐슈우는 필담을 나누었다.

겐슈우: 귀국의 명산(名山)에서 옛 비석이 출토된 적이 있습니까? 만일 출토될 경우 비문을 어떻게 탁본하는지 가르쳐 주십시오.

신유한: 옛 비문을 인출(印出)할 때는 먼저 좋은 술로 씻은 다음 종이를 그 위에 붙입니다. 물을 조금 뿌려 종이를 적신 후에 비단 등으로 자획(字劃)이 파인 곳을 부드럽게 문지릅니다. 파인 곳으

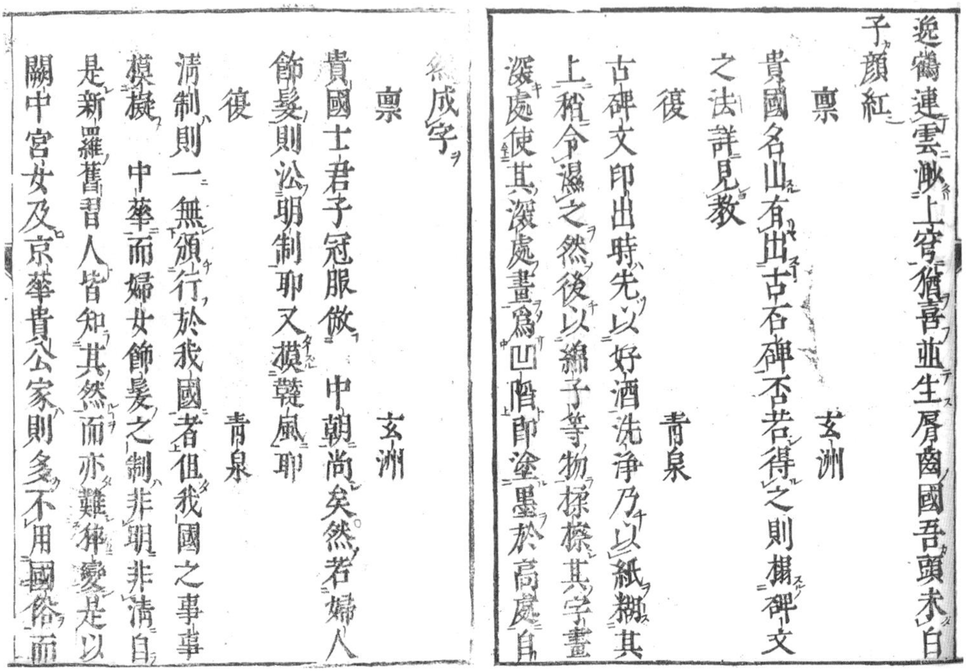
逸鶴連雲漱上穹猶喜並生脣齒國吾頭未白子顏紅

稟　玄洲

貴國名山有出古石碑否若得之則搨碑文之法詳見教

復　青泉

古碑文印出時先以好酒洗浄乃以紙糊其上稍令濕之然後以綿子等物探擦其字畫凹處使其凹處畫爲凹陷即塗墨於高處自然成字

稟　玄洲

貴國士君子冠服倣中朝尚矣然若婦人飾髪則沿明制耶又摸韃風耶

復　青泉

清制則一無須行於我國者但我國之事事模擬中華而婦女飾髪之制非明非清自是新羅舊習人皆知其然而亦難猝變是以闕中宮女及京華貴公家則多不用國俗而

로 종이를 움푹 들어가게 한 다음 들어가지 않은 곳에 먹을 바르면 자연히 글자가 나타납니다.

겐슈우: 귀국 선비의 관복이 중국을 모방한 지 오래되었습니다. 그렇다면 부인(婦人)의 머리장식은 명나라 제도를 따릅니까? 아니면 오랑캐의 풍습을 따릅니까?

신유한: 청(淸)나라 제도는 우리나라에서는 전혀 행해지고 있지 않습니다. 우리나라는 모든 일에 있어서 중화를 모방합니다만 부인의 머리장식은 명나라 식도 아니고 청나라 식도 아닙니다. 원래 신라의 구습(舊習)인바, 사람들이 모두 그것을 알지만 또한 갑자기 바꿀 수 없습니다. 그래서 궁궐 안의 궁녀와 경화(京華)의 고귀한 집안에서는 대개 국속(國俗)을 따르지 않으며, 아름다운 여인의 자태로 꾸밉니다.

겐슈우: 귀국 소동(小童)의 두발은 어느 시대의 풍습을 따른 것입니까?

신유한: 약관 이전에는 소동의 두발과 같습니다. 그러나 이 제도가 어느 시대의 것을 모방했는지는 들은 바가 없습니다. 아마도 나라의 오래된 풍속인 것 같습니다.

겐슈우: 귀방의 종이는 무엇으로 만듭니까?

신유한: 닥나무[楮]로 만듭니다.

겐슈우: 『본초강목』(本草綱目)에서 말하는 '楮'입니까?

신유한: 그렇습니다.

겐슈우: 중국의 모변지(毛邊紙)는 닥나무로 만듭니다. 그런데 모변지와 귀국의 종이가 같지 않은 것은 어째서입니까?

신유한: 그것이 같지 않은 것 같아도 같은 점이 있습니다.

(…)

玄洲: 貴國名山有出古石碑否? 若得之則榻碑文之法, 詳見教.

青泉: 古碑文印出時, 先以好酒洗淨, 乃紙糊其上, 稍令濕之, 然後以綿子等物揉擦字畫深處, 使其深處畫爲凹陷, 卽墨於高處, 自然成字.

玄洲: 貴國士君子冠服, 倣中朝尙矣. 然若婦人飾髮, 則沿明制耶? 又模韃風耶?

青泉: 清制則一無頒行於我國者, 且我國之事事模擬中華, 而婦女飾髮之制, 非明非清, 自是新羅舊習. 人皆知其然, 而亦難猝變. 是以闕中宮女及京華公家, 則多不用國俗而以美女樣飾之.

玄洲: 貴國小童之頭髮據何代之餘風耶?

青泉: 若冠之前, 皆如小童頭髮, 而此制未聞倣何代. 似是國中古俗.

玄洲: 貴邦之紙, 以何物製之耶?

青泉: 以楮製之.

玄洲: 『本艸』所謂楮耶?

青泉: 然.

玄洲: 中國毛邊紙以楮製之, 而毛邊紙與貴邦紙不齊何如?

青泉: 其不同似, 有所似然.(後篇 3b~5b)

겐슈우는 서예에 능하였고 그중에서도 특히 예서와 전서를 잘 썼다. 전서는 한(漢)나라 이전의 글씨체이고 예서는 한나라 때의 글씨체이다. 당시 나가사키를 통해 고(古)를 중시하는 중국의 학풍이 일본에도 수입되고 있었는데, 서예에서도 그 영향을 감지할 수 있다. 겐슈우는 진(晉)나라 이전으로 거슬러 올라가 전서와 예서로 써진 진한(秦漢) 시대 비석의 탁본을 연구하였다. 그래서 조선에서도 고대의 비석이 출토되는지, 탁본은 어떻게 하는지 관심을 보인 것이다. 이어지는 필담에서 종이나 먹과 같은 문방구에 대해 묻는 것도 서예에 대한 관심의 연장이라 할 수 있다.

이어서 겐슈우와 신유한은 악기와 문방구에 관한 필담을 나누기도 하였다. 위에서 제시한 필담에서도 알 수 있듯이, 겐슈우는 조선의 제도나 문화가 중국과 같은지, 다르다면 어떤 점에서 다른지에 대해 관심을 가지고 여러 방면에서 물었다.

필담이 끝나갈 무렵 겐슈우는 지난번 방문했을 때 주기로 약속한 글씨를 통신사절단에게 증정하였다. 신유한은 서첩(書帖)을 받았고, 장응두는 '壽'라는 글자가 쓰여진 서축(書軸)을 받았다. 신유한과 장응두가 감사의 뜻으로 써 준 「<호북첩> 발문」(跋湖北帖)과 「'壽'자를 쓴 두루마리에 제하다」(題壽軸)가 필담집에 실려 있어 그 전말을 알 수 있다.

후편의 다음에는 부록이 한 장 덧붙여져 있는데, 하야시 슌안(林春庵)이 신유한과 성몽량에게 준 시가 2편, 여기에 대한 신유한과 성몽량의 화답시가 각 1편씩 수록되어 있다.

13. 향보기해한객증답(享保己亥韓客贈答)

1 서지사항

서명: 향보기해한객증답(享保己亥韓客贈答)
소장처: 토오쿄오 도립중앙도서관(東京都立中央圖書館)
편자: 미상
간행연대: 미상
책수: 2권 2책
판본: 필사본

『향보기해한객증답』(享保己亥韓客贈答)은 1719년 9월 29일 및 10월 3일에 하야시 노부아츠(林信篤, 1645~1732), 하야시 노부미츠(林信充, 1681~1758), 하야시 노부토모(林信智) 등이 통신사와 주고받은 시(詩)와 필담을 수록한 책이다. 서명의 '향보'(享保)는 나카미카도(中御門) 천황 및 사쿠라마치(櫻町) 천황의 연호로, 일본어 발음은 '쿄오호오'이다. 기해통신사가 일본을 방문한 1719년이 곧 쿄오호오 4년이다. '한객'은 통신사를 가리키고, '증답'은 시문(詩文) 수창을 뜻한다. 따라서 서명은 '쿄오호오 4년 기해년에 통신사와 수창한 시문'을 뜻한다고 할 수 있다.

『향보기해한객증답』은 2권 2책이다. 제1책의 표제(表題)는 '享保己亥韓客贈答 上'이다. 제1책은 시문을 수록한 부분과 필담을 수록한 부분으로 다시 나뉜다. 전자가 상권(上卷)의 본문을 이루고, 후자는 부록으로 상권 후반부에 첨부되어 있다. 이 두 부분에는 각각 다른 속표지가 붙어 있어서 상권 내에서 구분된다. 앞부분 속표지의 제목은 '韓客贈答'이고, 뒷부분 속표지의 제목은 '韓客筆語'이다. 분량은 각각 59장, 11장이다. 제2책의 표제는 '享保己亥韓客贈答 下'이다. 제2책 역시 제1책과 마찬가지로 상반부는 시문으로 구성되고 후반부는 필담으로 구성된다. 그러나 제1책과 달리 제2책에는 시문과 필담이 별도의 속표지로 구분되어 있지 않다. 시문을 수록한 부분의 분량은 79장이고, 필담을 수록한 부분의 분량은 1장이다.

2 필담 일시 및 장소

『향보기해한객증답』에는 모두 2종의 필담이 실려 있다.

첫 번째 필담은 1719년 9월 29일에 에도(江戶) 아사쿠사(淺草)의 히가시혼간지(東本願寺)에서 이루어졌다. 이 필담은 상권에 실려 있다.

두 번째 필담은 같은 해 10월 3일에 같은 곳에서 이루어졌다. 이 필담은 하권에 실려 있다.

3 참여자

첫 번째 필담의 조선인 참여자는 홍치중(洪致中, 1667~1732), 황선(黃璿, 1682~1728), 신유한(申維翰), 강백(姜栢), 장응두(張應斗)이다.

- 홍치중. 자는 사능(士能)이고, 호는 북곡(北谷)이며, 시호는 충간(忠簡)이다. 탕평책을 지지하여 영조의 신임을 받은 인물이다. 사행 당시에 정사(正使)였다.
- 황선. 자는 성재(聖在)이고, 호는 노정(鷺汀)이며, 시호는 충렬(忠烈)이다. 사행 당시에 부사(副使)였다.

첫 번째 필담의 일본인 참여자는 하야시 노부아츠, 하야시 노부미츠, 하야시 노부토모이다.

- 하야시 노부아츠. 하야시 라잔(林羅山, 1583~1657)의 손자로, 자(字)는 나오타미(直民)이고 별칭은 세이우(整宇)이며 호는 호오코오(鳳岡)이고 필담 당시에 다이가쿠노카미(太學頭)였다. 문집으로 『봉강학사집』(호오코오가쿠시슈우, 鳳岡學士集)이 전한다. 『한객증답별집』(韓客贈答別集), 『계림창화집』(鷄林唱和集) 등에도 보이는 인물이다.
- 하야시 노부미츠. 노부아츠의 장자(長子)로, 자는 시키(士僖)이고 호는 류우도오(龍洞)이며 또 다른 호는 요쿠사이(翼齋)이다. 그리고 별칭은 카이도오(快堂)이다. 통칭

은 시치사부로오(七三郎)이다. 노부아츠 사후(死後)에 가학(家學)을 계승하여 다이가쿠노카미(太學頭)가 되었다. 『한객증답별집』, 『계림창화집』 등에도 보이는 인물이다. 그 밖에 1748년 필담에도 그에 대한 언급이 있다.

- 하야시 노부토모. 노부아츠의 차자(次子)로, 자는 우교쿠(禹玉)이고 호는 타이세이(退省)이다. 『한객증답별집』, 『계림창화집』 등에도 보이는 인물이다.

두 번째 필담의 조선인 참여자는 신유한이다.

두 번째 필담의 일본인 참여자는 카츠라야마 카쿠테이(桂山鶴汀, 1679~1749)이다. 『계림창화집』에도 보이는 인물이다.

4 내용

앞서 간단히 지적했다시피 『향보기해한객증답』에는 두 가지 필담이 수록되어 있다. 그 수록 순서대로 살펴보기로 한다.

(1) 9월 29일 필담

9월 29일 필담은 하야시 노부아츠, 노부미츠, 노부토모와 홍치중, 황선, 신유한 사이에서 이루어진다. 우선 노부아츠와 홍치중 사이에서 대화가 오간다. 화제(話題)가 된 것은 통신사의 국서(國書) 전달 같은 공적 업무이다. 이어서 노부아츠와 신유한 사이에서 필담이 오간다. 신유한이 노부아츠 부자(父子)의 글 솜씨를 칭찬하자 노부아츠가 그에 대해 감사의 뜻을 표하는 것이 그 대체적인 내용이다. 그다음에는 노부아츠와 황선의 대화가 이루어진다. 이 역시 노부아츠와 홍치중의 필담과 비슷한 내용으로 되어 있다. 그 뒤로는 하야시 노부미츠 및 노부토모가 신유한, 장응두, 강백과 필담을 주고받는다. 그중 노부미츠와 신유한 사이에 오간 필담이 분량상 가장 큰 비중을 차지한다.

이상의 필담들은 다양한 주제를 폭넓게 다루는데, 그 대화의 흐름이 논리적이거나 체계적으로 이어진다고 보이지는 않는다. 따라서 지금부터는 굳이 대화 순서에 구애되지 말고 몇몇 주제 별로 분류하여 필담의 내용을 살펴보기로 한다.

첫 번째로, 1719년 이전에 온 통신사와 일본 지식인들 사이의 문화 교류에 대한 언급이 보인다. 다음은 신유한과 노부아츠 사이에서 오간 대화의 일부이다.

신유한: 예전에 '임술창화초'(壬戌唱和草)를 보았는데, 케이호오(鷄峯)가 11세 때 지은 시가 있었습니다. 케이호오는 지금 어디에 있습니까.

노부아츠: 당시 통신사를 만났을 때 케이호오는 13세였습니다. 제가 그를 데리고 객관(客館)에서 통신사와 만나 성·이·홍(成李洪: 성완成琬, 이담령李聃齡, 홍세태洪世泰) 세 학사와 수창했는데, 좌중의 사람들이 모두 13세의 왕발(王勃)이라고 칭찬했으며, 성학사(成學士)께서 자못 경탄하셨습니다. 그랬는데 얼마 되지 않아 케이호오가 세상을 뜨고 말았습니다. 지난 일을 지금 생각해 보니, 붓을 들자 눈물이 떨어져 대답을 적을 수 없군요.

學士: 曾見壬戌唱和草, 有鷄峯十一歲時所作詩, 鷄峯今安在?

祭酒: 登時鷄峯十三歲, 余携之會于客館, 與成,李,洪三學士酬唱, 滿座皆以十三王勃稱之. 成學士殊加驚嘆. 不幾, 鷄峯歸泉, 今思往事, 筆與淚俱落, 不能爲答.(上卷 附錄, 2b)

케이호오는 하야시 하루무네(林春宗)를 말한다. 그는 하야시 노부아츠의 아들로, 1682년 사행 당시 노부아츠와 히토미 치쿠도오(人見竹洞)와 함께 통신사를 만났다. 이때 주고받은 필담과 시가 『한객증답』(韓客贈答), 『한사수구록』(韓使手口錄), 『임처사필어』(任處士筆語), 『임술한사창화』(壬戌韓使唱和) 등에 수록되어 있다. 그는 성완(成琬, 1639~?), 홍세태(洪世泰, 1653~1725), 이담령(李聃齡) 등으로부터 어린 나이임에도 불구하고 시재(詩才)를 인정받은 듯하다. 그러니 신유한으로서는 그의 소식이 궁금했을 법하다.

또한 인용문을 통해, 신유한이 일본에 오기 전에 시문 창화 초본을 읽은 사실이 확인된다. 다만 그 필담집 혹은 창화집이 정확히 어떤 것인지는 미상이다. 신유한이 언급한 '임술창화초'(壬戌唱和草)는 성몽량의 집에 소장되어 있던 '임술시문초본'(壬戌詩文草本)을 가리킬 것이다. 『상한훈지집』(桑韓塤篪集) 권9에 실린 성몽량의 필담 중에 "임술년 통신사행 때의 시문 초본이 제 집에 있어 다 읽어 보았습니다."(壬戌詩文草本在鄙家, 已盡覽了)라는 말이 보인다. 이 초본은 성몽량의 백부인 성완이 일본에서 가져온 것으로 여겨진다.

신유한과 함께 일본에 온 성몽량은 성완의 조카이다. 대를 이어 가며 한 집안 사람이 통신사로 일본을 방문한 것이다. 마찬가지로 노부아츠의 조부인 하야시 라잔도 여러 차례 통신사와 접촉한 바 있다. 노부아츠는 이렇게 자신이 대를 이어 가며 통신사와 교류하고 있다는 사실을 중요하게 받아들인 듯하다. 노부아츠와 황선 사이에서 오간 다음 대화는 이 점을 보여 준다.

노부아츠: 계미년(1643)에 통신사가 왔을 때, 제 조부께서 그림을 가지고 가셔서 찬(讚)을 지어 달라고 청하셨습니다. 지금 예전의 예(例)에 따라 그림을 가지고 왔으니, 만약에 찬을 지어 주시면 길이 집안의 보배로 삼겠습니다.

황선: 제가 재주가 부족하니 어찌 감히 선배의 성대한 작품 뒤를 이어 글을 지을 수 있겠습니까. 다만 당신의 부탁을 헛되이 저버리기 어려운 점이 있으니, 일을 마치고 나면 삼가 마땅히 졸렬함을 무릅쓰고 삼가 당신의 성대한 뜻에 부응하겠습니다.

信篤: 癸未歲, 通信使來聘, 僕祖袖畫幅乞讚詞. 今追舊例, 近頃携來畫幅, 若賜讚語, 永爲家珍而已.

副使: 自顧不才, 何敢踵武於前輩之盛作, 而第玆勤托有難虛孤, 竣事後, 謹當不計蕪拙, 奉副盛意焉.(上卷 附錄, 3b)

1643년에 하야시 라잔이 통신사에게 그림을 가져와 찬(讚)을 받았는데, 노부아츠가 그림을 갖고 와서 통신사에게 또다시 찬을 지어 달라고 청하고 있다. 아마두 통신사와의 대를 이은 교류를 기념하기 위해서인 듯하다.

두 번째로, 『향보기해한객증답』에는 일본 문사와 통신사가 서로 주고받은 시문에 대한 언급이 보인다. 다음은 노부토모와 신유한 사이에 오간 대화의 일부이다.

노부토모: 제가 족하의 시를 보니, 당나라 사람의 풍운(風韻)이 있는 듯했습니다. 그런데 세 진사(進士)의 시를 보니 송나라 사람의 풍운이 있는 듯한 것이 많았습니다. 이렇듯 어떤 사람의 시는 당시풍(唐詩風)이고 어떤 사람의 시는 송시풍(宋詩風)이어서 풍운이 크게 다릅니다. 귀국은 시를 가지고 과거시험을 보이는데, 시풍이 지향하는 바가 어찌 이리도 다릅니까. 어째서입니까?

신유한: 물어보신 바 시풍이 같지 않다는 일단(一段)에 대해 말씀드리겠습니다. 우리나라는 시를 가지고 과거시험을 보이되 정해진 법식이 없으며, 당시풍인가 송시풍인가를 막론하고 다만 그 솜씨를 따져 합격시킵니다. 그래서 시의 풍조(風調)가 같지 않고 각자 모범으로 삼는 바가 따로 있습니다. 저로 말하면 실로 감히 당시풍이다 송시풍이다 하고 따질 것도 못 되는데, 다만 재주 없는 사람으로서 외람되이 과거시험에 합격했고 심지어 통신사 행차를 따라 멀리 이곳까지 왔으니, 부끄러움을 무릅쓰고 억지로 귀국(貴國)의 여러 군자와 시를 수창한 것이 백에 하나도 마음에 들지 않습니다. 하찮은 시를 짓고자 해도 되지 않거늘, 어찌 감히 당나라 사람의 풍운이 있다는 말을 듣는 데 낄 수 있단 말입니까? 이것은 아마도 당신의 감식에 누(累)가 될 것 같으므로 제가 감히 받아들이지 못하고 부끄러운 마음에 얼굴을 붉히며 삼가 답해 드립니다.

退省: 予見足下詩律, 有似得唐人之風, 而見三進士之詩, 則多似有宋人之風, 曰唐曰宋, 風韻大異哉. 貴國以詩科擧, 風之所向, 何其不一. 如何?

學士: 蒙訪詩音不同一段, 我國家以詩設科, 而無條式定限, 任其唐宋, 而但取工拙. 是以風調不同, 各有所師. 若不佞, 實未敢曰唐曰宋, 只以吹竽之濫, 謬膺公選, 至於隨使者遠來, 其强顔冒慙，與貴邦諸君子相唱酬者，百無一當意，求爲下里之陋而亦不可得，何敢與聞於唐人之風乎？此則恐爲盛鑑之累，而僕之不堪承者，慚赧奉答.(上卷 附錄，6b~7a)

‘세 진사(進士)’는 삼서기(三書記)를 가리키는 듯하다. 노부토모는 신유한의 시가 당시풍인 반면, 삼서기의 시는 송시풍이라고 여기고 있다. 신유한은 젊은 시절에 왕세정・이반룡의 글을 접하면서 고문사파에 경도되었으며, 당시(唐詩) 중에서 특히 이백의 시를 애호한 것으로 알려져 있다. 이렇게 보면 노부토모는 신유한의 시풍을 어느 정도 정확하게 파악한 듯하다.

노부토모는 조선 사대부의 시풍을 과거제 시행과 결부지어 파악하고 있다. 그런데 그는 과거제 시행으로 인해 조선 사대부의 시풍이 똑같을 것이라고 짐작했던 듯하다. 여기에 대해 신유한은, 시가 당시풍인지 송시풍인지 여부는 과거시험에서 그리 중요하지 않다고 대답했다.

세 번째로, 『향보기해한객증답』에는 조선의 과거제도에 대한 언급이 보인다. 방금 살펴본바 신유한의 시에 대한 언급은 자연스럽게 과거시험에 대한 언급으로 이어진다.

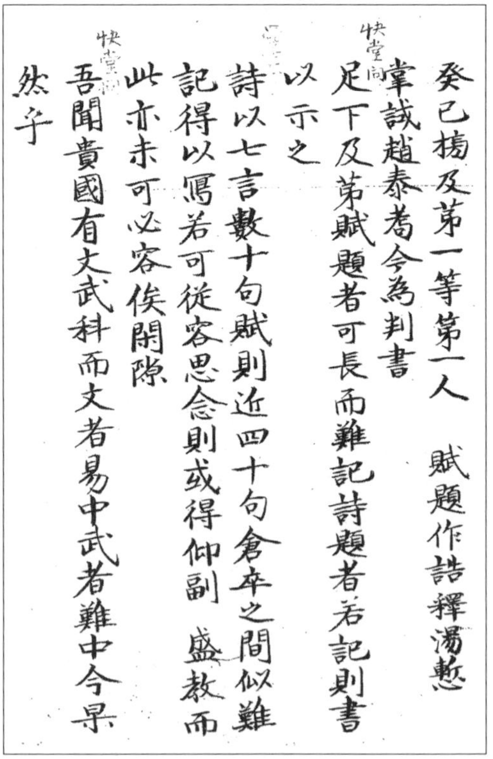
癸巳榜及第一等第一人　賦題作誥釋湯慙
掌試趙泰耉今為判書
足下及第賦題者可長而難記詩題者若記則書
以示之
詩以七言數十句賦則近四十句倉卒之間似難
記得以寫若可從容思念則或得仰副　盛教而
此亦未可必容俟閒隙
吾聞貴國有文武科而文者易中武者難中今果
然乎

노부미츠: 족하께서 급제하신 사실은 명함에 찬란하게 밝혀져 있습니다. 그 당시에 시험을 주관한 사람은 성명이 어떻게 됩니까? 그때 지으신 부(賦)는 제목이 무엇입니까? 귀국에서 급제자가 하는 의례에 대해서는 신묘년(1711)에 이동곽(李東郭: 이현李礥)이 자세히 일러주었습니다. 지금 귀찮다 여기지 마시고 가르쳐 주십시오.

신유한: 을유년(1705)에 진사시(進士試) 을과(乙科) 제18인으로 합격했습니다. 시제(詩題)는 ‘이튿날 하조장인을 찾아갔으나 만나지 못하다’(明日，訪荷篠丈人不遇)였습니다. 그 당시에 시험을 주관한 분은 이이명(李頤命)인데, 지금은 관직이 승상에 이르렀습니다. 계사년(1713) 문과에 갑과(甲科) 제1인으로 급제했습니다. 부(賦)의

제목은 '중훼(仲虺)가 고(誥)를 지어 탕임금의 부끄러움을 풀어 주다'(作誥釋湯慙)였습니다. 그 당시에 시험을 주관한 분은 조태구(趙泰耉)인데, 지금은 판서(判書)가 되었습니다.

노부미츠: 족하께서 급제하실 때 지으신 부는 매우 길어서 기억하기 어려우시겠지만, 시는 만약 기억하신다면 적어서 보여 주십시오.

신유한: 시는 7언 수십 구이고 부는 40구에 가까우니 갑자기 기억해 내어 적어드리기는 어려울 듯합니다. 만약에 차분히 생각할 수 있다면 혹시 당신의 부탁에 삼가 부응할 수 있을지 모르겠습니다만, 이 또한 기필할 수는 없고, 한가한 틈이 나기를 기다려야겠지요.

快堂: 足下及第, 燦然于華剌中. 掌試人者何等姓名, 詩者何題乎, 賦者何題乎? 貴國及第之儀, 辛卯之歲, 李東郭詳告之, 今勿勞告諭.

學士: 乙酉榜進士二等十八人, 詩題明日訪荷篠丈人不遇, 掌試李頤命, 今官至丞相, 癸巳榜及第一等第一人, 賦題作誥釋湯慙, 掌試趙泰耉, 今爲判書.

快堂: 足下及第賦題者, 可長而難記, 詩題者若記則書以示之.

學士: 詩以七言數十句, 賦則近四十句, 倉卒之間似難記得以寫. 若可從容思念, 則或得仰副盛教, 而此亦未可必, 容俟閑隙.(上卷 附錄, 7a~7b)

노부미츠는 과거급제자인 신유한이 시험 당시에 지은 글의 제목은 무엇인지, 그 당시의 시험 주관자 성명이 무엇인지 등등을 매우 구체적으로 물었다. 노부미츠는 신유한과의 필담을 통해, 과거급제를 한 당사자의 진술을 직접 듣고 싶었던 것이 아닌가 한다. 일본에서는 과거제도가 시행되지 않았기 때문에, 많은 일본 문사들이 조선의 과거제도에 대해 관심을 보였다. 예를 들어 1719년 필담집인 『상한훈지집』(桑韓壎篪集)에도 과거제도와 관련된 필담이 수록되어 있다.[1]

노부미츠는 신유한과 필담을 하기에 앞서, 1711년에 이미 이현으로부터 조선의 과거제도에 대한 설명을 들은 듯하다. 그런데 그 설명이 정확히 어떤 내용의 것이었는지는 미상이다. 1711년에 이현이 과거제도에 대해 언급한 것이 『광릉문사록』(廣陵問槎錄)에서 확인되긴 하지만, 과거제도의 폐단에 대한 비판이 그 주된 내용이다.

신유한이 1705년에 진사시를 볼 때 지었다는 시의 제목 '이튿날 하조장인을 찾아갔으나 만나지 못하다'(明日, 訪荷篠丈人不遇)는 『논어』(論語) 「미자」(微子)에 근거한다. '하조장인'은 '지팡이로 대그릇을 멘 노인'으로, 일민(逸民)의 한 사람이다. 『논어』에 수록된 내용은 대략 이렇다: 공자의 제자 자로(子路)가 공자를 따라가다가 뒤처졌는데, 길에서 하조장인을 만나게 되었다. 그래서 자로는 그에게 부자(夫子)를 보지 못했느냐 물었는데, 하조장인은 "사지(四肢)를 부지런히 움직이지 않고 오곡(五穀)을 분별하지 못하니,

---

1. 『상한훈지집』 해제는 본서 379~407면에 실려 있다.

누구를 부자라 하는가?"라고 반문하고는 지팡이를 꽂아 놓고 김을 맸다. 이에 자로는 그가 은자(隱者)임을 알아차리고 손을 모아 그에게 공경의 뜻을 표했다. 그러자 하조장인은 자로를 하룻밤 자기 집에 머물게 하고, 닭을 잡고 기장밥을 지어 대접했다. 다음날 자로가 하조장인의 집을 떠나 공자를 만나 이 일을 아뢰었다. 자로의 말을 들은 공자는 그 사람이 은자라고 하면서, 자로로 하여금 돌아가 다시 그를 만나게 했다. 그러나 자로가 도착했을 때, 하조장인은 이미 떠나고 없었다.

『청천집』에 수록된 연보에 신유한이 1705년에 진사시 갑방(甲榜)에 급제한 사실이 기재되어 있다. 그러나 그때 신유한이 지은 시의 제목은 밝혀져 있지 않다.[2] 따라서 인용문은 연보에 누락된 신유한 관련 전기적 사실을 일부 보충해 준다고 할 수 있다.

그리고 신유한이 1713년에 지었다는 글의 제목 '중훼(仲虺)가 고(誥)를 지어 탕임금의 부끄러움을 풀어 주다'(作誥釋湯慙)는 『서경』(書經) 상서(商書) 「중훼지고」(仲虺之誥)에 근거한다. 중훼는 탕임금의 신하이다. 탕임금이 걸왕(桀王)을 남소(南巢)에 유폐시키고 부끄러워하는 마음을 갖자, 중훼는 「중훼지고」를 지어 탕왕이 걸왕의 학정(虐政)으로부터 백성을 구한 것이 옳다는 뜻을 밝혔다. 요컨대 「중훼지고」는 방벌(放伐)의 정당성을 논한 글이다. 신유한은 1713년에 증광시(增廣試) 갑과(甲科)에 장원급제했는데, 『청천집』 소재(所載) 연보에도 이 사실이 기재되어 있다. 이때 신유한이 지은 글의 제목 및 그에 대한 민진후(閔鎭厚)의 평가 또한 연보에 소개되어 있다. 연보에 따르면, 이때 신유한이 지은 글은 총 38구(句)였다.[3]

노부미츠와 신유한의 필담은 계속 이어진다.

노부미츠: 제가 들으니 귀국에 문과(文科)와 무과(武科)가 있는데, 문과는 합격하기가 쉽고 무과는 합격하기가 어렵다고 합니다. 지금 과연 그렇습니까?

신유한: 문(文)은 재주로 합격하고 무(武)는 힘으로 합격하니, 둘의 난이(難易)는 말할 수 있겠지만 과거에 급제하는 것이 어느 쪽이 더 어렵고 쉬운지를 논한다면, 문과시험을 공부하는 선비는 머리가 세도록 부지런히 공부해 봐야 급제할 수 있는 사람은 천 명 백 명 중에 한 명일 뿐입니다. 그리고 활을 잡고 높은 수준의 무예에 이르러 과거시험에 합격하지 못하는 사람은 백 명 중에 한 명 뿐입니다. 그렇기 때문에 문신(文臣)은 늘 적고 무관(武官)은 많아서, 녹(祿)을 받지 못하는 사람이 있는 것입니다.

快堂: 吾聞貴國有文武科, 而文者易中, 武者難中. 今果然乎?

---

2. 『青泉集』 卷之十 附錄 「年譜」, 한국문집총간 200, 540면 참조.

3. 『青泉集』 卷之十 附錄 「年譜」, 한국문집총간 200, 541면 참조.

學士: 文以才得中, 武以力得中. 此兩者難易則可言, 而若論得科之難易, 則爲文之士, 白首矻矻, 其能及第者千百中一人; 操弓而至於高藝, 不能登科者, 百中一人. 所以文臣常少, 而武官則多, 有不得祿者.(上卷 附錄, 7b~8a)

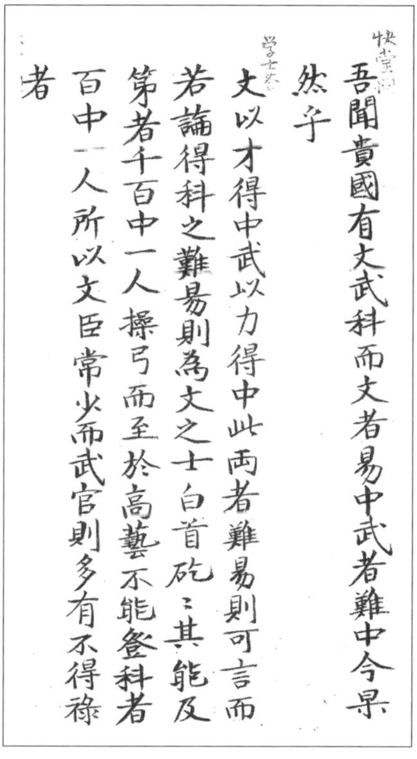
快堂曰 吾聞貴國有文武科而文者易中武者難中今果然乎
學士答 文以才得中武以力得中此兩者難易則可言而若論得科之難易則爲文之士白首矻矻其能及第者千百中一人操弓而至於高藝不能登科者百中一人所以文臣常少而武官則多有不得祿者

네 번째로, 『향보기해한객증답』에는 조선의 의복 및 가옥에 대한 언급이 보인다. 우선 의복에 대한 문답은 다음과 같다.

노부미츠: 귀국의 의관(衣冠)은 중국 어느 시대의 법식을 따릅니까?

신유한: 복건(幅巾), 심의(深衣), 대대(大帶) 및 제반사(諸般事)에 쓰는 것들은 어떤 것은 삼대(三代)의 제도를 따르고 어떤 것은 한(漢)·당(唐)·송(宋)의 제도를 따르기 때문에, 어느 시대의 것을 따른다고 정확하게 말할 수는 없습니다만, 대체로 조야(朝野)에서 통행되는 것으로 말하면 가깝게는 황명(皇明)의 제도를 모방합니다.

快堂: 貴國衣冠依中國何代之式乎?

學士: 幅巾、深衣、大帶及諸般所用, 或三代, 或漢、唐、宋, 不可的言某世, 而大抵朝野通行, 則近倣於皇明制度.(上卷 附錄, 9b)

의복 각각이 기준으로 삼는 바가 다르므로 중국 어느 시대를 특정하여 말할 수 없다는 것, 그러나 현재 두루 통용되는 복장은 대체로 명나라 제도를 따른다는 것이 신유한의 대답이다.

그다음으로 가옥에 대한 문답은 다음과 같다.

노부미츠: 귀국의 민가(民家)는 대개 기와지붕입니까? 향촌의 인가는 모두 초가지붕입니까?

신유한: 도읍의 민가는 대체로 기와지붕입니다. 향촌에도 기와집이 많으니, 그 재력에 따라 만들지 정해진 법이 있는 게 아닙니다. 해서(海西) 지역은 민가 중에 기와집이 많으니, 그 지역에는 초가지붕을 올리기가 매우 어렵기 때문에 주민들이 재력에 따라 기와지붕을 얹어서 그렇습니다.

快堂: 貴國民屋, 大抵率蓋瓦乎? 鄉村人家, 都是蓋茅乎?

學士: 都邑之人大抵蓋瓦, 鄉村亦多瓦屋, 而隨其財力而爲之, 非有定式. 海西一路則民多

瓦屋, 其地茅蓋甚難, 故居民隨力辨瓦故也.(上卷 附錄, 9b~10a)

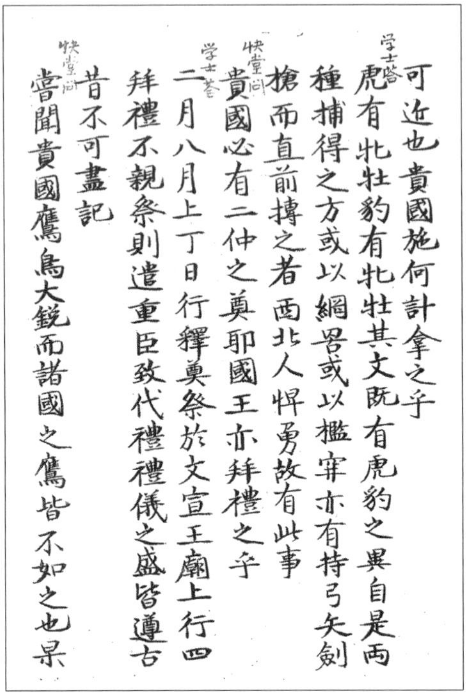
可近也貴國施何計拿之乎
学士答 虎有牝牡豹有牝牡其文既有虎豹之異自是兩
種捕得之方或以網罟或以檻穽亦有持弓矢劍
搶而直前搏之者西北人悍勇故有此事
快堂問 貴國必有二仲之奠耶國王亦拜禮之乎
学士答 二月八月上丁日行釋奠祭於文宣王廟上行四
拜禮不親祭則遣重臣致代禮禮儀之盛皆遵古
昔不可盡記
快堂問 嘗聞貴國鷹鳥大鋭而諸國之鷹皆不如之也果

노부미츠는 향촌의 인가는 모두 초가집일 것으로 짐작하고 질문을 했다. 이에 대해 신유한은, 향촌이라 해서 꼭 초가집은 아니며, 집 짓는 사람의 재력과 해당 지역의 풍토에 따라 기와집이냐 초가집이냐가 달라진다고 설명했다.

다섯 번째로, 『향보기해한객증답』에는 석전제(釋奠祭) 및 불교에 대한 언급이 보인다. 다음은 석전제에 대한 문답이다.

노부미츠: 귀국에는 필시 석전제가 있겠지요? 국왕도 거기에 참석하여 배례(拜禮)를 합니까?

신유한: 2월과 8월의 상정일(上丁日: 매달 첫 번째로 드는 정일丁日)에 문선왕묘(文宣王廟)에서 석전제를 거행합니다. 임금께서 사배례(四拜禮)를 하시고, 친히 석전제를 올리지 못하시면 중신(重臣)을 보내어 대례(代禮)를 올립니다. 예의의 성대함이 모두 옛날의 예식을 따르는데, 다 적을 수 없습니다.

快堂: 貴國必有二仲之奠耶? 國王亦拜禮之乎?

學士: 二月八月上丁日, 行釋奠祭於文宣王廟, 上行四拜禮, 不親祭則遣重臣致代禮, 禮儀之盛, 皆遵古昔, 不可盡記.(上卷 附錄, 8b)

석전제에 대한 매우 간략한 문답이다. 1763년의 필담 자료인 『장문계갑문사』(長門癸甲問槎)와 『상한필어』(桑韓筆語) 등에서도 석전제와 관련된 필담이 확인된다.[4]

노부미츠는 조선의 불교 사찰 및 불교 신앙에 대해서도 다음과 같이 물었다.

노부미츠: 귀국에는 사원(寺院)이 많으니, 국인(國人)이 불법(佛法)에 귀의합니까?

신유한: 고려는 불교를 숭상했고, 우리 조정은 불교를 배척합니다. 사원이 많은 것은 여전히 구습(舊習)이 있기 때문인데, 중들은 모두 관아의 부역을 해야 합니다. 선비들은 절대로 불교를 입에

---

4. 『장문계갑문사』와 『상한필어』의 해제는 『18세기 통신사의 필담(2)』(출간 예정)에 수록될 예정이다.

담거나 논하지 않습니다. 중들 중에 더러 유교 경전을 읽는 자가 있는데, 단지 부처를 섬길 뿐, 사대부가 될 수는 없습니다.

快堂: 貴國寺院多, 而國人歸依佛法乎?

學士: <u>高麗</u>崇佛, 我朝斥佛. 寺院之多猶有舊習, 而其僧皆有官役. 爲士者絶不齒論. 僧輩或有讀經者, 只能做佛, 不可作士夫.(上卷 附錄, 10b)

조선에 사찰이 많다고 파악한 노부미츠는 조선의 백성이 불교를 믿을 것이라 짐작하여 신유한에게 질문했다. 이에 신유한은, 조선에 있는 사찰은 고려 시대의 흔적이며 조선은 불교를 배척한다고 답했다. 승려의 사회적 지위가 매우 낮다는 것, 사대부는 불교를 아예 입에 담지 않는다는 것, 승려는 절대로 사대부가 될 수 없다는 것을 신유한은 강조한다.

신유한의 이런 대답은 전반적으로 사실에 부합한다고 할 수 있다. 그러나 다른 한편으로 보면, 신유한의 대답과 노부미츠의 질문 사이에는 모종의 어긋남이 있는 듯하다. 노부미츠가 물은 것은 '국인'(國人)이 불교에 귀의하는지 여부이다. '국인'은 당연히 사대부 같은 지배층에 국한된 말은 아니며, 백성을 포괄하는 말이다. 조선은 억불숭유(抑佛崇儒)를 내세웠지만, 민간에서는 불교 신앙이 일정하게 유지된 것 또한 사실이다. 그런데 신유한은 조선의 공식적인 입장, 혹은 조정의 입장 내지 지배층의 입장에서 말했을 뿐이다. 이 점에서 노부미츠의 질문과 신유한의 대답은 미묘하게 어긋나는 점이 없지 않은 듯하다.

여섯 번째로, 인삼 및 의술에 대한 언급이 보인다. 우선 인삼에 대한 필담을 살펴보기로 한다.

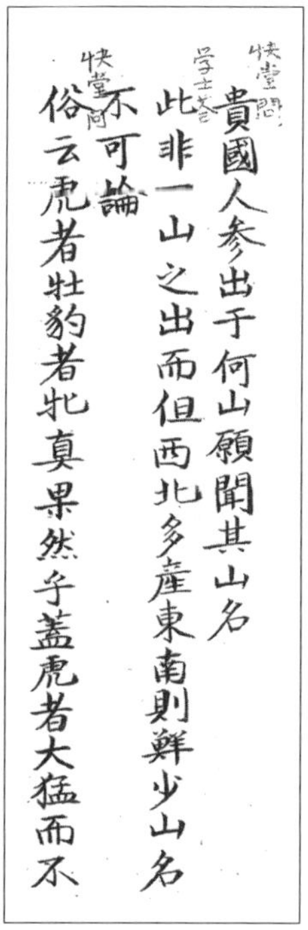
快堂問 貴國人參出于何山願聞其山名
學士答 此非一山之出而但西北多産東南則鮮少山名
不可論
快堂問 俗云虎者牡豹者牝真果然乎蓋虎者大猛而不

노부미츠: 귀국의 인삼은 어느 산에서 납니까? 그 산의 이름을 들려주시기 바랍니다.

신유한: 이것은 특정한 산에서 나는 것이 아닙니다. 다만 서북 지방에서 많이 나고, 동남 지방에는 드뭅니다. 산 이름은 논할 수 없습니다.

快堂問: 貴國人蔘出于何山? 願聞其山名.

學士答: 此非一山之出, 而但西北多産, 東南則鮮少. 山名不可論.(上卷 附錄, 8a)

통신사 필담에는 본초학과 관련된 내용이 다수 보이는데, 그중에서 인삼에 대한 것이 큰 비중을 차지한다. 예를 들어 1719년 필담집인 『상한훈지집』, 그리고 1748년 필담집인

『귤선생선사필담』(橘先生仙槎筆談)과 『반형한담』(班荊閒譚) 등에 인삼과 관련된 필담이 수록되어 있는데, 그 내용이 매우 자세하다.[5] 여기서는 아주 간략한 편이다.

다음은 의술과 관련된 필담이다.

노부미츠: 귀국의 의생(醫生) 중에 또한 고수가 있습니까? 당대 양의(良醫)의 성명을 알려 주십시오.

신유한: 이것은 모두 다 기록할 수 없습니다만 근세에 양평군(陽平君) 허준(許浚)이 가장 유명합니다. 그 사람이 여러 서적을 찬집하여 『동의보감』을 만들었는데, 세상에 유행합니다.

快堂問: 貴國醫生亦有高手者耶? 願聞本代良醫姓名.

學士答: 此則不可盡記, 而近世有名陽平君 許浚爲最. 其人纂集諸書以爲『東醫寶鑑』, 行于世.(上卷 附錄, 9b)

노부미츠가 조선의 뛰어난 의원을 묻자, 신유한은 허준의 『동의보감』을 언급한다. 1719년 이후의 필담집에서도 『동의보감』은 꾸준히 언급된다. 예를 들어 1748년 필담집인 『귤선생선사필담』과 『화한창화부록』(和韓唱和附錄), 그리고 1764년 필담집인 『상한필어』(桑韓筆語) 등에서 『동의보감』이 중요한 서적으로 거론된다.[6]

이상으로 9월 29일 필담을 개관했다. 하야시 노부미츠는 다방면에 대해 관심을 갖고 신유한과 필담을 나눈 것으로 파악된다. 다만 대화가 다소 단편적으로 진행되어, 심도 있는 논의로 발전하지는 못한 것으로 생각된다.

(2) 10월 3일 필담

10월 3일 필담은 매우 짧다. 그 전문을 들면 다음과 같다.

신유한: 제가 츠시마에 도착하여 아메노모리(雨森)와 마츠우라(松浦) 두 사람을 알게 되었는데, 그들의 시문(詩文)을 보니 한 시대의 기재(奇才)더군요. 제가 만 리 먼 길을 다니면서 수창한 것이 또한 적지 않은데, 귀방에 이처럼 빼어난 영재가 있음을 깊이 경하(慶賀)하게 되니 유독 어떻겠습니까? 해외를 떠돌면서 양원(梁園: 한漢나라 양효왕梁孝王이 문인文人들과 어울리던 곳)에서 여유롭게 노니는 사람이 되었으니, 이것은 필시 여러분께서 아시고 감탄하실 바이기에 제 뜻을 다

---

5. 『귤선생선사필담』, 『반형한담』의 해제 또한 『18세기 통신사 필담 2』(출간 예정)에 수록될 예정이다.

6. 『귤선생선사필담』, 『화한창화부록』, 『상한필어』의 필담에서 『동의보감』이 주요 문헌의 하나로 거론된 사실은 『18세기 통신사 필담 2』의 해당 해제에서 언급된다.

밝힙니다.

가쿠테이: 아메노모리와 마츠우라 두 사람은 생각이 웅대하고 재주가 걸출하여 참으로 맨손으로 호표(虎豹)를 때려잡을 인물이니, 참으로 말씀하신 대로입니다. 오늘의 성대한 모임에서 아름다운 시문이 모두 펼쳐졌습니다. 우러러 보건대 존공(尊公)의 도량이 매우 넓으니, 이른바 관후(寬厚)한 장자(長者)라 할 것입니다. 글이 정중하여 함부로 드러내지 않지만, 일단 말했다 하면 필시 핵심을 적중합니다. 돌아가시면 응당 큰 임무를 맡으실 것을 삼가 알겠으니, 미리 축하드리고 축하드립니다. 저같이 일개의 비루한 운명을 타고난 사람이 군자를 이미 만나 뵈어 직접 가르침을 받고 가까이서 뫼셨으니, 하늘이 내려준 성대한 은혜를 어떻게 갚아야 할지 모르겠습니다. 함께 오신 여러분도 아마도 이러하실 터이니, 참으로 감사드립니다.

青泉: 僕行到馬州, 與雨森､松浦兩君相識. 見其詩文, 是一代奇才. 僕之唱酬於萬里川陸間者, 亦不爲不多, 深賀貴邦有此絶群之英材, 獨奈何? 飄泊海外, 作一梁園倦游人, 此必諸公之所鑑識而發慨者, 故並呈鄙意.

鶴汀: 雨森､松浦二君, 雄思傑才, 眞赤手搏虎豹者也, 如示如示. 今日盛會, 瑰瑋畢羅. 惟仰尊公, 器度洪裕, 所謂寬厚長者也耶. 文詞鎭重不漫發, 一矢發則必中, 謹知往當經綸大任, 預賀預賀. 如僕一介鄙命, 旣得覯君子, 親承謦咳, 近奉几杖, 不知何以天貺之盛也. 伴倈諸子, 意亦如此, 多謝.(下卷, 79b~80a)

신유한은 아메노모리 호오슈우(雨森芳洲)와 마츠우라 카쇼오(松浦霞沼)의 시문을 높이 평가하고 있다. 아메노모리 호오슈우는 조일(朝日) 외교에서 큰 역할을 한 인물이다. 그는 쿄오토의 주자학자 키노시타 쥰안(木下順庵)의 제자로, 동래(東萊)에 유학 와 조선어를 배웠고 츠시마(對馬島)의 키시츠(記室)가 되어 통신사를 수차례 만났다. 마츠우라 카쇼오 역시 츠시마의 기실로 1719년에 아메노모리 호오슈우와 함께 통신사 일행을 에도까지 안내했다. 신유한은 『객관최찬집』(客館璀璨集) 등에서도 이 두 사람을 높이 평가하는 말을 한 바 있다.[7]

7. 『객관최찬집』 해제는 본서 327~339면에 실려 있다.

14. 조선대화집(朝鮮對話集)

[1] 서지사항

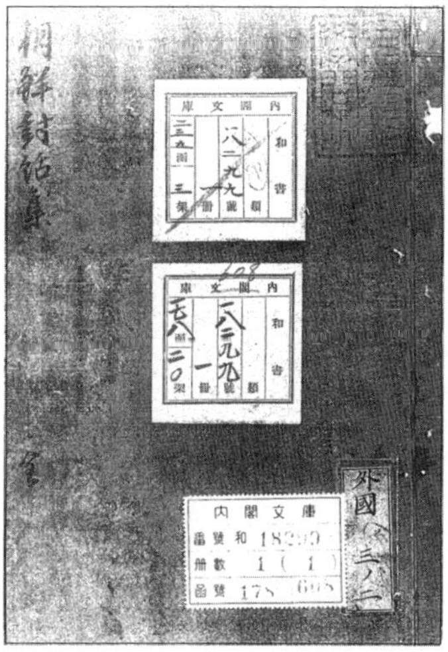

서명: 조선대화집(朝鮮對話集)
소장처: 국립공문서관(國立公文書館) 나이카쿠 문고(內閣文庫)
편자: 나가사와 토오카이(長澤東海)
간행연대: 미상
책수: 불분권 1책
판본: 필사본

『조선대화집』(朝鮮對話集)은 제목에서 드러나듯, 조선 문사와의 필담창화를 수록한 책이다. 모두 33장으로 이루어져 있는데, 15장까지는 10월 5일의 필담창화를 수록하였고, 나머지는 10월 10일의 것이다. 표제는 '朝鮮對話集'으로 되어 있지만 내제는 '韓客不怨齋不尤所對話'라 되어 있다. '不怨齋'와 '不尤所'는 각각 통신사와 필담을 나눈 나가사와 토오카이(長澤東海, 1698~1745)와 나가사와 라쿠로오(長澤樂浪, 1699~1779)의 별호(別號)이다. 그 밑에 작은 글씨로 '初會十月五日', '再會十月十日'이라고 하여 필담을 나눈 날짜가 명기되어 있다. 본문의 첫머리에 서간(書簡) 5편, 척독(尺牘) 1편, 시(詩) 65수, 필어(筆語) 23조라고 목록이 기재되어 있으며, 같은 면에 '林氏藏書', '淺草文庫', '文學□□書之印', '日本政府圖書', '內閣文庫' 등의 인장이 찍혀 있다. 제일 마지막 장에는 '昌平坂學問所'라는 인장이 찍혀 있다. 이를 통해 이 자료가 원래 하야시 가(林家)가 대대로 경영한 막부(幕府) 직할의 교학기관인 쇼헤이자카 가쿠몬죠(昌平坂學問所)의 구장본임을 알 수 있다.

2 필담일시 및 장소

10월 5일과 10월 10일 에도(江戶)에서 나눈 필담이다.

3 참여자

조선측 참여자는 신유한(申維翰), 강백(姜栢), 성몽량(成夢良), 장응두(張應斗)이다.

일본측 참여자는 나가사와 토오카이(長澤東海)와 나가사와 라쿠로오(長澤樂浪)이다. 두 사람은 형제로 아버지는 나가사와 스이안(長澤粹庵, 1662~1737)이다. 스이안은 이토오 진사이(伊藤仁齋, 1627~1705)의 제자이다.

- 토오카이(東海). 이름은 가쿠(學), 자는 소이(素位)이며 호는 토오카이 또는 후엔사이(不怨齋)이다. 10세 때 천연두로 실명하였다. 아버지에게 학문을 배웠으며, 우츠노미야 번(宇都宮藩: 지금의 토치키 현栃木縣 우츠노미야 시宇都宮市)과 마츠에 번(松江藩: 지금의 시마네 현島根縣 마츠에 시松江市)에 출사하였다. 저작에 『조선대화집』이 있다.
- 라쿠로오(樂浪). 이름은 슈(主), 자는 쥰페이(順平), 호는 라쿠로오 또는 후유우쇼(不尤所)이다. 9세 때 천연두로 인해 형과 더불어 실명하였다. 조선어를 할 줄 알았다는 기록이 있으나, 1719년 통신사를 만날 당시에는 그렇지 못했던 듯하다. 우츠노미야 번에 출사하였다. 저작에 『경사』(쿄오시, 經史) 『왕도내편』(오오도오나이헨, 王道內篇), 『논어속계』(론고소쿠카이, 論語俗界)가 있다.

4 내용

■ 필담

필담을 나눈 10월 5일과 10월 10일은 신유한이 에도에 머물던 때다. 『해유록』(海游錄)에는 당일의 기사가 실려 있지 않다. 다만 『해유록』의 부록인 「문견잡록」(聞見雜錄)에 이들 형제를 만났다는 기록이 있는바, 다음과 같다.

> 내가 에도에 머물 때 나가사와 가쿠(長澤學)와 나가사와 슈(長澤主) 형제가 있었는데 모두 눈이 멀었지만 시를 배웠다. 한 번 만나기를 청하기에 기이하게 여겨 불러들였다. 운자를 주어 시험

하였는데 운을 부르자마자 시를 지었다. 지은 시가 모두 감개(感慨)한 뜻이 있었다. 호를 물으니 한 명은 후엔사이(不怨齋)라 하고, 한 명은 후유우사이(不尤齋: 후유우쇼不尤所의 별호)라고 했다. 나는 그들을 위해 시에 차운해 주었다.

余在江都, 有曰長澤學, 長澤主者兄弟, 皆盲而皆能學詩. 自願一得現謁, 怪而呼入, 命韻試之, 應口而對, 所作皆有感慨之思, 問其號, 則一曰不怨齋, 一曰不尤齋. 余爲和韻而贈之.(『海游錄』「聞見雜錄」「文學」)

10월 10일 신유한과 후엔사이가 나눈 필담은 다음과 같다.

후엔사이: 소자(邵子) 원평(遠平)이 『홍간록』(弘簡錄)에 부친 서문에서 이르기를, "강희(康熙) 기미년(1679)에 명사관(明史館)을 설치하여 왕(王)·서(徐) 두 공(公)이 『명사』(明史)를 기초(起草)하였다."라고 했습니다. 『명사』(明史)가 귀국에 전하여 출판되었는지요?

신유한: 왕·서 두 분이 기초하였다는 구절은 보지 못했고, 전하여 출판되었다는 말도 들은 적이 없습니다.

不怨齋: 邵子遠平序『弘簡錄』曰: "康熙己未, 明史開館, 王,徐二公起草"云. 僕不知貴國傳梓之乎?

靑泉: 王,徐二公起草云云者, 僕未之見, 未聞傳梓.(25a)

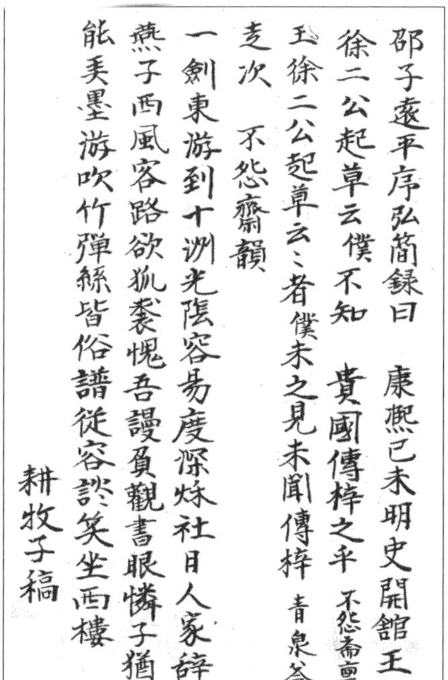
邵子遠平序弘簡録曰 康熙己未明史開館王
徐二公起草云僕不知 貴國傳梓之乎 不怨齋稟
王徐二公起草云〻者僕未之見未聞傳梓 青泉答
走次 不怨齋韻
一劍東游到十洲光陰容易度深秋社日人家辞
燕子西風客路欲狐裘愧吾謾負觀書眼憐子猶
能美墨游吹竹彈絲皆俗譜從容談笑坐西樓
耕牧子稿

『홍간록』은 명나라 소경방(邵經邦, ?~1558)이 편찬한 역사서로 당(唐)나라에서 금(金)나라까지 664년의 역사를 기록하였다. 254권의 거질로 가정(嘉靖) 36년(1557)에 완성하였다. 소원평(邵遠平)은 소경방의 4세손으로 『홍간록』을 중간(重刊)하고 서문을 썼다. 『명사』는 강희제(康熙帝)의 명령으로 1769년에 편찬을 시작하여 1735년 완성되었다. '왕(王)·서(徐) 두 공'은 총책임자였던 서원문(徐元文), 왕홍서(王鴻緖)를 가리킨다. 이 외에도 서건학(徐乾學), 장정옥(張廷玉)이 총책임자로 편찬에 참여하였다. 『명사』는 1739년이 되어서 조선에 들어왔다.

■ 편지

9월 30일에 후엔사이와 후유우쇼 형제는 각각 두 통의 편지를 보냈는데 한 통은 신유한에게 나머지 한 통은 강백, 장응두, 성몽량에게 보낸 것이다. 이 편지는 후유우쇼와 교유가 있었던 아메노모리 호오슈우(雨森芳洲)를 통해 일행에게 미리 전달될 예정이었는데, 호오슈우가 바쁜 일정으로 인해 전달하지 못하고 필담 당일에 전하였다.

후엔사이는 신유한에게 보낸 편지의 서두에서 『맹자』(孟子)를 인용하면서 이렇게 말했다: "제(齊)나라 선왕(宣王)이 '이웃 나라와 사귀는데 도(道)가 있습니까?'라고 묻자 맹자가 '천리(天理)를 즐거워해야 하고, 천리를 두려워해야 한다.'라고 대답했습니다. 저는 이것을 읽고 무릎을 치며 감탄하지 않은 적이 없습니다. 사대(事大)와 사소(事小)는 어진 자와 지혜로운 자만이 능히 할 수 있습니다. 군주가 어질면 모두가 어질고, 군주가 지혜로우면 모두가 지혜롭습니다. 그래서 족하와 같은 재주 있는 사람이 나온 것입니다."(齊宣王問: "交隣國有道乎", 則曰: "樂天畏天." 未嘗不擊節都兪. 事大事小者, 惟仁知能之, 君仁莫不仁, 君知莫不知. 於是乎足下之才出矣: 1a)

후엔사이가 '천리를 즐거워해야 하고, 천리를 두려워해야 한다'(樂天畏天)라고 말한 것은 "대국(大國)으로 소국(小國)을 섬기는 자는 천리를 즐거워하는 자요, 소국으로 대국을 섬기는 자는 천리를 두려워하는 자이다. 천리를 즐기는 자는 천하를 보존하고, 천리를 두려워하는 자는 그 나라를 보존한다."(以大事小者, 樂天者也, 以小事大者, 畏天者也. 樂天者, 保天下, 畏天者, 保其國)라는 『맹자』의 구절을 간략하게 줄여서 말한 것이다.

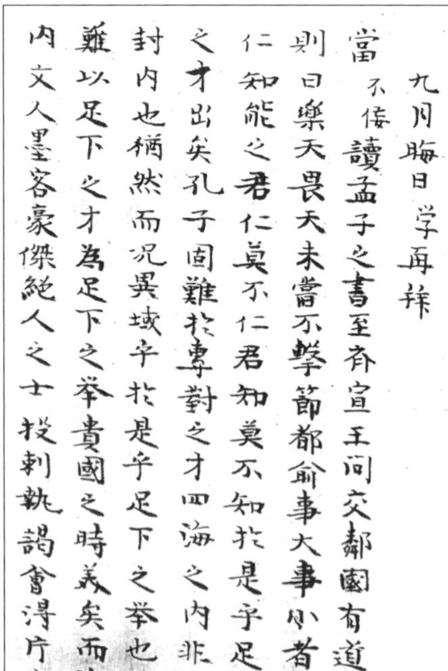
九月晦日 学再拜
當 不佞讀孟子之書至齊宣王問交鄰國有道乎
則曰樂天畏天未嘗不擊節都俞事大事小者惟
仁知能之君仁莫不仁君知莫不知於是乎足下
之才出矣孔子固難於專對之才四海之内非其
封内也猶然而况異域乎於是乎足下之舉也加
難以足下之才為足下之舉貴國之時義矣而海
内文人墨客豪傑絶人之士投刺執謁會得片言

이어지는 내용에서 후엔사이는 10세 때 눈이 멀었으며 약관의 나이에 에도에 가게 되었다고 하였다. 유학(儒學)이 가업(家業)이었기 때문에 자신도 손가락으로 글씨를 쓰고 글을 읽어 주는 것을 들으며 밤낮으로 『논어』와 『맹자』를 읽었다고 했다. 그러나 에도에서는 문인(文人) 묵객(墨客)들에게 비웃음만

샀다고 하며, 요순(堯舜)의 도(道)와 추노(鄒魯)의 학문만을 고집하는 자신을 '옛날의 어리석은 사람'(古之愚者: 2b)이라고 은근히 자부하였다. 이 말에서 당시 에도에서는 경학보다는 시문 창작의 풍조가 만연했음을 알 수 있다.

또 후엔사이는 주위 사람들에게서 심한(三韓: 조선)이 잘 다스려지고 있다는 말을 들었다고 하며 나라가 잘 다스려지기 때문에 인재가 나올 수 있다고 하였다. 그는 아메노모리 호오슈우와 오랜 친분을 가지고 있으며 통신사가 에도에 도착하자마자 편지를 보내는 것이라 하였다.

신유한과 세 명의 서기는 후엔사이가 실명했음에도 불구하고 시를 잘 짓는 것에 감탄하고 격려의 뜻을 담은 시와 글을 써서 주었다.

한편 동생인 후유우쇼는 형과 달리 문학(文學)에 관심이 있었던 듯하다. 신유한에게 보낸 편지에서 그는 "문장은 칠자(七子) 이후로 여덟 번째 사람으로 꼽히고, 시는 사걸(四傑) 이후로 다섯 번째 사람으로 꼽히면 족하거니와, 그렇지 않다면 죽을 때까지 쉬지 않겠습니다."(文八乎七子, 詩五乎四傑, 而足焉. 不則死不休矣: 5b)라고 하였다. 칠자는 이반룡과 왕세정 등 명나라의 후칠자(後七子)를 말하고, 사걸은 초당(初唐) 사걸로 불리는 왕발(王勃)・양형(楊炯)・노조린(盧照隣)・낙빈왕(駱賓王)을 말하는 듯하다. 후유우쇼가 문장은 후칠자를 추종하고 시는 성당(盛唐) 이전의 시를 진범으로 삼는다고 한 것은 소라이학파의 영향이라 생각된다. 당시 에도에는 소라이학이 유행하고 있었기 때문이다.

15. 신양산인한관창화고(信陽山人韓館倡和稿)

1 서지사항

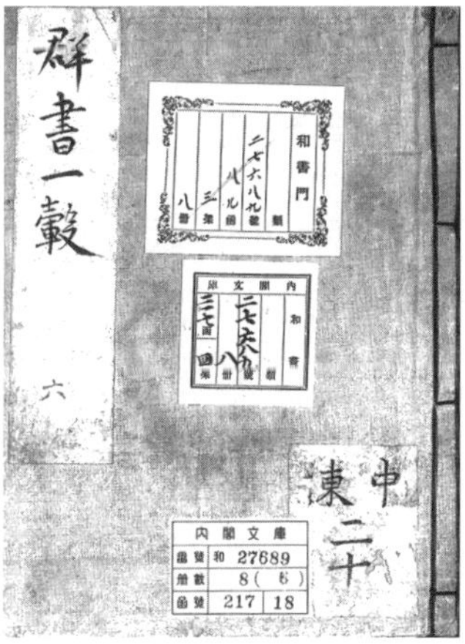

서명: 신양산인한관창화고(信陽山人韓館倡和稿)
소장처: 국립공문서관(國立公文書館) 나이카쿠 문고(内閣文庫)
편자: 다자이 슌다이(太宰春臺)
간행연대: 미상
책수: 불분권 1책
판본: 필사본

『신양산인한관창화고』(信陽山人韓館倡和稿)는 일본 국립공문서관 소장 『군서일곡』(군쇼잇코쿠, 群書一轂) 제6책에 오규우 소라이(荻生徂徠)가 찬(撰)한 『유구국빙사기』(류큐우코쿠라이헤이키, 琉球國聘使記)와 함께 합철되어 있다. 『군서일곡』은 에도 후기의 문인 오오타 난포(大田南畝, 1749~1823)가 편찬한 책으로 모두 8책으로 이루어져 있으며, 그 가운데 통신사 필담창화집이 3책 수록되어 있다. 나머지 필담창화집은 『강관필담』(江關筆談), 『봉명교유조선사객부정덕한사백석필어』(奉命教諭朝鮮使客附正德韓使白石筆語)이다.

'신양산인'(信陽山人: 일본음은 신요오산진)은 편자인 다자이 슌다이(太宰春臺, 1680~1747)의 호이고 '한관'(韓館)은 통신사가 머물던 숙소를 가리키는 말이다. 다자이 슌다이는 소라이의 고제(高弟)로 경학(經學)을 계승하였다는 평을 받았다.

『신양산인한관창화고』는 모두 20장으로 이루어져 있다. 첫 장에는 슌다이가 통신사 일행을 만나게 된 경위 및 필담과 시를 나눈 상황, 필담집의 체제가 간단히 기록되어 있다. 이 기록에 의하면 필담은 원래 시를 창화하는 동안 간간이 이루어졌으나 필담집을 엮으면서 따로 권수(卷首)에 집록(輯錄)하였음을 알 수 있다. 필담을 수록한 다음에 창화한 시를 수록하였고 그다음에는 슌다이가 신유한, 강백, 성몽량, 장응두, 정후교에게 준 송서(送序)가 수록되어 있다. 송서 다음에는 성몽량이 슌다이에게 화답한 「슌다이 시의 운자를 써서 거듭 화답하다」(疊和春臺韻)라는 제목의 시와 장응두가 슌다이에게 준 「슌다이의 고풍에 화답하다」(奉和春臺古風韻)라는 제목의 시가 수록되어 있고, 마지막에는 강백의 「슌다이가 준 시에 화답하다」(奉酬春臺惠贈韻)와 성몽량의 「슌다이가 준 시에 차운하다」(走次春臺惠贈韻)가 실려 있다. 슌다이의 기록에 의하면, 성몽량의 시와 장응두의 시는 10월 15일 통신사 일행이 에도를 떠난 뒤 4일 후에 소라이에게 먼저 전달되었고, 슌다이에게 전해진 것은 10월 20일이 되어서였다.

2 필담일시 및 장소

1719년 10월 6일 에도(江戶) 아사쿠사(淺草)에 위치한 히가시혼간지(東本願寺)에서 이루어진 필담이다.

3 참여자

조선측 참여자는 신유한(申維翰), 강백(姜栢), 성몽량(成夢良), 장응두(張應斗), 정후교(鄭后僑), 김세만(金世萬)이다. 김세만은 신유한이 데리고 간 동자(童子)로 나이는 21세이다.

일본 측 참여자는 다자이 슌다이, 이시카와 다이본(石川大凡, ?~1741), 아키모토 탄엔(秋元澹園, 1688~1752), 치쿠젠(筑前)의 키시츠(記室) 이나토미 겐소오(稻富原泉)이다.

- 다자이 슌다이. 이름은 쥰(純), 자는 토쿠후(德夫)이다. 이이다 번(飯田藩: 지금의 나가노현長野縣 이이다 시飯田市 일대)의 유관(儒官) 집안에서 태어났다. 9살 때 에도에 이주하였고 15세의 나이로 이즈시 번(出石藩: 지금의 효오고 현兵庫縣 토요오카 시豐岡市 일대)에 출사(出仕)하였다. 그러나 수 년 뒤 허락을 받지 않고 치사(致仕)하였다가 10년간 출사 금지 명령을 받았다. 그동안 슌다이는 쿄오토, 오오사카 등지를 돌아다니며 학문을 배웠다. 1711년 에도에 돌아와 안도오 토오야(安藤東野, 1683~1719)의 소개로 오규우 소라

이의 문하에 들어갔다. 이때부터 주자학을 버리고 소라이학을 배웠다. 후에 사숙(私塾)인 시시엔(紫芝園)을 열어 마츠자키 칸카이(松崎觀海, 1725~1776) 같은 제자를 길러 내었다. 칸카이는 1748년 사행 때의 필담창화집인 『내정집』(來庭集)의 편자이기도 하다. 슌다이는 중국어에 능통하였으며 경학의 면에서 소라이를 계승하였다. 저서로는 『춘대선생자지원고』(슌다이센세이시시엔코오, 春臺先生紫芝園稿), 『경제록』(케이자이로쿠, 經濟錄), 『성학문답』(세이가쿠몬도오, 聖學問答), 『논어고훈』(론고코쿤, 論語古訓), 『변도서』(벤도오쇼, 辨道書) 등 다수가 있다. 특히 경학 관련 저술은 조선에도 전래되어 정약용(丁若鏞, 1762~1836)이 경학 연구에 인용하기도 하였다.

- 이시카와 다이본. 이름은 코레키요(之淸), 자는 슈쿠탄(叔潭)이다. 소라이에게 배워서 막부의 유관(儒官)이 되었다. 1733년에는 오와리 번(尾張藩: 지금의 아이치 현愛知縣 나고야 시名古屋市 일대)에 출사하였다. 저서에 『대범산인집』(다이본산진슈우, 大凡山人集), 편서에 『당시초』(토오시소, 唐詩礎)가 있다.
- 아키모토 탄엔. 이름은 유키마사(以正) 자는 시스이(子帥), 호는 탄엔(澹園) 또는 슈케이(須溪)이다. 소라이의 제자로 오카자키 번(岡崎藩: 지금의 아이치 현愛知縣 동부)에 출사하였다. 저서에 『담원초고』(탄엔쇼코오, 潭園初稿), 『명칠재자전전』(민시치사이시젠덴, 明七才子全傳)이 있다. 1711년 사행 때의 필담창화집인 『문사기상』(問槎畸賞)을 편찬하였다.
- 이나토미 겐소오. 자는 有伯이다.

4 내용

1719년 9월 27일 통신사 일행은 에도에 입성하였는데, 여기서도 많은 일본 문인들과 더불어 필담과 시를 주고받았다. 10월 6일 다자이 슌다이는 이시카와 다이본, 아키모토 탄엔, 이나토미 겐소오와 함께 아메노모리 호오슈우(雨森芳洲)의 소개로 관사(館舍)에서 신유한과 강백, 성몽량, 장응두를 만나 필담을 나눌 기회를 가졌다. 슌다이 일행은 통성명을 한 후 각각 7언 절구 한 수 씩을 지어 주었다. 잠시 후 정후교가 오자 그에게도 시를 지어 주었다. 조선 측 문인들이 화답하는 시를 미처 다 지어 주기도 전에 다이가쿠노카미(太學頭)인 하야시 호오코오(林鳳岡)가 오는 바람에 이들 사이의 필담창화는 갑자기 끝나고 말았다. 신유한과 세 명의 서기는 서둘러 슌다이 일행에게 인사를 하고 외당(外堂)으로 나가 하야시 호오코오를 만났으며 정후교만이 남아 있었다. 슌다이는 이 순간을 "홍이 이미 깨졌다."(興已敗矣: 1b)라고 표현하며 아쉬워하고 있다. 당일 슌다이는 통신사 일행에게 보여 주기 위해 고시(古詩)를 미리 지어서 가지고 갔지만 관사가 몹시 혼잡하여 전달하지 못하였고, 관사를 떠날 때 호오슈우에게 대신 전달해 줄 것을 부탁하였다.

10월 13일 슌다이 일행은 호오슈우를 통해 통신사에게 각각 글을 한 편씩 전달하였다. 15일에 통신사 일행은 에도를 떠났는데, 후에 이시카와 다이본이 호오슈우의 명을 받아 성몽량과 장응두의 화답시를 소라이에게 전달하였다. 이것은 다시 슌다이에게 전달되었다. 이때가 20일이었다. 이 두 사람의 시는 이 필담창화집의 맨 끝에 수록되어 있다. 장응두는 이 시에서 슌다이의 빼어난 재주와 기상을 칭찬하면서 그가 소라이의 문하에서 배워 유학(儒學)의 근원으로 거슬러 올라갈 수 있었다고 하였다. 이를 통해 장응두가 소라이의 존재에 대해 알고 있었으며, 그의 학문이 주자학이 아니라 육경을 중심으로 하는 고학(古學)이라는 점도 어렴풋하게나마 인식하고 있었음을 알 수 있다.

▣ 창화시

통신사 일행에게 준 시에서 슌다이는 조선의 문사들이 남아(男兒)로 태어나 임금의 명을 받아 사신의 임무를 훌륭히 수행하고 있다는 사실을 대단히 부러워하고 있다. 15세의 나이로 번에 출사할 정도로 빼어난 능력을 지니고 있었지만 얼마 지나지 않아 처벌을 받고 전국을 떠도는 불우한 삶을 살아야 했던 슌다이에게 통신사는 선망의 대상일 수밖에 없었을 것이다. 또 통신사를 만나 함께 필담창화를 할 수 있는 기회를 갖게 된 것을 몹시 기쁜 일이라고 하였다. 성몽량에게 준 시에서 그의 백부인 성완(成琬, 1639~1710)이 1682년 통신사로 와서 문명을 떨친 일을 거론하였다. 성몽량은 성완이 일본에 왔을 당시 지은 시구를 들어 이에 화답하였다. 그러나 슌다이는 성완을 성몽량의 아버지로 착각하고 있었다.

한편 통신사 일행은 화답시를 통해 주로 슌다이의 시가 몹시 훌륭함을 칭양하였다. 장응두가 화답한 시에서 슌다이의 시가 도연명(陶淵明, 365~427)과 필적하고 맹교(孟郊, 751~814)와 가도(賈島, 779~843)를 비웃을 만하다고 극찬하였다.

▣ 필담

이 필담은 창화하는 사이에 이루어진 것인데 슌다이가 한데 모아 책의 첫머리에 수록한 것이다. 아래는 그 전문이다.

슌다이: 여러분들께서 만일 화답시를 주신다면, 귀국의 종이에 써 주셨으면 합니다.

장응두: 국당(菊塘: 정후교의 호)은 시를 잘 짓는 사람입니다. 그대들은 일어나 인사하시지요.

슌다이: 국당 공(公)의 관직은 무엇입니까?

강백: 비장의 신분으로 왔습니다만 본디 무인(武人)은 아닙니다. 문한가(文翰家) 출신으로 명망이 높습니다.

슌다이: 이름과 자(字)를 감히 묻습니다.

정후교: 제 성은 '정'(鄭)이고 이름은 '후교'(后僑)입니다. 자는 '혜경'(惠卿), 호는 '국당'입니다. 지금은 부사(副使) 막좌(幕佐)의 신분으로 일본에 왔습니다. 이번에 여러 선비들과 만날 수 있어 몹시 기쁘고 다행한 일입니다.

성몽량: 창화하다 보니 같음이 있는 듯합니다. 여러분이 업으로 삼는 바와 사는 곳의 빼어난 경치를 감히 묻습니다. 각자 써서 보여 주셨으면 합니다.

슌다이: 저는 우리나라 시나노 주(信濃州: 지금의 나가노 현長野縣 일대)에서 태어나서 토오토(東都: 에도)에서 자랐습니다. 어릴 때부터 독서하기를 좋아하여 당대의 유학자에게 나아가 수학하였고, 장성해서는 부츠 소라이(物徂徠) 선생, 이름은 모케이(茂卿)라고 하는 분께 사사하여 고문사(古文辭)를 배웠지만, 저력(樗櫟)과 같은 보잘것없는 재주라 오(吳)나라 여몽(呂蒙)의 무식함도 면하지 못했으니 어쩌겠습니까. 또 성품이 유람하기를 좋아하여 약관의 나이 때부터 후지산(富士山)에 오르고 헤이안(平安: 쿄오토)에 갔다가 나니와(浪華: 오오사카)에 이르렀으며 나라(寧樂: 지금의 나라 현奈良縣 일대)에 들렀다가 돌아왔습니다. 산천의 경치가 빼어나다는 소문을 들으면 천리를 멀다 여기지 않았던바, 오직 해외로 나가지 못한 것이 한스럽습니다. 여러분의 이번 행차는 실로 장유(壯遊)입니다. 부럽고 부럽습니다.

우리 당(黨)의 선비들은 모두 음악을 좋아합니다. 우리나라에는 다행히 고악(古樂)이 전하고 있습니다. 저도 또한 피리를 조금 불 줄 알아 매번 책을 송독(誦讀)하는 여가에 동료들과 한 방에 모이면, 그때마다 음악을 연주하고 술을 마시며 시간을 보냈습니다. 순임금의 소(韶) 음악, 주(周)나라 무(武) 음악, 안회(顔回)의 금(琴), 증점(曾點)의 슬(瑟), 자진(子晋: 주周나라의 선인仙人 왕자교王子喬)의 생황, 고점리(高漸離)의 축(筑), 진(秦)나라의 쟁(箏), 호각(胡角: 흉노 등 북방민족의 피리), 왕소군(王昭君)이 탄 곡, 왕포(王褒)가 읊은 노래, 마융(馬融)의 적(笛), 채완(蔡琬)의 가(笳), 예형(禰衡)의 <어양지과>(漁陽之撾: 고곡鼓曲의 곡명), 환이(桓伊)의 <강상지롱>(江上之弄: 악곡樂曲의 곡명)으로부터 아래로는 당(唐) 현종(玄宗)의 갈고(羯鼓), 대랑(大娘)의 혼탈무(渾脫舞)에 이르기까지 갖추지 않은 것이 없었습니다. 오늘 좋은 만남에 여러분을 위하여 한 곡조 연주해서 여행의 노고를 위로하고 싶지만 겨를이 없습니다. 한스럽고 한스럽습니다.

春臺: 諸公若賜高和, 請用貴國紙寫來.

菊溪: 菊塘善詩人也, 公等起揖.

春臺: 菊塘公是何官?

耕牧子: 以裨將來, 而素非弓馬人, 有詞翰家盛名.

春臺: 敢問貴名貴字.

菊塘: 僕姓鄭, 名后僑, 字惠卿, 號菊塘. 今以副使幕佐來, 此獲接諸彦, 喜幸喜幸.

嘯軒: 唱和之間, 有似涉雷同, 敢問諸公所業, 及所居勝致, 幸各書見示.

春臺: 僕生于本邦信濃州, 長于東都, 少好讀書, 就時師受業, 壯而師事徂來 物先生名茂卿者, 學古文辭, 爭奈樗之材, 未免吳下阿蒙耳. 且性耽遊觀, 自冠登富士, 如平安, 至浪華, 過寧樂以歸. 凡聞山川之勝, 則不遠千里, 唯恨未爲海外之遊耳. 若明公此行, 實壯遊哉 可羨可羨. 吾黨之士皆好音, 本邦幸傳古樂, 僕又稍稍解吹笛, 每誦讀之暇, 與同志相聚一堂, 輒絲竹宴飮以度日, 自虞韶周武 回琴點瑟, 子晉之笙, 漸離之筑, 秦箏胡角, 昭君所彈, 王褒所賦, 馬融之笛, 蔡琬之笳, 禰衡漁陽之撾, 桓伊江上之弄, 下至明皇之羯鼓, 大娘之渾脫舞, 莫不具擧. 今日良遇, 欲爲諸公奏一曲, 以慰旅況, 而不得聞矣. 可恨可恨.(2a~3a)

여몽(呂蒙, 178~219)은 삼국(三國)시대 오나라의 장수로 용맹은 뛰어났지만 어려서 학문을 배우지 못하여 무식하다는 평을 들었다. 이에 작심하고 노력하여 학문에서도 대단한 성취를 이루었는데, 오나라의 노숙(魯肅)이 이를 보고 "옛날 오나라의 여몽이 아니구나."(非復吳下阿蒙)라고 하며 감탄하였다는 고사가 있다.

'증점의 슬'이란 『논어』(論語) 「선진」(先進)편의 다음 고사에서 유래한다: 공자가 증점에게 자신의 뜻하는 바를 말하라고 하자 증점이 연주하고 있던 슬(瑟)을 멈추고, 봄옷이 완성되면 어른과 아이 몇 명과 함께 기수(沂水)에서 목욕하고 무우(舞雩)에서 바람을 쐬고 노래를 읊조리며 오겠다고 대답하였다. 이에 공자가 증점과 같은 생각이라 허여하였다.

'자진'(子晉)은 주(周)나라 영왕(靈王)의 태자였는데 왕에게 간언하다가 폐해져 서인(庶人)이 되었으며 후에 도사(道士) 부구공(浮丘公)을 만나 신선이 되었다. 생황을 잘 불었다고 한다. 고점리는 축(筑)의 명인으로, 절친했던 형가(荊軻)가 진시황 암살에 실패하자 자신도 암살하려다 죽임을 당했다. '쟁'은 진나라 때부터 널리 유행하였다. 왕소군은 서한(西漢)의 궁녀이다. 화친 정책에 의해 흉노에게 시집가는 길에 고향을 생각하며 금(琴)을 타자, 날아가는 기러기가 그 소리를 듣고 날갯짓 하는 것을 잊어버리고 땅에 떨어졌다고 한다. 왕포(王褒)는 한(漢)나라 선제(宣帝) 때의 문인으로 사부(辭賦)로 유명하였다.

<어양지과>는 동한(東漢) 말기의 문인인 예형(禰衡, 173~198)이 지은 <어양참과>(漁陽參撾)를 말한다. 고곡(鼓曲)은 타악기를 두드리며 부르는 노래이다. 환이(桓伊)는 동진(東晋) 때의 군사가이자 음악가로, 강에서 왕휘지(王徽之)를 만나 지은 <삼롱>(三弄)이라는 제목의 적곡(笛曲)이 유명하다. <강상지롱>은 이를 가리킨다. 갈고(羯鼓)는 장구처럼 생긴 북의 일종으로 당 현종이 몹시 좋아하였다. 대랑(大娘)은 공손대랑(公孫

大娘)을 말한다. 당(唐)나라 때 교방(敎坊)의 기녀(妓女)로 춤을 몹시 잘 추어 그녀가 춘 혼탈무가 한동안 크게 유행하였다. 여기서는 그 반주 음악을 말하는 듯하다.

슌다이는 자기소개가 끝나자마자 바로 음악에 관한 견해를 길게 피력하였다. 주로 고악(古樂)이 일본에 남아 있으며 자신은 학문의 여가에 고악을 직접 연주하기를 즐긴다는 내용이다. 음악과 관련된 고사들을 길게 인용하여 해박함을 드러내고 있는 것으로 보아 필담 내용을 사전에 준비한 듯하다.

슌다이: 화답시가 오묘하기 그지없습니다.

장응두: 엉성한 말이라 하나도 취할 것이 없습니다. 여러분의 과도한 칭찬을 들으니 얕고 보잘것없는 재주가 몹시 부끄럽습니다. 격려해 주시는 높은 뜻에 대단히 감사드립니다.

슌다이: 시가 오묘하고 글자도 오묘합니다. 옛일에 감회를 얹어 지은 시는 더욱 오묘합니다.

성몽량: 칭예(稱譽)가 정중하니 어찌 감당할 수 있겠습니까

장응두: 다이가쿠노카미(太學頭)가 지금 밖에 와서 만나기를 청합니다. 아직 좋은 만남을 다 끝마치지 못한 것이 안타깝습니다. 마땅히 내일 다시 만나도록 합시다.

슌다이: 여러분들과 두루 수창하지 못했는데 갑자기 저희를 버리시니 실로 흥이 깨졌습니다.

春臺: 高和妙不過.

菊溪: 踈拙之語, 無一可取, 而輒蒙諸君子過實之褒, 深媿謏才之譾劣, 多謝揚善之高義也.

春臺: 詩妙字妙. 感舊之語更妙.

嘯軒: 稱譽鄭重, 何堪負擔.

菊溪: 太學士方在外請見, 未盡淸歡可嘆. 當於明日更會耳.

春臺: 諸公酬和未徧, 乃忽忽棄吾曹, 實爲敗興.(3b)

본격적으로 필담을 나누려고 할 때 다이가쿠노 카미인 하야시 호오코오(林鳳岡)가 만나기를 청하여 필담이 갑자기 중단되었다. 장응두는 내일 다시 만나자고 위로하나 슌다이는 다시 그럴 기회가 없음을 알고 있는 듯 몹시 아쉬워하였다.

슌다이: 공의 시재(詩才)는 민첩하고 빼어나니 우리들이 어찌 당할 수 있겠습니까? 게다가 오늘의 만남은 아무리 길게 이어가더라도 여흥(餘興)을 다할 수 없습니다. 몹시 감사합니다. 그러나 해가 졌는데 불을 밝히고 계속하기 어려울 듯하니 일단 물러나야 할 것 같습니다. 부디 저희들을 버리지 마십시오. 후일 다시 만나 뵙기를 청하겠습니다.

정후교: 여러분들의 시는 모두 고인(古人)의 풍격(風格)이 있어 흠모하고 부러운 마음을 금할 수 없습니다. 날이 저물어 이야기를 더 나누지 못하고 파하니 안타깝습니다. 출발하기 전에 다시 만날 수 있기를 바랄 뿐입니다.

春臺: 公之詩才敏捷絶倫, 吾輩何得當乎? 況今日之歡, 更僕未可以盡餘興也. 多謝. 但日力已窮, 難繼以火, 且須辭去, 幸不棄不肖, 後日更有請耳.

菊塘: 諸公篇什皆有古人風格, 欽羡不已, 日晩不得穩敍而罷, 可歎. 幸望未發前更會耳. (3b~4a)

신유한과 세 서기가 나가고 비장 정후교만 남아서 날이 저물 때까지 수창을 나누었음을 알 수 있다. 그러나 슌다이는 정후교와 시를 수창했으나 만족할 만한 필담을 나누지는 못한 듯하다. 슌다이가 소라이의 경학을 계승하였다는 점을 생각해 보면, 그로서는 경학이나 음악과 관련된 논의를 더 펼치고 싶었으나 정후교는 적당한 상대가 아니었던 듯하다.

슌다이: 그대의 호는 무엇입니까? 그리고 나이는 어떻게 되는지요?

김세만: 성은 김(金)이고 이름은 세만(世萬)입니다. 나이는 21세입니다.

春臺: 問貴號爲何? 及靑年多少.

金世萬: 姓金名世萬, 年二十一.(4a)

김세만은 신유한이 데리고 온 동자(童子)이다. 신유한이 시문 창화를 할 때면 옆에서 먹을 가는 등 보조적인 역할을 담당하였다. 이상이 필담의 전문이다.

▣ 증서(贈序)

창화시 다음에는 슌다이가 신유한, 강백, 성몽량, 장응두, 정후교에게 준 송서(送序)가 수록되어 있다. 신유한에게 준 송서의 제목은 「조선 제술관 청천(靑泉) 신공(申公)에게 올리는 송서」(奉送朝鮮製述靑泉申公序)이다. 이 글에서 슌다이는 음악에 관한 의론을 펼치고 있어 주목된다.

서두에서 통신사 일행의 시작(詩作) 능력이 민첩하다는 것을 지적하고 자신들은 결코 따를 수 없음을 인정하였다. 그러면서도 자신은 시보다는 오히려 음악에 관심이 있음을 피력한다.

(…) 무릇 음악이란 즐거운 것이니 인정(人情)의 면(免)할 수 없는 것이다. 인정이 그에 맞는 바를 얻고자 하는 것은 많은 사람의 공통점이다. 사람이 그 정(情)에 맞는 것을 얻으면 기쁘고, 기쁘면 즐겁고, 즐거우면 반드시 성음(聲音)으로 발(發)하고 동정(動靜)으로 나타난다. 그러나 기쁨은 꾸미지 않을 수 없고, 즐거움은 절제하지 않을 수 없다. 그러므로 음악이란 선왕(先王)이 기쁨을 꾸미고 즐거움을 절제한 것이다. 음악이 그 도(道)에 맞지 않으면 사악하고 편벽되고 음란하

고 사특한 행위가 생겨난다. 성인(聖人)은 이렇게 되는 것을 미워하셨다. 그래서 아송(雅頌)의 음악을 제정하여 인도하셨으니, 음란함을 막고 덕을 드러내기 위함이다.

그러므로 금석사죽(金石絲竹: 쇠·돌·실·대나무로 만든 여러 악기)은 음악의 기물[器]이고, 굴신부앙(屈伸俯仰: 구부리고 펴고 올려다보고 내려다보는 춤의 동작)은 음악의 문(文: 음악이 동작으로 드러난 것을 말함)이며, 이남(二南)과 아송(雅頌)은 음악의 소리[聲]이고, 오음(五音)과 육율(六律)은 음악의 기준[度]이고, 팔음극해(八音克諧: 여덟 가지 소리가 모두 화음을 이룸)와 무상탈륜(無相奪倫: 여덟 소리가 각각의 음계를 침범하지 않음)은 음악의 조화[和]이며, 천지를 움직이고 귀신을 감동시키며 온갖 심승을 춤추게 하고 봉황이 오게 하는 것은 음악의 감응이고, 부부 간에 질서를 이루고 효도와 공경을 이루어 주며 인륜을 두텁게 하고 교화를 아름답게 하며 풍속을 바꾸는 것은 음악의 공효(功效)이다. 그러므로 선왕은 음악을 사용하여 교(郊) 제사를 지냈고, 사(社) 제사를 지냈고, 빈객을 접대했고, 향인(鄕人)들을 단합하게 했다. 어째서 이것이 가능한가? 화(和) 때문이다. 그러므로 '음악은 천지의 화(和)이다'라고 한 것이다.

대저 예(禮)는 음악을 통해 행해지고, 음악은 예(禮)로 완성된다. 왕자(王者)의 자취가 사라지자 예가 폐지되고 악(樂)이 없어졌으며 아송(雅頌)을 쓰는 제향이 끊어졌으니, 후대 사람들이 선왕의 시대에 성악(聲樂)이 융성했음이 이와 같았다는 것을 장차 무엇으로 말미암아 보겠는가? (…)

(…) 夫樂者樂也, 人情之所不能免也. 人情欲得其所適, 衆之所同也. 人得其情所適則喜, 喜則樂, 樂則必發於聲音, 形於動靜. 然而喜不可以不飾, 樂不可以不節. 故樂者, 先王之所以飾喜而節樂也. 樂非其道, 則邪辟淫慝之行作焉. 聖人惡其如此, 故制雅頌之聲以道之, 所以綴淫章德也. 是故金石絲竹, 樂之器也; 屈伸俯仰, 樂之文也; 二南雅頌, 樂之聲也; 五音六律, 樂之度也; 八音克諧, 無相奪倫, 樂之和也. 動天地, 感鬼神, 舞百獸, 來鳳凰, 樂之應也; 經夫婦, 成孝敬, 厚人倫, 美教化, 移風俗, 樂之成功也. 故先王以之郊, 以之社, 以之饗賓客, 以之合鄉人. 是何以能然? 和也. 故曰: "樂者, 天地之和也." 夫禮以樂行, 樂以禮成, 自王者之迹熄, 禮廢樂亡, 雅頌饗絶, 後之人將何由覩先王之世聲樂之盛如所云也? (…) (4b~5b)

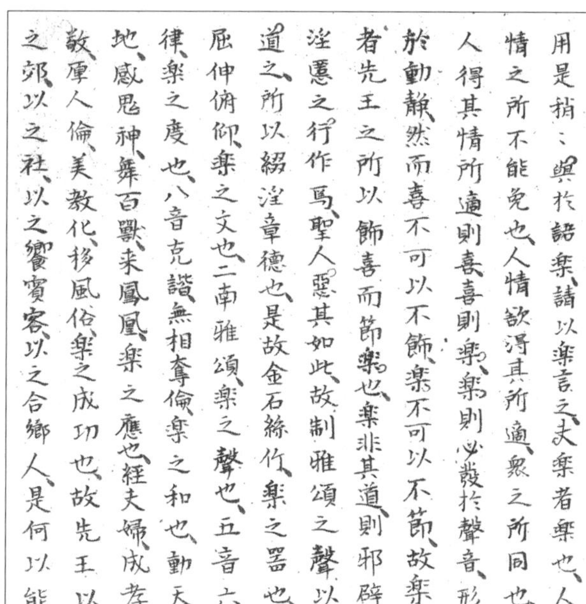
用是稍稍與於語樂請以樂言之夫樂者樂也人
情之所不能免也人情欲得其所適衆之所同也
人得其情所適則喜喜則樂樂則必發於聲音形
於動靜然而喜不可以不飾樂不可以不節故樂
者先王之所以飾喜而節樂也樂非其道則邪辟
淫慝之行作焉聖人惡其如此故制雅頌之聲以
道之所以綴淫章德也是故金石絲竹樂之器也
屈伸俯仰樂之文也二南雅頌樂之聲也五音六
律樂之度也八音克諧無相奪倫樂之和也動天
地感鬼神舞百獸来鳳凰樂之應也經夫婦成孝
敬厚人倫美教化移風俗樂之成功也故先王以
之郊以之社以之饗賓客以之合鄉人是何以能

음악 특히 고대의 음악에 대한 견해를 길게 피력하였다. '음악은 천지의 화(和)이다'라는 말은 『예기』(禮記) 「악기」(樂記)에 나오는 말이다. 음악으로 서로 화합할 수 있었는데 이제 그러한 음악이 사라졌다는 것이다. 슌다이는 이렇게 말하면서 오늘날 천지의 조화를 다할 수 있는 것은 바로 시(詩)라고 하였다. 그리고 다음과 같이 말을 이어 나갔다.

> 시는 뜻을 말한 것이다. 그러므로 춘추시대에 조회(朝會)를 하거나 연회에 참석하여 시를 읊은 사람이 모두 아송(雅頌)의 말을 외웠던 것이다. 지금은 비록 그렇지 않지만 어찌 많이 짓는 것을 숭상하겠는가. 그렇다면 또 어찌 막힘없이 빨리 짓는 것을 취하겠는가. 이는 다만 기예를 다투는 것과 같을 뿐이니, 실로 음악의 조화를 해친 것이고 예의 뜻에 맞지 않는 것이다. 그렇다면 한인(韓人)이 잘못한 것인가? 어찌 반드시 잘못이겠는가. 저들은 다른 나라에서 온 객(客)이다. 주국(主國: 일본을 말함)의 사람이 그들을 위해 시를 지었는데 객이 답하지 않는다면 대단히 불공한 것이 되니 어쩔 수 없이 그런 것이다.
>
> 조빙(朝聘)의 예는 선왕(先王)의 제도이다. 나는 계찰(季札)이 국풍(國風)에 대해 논하고 담자(郯子)가 관제(官制)에 대해 배웠다는 말은 들었어도, 시를 수창하느라 분주하여 이처럼 번거롭게 했다는 말은 듣지 못하였다. 누구의 허물이겠는가? 나는 객을 공경하는 우리의 도리가 잘못되었을까 두렵다. 비록 그렇지만 나 또한 시를 통해 조선 사람들을 알게 되었으니, 그렇다면 그 효과가 특별하다 하겠다.
>
> 詩言志, 故春秋時, 朝會燕享賦詩者, 率誦雅頌之言而已. 今縱不然, 豈以多爲尙哉, 則亦何取於捷給乎. 此特鬪技者比, 實[1]傷樂之和, 非禮之意也. 曰: 然則韓人所爲非耶? 曰: 何必非耶. 彼異邦之客也, 主國之人爲之賦, 而客不答, 殆乎不恭, 蓋不得已耳. 夫朝聘之禮, 先王之制也. 吾聞季札辯國風, 郯子於官制, 未聞以詩相擾若是之煩. 伊誰執其咎? 吾恐非我人所以敬客也. 雖然, 予獲識韓人亦以詩, 則旣效尤矣. (…)(5b~6a)

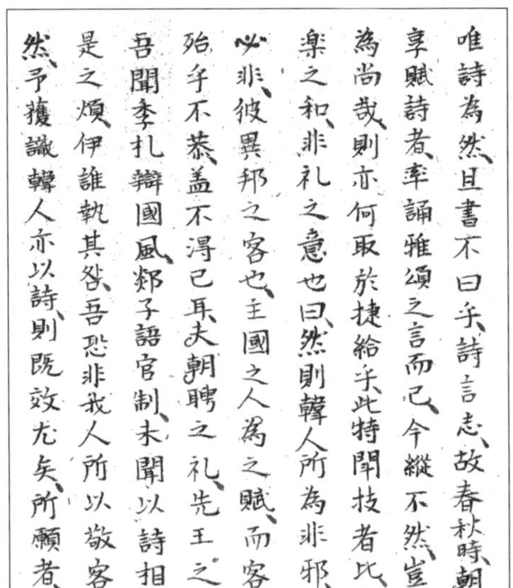
唯詩為然且書不曰乎詩言志故春秋時朝會燕
享賦詩者率誦雅頌之言而已今縱不然豈以多
為尚哉則亦何取於捷給乎此特鬪技者比實傷
樂之和非礼之意也曰然則韓人所為非邪曰何
必非彼異邦之客也主國之人為之賦而客不答
殆乎不恭蓋不得已耳夫朝聘之礼先王之制也
吾聞季札辯國風郯子語官制未聞以詩相擾若
是之煩伊誰執其咎吾恐非我人所以敬客也雖
然予獲識韓人亦以詩則既效尤矣所願者予耆

계찰은 춘추시대 오(吳)나라 공자(公子)로, 노(魯)나라에 가서 주남(周南), 소남(召南)과 국풍(國風)의 음악을 감상하고 평을 남긴 것이 유명하다. 담자는 춘추시대 담(郯)

1. 實: 저본에는 '賓'으로 되어 있으나 슌다이의 문집『春臺先生紫芝園稿』(近世儒家文集集成 第6卷, 東京: ぺりかん社, 1985)에 의거하여 바로잡는다. 문집에는「送朝鮮申著作序」라는 제목으로 수록되어 있다.

나라의 임금으로 공자(孔子)가 그에게서 관제(官制)를 배웠다. 고대에는 다른 나라를 방문해서 시를 짓는 것을 능사로 삼지 않았다는 증거를 든 것이다.

송서(送序)의 첫머리에서 통신사가 시를 빨리 짓는 것은 일본 문인이 도저히 따라갈 수 없다고 전제해 놓고, 여기서는 시를 재빨리 많이 짓는 것은 기예를 다투는 것일 뿐이라 예에 어긋난다고 하였다. 그렇지만 조선 사신들도 사신의 예를 다하기 위해 부득이해서 그럴 것이라 하였다. 슌다이는 이렇게 말하면서 이어지는 글에서 자신이 진실로 원하는 것은 산수 간에 나아가 음악을 연주하며 즐기는 중에 간혹 시를 주고받는 것이라 하며 통신사와 사적으로 깊이 교류하지 못함을 안타까워했다.

이러한 견해를 뒤늦게 송서를 통해 피력한 것은 필담 자리에서 슌다이가 음악에 관한 견해를 말했지만 거기에 대한 답을 듣지 못하고 자리가 파하고 말았기 때문이다. 평소 슌다이는 시문보다는 음악, 특히 고악(古樂)에 많은 관심을 기울이고 있었던 것으로 생각된다. 시문으로는 조선의 문사를 상대하기 벅차다는 것을 알고 먼저 음악을 화제로 삼고자 했을 수도 있다.

강백에게 보낸 송서의 제목은 「조선 정사(正使) 서기 경목(耕牧) 강공(姜公)께 올리는 송서」(奉送朝鮮正使記室耕牧姜公序)이다 이 글에서 슌다이는 남자로 태어났으면 반드시 문무(文武)를 겸비해야 하는바, 장수가 되거나 사신이 되어 임금의 명을 받아 다른 나라에 가서 공을 세우는 것이 가장 큰 일이라고 하였다. 자신은 신묘년(1711)에 통신사를 만나고자 했으나 법령이 엄하여서 만나지 못했으며 그간 절치부심(切齒腐心)하며 만날 날만을 기다렸다고 하였다. 이어서 그대처럼 사신이 되어 외국에 가서 임무를 수행할 날이 언제 있을까 하고 한탄하며, 귀국해서도 자신의 말을 주위 사람들에게 전해 달라고 하였다. 슌다이는 이 글에서 조선의 문사가 사신 온 것에 대해 부러워하는 심정을 숨기지 않고 드러내면서 감개무량해 하고 있다.

세 번째는 성몽량에게 보낸 송서이다. 제목은 「조선 부사 서기 소헌(嘯軒) 성공(成公)에게 올리는 송서」(奉送朝鮮副使記室嘯軒成公序)이다. 이 글에서 슌다이는 문예지사(文藝之士)는 노닐기를 좋아하는바, 장차 대작(大作)을 짓기 위해서라고 하였다. 대작은 문견이 넓어야 하며 단지 생각을 기발하게 한다고 해서 지을 수 있는 것은 아니라는 것이다. 물론 집안에서 널리 독서하기를 오래 하면 앉아서도 우주를 볼 수 있다. 그러나 천하의 명산대천(名山大川)은 제각각 다르며, 고금(古今)의 정치와 멀고 가까운 곳의 풍속이 다르다는 사실도 직접 그 땅을 밟아 보고 그 사실을 눈으로 본 다음에야 그 실제를 징험할 수 있다. 사마천도 그랬기 때문에 『사기』(史記) 같은 대작을 지을 수 있었다는 것이다.

슌다이는 자신도 젊은 시절에는 일본 각지를 돌아다녔지만 그 범위는 사마천의 10분의 1도 되지 않는다고 술회하면서, 성몽량에게는 통신사를 따라 일본까지 오는 장유(壯遊)를 했으니 조선에 돌아가서 꼭 대작을 지어서 보여 달라고 당부하였다.

네 번째 송서는 장응두에게 보낸 것이다. 제목은 「조선 종사관 서기 국계(菊溪) 장공(張公)에게 올리는 송서」(奉送朝鮮從事記室菊溪張公序)이다. 여기서 슌다이는 조선과 일본이 모두 '선왕(先王) 동문(同文)의 치(治)'를 공유하고 있음을 강조한다. 먼저 그는 전국시대 추연(鄒衍)이 말한, 중국은 천하 구주(九州) 중 하나인 적현신주(赤縣神州) 가운데 한 주(州)라는 설을 인용하면서, 일본도 역시 그 가운데 하나의 주라고 하였다. 일본이 비록 예악과 제도는 성인의 도를 다하지 못했지만, 잘 배운다면 변화시킬 수 있다는 것이다. 에도 시대에 토쿠가와 츠나요시(德川綱吉)가 유교를 숭상하여 이때부터 문화가 성행하였다며, 그 일례로 훈독(訓讀)을 버리고 동한(東漢) 이후의 문장은 보지 않은 점을 들고 있다. 그래서 일본에서는 오척 동자라도 송유(宋儒)를 칭하기를 부끄러워한다는 것이다. 일본의 교화 수준을 말하면서 고학(古學)을 그 기준으로 삼고 있음을 알 수 있다. 오규우 소라이의 영향을 엿볼 수 있는 대목이다. 훈독을 버리고 중국 고대의 음(音)으로 경서를 읽는 것은 소라이가 주창한 독특한 학문 방법이다. 송유(宋儒)를 배척하고 있는 점 역시 전형적인 소라이학파의 논법이다.

슌다이는 이렇게 전제한 다음 일본과 중국이 다른 점은 단지 습속(習俗)일 뿐이라고 말한다. 그 습속도 선왕의 예악으로써 변화시킬 수 있다고 하였다. 그러면서 조선은 일본에 비하여 중국의 교화를 입은 것이 훨씬 더 깊다고 하였다. 지금 통신사를 친견해 보니 그 위의와 모습이 모두 중국과 다를 바가 없다는 것이다. 그렇기에 조선과 일본은 똑같이 구중(區中)의 나라로서 '선왕(先王) 동문(同文)의 치(治)'가 행해지는 나라라는 것이다.

슌다이는 중국의 문화에 대해 극도의 존경심을 표하고 중국의 문물, 습속을 일본에서도 구현하고 싶어 하였다. 그럼으로써 일본은 중국과 대등하게 될 수 있다고 생각한 듯하다. 스승인 소라이가 육경을 종지로 삼는 고학을 창도하여 모화(慕華)의 기풍을 일으켰으면서도 오히려 일본의 독자성을 강조한 측면이 있는 반면, 슌다이는 중국 고대의 예악을 생활, 풍속에까지 실현시켜 중화 문명과 일체가 되고자 하는 지향을 보여 준다.

16. 상한훈지집(桑韓塤篪集)

□ 서지사항

서명: 상한훈지집(桑韓塤篪集)
소장처: 국립중앙도서관
편자: 세오 요오세츠사이(瀨尾用拙齋)
간행연대: 1720년(享保 5)
책수: 11권 11책
판본: 간본(京華書坊 奎文館)

『상한훈지집』(桑韓塤篪集)은 기해년(1719)에 산출된 여러 종의 필담창화집을 부분적으로 편집해서 11책으로 엮은 총서 형태의 자료이다. 수록된 자료 가운데는 현전하는 필담집도 있고 일실된 필담집도 있다. 제목의 '桑韓'은 일본과 조선을 가리키며, '塤'과 '篪'는 모두 고대의 악기 이름이다. 『시경』(詩經) 소아(小雅) 「하인사」(何人斯)에 "맏형이 훈을 부니/둘째형은 지를 부네"(伯氏吹塤, 仲氏吹篪)라는 구절이 있는데, 형제나 친구 사이의 화목함을 노래한 것이다. 따라서 '桑韓塤篪集'은 조선과 일본의 문인이 만나 화목하게 주고받은 시문(詩文)을 기록한 책이란 뜻이다.

외제는 '桑韓唱和塤篪集'이고 내제는 '桑韓塤篪集'이다. 봉면(封面)에 '皇和享保己亥/附列朝韓使來聘考/桑韓塤篪集/京華書坊奎文館發行'이라고 되어 있다. '享保己亥'는 1719년이고, '京華書坊 奎文館'은 편자인 세오 요오세츠사이(瀨尾用拙齋)가 운영한 쿄오토의 서점 케이분칸(奎文館)을 가리킨다.

세오 요오세츠사이의 이름은 코레카타(維賢), 자(字)는 토시오(俊夫)이고 요오세츠사이(用拙齋)는 그 호이다. 쿄오토 출신으로 가업(家業)을 계승하여 서점을 경영하였다. 이토오 진사이(伊藤仁齋, 1627~1705)에게 유학(儒學)을 배우고 이리에 쟈쿠스이(入江若水, 1671~1729)와 교유하였다. 자신의 저서 이외에도 이토오 진사이와 그 아들인 이토오 토오가이(伊藤東涯, 1670~1736), 쟈쿠스이의 저서 등을 출판하였다. 케이분칸(奎文館)은 그의 서사(書肆) 이름이다. 서사에서는 주로 경전(經典)과 역사서, 제자백가와 시문집을 판매했다. 편저에 『계림창화집』(鷄林唱和集), 『칠가창화집』(七家唱和集), 『팔거제영』(핫쿄다이에이, 八居題詠) 등이 있다. 『계림창화집』과 『칠가창화집』은 1711년 통신사의 필담창화집으로 『상한훈지집』과 같이 여러 필담창화집의 내용을 모아 편집한 총서 형태의 서적이다. 『상한훈지집』은 11권 11책이고, 『계림창화집』은 15권 8책, 『칠가창화집』은 7권 7책인바, 이렇게 큰 규모의 필담창화집을 계속해서 간행한 것으로 볼 때 당시 일본에서 통신사에 대한 관심과 필담창화집에 대한 수요가 몹시 높았음을 알 수 있다.

서문은 1720년 2월 15일 마에다 토오케이(前田東溪, 1673~1744)가 썼다. 토오케이의 이름은 토키무네(時棟), 자는 子績, 호는 토오케이(東溪), 키쿠소오(菊叢)이다. 잇시키 토키무네(一色時棟)라는 이름을 쓰기도 하였다. 쿄오토 출신으로, 마츠야마 번(松山藩: 지금의 오카야마 현岡山縣 타카하시 시高粱市)의 번주 이시키와 후사요시(石川總慶)의 가신(家臣)이 되었다. 저서에 『손하관고』(손카칸코오, 飧霞館稿)와 당본(唐本) 유서(類書) 목록인 『이유동』(니유우도오, 二酉洞) 등이 있다.

서문의 다음에는 '列朝韓使來聘考'라는 제목 아래 3장에 걸쳐 역대의 통신사에 대한 간략한 설명이 기재되어 있다. 일본의 국사(國史)에 기록된 것을 참조하여 죠오지(貞治: 1362) 이래 통신사에 대해 기록한다고 하였다. 일례를 보이면 다음과 같다.

> 고하나조(後花園) 황제 에이쿄오(永享) 11년(1439) 기미(己未) 가을 7월, 요시노리 공(義敎公)이 쇼오군(將軍)이던 때, 조선 첨지중추원사(僉知中樞院事) 고득종(高得宗), 호용시위사(虎勇侍衛司) 대호군(大護軍) 윤인보(尹仁甫) 등이 내빙(來聘)했다.(『선린국보기』(善隣國寶記)에 보인다.)
>
> 後花園帝永享十一年己未秋七月, 義敎公爲將軍時, 朝鮮僉知中樞院事高得宗､虎勇侍衛司大護軍尹仁甫等來聘(見『善隣國寶記』).(列朝韓使來聘考 1b)

말미에 세주로 "『선린국보기』(젠린코쿠호키, 善隣國寶記)에 보인다."라고 하여 출처를 밝혀 놓았다. 고하나조(後花園, 재위: 1428~1464)는 무로마치(室町) 시대의 일본 천황이며, 요시노리는 아시카가 요시노리(足利義教, 재위: 1428~1441)를 말한다. 『선린국보기』는 쿄오토 쇼오코쿠지(相國寺)의 승려 즈이케이 슈우호오(瑞溪周鳳)가 쓴 일본 최초의 외교사(外交史)이다. 에도 시대에 들어와서 조선에 보내는 외교문서를 담당했던 오산파(五山派) 승려가 이 책을 참조하였고, 막부에서 문서를 담당했던 하야시 가(林家)에도 전해져 에도 시대 내내 외교문서와 관련하여 중요한 서적으로 활용되었으며, 속편이 만들어지기도 하였다.

'列朝韓使來聘考' 다음에는 '韓使官職姓名'이라는 제목 아래 삼사(三使)와 상상관(上上官), 상판사(上判事), 제술관(製述官), 서기(書記)에서 선장(船將)에 이르기까지 통신사행단의 상관(上官)과 중관(中官)의 직책과 성명이 기재되어 있다. 도훈도(都訓導), 기수(旗手) 등 하관(下官)은 인원수만 기재해 놓았다.

다음으로 '目次'가 기재되어 있는데, 통신사가 만난 일본 문인들을 지역별로 분류하여 기재하였다. 이 총서가 지역을 기준으로 이미 출판된 필담창화집 및 필담 초고를 편집하였음을 알 수 있다. 지역별 순서는 토오부(東武: 에도江戶를 말함), 비슈우(尾州: 오와리주尾張州를 말함. 지금의 아이치 현愛知縣 서부), 노오슈우(濃州: 미노노쿠니美濃國의 이칭. 지금의 기후 현岐阜縣 남부), 고오슈우(江州: 오우미노쿠니近江國의 이칭)의 히코네(彦根: 지금의 시가 현滋賀縣 히코네 시彦根市)와 오오츠(大津: 지금의 시가 현 오오츠 시大津市), 나니와(浪華: 지금의 오오사카大阪), 빈고 주(備後州: 지금의 히로시마 현廣島縣 동부), 보오슈우(防州: 스오우노쿠니周防國의 이칭. 지금의 야마구치 현山口縣 동부)의 카미노세키(上關)이다. 지역을 쓰고 한 줄 낮추어 필담에 참여한 일본인의 성명과 자호(字號) 및 약력을 기재해 놓았다.

다음으로 편집자인 요오세츠사이가 쓴 범례가 있는데, 다음 세 가지를 말하였다. 첫째, 일본인과 통신사의 주옥과 같은 필담과 창화시가 많이 있지만 전부 수집할 수가 없어서 손에 넣은 것만을 모아 간행하였다. 둘째, 다른 시문을 입수하게 되면 속집을 간행할 것이다. 셋째, 시문이 전사(傳寫)되는 과정에서 잘못된 것이 많지만 한 획도 고치지 않고 그대로 실었다.

통신사가 방문한 이듬해에 간행되어 원고를 충분히 수합할 시간이 없었기 때문에 입수 가능한 원고만으로 총서를 엮은 것이다. 그러나 이후 속집은 간행되지 않았던 것으로 보인다. 원고를 수정하지 않은 것 역시 급히 간행하는 과정에서 꼼꼼하게 원고를 검토할 시간적 여유가 없었기 때문이라 생각된다.

이하 각 권별로 주요 내용을 소개한다.

(1) 권일(卷一)

권1의 처음에는 접반승인 겟신 쇼오탄(月心性湛)과 세키소오 류우쇼오(石霜龍菖)가 에도 성에서 읊은 시가 6수 실려 있고, 이어서 정사(正使) 홍치중(洪致中, 1667~1732)과 부사(副使) 황선(黃璿, 1682~1728), 종사관 이명언(李明彦)이 두 사람에게 화답한 시가 각각 1수씩 실려 있다. 이어서 에도에서 이루어진 오미 마사카즈(尾見正數)와 통신사가 수창한 시가 수록되어 있다. 마사카즈는 1711년 통신사의 안부를 묻기도 하였다.

다음으로 오와리 주(尾張州)에서의 필담이 수록되어 있다. 서로 안부를 묻는 등의 의례적인 내용이다. 일본인 참여자는 오키(荻) 지방의 은사(隱士)인 스이코오도오(翠篁堂)와 타쿠 핫켄(宅潑軒), 야마자키 호오소오(山崎朋崇)이다. 타쿠 핫켄의 이름은 오오린(應璘), 자는 스이오(粹夫)이다. 스이코오도오, 야마자키 호오소오에 대해서는 미상이다.

(2) 권이(卷二)

권2에는 오와리 주에서의 필담과 창화시가 수록되어 있다. 전반부에는 『봉도유주』(蓬島遺珠)와 『객관최찬집』(客館璀璨集)의 내용을 발췌 수록하였다. "창수와 필담은 『객관최찬집』에 갖추어져 있으니 많이 생략하여 여기에는 싣지 않았다."(倡酬筆談具『客館璀璨集』, 故多略, 不此載而已: 卷二 23a)라고 한 데서 편자가 발췌 수록했음을 알 수 있다.[1]

후반부에는 후쿠시마 카쿠쇼(福島鶴渚), 노나카 큐우케이(野中久敬), 이데 야스하루(井出保合)와 통신사가 나눈 필담과 창화시가 수록되어 있다. 카쿠쇼(鶴渚)의 이름은 마사코토(昌言), 자는 시도오(子道), 카쿠쇼는 그 호이다. 큐우케이(久敬)의 이름은 시게타카(茂高), 자는 후미하치(文八), 카쿠쇼는 그 호이다. 야스하루(保合)의 이름은 칸페이(勘平), 자는 요시시게(良重), 호는 야스하루 또는 세키타이(夕替)이다.

카쿠쇼와 큐우케이는 시를 몇 편 주고받았을 뿐이고, 야스하루와의 필담과 창화시가 6장에 걸쳐 비교적 많이 수록되어 있다. 1719년 10월 25일 에도에서의 국서전달식이 끝난 후 통신사는 귀로에 올라 다시 오와리 주에 도착하였다. 야스하루는 삼사와 세 명의 서기를 접대하는 직책이라 필담과 창화를 나눌 수 있었다. 야스하루는 『봉도유주』와 『객관최찬집』에 등장하는 겐슈우(玄洲) 및 란코오(蘭皐)와 오랜 친분이 있었다. 신유한(申

1. 『봉도유주』와 『객관최찬집』의 해제는 본서 341~349면 및 327~339면에 실려 있다.

維翰)은 예전에 란코오가 지어 준 「신선을 노래함」(仙人篇)이라는 시가 몹시 기이하다고 칭찬하며 에도에 머무는 동안 지은 화답시를 란코오에게 전해 주고 싶다고 하였다. 이에 야스하루는 란코오가 지금 나고야(名古屋)에 있으니 자신이 전해 주겠다고 하였다. 한편 야스하루는 신유한에게 몇 개의 질문을 써 주었고 신유한이 이에 답한 후 모임이 파하였다. 다음은 문답의 일부이다.

〈질문: 야스하루〉

- 매를 때리는 법은 노비 등속에게만 적용되는 것입니까?
- 귀국에는 절이 많습니까?
- 귀국에 양화진(楊花津)이 있습니까?
- 귀방(貴邦)에는 종이가 생산되는 곳이 많습니까? 우리나라에서 종이를 아주 많이 만듭니다.
- 귀방의 민간에서는 장사 지낼 때 불교 의식을 많이 사용합니까?
- 우리나라에는 아사미 케이사이(淺見絅齋)라는 분이 있는데, 독실(篤實)하고 근엄하여 성학(聖學: 유학을 말함)에 가장 공이 큽니다. 귀국에도 그 아름다운 명성이 전해졌는지요?
- 제가 쓴 시도 대략 시라 이를 만합니까?

一 笞撻之法, 限於奴隷之屬而行之耶?
一 貴國多梵宮耶?
一 貴國有<u>楊花渡</u>耶?
一 貴邦紙之所産多耶? 吾邦紙之製最多.
一 貴邦民間送葬, 頗用浮屠耶?
一 吾邦有<u>淺見絅齋</u>者, 篤實謹嚴, 最有功於聖學, 貴國亦傳其芳名耶?
一 僕所賦詩亦略可謂詩耶?

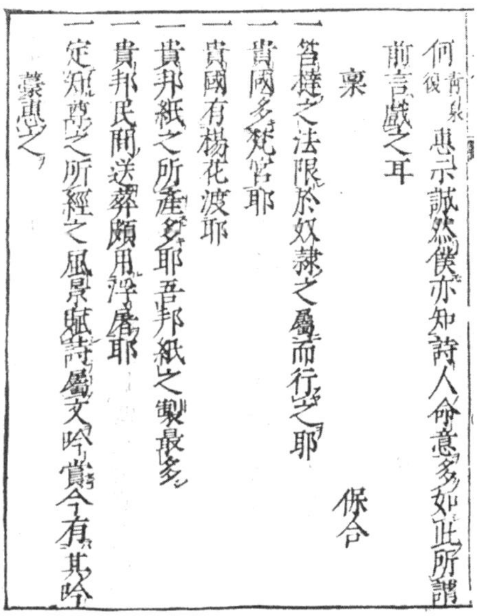
何役 惠示誠然僕亦知詩人命意多如此所謂
前言戯之耳
稟 保合
一笞撻之法限於奴隷之屬而行之耶
一貴國多梵宮耶
一貴國有楊花渡耶
一貴邦紙之所産多耶吾邦紙之製最多
一貴邦民間送葬頗用浮屠耶
一定知君之所經之風景賦詩屬文吟賞今有其吟
蒙惠之

〈답: 신유한〉

- 우리나라에서 매를 때리는 법은 관리가 백성을 다스릴 때, 어른이 아이들을 가르칠 때 모두 죄의 경중에 따라 합니다. 어찌 노비에게만 적용되겠습니까.
- 불사(佛寺)와 승원(僧院)은 많이 있습니다. 그러나 백성들과 함께 있지 않으며, 산이 높고 골짜기가 깊고 경치가 아름다운 곳에 세속의 무리와 떨어져 있습니다.
- 양화진은 경기도 양천군(楊川郡)에 있습니다.
- 종이는 많이 생산됩니다. 만드는 법은 귀국의 종이와 조금 다릅니다.

- 고려 이전에는 불교를 몹시 숭상하여 민간에서 장례와 제사를 지낼 때 혹 불사(佛事)를 벌이기도 했습니다. 우리 성조(聖朝: 조선을 가리킴) 삼백 년 이래로 불도(佛道)를 배척하였기 때문에 지금 승려들은 모두 소민(小民) 중에서 부역을 피하여 달아난 자들입니다. 그래서 사대부가에서는 불교에 대해 일절 말하지 않습니다. 하물며 장사지내는 예는 예 가운데 큰 것입니다. 비록 하민(下民)이라 할지라도 불사를 벌이지 않습니다.
- 케이사이(絅齋)는 그 사람의 호입니까? 저는 지금 처음 듣습니다. 그분의 글과 학문을 접하지 못해 아쉽군요.
- 그대의 시는 두 구절밖에 보지 못했습니다. 전체를 알 수는 없지만 대개 음향(音響)이 청랑(淸朗)한 위에 뜻을 구사하고 있습니다. 이것으로 미루어 더욱 노력하여 당인(唐人)의 시를 많이 읽는다면 거의 신령한 변화가 빼어나리니, 이리로 나아가기를 바랍니다.

一 我國笞撻之法, 官人之治下民, 長者之課兒童, 皆隨罪之重輕而罰之, 何但奴僕?

一 佛寺僧院則多有之, 但不與凡民同居, 必於高山深谷佳麗之地, 離群絶俗而居.

一 楊花渡在我京畿之楊川郡.

一 紙則多産, 其製與貴邦紙差異.

一 高麗以前多尙佛教, 人家葬祭, 或作佛事云, 而吾聖朝三百年來, 斥去佛道, 故卽今爲僧者, 皆小民逃役之類, 而士大夫之家, 絶不言浮屠, 況送葬之禮, 禮之大者, 雖下民皆不用佛事.

一 絅齋是其人名號耶? 僕今始聞之. 惜乎, 未見文字訓詁之跡也.

一 君之詩只見兩句語, 雖未可識得全體, 然大抵用意於音響淸朗之地, 推此勉進, 多讀唐人詩, 庶幾神化超乘, 而出是仰仰.(卷二 27a~28a)

이어서 야스하루는 백흥전(白興銓), 강백(姜栢)과 필담을 나누었다. 강백이 「후지산에 제하다」(題富士)라는 시를 지어 주자 야스하루는 몹시 뛰어나다고 감탄하며, 조선에도 후지산과 같이 빼어난 산이 있는지 물었다. 강백은 금강산의 일만이천봉이 선경(仙境)이라 답하였다.

(3) 권삼(卷三)

권3에는 의학필담이 수록되어 있다. 통신사 일행은 1719년 9월 15일 미노 주(美濃州: 지금의 기후현 남부)의 오오가키(大垣)에 당도하였는데, 당시의 상황이 신유한의 『해유록』(海游錄) 9월 15일조에 다음과 같이 기록되어 있다.

> 이마스 역(今須驛)에서 점심을 먹고 이경(二更: 밤 9~11시)에 오오가키(大垣)에 도착하였다.

등불이 수십 리에 걸쳐 찬란하여 쿄오토와 같았고, 민호(民戶)가 번성한 것은 사와(佐和)를 방불했다. 사관(使館)은 카린인(花林院)이었는데, 내가 거처하는 곳 또한 넓고 탁 트였다. 슌포(春圃)와 그의 아들 슌치쿠(春竹), 슌린(春倫), 도오센(道仙), 슌이츠(春乙), 슌타츠(春達) 등 여섯 부자가 함께 와서 시를 지었다. 그들의 집은 오오가키에 있는데 모두 글을 읽어 의술(醫術)을 업으로 삼았다. 또 다른 서생(書生)들이 자리에 가득했는데 한밤중이 지나서야 헤어졌다.

午飯今須驛, 二更抵大垣, 燈籠晃朗數十里如倭京, 民戶之盛如佐和, 使館花林院, 余所坐亦弘敞, 春圃之子春竹､春倫､道仙､春乙､春達等六父子俱來賦詩. 其家在大垣, 皆讀書業醫. 又有它書生滿坐, 夜過半而罷.

슌포는 바로 오오가키의 의원인 키타오 슌포(北尾春圃, 1658~1741)를 말한다. 그는 아들과 함께 통신사가 묵고 있는 오오가키(大垣)의 사관(使館)을 방문하여 필담과 창화를 나누었다. 통신사는 10월 26일 귀로에 다시 오오가키에 들렀는데, 이때도 슌포 등이 방문하여 필담을 나누었다. 신유한에 의하면 부자 6명 모두 찾아왔다고 했으나, 필담집에는 슌포와 슌치쿠, 슌린 3명의 시문만 수록되어 있다.

슌포(春圃)의 이름은 育仁, 호는 토오소오안(當壯庵), 슌포는 그 자(字)다. 대대로 의원 집안이었으며 무로하라(室原: 지금의 기후 현 요오로오 군養老郡 요오로오 쵸養老町 무로하라室原)에서 태어나 오오가키로 옮겨 와 의술을 펼쳤다. 1711년 통신사가 방문했을 때 양의(良醫) 기두문(奇斗文)과 필담을 나눈 것을 정리하여 1713년 『상한의담』(桑韓醫談)을 출판하였다.

권3에는 슌포 외에도 그의 아들 키타오 슌치쿠(北尾春竹), 키타오 슌린(北尾春倫)의 필담과 창화시가 수록되어 있다. 슌치쿠(春竹)의 이름은 타다시(忠), 자는 노부요시(信義)이고 슌치쿠는 그 호이다. 슌린(春倫)의 이름은 켄(權), 자는 츄우세이(中正), 호는 슌린 또는 류우슈우(柳洲)로, 당시 히코네(彦根)에 살았다.

슌포와 슌치쿠는 1719년 10월 26일 미노 주(美濃州) 오오가키의 객관(客館)을 방문하여 통신사 서기 및 양의(良醫) 비목재(卑牧齋) 권도(權道)와 의원(醫員) 소심헌(小心軒) 김광사(金光泗)와 필담과 창화시를 주고받았다. 슌치쿠와 권도가 나눈 필담은 '醫員筆語'라는 제목 아래 실려 있다. 이어서 슌포와 김광사의 필담이 '春圃筆談'이라는 제목 아래 실려 있다. 한편 슌린은 9월 14일에 통신사를 만나지 못하였기에 아메노모리 호오슈우(雨森芳洲)에게 부탁하여 편지와 시를 통신사에게 보냈던바, 그에 대한 화답시와 편지가 수록되어 있다. 10월 26일에는 객관에서 통신사 일행과 직접 시문을 주고받았으며, '醫員筆語'라는 제목 아래 슌린이 권도와 김광사와 나눈 의학에 관한 필담이 수록되어 있다.

(4) 권사(卷四)

권4의 전반부에는 권3에 이어 키타오 슌린이 10월 27일 히코네에서 통신사와 주고받은 필담과 시가 수록되어 있다. 권수제 다음에 '彦根後會'라 한 것은 히코네에서 귀로(歸路)에 만난 일을 가리킨 것이다. 이어서 11월 6일과 8일 오오사카에서 이루어진 슌린의 필담과 창화시가 수록되어 있다. 슌린은 통신사 일행을 따라 오오사카까지 갔던 것이다. 슌린은 제술관과 서기, 의원과 계속해서 필담을 나누고 시를 주고받았다. 의원과의 필담은 '醫員筆語'라는 제목 아래 따로 정리되어 있다.

슌린의 필담과 창화시 다음에는 '海山唱和'라는 제목 아래 스가 카이잔(菅海山)과 통신사가 주고받은 시가 9수 실려 있다. 카이잔(海山)의 이름은 쵸오(徵), 자는 토오케이(董卿)이며 나니와(浪華: 오오사카) 출신이다. 제술관 및 서기들과 수창한 시가 몇 편 실려 있으며, 필담은 없다.

(5) 권오(卷五)

권5에는 오오가키에서 통신사와 만난 키타오 슌포의 아들 도오센(道仙), 슌타츠(春達), 슌이츠(春乙)의 필담과 창수시가 수록되어 있다. 도오센이 통신사와 만난 것은 도합 3번이다. '大垣前會'라는 제목 아래 수록되어 있는 필담과 창화시는 9월 15일의 만남을 기록한 것이고, 그 뒤에 10월 26일 밤과 10월 27일 히코네에서의 주고받은 필담과 창화시가 수록되어 있다.

도오센의 필담과 창화시 다음에는 슌타츠와 슌이츠가 9월 15일에 통신사와 주고받은 시가 몇 편 수록되어 있고, 부록(附錄)으로 오오타네 겐포(大竹玄圃)와 이토오 릿센(伊藤立仙)이 통신사와 수창한 시가 수록되어 있다.

도오센의 성은 키타오(北尾), 이름은 直, 자는 行方이다. 슌타츠의 이름은 敬, 자는 義方이다. 슌이츠의 이름은 貞, 자는 虛中이다. 권5에는 주로 도오센의 필담과 창화시가 실려 있으며 슌타츠와 슌이츠는 창화시가 몇 수 실려 있을 뿐이다. 겐포의 이름은 重, 자는 子鼎 또는 梅湖이며 오오가키 출신이다. 릿센은 오오가키의 의사(醫士)이다.

도오센과 통신사는 시를 주고받으며 상대방의 시를 칭찬하였다. 도오센은 의학자 집안인데도 의학에 관한 필담을 나누는 것보다는 자신의 시를 통신사에게 인정받고 싶은 욕구가 강했던 듯했다. 삼사(三使)에게도 화답시를 받고 싶어 하였으나 결국 이루지 못하였다.

한편 정사 홍치중, 부사 황선, 종사관 이명언이 히코네의 스리하리토오게(摺針峠) 산에 있는 차야(茶屋: 차를 마시며 쉴 수 있는 휴게소)인 보오코도오(望湖堂)에서 비와코(琵琶湖)의 승경을 내려다보며 지은 시가 수록되어 있다. 장응두(張應斗)는 이 시에 차운하여 도오센에게 주었다. 삼사(三使)의 시는 목치에 '三使相望湖亭詩三首'라고 따로 표기가 되어 있다. 삼사의 시가 필담창화집에 실린 경우는 드물기 때문에 특별히 기록해 놓은 것으로 보인다.

한편 도오센은 장응두가 쓰고 있는 관(冠)에 관심을 보이며 그 명칭을 물었다. 장응두는 자신이 쓴 관이 와룡관(臥龍冠)이며 제갈공명(諸葛孔明)이 만들었기 때문에 이렇게 부른다고 하고, 의원인 권도가 쓴 관은 소식(蘇軾)이 만든 것이라 동파관(東坡冠)이라 한다고 답하였다. 슌타츠와 슌이츠, 겐포와 릿센의 시는 특기할 만한 내용이 보이지 않는다.

(6) 권육(卷六)

권6에는 고오슈우(江州)의 오오츠(大津), 그리고 쿄오토와 나니와(浪華: 오오사카大阪를 말함)에서의 필담과 창화시가 수록되어 있다. 일본인 참여자는 다음과 같다.

오오츠에서는 핫토리 사이세이(服部齊省), 모토야마 큐우키(本山求其), 와다 죠안(和田恕庵), 나카무라 요시미(中村由已), 키누가키 후코쿠시(衣笠不克子), 니시무라 신사이(西村箴齋)가 참여했다. 핫토리 사이세이의 이름은 호슈쿠(保淑), 자는 츄우후(中孚)이다. 모토야마 큐우키(本山求其)의 이름은 마사노리(昌詮), 자는 산자에몬(三左衛門)이다. 와다 죠안의 이름은 산이(參倚), 자는 신베에(新兵衛), 죠안(恕庵)은 그 호이다. 나카무라 요시미의 이름은 사다츠네(貞恒), 자는 코오타자에몬(幸太左衛門)이다. 키누가사 후코쿠시(衣笠不克子)의 이름은 尹實, 자는 고자에몬(五左衛門)이다. 니시무라 신사이(西村箴齋)의 이름은 카츠노부(勝信)이고 통칭[2]은 시치로에몬(七郎右衛門)이다. 이들은 모두 탄바(丹波: 지금의 쿄오토와 효오고 현兵庫縣 사이) 카메야마(龜山) 성의 성주인 아오야마(青山)의 가신(家臣)이다.

죠안은 신유한에게 준 시에서 한국(韓國)의 구양수(歐陽脩)와 소식(蘇軾)이 바다를 건너왔다고 하였다. 또 장응두와 나눈 필담에서, 통신사가 준 시 가운데 첩자(疊字)가 있거나 평측(平仄)이 맞지 않는 곳이 있다며 구체적인 구절을 들어 지적하였다. 여기에 대해 장응두는 고인(古人)들 가운데는 첩자가 있다 하더라도 구법(句法)이 좋다면 사용하기도 했다고 하며 이백(李白)과 조맹부(趙孟頫)의 시를 예로 들었다. 평측이 맞지 않는다

---

2. 저본에는 자(字)라고 되어 있으나 오기이다.

고 지적한 것에 대해서는, 평성(平聲)의 양쪽에 측성(仄聲)을 배치하는 수법은 시가(詩家)에서 많이 쓴다며 성당(盛唐)의 시인 왕지환(王之渙)의 「양주사」(凉州詞) 가운데 '羌笛何須怨楊柳'라는 구절을 예로 들었다. 그러나 장응두는 우리의 시에 첩자가 있는 것은 고인을 모방한 것이 아니라 바쁘게 시를 짓느라 자세히 살피고 생각할 겨를이 없었기 때문이라며 양해를 구했다. 일본 문인들이 통신사의 시를 받아 지니는 데 급급하던 것에서 벗어나 받은 시를 세밀히 살피고 오류를 지적하는 것에서 당시 일본의 문풍(文風)이 진작되고 있는 일면을 엿볼 수 있다.

한편 권6의 판심에 쓰인 장수(張數)에 이상한 점이 있다. 오오츠에서의 필담과 창화시는 권6의 1장에서 11장에 걸쳐 수록되어 있다. 그런데 그다음 판심에 표시된 장수는 '六之前一'이라고 되어 있으며 여기서부터 '六之前十一'까지의 내용은 쿄오토에서 아사에다 키사이(朝枝毅齋, 1697~1745)와 쿄오우(矯宇)라는 인물이 통신사와 나눈 필담과 창화시이다. '六之前十一'장의 마지막에 '桑韓壎篪卷六終'이라고 되어 있다. 그다음 장에 권6의 제 12장이 이어지며 제30장에서 끝난다.

한편 목록에 '三書記小野田氏盆石贊三首'라는 제목이 보이는데, 히코네에서 쓴 시라고 되어 있다. 오노다(小野田)의 이름은 모리히데(盛英)이고 당시 세이슈우(勢州: 이세노쿠니伊勢國의 이칭. 지금의 미에 현三重縣 북중부)의 카메야마(龜山)에 살고 있었다. 이 시는 세 서기가 오노다 씨가 소장한 기이한 수석을 보고 쓴 시로 강백은 이를 '小峨嵋'라 표현하기도 했다.

쿄오토에서는 아사에다 키사이(朝枝毅齋)가 참여했다. 키사이는 이토오 진사이(伊藤仁齋)의 아들인 이토오 토오가이(伊藤東涯)의 제자이다. 1727년에 이와노쿠니 번(岩國藩: 지금의 야마구치 현山口縣)의 번유(藩儒)가 되었다. 중국어에 능통하였으며, 특히 중국 소설을 좋아하였다. 이름은 세이비(世美), 자는 토쿠사이(德濟), 호는 키사이 또는 쿠사(玖珂)이다. 1719년 통신사와 나눈 필담을 수록한 『한객창화』(韓客唱和)가 있다.[3]

본권에 수록된 필담은 1719년 11월 1일 귀로에 쿄오토에 들렀을 때 이루어진 것이다. 키사이는 통신사의 숙소였던 혼노오지(本能寺)에서 신유한과 성몽량(成夢良)을 만나 해시(亥時: 밤 9~11시)에서 자시(子時: 밤 11시~1시)까지 필담과 시를 주고받았다. 이들은 9월에 이미 오오사카에서 만났던 적이 있다. 키사이는 잠시 만났다가 헤어지고 다시는 만나지 못할까 몹시 아쉬웠는데, 재회하게 되어 대단히 기쁘다고 했다. 또 이토오 토오가이에게 배웠다고 하면서 그를 일본의 유종(儒宗)이라 추켜세웠다. 또 성몽량에게 자신의 당

---

3. 『한객창화』 해제는 본서 63~67면에 실려 있다.

호인 '自適齋' 세 글자를 대자(大字)로 써 달라고 부탁하기도 했다. 헤어질 때 키사이는 신유한에게 붓을, 성몽량에게는 부채를 선물로 주었다.

이어서 矯宇라는 인물의 필담과 창화시가 실려 있는데, 누구인지는 미상이다. 그는 장응두에게 압록강에 대해 묻거나 일본의 추위가 조선에 비해 어떤지 묻기도 했다.

나니와에서의 필담과 창화시는 1719년 9월 8일 니시혼간지(西本願寺)에서 이루어졌다. 조선인 참여자는 신유한, 강백, 성몽량, 장응두이다. 일본인 참여자는 히비 지슈우사이(日比自周齋), 하타치야마 호오안(廿山芳庵), 마츠이 반스이(松井晚翠), 니시무라 칸란(西村觀瀾)이다. 지슈우사이의 자는 마사모토(正甫)로, 오오사카의 의사이다. 츠즈야마 호오안(廿山芳庵)의 이름은 正昌으로, 지슈우사이의 장남이다. 당시 사쿠슈우(作州: 미마사카노쿠니美作國의 이칭) 츠야마(津山: 지금의 오카야마 현岡山縣 츠야마 시津山市)에 살았다. 마츠이 반스이의 이름은 사다츠네(貞恒), 자는 안세츠(安節) 호는 반스이(晚翠) 또는 시시사이(止止齋)이다. 와슈우(和州: 야마토노쿠니大和國의 이칭. 지금의 나라 현奈良縣)의 의사(醫士)이다. 니시무라 칸란의 이름은 호오(方), 자는 엔류우(圓流), 칸란(觀瀾) 또는 반카슈진(伴花主人)이다. 반슈우(播州: 하리마노쿠니播磨國의 이칭) 시소오 군(宍粟郡: 지금의 효오고 현 남부) 출신이다.

필담 내용은 대개 의례적인 것으로 서로의 문재를 칭찬하거나 글씨를 써 달라고 부탁하는 내용이 대부분이다. 의학과 관련한 문답이 다수 수록되어 있다. 한편 칸란은 통신사에 대해 '조회하러 왔다'는 뜻의 '來朝'라는 표현을 쓰기도 했다. 그러나 필담을 나누는 태도는 대단히 공손했으며, 성몽량에게서 여러 폭의 대자(大字) 글씨를 받아 가기도 했다.

(7) 권칠(卷七)

권7에는 오오사카에서의 필담과 창화시가 수록되어 있다. 첫 번째는 1719년 9월 8일 오오사카의 니시혼간지에서 이루어진 필담으로, 미즈타리 헤이잔(水足屛山)과 미즈타리 슛센(水足出泉) 부자가 참여하였다. 내용은 『항해헌수록』(航海獻酬錄)과 동일하다.[4]

제15장 이후에는 후지와 기쿠도오(藤原菊洞)의 필담과 창화시가 수록되어 있다. 필담은 10월 6일 사시(巳時: 오전 9~11시)에서 신시(申時: 오후 3~5시) 사이에 오오사카의 니시혼간지에서 이루어졌다.

조선인 참여자는 신유한, 성몽량, 장응두이다.

---

4. 『항해헌수록』 해제는 본서 317~325면에 실려 있다.

일본인 참여자인 키쿠도오(菊洞)의 이름은 코레야스(維祺), 자는 사츄우지(左仲治), 기쿠도오는 그 호이다. 당시 나이 15세로 빗츄우(備中: 지금의 오카야마 현 서부) 마츠야마 번(松山藩: 지금의 오카야마 현 타카하시 시高梁市)의 키시츠(記室) 마에다 잇신(前田一進)의 아들이다.

신유한과 세 명의 서기는 기쿠도오가 어린 나이에도 불구하고 시를 잘 짓는 것을 극찬하였다. 기쿠도오는 신유한과 성몽량, 장응두에게 언제 과거에 합격했으며 시제(詩題)는 무엇이었는지 물었다. 일본에는 과거제도가 없기에 많은 일본 문사들이 조선의 과거제도에 대해 관심을 보였다. 한편 신유한은 기쿠도오의 요청으로 '菊洞' 두 글자를 크게 써 주었다.

제26장부터는 이토오 류우슈우(伊藤龍洲)의 필담과 창화시 및 편지가 수록되어 있다. 류우슈우(龍洲)의 이름은 元熙, 자는 코오후우(光風), 호는 류우슈우 또는 기사이(宜齋)이다. 에치젠 번(越前藩: 지금의 후쿠이 현福井縣 후쿠이 시福井市 일대)의 분가쿠(文學)이다. 아메노모리 호오슈우와 친분이 있어 그를 통해 통신사를 만났다. 호오슈우는 류우슈우를 극찬하며 제술관 및 서기에게 소개했고, 직접 만나 본 그들 역시 류유슈우가 시와 문에서 모두 빼어난 재주를 지니고 있음을 인정하였다. 특히 신유한은 류우슈우에게 보낸 편지에서 "나니와 성의 제일 명승에서 제일의 풍류인을 만나 한나절 즐거웠는데, 모두 천고의 문장입니다."(浪華城第一名勝, 得奉第一風流人, 半日津津, 皆千古文章: 卷七 29b)라고 하며 그의 문재(文才)를 칭찬하였다.

(8) 권팔(卷八)

권8에는 나니와, 빈고 주(備後州: 지금의 히로시마 현廣島縣 동부), 시모노세키(下關)에서의 필담과 창화시가 수록되어 있다.

나니와에서의 필담은 1719년 9월 6일 객관에서 이루어졌다. 조선인 참여자는 신유한, 강백, 성몽량, 장응두이고, 일본인 참여자는 아사에다 키사이(朝枝毅齋), 이토오 류우슈우, 마츠 슈우탄(松秋潭), 이리에 쟈쿠스이(入江若水)이다.

한편 권8의 판심에 적힌 면수도 권6과 마찬가지로 이상한 점이 있다. 권8의 앞 다섯 장에는 판심에 적혀 있는 면수가 '八前一'에서 '八前五'까지로 표기되어 있고, 그다음 장부터 권8의 제1장이 시작되는 것이 권6과 유사하다. '八前一'에서 '八前五'까지는 권8을 판각한 이후에 보입(補入)한 것으로 생각되나 자세한 것은 알 수 없다.

키사이는 신유한과 나눈 필담에서, 신숙주의 『해동제국기』가 일본에 유포되었으며 이것을 본 일본인들이 그 박학함에 탄복했다고 했다. 또 『징비록』의 내용이 대단히 박학하면서도 선견지명이 있다고 하며 지은이의 명호와 이력을 물었다. 또 신묘년 통신사의 제술관이었던 이현(李礥)과 세 서기의 안부를 묻고 아울러 그들이 빼어난 문재를 지니고 있었는데 조선에서 현달했는지 묻기도 하였다.

제1장부터 제4장에 걸쳐 빈고 주에서 이루어진 필담과 창화시가 수록되어 있다. '備後州鞆津'이라는 제목 아래 수록되어 있는바, '鞆津'은 토모노우라(鞆浦)를 가리킨다. 내용은 『한객창수록』(韓客唱酬錄)의 일부를 발췌한 것으로 생각된다. 단, 제목 아래에 "梅宇子本韻未到, 故不錄"이라고 쓰여 있으며, 이토오 바이우(伊藤梅宇)의 시는 수록되어 있지 않고 필어와 신유한, 성몽량의 시만 수록되어 있다.[5]

이외에도 빈고 주에서 카도오카 토오코오(門岡東郊)가 참여하였다. 토오코오(東郊)의 이름은 나오카타(直方), 자는 宗佐, 히고 주(肥後州: 지금의 구마모토 현熊本縣) 출신이다. 필담에서 특기할 만한 내용은 없다.

다음으로 보오슈우(防州) 시모노세키에서의 필담이 수록되어 있다. 일시는 미상이다. 조선인 참여자는 신유한, 성몽량, 장응두, 권도이다. 일본인 참여자는 우츠노미야 케이사이(宇都宮圭齋), 이이다 키요오(飯田葵陽), 아사에다 키사이(朝枝毅齋)이다. 케이사이(圭齋)의 이름은 三的, 자는 文甫, 보오슈우 킷카와 번(吉川藩)의 문학(文學)이다. 기요오(葵陽)의 이름은 겐키(玄機), 자는 道琱, 보오슈우 이와쿠니 번(岩國藩)의 의사(醫士)이다. 킷카와 번은 이와노쿠니 번의 다른 이름이다.

키요오는 의원인 권도와 의학과 관련한 필담을 나누었는데, 그 가운데 일본인의 인삼에 대한 관심을 보여 주는 내용이 있다. 필담에는 키요오의 이름인 '玄機'로 표기되어 있다.

겐키: 인삼은, 『본초강목』(本草綱目)에서 상당(上黨: 지금의 산서성山西省 장치長治)과 귀국에서 나는 것을 최상급으로 쳤습니다. 그런데 그 책에서 설명한 인삼 싹의 모양이 각기 달라 어느 쪽이 옳은지 모르겠습니다. 지금 삼가 여쭙니다. 그 꽃과 잎과 열매의 색상, 윤기, 형태 및 재배하는 곳의 적정 온도와 비옥도, 고도(高度), 음양(陰陽)과 향배(向背) 등을 상세히 알려 주십시오. 또 화공에게 시켜 인삼 싹 그림을 하나 그려 주신다면 참으로 다행이겠습니다.

권도: 인삼은, 『본초』에서는 상당에서 나는 것을 상품(上品)으로 쳤습니다. 우리나라는 북도(北道: 경기 이북 지역을 이름)의 지대가 높고 시원한 곳에서 나는 것을 절품(絶品)으로 치고, 전라도의 낮고 습한 곳에서 나는 것을 천품(賤品)으로 칩니다. 북도 인삼은 가지, 잎, 줄기, 싹이 『본초강목』에

---

5. 『한객창수록』 해제는 본서 317~325면에 실려 있다.

그려진 상당 인삼과 차이가 없습니다만, 전라도 인삼은 조금 다르니, 이것으로 그 우열을 알 수 있습니다. 인삼 싹 그림으로 말하면 오직 화사(畵師)가 할 수 있는데, 지금 화사가 와병 중이라 그대의 간곡한 뜻에 응할 수 없습니다.

玄機: 人參, 『本艸』以上黨及貴國所産爲最, 而其所說苗狀各異, 未知孰是. 今敢奉問. 其華葉花實色澤形狀及其地之寒暖、肥瘠、高下、陰陽、向背, 伏乞詳示. 且令畫工圖苗狀一本賜之, 幸甚.

權道: 人參, 『本艸』以上黨所産者爲上品, 而我國則以北道高爽處所産者爲絶品, 以全羅道卑濕處所産者爲賤品, 北道人參, 枝葉莖苗與『本艸』所畫上黨人參無異, 全羅道人參則小異, 以此言之, 其優劣可知耳. 至於苗畫則唯畫師能之, 卽今畫師痛臥, 故未副懇意耳.(卷八 15a~15b)

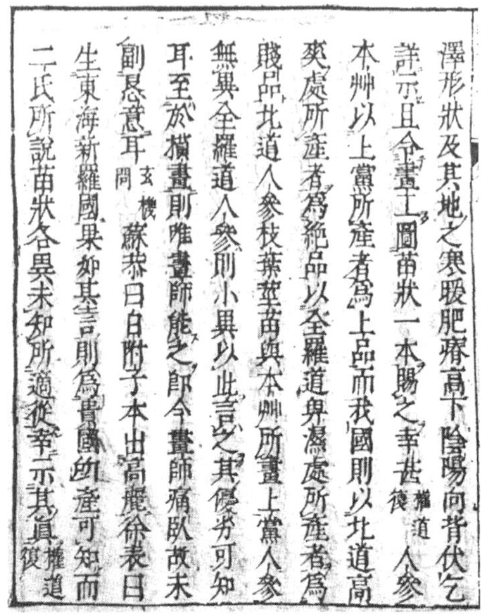
澤形狀及其地之寒暖肥瘠高下陰陽向背伏乞詳示且令畫工圖苗狀一本賜之幸甚 權道 人參本艸以上黨所産者爲上品而我國則以北道高爽處所産者爲絶品以全羅道卑濕處所産者爲賤品北道人參枝葉莖苗與本艸所畫上黨人參無異全羅道人參則小異以此言之其優劣可知耳至於苗畫則唯畫師能之卽今畫師痛臥故未副懇意耳 玄機 問 蘇恭曰白附子本出高麗徐表曰生東海新羅國果如其言則爲貴國所産可知而二氏所說苗狀各異未知所適從幸示其眞 權道

이 문답 이후 겐키는 도홍경(陶弘景)과 소공(蘇恭), 이시진(李時珍) 등 여러 사람의 주석을 인용하면서 인삼의 모양 및 중국 인삼과 조선 인삼의 차이점에 대해 상세히 물었다.

권8의 마지막 장에는 이토오 토오가이의 시가 한 수 실려 있는데, 이는 『한객창수록』(韓客唱酬錄)의 원본 권축(卷軸)[6]에 실려 있는 것을 판각한 것이다.

(9) 권구(卷九)

권9에는 이이다 칸사이(飯田寬齋)와 하야시 고오사이(林剛齋)의 필담과 창화시가 수록되어 있다. 제1장에서 제16장까지는 칸사이의 필담과 창화시가, 제17장에서 제31장까지는 고오사이의 필담과 창화시가 실려 있다. 필담 일시는 미상이다. 칸사이의 이름은 류우케이(隆慶), 자는 겐케이(玄啓), 쿄오토의 의사(醫士)이다. 고오사이의 이름은 요시카타(義方), 자는 쵸슈우(長州)로, 하기 성(荻城: 지금의 야마구치 현山口縣 하기 시荻市)의 의사(醫士)이다.

칸사이는 자신의 성명과 자호를 소개하면서 츠시마(對馬島) 출신임을 밝혔다. 그는 어

6. 이에 대해서는 『한객창수록』의 해제를 참조하기 바란다.

려서부터 쿄오토에 살았는데, 지금 통신사를 만나니 마치 고향 사람을 만난 듯 기쁘다고 하였다. 츠시마가 조선과 정치적·경제적으로 밀접한 관계를 맺고 있었기에 이렇게 말한 듯하다. 칸사이는 금강산(金剛山)이 빼어나다는 말을 들은 적이 있다고 하며 후지산(富士山)과 어느 쪽이 더 아름다운지 물었다. 이에 장응두는 "금강산의 경색(景色)은 후지산과 비슷합니다만, 후지산은 홀로 서 있고 금강산은 일만 이천 개의 봉우리가 나열하여 근엄하게 서 있으니 마치 만송이 연꽃이 하늘 가운데 깎아지른 듯 솟아 있습니다."(金剛之色, 如富士相似, 而富士則獨立, 金剛則一萬二千峰羅列儼立, 宛如萬朶芙蓉削出半天: 卷九 1b)라고 하며 그 가운데 가장 경치가 아름다운 곳을 30군데 가량 써서 보여 주었다.

또 칸사이는 성몽량에게 일본의 시인들 가운데 볼 만한 사람이 있는지 물었다.

> **칸사이:** 선생께서 귀국에 계실 때 우리나라의 시문(詩文)이 전해진 것을 보셨을 것이라 생각됩니다. 볼 만한 사람이 있었는지 감히 묻습니다.
>
> **성몽량:** 임술년(1682) 통신사행 때의 시문(詩文) 초본(草本)이 제 집에 있어 다 읽어 보았습니다. 신묘년(1711)의 시문은 다 보지는 못했습니다. 임술년 야나가와 신타쿠(柳川震澤, 1650~1690)의 문장이 말이 내달리듯 비가 퍼붓듯 거침없으면서도 문장가의 법도가 있었습니다. 키노시타 쥰안(木下順庵)의 시문이 또한 아정(雅正) 했고, 태의령(太醫令) 橘親民은 운격(韻格)이 있었습니다. 신묘년에는 하쿠세키(白石)의 시와 아메노모리 호오슈우의 문장이 솜씨가 있었습니다. 미야케 소오메이(三宅滄溟) 형제의 시문도 맑고 굳건하여 법도가 있었습니다.
>
> **寬齋:** 想先生在貴國時, 傳見我國之詩文, 敢問有可觀者否.
>
> **嘯軒:** 壬戌詩文草本在鄙家, 已盡覽了, 辛卯諸作不能盡見, 而壬戌之震澤柳剛之文, 馳驁霈霶, 有作者軌則, 木順菴詩文亦雅正, 太醫令橘親民有韻格, 辛卯則白石之詩, 雨森芳洲之文, 有作者手段, 三宅滄溟兄弟詩文淸健有軌則耳.(卷九 7a)

성몽량은 백부인 성완이 임술년에 일본에서 갖고 온 시문의 초고를 갖고 있었던 것으로 보인다. 야나가와 신타쿠는 키노시타 쥰안의 제자로 쿄오토에서 경전을 강의하였으며, 쥰안의 아들을 가르치기도 했다. 임술년에 성완을 만나 문장과 경학에 관해 토론한 것이 『동도필담』(東都筆談)에 실려 있다. 타치바나 신민(橘親民)은 누군지 미상이다. 하쿠세키는 아라이 하쿠세키(新井白石)를 말한다. 미야케 소오메이와 1711년 신묘통신사의 필담은 『조선통신사일행시문필담집』(朝鮮通信使一行詩文筆談集)에 실려 있다. 성몽량이 일본에 오기 전에 일본 문인들의 수준을 파악하기 위해 전대 통신사의 사행록이나 필담창화집을 미리 검토했음을 알 수 있다.

한편 칸사이는 신유한에게 친구인 요오세츠사이(用拙齋)의 시가 어떤지 물었다. 신유한은 그 물음에 이렇게 대답한다.

신유한: 저는 시에 대한 안목이 고인(古人)을 엿보지 못하였습니다. 그러나 귀국에 와서 많은 선비들과 창화해 보니 대개 시가 문장에 미치지 못하는 것 같습니다. 생각건대 귀국이 중화(中華)와 멀리 떨어져 있는데다 그 방언(方言)의 음률 또한 번연(煩衍)하고 어지러워 격에 맞는 것이 적어서인 듯합니다. 지난번 하쿠세키 공(公)의 시를 보고 기이하다고 생각했고, 지금 시켄(芝軒)의 원고를 보고 경탄했습니다. 또한 요오세츠사이의 시편(詩篇)을 본 후에야 비로소 공력을 쏟는 곳이 각기 달라, 다만 배우는 사람이 힘쓰는 것이 어떠한가에 달려 있다는 것을 알게 되었습니다. 요오세츠사이의 시가 지금 도달한 곳이 고화(高華)하고 정치(精致)하지 않은 것은 아니나 10년 동안 당시(唐詩)를 더 읽어 그 지극함을 구한다면 반드시 성취하는 바가 있어 피안(彼岸)으로 뛰어 오를 수 있을 것입니다. 왜냐하면 성음(聲音)과 구어(句語)가 진실로 중화의 풍(風)을 얻어 외진 땅의 말이 결코 아니기 때문입니다. (…)

青泉: 余於詩隻眼, 未窺古作者, 然自入貴邦, 與諸賢唱和者亦多, 而大抵聲律之學, 不及於敍事之文, 意謂貴邦去中華絶遠, 其方言音律亦煩衍紛冗, 少能合格者. 曩見白石 源公詩而異之, 今得芝軒稿而驚歎之, 又於用拙齋詩篇而後, 乃知用工處各自不同, 顧在學者所勉如何耳, 用拙之詩卽今所到, 非不高華精致, 加以十年益讀唐人詩, 力求其至, 此必打化鎔鑄, 超登彼岸, 何也? 以其聲音句語實得中華之風, 決非僻土中語. (…)(卷九 9a~9b)

신유한은 일본인의 시가 말이 되지 않는 것이 많다고 했는데, 이를 일본어와 중국어의 음률이 현격히 다르기 때문이라 생각했다. 그러나 일본에 오기 전 아라이 하쿠세키의 시집을 보니 중국의 시풍과 같아 몹시 경탄하고 사행 내내 그를 만나 보고자 하였으나 이루지 못하였고, 일본에 와서는 토리야마 시켄(鳥山芝軒)의 시집을 우연히 얻어 보고 몹시 탄복하였다. 사행 도중에 만난 일본 문인들의 시가 대부분 수준 이하인 데 반해 이 두 사람의 시가 대단히 빼어난 것이 의문스러웠던 것이다. 요오세츠사이는 이 총서를 출판한 인물이다. 칸사이는 요오세츠사이와 친분이 깊었기에 그가 시를 힘써 공부한다면 진전이 있을지 신유한에게 물었던 것이다. 신유한은 요오세츠사이의 시를 인정하면서도 더 열심히 공부하여 중화의 풍조를 완전히 몸에 익힐 것을 주문하였다.

(10) 권십(卷十): 한객필어(韓客筆語)

권10에는 이 총서의 편자인 요오세츠사이가 제술관 및 세 서기와 나눈 필담과 창화시가 수록되어 있다. 표제 밑에 '卷十韓客筆語'라 제목이 부기되어 있다. 서문은 요오세츠사이의 자서(自序)로 1720년 3월 2일에 쓴 것이다. 통신사 일행을 만나게 된 경위를 서술한

다음 이 총서를 편찬하게 된 계기에 대해 이렇게 말하였다: 내가 통신사와 나눴던 필담과 창화시를 보고 싶어 하는 사람이 많아지자 한 친구가 그것을 정리하여 출판하고자 하였다. 그러자 어떤 사람이 나에게 신묘년(1711)에 필담창화집을 출판했듯이 이번에도 출판할 것을 권했고, 또 여러 사람이 계속해서 재촉하기에 마침내 이 총서를 편찬하고 제목을 '桑韓壎篪集'이라 한다.

1719년 9월 11일에 저녁에 교오토의 사관(使館)에 통신사가 도착하였다. 요오세츠사이는 정오 무렵부터 제술관이 묵을 곳에 미리 와서 통신사를 기다리고 있었는데 그날 저녁에는 몹시 번잡하여 다른 사람들은 만나지 못하고, 장응두와 필담을 나누었다. 요오세츠사이는 장응두에게 최근에 지은 시 4수를 보여 주면서 잘못된 곳을 고쳐 주고 평을 해 달라고 하였다. 장응두는 요오세츠사이의 시가 음운이 정려(精麗)하고 의취(意趣)가 아정(雅正)하다며 대체로 높이 평가하였다. 요오세츠사이는 자신이 교오토 출신이며 대대로 서점을 운영하고 있다고 소개하며 지금까지 간행한 서적이 '케이분칸'(奎文館)이라고 이름 붙인 서림(書林)에 가득하다고 하였다. 그러자 장응두는 꼭 한 번 보고 싶으나 노자가 다 떨어져 책을 살 수가 없다고 답하였다. 또 요오세츠사이는 삼사(三使)와 제술관, 서기(書記) 등 신묘년 통신사의 안부를 물었는데, 장응두는 제술관이었던 이현(李礥)이 작년 7월에 죽었으며 수십 권이 문집을 남겼으나 빈한하여 간행하지 못하고 있다고 하였다.

다음날 통신사는 교오토를 떠나 10월 1일 에도에 도착했으며, 15일 에도를 떠나 귀로에 올라 29일에 오오츠(大津)에 도착하였다. 이때 요오세츠사이는 친구들과 함께 다시 통신사를 접견하였다.

이날 필담에 참여한 일본인 문사는 요오세츠사이 외에 쿠도오 쿄오우(工藤矯宇), 이이다 칸사이(飯田寬齋), 하야시 고오사이(林剛齋)이다. 칸사이와 고오사이의 필담 및 창화시는 권9에 수록되어 있다.

요오세츠사이는 장응두에게 편지를 보내면서 『두율평총』(토리츠효오소오, 杜律評叢) 세 권을 함께 보냈다. 이 책은 후쿠시마 스에시게(福島末茂)가 편찬한 것으로 1714년에 간행되었다. 또 그는 자신이 지은 시를 보여 주며 평해 줄 것을 청하였다. 필담창화집에는 요오세츠사이의 시 옆에 장응두의 짧은 평이 함께 수록되어 있다. 그 가운데 하나를 보이면 다음과 같다: 「춘사」(春寺)라는 제목의 시에 대하여 장응두는 "'侵'자는 고요한 맛이 부족하니 '憑'자로 고치는 것이 어떨지? 격조가 청초(淸峭)하여 유문방(劉文房)의 유운(遺韻)과 같다."(侵字似欠穩帖, 改以憑字如何, 格調淸峭, 似劉文房遺韻: 卷十 10a) 유문방은 당나라의 시인 유장경(劉長卿)으로, 문방(文房)은 그의 자이다. 요오세츠사이로서는 최고의 찬사를 받은 것이라 할 수 있겠다. 이 밖에도 성몽량은 "말구(末句)가 청공(淸空)하여 운치가 있는 것이 당인(唐人)의 본색(本色)이 있습니다."(末句淸空有致, 有唐人本色: 卷十 10a)라고 하였고, 장응두는 "당인의 구기가 있습니다."(有唐人口氣: 卷十 10b)라고 하여 요오세츠사이의 시에 당시의 기풍이 있는 점을 특히 높이 평가하였다.

다음은 요오세츠사이와 장응두, 성몽량의 필담이다.

> **요오세츠사이:** 일찍이 듣기로, 명력(明曆) 을미년(1655)과 천화(天和) 임술년(1682)에 귀국의 빙사(聘使)가 우리나라에 왔는데 서로 주고받은 시문(詩文)이 모두 간행되었다고 합니다. 그 책은 모두 몇 권이나 되는지요? 그 후 정덕(正德) 신묘년(1711)에 세 분 사신(使臣)과 제술관 이현 및 세 분 서기가 증답한 시문이 몹시 많습니다. 그 또한 지금 간행되어 유포되었는지요?
>
> **장응두:** 각기 전집(全集)이 있어 전후의 일을 자세히 기재했습니다. 지금 막 답합니다.
>
> **성몽량:** 각기 전집이 세상에 간행되었습니다. 그 안에 창화한 것이 모두 수록되어 있습니다.
>
> **用拙齋:** 曾聞明曆乙未、天和壬戌貴國聘使來于本邦, 其桑唱韓酬之文詩, 皆刊行于世. 卷帙幾許? 後正德辛卯歲, 三使公及李君三書記贈答詞章極多多, 復今刊布否?
>
> **菊溪:** 各有全集具載前後行事耳. 纔已答之.
>
> **嘯軒:** 各有全集刊行世, 而其中皆收唱和諸作耳.(卷十 12a)

요오세츠사이는 1711년 통신사의 필담과 창화시를 모아 『계림창화집』이라는 총서를 간행한 바 있다. 일본에서 필담창화집이 출판된 것처럼 조선에서도 창화시와 필담이 출판되었는지 궁금했던 것이다. 장응두와 성몽량이 말하는 전집은 아마도 조선 측 인사들의 문집(文集)을 가리키는 것이라 생각된다.

한편 요오세츠사이는 장응두가 가지고 있는 『부상록』(扶桑錄)이라는 제목의 책을 보고 싶다고 청했다.

> **요오세츠사이:** 지난번 그대를 찾아뵈었을 때 행장(行裝) 중에 『부상록』이라는 제목의 작은 책자가 있는 것을 보고 그대가 우리 땅에 들어와 풍광(風光)과 사실(事實)을 기록하고 있음을 알았습니다. 한 번 보기를 허락해 주신다면 몹시 다행이겠습니다.
>
> **장응두:** 그것은 과연 기행문입니다만, 이처럼 바쁘니 어느 겨를에 펼쳐 보이겠습니까?
>
> **用拙齋:** 曩者謁見君之時, 傍觀行裝中有題『扶桑錄』一小冊, 知入吾土而記取風光事實, 如許一覽, 幸甚.
>
> **菊溪:** 果是紀行, 而悤忙如此, 何暇披覽耶?(卷十 12b)

장응두는 자신이 기록한 책을 보여 달라는 요오세츠사이의 청을 완곡하게 거절하고 있다. 장응두의 『부상록』은 현전하지 않는다. 이어서 요오세츠사이는 이리에 쟈쿠스이(入江若水)가 빼어난 시인이라고 하며 오오사카에서 그와 창화한 통신사의 시를 보았는데 몹시 아름답다고 찬탄하였다. 또 자신도 쟈쿠스이와 창화한 시가 몹시 많다며 친분을 과시하였다.

그는 이어서 서적에 관해 물었다.

> **요오세츠사이:** 회계(會稽)의 오명제(吳明濟) 자어(子魚)가 『조선시선』(朝鮮詩選)을 편찬하였고, 또 『고려세기』(高麗世記) 한 권을 선(選)했는데, 모두 귀국에 전합니까? 『조선시선』은 몇 권이나 됩니까? 『백제본기』(百濟本記)와 『백제신찬』(百濟新撰) 이 두 책은 우리나라 사서(史書)에 인용되어 있는데, 귀국 사람이 편집하여 전한 것인지요? 『동문선』(東文選) 열 권은 한인(韓人) 서달성(徐達城)이 찬한 것이라고 들었는데, 지금도 전하는지요? 편제는 소명(昭明)의 『문선』(文選)을 모방한 것인가요? 『일본행록』(日本行錄)은 아직 보지 못했는데 귀방 사람 바씨(朴氏)가 지술한 책인지요?
>
> **신유한:** 오명제의 『조선시선』과 『고려세기』에 대해서는 들어 본 적이 없습니다. 『백제본기』와 『백제신찬』은 모두 우리나라에 전하지 않는 것들입니다. 귀방이 무엇에 근거해 인용했는지요? 괴이하고 괴이합니다. 『동문선』은 우리나라의 대제학(大提學) 사가(四佳) 서거정(徐居正)이 편찬하여 전하는 것입니다. '달성'(達城)이라 한 것은 그의 본향(本鄕)이 바로 달성이기 때문입니다. 그 편제는 꼭 소명의 『문선』에서 취한 것은 아닙니다. 『일본행록』에 대해서는 들어 본 적이 없습니다. (…)
>
> **백흥전:** 『조선시선』과 『고려세기』는 전본(傳本)이 극히 적습니다. 『백제본기』와 『백제신찬』은 전본을 본 적이 없습니다만 『동국통감』(東國通鑑)은 있습니다. 『동문선』은 지금도 간행되는데 편제가 소명의 『문선』과 똑같습니다.
>
> **用拙齋:** 前時會稽 吳明濟 子魚編『朝鮮詩選』, 又選『高麗世記』一卷, 俱傳貴國乎? 『詩選』有幾帙? 『百濟本記』、『百濟新撰』, 此二部於吾國史引用之, 貴國人之編集而傳之否? 『東文選』十卷聞韓人徐達城撰, 卽傳于今哉? 編體一擬昭明『文選』乎? 『日本行錄』未經劉覽, 想貴邦人朴氏所著之書乎?
>
> **青泉:** 吳明濟『朝鮮詩選』、『高麗世記』, 僕未有聞見, 『百濟本記』及『新撰』皆我國所未傳者, 貴邦何據而引用之乎? 可訝可訝. 『東文選』則我國徐大學名居正號四佳所編而傳, 以達城者以其本鄕乃達城也. 不必與昭明『文選』取則而爲也. 『日本行錄』僕未聞其書. (…)
>
> **西樵:** 『朝鮮詩選』、『高麗世紀』傳本絶少. 『百濟記』及『新撰』未見傳本, 有『東國通鑑』焉. 『東文選』尙今刊行, 編作一如昭明『文選』矣.(卷十 13a~14a)

오명제는 명나라의 문인으로 1597년 명나라 군대를 따라 조선에 와서 조선의 시를 수집하였다. 한양에서 허균(許筠)의 집에 머물면서 허봉(許篈), 허성(許筬), 허균과 교유하

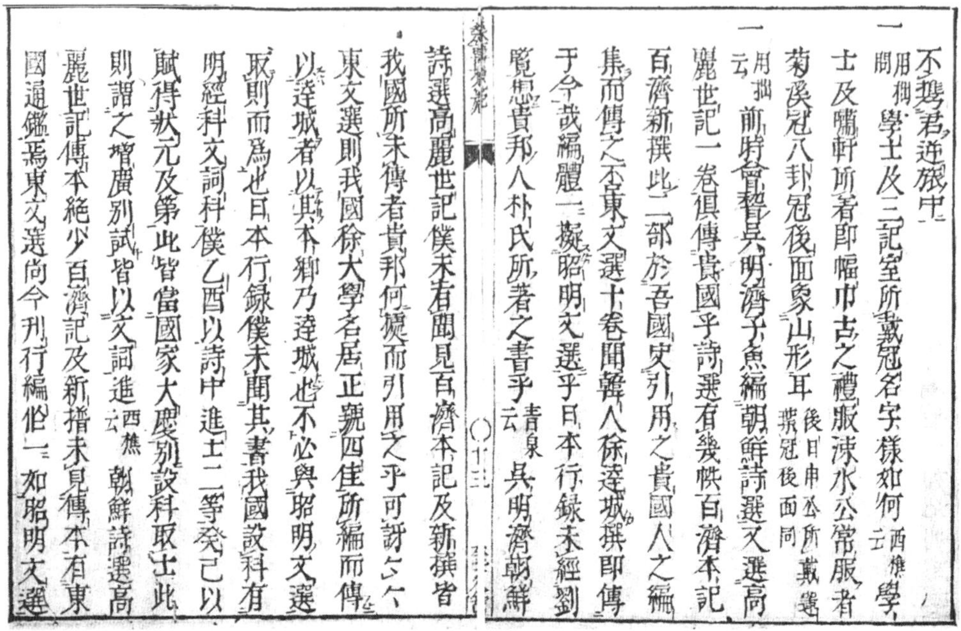
不𡢃君逆旅中
一 用拙問 學士及三記室所戴冠名字樣如何云 西樵學
士及嘯軒所着即幅巾古之禮服涑水公常服者
菊溪冠八卦冠後面象山形耳 後日申公所戴還菊冠後面同
一 用拙云 前時曾覽吳明濟子魚編朝鮮詩選又選高
麗世記一卷俱傳貴國乎詩選有幾帙百濟本記
百濟新撰此二部於吾國史引用之貴國人之編
集而傳之否東文選十卷聞韓人徐達城撰即傳
于今哉編體一擬昭明文選乎日本行錄未經劉
覽想貴邦人朴氏所著之書乎云 青泉 吳明濟朝鮮
詩選高麗世記僕未有聞見百濟本記及新撰皆
我國所未傳者貴邦何處而引用之乎可訝〻〻
東文選則我國徐大學名居正號四佳所編而傳
以達城者以其本鄉乃達城也不必與昭明文選
取則而爲也日本行錄僕未聞其書我國設科有
明經科文詞科僕乙酉以詩中進士二等癸巳以
賦得狀元及第此皆當國家大慶別設科取士此
則謂之增廣別試皆以文詞進云 西樵 朝鮮詩選高
麗世記傳本絶少百濟記及新撰未見傳本有東
國通鑑焉東文選尚今刊行編体一如昭明文選

였다. 허균은 오명제에게 조선의 시 수백 편을 소개하였다. 오명제는 윤근수(尹根壽)와 이덕형(李德馨)에게서도 조선의 시와 문집을 얻어 갔는데, 이들 가운데 좋은 시를 가려 뽑아 엮은 것이 『조선시선』이다. 허균이 여기에 후서(後序)를 쓰기도 하였다.

『백제본기』와 『백제신찬』은 지금은 전하지 않는 백제의 역사서이다. 그런데 그 편린이 720년에 편찬된 『일본서기』(니혼쇼키, 日本書紀)에 남아 있다. 『일본서기』에는 이 두 책 외에도 현전하지 않는 『백제기』(百濟記)가 인용되어 있기도 하다. 그러나 사료를 인용하면서 임의로 변형을 가하고 왜곡한 것으로 보인다. 『일본서기』의 연대와 백제의 기년(紀年) 사이에는 120년의 차이가 있으며, 진구우 황후(神功皇后)가 신라를 정복하였다는 터무니없는 기사가 실려 있기 때문이다. 그러나 당시 일본인들은 이것을 역사적인 사실로 받아들였다.

요오세츠사이가 『일본행록』에 대해 물은 것은 『동문선』 103권에 수록된 「박판사의 『일본행록』 발문」(朴判事日本行錄跋)을 읽었기 때문이라 생각된다. 이첨(李詹)이 쓴 이 발문에는 박판사의 호가 쌍계(雙谿)라는 것만 밝혀져 있어 누구인지 알 수 없기 때문에 물은 것이다.

『동문선』의 편제가 『문선』과 비슷하다는 지적에 대해 신유한은 꼭 그렇지만은 않다고 했는데, 백흥전은 완전히 똑같다고 대답해, 서로 말이 다르다. 『문선』에는 39종의 문체가 수록되어 있지만, 『동문선』에는 55종의 문체가 수록되어 있다. 이로 보면 『동문선』의 편제는 꼭 『문선』의 편제와 같다고는 할 수 없다. 또 신유한은 『조선시선』과 『고려세기』라는 책을 들어 본 적도 없다고 하였는데, 백흥전은 이에 대해 어느 정도 아는 바가 있었던 듯하다.

11월 1일 진시(辰時: 오전 7~9시)가 지나서 통신사는 쿄오토의 숙소인 혼노오지(本能寺)에 도착하였다. 요오세츠사이는 이들을 따라와서 또다시 필담을 나누었다. 백흥전과 성몽량이 요오세츠사이의 시가 맑고 통창하다며 칭찬하였고, 자연스레 자신이 좋아하는 시인에 대한 필담이 이어졌다. 성몽량은 맹호연(孟浩然)의 시를 평생 좋아했다고 하며 일본에서 시집을 구할 수 있는지 묻기도 하였다. 요오세츠사이는 성몽량에게 송나라 시인 진여의(陳與義, 1090~1138)를 좋아하는지 물었다. 성몽량은 진여의의 시가 정밀하기는 하나 맹호연에 비할 바가 못 된다고 하였다. 요오세츠사이도 이에 동의하고는 이렇게 말하였다.

> **요오세츠사이:** 저도 그렇게 생각합니다. 지금 그대의 시를 보니 송인(宋人)의 기상이 전혀 없는 것이 당연합니다.
>
> **성몽량:** 제가 송인의 시를 보지 않은 것은 아니나 평소에 힘을 쏟아 귀의하고자 한 것은 개원(開元)・천보(天寶) 연간의 여러 시인의 작품입니다.
>
> **요오세츠사이:** 저 또한 본래 귀의하고자 한 것은 당인(唐人)의 시였습니다. 다만 작품이 너무 흠결이 있어 명(明)나라 칠재자(七才子)의 시로 보완합니다. 이들에게 당시(唐詩)의 정맥(正脈)이 있습니다.
>
> **用拙齋:** 我亦是矣, 今見君詩, 無些宋人氣象固矣.
>
> **嘯軒:** 僕非不觀宋人詩, 平生着力依歸者, 開元、天寶諸公之作.
>
> **用拙齋:** 我亦本來所歸依者, 則唐人詩. 但苦少, 故補以明七子詩, 此是唐詩正脈所有.(卷十16b)

요오세츠사이는 성몽량의 시에 송인의 기상이 전혀 없음을 지적하였다. 개원(開元)・천보(天寶)는 당나라 현종 때의 연호로 713년에서 756년에 걸친 시기를 말한다. 이때 당나라의 문화가 가장 융성했으며 성당(盛唐) 시기가 대체로 이와 일치한다. 당시 일본에서는 소라이학파의 문인들을 중심으로 송시(宋詩)를 배척하고 왕세정(王世貞)과 이반룡(李攀龍)을 위시한 전후칠자(前後七子)의 시를 배우고자 했다. 전후칠자가 성당 시기의 시를 전범으로 삼았기 때문에 개원・천보 운운한 것이다. 소라이학파 문인들은 통신사의 시를 보고 송시의 기풍이 있다고 비난하기도 하였다. 이 필담을 보면 요오세츠사이는 소라이학파에 속하지는 않으나 당대의 이러한 풍조에 어느 정도 동조하고 있었던 듯하다.

11월 2일 요오세츠사이가 신유한의 숙소를 방문했을 때 친구인 칸사이(寬齋)가 이미 신유한, 성몽량과 필담을 나누고 있었다. 요오세츠사이는 합석하여 함께 술을 마시며 조선의 술과 담배에 관한 필담을 나누기도 했다. 또 신묘년 통신사행의 종사관인 이방언(李邦彦)이 지은 「오오사카 성을 노래한 오십 운의 시」(大坂城五十韻)라는 시가 참으로 걸작이라고 하며 그의 안부를 묻기도 하였다.

요오세츠사이는 오오츠에서 장응두에게 보낸 『두율평총』에 대해 신유한에게 물었다.

요오세츠사이: 국계(菊溪) 장군(張君: 장응두를 말함. 국계는 그의 호)에게 『두율평총』을 드렸는데, 공께서도 보셨는지요?

신유한: 『두율평총』은 아직 보지 못했습니다. 지난번 국계가 받았는데 미처 펼쳐 보지 못한 것 같습니다. 누가 평했는지 모르겠습니다만, 두보(杜甫) 시에 대한 평론은 즐겨 보지 않습니다.

요오세츠사이: 이것은 나의 벗 카츠케이(鶴溪)가 여러 책을 살펴보고 가려 뽑은 것입니다. 낙양(洛陽: 교오토를 말함)의 토오가이(東涯)와 토쿠쇼(篤所) 두 선생의 서문이 권수(卷首)에 실려 있습니다.

신유한: 잠시 보고 싶은데 허락해 주실 수 있는지요?

요오세츠사이: 오늘 밤에도 여기에 머무르신다면 필히 한 권을 드리겠습니다. 어떠신지요.

신유한: 대단히 감사합니다. 그런데 떠날지 머무를지는 아직 알 수 없습니다.

用拙齋: 呈菊溪 張君『杜律評叢』, 公又經劉覽否?

青泉: 『評叢』曾未見得, 頃呈菊溪而亦未及搜閱, 不知其誰人所評, 而杜詩評論之語, 不喜見.

用拙齋: 是吾友人鶴溪者所選, 而披索群編, 洛陽 東涯、篤所兩先生序于卷首.

青泉: 暫欲得見, 公肯許否?

用拙齋: 今霄猶留此地, 則必呈一本左右, 如何?

青泉: 多謝多謝, 而去留未可知.(卷十 20a~20b)

『두율평총』의 편자는 와타라이 카쿠케이(度會鶴溪, 1675~1733)이다. 카쿠케이의 이름은 스에시게(末茂), 자는 士造이다. 저작에 『분운시선』(분인시센, 分韻詩選), 『학계문집』(카쿠케이분슈우, 鶴溪文集), 『춘운일초』(슌우닛쇼오, 春雲日抄)가 있다. 이토오 진사이와 이토오 토오가이에게 배웠고 이세진구우(伊勢神宮) 외궁(外宮)의 곤노네기(權禰宜: 제사를 담당하는 신직神職)가 되었다.

토쿠쇼는 키타무라 토쿠쇼(北村篤所, 1647~1718)를 말한다. 오우미(近江) 출신으로 이토오 진사이에게 배웠다. 1696년 카이쥬우 번(戒重藩: 지금의 나라 현奈良縣)에 초빙되어 번교(藩校)인 센쿄오칸(遷喬館)의 교수가 되었고 번주(藩主)인 오다 나가즈미(織田長淸, 1662~1722)의 지코오(侍講)를 겸했다.

이어서 요오세츠사이는 신유한에게 토리야마 시켄(鳥山芝軒)의 시집인 『지헌집』(시켄슈우, 芝軒集)을 봤는지 물었다. 신유한은 일찍이 『지헌집』을 보고 극찬하며 서문을 지어 준 바 있다.(『해유록』 11월 4일조) 요오세츠사이는 신유한이 자신의 시를 아라이 하쿠세키와 토리야마 시켄과 견주는 것이 분수에 맞지 않다며 사양하였다.

필담은 다시 『두율평총』에 대한 것으로 이어졌다.

요오세츠사이: (…) 달라고 하신 『두율평총』은 지금 바삐 오느라 드릴 만한 새 책이 없습니다. 제가 가지고 있는 한 부를 삼가 드리니 불경함에 노하지 않으시면 다행이겠습니다.

신유한: 애초에 달라는 말이 아니었고, 평한 것이 어떤지 보고 싶었을 뿐입니다. 지금 성의를 다해 저의 요청에 부응해 주기를 이와 같이 해 주시니 감사합니다. 말씀하신 『평총』은 칠언율시가 수록된 이 한 권밖에 없는지요?

요오세츠사이: 고인(古人)이 오언율시를 평론한 것 또한 편찬이 이미 끝났습니다. 이 책에 이어서 간행하려 했는데 판각에 드는 비용이 모자라서 잠시 세월이 흐르는 대로 기다리고 있습니다.

신유한: 발문의 글씨가 필법이 정련된 것이 명나라 사람의 유풍이 있습니다. 누가 쓴 것입니까?

요오세츠사이: 傭書翁입니다. 그의 성은 西池, 이름은 立敬, 호는 쥬켄(壽軒)으로 성품이 몹시 고아(古雅)합니다. 저의 오랜 벗입니다.

用拙齋: (…) 所乞『杜律評叢』, 今悤忙之中, 無新本可贈呈, 乃取自所藏一本, 謹奉呈案下, 勿怒其不敬, 幸甚.

青泉: 初非乞得之語, 欲見所評之如何. 今承盛意勒副至此, 感謝無任.[7] 所謂『評叢』, 只此一卷七言律而已否?

用拙齋: 古人評論五言律者, 亦編纂已成, 欲刊行嗣此卷, 而剞劂乏資, 姑竢歲月耳.

青泉: 所筆跋文, 筆法正鍊, 有明人之遺風, 何人所寫矣.

用拙齋: 傭書翁. 姓西池, 名立敬, 號壽軒, 其性甚古雅, 余故人也.(卷十 21a~21b)

『두율평총』이 1719년 당시에는 한 권만 간행되었음을 알 수 있다. 신유한은 발문의 글씨가 명나라의 유풍이 있다고 했다. 이어지는 필담에서 그는 사람들이 소식과 조맹부의 해서(楷書)를 최고로 치지만 자신이 보기에는 고의(古意)에서 크게 벗어났기에 취하지 않는다고 하면서, "명나라 사람의 글씨는 수척하되 힘이 있고 방정(方正)한 것을 중시하기 때문에 비록 졸박하지만 오히려 옛 도(道)를 잃지 않았습니다."(明人之筆, 大抵以瘦

---

7. 任: 저본에는 '住'로 되어 있으나 오자다.

勁方正爲主, 雖拙猶不失古道: 卷十 21b)라고 말했다. 그러면서 자신 역시 세간의 기이함을 추구하는 글씨체를 따르지 않는다고 하였다.

이어서 요오세츠사이는 청나라에 대해 물었다.

요오세츠사이: 귀방 사람들은 청조(淸朝)와 왕래합니다. 지금 진신가(縉紳家) 중에 걸출한 사람은 몇 명인지요? 알려 주십시오.

신유한: 비록 사신이 왕래하나 그 나라 사람들과는 서로 접촉하지 않습니다. 청나라 사신이 와도 역시 우리나라 사람과 서로 문자로써 응대하지 않습니다. 단지 공적인 일로 빙문(聘問)하는 예에 따라 사신을 파견할 뿐입니다. 청나라 조정의 신하와 유생(儒生)의 문사(文詞)와 학문은 묻거나 들은 바가 아니니, 그곳 사람들이 어떠한지는 모르겠습니다.

성몽량: 조정의 거족(巨族)이 무려 수백을 헤아리고 대대로 현달한 지위에 오르는 집안이 몹시 많으며, 유종(儒宗)과 명신(名臣)이 줄을 이었습니다.

用拙齋: 貴邦之人往來淸朝, 卽今縉紳家中, 其傑出者有幾位否? 願聞.

靑泉: 雖有使价往來, 不與其人相接. 淸使之來, 亦不與我國之文字相應, 但以公事聘問之禮, 遣使而已. 其朝士､儒生文詞､學問非所聞問, 不知其處人何其狀.

嘯軒: 國朝巨室無慮數百家, 世列顯位甚多, 儒宗名臣項背相望.(卷十 22a)

신유한은 일부러 조선과 청나라와의 관계를 공적인 일에 국한해서 말한 듯하다. 필담을 살펴보면 신유한은 사행 내내 청나라는 곧 오랑캐라는 화이의식을 견지하고 있었으며, 가능하면 청나라에 대한 언급을 피하고자 한 것 같다. 이에 비해 성몽량은 비록 구체적이지는 않지만, 청나라 조정이 매우 번성하며 훌륭한 인물이 많다는 점을 지적하였다.

요오세츠사이: 문장가가 되기 위한 지름길은 무엇입니까?

성몽량: 말씀하신 문장가의 지름길이란 작문법을 말하는 것입니까, 아니면 독서법을 말하는 것입니까?

요오세츠사이: 작문법입니다.

用拙齋: 示文章家一大捷徑.

嘯軒: 文章捷徑云者, 謂作文之法､讀書之法耶?

用拙齋: 謂作文之法.(卷十 22a~22b)

여기서 화제가 다른 곳으로 흘러갔고, 곧이어 성몽량은 위가 몹시 아프다며 숙소로 돌아갔다. 이에 신유한이 성몽량을 대신해서 요오세츠사이의 질문에 이렇게 답했다.

신유한: 성공(成公: 성몽량을 말함)이 병 때문에 쉬러 갔으니 제가 대신 대답해 드리겠습니다. 문장의 지름길은 제가 논할 수 있는 바가 아닙니다만, 육경(六經) 이후의 문장은 험함과 순함 두 가지 길이 있습니다. 기이한 것을 숭상하는 사람은 반드시 '수사'(修辭)를 말하고, 순함에 힘쓰는 사람은 반드시 '사달'(辭達)을 말합니다. 이것은 모두 선배의 정론입니다. 후대의 배우는 자들은 다만 마땅히 자기 흉중에 있는 것을 스스로 돌아보아 마음이 좋아하는 것에 먼저 나아가 공부를 한다면, 응당 쉽게 도달할 수 있으니, 공연히 남의 말을 들어 아침에는 한유(韓愈)를 따르고 저녁에는 유종원(柳宗元)을 따르느라 마치 많은 갈림길에서 양을 잃어버린 것과 같이 될 필요가 없습니다. 장사(莊子)와 사마천(司馬遷)을 배워 말이 내달리는 듯한 문장을 쓰고자 한다면, 이것은 다독(多讀)한 후에야 이를 수 있을 것입니다. 지름길을 찾는다면 마땅히 『논어』(論語), 반고(班固), 『좌전』(左傳)이나 유종원・한유와 같은 제가(諸家)를 따라서 장구(章句)를 연마하여 말이 간략하면서도 뜻이 넉넉하고 문장이 간결하면서도 이치에 어긋나지 않게 해야 하니 이것이 제일의 방법일 듯한데, 어떻습니까.

青泉: 成公病且臥, 吾請代答. 文章谿徑, 非僕所可論, 然六經以下文, 有險順二端, 尙奇者必曰'辭修', 務順者必曰'辭達', 此皆先輩之所定論, 後之學者, 但當自顧胸中所有. 先就此心偏嗜者着工, 則偏當易到, 不必徒聽人言, 朝韓暮柳, 若多岐之亡羊矣. 欲學莊, 馬以爲馳騁之計, 則此乃多讀然後可到. 若求捷徑, 則當從『論語』, 班, 『左』, 柳諸家鍊章磨句, 言約而意有餘, 文簡而理不悖, 似是第一路頭, 未知如何.(卷十 23a~23b)

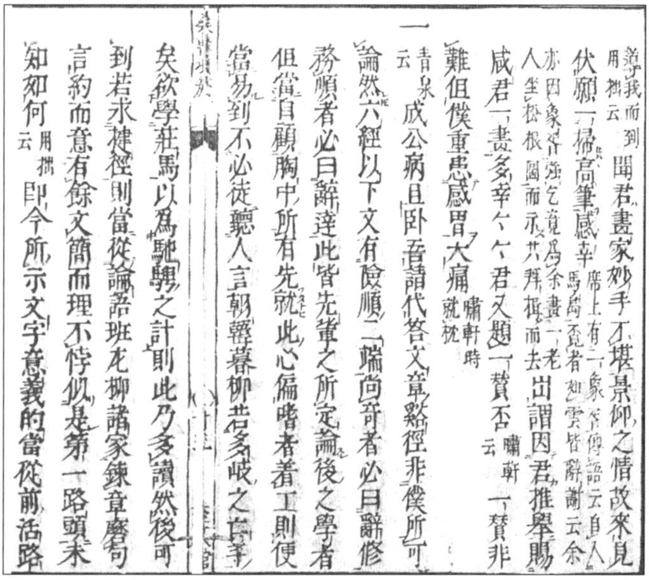
導我而到 聞君畫家妙手不堪景仰之情故來見
伏願一掃高筆感幸
咸君一畫多幸々々君又題一贊否云 一贊非
難但僕重患感冒大痛
一 青泉 成公病且臥吾請代答文章谿徑非僕所可
論然六經以下文有險順二端尙奇者必曰辭修
務順者必曰辭達此皆先輩之所定論後之學者
但當自顧胸中所有先就此心偏嗜者着工則便
當易到不必徒聽人言朝韓暮柳若多岐之亡羊
矣欲學莊馬以爲馳騁之計則此乃多讀然後可
到若求捷徑則當從論語班左柳諸家鍊章磨句
言約而意有餘文簡而理不悖似是第一路頭未
知如何云 卽今所示文字意義的當從前活路

문장 학습법에 대한 자신의 의견을 피력하고 있다. 수사와 사달 모두 나름의 장점이 있지만, 무엇보다 자신의 기호를 따르는 것이 중요하지 다른 사람의 견해에 휘둘릴 필요가 없다고 하였다. 무엇을 배울 것인가도 중요하지만, 자득이 선행되어야 한다는 말로 읽힌다. 이렇게 전제해 놓고 이어서 장자, 사마천, 『논어』, 반고, 『좌전』, 유종원 등 구체적인 전범을 학습할 것을 권하고 있다. 요오세츠사이는 신유한의 말에 대해 지당한 말이라

수긍하였다.

이어서 두 사람은 선가(禪家)의 '불립문자'(不立文字)에 관해 필담을 나누었는데, 신유한은 츠시마(對馬島) 이테이안(以酊庵)의 겟신 쇼오탄(月心性湛)과 불교에 관한 견해를 많이 나누었다며 요오세츠사이에게 소개하였다.

한편, 권10의 마지막 장 광곽(匡郭) 바깥에 "享保五年庚子夏五月穀旦 瀬尾源兵衛藏版"이라는 표기가 있어 정확한 간행일시와 간행인을 알 수 있다. '享保五年庚子夏五月穀旦'은 1720년 5월 8일이고, '瀬尾源兵衛'는 총서의 편자이자 간행자인 세오 요오세츠사이(瀨尾用拙齋)를 말한다.

(11) 보유(補遺)

11책은 보유편(補遺篇)으로 내제는 '桑韓壎篪集補遺'이다. 보유편에는 미즈타리 슈우켄(水足習軒)과 마에다 요오안(前田葉庵, 1677~1752)의 필담과 창화시가 수록되어 있다. 이외에도 아와야 분란(粟屋文蘭)이라는 어린 소녀가 쓴 글씨에 대한 발문과 토가와 세이사이(戶川整齋)의 묵적(墨跡)에 써 준 제발(題跋)이 수록되어 있다.

슈우켄은 권7에 등장하는 미즈타리 헤이잔의 형이다. 그는 지난해 가을부터 오오사카 서쪽에 살고 있었는데 헤이잔이 통신사를 접견했을 때 함께 오지 못하고 뒤늦게 찾아온 것이다. 필담은 없고 창화시만 수록되어 있다. 특기할 만한 내용은 보이지 않는다.

요오안(葉庵)은 후쿠이 번(福井藩: 지금의 후쿠이 시福井市 일대)의 유관(儒官)이다. 이름은 토키토시(時敏), 자는 미치유키(道通), 요오안은 그 호이다. 쿄오토에서 태어나 야마자키 안사이(山崎闇齋)에게 주자학을 배웠다. 처음에 히로시마 번(廣島藩)에 출사하였고, 1715년 마츠오카 번(松岡藩)의 유관(儒官)이 되었다가 1721년 후쿠이 번으로 옮겨 왔다. 그의 자손은 막말(幕末)까지 대를 이어 야마자키 안사이의 주자학을 계승하였다. 저서에 『학명집』(카쿠메이슈우, 鶴鳴集), 『자의상해』(지기쇼오카이, 字義詳解), 『엽암필어』(葉庵筆語)가 있다. 『엽암필어』는 필담창화집인데 보유편의 내용과 상당 부분 겹친다.

요오안은 통신사에게 자신이 평소 궁금했던 사안을 적어 답을 구하였다. 다음은 그 질문 가운데 일부이다.

〈질문: 요오안〉

■ 정자(程子)가 지은 「후부인가전」(侯夫人家傳)에 "부인이 7, 8세 때 '여자는 밤에 나가지 않

으니/나갈 때는 촛불을 들고 가야지'(女子不夜出, 夜出秉明燭)라는 고시(古詩)를 외웠다"라고 했습니다. 주문공(朱文公: 주희朱熹)의 『소학』(小學) 본주(本註)에도 이 시가 실려 있습니다. 이 시는 누가 지은 것이고, 그 전편(全篇)은 어느 책에 나오는지요? 부디 가르쳐 주시기를 원합니다.

■ 『신서』(晉書) 「도간전」(陶侃傳)에 '亂頭養望'이라는 말이 있고, 『소학』에도 수록되어 있습니다. 진선(陳選)의 『소학구두』(小學句讀)에 오씨(吳氏)의 설이 실려 있는데, "養其虛望"(거짓된 명성을 꾸며낸다는 뜻)이라 하였습니다. '養望' 두 글자는 『통감』(通鑑)에는 '跣足'이라 되어 있습니다. 이 두 글자가 무슨 뜻인지 분명하지 않습니다. 가르침을 청합니다.

■ 귀국은 평소 '禮義之邦'으로 일컬어지며 빼어난 인물들이 나와 대대로 인재가 부족하지 않습니다. 김부식(金富軾) 선생의 『삼국지』(三國志: 『삼국사기』三國史記를 가리킴)와 서제학(徐提學: 서거정)의 『동국통감』, 권양촌(權陽村: 권근權近)의 『사략』(史略) 외에 징험할 만한 정사(正史)가 있습니까?

■ 귀국의 시화(詩話)로 『역옹패설』(櫟翁稗說)과 『파한집』(破閑集)이 있는데 겨우 그 이름만 들어 보았을 뿐 읽어 볼 기회는 없었습니다. 그대는 혹시 가지고 오지 않으셨는지요? 책 상자에 혹시 있으면 보여 주시기를 청합니다.

■ 귀국의 문물이 성대하니 기자(箕子)의 여풍(餘風)이 면면히 이어져 내려온 것은 역사(歷史)에 기재된 바여서 진실로 속일 수 없습니다. 어질고 현명한 선비와 염치를 아는 풍속은 중화(中華)에 부끄럽지 않으니, 예를 들어 김굉필(金宏弼)의 지조와 행실, 우탁(禹倬)의 강직함, 정포은(鄭圃隱: 정몽주鄭夢周)의 충효, 권양촌의 박학함, 이회재(李晦齋: 이언적)의 명석함, 이퇴계(李退溪: 이황李滉)의 순정(醇正)함은 수천 년 뒤 다른 나라에서도 사람들에게 존경심을 불러일으킬 것입니다. 생각건대, 문명(文明)이 발전한 왕조에서는 반드시 남다른 재주와 탁월한 견해를 갖고 있어서 보통 사람보다 월등히 뛰어난 인물이 나오게 마련입니다. 비록 다른 나라이지만 그 성명을 듣고 그 고고한 풍모를 우러러 사모하기를 원합니다. 가르침을 주시면 다행이겠습니다.

一 程子所撰「侯夫人家傳」云: "夫人七八歲時, 誦古詩曰: '女子不夜出, 夜出秉明燭.'" 朱文公『小學』本註又載之. 此詩蓋何人之作, 而其全篇出于何書乎? 仰乞矩誨.

一 『晉書』「陶侃本傳」有'亂頭養望'之語, 『小學』又載之. 陳選『小學句讀』載吳氏說云: "養其虛望也." '養望'二字, 『通鑑』作'跣足'. '養望'二字, 未見明解, 請見指示.

一 貴國素稱禮義之邦, 英雋輩出, 代不乏人, 自金富軾先生『國志』,徐提學『東國通鑑』,權陽村『史略』之外, 猶有正史有徵者乎?

一 貴邦詩話有『櫟翁稗說』,『破閒集』, 纔聞其名, 無綠繙閱, 高明斯翁, 不攜來乎? 筐底倘有之, 則請許覽.

一 貴邦文物之盛, 箕風綿綿不絕, 歷史所載, 固不可誣焉, 仁賢之士, 廉恥之風, 不恥于中華矣, 如金宏弼之操履, 禹倬之剛正, 鄭圃隱之忠孝, 權陽村之博瞻, 李晦齋之明叡, 李退溪之醇正, 異域千歲之下, 令人起敬. 想夫文明之朝, 定有異才卓見大出于人者也. 雖殊方異域, 而願一聽其姓名, 仰慕其高風, 若蒙示教則幸也.

〈답: 신유한〉

■ 후부인이 외운 시가 다른 서적 중에 나온 것은 본 적이 없습니다. 이것은 필시 경계하는 뜻을 담은 옛 노래일 것입니다. 옛날의 민요에는 원래 한두 구절로 운을 맞추고 전편을 짓지 않는 경우가 많습니다.

■ '養望' 두 글자는 상고(詳考)해 본 적이 없습니다. 하지만 이런 말이 속담에 많이 보이는데 자대자고(自大自高)하는 모습입니다.

■ 폐방(弊邦)은 고려 이전에는 문학이 아직 열리지 않아 역사서에 빠지고 생략된 것이 많습니다. 『동국통감』과 『사략』 외에는 볼 만한 것이 없습니다.

■ 시화와 패설은 가지고 온 것이 없습니다. 이것들은 우리나라에서 흔히 볼 수 있는 책이 아닙니다. 저도 아직 보지 못했습니다.

■ 회재와 퇴계 두 선생의 학문은 우리나라의 유종(儒宗)이 됩니다. 『회재집』(悔齋集)은 그래도 분량이 많지 않습니다만, 퇴계 선생께서 학문과 예학(禮學)을 논한 것과 시문, 잡저(雜著)는 거의 8, 90권이 됩니다.(이 답은 내가 들은 것과 크게 모순된다.)

■ 우리 성조(聖朝)는 이름난 유학자와 위대한 선비가 전대 어느 때보다 많습니다. 모두 다 말할 수는 없지만 근래의 인물에 대해 대략 말씀드리자면, 동춘당(同春堂) 송선생은 휘가 준길(浚吉)이고, 신독재(愼獨齋) 김선생은 휘가 집(集)이며, 미수(眉叟) 허선생은 휘가 목(穆)입니다. 이분들은 모두 박학하고 도에 밝아 재상(宰相)이 된 분들입니다.

一 侯夫人誦詩未見出於他書, 此必因古謠作戒者, 古曲里謠, 自多一二句叶韻, 不成全篇.

一 '養望'二字亦未有考, 然此多里諺中, 自大自高底樣子.

一 弊邦自高麗以上, 文籔猶未闢, 其爲史筆, 自多闕略, 『東國通鑑』、『史略』之外, 別無可見.

一 詩話稗說, 行中無帶來者, 此是我國所罕見, 僕亦未之見.

一 晦.退兩先生學問, 爲我邦儒宗. 『晦齋集』猶未多, 退溪則論學論禮及其詩文雜著殆八九十卷.(按此答與僕所聞大相矛盾)

一 我聖朝名儒碩士之盛, 前世無比, 不可殫言, 略擧近日, 則同春堂 宋先生, 諱浚吉, 愼獨齋 金先生, 諱集, 眉叟 許先生, 諱穆, 此皆以博學明道至宰相.(卷十一 10b~13b)

괄호 안의 말은 요오안이 신유한의 답변지를 받고 평한 것으로 보인다. 퇴계의 글이 8,90권이나 된다는 신유한의 대답에 의문을 제기하고 있다. 『퇴계문집』(退溪文集)은 1600년에 51권 31책으로 처음 간행되었다. 이후 속집과 언행록이 간행되었고, 1869년에 후손과 유생이 도산서원에 모여 이전에 간행된 문집과 유고를 모두 모아 『주자대전』(朱子大典)의 체제를 따라서 『도산전서』(陶山全書)를 중간하고자 하였다. 이때 정리된 원고가 모두 97권 75책이었으나 간행에 이르지는 못하였고, 1910년에 재정리하여 96권 39책으로 출판되었다. 신유한이 접할 수 있었던 것은 1600년에 간행된 51권 31책의 경자본(庚字本)일 터인데, 답변에서 8,90권이라고 한 것은 사실과 다르다. 아마도 퇴계 저작의 규모를 대강 어림짐작해서 말한 듯하다. 당시 일본에서는 이미 『퇴계집』(退溪集)이 간행되었으므로 요오안은 신유한의 답변이 과장된 것이라 생각한 것 같다.

송준길(宋浚吉), 김집(金集), 허목이 박학하고 도에 밝아 재상이 되었다는 말은 과거를 통해서 입신한 것이 아니라 산림처사로 명망이 높아 천거를 받아 재상에 이르렀다는 뜻이다. '養望'은 거짓되게 꾸며 명성을 구하는 것을 이르는 말이다. 신유한도 대략 그런 뜻으로 이해하여 답변한 듯하다.

이 문답을 통해 요오안이 조선에 대해 상당한 관심을 가지고 공부를 해 왔음을 알 수 있다. 『삼국사기』나 『사략』 등의 역사서는 물론 패설에도 관심을 기울이고 있다. 또한 서거정, 김굉필, 우탁(禹倬), 정몽주, 권근, 이황, 이언적 등 조선의 주자학자를 추앙하였던 듯하다.

참고문헌

■ 자료

金顯門, 백옥경 역, 『동사록』, 혜안, 2007.

『東槎日記』, 『국역 해행총재 Ⅸ』, 민족문화추진회, 1984.

『青泉集』, 한국문집총간 제200책, 민족문화추진회, 1997.

『海游錄』, 『국역 해행총재 Ⅰ』, 민족문화추진회, 1986.

『春臺先生紫芝園稿』, 近世儒家文集集成 第6卷, 東京: ぺりかん社, 1985.

『新井白石全集』 第四卷, 東京: 國書刊行會, 1907.

『徂徠集・徂徠拾遺』, 近世儒家文集集成 第3卷, 東京: ぺりかん社, 1985.

■ 저서

단국대 동양학연구소, 『漢韓大辭典』, 단국대학교출판부, 2008.

단국대학교 동양학연구원, 『동아시아 역대 문화교류 인물 자료사전』, 문예원, 2011~2013.

한국학중앙연구원, <조선시대 대일외교 용어사전>
(http://waks.aks.ac.kr/rsh/?rshID=AKS-2012-EBZ-2101).

國史大辭典編輯委員會 編, 『國史大辭典』, 東京: 吉川弘文館, 1983.

デジタル版 日本人名大辭典+Plus.

國文學資料館 日本古典籍總合DB.

笹間良彦, 『江戶生活圖鑑』, 東京: 柏書房, 1995.

________, 『日本歷史圖鑑』, 東京: 柏書房, 1992.

近藤春雄, 『日本漢文學大辭典』, 東京: 明治書院, 1985.

諸橋轍次, 『大漢和辭典』 修訂二版, 東京: 大修館書店, 1989~1990.

漢語大詞典編輯委員會,『漢語大詞典』, 上海: 漢語大詞典出版社, 2000.

김지용,『韓國歷代女流漢詩文選』, 明文堂, 2005.
미야케 히데토시(三宅英利), 손승철 옮김,『근세 한일관계사 연구』, 이론과실천, 1991.
이노구치 아츠시(猪口篤志), 심경호・한예원 역,『일본학문학사』, 소명출판, 2000.
이혜순,『조선통신사의 문학』, 이화여자대학교출판부, 1996.
후마 스스무(夫馬進), 하정식 외 역,『연행사와 통신사』, 신서원, 2008.

荒木見悟,『龜井南冥・龜井昭陽』,『日本の思想家』27, 東京: 明德出版社, 1983. 久保天隨,『唐詩選新釋』, 東京: 博文館, 1908.
宮崎道生,『新井白石の硏究』, 東京: 吉川弘文館, 1958.
今中寬司,『徂徠學の史的硏究』, 東京: 思文閣出版, 1992.
吉川幸次郎,『仁齋徂徠・宣長』, 東京: 岩波書店, 1975.
杉本つとむ,『江戶の博物學者たち』, 東京: 講談社學術文庫, 2006.
柴田篤・辺土名朝邦,『中村惕齋・室鳩巢』,『日本の思想家』11, 東京: 明德出版社, 1983.
阿部吉雄,『日本朱子學と朝鮮』, 東京: 東京大學出版會, 1965.
原念齋, 源了圓・前田勉 譯註,『先哲叢談』, 東京: 平凡社, 1994.
伊東倫厚,『伊藤仁齋・伊藤東涯』,『日本の思想家』10, 東京: 明德出版社, 1983.
李元植,『朝鮮通信使の硏究』, 京都: 思文閣出版, 1997.
日野龍夫,『服部南郭傳攷』, 東京: ぺりかん社, 1999.
滋賀縣教育委員會事務局 文化財保護課 編,『雨森芳洲關係資料調査報告書』, 滋賀: 滋賀縣教育委員會, 1994.
田世民,『近世日本における儒禮受容の硏究』, 東京: ぺりかん社, 2012.
平石直昭,『荻生徂徠年譜考』, 東京: 平凡社, 1984.

■ 논문

唐潤熙,「『四書朱子異同條辨』의 朝鮮으로의 전래와 영향에 대한 一考」,『중국어문학지』제40집, 2012.
박상휘,「자료소개:『문사기상』」,『국문학연구』제26호, 국문학회, 2012.
박선희・홍나영,「辛卯使行 <道中行列圖>에 나타난 통신사 편복 관모 연구」,『복식』제61권 3호, 한국복식학회, 2011.
박희병,「아사미 케이사이와 홍대용」,『범애와 평등』, 돌베개, 2013.
박희병・박희수,「조선시대 중국 파견 사신의 총칭 문제」,『한국문화』86, 2019.
손혜리,「成琬의「日東錄」연구」,『한국실학연구』제17집, 한국실학학회, 2009.

유종현, 「일본 청견사 소장 통신사의 유물 조사 보고」, 『한일관계사연구』 제24집, 한일관계사학회, 2006.

이도남・박태규, 「한국 측 기록에 보이는 일본의 궁중악무에 관한 일고찰」, 『일본문화연구』 제35집, 동아시아일본학회, 2010.

이일재, 「江關筆談에 대한 일고찰」, 『아시아문화』 제19호, 한림대학교 아시아문화연구소, 2003.

이혜순, 「18세기 한일 문사의 金剛山-富士山 우열 논쟁과 그 의미」, 『韓國漢文學硏究』 제14집, 1991; 『조선통신사의 문학』, 이화여자대학교출판부, 1996.

_____, 「室鳩巢의 賦三韓事蹟詩 小考: 18세기 日文士의 한국사인식」, 『관악어문연구』 제18집, 서울대학교 국어국문학과, 1993.

이효원, 「일본 유학자의 조선 연구: 이등동애(伊藤東涯)의 『삼한기략(三韓紀略)』에 대하여」, 『한국한문학연구』 66, 2017.

_____, 「1719년 필담창화집 『航海唱酬』에 나타난 일본 지식인의 조선관」, 『고전문학연구』 제41집, 한국고전문학회, 2012.

_____, 「『해유록』의 글쓰기 특징과 일본 인식」, 서울대학교 박사학위논문, 2015.

임채명, 「조선 문사의 詩文을 통해 본 富士山 인식의 변모 양상」, 『동방한문학』 제36집, 2008.

_____, 「朝日 문사의 조선 산과 富士山의 우열 비교 연구」, 『비교문학』 제46집, 2008.

_____, 「『問槎畸賞』의 性格에 대하여」, 『洌上古典硏究』 제29집, 열상고전연구회, 2009.

정병설, 「18・19세기 일본인의 조선소설 공부와 조선관 — <최충전>과 <임경업전>을 중심으로 —」, 『한국문화』 제35집, 2005.

하우봉, 「계미통신사의 문화교류」, 『한국실학연구』 제22집, 한국실학학회, 2011.

한태문, 「청견사 소재 시문에 반영된 한일문화교류」, 『조선통신사연구』 제3호, 조선통신사학회, 2006.

荒木見悟, 「室鳩巢の思想」, 『貝原益軒 室鳩巢』, 日本思想大系 34, 東京: 岩波書店, 1970.

李元植, 「天和度(1682)朝鮮信使裨將洪世泰と日本文士との筆談唱酬について」, 朝鮮學會, 『朝鮮學報』, 第98輯, 1981.

片倉穰, 「正德和韓唱酬錄校注」, 『日本人のアジア觀』, 東京: 明石書店, 1998.

_____, 「黑本家堂筆朝鮮李東郭觀文堂額由來記」, 『日本近世初期における渡來朝鮮人の硏究』, 1990年度科學硏究費補助金 硏究成果報告書, 1991.

白石眞子, 「荻生徂徠『四家雋』に1見える文論」, 『上智大學國文學論集』 30號, 1997.

_______, 「徂徠, 徂徠學派の詩文論」, 『太宰春臺の詩文論』, 東京: 笠間書院, 2012.

杉田昌彦, 「『問槎畸賞』の序跋について」, 『季刊 日本思想史』 第49號, 日本思想史懇話會編, 東京: ぺりかん社, 1996.

杉下元明, 「朝鮮の學士李東郭」, 『江戶漢詩』, 東京: ぺりかん社, 2004.

鈴木健一,「李東郭の詩二題」,『季刊 日本思想史』第49号, 日本思想史懇話會編, 東京: ぺりかん社, 1996.
中村眞一郎,『木村蒹葭堂のサロン』, 東京: 新潮社, 2000.
野崎充彦,「儒者と怪異 — 成任と林羅山」, *Journal Of Korean Culture* 9, 2007.
堀川貴司,「唐金梅所と李東郭」,『日本思想史』第49號, 日本思想史懇話會編, 東京: ぺりカン社, 1996.
船津富彦,「古文辭派の影響」,『明清文學論』, 東京: 汲古書院, 1993.
松田甲,「東人詩話の翻刻」,『續日鮮史話』第二編, 朝鮮總督府, 1931.
______,「人見鶴山と洪滄浪」,『日鮮史話』第一篇, 朝鮮總督府, 1926.
______,「日本に名を留めたる李東郭」,『續日鮮史話』第 2 編, 京城: 朝鮮總督府, 1931.
水田紀久,「解說」,『縞紵風雅集』, 雨森芳洲全書 1, 關西大學東西學術研究所資料集刊 11-1, 京都: 關西大學出版・廣報部, 1979.
日野龍夫,「入江若水資料」,『服部南郭傳攷』, 東京: ぺりかん社, 1999.

부록: 통신사 행로도(行路圖)*

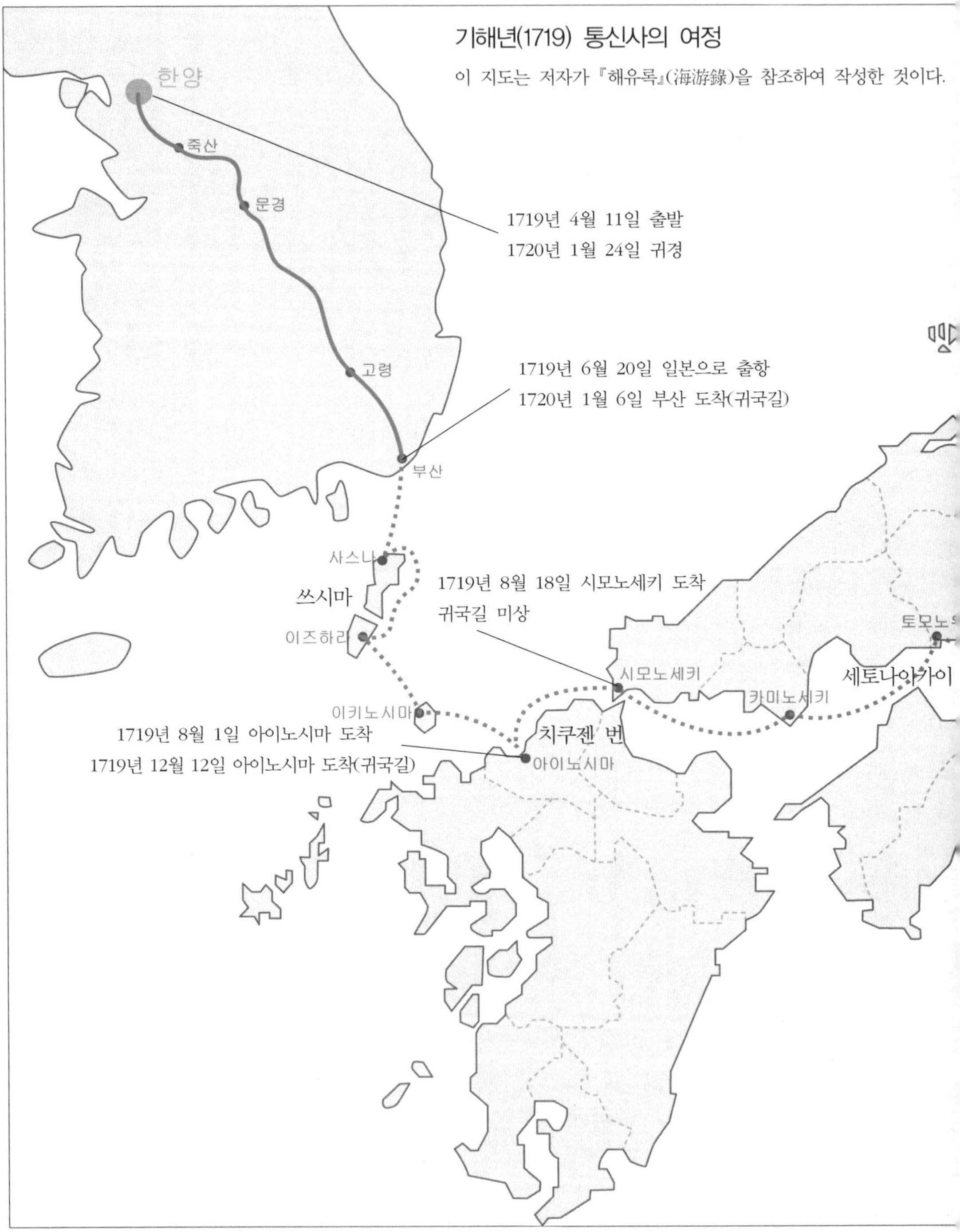

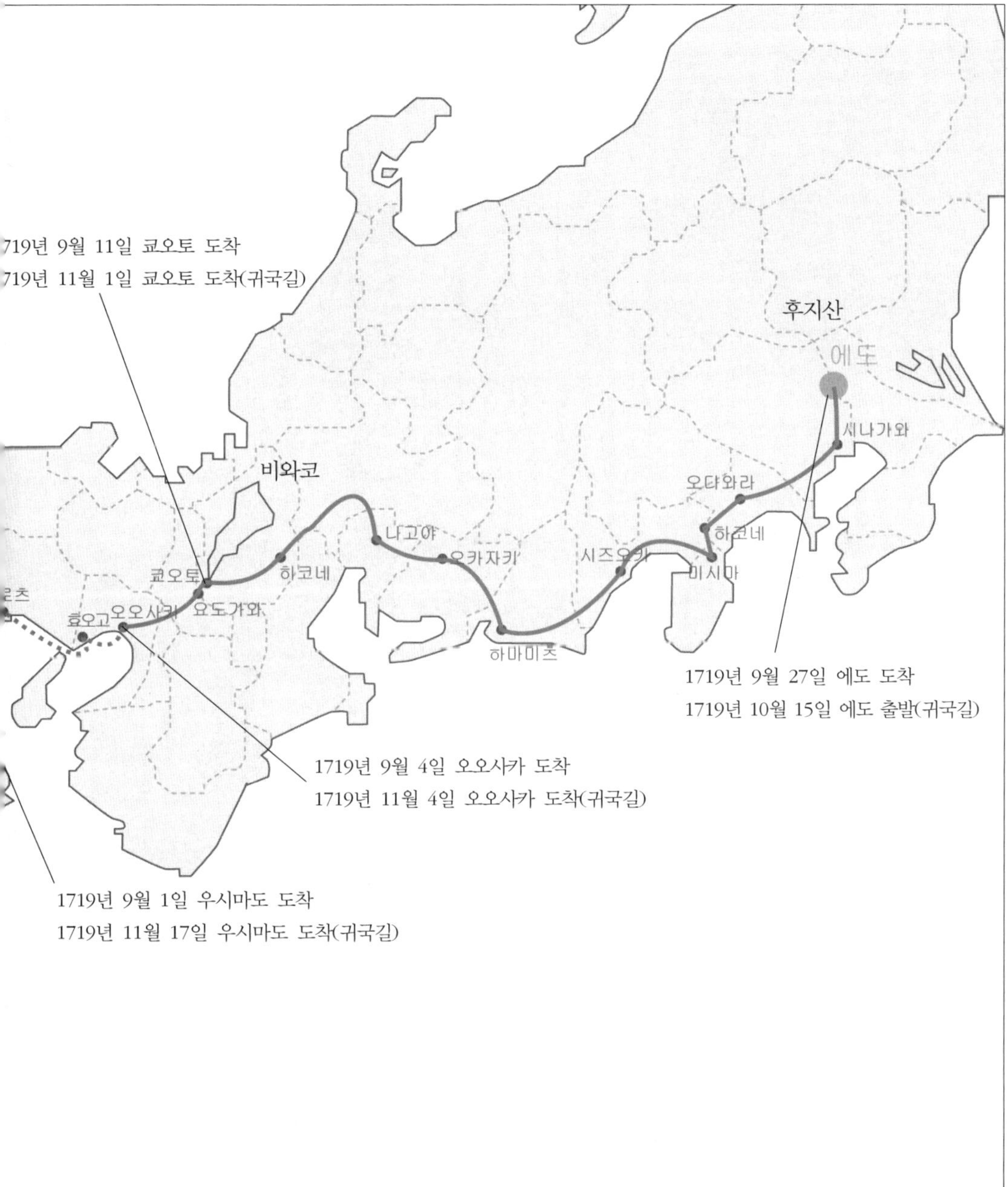

* 출처: 『조선 문인의 일본견문록－해유록』(돌베개, 2011)의 통신사 행로도를 일부 수정했다. 사용을 허락해 준 돌베개에 감사드린다.

日文要約

18世紀通信使筆談 1: 1711·1719年

朴熙秉・李曉源 外

18世紀朝鮮は總じて4回(1711・1719・1748・1763年)にわたって日本へ通信使を派遣した。本書はそのうち辛卯(1711)・己亥(1719)の筆談唱和集の中でも學術的重要度が高いと判斷される31種(辛卯年筆談唱和集15種、己亥年筆談唱和集16種)を選別し、それに對し解題したものである。朝鮮と日本の相互認識、學知の交流がよくあらわれる筆談と唱和詩を中心とした。

辛卯年筆談唱和集の特徵は次のとおりである。

まず學術の面においては、日本學界の重要人物が多く登場する。その重要人物として木下順庵(1621~1698)の門人及び蘐園社の門人を取り上げることができる。蘐園社を結成した荻生徂徠(1666~1728)の名前もこの時期に筆談集で初めて確認された。

さらに、中國や朝鮮の樣々な書籍に關しても日本の知識人によって多樣に言及されている。日本に流入した中國の書籍が朝鮮にも存在するかどうか、ということのほか、朝鮮の書籍の內容についての具体的な疑問点に關する記述も少なくない。

次に朝鮮と日本の相互認識の側面では、朝鮮が昔は日本の「屬國」であり通信使は朝貢使節であるという日本の文士の認識が現れている。一方日本を文化的後進國と見なしていた通信使は、日本の文士たちのこのような認識について、一貫して何の對応もしなかった。

己亥年筆談唱和集の特徵は次のとおりである。

まず學術の面においては、徂徠學派の登場が多くなり伊藤仁齋(1627~1705)の門人、卽ち古義學派の人物も非常に目立つ。

文化交流の面では朝日の文士の間で詩の批評が活發に行われた。特に朝鮮文士と唐金梅所(1675~1739)の交流が注目される。そのほかにも一部の朝鮮文士が日本に輸入された中國書籍を求めたことが確認される。

辛卯年と己亥年の筆談唱和集には共に「相對者の非對称性」、「情報の非對称性」、「視線の非對称性」が存在する。朝鮮が派遣した通信使が必ず当時の朝鮮の一級の文人學者とはいいがたい反面、通信使と接触した日本文士のなかには当時の日本の一級の文人學者が含まれている。これが「相對者の非對称性」である。日本の知識人たちは朝鮮の様々な書籍に對して細かく具体的な疑問点を提示した反面、普段から日本を夷狄として見ていた朝鮮の文士たちは日本の書籍に對してそうではなかった。これが「情報の非對称性」である。一部の日本の文士は朝鮮が昔の日本の「屬國」であり、通信使は朝貢使節だと考えていた反面、朝鮮の文士たちは善隣友好のために日本に訪れ、通信使行は朝鮮の優越した儒教文化を見せる機會であると認識していた。このように、朝鮮の文士たちは日本が文化的に劣ると考えていたが日本の文士はそのように思ってはいなかった。これが「視線の非對称性」である。このような非對称性が筆談唱和集研究では格別に留意される必要がある。

Abstract

P'iltam(筆談) from T´ongshinsa Missions in the 18th Century 1: 1711, 1719

Park Hee-Byoung and Lee Hyo-Won et al.

In the 18th century, Chosŏn dispatched four T´ongshinsa diplomatic missions (1711, 1719, 1748, 1763) to Japan. This book contains a selection of 31 entries from the p'iltam (筆談) and ch'anghwa (唱和) collections from the years of Shinmyo (1711) and Kihae (1719), deemed to be of academic importance (15 entries from Shinmyo (1711), 16 entries from Kihae (1719)) and notes to these entries. The focus was on p'iltam and ch'anghwa that shed light on how Chosŏn and Japan saw each other, and on the exchange of academic learning.

The p'iltam and ch'anghwa from the year of Shinmyo have the following characteristics.

From an academic aspect, key figures of Japanese academia are well represented. These include students of Kinoshita Jun'an (木下順庵, 1621-1698) and scholars of Ken'ensha (蘐園社). Ogyū Sorai (荻生徂徠, 1666-1728), who formed Ken'ensha, also appears in the p'iltam of this era for the first time.

Furthermore, the Japanese literati frequently mention various Chinese and Korean books. There are many instances of checking whether a Chinese book that has entered Japan can also be found in Chosŏn, as well as questions about the content of a specific book in Chosŏn.

Finally, looking at how Chosŏn and Japan saw each other, Japanese scholars viewed Chosŏn as a former vassal state of Japan, and the T´ongshinsa mission as paying tribute to Japan. The T´ongshinsa delegation, which viewed Japan as a culturally less developed country, generally did not deign to respond to such understandings or attitudes on the part of the Japanese literati.

The characteristics of p'iltam and ch'anghwa of the year of Kihae are as follows.

On the academic side, the Sorai School(徂徠學派) plays a significantly larger role, while the students of Itō Jinsai(伊藤仁齋, 1627-1705), or members of the Kogi School (古義學派), are also frequently seen. Also, the first mention of Asami Keisai(淺見絅齋, 1652-1712) can be found.

In terms of cultural exchange, the Chosŏn and Japanese scholars engaged in active poetry criticism. Especially noteworthy are interactions between Chosŏn scholars and Karakane Baisho (唐金梅所, 1675-1739). The p'iltam also show that some Chosŏn scholars obtained Chinese books from Japan.

In the p'iltam and ch'anghwa of the years of Shinmyo and Kihae, there exist three kinds of asymmetry: asymmetry of counterparts, asymmetry of information, and asymmetry of perspective. The T´ongshinsa delegation dispatched by Chosŏn did not comprise leading scholars of the time, while Japanese scholars that met with the Chosŏn T´ongshinsa included leading scholars of Japan. This is the asymmetry of counterparts. While the Japanese intellectuals obtained various books from Chosŏn beforehand so as to ask detailed and specific questions about them, Chosŏn scholars who saw Japan as a barbaric state failed to do the same for Japanese books. This is the asymmetry of information. Japanese scholars saw Chosŏn as a former vassal state of Japan, and the T´ongshinsa as a tribute mission, while Chosŏn scholars saw themselves as being on a goodwill mission, which was an opportunity to show the Japanese a superior Confucian culture. The Chosŏn scholars saw Japan as culturally inferior, but this view was not shared by the Japanese. This is the asymmetry of perspective. Such asymmetries should be taken into particular consideration in the study of these p'iltam and ch'anghwa.

찾아보기

사항

인명

ㅇ

ㅊ

ㅋ

ㅌ

ㅎ

지명

ㅇ

ㅈ

ㅊ

ㅋ

ㅌ

ㅍ

ㅎ

서명

ㄱ

발간사

'한국학'에 대한 관심과 요구가 국내외에서 높아지고 있다. 한국학을 전공으로 하는 학과도 생겨나고 한국학 연구자들의 국제학술대회도 종종 접하게 된다. 한국사회가 짧은 시기에 보여 준 역동적인 변화에 대한 학문적 관심이 나라 안팎으로 증대된 결과일 것이다. 한국의 역사와 문화, 사회적 경험이 점점 더 많은 연구자들의 관심대상으로 되고 있다는 사실은 매우 반가운 일이다.

한국학이란 고정된 분과학문 체계 내의 한 부분영역이 아니라 다양한 분과학문들이 함께 참여하는 학제적 연구의 성격을 지닌다. 한국학은 과거의 전통에 깊은 관심을 갖지만 현재의 문제들에도 주목하며 미래의 전망을 모색하는 작업도 포함한다. 인문학적 논의와 사회과학적 관심은 물론이고 자연과학적 문제의식과 예술적 시각이 함께 어우러지는 곳이다. 당연히 한국학은 국내의 연구자들이 자신의 특수성만을 부각시키는 폐쇄적인 장이 아니라 전 세계의 학자들이 자유롭게 참여하는 지적 토론의 공간이다. 한국을 대상으로 한 다양한 연구를 지원하며 진지한 논의와 지적 실험을 뒷받침하는 것이야말로 한국학의 가장 중요한 역할이라 할 것이다.

이런 의미에서 한국학은 한국의 문화와 역사적 경험을 전 인류의 문화유산과 역사적 경험의 한 부분으로 바라보는 전 지구적 시각을 요구받고 있다. 한국학은 한국사회의 경험을 연구하되, 그것을 21세기 세계사적 과제들과 더불어 사고함으로써 새로운 문명적 대안을 모색하는 전 지구적 논의에 적극적으로 동참하는 작업이 되어야 한다. 이런 종합적이고 개방적인 연구의 집적을 통해서만 한국의 특수성만을 절대화하는 오류에서 벗어나면서 동시에 서구의 눈으로 한국을 대상화, 타자화하는 오리엔탈리즘적 지역학의 한계도 극복할 수 있는 길이 열릴 것이다.

한국의 학문 발전에 큰 책임을 지고 있는 서울대학교는 한국학의 바람직한 발전을 위해 적극적인 역할을 하고자 한다. 이를 위해 별도의 연구기금을 마련하여 '한국학 장기기초연구 지원사업'을 추진하고 이 사업의 결과물들을 모아 연구총서, 자료총서, 모노그래프를 출간하기로 했다. 서울대학교 교수진의 연구역량과 진지한 문제의식들이 결집됨으로써 한국학의 연구수준이 더욱 높아지고 내용이 보다 풍부해질 것을 믿고 있다. 이 연구사업이 해를 거듭할수록 한국사회에 대한 이해가 깊어짐은 물론이고 한국의 경험을 통해 세계 학계의 시각과 논의도 더욱 풍성해질 것을 기대해 마지않는다.

2003년 8월
서울대학교 규장각한국학연구원 한국학연구사업위원회

필자소개

박희병(朴熙秉, Park Hee-Byoung)

서울대학교 국문학과 교수로 재직 중이다. 저서로 『한국의 생태사상』, 『운화와 근대』, 『저항과 아만』, 『나는 골목길 부처다: 이언진 평전』, 『범애와 평등』 등이 있으며, 논문으로 「아사미 케이사이와 홍대용」, 「조선의 일본학 성립」, 「조선 후기 지식인과 베트남」 등이 있다. 국문학 연구의 외연을 사상사 연구와 예술사 연구로까지 확장함으로써 통합인문학으로서의 한국학 연구를 해 오고 있다.

이효원(李曉源, Lee Hyo-Won)

서울대학교에서 통신사 연구로 박사학위를 받았다. 성균관대학교 동아시아학술원 박사후연구원, 토오쿄오 대학 인문사회계연구과 특임준교수를 거쳐 현재 인하대학교 한국어문학과 조교수로 재직 중이다. 『조선 문인의 일본견문록: 해유록』(편역), 『쓰시마 일기』(津島日記)(공역)를 번역하였고, 「일본유학자의 조선연구: 이토 토가이(伊藤東涯)의 『삼한기략』(三韓紀略)에 대하여」, 「통신사와 소라이학파의 교류 양상과 그 의미」, 「'화이'(華夷)와 '예악'(禮樂): 18세기 동아시아의 의관(衣冠) 담론과 문명의식」 등의 논문이 있다.

박상휘(朴尚輝, Park Sang-Hwi)

토오쿄오 외국어대학에서 학사를, 토오쿄오 대학에서 석사를 마친 후, 서울대학교에서 통신사 연구로 박사학위를 받았다. 중국 중산대학(中山大學) 국제번역학원 특빙연구원을 거쳐 현재 부산대학교 인문학연구소 전임연구원으로 재직 중이다. 주요 연구로 『선비, 사무라이 사회를 관찰하다』, 「조선후기 비왜론의 전개양상」, 「무사사회의 도덕규범: 조선 사절이 본 일본인의 도덕의식」 등이 있다.

김대중(金大中, Kim Dae-Joong)

서울대학교 국어국문학과 부교수로 재직 중이다. 저서로 『풍석 서유구 산문 연구』가 있다. 주요 연구로 「동아시아적 차원에서 본 탈성리학적 정치론 – 황종희(黃宗羲), 오규 소라이(荻生徂徠), 정약용」, 「성호(星湖)와 다산(茶山)의 육체경제학」 등이 있다.

김채식(金菜植, Kim Chae-Sik)

성균관대학교를 졸업하고 토오쿄오 대학 동양문화연구소 연구원, 성균관대학교 박물관 학예사를 거쳐 현재 성균관대학교 대동문화연구원 수석연구원으로 재직 중이다. 『무명자집』(無名子集), 『환재집』(瓛齋集), 『김광국(金光國)의 석농화원(石農畵苑)』(공역) 등을 번역했으며, 「『오주연문장전산고』에 나타난 차기체 필기의 특징」, 「20세기초 조선 명인 간찰첩 연구」 등의 논문이 있다.

김수영(金秀永, Kim Soo-Young)

서울시립대학교 인문대학 국어국문학과 교수로 재직 중이다. 한국 고전산문과 한문소설을 중심으로 한국문학의 특질과 그 동아시아적 관련을 탐구하는 데 관심을 두고 있다. 논문으로 「『천군기』(天君紀) 연구」, 「『천군기』의 『삼국지연의』(三國志演義) 원용 양상과 의미」 등이 있고, 번역서로 『새벽에 홀로 깨어-최치원 선집』이 있다.

이경근(李慶根, Lee Kyung-Kun)

서울대학교 국어국문학과 박사과정을 수료하고 현재 전북대학교 강사로 재직 중이다. 논문으로 「혜환 이용휴의 문예론 연구」, 「무진통신사의 학술 문화 교류 연구: 홍경해의 『수사일록』을 중심으로」, 「조엄 『시첩』 연구」, 「계미통신사 필담집에 나타난 '완고한 조선'과 '유연한 일본'」 등이 있다.

서울대학교 규장각한국학연구원 한국학자료총서

1 古代國語 語彙表記 漢字의 字別 用例 硏究 | 송기중
2 한국철학자료집: 불교편 1 – 삼국과 통일신라의 불교사상 | 허남진 외 편역
3 한국철학자료집: 불교편 2 – 고려시대의 불교사상 | 심재룡 외 편역
4 한국철학자료집: 불교편 3 – 조선시대의 불교사상 | 심재룡 외 편역
5 서울대학교 중앙도서관 고문헌자료실 소장 『경제문고』 해제집 | 권태억 외
6 한글본 이언 연구 | 민현식
7상 원문 교주 구운몽 | 원작 김만중, 교주 김병국
7하 현대역 구운몽 | 원작 김만중, 옮김 김병국
8 해방 이후 한국기업의 진화 I : 1976 ~ 2005년간의 통계의 구축과 기초분석 | 이근 외
9 해방 이후 한국기업의 진화 II : 1956 ~ 1977년간의 통계의 구축과 기초분석 | 이근 외
10 서울대학교박물관소장 식민지시기 유리건판 | 이문웅 · 강정원 · 선일 편
11 풍자 우화 그리고 계몽담론 | 권영민
12 한국근현대문학의 프랑스문학수용 | 이건우 외
13 한국 근대도면의 원점: 서울대학교 규장각한국학연구원 소장 근대 측량도와 건축도 1861~1910 | 전봉희 · 이규철 · 서영희
14-1 유원총보역주 1 | 허성도 · 김창환 · 강성위 역주
14-2 유원총보역주 2 | 허성도 · 김창환 · 강성위 역주
14-4 유원총보역주 4 | 이영주 · 허성도 · 김창환 역주
14-5 유원총보역주 5 | 이영주 · 김창환 · 이남종 역주
15 식민권력과 근대지식: 경성제국대학 연구 | 정근식 · 정진성 · 박명규 · 정준영 · 조정우 · 김미정
16-1 근대한국 국제정치관 자료집: 제1권 개항 · 대한제국기 | 장인성 · 김현철 · 김종학 엮음
16-2 근대한국 국제정치관 자료집: 제2권 제국–식민지기 | 장인성 · 김태진 · 이경미 엮음
17 1980년대 조선–청 국경회담 관련 자료 선역 | 김형종 편역
18 한국 근대문학의 러시아 문학 수용 | 권영민 · 박종소 · 오원교 · 이지연
19 18세기 통신사 필담 1: 1711 · 1719년 | 박희병 · 이효원 외
20 韓國 書誌學의 先鞭: 마에마 교사쿠의 작업을 중심으로 | 한재영 · 이현희 · 가와사키 케이고
21 사도세자의 죽음과 그 후의 기억: 『현고기(玄皐記)』 번역(飜譯)과 주해(註解) | 김용흠 · 원재린 · 김정신 · 정두영 · 최성환 역주
22 손와만록: 조선후기 향리 출신 선비 김경천의 인생이야기 | 김경천 지음 이대형 · 이미라 · 박상석 역주
23 충역의 시비를 정하다: 『정변록(定辨錄)』 역주 | 김용흠 · 원재린 · 김정신 · 정두영 역주
24 금오헌록 역주 | 김영석 역주
25 한국어의 주제와 통사 분석: 주제 개념의 새로운 전개 | 임홍빈
26 교점역해(敎點譯解) 정원고사(政院故事) | 김태웅 · 이강욱 감수 · 해설, 진현 · 하명준 교열 · 해제, 조은미 외 표점 · 번역
27 혜빈궁일기: 현전 유일의 궁궐 여성처소 일지 | 정병설 역주
28 육주약선 · 육고수권: 조선 정조가 편정한 당나라 재상 육지의 국가 경영책 | 당윤희 · 오수형 · 장유승 역주

서울대학교 규장각한국학연구원 한국학모노그래프

1 예빈도에 보인 고구려: 당 이현묘 예빈도의 조우관을 쓴 사절에 대하여 | 노태돈
2 현대 한국유교와 전통 | 금장태
3 살인의 진화심리학: 조선 후기의 가족 살해와 배우자 살해 | 최재천 · 한영우 · 김호 · 황희선 · 홍승효 · 장대익
4 무협소설의 문화적 의미 | 전형준
5 정조시대의 무예 | 나영일
6 벼락도끼와 돌도끼: 고고자료에 대한 전통적 인식 연구 | 이선복
7 한국 옛 경관 속의 생태지혜 | 이도원
8 식민권력과 통계: 조선총독부의 통계체계와 센서스 | 박명규 · 서호철
9 한국의 천연염료: 전통염료와 천연염색기술 | 김재필 · 이정진
10 북한의 의학교육 | 박재형 · 김옥주 · 황상익
11 국문 글쓰기의 재탄생 | 권영민
12 사할린 귀환자 | 이순형
13 조선시대의 간척지 개발: 국토 확장과정과 이용의 문제 | 박영한 · 오상학
14 3칸×3칸: 한국 건축의 유형학적 접근 | 전봉희 · 이강민
15 위성영상을 이용한 북한지역의 해안습지연구: 평안남도를 사례로 | 유근배
16 한국 구비문학에 수용된 재담 연구 | 서대석
17 한국 자본자유화와 금융자유화의 근년변화: OECD 가입 및 IMF 사태 이후의 실상, 평가 및 대응 | 이천표
18 구어 한국어의 의향법 실현방법 | 권재일
19 조선시대 복식에 나타난 적색계 색명의 의미 | 남윤자 · 김순영 · 박성실
20 우리나라 인체기생충 및 의용절지동물의 동물상과 개요 | 채종일
21 경제개방이 우리나라 노동시장에 미친 효과 | 김대일
22 한국 고소설에 나타난 오이디푸스 콤플렉스: 〈심청전〉·〈콩쥐팥쥐전〉 | 류인균
23 남북한 경제의 이질성: 경제통합에 관한 함의 | 이지순
24 한국에서 마르크스주의 경제학의 도입과 전개과정 | 김수행
25 한국 장수인의 개체적 특성과 사회환경적 요인: 호남지방 장수벨트를 중심으로 | 박상철 · 이미숙 · 이정재 · 한경혜
26 전통마을 경관요소들의 생태적 의미 | 이도원
27 한국의 중산층 | 홍두승
28 한국 여성의 건강증진행위 | 윤순녕 · 김숙영 · 이지윤
29 心과 性: 茶山의 『孟子』 해석 | 금장태
30 20세기 초기 국어의 문법 | 권재일
31 한국의 고령노동: 경제활동과 고용구조의 장기적 변화 | 이철희
32 웃음으로 눈물 닦기: 한국 언어문화의 한 특질 | 김대행
33 한국의 좌파 경제학자들 | 김수행 · 김공회
34 온돌과 한국인의 수면 생활: 침상 기후를 중심으로 | 최정화 · 김문숙
35 한국 고대의 온돌: 북옥저, 고구려, 발해 | 송기호
36 한국 시민단체의 내부의사결정과정에 관한 연구 | 김준기
37 한국문화를 쓴다: 강용흘의 『초당』과 이미륵의 『압록강은 흐른다』 비교연구 | 최윤영

38 정약용 사상 속의 과학기술 : 유가 전통, 실용성, 과학기술 | 김영식
39 仁과 禮 : 다산의 『논어』 해석 | 금장태
40 서양인의 한국 종교 연구 | 김종서
41 韓國詩話에 보이는 杜詩 | 이영주
42 한국의 소득불평등과 빈곤 : 소득분배 악화와 사회보상정책의 과제 | 구인회
43 한국인 치매환자의 행동 및 심리 증상의 횡문화적 특성 | 조맹제 · 김진영
44 한국 사회복지 네트워크의 구성과 효과성 : 지역종합사회복지관의 네트워크 구성과 조직 효과성을 중심으로 | 김준기
45 근대한국의 국제관념에 나타난 도덕과 권력 | 장인성
46 한국의 의료체제 : 제도와 지배구조 | 송호근
47 몽골제국과 고려 : 쿠빌라이 정권의 탄생과 고려의 정치적 위상 | 김호동
48 한국무협소설의 작가와 작품 | 전형준
49 한국 근대소설에 나타난 오이디푸스 콤플렉스의 이해 : 이광수, 김동인, 염상섭, 이상을 중심으로 | 류인균
50 한국의 하구역 : 하구둑 건설 이후의 지형변화 | 유근배 · 김성환 · 신영호
51 한국의 신용평가제도 | 이인호
52 전통 마을숲의 생태계 서비스 | 이도원 · 고인수 · 박찬열
53 두 개의 예외적인 복제체제 비교 연구 : 한국 복지국가 모형의 탐색 | 김태성
54 박정희 체제의 성립과 전개 및 몰락 : 국제적국내적 계급관계의 관점 | 김수행 · 박승호
55 한국 서해안의 해안사구 : 지형학적 관점을 중심으로 | 유근배 · 류호상
56 『기우제등록』과 기후의례 : 기우제, 기청제, 기설제 | 최종성
57 한국어 술어의 사건 구조와 논항 구조 | 남승호
58 舊韓末의 韓獨 外交文書 '德案' 研究 | 권오현
59 현대 한국어의 공시 형태론 : 경주지역어를 실례로 | 최명옥
60 서양문화를 쓴다 : 강용흘의 〈동양 서양에 가다〉와 이미륵의 〈압록강에서 이자르강까지〉 | 최윤영
61 시장발전과 경제개발 | 이승훈
62 고려국가와 집단의식 | 노명호
63 근현대 한국미술과 '동양' 개념 | 정형민
65 현대 한국복지국가의 제도적 전환 | 안상훈
66 순응과 저항을 넘어서 : 이승만과 박정희의 대미정책 | 신욱희
67 생태서식처로서 한국 서해안 해안사구 | 유근배 · 신영호 · 김대현 · 김성환
69 한국 정신보건서비스의 전개 과정: 사회서비스의 관점에서 | 강상경
70 일제의 한국 식민지화와 문명화(1904~1919) | 권태억
71 이즈미 세이이치와 군속인류학 : 뉴기니 조사를 중심으로 | 전경수
72 조선후기 공론정치의 새로운 전개 : 18, 19세기 향회, 민회를 중심으로 | 김인걸

서울대학교 규장각한국학연구원 한국학연구총서

1 지방문학사: 연구의 방향과 과제 | 조동일
2 한국 근대과학 형성과정 자료 | 문만용 · 김영식
3 목석의 울음: 손창섭 문학의 정신분석 | 조두영
4 통일한국의 농업 | 김완배 외
5 현대 한국사회의 철학적 문제: 사회운영원리 | 백종현
6 한국유교의 과제 | 금장태
7 韓國 古代 · 中世初期 土地制度史: 古朝鮮~新羅·渤海 | 이경식
8 『무과총요』 연구 | 나영일
9 북한 주요 산업지역의 토지이용 변화와 개방지역에 관한 연구 | 황만익 · 이기석
10 재벌체제와 다국적기업: 경제개발의 두 가지 유형 | 이승훈
11 붉은악마와 월드컵 | 이순형
12 『조선왕조실록』 보존을 위한 기초 조사연구(1) | 송기중 · 신병주 · 박지선 · 이인성
13 한국 근대의 사회복지 | 안상훈 · 조성은 · 길현종
14 한국어 체언의 음변화 연구 | 이상억
15 조선 중기 무예서 연구 | 나영일 · 노영구 · 양정호 · 최복규
16 1950년대 사회주의 건설기의 북한 보건의료 | 황상익
17 후발 산업화와 국가의 동학: 탈관료화와 강성국가의 공동화 | 하용출
18 조선 후기의 기술도: 서양 과학의 도입과 미술의 변화 | 정형민 · 김영식
19 韓國 中世 土地制度史: 朝鮮前期 | 이경식
20 남북 언어의 문법 표준화 | 권재일
21 50권본 『화엄경』 연구 | 이승재
22 한·중 소화의 비교 | 서대석
23 고려전기의 전시과 | 이경식
24 개항기 전후 경상도의 육상교통 | 허우긍 · 도도로키 히로시
25 한국어의 주제와 통사 분석: 주제 개념의 새로운 전개 | 임홍빈
26 한국적 패션 디자인의 제다움 찾기: 전통미와 현대적 활용을 중심으로 | 김민자
27 한국 근대문학교육사 연구 | 우한용
28 『조선왕조실록』의 여진족 족명과 인명 | 김주원
29 중앙아시아 고려말의 문법 | 권재일
30 삼국통일전쟁사 | 노태돈
31 한국의 사회운동과 진보정당 | 임현진
32 한국 행락문화의 변천과정 | 황기원
33 노래의 상상계: '수사'와 존재생태 기호학 | 신범순
34 한국의 언어 민속지: 전라남북도 편 | 왕한석
35 주시경의 언어이론과 표기법 | 송철의
36 일제강점기의 철도 수송 | 허우긍
37 인권으로 읽는 동아시아: 한국과 일본의 인권 개선조건 | 정진성 · 공석기 · 구정우
38 정조와 정조시대 | 김인걸 외
39 문화의 정치와 지역사회의 권력구조: 안동과 안동김씨 | 김광억
40 한국어 명사구의 의미론: 한정성/특정성, 총칭성, 복수성 | 전영철
41 한국의 건강 불평등 | 김창엽 · 김명희 · 이태진 · 손정인
42 한국어의 재구조화 1 · 2 | 임홍빈
43 조선에 전해진 중국 문헌 | 이종묵 외 6인